Ingold · Russische Wege

Felix Philipp Ingold

Russische Wege
Geschichte · Kultur · Weltbild

Verlag Neue Zürcher Zeitung

Gedruckt mit freundlicher Unterstützung der Forschungskommission der
Universität St. Gallen

Umschlagabbildung:
Kasimir Malewitsch, *Rote Kavallerie* (um 1932)

Bibliografische Information der Deutschen Nationalbibliothek

Die Deutsche Nationalbibliothek verzeichnet diese Publikation in
der Deutschen Nationalbibliografie; detaillierte bibliografische Daten sind im Internet
über http://dnb.d-nb.de abrufbar.

Alle Rechte, auch die des auszugsweisen Nachdrucks, der fotomechanischen Wiedergabe
und der Übersetzung, vorbehalten. Dies betrifft auch die Vervielfältigung und Übertragung
einzelner Textabschnitte, Zeichnungen oder Bilder durch alle Verfahren wie Speicherung
und Übertragung auf Papier, Transparente, Filme, Bänder, Platten und andere Medien,
soweit es nicht §§ 53 und 54 URG ausdrücklich gestatten.

© 2007 Wilhelm Fink Verlag, München
Wilhelm Fink GmbH & Co. Verlags-KG, Jühenplatz 1, D-33098 Paderborn

Internet: www.fink.de

Lizenzausgabe für die Schweiz:
Verlag Neue Zürcher Zeitung, 2007
www.nzz-libro.ch

ISBN 978-3-03823-328-2

Inhalt

	Zugang	7
I	Der russische Raum	11
	Exkurs (1) Heim und Heimat	126
II	Der russische Weg	165
	Exkurs (2) Raum und Weg in der russischen Naturdichtung	303
	Exkurs (3) Raum und Weg in der russischen Landschaftsmalerei ...	328
III	Wege nach Russland	371

Referenzen und Ergänzungen	463
Inhaltsübersicht	541
Personenregister	547
Ortsregister	561
Sachregister	565

Zugang

Wo von Russland die Rede ist, rückt unweigerlich der „russische Raum" ins Blickfeld, dessen Einzigartigkeit als größtes Staatsterritorium der Erde oft zur Erklärung, auch zur Rechtfertigung des „russischen Wegs" hervorgehoben wird, eines historischen und politischen *Sonderwegs*, der nicht allein die Staatlichkeit und die Kulturentwicklung Russlands, sondern auch die Mentalität des Russentums (*russkost*) zutiefst geprägt habe. Der „russische Weg", verstanden als Sammelbegriff für das Verkehrswesen zu Land und zu Wasser, für Usanzen, Techniken, Medien der Fortbewegung (Transport, Handel, Reise, Pilgerfahrt, Feldzug u. a. m.), erweist sich demnach als eine Funktion des „russischen Raums". Naturgemäß ist das eine vom andern nicht zu trennen, doch der Wechselbezug kann auch umgekehrt gesehen werden, nämlich so, dass der Raum erst nach Maßgabe der Wege sich erschließt, die in ihm angelegt und abgeschritten werden, die ihn vernetzen und damit auch strukturieren. Der Weg hätte demzufolge als Generator zur Entfaltung des Raums zu gelten. Tatsächlich waren *alle* Eroberungszüge und Handelsunternehmungen *auch* Entdeckungsreisen, die zur allmählichen Konstitution des „russischen Raums" wie des russischen Raumbewusstseins wesentlich beigetragen haben.

Der Historiker Georgij Wernadskij hat die Russen als ein „Mittler-Volk" (*narod-posrednik*) bezeichnet, das zwischen unterschiedlichsten Vegetations- und Wirtschaftszonen von gewaltiger Ausdehnung, zwischen unterschiedlichsten Völkerschaften und Kulturen seinen Weg habe finden müssen, weshalb denn auch „in seinem historischen Leben die Handelswege und vor allem die natürlichen Verbindungen zwischen Wald und Steppe, das heißt die großen Flüsse" vorrangige Bedeutung hatten. Deshalb sei das Wegbewusstsein beziehungsweise die weitläufige räumliche und geistige Mobilität zu einem Mentalitätscharakteristikum des Russentums geworden. Zu überwinden waren übrigens nicht bloß enorme räumliche, sondern auch geschichtliche und gesellschaftliche Distanzen, wie sie sich spätestens seit der Petrinischen Europäisierung zwischen Stadt und Land, Adels- und Volkskultur, Herrenhaus und Bauernhütte auftaten: letztere verharrte während Jahrhunderten (und bis in die Neuzeit) in vorzivilisatorischer Primitivität, während ersteres – oft nur ein paar Reisestunden entfernt – im jeweils aktuellen europäischen Design sich präsentierte.

Dieses Raumbewusstsein, aufgefasst als ein mehr emotionales denn rationales Gemenge von Wegkonzepten, Wegvorstellungen und Wegerfahrungen, steht hier im Vordergrund des Interesses. Es hat wesentlichen Anteil am sogenannten kollektiven Bewusstsein des Russentums, das nun aber nicht nach den Vorgaben der neueren Mentalitätsforschung kritisch abgehandelt, sondern als jene Realität hingenommen wird, die sich fern wissenschaftlicher Objektivierung in russischen Sprichwörtern und Redewendungen, in Märchen und Legenden, in literarischen Werken und politischen Theoriebildungen manifestiert.

Selbst ein amorphes Gebilde wie die noch heute oft berufene „russische Seele" gewinnt in solcher Betrachtung verhältnismäßig klare Konturen, dies allerdings um den Preis massiver Simplifizierungen und Verallgemeinerungen, die ihrerseits – notwendigerweise – zur Klischeehaftigkeit tendieren. Doch eben darin, in einfachsten Bildern und Formeln, findet das „russische Selbstbewusstsein" seine Begründung und seinen authentischen Ausdruck, auch wenn dessen objektive Basis noch so schwankend sein mag. Nicht umsonst ist Fjodor Tjuttschews oft zitiertes lyrisches Diktum, wonach Russland weder durch den Verstand, noch mit dem Maßstab, sondern allein durch den Glauben (*v Rossiju možno tol'ko verit'*) zu erfassen sei, zu einer Art Beschwörungsformel für all jene geworden, die sich anmaßen oder zumuten, Russland auf einen *allgemeinen* begrifflichen Nenner zu bringen.

Und solches wird hier auch gar nicht angestrebt; vielmehr geht es darum, möglichst nüchtern so etwas wie eine „Geographie der russischen Seele" (Nikolaj Berdjajew) zu rekonstruieren, das heißt messbare Realien der russischen Wirklichkeit – also beispielsweise territoriale Dimensionen, städtebauliche Strukturen oder Länge, Verlauf und Anlage russischer Verkehrswege – vergleichend zusammenzuführen mit „Glaubenssätzen" und Selbstbekenntnissen, wie sie sich namentlich in der philosophischen Publizistik, aber auch in der Erzählliteratur und, bis heute, in politischen Diskursen finden.

Es kommt mithin nicht auf die Korrektheit oder die Berechtigung von russischen Selbsteinschätzungen und Selbstdarbietungen an, sondern einzig darauf, dass es offenkundig Lebenserfahrungen, Glaubensinhalte, Visionen gibt, die insgesamt als „Weltbild" (*kartina mira*) für ein mehrheitliches nationales Selbstverständnis stehen können und somit eine eigenständige fiktionale Wirklichkeit darstellen – die „Weite und Breite des russischen Charakters", die russische „Allweltlichkeit" oder „All-Einheit", der russische „Allmensch", der „organische" Geschichtsverlauf, das Schicksal als arationale Gesetzmäßigkeit, der Sowjetmensch, aber auch die Oblomowsche Trägheit oder die russische Leidenseuphorie sind Beispiele für solche Konzeptualisierungen, denen im Raum der Fiktion – der Vorstellung, des Wunschdenkens, der Utopie – ein eigener Wirklichkeitsstatus zukommt.

Der russische Raum, die russischen Wege gehören beiden Sphären gleichermaßen an, sie sind Teil der vermess- und beschreibbaren Realität wie auch der imaginären Welt der Zeichen, Bilder, Träume und Symbole. Somit ist auch klar, dass eine Phänomenologie des russischen Raums nur aus dessen Innenansicht gewonnen werden kann und dass das „typisch russische", will heißen das in Russland *dominante* Raumbewusstsein nur aus russischen Quellen – Texten, Bildern, Bauten, philosophischen und sprachlichen Konzepten – zu erschließen ist. Eine Vielzahl von subjektiven Wegideen und Ideenwegen (*puti-idei*), zusammengeführt aus Dokumenten unterschiedlichster Art, soll die Objektivierung des russischen Raumbewusstseins als einer besonderen Dimension russischen Selbstbewusstseins ermöglichen.

Stärker als irgendwo sonst ist in Russland der nationale geographische Raum mit seiner überwiegenden Flächenhaftigkeit und seiner interkontinentalen Ausdehnung als hauptsächlichen – „einzigartigen", mithin „unvergleichlichen" – Qualitäten zum Gegenstand philosophischer Reflexion wie auch ideologischer Spekulation geworden. Die Konzeptualisierung dieses „unumgreifbaren", scheinbar „grenzenlosen" Raums vollzieht sich gleichermaßen auf sprachlicher, psychischer, sozialer, mythopoetischer Ebene und bleibt vielfach verschränkt mit entsprechenden Wegkonzepten – etwa dem Konzept des „Wegs der Geschichte", des russischen Sonderwegs, des „organischen Wegs", des „Lebenswegs" oder auch, in Russland gang und gäbe, des richtungs- und ziellosen, von Schnee verwehten Wegs, der mit dem Raum ineins fällt. Solche Weg- und Raumvorstellungen werden im Folgenden beispielhaft konkretisiert – unter anderem – an Realien wie Wallfahrten oder Landstreicherei, ländlichen Naturstraßen und städtischen Prospekten, Reisen in der Trojka oder mit der Eisenbahn. Von der weithin beklagten russischen „Wegmisere" muss ebenso die Rede sein wie vom Städte-, Straßen-, Schienenbau als strukturbildenden Maßnahmen zur Ausgestaltung und Nutzung des russischen Raums.

Die alltägliche Konfrontation mit einem als unendlich empfundenen Raum und die Erfahrung der Fortbewegung in den unabsehbar weiten Landschaftsräumen Russlands sind nicht ohne Einfluss geblieben auf das einheimische Freiheits- und Fortschrittsdenken, und sie haben wohl auch „typisch russische" Eigenschaften wie Fatalismus, Duldsamkeit, Offenheit sowie das Zeitempfinden und – gegenläufig – das russische Heim- und Heimatgefühl mitgeprägt.

Am Leitfaden russischer Wege, zu denen Verkehrswege ebenso gehören wie Denk- und Lebenswege, soll nachfolgend in drei thematischen Hauptschritten (Russland als Raum; Wege in Russland; Wege nach Russland) und ebenso vielen selbständigen Exkursen (über Heim und Heimat sowie über Landschaftsmalerei und Naturdichtung) ohne allzu rigiden chronologischen Zwang ein Parcours durch die russische Kulturgeschichte absolviert werden. Als Wegleitung dienen fast ausschließlich *russische* Texte, darunter zahlreiche, hierzulande kaum bekannte historische, folkloristische, publizistische und private Schriften, aus denen beispielhafte Zitate erstmals oder neu übersetzt werden. Das ebenfalls aus russischen Quellen zusammengetragene Bildmaterial dient einerseits der unmittelbaren Illustration der besprochenen Gegenstände und Sachverhalte, andererseits soll es, mit den dazu gehörigen Kommentaren, die schriftlichen Darlegungen eigenständig ergänzen.

Alle angesprochenen Problembereiche und Einzelphänomene werden, wie erwähnt, unter russischem Gesichtspunkt präsentiert und mit Rückgriff auf russische Autoren erläutert. Das gilt auch und gerade für so prekäre Diskurse wie jene von der „russischen Seele", von der „russischen Idee" oder, auf historiosophischem Plan, vom „russischen Weg". Als bemerkenswerte Tatsache stellt sich dabei heraus, dass das „russische Selbstverständnis" zumeist weit entfernt ist von souveräner Selbsterfassung und Selbstbestimmung, dass es sich vielmehr als eine Widerspiegelung fremder, vorwiegend westlicher Projektionen zu erkennen gibt, die unter wechselnden zeitgeschichtlichen Bedingungen übernommen, angeeignet und angepasst wurden.

Sowohl die „russische Idee" wie auch die „russische Seele" sind zutiefst von europäischen, vorab deutschen Quellen genährt, und selbst die sprichwörtliche Rede von Petersburg als Russlands „Fenster nach Europa" oder vom „faulen Westen", den das russische „Kind-Volk" abzulösen habe, geht auf ausländische Autoren zurück. Diese und andere Spiegeleffekte sind Anlass genug, die kulturgeschichtlich produktivsten „Wege nach Russland" in einem eigenen Kapitel nachzuzeichnen. Es ergibt sich daraus ein knapp gefasstes Inventar russischer Fremdimporte, welche – realisiert als Übernahme und Eingemeindung von Personen, Institutionen, Know-how und Produkten – während vieler Jahrhunderte auf die russische Kulturentwicklung eingewirkt haben.

Hauptsächliche Stationen dieser Entwicklung sind die Staatswerdung unter normannischer Fremdherrschaft, die Übernahme des Christentums aus Byzanz, die Imprägnierung durch den Mongolensturm und die darauf folgende langfristige Okkupation, danach die Berufung ausländischer Fachkräfte zur Modernisierung des neu geeinten Moskauer Reichs und zur Ausgestaltung des Kremls als dessen politisches und kirchliches Zentrum, die forcierte Verwestlichung der Administration sowie der Adelsgesellschaft unter Peter I. und Katharina II., die machtvolle Einwirkung der französischen Aufklärung und der deutschen Romantik auf das russische Geistesleben, die Rezeption des Marxismus als Prämisse der Sowjetideologie und schließlich, nach dem Zusammenbruch der UdSSR, die rasche Aneignung des euroamerikanischen Postmodernismus in der Russländischen Föderation.

Immer wieder hat man denn auch – selbst von russischer Seite – die Kultur Russlands als eine Nachahmungskultur bezeichnet, dabei aber zumeist den Hinweis unterlassen, dass die

Nachahmung durchweg auf die Staatsverwaltung, auf Wissenschaft und Technik, insgesamt also auf die Hochkultur beschränkt blieb und von der Bevölkerungsmehrheit nicht mitvollzogen wurde. In der Rückschau erweisen sich die vielfältigen „Wege nach Russland" als Einbahnstraßen, eine gleichwertige Wechselbeziehung hat es nie gegeben. Der langfristige einseitige Fremdimport führte zum paradoxalen Ergebnis, dass die Rezeptionsleistung der russischen Kultur zu deren eigentlichem Produktionsfaktor und die Nachahmung zu einer besonderen Art von Originalität wurde.

Dieser und andere Sachverhalte werden im vorliegenden Buch konsequent in russischer Optik und mit Rückgriff auf russisches Beispielmaterial abgehandelt, wobei auch bislang wenig beachtete Problemzusammenhänge und Einzelphänome zur Darstellung kommen, so etwa der Zusammenhang zwischen Wegidee einerseits, Schicksals-, Geschichts- und Zukunftsdenken andererseits, oder das Phänomen der russischen Trivialität (*pošlost*), der russischen Nostalgie (*toska*), des russischen Heldentums (*podvig*), der russischen „Freiheit" (*volja*) usf. Besondere Aufmerksamkeit gilt im Übrigen den linguistischen Spezifika, die das Russische zur Wiedergabe von Raumverhältnissen und Wegerfahrungen bereit hält. Diese werden nach Möglichkeit so erläutert, dass sie auch ohne entsprechende Fachkenntnisse einsehbar werden können.

Um die Schriftseiten nicht über Gebühr zu belasten und dadurch die Lesbarkeit zu beeinträchtigen, werden sämtliche Referenzen und Ergänzungen zum Text in einem geschlossenen Anmerkungsteil zusammengefasst. Das Personen-, Sach- und Ortsregister soll unterschiedliche Zugriffe auf den Text wie auch auf Kommentare und Ergänzungen in den Endnoten ermöglichen. Zitate aus russischen *literarischen* Werken wurden für den vorliegenden Band auch dann neu übersetzt, wenn deutsche Ausgaben greifbar sind; diese folgen vorab künstlerischen Kriterien, wohingegen es im gegebenen Zusammenhang ausschließlich um begriffliche und sachliche Genauigkeit geht. So mag es auch gerechtfertigt sein, Gedichte nicht nach Versen und Strophen anzuordnen, sondern linear in deutscher Prosafassung anzuführen – sie werden hier, genau so wie die narrativen oder publizistischen Texte, aus denen zitiert wird, ausschließlich als Dokumente herangezogen.

Für die Wiedergabe russischer Begriffe, Werktitel und Zitate, die naturgemäß nur für spezialisierte Leser von Interesse ist, wird die bibliothekarische Transkription nach ISO verwendet, für Autoren- und die meisten Ortsnamen die übliche Umschrift nach Duden. Diese Umschrift wird aus Gründen der Einheitlichkeit auch für jene russischen Persönlichkeiten verwendet, die ihren Namen nach eigenem Gutdünken ins Deutsche, Französische oder Englische transkribiert haben – „Alexander Herzen" erscheint also wieder als *Aleksandr Gerzen*, „Serge Diaghilev" korrekt als *Sergej Djagilew* oder „Vladimir Nabokov" als *Wladimir Nabokow*. Ausnahmen – und damit leider unvermeidliche Abweichungen – ergeben sich in zwei Fällen; einerseits bei international gebräuchlichen Herrschernamen (*Peter* statt „Pjotr", *Elisabeth* statt „Jelisaweta" oder „Elizaveta" u. ä. m.), andererseits bei längst eingebürgerten Städtenamen wie *Moskau* (statt „Moskwa").

Gewidmet sei dieses Buch George Bansky, André L. Blum, Pierre-Alain Clavien, Thomas Frick, Maria Anna Ortner, Monika Reichlin, Walter Weder – den Ärzten, die mich nach langem Zwischenhalt wieder auf den Weg gebracht haben.

Zürich, September 2006 *Felix Philipp Ingold*

I

Der russische Raum

1

In der programmatischen Einführung zu seiner groß angelegten *„Geschichte Frankreichs"* hat Jules Michelet mit auffallendem Nachdruck die Bedeutung des Lebensraums für die Geschichtsentwicklung und die Herausbildung des nationalen Volkscharakters unterstrichen. Das Volk als Material und als Akteur der Geschichte benötige in jedem Fall eine solide, weitgehend stabile Grundfeste, der es sich anvertrauen kann, die es trägt und ernährt. Der Boden als „gute starke Basis" sei Voraussetzung dafür, dass ein Volk sich als Staatswesen formieren und dass Geschichte sich vollziehen kann.

„Man bedenke", so heißt es weiter bei Michelet, „dass dieser Boden nicht bloß Schauplatz der Aktion ist. Durch die Ernährung, das Klima usw. nimmt er hundertfach Einfluss darauf." Und es folgt ein ebenso einprägsamer wie problematischer Vergleich: „Wie das Nest, so der Vogel. Wie die Heimat, so der Mensch." Ein Vergleich, den Michelet in einer weiteren kühnen Wendung auf das Verhältnis zwischen Geschichte und Geschichtsschreibung überträgt: „Die Geschichte nämlich bringt im Verlauf der Zeit viel eher den Geschichtsschreiber hervor, als dass sie von ihm hervorgebracht würde." Weshalb sich Michelet, nur scheinbar widersinnig, als Sohn seines Werks ausgeben kann: „Mein Buch hat mich erzeugt. Ich war sein Werk. Dieser Sohn hat seinen Vater hervorgebracht ... Wenn wir einander ähnlich sehen, ist es gut. Die Züge, die er von mir hat, sind zum großen Teil die, die ich ihm zu verdanken, die ich von ihm übernommen habe."[1] So wie Michelet, als Geschichtsschreiber, ein Produkt der Geschichte ist, die er schreibt und von der er gleichzeitig geschrieben wird, wäre also der Mensch das Produkt seiner Heimat und der Vogel das Produkt seines Nests.

Problematisch ist hier vorab die Analogiebildung zwischen „Heimat" und „Nest". Das Nest ist keine gewachsene, von der Natur vorgegebene Struktur, die ihren Inhalt – den Vogel – gestalthaft sich angleicht und in seinem Verhalten bestimmt. Vielmehr handelt es sich dabei um ein sinnreich konzipiertes, vom Vogel selbst instinkthaft erbautes Gehäuse, das primär als Brutstätte und zur Aufzucht seiner Nachkommenschaft genutzt wird. Wenn der Vogel, wie der Autor in seinem Verhältnis zum Werk, als Hervorbringung des Nests gedacht wird, müsste der Mensch, nach Michelet, als eine Hervorbringung der Heimat zu begreifen sein. Das wäre einigermaßen plausibel dann, wenn „Heimat" (*patrie*) generell für den geographischen Raum, den „Boden" (*terre, sol*) stünde, für eine immer schon vorhandene Region, eine Landschaft, ein Land.

„Heimat" ist aber keineswegs nur ein topographisch mehr oder minder genau festgelegtes Territorium, also nicht einfach ein „Stück Natur", sondern eine Welt für sich, die von der Natur und vom Menschen gleichermaßen gestaltet ist und die außerdem, überlagert von mythologischen, ideologischen und patriotischen Projektionen, ein eigenes, in aller Regel als Unikat beanspruchtes Weltbild abgibt.

Michelets Bonmot wäre entsprechend zu modifizieren. Wenn der „Vogel" so sein soll wie das „Nest", kann dieses, streng genommen, weder für „Heimat" noch für „Natur" stehen; denn „Heimat" ist eine komplexe Gemengelage von Natur und Kultur, in der eine jeweils vorgefundene natürliche Lebenswelt sich mit symbolhaften Bildern und metaphorischer Rhetorik zu einer kollektiven Mentalstruktur verbindet. Wenn aber mit „Heimat" lediglich ein geographisch definierter Naturraum gemeint ist, und das scheint bei Michelet der Fall zu sein, dann eignet sich das „Nest" nicht zum Vergleich dafür, da es im Unterschied etwa zum Baum, zum Kristall nicht *von* der Natur geschaffen ist, sondern lediglich *in* der Natur seinen Platz und seine Funktion hat.

Nicht nur in Frankreich, nicht nur bei Michelet hat sich das Konzept der Heimat mit der naturhaften Vorstellung des Nests verbunden; auch und gerade im russischen Geschichtsdenken mit seiner tendenziell stark organismischen Ausprägung wird der Nestvergleich immer wieder herangezogen, um Heimat – meist als Geburts-, als Mutterland (*rodina*) imaginiert – bildhaft zu vergegenwärtigen.

Dieses Bild präsentiert sich exemplarisch bei Aleksandr Schischkow, einem patriotischen Staatsfunktionär des frühen und mittleren 19. Jahrhunderts: „Das Land, wo wir geboren wurden; die Wiege, in der wir verzärtelt wurden; *das Nest, in dem wir gewärmt und aufgezogen wurden*; die Luft, die wir geatmet haben; die Erde, wo unserer Väter Gebeine ruhen und in die auch wir uns legen werden ..." Der stetige, durch Wiege und Grab markierte Generationenwechsel zwischen Vätern und Söhnen, der hier in Analogie gesetzt wird zum zyklischen, gleichsam naturhaften Geschichtsverlauf, erinnert an den „Weg des Korns", das sterben muss, damit Neues entstehen kann. Davon wird weiter unten noch die Rede sein.

Das Land, als Heimat, wird hier jedoch in eine Vergleichsreihe gerückt, zu der außer dem Nest sowie den Naturelementen Luft und Erde (Grab) auch die *Wiege* gehört, also ein Objekt der Alltagskultur, das nur von Menschenhand gemacht sein kann und das demnach zum Nest einen kategorialen Gegensatz darstellt. Ob Schischkow sich dessen bewusst war, ist weniger bedeutsam als die Tatsache, dass er den heimatlichen geographischen Raum – indem er ihn mit einem Gegenstand der materiellen Kultur vergleicht – nicht bloß als etwas Vorgefundenes, der Biosphäre Zugehöriges betrachtete, sondern als etwas von Menschen für Menschen zu Gestaltendes, etwas Traditionsbildendes auch. Für Schischkow gehören dazu außerdem die Sprache, die Gebräuche, die Gesetze, die Architektur, die Landschaftspflege.[2]

„Beginnen wir mit dem Studium der Geschichte irgendeines Volkes", wird später der Historiker Wassilij Kljutschewskij bestätigen, „so treffen wir auf eine Kraft, die in ihren Händen *die Wiege eines jeden Volkes* hält – die Natur seines Landes."[3] Kljutschewskij unterstreicht, dass die jeweils vorgegebenen Umweltbedingungen den Menschen physisch wie psychisch konditionieren, aus ihm einen regionalen oder nationalen Typus schaffen und selbst seine „Begriffe", seine „Gefühle", seine „Energie", sein „Streben" in unverwechselbarer Weise ausprägen. Zu den spezifisch russischen, von der vorherrschenden Landschaftserfahrung genährten Qualitäten gehören unter anderem die Bedächtigkeit, die Geduld, die Vorsicht, der Fatalismus.

Daraus hat in der Folge Dmitrij Lichatschow, populärer Kulturhistoriker und engagierter großrussischer Patriot, eine Reihe von Schlüssen gezogen, die in offensichtlich beschönigender Weise, aber doch auch im Konsens mit dem traditionellen russischen Selbstverständnis ein geradezu idyllisches, ganz in Harmonie aufgehendes Image vor Augen führen, das nichts erahnen lässt von der seit eh und je weit verbreiteten Rücksichtslosigkeit, mit der in Russland die scheinbar unerschöpfliche Natur ausgebeutet und geschändet, folglich auch höchst ineffizient genutzt wird.

Doch es entspricht einem weit verbreiteten russischen Naturverständnis und rechtfertigt auch den Vergleich der Heimat mit einem Nest, einer Wiege, wenn Lichatschow immer wieder, in fast wörtlicher Wiederholung, die „Kultur der Natur" und die „Kultur des Menschen" gleichsam symphonisch zusammendenkt und das Volk – den russischen Bauern – als Schöpfer des russischen historischen Raums herausstellt: „Der russische Bauer hat durch seine jahrhundertelange Arbeit die Schönheit der russischen Landschaft begründet. Er hat die Erde gepflügt und hat ihr dadurch bestimmte Dimensionen verliehen. Er hat seinem Kulturland ein Maß gegeben, indem er es mit dem Pflug abschritt. Die Grenzziehungen in der russischen Natur sind analog zur Arbeit des Menschen und seines Pferds, zu seiner Fähigkeit, mit Pferd und Holz- oder Eisenpflug einherzuschreiten, bevor er wieder umkehrt und dann von neuem vorangeht. Indem der Mensch die Erde glättet, räumt er all ihre scharfen Kanten, Erhebungen und Felsen weg. Die russische Natur ist weich, der Bauer hat sie auf seine Weise ausgetreten. Das Schreiten des Bauern hinter dem Pflug, der Harke, der Egge hat nicht nur die Roggen-‚Streifen' hervorgebracht, es hat auch die Waldgrenzen begradigt, hat den Saum der Wälder gestaltet, hat fließende Übergänge geschaffen vom Wald zum Feld, vom Feld zum Fluss ... Die russische Landschaft hat sich im Wesentlichen aus den Leistungen zweier großer Kulturen ergeben: der Kultur des Menschen, der die Schroffheiten der Natur gemildert hat, und der Kultur der Natur, die ihrerseits alle Gleichgewichtsstörungen, die ihr der Mensch unwillentlich zufügte, abgemildert hat."[4]

Auch wenn diese und eine lange Reihe ähnlicher Aussagen von Lichatschow allzu optimistisch daherkommen und zum Gemeinplatz tendieren, sind sie insofern von Interesse, als sie den exemplarischen, man könnte auch sagen: den prototypischen Russen mit dem Bauern gleichsetzen, der über Jahrhunderte hin, als Vertreter der weit überwiegenden Bevölkerungsmehrheit, das russische Natur- und Selbstverständnis viel tiefer geprägt hat als der Adlige oder der Intellektuelle, der in aller Regel Stadtbewohner und eher auf die westeuropäische Zivilisation denn auf die russische Erde ausgerichtet war. Richtig und einsichtig ist, dass das russische – bäuerliche – Weltbild weitgehend durch die Natur determiniert war, dass Raum und Zeit ihre natürliche Ordnung hatten und sich bis ins frühe 20. Jahrhundert eher mit religiösen Vorstellungen als mit wissenschaftlichen Einsichten verbinden ließen.

Man hat in diesem Zusammenhang vom Synkretismus der traditionellen Bauernkultur sowie des kollektiven bäuerlichen Bewusstseins gesprochen, die insgesamt einen Kosmos bilden, innerhalb dessen Mensch und Natur als harmonische Ganzheit zu denken sind, und also nicht, wie im Westen üblich, als ein Antagonismus, der den Menschen primär auf die Rolle des Bezwingers, des Begradigers, des Nutznießers der Natur festlegt.

Die bäuerliche Alltags- und Arbeitswelt war in Russland gleichermaßen und in enger Wechselbeziehung topographisch, klimatisch, vegetativ und wirtschaftlich determiniert, das Leben auf dem Land wurde naturgemäß strukturiert durch den Ablauf der Jahreszeiten und der landwirtschaftlichen Aktivitäten. Der Mensch empfand sich als Teil – Rädchen oder Schräubchen – des Kosmos: „In dieser synkretistischen Totalität (*celostnost'*) des bäuerlichen Kosmos gab es eine eigene Logik hierarchischer Unterordnung: vom Naturhaften zum Wirtschaftlichen und Sozialen, und erst dann zum Familiären und Persönlichen."[5]

2

Wie man sich die Wechselbeziehung zwischen dem „Menschen" und seiner „Heimat" auch vorstellen oder wünschen mag – die fundamentale wirtschaftliche, soziale, politische Bedeutung, die der „festen Basis" der natürlichen Umwelt zukommt, ist weithin unbestritten, wiewohl sie als geschichts- und kulturbildender Faktor nicht immer und nicht überall jene Aufmerksamkeit fand, die sie heute generell beanspruchen kann. In Bezug auf Russland allerdings, dessen „breite Natur" – Natur in geographischem wie in sozialpsychologischem Verständnis – sprichwörtlich geworden ist, waren sich Historiker unterschiedlichster Herkunft und Ausrichtung (von der marxistisch-leninistischen einmal abgesehen) stets einig darin, dass hier die Geschichtsentwicklung wesentlich unter dem Diktat des Raums erfolgte, der sich auf Grund seiner gewaltigen Dimensionen die Zeit untertan gemacht habe.

Der Raum sei für Russlands historische Existenz „wichtiger als die Zeit", hält dazu ein zeitgenössischer Autor dezidiert fest – die Zeit und damit der „Rhythmus der Geschichte" müsse sich durch den Raum und gegen dessen Widerstand „durchschlagen".[6] Zusammenfassend: „Der freie Erdgrund, Erde bis zum Horizont – das ist der beständigste Faktor der Geschichte Russlands. Die Aneignung grenzenloser Räume – durch die Landwirtschaft, die Ressourcenerschließung und im 20. Jahrhundert die Industrie – hat sowohl den extensiven Charakter der Ökonomie als auch die politische Kultur und die Züge der Volkspsychologie vorbestimmt. [...] Die betrübliche Folge der russländischen Ausrichtung auf den Erdhorizont (*k zemle do gorizonta*) war die Abkehr vom Staat, die Entfremdung von ihm. Indem man sich Verpflichtungen entzog, missachtete man die Rechte. Auf der Suche nach freier Erde geriet die Freiheit der Erde in Vergessenheit."[7]

Die Priorität des geographischen Raums vor der Geschichte hat auch Iossif Brodskij in manchen seiner historiosophischen Gedichte und Essays unterstrichen. Der Raum als solcher habe keine Geschichte, sei „bar der Vergangenheit" (*prostor lišen prošlogo*). Nach Brodskij ist der Raum der Geschichte vorgeordnet, so wie die Muse Urania – sie hält in ihren Händen den Globus! – der Muse Klio vorgeordnet ist; die Geographie provoziert die Geschichte, bietet ihr den Raum für ihre zufallsbedingte, aller Logik und Kausalität enthobene Entfaltung.[8]

Wiewohl die Bedeutung eines regionalen oder nationalen Lebensraums für die Geschichtsentwicklung einerseits, die Herausbildung des Volkscharakters andererseits von zahlreichen Autoren unterstrichen wird, steht keineswegs fest, in welcher Weise und in welchem Umfang geographische Gegebenheiten historisch, sozial, psychologisch wirksam werden. Eine bloß materialistische oder positivistische Betrachtungsweise genügt sicherlich nicht, um die vielfachen Wechselbeziehungen zwischen Natur und Geschichte, Natur und Gesellschaft, Natur und Mentalität darzulegen, sie in ihrem Ablauf, in ihrer Wirkung zu erfassen. Die Bevölkerung einer bestimmten Region, die Bürger eines bestimmten Staats sind ja nicht bloß ein *Volk* (oder *ein* Volk), sie setzen sich zusammen aus mehr oder minder frei reagierenden und agierenden Individuen, die eine jeweils vorgegebene Situation durchaus unterschiedlich beurteilen, bewältigen, allenfalls verändern können.

Was demgegenüber als Charakter, Seele, Mentalität einer nationalen oder regionalen Bevölkerung bestimmt wird, kann bestenfalls für deren *Mehrheit* Gültigkeit haben, nicht jedoch dem *einzelnen* Menschen gerecht werden. Dazu kommt, dass – gerade in Russland

– räumliche (regionale, lokale) Unterschiede ebenso wie zeitliche (geschichtliche, epochale) Entwicklungen differenzierend zu berücksichtigen wären. Doch sind es in aller Regel die mehrheitlich und über lange Zeiträume praktizierten Verhaltens- und Redeweisen, Gepflogenheiten, Bräuche und Kulturtechniken, aber auch Glaubensinhalte, Vorstellungen, Gemeinplätze, Meinungen, Überzeugungen – soweit sie dokumentiert sind –, auf Grund derer kollektive Mentalitäten oder nationale Selbstverständnisse erschlossen werden. Naturgegebenheiten, wirtschaftliche und soziale Verhältnisse, religiöse und imaginäre „Wirklichkeiten" können gleichermaßen mentalitätsbildend sein. Nationale Mentalitäten vermögen Einheit zu stiften insofern, als sie soziale Differenzen transzendieren und einen gemeinsamen Nenner schaffen zwischen individuellem und kollektivem Selbstverständnis. Mentalitäten sind beharrlicher, wandeln sich langsamer als politische oder wirtschaftliche Strukturen, sie überdauern – Russland ist dafür ein Musterbeispiel – dramatische geschichtliche Umbrüche, tief greifende Reformen und selbst Revolutionen. Zwar ist die russische Mentalität über die Jahrhunderte hin nicht unverändert geblieben, aber in ihren wesentlichen Zügen hat sich bis heute erhalten. Die Geschichte der russischen Mentalität wäre zu schreiben als die Geschichte der Langsamkeit und Kontinuität in der russischen Geschichte.

Entsprechende Stereotypien (wie „russische Seele", „russische Frömmigkeit", „autochthones Russentum", „Sowjetmensch" u. a. m.) sind bei all ihrer Banalität und Inkohärenz ernst zu nehmen als eine Art soziales Institut, aber auch als Konstanten nationaler Weltbilder und Staats- beziehungsweise Volksideologien. Russland spricht sich millionenfach in Bewusstseinszuständen und Redeweisen aus, sein Weltbild wie sein nationales Selbstverständnis sind das Ergebnis eines vielstimmigen, althergebrachten, gleichwohl aber bemerkenswert einheitlichen Diskurses, der vielerlei sozialpsychologische Komponenten wie auch mentale und spirituelle Ingredienzien in sich schließt.

Sicherlich genügt es nicht, den russischen Charakter, wie es oft geschieht, auf ein generelles Kollektivbewusstsein zu reduzieren, das bald *christlich-orthodox* – durch das Gemeinschaftsprinzip der „Konziliarität" (*sobornost'*) – begründet wäre, bald *kommunistisch,* und dies mit Verweis auf die traditionelle bäuerliche Lebensführung im Rahmen der Landgemeinde (*obščina; mir*) sowie die damit verbundenen, dadurch geprägten Verhaltens- und Denkweisen.[9]

Die dem russischen Charakter entsprechende soziale Grundeinstellung wird auch sprachlich fassbar dort, wo Ich und Du zusammengedacht werden. Während in gängigem westeuropäischem Verständnis Ich und/oder Du je einzeln in Erscheinung treten („ich oder du", „du und ich"), wird im Russischen die erste Person der Mehrzahl aufgeboten, um den Ich-Du-Bezug festzuhalten: „wir mit dir" (*my s toboj*) lautet dafür die alltagssprachliche Formel, in der das Ich bezeichnenderweise fehlt.

Wo im Folgenden von der russischen Mentalität, vom russischen Charakter oder auch, metaphorisch, von der „russischen Seele" die Rede ist, sei darunter ein Referenzsystem verstanden, anhand und innerhalb dessen die Lebenswelt wahrgenommen, aufgefasst, eingeschätzt, beurteilt wird, ein von der natürlichen Umwelt konditioniertes, langfristig tradiertes, gesellschaftlich akzeptiertes Wir- und Selbstverständnis, das bei allen, jedenfalls aber bei der überwiegenden Mehrheit der Angehörigen einer Bevölkerung oder Bevölkerungsgruppe in sämtlichen Lebenslagen zum Tragen kommt. Auch wenn die russische kollektive Mentalität in sich höchst widersprüchlich ist und die Widersprüchlichkeit sogar als eine ihrer wesentlichen Eigenheiten gilt, bildet sie für den Einzelmenschen doch eine Art inhärentes Handlungs- und Erkenntnismodell, das ihm die Erfassung, Einordnung, Bewältigung unterschiedlichster Probleme in allen Lebenszusammenhängen ermöglicht.[10]

Dass der russische Mensch in seiner jeweils individuellen Ausprägung – die ja auch atypisch, exzentrisch, einzigartig sein kann! – durch kollektivistische Modell- oder Klischeebildungen nicht adäquat und schon gar nicht vollständig zu erfassen ist, versteht sich von selbst. Aber hier und im Weiteren geht es gerade nicht um den Einzel- beziehungsweise den Sonderfall, es geht vielmehr darum, aus Quellen unterschiedlichster Art und Herkunft – vom Sprichwort und Märchen bis hin zu belletristischen und publizistischen Texten – jenes Robotbild zu rekonstruieren, das einem verbreiteten russischen *Selbstverständnis* entspricht.

3

Der geographische Raum Russlands – ausdehnungsmäßig seit dem 16. Jahrhundert (und noch heute) weltweit das größte Staatsterritorium – kann auf zweierlei Weise wahrgenommen und entsprechend ambivalent imaginiert werden.

In globaler Optik zeigt sich Russland als ein kontinentaler eurasischer Großraum, der sich, vom Pazifik bis zum östlichen Europa, über zehn Zeitzonen erstreckt, die Erde zu rund zwei Dritteln umgreift und ein Sechstel des gesamten Festlands des Planeten ausmacht. Immer wieder hat das russische Geschichtsdenken (und hat auch die patriotische Russlanddichtung) auf dieses Sechstel Bezug genommen, um die imperialen Ansprüche des Lands zu bekräftigen oder auch bloß seine geistige Vorherrschaft anzukündigen.

Ein wortreiches Beispiel dafür – andere werden weiter unten folgen – findet sich im Epilog zu Wladimir Odojewskijs *„Russischen Nächten"* aus dem Jahr 1844, einem Gründungsdokument des späteren slawophilen Messianismus; eine Reihe von rhetorischen Fragen verweisen hier implizit auf Russlands universalhistorische Sendung: „Wo ist jetzt der sechste Teil der Welt, der von der Vorsehung für große Taten bestimmt ist? Wo ist jetzt das Volk, welches in sich das Geheimnis der Rettung der Welt birgt? Wo ist dieser Auserwählte ?.. Wo ist er?"[11] Sinngemäß ein Gleiches, dies jedoch in programmatischer Selbstvergewisserung hat schon ein paar Jahre früher der konservative Publizist Nikolaj Nadeshdin in einem Aufsatz über *„Europäertum und Volkstum"* vorgetragen: „Unser Vaterland hat, kraft seiner grenzenlosen Weitläufigkeit (*obširnost*), die sich über ganze drei Weltteile erstreckt, das volle Recht, ein besonderer, autochthoner, selbständiger Teil des Universums zu sein. Braucht es sich da als Ehre anzurechnen, an Europa angeschlossen zu sein, an dieses kleine Stückchen Erde, das keinem seiner Gouvernemente gleichkommt?"[12]

Augenfällig werden unter diesem Gesichtspunkt vor allem die territorialen *Dimensionen* Russlands, die scheinbar unbegrenzten, deshalb „unfassbaren russischen Räume"[13], die noch zur Zarenzeit rund doppelt soviel Grundfläche aufwiesen wie jedes andere Land sonst und die bis heute die weltweit größte Variationsbreite an Vegetations-, Klima- und Kulturzonen in sich schließen. Demgegenüber eröffnet die nationale Perspektive einen geographischen Raum, der sich größtenteils als *Tiefebene,* mithin als Ferne und Weite – ohne merkliche vertikale Strukturbildungen – darbietet.

Die natürlichen Grenzen dieses 22,4 Mio km² messenden Großraums, von dem rund 80% unter 500m ü. M. liegen, waren erreicht in der Sowjetzeit, als das Staatsterritorium im Westen und Süden an die Karpaten, den Kaukasus und die Hochgebirge zum indischen Subkontinent, zur Mongolei und China stieß, im Norden und Osten an die umliegenden Meere – von der Ostsee bis zum Bering- und zum Ochotskischen Meer).[14]

Noch in der frühen Stalinzeit, nach Revolution und Bürgerkrieg, hat ein deutscher Kulturhistoriker in wenigen Strichen ein Russlandbild skizzieren können, das durch die Karte der Sowjetunion deutlich das alte Zarenreich und durch die neue Ideologie die alte Mentalität durchschimmern ließ – die Geschichtsentwicklung hatte einen völlig neuen Staat entstehen lassen und sollte auch einen völlig neuen Menschen hervorbringen, doch die geographischen Gegebenheiten blieben davon, trotz kriegs- und wirtschaftsbedingten Verheerungen, naturgemäß unberührt: „So gewalttätig und erfolgreich das Großrussentum sich auch ausbreitete und Macht und Land gewann, so unzureichend dünkte dem daheimgebliebenen, nicht selbst kolonisierenden Stammvolke das eigene Land: beeindruckt durch die weite und flache Endlosigkeit wollten diese Menschen, nach unüberlegter Dezimierung ihrer Wälder, über den Boden weggehen, sich aber nicht in ihn eingraben, auf ihm in die Höhe bauen. ‚Russische Bauern gehören der Erde und die Erde gehört ihnen, man kann sie von der Oberfläche kaum unterscheiden' – diese aber kennt keine Erhebungen, höchstens geringe Hügel, einige steilere Ufer längs trägen, breiten Strömen. Russlands große Flüsse: Dwina, Dnepr, Dnestr, Don, Wolga, mit ihren zahlreichen Nebenflüssen zum Weißen wie zum Schwarzen Meer, dem Asowschen Meer und dem Kaspisee führend, wurden zu entscheidenden Wegen, zum wichtigsten Faktor der Lebensverschiebung, der Fahrt und Wanderung – Symbol der Freiheit und der russischen Leidenschaften, Untiefen, Stockungen, Maßlosigkeiten. Wolken berührende Gebirge, die in Mitteleuropa soviel bedeuteten und unter Lebensgefahr bezwungen sein wollten, die Völker trennten und zu individuellen Eigenarten ihrer Kultur zwangen – blieben unbekannt, Naturschätze enthielt die Mitte des Landes fast gar keine. Arm und wenig versprechend alles Eigene – verlockender daher fremder Ertrag, die Länder hinter den andern Ländern. Die Flüsse [...], in der Neuzeit durch ein vortreffliches Kanalsystem so weit wie möglich nutzreich verbunden, bieten den Bewohnern stärkere Eindrücke. Deshalb schwärmt jeder Russe von der Wolga, jeder Ukrainer vom Dnepr, der Kosak vom ‚stillen Don'. Das große russische Flachland kennt kein Gebirge; der nordrussische Landrücken, der die Wasserscheide zwischen der Dwina und Wolga bildet, ist kaum über 200m hoch; das Plateau von Mittelrussland, das im Norden bei der Waldhöhe (351m) beginnt und sich zum mittleren Don südwärts und im Westen bis zur Wolga zieht, erreicht erst im Süden eine Höhe von 300m. Die mittlere Erhebung von 100 bis 160m kennt nur Hügel und niedere Dämme, Bodenschwellungen, die den Eindruck der Fläche nicht zu verwischen vermögen. Alles ist übersichtlich, einfach und zugänglich. Früher boten die Wälder Geheimnisse und mythisches Dunkel; als sie zerrissen und in kleinere Flächen zerstreut waren, verlor der Wald seinen Ursinn, den er für die alten Slawen noch in hohem Maße gehabt hatte. Jetzt verblieb dem Volk nur die Erde und der weite Horizont als wichtigstes Erlebnis der Natur: Weiträumigkeit und Eintönigkeit, die Gleichheit allen Seins."[15]

In dieser knappen, gleichsam physiognomischen Beschreibung, die der Autor, bewusst oder unbewusst, auch mit sozialen und emotionalen, mit ethischen und ästhetischen Momenten anreichert, wird die russische Landschaft wie eine Folie ausgebreitet, in die der Volkscharakter immer schon eingeschrieben war, von der die russische Mentalität für immer bestimmt sein wird.

Karte der Russländischen Föderation (aus dem CIA World Factbook, hier nach der deutschen Version von Wikipedia).

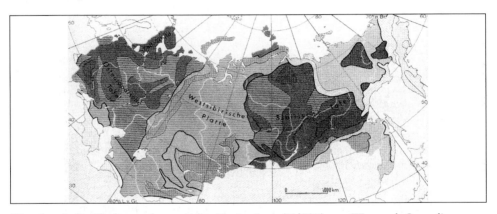

Die tektonische Gliederung des russischen Territoriums (UdSSR): von West nach Ost – die westrussische Ebene (bis zum Ural), die zentralsibirische Ebene und das sibirische Plateau.

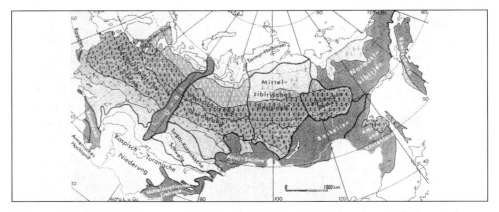

Die naturräumliche Gliederung: von Nord nach Süd – Tundra/Waldtundra; nördliche, mittlere, südliche Tajga; Waldsteppe/Steppe; Halbwüste/Wüste.

Vegetationszonen – oben Tundra; *Mitte* Westsibirische Landschaft; *unten* Wüstenlandschaft in der kaspischen Tiefebene.

Mit einer Grundfläche von rund 17 Mio. km² ist die gegenwärtige Russländische Föderation noch immer um ein Vielfaches größer als Europa (ca. 10 Mio. km²), mit dessen Einzugsgebiet sie sich auf 4 bis 5 Mio. km² überschneidet. Unter diesem Gesichtspunkt kann tatsächlich von einer „territorialen Europa-Transzendenz" Russlands gesprochen und auf die Zugehörigkeit Russlands zum europäischen Kulturraum verwiesen werden.[16] Und mehr als dies; es scheint, dass sich im größten Land der Erde über die Jahrhunderte hin ein nationales (eher „physisches" denn politisches) Selbstverständnis ausgeprägt hat, für das zwei miteinander verquickte Spezifika charakteristisch sind – einerseits die territoriale und in Verbindung damit auch die mentale („geistige", „volkspsychologische") Unfassbarkeit, andererseits die Vorstellung fehlender oder ständig sich verändernder beziehungsweise sich erweiternder Grenzen.

4

Nicht nur die autoritäre zentralistische Staatsmacht hat Russland während Jahrhunderten im Ringen mit der rauhen und wenig produktiven Natur sowie mit übermächtigen Invasoren das Überdauern gesichert, sondern auch eine Bevölkerungsmehrheit, die dem Kollektivismus vor dem Individualismus, gemeinsamen Interessen vor privatem Besitz, geistigen vor materiellen Gütern stets Priorität eingeräumt hat. Und Russland hat bekanntlich nicht bloß überdauert, es ist stetig größer und mächtiger geworden.

Innerhalb von rund 400 Jahren (von der Mitte des 15. bis zum Beginn des 20. Jahrhunderts) hat es sein Territorium von 0,4 Mio km² auf 21,6 Mio km² (ohne die Binnengewässer) erweitert und seine Einwohnerzahl von 2,5 Mio (1462) auf 151 Mio (1916, ohne Finnland und Polen) erhöht, es ist durch den Erwerb weitläufiger Meeresanstöße (Ostsee, Nordmeere, Schwarzes und Kaspisches Meer, Pazifik) zur Seemacht geworden und hat sich auf dem eurasischen Kontinent mehr als 200 Völker und Völkerschaften einverleibt. In der Tat hat die Mächtigkeit des vaterländischen Territoriums im russischen Selbstverständnis wie auch in der russischen Geschichtsentwicklung nicht primär das Trägheits-, das Beharrungsmoment hervortreten lassen, sondern umgekehrt das Moment eigendynamischer Expansion nach dem Prinzip „je mehr, desto mehr". In der russischen Historiosophie kommen denn auch auffallend stark geopolitische Interessen zum Tragen – sie reichen, über Jahrhunderte hin, bis zur Idee einer von Russland ausgehenden Weltrevolution mit nachfolgender kommunistischer Weltherrschaft.

In seinem *„Moskauer Tagebuch"* von 1926/1927 teilt Walter Benjamin die aufschlussreiche Beobachtung mit, wonach in der damaligen kommunistischen Metropole Landkarten der Sowjetunion unter freiem Himmel ausgelegt und zum Verkauf angeboten wurden, die der Bevölkerung nicht nur den „sechsten Teil der Welt" vor Augen führen, sondern offenkundig auch suggerieren sollten, dass es sich bei diesem sechsten Teil lediglich um den aktuellen, nicht aber um den definitiven territorialen Status des Lands handelte, von dem anzunehmen war, dass es über kurz oder lang *die ganze Welt,* und nicht bloß ein Sechstel davon umfassen würde. „Russland beginnt dem Mann aus dem Volke Gestalt anzunehmen", notiert Benjamin: „Ein großer Propagandafilm ‚Der sechste Teil der Welt' [von Dsiga Wertow] steht bevor. Auf der Straße, im Schnee, liegen Landkarten von SSSR, aufgestapelt von Straßenhändlern, die sie dem Publikum anbieten. Meyerhold verwendet die Landkarte in ‚Dajosch-Jewropa' [Her mit Europa!] – *der Westen ist darauf ein kompli-*

ziertes System kleiner russischer Halbinseln. Die Landkarte ist ebenso nahe daran, ein Zentrum neuen russischen Bilderkults zu werden wie Lenins Portraits."[17]

So wie die Sowjetunion ideologisch – durch die Propagierung des Marxismus-Leninismus als einzig valabler Menschheitsphilosophie – die Welt zu überzeugen und zu überziehen suchte, war sie geopolitisch bis in ihre Spätzeit darauf ausgerichtet, weltweit (und sei es auch nur durch Stellvertreter wie Kuba oder Angola) Präsenz zu markieren und den Kommunismus als „Weltkommunismus" durchzusetzen. Das Territorium sollte also immer noch größer, dessen Grenzverlauf immer noch weiter vorgeschoben werden, bis letztlich das Land mit der Welt, wenn nicht gar mit dem Universum zusammenfiele.[18] Dieses Programm – diese Utopie – ist denn auch im sowjetischen Wappen visualisiert worden durch die Darstellung der Weltkugel unterm Zeichen von Sichel, Hammer und Rotem Stern. Die politischen und ideologischen Kriterien bei der Schaffung des neuen Staatswappens überwogen die heraldischen, Sichel und Hammer mussten mit naturalistischer Genauigkeit, also ohne jegliche Verfremdung oder Schematisierung dargestellt werden; die Erdkugel wurde vom beauftragten Graphiker I. I. Dubassow nach einem Globus gezeichnet, der so aufgestellt wurde, dass von der UdSSR möglichst das gesamte Territorium zu sehen war.[19]

In einem brillanten, noch zur Zeit des Kalten Kriegs verfassten Essay hat E. M. Cioran diesen Sachverhalt mit skizzenhafter Simplizität und Klarheit umrissen. Eine ideologische Erdkarte würde zeigen, meint er, dass Russland sich weit über seine physischen und politischen Grenzen hinaus erstreckt, dass es sein geistiges Territorium „nach Lust und Laune" ausdehnt und dass seine Präsenz – sein Vorhandensein wie seine Gegenwart – weltweit wie eine Epidemie um sich greift: „Russland, ein Phänomen ohne Parallele, musste seine Expansionsabsichten mit seiner unermesslichen Weite rechtfertigen. ‚Sobald ich genug habe, warum soll ich nicht *zuviel* haben?' Dieses Paradox liegt in seinen Kundgebungen und in seinem Schweigen. Es machte das Unendliche zu einer politischen Kategorie ..."[20]

Nach der Auflösung der UdSSR und der nachfolgenden Entstehung der GUS hat sich Russland jedoch, vor allem im zentralasiatischen Süden, weit hinter seine früheren Gebirgsgrenzen zurückziehen müssen, wodurch naturgemäß sein traditionelles Selbstverständnis als „grenzenloses" Flachland wiederbelebt und erneut das Bewusstsein dafür geweckt wurde, wie einförmig dieses Land, das über Millionen von Quadratkilometern kaum eine Erhöhung von mehr als 500m aufweist, in topographischer und vegetativer Hinsicht ist. Die weitläufige Dominanz der Horizontalität in diesem Landschaftsgefüge bewirkt allerdings, dass selbst geringe vertikale Abweichungen – ob ansteigend oder abfallend – gemeinhin, zumal aus der Nähe, als abrupte Steilhänge, hohe Böschungen, tiefe Schluchten wahrgenommen werden.

Die Überschätzung oder Übersteigerung der Vertikalität betrifft nicht zuletzt (und besonders augenfällig) den rund 2000 Kilometer langen und bis zu 150 Kilometer breiten Gebirgsriegel des Ural, der die Schwelle zwischen dem europäischen und asiatischen Einzugsgebiet Russlands bildet, der aber – wiewohl als gewaltige Erhebung wahrgenommen – bloß eine durchschnittliche Höhe von 800 bis 1200 Meter aufweist. Weder die unterschiedlichen Vegetationszonen, die sich – von Norden nach Süden – als Tundra, Tajga, Mischwald, Steppe, Halbwüste und Wüste gürtelartig über rund 4000 Kilometer erstrecken, noch die Vielfalt der Bevölkerung, die weit über hundert Ethnien umfasst, ändern etwas daran, dass als Hauptmerkmale der russischen Landschaft stereotyp deren *Flächenhaftigkeit* und *Eintönigkeit* genannt werden.

„Ein Sechstel der Erde!" – ein geopolitischer Slogan der UdSSR. *Oben links* Die Lage und Ausdehnung der UdSSR auf dem Globus; *oben rechts* Staatswappen der UdSSR (Version 1956-1991) – zwischen Sowjetstern (oben) und Sonne als Symbol der Aufklärung (unten) die Weltkugel mit Hammer (für das Proletariat) und Sichel (für die Landwirtschaft); die rote Schlaufe wiederholt in manchen Sprachen der UdSSR den Marx'schen Slogan „Proletarier aller Länder, vereinigt euch!" Das messianistische Programm der russischen „Allweltlichkeit" und der kommunistischen Weltrevolution ist durch die Weltkugel gleichermaßen beglaubigt; *unten links* Die Erdkugel als Symbol für die Weltrevolution – anonymes Plakat zum 1. Mai (o. J.); die Fahne mit der Aufschrift „Proletarier aller Länder vereinigt euch!" ist im russischen Territorium verankert und wird hier von Angehörigen unterschiedlicher Nationalität gegrüßt; *unten rechts* Ein Sechstel der Erde – die UdSSR – steht für die ganze Welt. Iwan Leonidows Modell für Gebäude und Symbol des Lenin-Instituts (1927). Die Kugel ist ein oft verwendetes Element der russischen Revolutionskunst und -architektur.

Der Dichter Afanassij Fet, der auch als Landschafts- und Landwirtschaftsexperte hervorgetreten ist, hat nach der Bauernbefreiung von 1861 kritisch festgehalten, dass die „Liebhaber der slawischen Weite" (*šir*) allzu oft die Tiefe vergessen und die „flache Breite" (*ploskaja širina*) zur Grundlage ihres Lebens beziehungsweise ihrer Lebensauffassung gemacht hätten. Auf die Flächenhaftigkeit der Landschaft wird hier mehr oder minder explizit die „Oberflächlichkeit" der Bevölkerung zurückgeführt.[21]

5

Dem allgemeinen Bewusstsein der Bevölkerung wie auch dem Augenschein reisender Ausländer haben sich die doch sehr differenzierten Vegetationszonen entweder als Wald (im Westen und Norden) oder als Steppe (im Osten und Süden) eingeprägt. Wald und Steppe sind die vorherrschenden Erscheinungsformen der russischen Natur insgesamt, und beides verbindet sich von der Anschauung wie von der Erfahrung her am ehesten mit dem russischen Tiefland. Unabsehbar weitläufige Wälder zogen sich noch im 17. Jahrhundert von den osteuropäischen Randgebieten bis weit über Moskau hinaus, Waldgebiete, in die die Städte und Dörfer gleichsam organisch als besiedelte Lichtungen eingelassen waren.

Bis in die Regierungszeit Katharinas II. bildete der Wald die rauhe, durchaus primitive Lebenswelt der russischen Bevölkerungsmehrheit. Man lebte im Wald, man lebte vom Wald. Der Wald, dessen Nutzung und Rodung äußerste Anstrengung erforderte, lieferte nicht nur Bau- und Brennholz sowie das Material für Gebrauchsgegenstände und Arbeitsgeräte, sondern auch wichtige Ressourcen für die Ernährung (Pilze, Honig) und Kleidung (Pelze, Bast). Der Wald bot Schutz vor äußern Feinden, denen ja weder Berge oder unüberwindbare Gewässer, noch Festungsbauten entgegenstanden. In zweifacher Hinsicht war der Wald eine ständige Gefahrenzone, bevölkert von Raubtieren (Wolf, Bär), durchstreift von räuberischen Trupps, die die sesshaften, hart arbeitenden Kolonisten bedrohten, bevor diese durch ausgedehnte Rodungen mehr freien Raum geschaffen, aber auch die Natur so schwer geschädigt hatten, dass sich manche wirtschaftskritische Zeitgenossen – darunter Dostojewskij, Tolstoj, Tschechow – zu öffentlichem Protest veranlasst sahen.

Bis ins 20. Jahrhunderte wurde der russische Wald mehrheitlich als düsterer, ja unheimlicher Lebensraum erfahren, der denn auch im Bewusstsein seiner Bewohner lange von einer Vielzahl von Schreckgespenstern und Dämonen besetzt blieb. Wladimir Korolenkos legendenhafte Meistererzählung „*Der Wald rauscht*" (1886) und noch der große Traktat „*Zur Verteidigung eines Freundes*" (1947) – der „Freund" ist der russische Wald – von Leonid Leonow legen auf beeindruckende Weise Zeugnis davon ab.

Durch diverse vegetative Zwischenzonen ist das nordwestrussische Waldgebiet, das man auf Grund seiner Ausdehnung, die zugleich als Tiefe erlebt wird, und wegen seines großen Rauschens immer wieder mit einem wogenden Ozean verglichen hat, vom südlicheren Steppengürtel getrennt. Die Steppe, karger Keimgrund für Acker- und Weideland, aber auch Schauplatz – während Jahrhunderten – von zahlreichen Schlachten und räuberischen Auseinandersetzungen zwischen Russen und Tataren, Russen und Türken, Russen und Kosaken, bildet zur Waldzone einen in jeder Hinsicht markanten Kontrast, kann eigentlich als deren Gegenwelt gelten und stimmt mit ihr gleichwohl darin überein, dass auch sie in ihrer räumlichen Ausdehnung unüberschaubar, uneinsehbar ist – so wie der Mensch in der Tiefe des nach allen Seiten endlos sich erstreckenden Walds verloren gehen kann, riskiert er in der allseits offenen Steppe, jedes Ziel aus den Augen und aus dem Sinn zu verlieren. „Keine Wohnstatt ist in diesen weiten Räumen zu sehen, keinerlei Laut zu hören in der Runde", berichtet Kljutschewskij in der dritten Vorlesung zu seinem berühmten *„Cursus der russischen Geschichte"*, „und den Beobachter erfasst das unheimliche Gefühl unerschütterlicher Ruhe und unaufweckbaren Schlafs, ein Gefühl der Ödnis und Einsamkeit, das Anlass gibt zu gegenstandsloser untröstlicher Versonnenheit ohne jeden klaren, präzisen Gedanken."[22]

Anton Tschechow hat diese einzigartige Raumerfahrung in seiner *„Beschreibung einer Reise"* durch die Steppe 1888 sachlich und dennoch höchst poetisch festgehalten, die Erfahrung menschlicher Verlorenheit inmitten einer weiten Landschaft, deren Horizont, wie eine unsichtbare Naht, Erde und Himmel zu vereinen scheint. „Anfangs kroch weit vorn, wo der Himmel mit der Erde zusammenlief, unweit von niedrigen Grabhügeln und von einer Windmühle, die von fern wie ein kleines Menschlein aussah, das mit den Armen gestikulierte, ein breiter leuchtend gelber Streifen über die Erde hin; eine Minute darauf flimmerte ein ähnlicher Streifen schon etwas näher auf, kroch darauf nach rechts und fasste die Hügel ein [...], und mit eins warf die ganze Steppe den Halbschatten der Frühe von sich ab und lächelte und blitzte vor Tau. [...] Indes, nur wenig Zeit verging, da war der Tau bereits verdunstet; die Luft erstarrte, und die betrogene Steppe nahm aufs neue das melancholische Juliaussehen an. Das Gras hing herab, das Leben rings erstarb. Die verbrannten Hügel mit ihren schattenhaften ruhigen Farben, grünlich braun und in der Ferne lila, die Ebene mit der nebligen Ferne und dem darüber gestülpten Himmel, der einem in der Steppe, wo es keine Wälder und Berge gibt, so furchtbar tief und durchsichtig vorkommt, schienen jetzt endlos geworden zu sein, erstarben in Schwermut ..."[23]

Anders als der dichte und düstere russische Wald, anders auch als die massiven Gebirgszüge an der südlichen Peripherie des Landes war die Steppe durchweg positiv konnotiert, ihre Helle und Weite scheint weniger das Gefühl der Verlorenheit oder der Bedrohung hervorgerufen zu haben als das der uneingeschränkten Freiheit. Für versprengte Soldaten und entlaufene Bauern, für Händler, Pilger, Räuber, Abenteurer war die Steppe – russisch einst als „wildes Feld" (*dikoe pole*) bezeichnet und als „reines Feld" (*čistoe pole*) mit landschaftlicher Weite und Offenheit schlechthin identifiziert – so etwas wie ein extraterritoriales Naturreservat, dessen enorme Ausdehnung und allseitige Offenheit die Fahrenden zumindest davor bewahrten, *plötzlich* mit unerwarteten Gefahren und unausweichlichen Hindernissen konfrontiert zu sein.

Dazu kam, dass die Steppe für viele südwärts strebende Russen – etwa für Pilger, die unterwegs waren in den Mittleren Osten – gleichsam zur Durchgangszone in eine bessere Welt, ins Gelobte Land, ja ins Paradies wurde. Der bäuerliche „Zug" (*tjaga*) zum weiten Feld, das am Horizont unmittelbar in den Himmel überzugehen scheint, konnte sich ganz leicht verbinden mit dem allgemeineren, auch unter russischen Intellektuellen zu beobachtenden Hang, das Heil *hinter dem Horizont* in einem utopischen Wunderland und also nicht *bei sich zu Hause* suchen zu wollen.

In der Steppe machte man sich frei von manchen Zwängen, Gewohnheiten, Erwartungen, die Steppe hatte auch – wiederum im Unterschied zum Wald und zu den Städten – etwas Erhebendes, der Freiraum, den sie bot, wurde als Raum wie als Freiheit für grenzenlos gehalten, was nicht zuletzt durch die Sprache verbürgt ist, die mit zwei unterschiedlichen russischen Wörtern für Freiheit (*volja; razdol'e*) immer auch den *Raum* der Freiheit bezeichnet. In einer Erzählung aus den *„Aufzeichnungen eines Jägers"* von Iwan Turgenew wird in volkstümlicher Rede von einem Gang durch die Steppe wie folgt berichtet: „Und dann, hinter Kursk, kommen die Steppen, solche Steppenstücke, welche Verwunderung, welch ein Vergnügen für den Menschen, das ist Raum, das ist Freiheit, das ist doch wirklich eine Gottesgnade! Und da gehen sie, die Leute berichten davon, bis zu den wärmsten Meeren, wo der Vogel Gamajun mit seiner süßen Stimme wohnt, und wo von den Bäumen im Winter kein Blatt fällt und auch nicht im Herbst, und wo die Äpfel gülden wachsen an Silberzweigen, und wo ein jeder Mensch in Zufriedenheit lebt und in Gerechtigkeit ..."[24]

Viel später hat dann der Schriftsteller Aleksej Remisow in einer kühnen metaphorischen Wendung die mythische Vorstellung von der „Mutter-feuchte-Erde" umgedacht in das ganz anders geartete Bild Russlands als „Wüsten-Mutter" (*mat'-pustynja*). Für Remisow bestand die wesentliche Eigenart des Russentums darin, dass es das Haus zu Gunsten der Wüste, das Heim zu Gunsten des Wegs aufgegeben habe. „Die Wüsten-Mutter, die bittere, die feurige, zu der nur Auserwählte sich aufmachten, eröffnete sich durch Schicksalsfügung dem ganzen russischen Volk, dem auserwählten wie dem hergerufenen und eingeschlossenen."[25] Mit dieser ungewöhnlichen Optik korrespondieren manche Gesichtspunkte der „eurasianischen" Geschichts- und Staatsphilosophie, die das „Steppenprinzip" oder auch den „steppengebundenen Ursprung" (*stepnoe načalo*) konstitutiv mit der Entwicklung und Eigenart der russischen Kultur verbanden.[26]

6

Russland als Medium und Generator einer „lichten Zukunft" für alle – das gehörte bekanntlich auch noch zum propagandistischen Selbstverständnis der Sowjetunion, die ihre ausgedehnten Steppengebiete verschiedentlich mit größtem Aufwand, aber ohne nachhaltigen Erfolg urbar zu machen versuchte. Aufschlussreich (und zugleich ein Beleg für die Konstanz des russischen Weltbilds, in dem Raumerfahrung und Selbstverständnis ineinander aufgehen) ist nun, dass noch im postsowjetischen Russland das ausgedehnte Erdreich als ein Reich des Himmels, des Lichts begriffen und mit der Heideggerschen „Lichtung" verschränkt werden kann.

„Weil die russische Erde ein Himmel ist", sagt heute die Philosophin Tatjana Goritschewa, „gibt sie uns das Licht, in dem wir leben. Was Heidegger *die Lichtung* genannt hat, erweist sich für den russischen Menschen als etwas sehr Lebensvolles. Keine andere Erde erbringt eine derart machtvolle *Lichtung*, ein derart intensives und alles durchdringendes Licht, das ihren gesamten unendlichen Raum umgriffe. Dass unser Land so groß ist, war für Tschaadajew ein Alptraum – gäbe es diesen Raum nicht, niemand würde Russland zur Kenntnis nehmen. Doch ich verstehe das heute als einen großartigen Segen. Es gibt Raum genug, es gibt Raum für den Durchmarsch des Helden. Dies um so mehr, als unser Raum nicht bloß mit Erdöl und Erdgas angereichert ist, sondern auch mit einer unwahrscheinlichen mystischen Energie, welche Russland hervorbringt und welche es in andern Ländern nicht gibt."[27] Auch hier noch wird Russland, mit Bezugnahme auf den russischen Raum, in seiner Einzigartigkeit und Unverwechselbarkeit allen andern Ländern *gegenüber* gestellt: *entgegen* gesetzt.

Auffallend und durchaus bemerkenswert ist die Tatsache, dass dieses weitläufige und disparat besiedelte Land nicht als etwas Zusammengesetztes, sondern stets *ganzheitlich* begriffen wird, als *ein* unabsehbarer Landstrich mit fluktuierenden Grenzen, innerhalb dessen alle regionalen Unterschiede gleichsam eingeebnet sind. „Trotz des abgestuften Spektrums der natürlichen Zonen von der Tundra im Norden bis zur Steppe oder gar Halbwüste im Süden erscheint dieser Großraum in allen repräsentativen Gliederungen als übergeordnete Einheit, in welcher die Gemeinsamkeiten der Naturausstattung die regionalen Unterschiede überwiegen. Damit könnte dieser Großraum als der natürliche Rahmen der russischen Geschichte erscheinen."[28]

Bestätigt wird diese Vermutung, die ja wohl eher als These zu verstehen ist, sowohl durch ein weit verbreitetes „allrussisches" Heimatgefühl wie auch, mehrheitlich, durch die traditionelle russische beziehungsweise russozentrische Geschichtsschreibung. Kaum einer der großen einheimischen Historiker – von Karamsin und Solowjow bis hin zu Kljutschewskij, Platonow oder Schmurlo – hat es unterlassen, den „geographischen Faktor" als staats- und geschichtsbildende Kraft, die Natur wenn nicht als „Nest", so doch als „Wiege des Volkes" und insbesondere die räumliche Ausdehnung des Landes als vorbestimmende Prämisse für das herauszustellen, was man die „Seele", den „Charakter", die „Mentalität" des Russentums genannt hat und weiterhin zu nennen pflegt.

Nicht selten ist der „geographische Faktor", reduziert auf die Vorstellung räumlicher Weite und Homogenität, als eine spezifische Qualität, sogar als ein Verdienst Russlands und des Russentums behauptet worden. Der einflussreiche Publizist Pjotr Tschaadajew, der 1836 mit einem offenen *„Philosophischen Brief"* über den desolaten Sonderstatus Russlands Furore machte, war der Überzeugung, das Russentum habe sich nur „dank seiner nicht von ihm gewählten geographischen Lage über ein ungeheures Gebiet" ausgebreitet und seine Heimat sei „im Grunde nichts als eine rein physische, sozusagen geographische Tatsache, gewiss von ungeheurem Ausmaß, aber auch nichts weiter"[29]; ein Land, das seine geschichtliche Leistung stets durch räumliche Expansion kompensiert habe: „Damit man uns überhaupt wahrnahm, mussten wir uns von der Beringstraße bis zur Oder ausdehnen."[30] Und zusammenfassend, auch sich wiederholend schreibt Tschaadajew in seiner *„Apologie eines Irren"* von 1837: „Es gibt ein Faktum, das unseren Gang durch die Jahrhunderte beherrscht, das unsere gesamte Geschichte durchwirkt und gewissermaßen ihre ganze Philosophie enthält, das in allen Epochen unseres Gesellschaftslebens gegenwärtig ist und ihren Charakter bestimmt; ein Faktum, das zugleich das Wesenselement unserer politischen Größe und die wahre Ursache unserer geistigen Ohnmacht ist: das geographische Faktum."[31]

Die übermächtige geographische Präsenz des Landes bildete, nach Tschaadajew, einen scharfen Kontrast zu seiner historischen Absenz im Konzert der europäischen Kulturvölker, bot aber auch – wenn man die zivilisatorische Rückständigkeit positiv als „Unverbrauchtheit", „Jungfräulichkeit", „Kindlichkeit" o. ä. auffasste – die einzigartige Chance, das alt und unproduktiv gewordene Europa abzulösen und mit frischer Kraft endlich in die Weltgeschichte einzutreten, deren russisches Einzugsgebiet bis anhin bloß ein „weißer Fleck" gewesen war. Spätere Denker, allen voran Fjodor Dostojewskij, haben diese hochgemute These geopolitisch verallgemeinert und messianisch forciert, indem sie Russland eine „allmenschliche" Sendung zusprachen und von ihm ein „neues Wort" erwarteten – gerichtet an die *ganze* Welt, die *ganze* Menschheit, die damit auf sanft imperiale Weise russifiziert, und das heißt auch: humanisiert werden sollte.[32]

7

Dem entsprach das ambivalente, zugleich patriotische und internationalistische Selbstverständnis Russlands als einer insulären, selbstgenügsamen „Welt für sich" *und* als eines kontinentalen „Welt-Reichs", eines „Länder-Konglomerats", eines „Vaterlands der Vaterländer" u. ä. m.³³ – ein durchaus populäres, politisch wie historisch folgenreiches Selbstverständnis, das in Expansionskonzepten wie der moskowitischen „Sammlung der russischen Erde" (14. Jh.), der Idee vom „Dritten Rom" (16. Jh.) oder von der „Dritten Internationale" (20. Jh.) seinen nachhaltigen Ausdruck fand und das sich besonders prägnant im Begriff des *mir* konkretisiert, der als Homonym gleichzeitig für die traditionelle russische Bauerngemeinde und für die Welt als Ganzes steht – die gemeinschaftliche, bis ins frühe 20. Jahrhundert erhalten gebliebene Lebens- und Arbeitswelt der russischen Bevölkerungsmehrheit wurde schon immer ganz selbstverständlich mit der Welt schlechthin, ja mit dem Universum zusammengedacht.³⁴

Mir bezeichnet also gleichermaßen eine lokale, durch gemeinsame wirtschaftliche und soziale Interessen sowie durch eine gemeinsame Glaubenspraxis verbundene *Gemeinschaft*, ein politisches *Gemeinwesen*, kann aber auch generell auf das *Volk*, sogar auf die *Menschheit* insgesamt bezogen sein. Die markante Doppelbedeutung des Begriffs („Welt", „Friede") hält stets die Tatsache präsent, dass die Gemeinschaft in all ihren noch so diversen Strukturen und Funktionen stets als eine Sphäre der Friedfertigkeit, der Harmonie, der Einigkeit gilt oder gelten soll.

Was *mir* genannt wird, steht in gewisser Weise auch für den russischen Begriff der Wahrheit beziehungsweise Wahrhaftigkeit (*pravda*): der Wahrheit, der Wahrhaftigkeit wird Genüge getan durch gemeinschaftliches Wollen, Entscheiden und Schaffen, wie es im bäuerlichen *mir* die Regel sein sollte. Bei Iwan Turgenew – und nicht nur bei ihm – gerinnt dieses russische Weltbild, das zugleich ein Bild der Welt schlechthin ist, zu einem lyrischen Idyll, dem jede geopolitische oder ideologische Einfärbung abgeht; in einem Gedicht aus den „*Senilia*" findet sich dazu die folgende Strophe: „Mich trug und trug eine Woge, | *Breit wie des Meeres Wogen!* | In meiner Seele herrschte Stille, | Sie stand über Freud und Leid ... | Kaum wagte ich es zuzugeben: | *Die ganze Welt gehörte mir!*"³⁵

Was hier als übersteigertes Hochgefühl – Ich- und Weltgefühl naiv verschmelzend – in Verse gefasst ist, rückt der späte Fjodor Dostojewskij, bei dem patriotische „Bodenständigkeit" (*počvenničestvo*) und kosmopolitischer Messianismus eine hybride Verbindung eingehen, mit pathetischer Eindringlichkeit in die universalistische, wenn nicht kosmische Perspektive des russisch-nationalen Denkens. Entsprechend zahlreich sind denn auch, in seinen politischen Schriften und Briefen, rhetorisch wirkungsstarke Begriffsbildungen mit den Präfixen „all-" (*vse-*), „ein-" (*edino-*) und „gemein-" beziehungsweise „allgemein-" (*obšče-*), die ausnahmslos auf Russland, auf das Russentum und dessen universalen Geltungsbereich bezogen sind – Begriffe wie „Allweltlichkeit" (*vsemirnost*), „Allmenschlichkeit" (*vsečelovečnost*), „Allmenschheit" (*vsečelovečestvo*), „Allgemeinmenschlichkeit" (*obščečelovečnost'*), „Allversöhnlichkeit" (*vseprimirimost*), „Allempfindsamkeit" (*vseotzyvčivost'*).³⁶

„Im russischen Charakter ist ein scharfer Unterschied vom europäischen festzustellen", vermerkt Dostojewskij im „*Tagebuch eines Schriftstellers*": „Die scharfe Besonderheit, dass in ihm vorzugsweise eine hoch-synthetische Fähigkeit zu Tage tritt, die Fähigkeit zur Allversöhnlichkeit und Allmenschlichkeit. Im russischen Menschen gibt es die europäische Kantigkeit, Undurchdringlichkeit und Hingebungsunfähigkeit nicht. Er kann mit allen auskommen und in alles sich einleben. Er kann sich ungeachtet des Unterschieds von Nationalität, Blut und Boden in die gesamte Menschheit einfühlen."[37] Man mag in solchen und zahllosen ähnlichen Statements „bodenständiger" russischer Patrioten (die nicht selten auch überzeugte „Allmenschen" sind) eine imperiale Anmaßung erkennen, doch sollte man dabei nicht übersehen, dass die „hoch-synthetische Fähigkeit", die Dostojewskij für das Russentum in Anspruch nimmt, vorab die Entwicklung und Ausprägung der russischen Kultur entscheidend beeinflusst hat.

Wladimir Solowjows philosophisches Konzept der „All-Einheit" (*vseedinstvo*), das die gesamte Lebens- und Geisteswelt der Menschheit in ihrer Diversität und Widersprüchlichkeit in sich aufnehmen, sie synthetisieren sollte in einem globalen, zwischen Kunst und Religion fluktuierenden schöpferischen Prozess, ist ein weiteres Beispiel für die russische Forderung – oder Heilsversprechung! – „absoluter Solidarität alles Existierenden". Damit harmoniert auch die Solowjowsche Weisheitslehre (Sophiologie), welche den Menschen mit Gott und der Welt in ganzheitlicher Synthese aufgehen lässt. Die gesamte Natur ist, laut Solowjow, beseelt, ist ganz Leben (*vsja živa*) – im Gesamten wie in ihren Teilen, alles ist durch geheime Bande miteinander verknüpft, alles atmet mit allem andern zusammen, allüberall wirken geheime Verbundenheit und unerforschliche Sympathie. Die Energie der Dinge fließt über in andere Dinge, jedwedes Ding lebt in allen, alle in jedem.[38]

Die Tatsache, dass diese „all-einheitliche" Philosophie von unterschiedlichsten russischen Autoren aufgenommen und weiterentwickelt wurde, dass sie selbst für die frühen Bolschewiki und die späten Stalinisten eine (naturgemäß uneingestandene) Offenbarung war, lässt darauf schließen, wie attraktiv „ganzheitliches", „einheitliches", letztlich auch „totalitäres" Denken in Russland damals gewesen und noch lange geblieben ist. Nicht umsonst gilt Wladimir Solowjow bis heute als der „russischste" aller russischen Meisterdenker.[39] Von „all-einheitlichem" Denken ist auch die Vorstellung geprägt, wonach das Russentum, die russische Kirche und, darüber hinaus, die Welt insgesamt als ein „organisches Ganzes" zu begreifen seien, die Vorstellung der russischen Nation als eines lebendigen Ganzen, dem jede einzelne Persönlichkeit auch „organisch" zugeordnet und in „liebendem Gehorsam" unterworfen sei.

Was Leonid Heller mit Bezug auf die künstlerische Moderne Russlands feststellt, kann in diesem Zusammenhang durchaus verallgemeinert werden. Demnach wäre die russische Kulturentwicklung grundsätzlich und unausweichlich darauf angelegt, eine „ureinheitliche" (*pervoedinaja*) allgemeinmenschliche Form kulturellen Schaffens und kultureller Kommunikation hervorzubringen, die nicht nur alle Russen, vielmehr alle vernunftbegabten irdischen und kosmischen Geschöpfe verbinden, sie durch eine gemeinsame Weltsprache – die letztlich auch das Schweigen sein könnte – harmonisch zu vereinen, so dass die Menschheit, befreit von allen zeit-räumlichen Zwängen, in „allweltlichem" Schöpfertum verschmelzen könnte. Von Russland sollte diese Entwicklung ausgehen, in Russland sollten die Voraussetzungen für die große „allweltliche" Synthese (oder Symphonie) geschaffen werden.[40]

Wie weitgehend der russische „Allmensch" mit dem Menschen schlechthin identifiziert wird, geht nicht zuletzt aus einer gängigen Redewendung hervor, die besagt, dass dort, wo *Menschen* froh beisammen sind, „russischer Geist" weht: *Zdes' russkim duchom pachnet!*

8

„Wir Russen empfinden unsere differenzierte Selbstbehauptung nur dann als wahr," betont der Dichter-Philosoph Wjatscheslaw Iwanow in seinem Vortrag *„Über die russische Idee"* von 1909, „wenn wir sie im Zusammenhang und in Harmonie mit der Selbstbestimmung des gesamten Volks wissen." Und im Rückgriff auf die slawophilen Apologeten der „Volkstümlichkeit" und „Bodenständigkeit", namentlich auf Dostojewskij, führt Iwanow weiter aus: „All-Einheit des Volks – das ist die unmittelbar fassbare äußere Form dieser Idee, die uns die Basis zu sein scheint für all unser Streben nach Versöhnung der Wahrheit der Erdenthobenen und der Wahrheit der Erde. Doch woher rührt dieses Streben nach völkischer All-Einheit? Woher entspringt dieser unaufhörliche, in der wandelbaren Gestalt geistiger und seelischer Bewegungen stets wiederkehrende Zweifel – ob wir, von der Wahrheit des Volks abgefallen, uns nicht verirrt hätten? Woher dieses barbarische Urmisstrauen gegen das *Kulturprinzip* selbst bei den genialsten Kulturheroen Russlands? Dieser bisweilen selbstmörderische Trieb, in den Fluten des Volkswesens alles aufzulösen, was sich abgesondert und emporgehoben hat, wiewohl diese Erhöhung ein Hochhalten des Lichts und Leuchtturms über dem dunklen Meere war."[41]

Als religiöse Entsprechung zu diesem vielberufenen Wir-Gefühl gibt es den russisch-orthodoxen Gemeinschaftsgeist (*sobornost*), für den die Sammlung, die Vereinigung der Gläubigen oberstes Ziel ist und der im „Sammlungsraum" der Kirche (*sobor*) seinen privilegierten Ort findet. Es ist die Idee der Nation als einer „gemeinschaftlichen Individualität" (*sobornaja individual'nost*), in die die Einzelpersönlichkeit eingelassen ist und aus der sie sich nährt, indem sie sich ihr „organisch, in liebender Demut unterwirft".[42]

Solche Zusammenhänge und Besonderheiten werden russischerseits auch heute noch – und nicht nur von nationalistischen oder populistischen Kräften – als „typische" Eigenarten hochgehalten. Davon zeugt exemplarisch die postsowjetische Parteienlandschaft, die trotz vielfacher Aufsplitterung und gravierenden ideologischen Differenzen fast durchweg – nach siebzigjähriger Alleinherrschaft der KPdSU – am Einheits- und Blockdenken, d. h. am Grundprinzip des Kollektivismus orientiert bleibt. Abgesehen davon, dass die *Kommunistische* Partei in beträchtlicher Stärke fortbesteht, lassen auch andere Parteien durch ihre Namenswahl ein vorwiegend kollektivistisches Selbstverständnis erkennen, das auf Alles *und* Eines ausgerichtet ist. Wenn einst im ausgehenden 20. Jahrhundert Parteien wie „Vaterland *Ganz* Russland", „Unser *Haus* Russland", „*Bund* Rechter Kräfte", „Kongress russischer *Gemeinschaften*", „Russländischer *Gesamtvölkischer* Bund" die politische Diskussion mitbestimmt haben, so ist ab 2000 – unter der Präsidentschaft Wladimir Putins – die neu gegründete Partei der „*Einheit*" mehr und mehr in den Vordergrund getreten und hat inzwischen die meisten andern Parteien verdrängt oder in sich aufgenommen; die Mitglieder und Sympathisanten der präsidialen „Einheit" (*Edinstvo*), die fast schon wieder eine Monopolstellung wie einst die sowjetische KP innehat, nennen sich denn auch zutreffend die „Einheitsreussen" (*edinorossy*) und unterstreichen damit ihr allrussisches Selbstverständnis.

Dieses alt hergebrachte, nunmehr neu aufbereitete russische Selbstverständnis hat während Jahrhunderten sämtliche Reformschocks, Kriegs- und Revolutionswirren so gut wie unbeschadet überstanden und scheint weiterhin die politische Kultur, die gesellschaftlichen Konventionen, die kollektive Mentalität der „Einheitsreussen" zu bestimmen. Dass es demgegenüber für liberale „westlerische" Kräfte, die den Individualismus stärken wollen, kaum eine Durchsetzungsmöglichkeit gibt, ist offenkundig; offenkundig aber auch, dass das „autochthone" (*samobytnyj*) Russentum am interkulturellen Dialog wenig interessiert ist, gerade weil es sich gleichermaßen für universell und einzigartig hält und weil es auf seinem prinzipiellen Anderssein ebenso beharrt wie auf der damit zusammenhängenden Überzeugung, dass kein Fremdverständnis ihm gerecht werden könne.

„Das historische Material, das die Geschichte Russlands darbietet, lässt sich auf die Schemata westlicher Historiker, die Träger einer andern Weltanschauung und anderer Denkweisen sind, nicht zurückführen und kann niemals vollständig erklärt werden durch die aus andern kulturellen Traditionen erarbeiteten Kategorien." Nur wer sich auf „die Tradition russischen Denkens" beziehe und sich dessen „kategorialen Apparat" zu eigen mache, könne für die „spezifische und singuläre Natur nicht nur der Wirtschafts-, sondern auch der sozialpolitischen Geschichte Russlands" ein adäquates Verständnis entwickeln.[43] Die behauptete Einzigartigkeit der russischen Natur und Geschichte wird also zusätzlich dadurch akzentuiert, dass man sie jeglichem Fremdverständnis entzieht – ihre Deutung und Würdigung ist einzig auf Grund der Innenansicht möglich.

Bereits im mittleren 19. Jahrhundert hatte der Dichter und Diplomat Fjodor Tjuttschew seinem Land einen Sonderstatus außerhalb jeglichen Maßes und jeglichen rationalen Verstehens zugesprochen, der einzig dem Glauben, niemals aber dem kritischen Blick von außen sich erschließen könne: „Diese ärmlichen Weiler, | Diese dürftige Natur", welche die Heimat ausmachen, das „vertraute Land der Duldsamkeit", das „Land des russischen Volkes" – „niemals wird der stolze Blick | Des Fremdlings es erfassen und bemerken, | Was in dir leuchtet insgeheim und scheint | Durch deine demutsvolle Blöße."[44]

Tjuttschew war es auch, der das konservative russische Selbst- und Staatsverständnis in poetisch geraffter, patriotisch zugespitzter Form so eingängig auf den Punkt gebracht hat, dass auch heute noch ein Großteil der Russen sich damit identifizieren und die entsprechenden Verse problemlos memorieren kann. In einem titellosen, nur vier Zeilen umfassenden und kreuzweise gereimten Gedicht von 1866 erklärt er Russland zu einem ideellen Objekt von besonderer Art, das „mit gemeinem Maß" (*aršinom obščim*) nicht zu messen, mit dem Verstand nicht zu fassen und also einzig dem Glauben zugänglich sei: „Mit dem Verstand ist Russland nicht zu begreifen, | Mit gemeinem Maß nicht auszumessen: | Es hat seine besondere Art – | An Russland kann man nur glauben."[45]

Die geographische Ausdehnung des Landes wird hier unterschwellig in Beziehung gebracht zu seiner geistigen Weite, die ebenso schwer einzugrenzen, zu erfassen ist. Das im Text verwendete Verbum *ponjat'* (verstehen, begreifen) wird im Russischen leicht mit *obnjat'* (umgreifen) assoziiert, beide Bedeutungen – konkret das Umgreifen, die Eingrenzung Russlands als Territorium wie auch abstrakt das Begreifen von Russlands geistigem Status – werden hier auf ebenso schlichte wie einprägsame Weise präsent gehalten. Bemerkenswert ist die Tatsache, dass Tjuttschew die Besonderheit Russlands *ex negativo* glaubhaft zu machen versucht – indem er eben darauf hinweist, welchen allgemeinen Kriterien das Land *nicht* entspricht. Einzigartigkeit und Andersartigkeit werden also keineswegs durch entsprechende Qualitäten, sondern durch Defizite dokumentiert, durch den Hinweis auf das, was Russland gerade *nicht* ist und wodurch es vom Rest der Welt abgetrennt, ausgeschlossen bleibt.[46]

„Für Europa ist Russland eines der Rätsel der Sphinx", behauptet und bedauert Fjodor Dostojewskij in einem *„Tagebuch eines Schriftstellers"*: „Eher wird ein *perpetuum mobile* oder ein Lebenselixier erfunden, als dass der Westen die russische Wahrheit, den russischen Geist und Charakter sowie dessen Ausrichtung erfasst. In dieser Hinsicht ist heute sogar der Mond viel genauer erforscht als Russland. Zumindest ist positiv bekannt, dass dort niemand lebt; von Russland aber weiß man, dass dort Menschen, ja sogar russische Menschen leben, doch was sind das für Leute?"[47] Was Dostojewskij – wie Tjuttschew und andere großrussische Nationalisten – dem Russentum als Verdienst oder als Gnade oder gar als Merkzeichen seiner Auserwähltheit zugute halten, wollen sie stets als ausschließlich *russische*, darüber hinaus als ausschließlich *positive* Eigenschaften verstanden wissen, wobei sie gleichzeitig betonen, dass russische Eigenart von nichtrussischen Beobachtern ohnehin – grundsätzlich – nicht zu begreifen sind.

Solch exklusives, zwischen „elitärem" Anspruch und „primitivem" Affekt ständig schwankendes Selbstverständnis wird auf scharfsinnige, dabei ganz und gar erbarmungslose Weise in der folgenden Realsatire zum Ausdruck gebracht: „Die Russen sind sehr gute Menschen insofern, als sie überhaupt das Gute sind. Jeder rechtschaffene Mensch auf Erden ist ein Russe. Zu den Russen gehören außer den Menschen auch einzelne besondere Elemente, einige Tiere, Geister, Pflanzen, Steine, Gewässer.

Die Russen unterwerfen sich nicht den Gesetzen der Physik, der Biologie und Psychologie. Sämtliche Geräte gehen beim Vermessen des russischen Menschen kaputt. Die Russen messen alles mit ihrem eigenen Maß, das unendlich ist. Der Russe ist zu großartig, um in irgendeine Definition zu passen."[48]

Dass sich russisches Selbstverständnis ganz allgemein und bis heute primär durch das definiert, was an ihm – verglichen mit dem Rest der Welt und insbesondere mit dem westlichen Europa – *anders* ist, belegt neuerdings eine mehrbändige Anthologie, die unter dem Titel *„Ein Anderes"* Beiträge zeitgenössischer Autoren über „Russland als Objekt", „Russland als Subjekt" und „Russland als Idee" versammelt, Beiträge, in denen Russlands prinzipielle Andersartigkeit unter wechselnden Gesichtspunkten aufgezeigt, behauptet, belobigt, beschworen, versuchsweise auch bewiesen wird.[49] Ein beredtes Beispiel für diese alternative Selbsterfassung des Russentums liefert der Kulturologe Matwej Malyj in einem schulbuchartig konzipierten Werk über die „russländische Zivilisation"; er schreibt: „Uns gibt all dies Grund genug zur Bekräftigung, dass die russische Kultur nicht einfach von der westlichen unterschieden ist (in dem Sinn, wie die englische von der französischen): die russische Kultur unterscheidet sich von der westlichen derart fundamental, dass wir die Existenz einer vollkommen abgetrennten russländischen Zivilisation behaupten können."[50] Die Unerfassbarkeit und Unumfassbarkeit Russlands wird hier zweifellos als ein Vorzug aufgefasst, und mit impliziter Polemik gegen den vom Verstand dominierten Westen wird das Land als geheimnisvoller Gegenstand des Glaubens mythisch überhöht.

9

Russlands Andersartigkeit und Unvergleichbarkeit ist immer schon und vor allem durch seine Ausdehnung beglaubigt. In der russischen patriotischen Rhetorik wird dies gemeinhin – vom 18. bis ins 20. Jahrhundert – unterstrichen durch die katalogartige Aufzählung von weit auseinander liegenden Orts-, Fluss- und Städtenamen. Panegyriker wie Feofan Prokopowitsch oder Michail Lomonossow haben Russland auf solche Weise hochleben lassen: das Lob Russlands wird zum Hohen Lied auf dessen Geographie.

Ganz in diesem Sinn und von Prokopowitsch vermutlich direkt beeinflusst ist ein 1886 unter dem Titel „*Die russische Geographie*" im Druck erschienenes zweistrophiges Gedicht Fjodor Tjuttschews, lyrische Summa seiner Reflexionen über das Verhältnis Russlands zu Europa. In diesem historiosophischen Gedicht wird Russland, und zwar das alte moskowitische Russland, genealogisch auf Rom und Konstantinopel („des Russenreiches vorbestimmte Metropolen") zurückgeführt, und gleich ist – hier in Frageform – auch von der Ausdehnung des Landes die Rede: „Doch wo ist sein Extrem (*predel*)? Und wo sind seine Grenzen (*granicy*) – | Nach Norden, nach Osten, nach Süden und nach Westen hin?" Sieben Binnenmeere und sieben gewaltige Flüsse gibt es auf russischem Gebiet, und dieses erstreckt sich – in staunenswerter geopolitischer Überdehnung – „Vom Nil zur Newa, von der Elbe bis China, | Von der Wolga zum Euphrat, vom Ganges zur Donau ... | Dies ist der russische Herrschaftsbereich ... und er wird niemals vergehn, | Wie der Geist es erschaut und Daniel es geweissagt hat."[51] Noch bei Nikolaj Gumiljow, 1921, bildet diese imperiale geographische Vision den Fluchtpunkt einer mehrstrophigen Dichtung, die – surrealistisch überhöht – die Irrfahrt einer Straßenbahn zum Thema hat; auch hier sind es, dem Vorbild Tjuttschews entsprechend, die Flüsse, durch die das Einzugsgebiet „im Abgrund der Zeiten" markiert wird: „... Schon haben wir die Mauer umfahren, | Sind durch einen Palmenhain geeilt, | Über die Newa, den Nil und die Seine | Donnerten wir über drei Brücken."[52]

Die Vergegenwärtigung Russlands vorab durch dessen Gewässer, namentlich der metaphorische Vergleich des Riesenkontinents mit einem Riesenmeer ist in der Poesie nichts Ungewöhnliches und findet (worauf weiter unten eingegangen werden soll) ein vielstimmiges Echo in diversen historiographischen Metaphernbildungen, die das russische Territorium und seine Grenzen, aber auch den russischen Charakter als „flüssig" oder „zerfließend" ausweisen.[53] Nebenbei und ergänzend sei dem beigefügt, dass Tjuttschews imperialer Patriotismus eine späte Entsprechung finden wird in der sowjetischen Landeshymne, die erstmals 1944 aus Moskau via Rundfunk zur Aufführung kam und die zu Weihnachten 2000 unverändert auch als Hymne der postsowjetischen Russländischen Föderation bestätigt wurde.

Die Hymne, deren Text von Sergej Michalkow und G. G. El-Registan gemeinsam verfasst wurde, besteht aus drei Strophen und ebenso vielen Refrains zu je vier Versen mit dem Reimschema abab. Allein im Refrain werden für die UdSSR drei verschiedene Begriffe eingesetzt, nämlich „Vaterland" (*otečestvo*), „Land" (*strana*) und „Bund von Brudervölkern" (*bratskich narodov sojuz*). Dazu kommt in der ersten Strophe, außer dem Namen „Russland" (*Rossija*), die Bezeichnung „Macht" (*deržava*), in der zweiten wird die „Heimaterde" (*rodnaja zemlja*) besungen, in der dritten kommt mit dem „Vaterland" (*otčizna*) ein weibliches Synonym zu *otečestvo* (neutral) zur Verwendung, das seinerseits assoziiert beziehungsweise gleichgesetzt wird wird mit der eher lebensweltlichen denn politischen Vorstellung von „weitem Raum" (*širokij prostor*).

In genauer Entsprechung zu Tjuttschews „*Russischer Geographie*" ist in der zweiten Strophe von der räumlichen Ausdehnung des Landes die Rede – „von den südlichen Meeren zur polaren Region" – und davon, dass Russland auf der Welt „allein" und „einzigartig" sei. Die dritte und abschließende Strophe lautet: „Weiten Raum für Traum und Leben | Eröffnen uns kommende Jahre. | Kraft gibt uns unsere Treue zum Vaterland. | So war es, so ist es und so wird es immer sein!"[54]

10

Auch der namhafte russische Historiker Jewgenij F. Schmurlo hebt in seiner exemplarischen „*Einführung in die russische Geschichte*" den besonderen Anteil der Landschaft an der Geschichtsentwicklung und Mentalitätsbildung hervor; mit Blick auf den westlichen Teil des russischen Imperiums zwischen Oder und Ural schreibt er, dass dieser „eine einzige unüberschaubare Ebene" bilde, die sich, durchwirkt von großen Flüssen, im Wechsel von Feld und Wald „über Tausende von Kilometern erstreckt": „Die unscheinbaren Erhebungen und die schwach konturierten Gebirgszüge, die man hier antreffen kann, vermögen den Eindruck eines riesigen, über flaches Gelände gebreiteten Tuchs nicht auszulöschen. In diesem Flachland entstand und entfaltete sich der russische Staat."

Ländliche wie städtische Gebiete, betont Schmurlo, seien „gleichermaßen geprägt vom Eindruck der Weite, des Freiraums, des gewaltigen Umschwungs": „Eben deshalb ist *das Gefühl für Weiträumigkeit und Flächenhaftigkeit zu einem typischen Zug des russischen Volksgeistes geworden.*" An dieser Stelle führt Schmurlo einen längeren deskriptiven Auszug aus Iwan Sabelins „*Geschichte des russischen Lebens*" aus den Jahren 1876–1879 an, der die russische Landschaft und deren ebenso bedrückende wie befreiende Monotonie eindrucksstark vor Augen führt: „Was an unserer flachen Landschaft besonders verblüfft, ist die sie umgreifende *unerschütterliche Stille und Reglosigkeit in allem*, in jeglicher Hinsicht: in der Luft und im Flusslauf, in der Kontur von Wald und Feld, in der Formgebung eines jeden dörflichen Gebäudes, in sämtlichen Farben und Nuancen, die die ganze Wesenheit unseres Landes umhüllen. Es ist, als wäre hier alles in Erwartung von etwas Unbekanntem geborgen oder läge tief in unaufweckbarem Schlaf. Es versteht sich von selbst, dass dieser Landschaftscharakter vor allem durch den unermesslichen Raum bedingt ist, durch die grenzenlose Flächenhaftigkeit, deren stumme Einförmigkeit durch nichts unterbrochen wird – weder in der Natur noch im Charakter der Siedlungen. Dazu kommt, dass unser Land gerade wegen seiner geringen, weit gestreuten Bevölkerung schon immer am ehesten einer Wüste ähnlich sah. Menschliche Siedlungen in Waldgebieten sind immer irgendwo hinter den Wäldern versteckt; in Steppengebieten liegen sie, dem Wasser so nah wie möglich, in tiefen, von der Steppe her nicht einsehbaren Senken. Deshalb hat der Reisende, der dieses Flachland kreuz und quer in waldloser Steppe oder endlosem Wald befährt, unentwegt die Empfindung, dieser ganze gigantische Raum sei eigentlich eine gigantische Wüstenei."[55]

Diese besondere Raumempfindung hat sich in weitesten Teilen Russlands – trotz der stetig sich erhöhenden Reisegeschwindigkeiten – bis in die jüngste Gegenwart fast unverändert erhalten und kann denn auch durch entsprechende Zeitzeugnisse aus vielen Jahrhunderten belegt werden. In seiner satirischen „*Geschichte einer Stadt*" (1870) – die Provinzstadt Glupow (von russ. *glupyj*, „dumm") ist repräsentativ für das Zarenreich insgesamt – hat der Schriftsteller Michail Saltykow-Stschedrin die Wüstenhaftigkeit Russlands in übertragener Bedeutung auch als dessen geistige Ödnis und als die vollkommene Leere der russischen Seele vorgeführt, als einen horizontlosen Leerraum, in dessen Mitte ein Gefängnis steht und der seinerseits eine wenn auch noch so weitläufige Strafanstalt ist. Die Unermesslichkeit des Freiraums, so lautet Saltykow-Stschedrins Verdikt, weiß der Russe immer nur als Strafraum zu nutzen: „In der Runde – eine Landschaft, die eine Wüstenei darstellt, in deren Zentrum ein Zuchthaus steht; darüber spannt sich, statt des Himmels, ein grauer Militärmantel ..." Und: „Falls infolge angestrengter stumpfsinniger

Aktivität die ganze Welt zur Wüste werden sollte, so würde den Stumpfsinnigen auch dies nicht schrecken. Vielleicht würde sogar – wer weiß es? – diese Wüste in seinen Augen eben jene Situation darstellen, welche dem Ideal des menschlichen Gemeinwesens entspricht."[56]

Das bedeutet nun aber nicht, dass Russland in vegetativer (wie in geistiger) Hinsicht als Wüstenei zu gelten hat, sein Wüstencharakter ergibt sich vielmehr aus dem leicht zu gewinnenden Eindruck uferloser Gleichförmigkeit, einem Wahrnehmungseindruck, der oft überlagert wird von der Vorstellung der Leere, der Unberührtheit, aber auch der unbegrenzten Möglichkeiten und der zumindest potentiellen „Macht des Raums", der „Macht der Erde", einer Macht übrigens, die keineswegs immer als positive geschichtliche Prämisse, sondern häufig auch als bedrückende Fatalität, wenn nicht gar als Fluch empfunden wurde. Der populistische Schriftsteller und Publizist Gleb Uspenskij hat der „Macht" (*vlast*), dem „Zug" (*tjaga*) der russischen Erde in den Jahren 1881/1882 eine Reihe von höchst eindringlichen Abhandlungen gewidmet, die das Russentum und dessen Mentalität als zutiefst erdverbunden, ja erdgebunden ausweisen: „Trenn den Bauern von der Erde, von jenen Aufgaben, die sie ihm auferlegt, von jenen Interessen, mit denen sie den Bauern erregt, – erreicht ihr, dass er sein ‚Bauerntum' vergisst, so wird es dieses Volk nicht mehr geben und auch nicht dessen Weltanschauung, nicht mehr die Wärme, die von ihm ausgeht. Und es bleibt allein der leere Apparat eines leeren menschlichen Organismus. Es ersteht eine seelische Leere, ‚totale Willkür', das heißt eine unbekannte leere Ferne, eine grenzenlose leere Weite, das schreckliche ‚geh fort, wohin du willst'..."

Unter dem elementaren Diktat der Erde kann der russische Mensch zum Unmenschen werden, ohne deswegen „schuldig" zu sein – ob der Bauer seine Frau, seine Kinder, seinen Nachbarn umbringt, seine Liebe zur Erde, seine Unterwerfung unter ihre Macht rechtfertigt ihn[57], hindert ihn jedoch nicht daran, sich von ihr auch immer wieder zu lösen, die Sesshaftigkeit zugunsten der Landstreicherei aufzugeben: seine Erdbindung – Faszinosum und Fatalität zugleich – ist nicht nur vertikal orientiert, sondern wirkt vorab in die Weite, ist auf die Fläche, den Horizont bezogen und mithin als kontinentale Bindung zu begreifen.

In späteren Jahren hat Uspenskij den Triumph des Erdreichs über die russische Seele mit den Worten eines sibirischen Landwirts ironisch relativiert, dessen gesunder Menschenverstand mit der Erdmystik der Russen nicht klarkommt: „Was ist das bloß für ein Volk, diese ‚Russländischen'! – brummte, gleichsam mit sich selbst beratend, der Sibirjake mit belustigtem Unverständnis vor sich hin. – Triffst du mit einem Russländer zusammen, so gibt's mit dem kein anderes Gespräch als immer nur – ‚Erde, Erde, Erde' und ‚Seele, Seele, Seele'. Und damit hat es sich, und andere Worte kennt er nicht."[58]

Von der „Last des Raums", von der „Last der Natur" hat denn auch, anders als die meisten russischen Geokulturologen, der Geschichts- und Sozialphilosoph Iwan Iljin gesprochen: „Dem Russen ist sein Schicksal in der strengen Naturgegebenheit zugewiesen. Unerbittlich verlangt die Natur Anpassung. Sie kürzt den Sommer, zieht den Winter hin, trübt den Herbst und lockt im Frühling. Sie schenkt den Raum, aber erfüllt ihn mit Wind, Regen und Schnee. Sie bietet die Ebene, gestaltet aber das Leben auf dieser Ebene schwierig und hart. Sie schenkt die Ströme und macht den Kampf um ihre Mündungen zur schweren geschichtlichen Aufgabe. Sie erschließt die Steppe im Süden und führt aus der Steppe plündernde Nomadenvölker herein. Sie gönnt fruchtbaren Boden in Trockengebieten und beschert einen Waldreichtum auf Moor und Sumpf. Abhärtung ist dem

Erde, Wege bis zum Horizont – heute wie gestern.

Russen Lebensnotwendigkeit, von Verzärtelung weiß er nichts. Die Natur verlangt von ihm Zähigkeit ohne Maß, schreibt ihm seine Lebensweise in vielen Hinsichten vor und lässt ihn jeden Lebensschritt mit harter Arbeit und Entbehrung bezahlen."[59]

11

Dass die Enormität des Raums auch auf die Zeit beziehungsweise das Zeitgefühl seine Auswirkungen hat, liegt auf der Hand. Die Monotonie unabsehbarer, rundherum nur durch den tiefliegenden Horizont begrenzter Landstriche erweckt, gerade beim Gehen und Fahren, den Eindruck, die Zeit stehe still – die Bewegung in diesem Raum wird als ein Treten auf der Stelle empfunden und scheint den „Lauf der Zeit" aufzuheben, so dass der Unterschied zwischen Vor- und Nachmittag, zwischen Tag und Nacht und selbst zwischen den Jahreszeiten kaum noch bemerkt wird. „Ob es Winter war, als ich meine Reise machte, oder Sommer, das ist für euch, denke ich, wohl gleichgültig", schreibt Aleksandr Radistschew in seiner *„Reise von Petersburg nach Moskau"* von 1790; und er fügt hinzu: „Vielleicht war es im Winter *und* im Sommer. Es widerfährt Reisenden [in Russland] ja nicht selten, dass sie im Schlitten ihre Fahrt antreten und im Wagen zurückkehren."[60]

Die durch das Raumerleben bewirkte Relativierung der Zeit wird in Erzählwerken und Lebenszeugnissen immer wieder – bald mit Verwunderung, bald mit Wehmut – als typisch russische Erfahrungstatsache rapportiert, und dies unabhängig davon, ob die Erfahrung aus der dynamischen Raumerschließung (Wandern, Pilgern, Arbeitsweg, Reisen) gewonnen wird oder aus bloßer Beobachtung der räumlichen Verhältnisse.

Noch heute findet die relativistische Zeiterfahrung der Russen in manchen alltäglichen Redewendungen ihren ebenso knappen wie präzisen Ausdruck: Wer jemandem „sofort" (*sejčas*) eine Dienstleistung o. ä verspricht, ihn für ein „Minütchen" (*minutočka*) warten lässt, kann damit nach allgemeiner Gepflogenheit mehrere Stunden meinen, und wer „rasch mal" aus Moskau zu einem Verwandtenbesuch, einem Geschäftstreffen in den Ural oder nach Westsibirien reist, hat allenfalls eine mehrtägige Eisenbahnfahrt zu absolvieren.

Dieser gewohnheitsmäßige zeit-räumliche Relativismus findet in einer hohen Mobilitätsbereitschaft seine pragmatische Entsprechung und bezeugt, wie weitgehend die gewaltige territoriale Ausdehnung Russlands verinnerlicht und damit normalisiert worden ist. Ein ganz gewöhnliches Wunder: „Natürlich ist Russland nicht so voller Wunder wie Indien oder Italien", liest man bei einem zeitgenössischen russischen Publizisten, „doch hier gibt es ein Wunder, das alle andern abgilt und in sich einschließt. Dieses Wunder ist der Raum – reine Form der Vereinnahmung (*vmestimost*)."[61]

In seiner Meistererzählung *„Tarass Bulba"* lässt Nikolaj Gogol zwei junge Kosaken ins Land und in den Tag hinaus reiten, wobei er, als außenstehender Erzähler, die Optik seiner Protagonisten übernimmt und zeigt, wie deren Heimatdorf – es steht für die nunmehr endgültig verlassene Welt der Kindheit – in der Weite des Landschaftsraums buchstäblich „versinkt": „Die jungen Kosaken ritten aufgeregt davon und hielten die Tränen zurück [...]. Als sie ein Weilchen geritten waren, blickten sie zurück; ihr Weiler war sozusagen in die Erde versunken; nur zwei Schornsteine ihres bescheidenen Häuschens waren über der Erde zu sehen und die Wipfel der Bäume, auf deren Ästen sie einst wie die Eichhörnchen herumgeklettert waren; nur ein ferner Wiesengrund breitete sich noch vor ihnen aus – jene Wiese, die ihnen die ganze Geschichte ihres Lebens in Erinnerung rief

[...]. Jetzt ragte nur mehr die Stange über dem Brunnen mit dem oben befestigten Wagenrad einsam in den Himmel; jetzt erschien die Ebene, über welche sie dahingeritten waren, aus der Ferne schon wie eine Bergflanke und ließ alles hinter sich verschwinden... Lebt wohl, Kindheit und Spiele und alles, alles!"[62]

Dass sich in dieser Landschaftsbeschreibung das flache Wiesengelände im Rückblick wie ein Berg ausnimmt, ist nur scheinbar ein logischer Widerspruch; die ungewöhnliche Wahrnehmung lässt sich wohl darauf zurückführen, dass in der räumlichen Weite mit zunehmender Distanz alle vertikalen Objekte – Hütten, Bäume, Menschen u. a. m. – gleichsam vom Horizont verschluckt werden, bis überhaupt nur noch die allseits sich ausbreitende unbegrenzte Ebene zu sehen ist, die dann tatsächlich wie ein niedriger Gebirgsrücken die einzige Horizontlinie bildet.

Knapp hundert Jahre nach Radistschew und fünfzig Jahre nach Gogol lässt Michail Saltykow-Stschedrin in seinem sozialkritischen Roman *„Die Herren Golowljow"* (1880) eine alternde Gutsherrin, Arina Petrowna, auftreten, deren einstige fieberhafte Geschäftigkeit unter dem stets gleich bleibenden Eindruck der „endlosen Weite der Felder" allmählich zu erlahmen beginnt und einem „schläfrigen Müßiggang" jenseits von Zukunft und Vergangenheit weicht. Bemerkenswert dabei ist, dass Arina Petrowna ihren Vitalitätsverlust keineswegs bedauert, dass sie auch des immer gleichen Blicks aus dem Fenster hin zum fernen Horizont nicht überdrüssig wird, dass vielmehr gerade dadurch die „wenigen Gefühle" angesprochen werden, die sie aus der frühen Kindheit ins Alter gerettet hat: „Das Beste in ihrem Wesen lebte beim Anblick dieser kahlen, unendlich weiten Felder auf, und ihr Blick suchte jederzeit die Weite mit sicherem Instinkt. Sie starrte in die Ferne der Felder, sah an einigen Stellen des Horizonts Dörfer als dunkle Punkte, sah die weißen Dorfkirchen herausragen und starrte dann wieder auf die bunten Flecke, die von den hin und wieder hinter den Wolken hervordringenden Sonnenstrahlen auf die Felder geworfen wurden."

In solcher Weite verliert sich, wie die Zeit, auch der Mensch, da er zum Raum kein klares Verhältnis mehr gewinnen kann – wie sehr er sich auch um ein Fortkommen bemüht, stets scheint er am Ort zu treten. „Arina Petrowna verfolgte mit den Blicken ein ihr unbekanntes Bäuerlein, das zwischen den Furchen einherschritt, und es schien ihr, dass es nicht von der Stelle kam. Aber sie dachte sich nichts dabei. Oder besser, ihre Gedanken waren derart verworren, dass sie sich auf nichts zu konzentrieren vermochte. Sie schaute und schaute nur, bis der Schlummer sie wieder überwältigte, leise in ihren Ohren summend, so dass Felder, Kirchen, Dörfer und der in der Ferne schreitende Mann sich in einem Nebel verloren."[63]

12

Der Blick in die Runde des russischen Flachlands, das nach allen Richtungen einzig durch die Horizontlinie begrenzt ist, löst sich leicht von der Erde und hebt sich zum Himmel – vorzugsweise zum Nachthimmel, wo er in den Sternen zumindest ein paar ferne, überdies symbolträchtige Anhaltspunkte findet. Die Weite der Landschaft setzt sich übergangslos fort in der Weite des Firmaments, und angesichts der einen wie der andern Sphäre wird sich der Mensch, als ein Partikel im All, seiner Nichtigkeit bewusst. Dies gilt, versteht sich, keineswegs nur für den russischen Menschen, doch nur ihm bietet sich der Himmel als eine Art Spiegelbild seiner irdischen Erfahrungswelt dar.

Anton Tschechow hat die Verschmelzung der weiten russischen Landschaft mit dem gestirnten Himmel in einer seiner großen Erzählungen („*Die Steppe*", 1888) eindrücklich beschrieben und seinen unscheinbaren jugendlichen Helden Jegoruschka darüber reflektieren lassen. Die Passage macht deutlich, welch existentielle, auch bedrohliche Einsichten der Blick in den Himmel – und analog dazu in die unabsehbare Steppenlandschaft – eröffnen kann: „Jegoruschka lag auf dem Rücken und schaute, die Hände unter seinem Hinterkopf verschränkt, nach oben in den Himmel. Er sah, wie die Abendröte entbrannte und wie sie später erlosch. Die Schutzengel, die den Horizont mit ihren goldenen Flügeln verdeckt gehalten, legten sich zur Nacht zurecht; gut war der Tag zu Ende gegangen, die stille und segensreiche Nacht war angebrochen, und so konnten sie geruhsam daheim im Himmel sitzen [...]. Jegoruschka sah, wie der Himmel nach und nach dunkler wurde und wie sich die Finsternis auf die Erde herabsenkte, und schließlich sah er, wie ein Stern nach dem andern aufzublitzen begann.

Wenn man lange, ohne die Augen abzuwenden, in den tiefen Himmel hineinschaut, verschmelzen aus irgendeinem Grunde Gedanken und Seele zu einem großen Erkennen der Einsamkeit. Dann beginnt man sich unabänderlich einsam zu fühlen, und all das, was man bisher als nah und verwandt empfunden, wird plötzlich unendlich fern und ist nichts mehr wert. Wenn man Auge in Auge allein mit ihnen bleibt und ihren Sinn zu erfassen sucht, bedrücken die Sterne, die schon seit Jahrtausenden vom Himmel blicken, und ebenso der unbegreifliche Himmel samt seiner Finsternis, denen das kurze Menschenleben ja so gleichgültig ist, die Seele mit ihrem Schweigen; dann kommt einem jeden die Einsamkeit zum Bewusstsein, die jeden von uns im Grabe erwartet, und dann scheint einem die Quintessenz des Lebens etwas Verzweifeltes und Schreckliches zu sein ..."[64]

Dass die Mehrheit der russischen Menschen all dies Bedrückende und Unbegreifliche nicht nur angesichts des nächtlichen Himmels, sondern – Tag für Tag – auch in ihrer natürlichen Lebenswelt so empfinden können, wie Tschechow es hier darlegt, ist für einen Westeuropäer mit seinem gänzlich anders gearteten Natur- und Landschaftsgefühl nicht ohne weiteres nachzuvollziehen. In Russland hat sich dieser emotionale Bezug aber tatsächlich durch Jahrhunderte erhalten hat und ist für die Mehrheit der russischen – nicht nur der ländlichen – Bevölkerung bestimmend geblieben.

Als „eine eigenständige Welt, die nach allen Seiten auseinander strebt", hat Aleksandr Gerzen das imperiale Russland im mittleren 19. Jahrhundert wahrgenommen, und einem aufmerksamen polnischen Reisenden, der nochmals hundert Jahre später per Eisenbahn die Sowjetunion bereiste, präsentierte sich das Land, allen revolutionären Umbrüchen und Neuerungen zum Trotz, weiterhin fast unverändert so, wie man es schon immer gesehen und erlebt hatte – als ein *Bild*, in dem klischeehafte Vorstellungen und unmittelbare Anschauung fugenlos zur Deckung kamen: „Dieselbe Ebene wie gestern. Wie vorgestern (und vorschnell wollte ich schon hinzufügen: wie vor einem Jahr, wie vor Jahrhunderten) ... In den riesigen, einförmigen Weiten verlieren sich alle Zeitmaße, haben keine Gültigkeit, keine Bedeutung mehr. Die Stunden werden unförmig, formlos, zerdehnt wie die Uhren auf den Bildern Salvador Dalís. Zu allem Überfluss fährt der Zug durch verschiedene Zeitzonen, und man müsste immer wieder die Zeiger stellen, doch wozu, was würde man dadurch gewinnen? Hier wird das Gefühl der Veränderung (der wichtigste Maßstab der Zeit) schwächer, ja, sogar das Bedürfnis nach Veränderung, der Mensch lebt hier wie im Kollaps, in Erstarrung, in innerer Reglosigkeit ... Was kann man auf einer Reise mit der Transsibirischen Eisenbahn von der Wirklichkeit des Landes sehen? Eigentlich nichts.

Die meiste Zeit ist die Trasse im Finstern verborgen, doch auch am Tag sieht man nicht viel mehr als eine verschneite, unendliche Wüste. Irgendwelche kleine Stationen, des Nachts einsame, fahle Lichter – Gespenster, die den durch Schneewolken jagenden Zug anstarren, der gleich wieder verschwindet, untertaucht, vom nächsten Wald verschluckt wird ... Woran denkt ein Russe am Ufer des Jenissej oder in der Tiefe der Tajga entlang des Amur? Jeder Weg, den er einschlägt, scheint endlos zu sein. Er kann ihm Tage und Monate folgen, und immer wird um ihn herum Russland sein."[65]

13

Doch dieses Russland ist – und war schon immer – in sich uneins. Was gemeinhin Russland genannt wird (*Rus', Rossija, Sovetskaja Rossija, Rossijskaja Federacija*) ist, wie bereits erwähnt und allgemein bekannt, alles andere als ein ethnisch, religiös und kulturell homogenes Staatsgebilde, in dem die Russen problemlos ihre „Heimat" erkennen können. Vielmehr breitet sich das Land, in auffallendem Kontrast zu seiner landschaftlichen Uniformität, wie ein großer Flickenteppich aus, dessen bunte Musterung auf zahlreiche Völkerschaften von unterschiedlichster Herkunft und Tradition zurückgeht und der vom großrussischen „Superethnos" zusammengehalten, kontrolliert, nach Möglichkeit erweitert wird. Dieser Flickenteppich ist zwar *ein* großes Ganzes, doch besteht dieses Ganze aus unterschiedlichsten Versatzstücken, es ist ein diskontuierliches multinationales und multikulturelles Gefüge, das als dynamisches System nicht allein Menschen diverser Rassen und Religionen, sondern auch diverse Aspekte der Landschaft und der Vegetation, diverse kulturelle Faktoren sowie nachbarschaftliche Beziehungen (Kontakt/Konflikt zwischen Eigenem/Fremdem) einschließt.[66]

Der Publizist Grigorij Pomeranz hat Russland und das Russentum sinnigerweise mit einer Zwiebel verglichen, bei der – weit mehr noch als bei der bekannten „Puppe in der Puppe" – eine Schicht sich um die andere legt, bis aus unterschiedlichsten Versatzstücken ein kompaktes, einheitliches und geschlossenes Ganzes entsteht: „Russland ist eine Zwiebelknolle, in der Schicht um Schicht sich überlagern, wobei diese Schichten fest verbunden sind, und wenn wir in ihr Innerstes vorzudringen versuchen und alles Oberflächliche beseitigen, riskieren wir, auf ein Nichts zu stoßen (*okazat'sja s nulem*)."[67]

Als hauptsächliches Charakteristikum des russländischen Kulturraums und als unverzichtbare Prämisse jeglicher „Russlandkunde" lässt sich mit Roman Jakobson „die Einheit von Gegensätzen" beziehungsweise die „Einheitlichkeit in der Vielfalt" ausmachen[68], eine Feststellung, die allerdings auch für Westeuropa insgesamt oder, noch spezieller, für ein völlig anders geartetes, territorial äußerst kleinräumiges Staatsgebilde wie die mehrsprachige, multikonfessionelle und multikulturelle Schweiz gelten könnte. Die Einzigartigkeit Russlands besteht wohl weniger in seiner ethnischen, linguistischen und allgemein kulturellen Vielfalt als in seiner nationalen und mentalen Homogenität, die nur durch die konsequente, oft auch gewalthafte Russifizierung des gesamten Staatsgebiets erreicht werden konnte.

Eben diese Homogenität ist aber auch durch die gewaltige Ausdehnung der „russischen Länder" beziehungsweise der „russländischen Erde" bedingt – die einigende Staatsmacht und die viel beschworene „Macht der Erde" haben gleichermaßen dazu beigetragen. Der russische Nationalismus ist weniger an ein autochthon russisches Territorium gebunden, eher geht es ihm um die „Sammlung" nicht nur der russischen Erde, sondern darüber hinaus auch der Ländereien und Einzugsgebiete nichtrussischer Völkerschaften, die dann insgesamt – es nimmt sich fast schon absurd aus, ist aber zur nationalen Eigenart geworden – das russische und überdies das multiethnische „Superethnos" der Nation bilden. Der urbane, dabei zutiefst konservative und patriotische Publizist Iwan Aksakow, ein Wortführer des späten Slawophilentums, hat in seinen Schriften immer wieder unterstrichen, „wie tief im russischen Volk das Bewusstsein der Einheit und Ganzheitlichkeit der russischen Erde verwurzelt" sei[69]: „Russland, das sei hier wiederholt, ist nicht eine Zusammensetzung aus verschiedenen Stämmen und Völkern, die verbunden sind durch das materielle Band staatlicher Einheit, es ist kein ‚Agglomerat' und auch kein ‚Aggregat' (gemäß dem technischen Ausdruck der Gelehrten), sondern ein lebendiger, ganzheitlicher Volksorganismus, der sich entwickelt und ausgewachsen hat durch seine eigene innere organische Kraft: lediglich solche Fremdkörper haben sich mit ihm untrennbar verbunden und verbinden sich weiterhin mit ihm, die ihm organisch zuwachsen und sich mit ihm in organischer Einheit durchdrungen haben."[70]

In Übereinstimmung damit konnte Iwan Kirejewskij die „weitläufige russische Erde" (mit dem Hinweis auf die lückenlose Vernetzung des „unüberschaubaren Raums" durch eine Vielzahl von Klöstern) als einen „einzigen lebendigen Leib" imaginieren, und der Schriftsteller Wladimir Korolenko hat – zwei Generationen später – die räumliche und physische Struktur des russischen Reichs in einem abenteuerlichen Vergleich unmittelbar auf das Russentum übertragen, indem er notierte: „Unsere Psychologie – die Psychologie aller russischen Menschen – ist ein Organismus ohne Skelett, ein weicher und unbeständiger Leib ..."[71]

14

„Was ist unser Russisches Imperium?" lässt Andrej Belyj seinen Ich-Erzähler im Vorspann zum Roman *„Petersburg"* mit viel rhetorischem Pathos fragen: „Unser Russisches Imperium ist eine geographische Einheit, was heißt: Teil eines bestimmten Planeten. Und das Russische Imperium umschließt: erstens – Groß-, Klein-, Weiß- und Rotrussland; zweitens – das georgische, das polnische, das Kasaner und das Astrachaner Reich; drittens umschließt es ... Aber – noch und noch und noch mehr."[72] Der offizielle Titel des letzten allrussischen Zaren, auf den Belyj hier parodistisch anspielt, umfasste die Nennung von ungefähr sechzig verschiedenen Ländern und Ländereien, die damals unter seiner Macht standen. Die prekäre Einheit des multinationalen Imperiums war schon im Konzept des Heiligen Russland vorgeformt, das die Verwirklichung des Gottesreichs auf Erden einleiten, letztlich durchsetzen sollte. Alle Völker, alle Länder sollten von Russland aus für das wahre Christentum erschlossen werden.

Leicht konnte sich diese ökumenische Idee mit imperialen geopolitischen Interessen verbinden. Auch für den Verfasser oder Sänger geistlicher russischer Volkslieder sollte am Ende der nationale Volksname (*Rus'*, das Heilige Russland) mit den Grenzen nicht nur Russlands, vielmehr der christlichen Welt insgesamt zusammenfließen: „Es gibt kein christliches Land, das für ihn nicht russisches Land wäre." Selbst das heilige Land Palästina wird in diesen geistlichen Liedern als „russische Erde" bezeichnet, Russland ist überall dort, wo der „wahre Glaube herrscht", und ihr „historisches Zentrum" hat dieses universale Heilige Russland definitiv in Moskau. Der dort herrschende Zar ist als der einzige orthodoxe (rechtgläubige und unabhängige) Herrscher allen andern Machthabern überlegen, so wie die russische Kirche „aller Kirchen Mutter" sein soll. Doch auch der gesamte Erdkreis reicht für die Expansion des wahren russischen Glaubens, der wahren russischen Kirche nicht aus.

Der Zar – und nicht der Patriarch – hat außer der Weltherrschaft auch die Herrschaft über das All zu übernehmen. Zwar ruht sein Primat auf seiner und seiner Kirche Orthodoxie. Aber die politische Konsequenz, die gezogen wird, ist das weltliche Imperium des Ostens unter Moskauer Führung – Universalkirche, Geotheokratie.[73] Noch der „slawophile" Aleksej Chomjakow und auch der „bodenständige" Fjodor Dostojewskij wird das Zentrum der Christenheit – und damit den Sitz der Wahrheit – in Russland sehen. Die russisch-orthodoxe Kirche gilt hier als die Eine und Einzige, ihre Mitte hat sie wohl in Moskau, doch gehört sie der ganzen Welt an, „weil durch sie die *ganze* Menschheit und die *ganze* Erde geheiligt werden, nicht *ein* besonderes Volk oder *ein* besonderes Land, weil ihr Wesen in der Übereinstimmung und Einheit des Geistes und Lebens aller ihrer Glieder auf der ganzen Erde besteht".

Für die Zukunft heißt und verheißt dies: „Wenn die Kirche sich ausdehnen und die Gesamtheit der Völker in sie eintreten wird, dann werden alle örtlichen Benennungen verschwinden, denn die Kirche ist meiner Ortschaft verbunden […], doch nennt sie sich die *Eine*, die *Heilige*, die *Allgemeine* und *Apostolische*, wissend, dass ihr die ganze Welt gehört …"[74]

An dieser Stelle sei, um die ungebrochene Aktualität dieses „allweltlichen" und „allmenschlichen" russischen Selbstverständnisses zu dokumentieren, auf eine von vielen zeitgenössischen Stimmen verwiesen, die mit größter Selbstverständlichkeit an den messianischen Imperialismus des 19. Jahrhunderts anknüpfen und diesen „vollkommen organisch einschreiben in die Epoche der Großen Projekte" von heute. Es ist also nicht etwa eine obskurantistische Ausnahmeerscheinung, sondern gehört zur gegenwärtigen intellektuellen Normalität Russlands, dass man sich gegen angebliche Bevormundung, ja Ausbeutung durch den „Westen" verwahrt, sich eine neue „Imperialität (*imperskost*) der russischen Welt" wünscht, die als autonomes Universum Bestand hätte. Auch heute noch scheint die Prägung durch den scheinbar grenzenlosen Landschaftsraum Russlands Anlass zu geben zu geopolitischen „Großprojekten", die gerade wegen ihres phantastischen Zuschnitts und ihrer unentwegten Propagierung Besorgnis auslösen können. „Die Imperialität der Russischen Welt", so heißt es einem neueren politischen Traktat, „ist eine universelle Imperialität (*imperskost' Vselennoj*), welche alles je Geschaffene umgreift und alle Einzelheiten des Daseins nach einheitlichen universellen Gesetzen harmonisiert. – Indem Russland eine Russische Welt begründet, wird es naturgemäß seine alte Staatlichkeit einbüßen, was jedoch ohnehin geschieht unter dem Andrang der neuen Zeit. – Dafür kann Russland, den Gesetzen der Geschichte folgend, eine prinzipiell andere Staatlichkeit erlangen, eine Staatlichkeit, die sich nicht mehr auf ein beschränktes Territorium abstützt, sondern auf den unabsehbar weiten Raum der Kultur. – Russland kann ein eignes Universum erwerben. – Und einen anderen Weg in die Zukunft hat es offenkundig nicht."[75]

Schon Katharina die Große hatte Russland als ein Universum (*vselennaja*) sui generis bezeichnet. In der Tat ist dieses Universum als Welt-All wie als All-Welt in Erscheinung getreten, hat sich bald mit dem ganzen Osten, bald mit dem ganzen Westen, bald mit der ganzen Welt identifiziert, hat alles – Völker, Kulturen, Religionen – schwammgleich in sich aufgenommen, sich so weitgehend angeglichen, dass das Fremde im Eigenen, das Eigene im Fremden auf- und zugleich unterging.

Von daher wird auch verständlich, dass und wie leicht der russische Nationalismus des 19. Jahrhunderts sich nicht nur mit dem internationalistischen Panslawismus hat verbinden können, sondern auch mit dem messianistischen Konzept des „Allmenschentums", das zwar mit imperialem Pathos vorgetragen wurde, letztlich aber doch auf die globale Verbrüderung aller Menschen angelegt war. Das „Element der Universalität oder, besser gesagt, des Allumgreifenden (*vseobnimaemost*)" hat schon um 1840 der Fürst Wladimir Odojewskij als ein Essentiale des Russentums herausgestellt, und etwa gleichzeitig konnte der kämpferische „Westler" Wissarion Belinskij, bei all seiner Kritik an Russlands zivilisatorischen Defiziten, hochgemut festhalten, „dass Allseitigkeit (*vsestoronnost*) und Universalität (*universal'nost*) die Bestimmung Russlands sind".[76]

Eine solche brüderliche Internationalisierung haben – auch das mag absurd erscheinen – insbesondere die „slawophilen" und „bodenständigen" Nationalisten gefordert, allen voran Fjodor Dostojewskij, und zwar mit dem Hinweis darauf, dass das Russentum bereits zum „Allmenschentum" herangereift und nunmehr in der Lage sei, kraft seines „allweltlichen [*vselenskij*] Geistes" den Rest der Menschheit in brüderlichem „Allverständnis" zu russifizieren, wobei Russifizierung ganz einfach mit Humanisierung gleichgesetzt wurde. Schon das geopolitische Konzept von Moskau als dem „Dritten Rom" und künftigen Weltzentrum, wie es im 15. und 16. Jahrhundert hochgehalten wurde, und noch die Idee von der „Vierten Internationale" oder von der internationalen kommunistischen „Bruderhilfe" (an Kuba, Angola, die DDR, die ČSSR ...) im 20. Jahrhundert waren affiziert von einem „allrussischen" beziehungsweise „allsowjetischen" imperialen Weltverständnis, das in letzter Konsequenz – und in striktem Gegenzug zum individualistischen westlichen „Übermenschentum" – auf die Weltherrschaft des „allmenschlichen" Russentums angelegt war.

15

Vielleicht wird unter diesem Gesichtspunkt das paradoxale Diktum des russischen Philosophen Nikolaj Berdjajew fassbar, der in einem Atemzug sagen konnte, Russland sei weltweit das am wenigsten chauvinistische und zugleich das am ausgeprägtesten nationalistische Volk. Kein anderes Volk habe sich zu derartigen nationalistischen Exzessen, zu derart brutaler und umfassender Repression anderer Nationalitäten hinreißen lassen wie das russische, und kein anderes Volk sei gleichzeitig so unterwürfig, so fügsam und dennoch von seiner globalen Mission so überzeugt gewesen.

Wie ist der brüderliche Messianismus vom gewalthaften Imperialismus, der propagierte Internationalismus vom praktizierten Nationalismus zu trennen? Wie lässt sich das große russische Paradoxon aufzulösen? Berdjajews Antwort beseitigt das Paradoxon durch ein anderes Paradoxon: „Der Supranationalismus, der Universalismus ist eine ebenso wesentliche Eigenschaft des russischen Nationalgeistes wie die Staatslosigkeit, der Anarchismus. National ist an Russland gerade sein Supranationalismus, seine Freiheit von jedem Nationalismus; darin ist Russland eigenständig und gleicht es keinem andern Land der Welt."[77]

Noch im 20. Jahrhundert und selbst heute weist die russische Staatlichkeit formal eine nirgendwo sonst zu beobachtende, durchaus kurios zu nennende Besonderheit auf. Was im weitesten Verständnis „Russland" genannt wird, hat als homogenes Staatsgebilde überhaupt nie existiert. Die im November 1917 neu gebildete Russländische Föderative Sozialistische Sowjetrepublik vereinigte in sich zahlreiche autonome Republiken sowie diverse (nichtrussische) Nationalbezirke, verfügte jedoch selbst über keinen eigenen politischen Status – „Russland", „Russländisch" fungierten lediglich als Oberbegriffe für einen Vielvölkerstaat, innerhalb dessen die russische Bevölkerungsmehrheit eine unter vielen Nationalitäten bildete. Ab 1923 war die RSFSR, ohne jeden Hinweis auf „Russland", als Union der Sozialistischen Sowjetrepubliken (UdSSR) verfasst und bildete fortan eine, die weitaus größte, der fünfzehn Sowjetrepubliken.

Für die russische Nation, das russische Volk gab es also kein eigenes Territorium und keinen eigenen staatlichen Organismus, weshalb die Russen – im Unterschied zur Ukraine, zu Usbekistan, Georgien oder den baltischen Völkerschaften – auch nach dem Ende der Sowjetherrschaft keinen eigenen Staat zu bilden vermochten, sondern sich als multinationale „Russländische Föderation" konstituierten. Wenn aus dieser Föderation beispielsweise die Teilrepublik Tschetschenien mit Hinweis auf ihr klar definiertes administratives Einzugsgebiet „austreten" und auf dem ihr zuerkannten Territorium einen autonomen Staat gründen will, so bleibt dies den Russen versagt, da es lediglich ein „russländisches", nicht aber ein „russisches" politisches Gebilde gibt, das als Basis für eine solche Staatsgründung dienen könnte.

Die nationale Besonderheit des Russentums – Vielfalt in der Einheit – bestätigt sich auf sprachlicher Ebene dadurch, dass es für die Russen als Völkerschaft wie als Einzelpersonen keine substantivische Bezeichnung gibt. Im russländischen Vielvölkerstaat sind die Russen, unter weit über hundert verschiedenen Ethnien, die einzigen, die in der offiziellen Landessprache üblicherweise mit einem (substantivierten) Eigenschaftswort (*russkij, russkie*) bezeichnet werden. Ein Gleiches gilt zwar auch für diverse westeuropäische Nationalitäten (*der Deutsche, l'Italiano, le Français*), in Russland kontrastiert aber der übliche adjektivische Wortgebrauch – man nennt *die Russen* demnach sinngemäß „die Russischen"[78] – mit der durchweg substantivischen Bezeichnung aller andern in Russland beheimateten Völkerschaften, etwa der Tschetschenen, der Jakuten, der Tschuwaschen u. a. m.

Die räumlichen Dimensionen Russlands und vor allem die unabsehbar weiten, allseits offenen, gleichsam an den Himmel grenzenden russischen Tiefebenen lassen den Menschen seine eigene Winzigkeit erkennen, führen ihm vor Augen, wie unerheblich seine Existenz, wie haltlos sein Leben ist. Dass dadurch die Herausbildung und Festigung eines nationalen Selbstgefühls erschwert werden, liegt auf der Hand. Umfragen aus der Spätzeit des Zarentums unter der bäuerlichen Bevölkerungsmehrheit haben ergeben, dass die Menschen sich keineswegs primär als „Russen" (d. h. als Angehörige des russländischen Imperiums der des russischen Volks) fühlten, sondern vielmehr als „Orthodoxe" (d. h. als Christen), allenfalls auch – in häretischer Opposition zur offiziellen Kirche – als „Altgläubige", und dies zumeist in Verbindung mit ihrem stärker ausgeprägten Zugehörigkeitsgefühl zu einer Region, einer Stadt.

Die Selbstvergessenheit der Russen ging damals so weit, dass rund die Hälfte der in der Provinz befragten Schüler nicht einmal ihren eigenen Familiennamen kannte oder wusste, in welchem Staat sie lebte.[79] In seiner Erzählung „*Klagen*" lässt Maksim Gorkij einen altgedienten Offizier der zarischen Armee – Veteran des Russisch-japanischen Kriegs von 1904/1905 und Kenner der Volksseele – darüber dozieren, was es heißt, Russe zu sein, und was es mit dem russisch-nationalen Selbstbewusstsein der kleinen Leute auf sich hat: „Sehr fähige Leute, doch, doch – sehr. Selbst diese Tataren und all die Leute aus Mordwinien sind überhaupt nicht blöd und passen sich unter den Russen hervorragend an. Aber sie alle sind ein Volk, das unter seinen Füßen die Erde nicht spürt – nicht in irgendeinem revolutionären oder sozialen Verständnis, denn so verstanden sind sie sich ihrer Erde gewiss! ... Aber das Volk hat keine Erde im ... wie soll ich's sagen? im Geist oder so? Es hat kein Eigentumsgefühl, verstehen Sie? Es spürt Russland nicht, es spürt nicht die russische Erde, das ist der springende Punkt! Man frage einen einfachen Bauern – was ist Russland? Aha! Der russische Bauer hat kein Russlandgefühl – verstehen Sie das?"[80]

Man mag das „unaufgeklärt", „primitiv" oder gar „barbarisch" nennen, Tatsache ist jedoch, dass noch 1993 – also zwei Jahre nach dem Zusammenbruch der UdSSR – gemäß einer wissenschaftlichen Umfrage bei 1082 erwachsenen Respondenten in zehn weit auseinander liegenden Regionen der Russländischen Föderation noch immer (oder wieder?) 31,4% auf die Frage nach ihrer Nationalität keine Antwort zu geben wussten („weiß nicht, wer ich bin").[81]

Ebenso einzigartig ist die (damit zusammenhängende) Tatsache, dass das Eigenschaftswort „russisch" nicht nur als Name für die Kernbevölkerung Russlands verwendet wird, sondern auch mit allen andern „russländischen" Volksnamen verbunden werden kann: es gibt den „russischen Kalmücken", den „russischen Tataren", den „russischen Kirgisen" usw.

Anders als in den USA, wo die Wortfolge üblicherweise umgekehrt und beispielsweise von einem „polnischen Amerikaner" (*Polish American*) oder einem „Italo-Amerikaner" (*Italian American*) gesprochen wird, um deren Zuwanderung und Naturalisierung festzuhalten, gilt der „russische Pole" als Angehöriger des russischen Volks beziehungsweise der russländischen Völkergemeinschaft, und nicht bloß als Zugezogener, nicht bloß als ein Fremder, der nun als Gast unter der einheimischen Bevölkerungsmehrheit lebt. Der (oder das) „Russische" zeichnet sich demnach dadurch aus, dass er (oder es) sich als *Eigenschaft* mit dem *Wesen* anderer Ethnien verbinden kann. Ob aus dieser sprachlichen Besonderheit auf die „vollkommen besondere Natur des russischen Volks" geschlossen werden darf, wie russische Patrioten es noch so gern tun, bleibe dahingestellt.[82]

Spekulativ wäre aber auch die gegenläufige Erklärung dieses sprachlichen Sonderfalls, wonach nämlich der Russe – „der Russische" – kein eigenständiges, kein selbsttragendes Wesen sei, sondern lediglich eine subjektlose Eigenschaft, die auf andere ethnische Wesenheiten angewiesen sei, um sich nach Belieben mit ihnen zu vereinigen. In solch kritischem Selbstverständnis schreibt ein zeitgenössischer russischer Publizist: „Russisch – das ist ein Konglomerat von Slawentum, Warägern, Tataren, Juden, Deutschen und weiß Gott von wem noch, wirkend zum Wohl eines bestimmten Staats, eines bestimmten Projekts mit der Bezeichnung ‚Russland'."[83] Das Projekt Russland war schon immer gekennzeichnet von der Inkongruenz zwischen Staat und Volk, das heißt zwischen der *einen* Nation und den *vielen* Nationalitäten, die das politische System im Lauf der Jahrhunderte in sich aufnahm, ohne sie ethnisch, religiös, kulturell gänzlich einzuschmelzen, wie es bei andern Imperien gemeinhin der Fall war.

16

Als Vielvölkerstaat hat das russische Reich auf die Einschmelzung seiner minderheitlichen Bevölkerungsteile weitgehend verzichtet, weil hier die Machterhaltung einerseits, die Loyalität der Minderheiten andererseits klaren Vorrang hatten. Nicht nur blieb dadurch die Eigenart der verschiedensten Ethnien (Sprache, Brauchtum, Religion u. a. m.) erhalten, die Russen selbst gerieten kraft dieser toleranten Minderheitenpolitik mehr und mehr ins Hintertreffen und stellten zum Ende des 19. Jahrhunderts nicht einmal mehr die Hälfte der Gesamtbevölkerung. Wenn also vom Russentum und dessen besonderem Charakter die Rede ist, kann nicht die gesamtnationale („russländische", *rossijskij*), sondern lediglich die großrussische (*russkij, velikorusskij*) Mentalität gemeint sein, wie sehr auch immer sie durch andere – etwa die baltischen, die türkischen, die kaukasischen – Völkerschaften imprägniert worden sein mag.[84]

Die Dynamik des Systems ergibt sich hier aus der ständigen Wechselwirkung zwischen zentripetalen und zentrifugalen Kräften, die bald auf die Erhaltung der Einheit (Integration des Fremden im Eigenen), bald auf deren Sprengung (Freisetzung und Verselbständigung der integrierten Fremdelemente) gerichtet sind.

Von daher wird vielleicht verständlich, dass Ossip Mandelstam in seinem Essay über Tschaadajew die russische Lebens- und Geisteswelt als ein „formloses Paradies" hat bezeichnen können[85] und dass manche andern Autoren – Schriftsteller wie Historiker – die russische Horizontalkultur bildhaft mit dem „formlosen" Element des Wassers verglichen haben, um daraus umstandslos den angeblichen Ordnungs- und Formenhass der Russen abzuleiten.[86]

Der Publizist Fjodor Stepun hat einst darauf hingewiesen, dass in Russland, anders als in den vertikal strukturierten Kulturen Westeuropas, das Unendliche, mithin auch das Göttliche naturgemäß in der Weite, „hinterm Horizont" imaginiert werde, und nicht in der Höhe, im Himmel, in den Sternen. Die russische Religiosität, so glaubt er schließen zu dürfen, sei darauf angelegt, die Unausgeformtheit beziehungsweise die Formenleere der russischen Ebene auszufüllen, und von daher ließe sich denn auch, könnte man hinzufügen, die starke religiöse Bindung des orthodoxen Russentums an die „Mutter Erde" einsichtig machen[87], eine Bindung, die weder durch die gewalthafte Verstaatlichung der russischen Landwirtschaft noch durch den militanten Sowjetatheismus des 20. Jahrhunderts gänzlich annuliert wurde. Jedenfalls kann man selbst unter zeitgenössischen russischen Philosophen weiterhin und jenseits aller Ironie Sätze lesen wie diesen: „Die Erde ist ein lebendiger weiser Organismus, sie ist unsere gemeinsame Mutter."[88]

Noch weiter gehen jene – heutigen – Kulturologen, welche auch die russische Sprache, vorab deren Zeit- und Raumbegriffe, vom horizontal überdehnten Weltbild geprägt sehen; man nimmt an, „dass die ‚Kategorie der Distanz' im Russischen eng verbunden ist mit der horizontalen Raumorientierung, d. h. – in diesem Bereich der Sprachsemantik kommt das sozusagen ‚flächenhafte', von der Ebene geprägte (*ravninnoe*) Denken der Sprecher zum Ausdruck: Die Sprache widerspiegelt die am meisten typische Lanschaft."

Dazu gehört, unter zahlreichen andern Beispielen, das räumliche Bezugswort „neben" (*rjadom*), das gemeinhin in der Bedeutung von „sehr nah", „unmittelbar daneben" verwendet wird, wobei aber diese unmittelbare Nähe durchaus ein Einzugsgebiet von mehreren hundert Kilometern haben kann. So wird ein Bewohner der Stadt Smolensk oder Jaroslavl im Hinblick auf Moskau stets sagen, die Stadt sei „ganz in der Nähe", „gleich nebenan" (*Moskva rjadom*), obwohl er normalerweise einen halben Tag braucht, um dorthin zu gelangen. Die Einförmigkeit, die Flächenhaftigkeit der sich hinbreitenden Landschaft scheint in gewisser Weise den Lauf der Zeit aufzuheben. Der als „leer", als „ungeformt" erfahrene Raum ist ein ereignisloser, geschichtsloser und damit auch ein zeitloser Raum. Für den Dichter Iossif Brodskij ist die „absolute Leere" ein „Ort ohne Zeit", so wie – rund 150 Jahre früher – für Pjotr Tschaadajew das historisch wie zivilisatorisch hohle und wurzellose Russland nichts anderes als „platte Starre" (*ploskij zastoj*) war.[89]

Dass von der Verflüssigung räumlicher und zeitlicher Verhältnisse auch schon das altrussische Märchenepos, die Bylina, stereotyp zu berichten weiß, macht allerdings deutlich, wie populär die Vorstellung vom flüssigen Kontinent und von den fließenden Grenzen Russlands seit jeher gewesen ist: „Ein Tag nach dem andern, wie der Regen rinnt, | Eine Woche nach der andern, wie das Flüsschen fließt …"[90] In der Bylina von Solowej Budimirowitsch wird das Fluten der russischen Räume in allen Dimensionen souverän vor Augen geführt: „Die Höhe, ja die Himmelshöhe, | Die Tiefe, wie der Ozean, das Meer, | Die Weite, Raum für eine ganze Welt, | Tief gründen die Wasser des Dnepr …"[91] Diese schlichten Verse bringen die multiperspektivische Enormität des russischen Raums besonders eindrücklich zur Anschauung, indem sie diesen zu den umgreifenden Elementen hin öffnen, ihn mit großer Selbstverständlichkeit anschließen an den Himmel (Höhe/Luft), an das Meer (Tiefe/Wasser) und, nicht zuletzt, an den großen ganzen Rest der Welt (Weite/Erde).

17

Russland als ein großes, zugleich ein lockeres und flexibles Ganzes, das ist die Vision, die der unbekannte Verfasser des *„Igor-Lieds"* im ausgehenden 12. Jahrhundert am Beispiel einer unbedeutenden historischen Begebenheit entfaltet, um die damalige Klein- und Vielteiligkeit der feudalistischen russischen Ländereien zumindest rhetorisch zu überwinden. Das *„Igor-Lied"*, ein für den Titelhelden tragisch endender Kriegsbericht – eine Mär – in beschwingten metaphernstarken Sätzen, erschließt den gesamten, vielfach fragmentierten Herrschaftsraum Altrusslands, der hier als eine meerumspülte, windumwehte Insel mit fluktuierenden Grenzen dargestellt wird: das Land ist zugleich in sich geschlossen, in sich gebrochen und nach außen hin offen. Gerade durch den (in der Wirklichkeit nicht vorhandenen) Meeresanstoß gewinnt das Land der Russen seine Welt-Weite, seine räumliche und zeitliche Endlosigkeit, die Meere sind aber auch ein bedrohliches Außen, in dem das Eigene sich zu verlieren droht.[92]

Doch die russischen Lande sind an sich schon weitläufig genug. Im *„Igor-Lied"*, als dessen eigentlicher Held der russische Raum zu gelten hat, wird diese Weitläufigkeit unterstrichen durch gewaltige Luftbewegungen, durch endlose Fernsicht, durch uneingeschränkte Akustik auf große Distanz, durch leichte, scheinbar widerstandsfreie Beweglichkeit – die Menschen werden zu wilden Tieren, zu Vögeln, um sich schneller fortbewegen, um fliegen zu können. Das *„Igor-Lied"* resümiert gleichsam die russischen Ländereien zwischen Donau, Don und Donez zu einem hallenden, der Schwerkraft enthobenen Raum, weit auseinander liegende Schauplätze und Aktionen lösen einander ebenso übergangslos ab wie die Zeitebenen (Gegenwart/Vergangenheit) des Berichts, es herrscht ein ständiges Hin und Her, man läuft, eilt, stürzt voran, es eilen und fliegen auch die Gedanken, ein

Gespräch kann selbst dann weitergehen, wenn die daran Beteiligten sich längst getrennt und voneinander entfernt haben, Gefühle wie Trauer und Sehnsucht verselbständigen sich, bewegen sich trägerlos durch den Raum, lassen sich da und dort nieder.

Die Natur scheint unmittelbar Anteil zu nehmen an der Entwicklung der im „Igor-Lied" erzählten Geschichte, die ja zugleich eine Episode aus der frühen russischen Geschichtsentwicklung rapportiert: „Auf schäumte das Meer um Mitternacht; Wirbelstürme jagen in Nebelschwaden einher. Gott zeigt Fürst Igor den Weg aus dem Polowzer Land ins russische Land, zu des Vaters goldenem Thron. Die Abenddämmerung erlosch. Igor ruht, Igor wacht. Igor misst in Gedanken die Steppe vom großen Don bis hin zum kleinen Donez ... Die Stunde des Aufbruchs ist für den Fürsten Igor gekommen! Er rief, es dröhnte die Erde, es rauschte das Gras, die Zelte der Polowzer gerieten in Bewegung. Fürst Igor aber jagte einem Hermelin gleich zum Röhricht und einer Schellente gleich aufs Wasser; er schwang sich auf das feurige Ross, sprang von ihm als weißfüßiger Wolf herab, jagte zu den Wiesenufern des Donez, zog einem Falken gleich unter den Wolken dahin, sich Gänse und Schwäne erlegend zum Frühstück, zum Mittagbrot und Abendmahl ...

Hell erstrahlt die Sonne am Himmel – Fürst Igor ist wieder im russischen Land. Jungfrauen singen an der Donau – ihre Stimmen wehn über das Meer bis hin nach Kijew. Igor reitet über den Boritschow zur heiligen Gottesmutter Pirogostscha. Es jubeln die Länder, es jauchzen die Städte."[93]

Die geographischen Verhältnisse erscheinen in diesem zwischen Epik und Annalistik schwankenden Text, der vermutlich schon bald nach den geschilderten Ereignissen von 1185 entstanden und möglicherweise vom Titelhelden selbst verfasst worden ist, extrem verzerrt, nach jeder Richtung überspannt, insgesamt ins Gigantische zerdehnt, doch die Ausdehnung wird bewältigt durch die in Wirklichkeit unmögliche Geschwindigkeit der Fortbewegung, durch die uneingeschränkte Sicht- und Hörweite. All diese Unwahrscheinlichkeiten lassen sich nicht nur künstlerisch rechtfertigen, sondern auch – mit Dmitrij Lichatschow – historisch und politisch erklären: „Der Leser musste überzeugt werden von der Einheit Russlands, diese Einheit wurde in künstlerischen Bildern aufgezeigt und ‚belegt', man musste die feudale Fragmentierung des Landes ‚überwinden' durch die Schaffung eines ganzheitlichen und ‚leichten' Russlandbilds."[94]

Diese staatspolitische Ganzheitlichkeit hat sich in der Folge während Jahrhunderten allmählich zum moskowitischen Russland, dann zum petrinischen Imperium aufgebaut, freilich nicht – wie im westlichen Europa – aus disparaten, regional ausgeprägten Kleinräumen (Teilfürstentümern) durch Synthetisierung von unten noch oben, sondern aus wenigen, weit auseinander liegenden Machtzentren von oben nach unten. Nicht nur als flacher Riesenkontinent oder als Rieseninsel, auch als unbewegter Riesenozean ist das Land imaginiert worden; noch passender wäre die Vorstellung eines Riesenarchipels, der Kontinent *und* Meer, Einheit *und* Diversität gleichermaßen in sich schließt.

18

Auf einer Expedition in den militärisch kolonisierten Süden Russlands hat Aleksandr Puschkin, auf der Suche nach den Landesgrenzen und mit dem sehnsüchtigen Wunsch, diese zu überschreiten, die bemerkenswerte, für ihn allerdings eher enttäuschende Erfahrung gemacht, dass diese Grenzen – hier bezeichnenderweise ein Fluss – weder klar definiert noch für die Scheidung des Fremden vom Eigenen verbindlich sind. Russland ist so groß, dass es eigentlich *überall* ist und folglich auch gar nicht verlassen werden kann: „Der Arpatschaj! unsere Grenze! Das war nicht weniger als der Ararat! Mit einem unaussprechlichen Gefühl sprengte ich auf den Fluss zu. Noch nie hatte ich fremdes Land gesehen. Die Grenze hatte für mich etwas Geheimnisvolles; von Kind an waren Reisen mein Lieblingstraum. Lange habe ich später ein Nomadenleben geführt, mal im Norden, mal im Süden umherstreifend, doch noch nie war ich über die Grenzen des unermesslichen Russland hinausgekommen. Heiter ritt ich in den gelobten Fluss, und mein braves Ross trug mich ans türkische Ufer. Doch dieses Ufer war bereits erobert: ich befand mich noch immer in Russland."[95]

Für Pjotr Tschjadajew wiederum ist Russland – ungeachtet des Goldenen Zeitalters der russischen Romantik – nichts anderes als ein unfruchtbarer, vom Rest der Welt abgetrennter, eintönig vor sich hin blubbernder Sumpf, der keinen „festen Daseinskreis" zu bilden vermag und wo sich „keine guten Gewohnheiten, keine Regeln" durchgesetzt haben: „... es gibt nichts, was Anhänglichkeit, Sympathie oder Liebe wecken könnte, nichts Festes, nichts Dauerhaftes; alles *verfließt*, alles vergeht, ohne in uns oder über uns hinaus irgendwelche Spuren zu hinterlassen."[96] Auf den *flüssigen* Aggregatzustand Russlands und des Russentums hat fast gleichzeitig Nikolaj Gogol mit ein paar prägnanten Sätzen hingewiesen, die durchaus typisch sind für den postromantischen nationalistischen Wir-Diskurs, in dem Prophetentum und Selbstkritik sich zur (später so genannten) russischen Idee verbinden: „Wir sind vorerst nur geschmolzenes Metall, das noch nicht in seine nationale Form gegossen ist; noch können wir aussondern und abstoßen, was nicht zu uns passt, und all das aufnehmen, was anderen Völkern verwehrt ist, weil sie bereits geformt und in dieser Form erstarrt sind."[97]

Vom „flutenden, flüssigen Zustand" Russlands hat nach Gogol und Tschaadajew auch der professionelle Historiker Sergej Solowjow gesprochen, um – mit durchaus negativer Akzentsetzung – die Ungeformtheit des russischen Lebensraums und die Formlosigkeit der russischen Lebensweise zu charakterisieren. Für Solowjow waren die Natur des Landes, die Natur des Volkes und die Natur der Nachbarschaftsbeziehungen die wesentlichen geschichtsbildenden Impulsgeber. Härter und länger als die kleineren Nationen Europas mussten sich die Russen ihren Lebensraum im Gegenzug zu einer ebenso kargen wie weitläufigen Natur erkämpfen: „Das Wachstum [das Staates] war schwierig, alles musste von Grund auf begonnen werden, Hilfe gab es wenig, Hindernisse mehr als genug." Von diesem Kampf ist, nach Solowjows Überzeugung, die russische Alltagswelt und ist auch die russische Mentalität zutiefst geprägt worden – allzu viel *überflüssiger* Raum, der zur Expansion verleitet, während er gleichzeitig die Intensität sozialer und wirtschaftlicher Beziehungen erschwert; allzu „flüssige", allzu *flüchtige* gesetzliche Strukturen, die nicht die Auseinandersetzung (Konkurrenz) begünstigen, sondern die Fluchtbewegung, nicht Ansässigkeit und Kontinuität, sondern Unbeständigkeit und Nomadismus, nicht die Wahrung und Mehrung von Besitz, sondern Ausbeutung, Verausgabung, Verschleuderung; dazu kommt, ebenfalls raumbedingt, der extrem „flutende" Gefühlshaushalt des russischen Menschen, sein Schwanken zwischen Unterwürfigkeit und Aufbegehren, seine Widersprüchlichkeit, sein Maximalismus, seine anarchische und apokalyptische Grundeinstellung.[98] Wassilij Kljutschewskij, Zeitgenosse Solowjows und wie dieser einer der führenden Geschichtsschreiber Russlands, hat die „Vereinigung der Großrussen" ausdrücklich als Folge eines historisch-geographischen „Fließ-" oder „Verflüssigungsprozesses" dargestellt; erst als von der Mitte des 15. bis ins frühe 17. Jahrhundert „die große Masse der russischen Bevölkerung aus dem Gebiet der oberen Wolga nach Süden und Osten *auseinanderströmte*" und durch die Verbindung mit der örtlichen Bevölkerung einen „besonderen Volkszweig" entstehen ließ, kam es zur staatlichen Einigung: „Indem der Stamm der Großrussen geographisch *zerfloss*, vereinigte er sich erstmals zu einem politischen Ganzen unter der Macht des Moskauer Herrschers [...]."99

In Boris Pasternaks lyrischem Romanwerk „*Doktor Shiwago*" findet sich die Schilderung einer Bahnfahrt durch flach hingebreitetes, von Tauwasser überschwemmtes Gelände, dessen grenzenlose Ausdehnung durch die vielfachen Spiegelungen sich zusätzlich zu erweitern scheint. Dem Blick aus der Fensteröffnung bot sich „eine bis zum Horizont vom Hochwasser überflutete Ebene" dar: „Irgendwo war ein Fluss über die Ufer getreten, und das Wasser eines Seitenarms reichte bis an den Bahndamm [...]. Die Wasserfläche war an einigen Stellen von stahlblauer Farbe. Ansonsten wimmelte sie an diesem heißen Morgen von ölig spiegelnden Lichtflecken, wie sie eine Köchin mit einer in Butter getunkten Feder auf die Kruste einer heißen Pirogge tupft.

In dieser scheinbar grenzenlosen Wasserwüste waren außer den Wiesen, Senken und Sträuchern auch weiße Wolkensäulen untergegangen, die wie Pfähle bis zum Grund reichten.

Irgendwo in der Mitte der Wasserfläche war ein schmaler Streifen Land zu sehen, dessen gespiegelte Bäume doppelt zwischen Himmel und Erde schwebten."100

19

Der bei verschiedenen Autoren wiederkehrende Vergleich russischer Straßen mit Flüssen findet seine reale, freilich umgekehrte Entsprechung darin, dass das Flusssystem Russlands über lange Zeit auch das tragende Verkehrsnetz des Landes gewesen ist, ein Netz, dessen Hauptstränge mehrheitlich von Süden nach Norden beziehungsweise von Norden nach Süden verlaufen und zu dem die großen Querverbindungen vielfach durch Kanal- und Schleusenbauten erstellt werden mussten.

Dass die naturgemäß größtenteils eher seichten, mit schwachem Gefälle durch die Ebene sich windenden Wasserwege in der langen Winterzeit, wenn sie zugefroren blieben, tatsächlich mit Vorteil als Straßen benutzt wurden und mit Schlitten weit bequemer und schneller zu befahren waren denn die unbefestigten Pisten während der Sommerzeit, liegt auf der Hand. Die Bedeutung der Flüsse für die russische Geschichts- und Wirtschaftsentwicklung ist verschiedentlich hervorgehoben, bisweilen auch – etwa im Hinblick auf die interne Kolonisierung Russlands – überhöht worden. Der deutsche Russlandreisende und -historiker Karl Stählin führt dazu in der Einleitung zu seinem mehrbändigen Geschichtswerk unter anderm Folgendes aus: „Die alten Jahrbücher zählen die russischen Stämme in der Ebene nach den Flüssen auf. Ihr Lauf gab schon den ersten Wanderungen die Richtung; er bestimmte die Linien der kriegerischen wie der friedlichen Kolonisation für das Volk, seine Fürsten und Heere, seine Kaufleute und seine Klöster. Über die leichten Wasserscheiden, die schmalen Wald- und Sumpfzwischenstrecken, schleppten die Russen, bis in die Quellgegend des einen Flusses hinaufgelangt, ihre flachen schmalen Boote hinüber – noch heute deuten Ortsnamen dieses Verfahren an, ‚Perewoloki' heißen

„Flüssiges Russland" – *oben* Aleksej Sawrassow, *Beginnender Frühling. Hochwasser,* (Gemälde, 1868); *Mitte* Nikolaj Dubowskoj, *An der Wolga* (Gemälde, 1892); *unten* Flüsse wie Meere – der Ob unweit von Tomsk (zeitgenössische Photographie).

die Zwischenstrecken selbst –, um auf dem zweiten Fluss hinabzufahren. Am rechten, hohen Ufer der Flüsse schmiegte sich allmählich Hütte an Hütte, Dorf an Dorf; am linken, dem Wiesenufer, gediehen infolge der alle Frühjahre eintretenden Überschwemmungen Wiesenbau und Viehzucht. Während der vielen Fastenzeiten des kirchlichen Jahres lieferte der Fluss die Nahrung. Für Handel und Wandel war er im Sommer und, als Eisbahn für den Schlitten, selbst im Winter der gegebene Weg. Er half zur Ordnung, zur Gemeinschaft, zum Gefühl für die Einheit des Landes und Volkes erziehen. Und vom Mittelpunkt der osteuropäischen Ebene, der zugleich den Mittelpunkt des großen Flussnetzes bildet, breitete sich der großrussische Staat aus, immer wachsend und fortschreitend, diesen naturgegebenen Wegweisern entlang nach ihren heißersehnten Mündungen."[101]

Stählins Ausführungen – sie sekundieren im Wesentlichen Wassilij Kljutschewskijs naturbezogene Geschichtsauffassung – machen zumindest implizit deutlich, dass die russischen Wasserwege gegenüber den Flusssystemen Westeuropas auch eine grundsätzlich andere politisch-historische Funktion hatten.[102] Wenn die russischen Flüsse, abgesehen von ihrer verkehrstechnischen und wirtschaftlichen Bedeutung, insgesamt das Zusammenwachsen der weit verstreuten und ethnisch disparaten Bevölkerung, aber auch die zentrifugale Expansion des Imperiums zu den Meeren hin begünstigte, so markierten die Wasserläufe im kleinräumigen westlichen Europa zumeist Trennlinien, oft auch Staatsgrenzen, deren Überschreitung als Bedrohung empfunden oder als Invasion erlebt wurde. Im großräumigen Russland nehmen die Flüsse oft über Tausende von Kilometern ihren Lauf, ohne jemals das Staatsterritorium zu verlassen, während alle größeren Flüsse Europas – Rhein, Rhône, Donau, Elbe, Inn – zwischen Quelle und Mündung jeweils mehrere Staatsgrenzen beziehungsweise Staatsgebiete durchqueren.

20

„Die geographische Lage Russlands war so, dass das russische Volk sich zur Bildung eines riesigen Staatswesens gezwungen sah. In den russischen Tiefebenen musste ein großer Ost-Westen entstehen, ein vereinigtes und organisiertes Staats-Ganzes."[103] Dieses summarische Statement des Philosophen Nikolaj Berdjajew wäre in mancherlei Hinsicht zu präzisieren – die „geographische Lage" ist ja keineswegs bloß eine räumliche Gegebenheit, sie schließt nicht zuletzt meteorologische Bedingungen und generell den Wirkungsbereich der Biosphäre ein, von der außer der „Geschichte" als solcher auch wirtschaftliche, kulturelle und gesellschaftliche Prozesse sowie die politische Ordnung und deren Institutionen zutiefst determiniert sind. Wirtschaftsgeographie und Sozialgeschichte, aber auch neue Disziplinen wie die historische „Kulturökonomie" oder „Geokulturologie" bemühen sich – gerade im Hinblick auf Russland – wieder vermehrt um die Erhellung dieser Zusammenhänge.[104]

Was Berdjajew so prägnant auf den Punkt bringt, ist als Einsicht keineswegs neu. Dass geographische Weiträumigkeit und eine entsprechend weit verstreute Bevölkerung nur aus dem Zentrum eines starken Staats politisch adäquat zu organisieren sei, hat schon Katharina II. bei Montesquieu nachlesen und als Rechtfertigung für ihr absolutistisches Regime ausgeben können. Aber auch in den jüngsten diesbezüglichen Abhandlungen, etwa im Rahmen der russischen „Sozionaturalgeschichte", wird die über alle Reformen und Revolutionen hinweg erhalten gebliebene Übermacht des Staats als eine Naturgegebenheit hingenommen und als die einzig mögliche politische Entsprechung zur „Übermacht" des geographischen Raum in Betracht gezogen. „Der Staat war, wenn nicht die einzige, so doch die wichtigste konsolidierende Kraft eines spezifischen Superethnos, das sich in grenzlosen Räumen zusammenfügte aus verschiedenen Ethnien", heißt es in einer neueren Studie von Eduard S. Kulpin über *„Persönlichkeit und Staat im westlichen Europa und in Russland"*.

Tatsache ist andererseits, dass im westlichen Europa, wo es diese „sozionaturale" Wechselbeziehung nicht gab, die Voraussetzungen für die Wirtschafts- und Wissenschaftsentwicklung besser waren als in Russland und dass letzteres gegenüber ersterem in zivilisatorischer Hinsicht stets – wie noch heute – als „rückständig", wenn nicht als „primitiv" galt. Während in Europa allmählich die individuelle Persönlichkeit und der „Geist des Kapitalismus" sich ausprägten, formierte sich im Osten der russländische (moskowitische) Kolossalstaat und verfestigte sich dementsprechend der überpersönliche Kollektivismus: „Im althergebrachten Gegensatz zwischen Persönlichkeit und Staat behielt in Russland dieser gegenüber jener die Oberhand, wodurch Rolle und Bedeutung so lebenswichtiger europäischer Werte wie Freiheit, Gleichheit, Gesetz, Ausgewogenheit, Privateigentum und Arbeit verändert und herabgesetzt wurden."[105]

Von diesem letztlich naturbedingten Gegensatz ist das Verhältnis Russlands zum westlichen Europa unverkennbar auch heute noch mitbestimmt.

Aber seit jeher hatte das ganzheitliche, um nicht zu sagen das totalitäre Selbstverständnis des Großrussentums, dem der slawophile Geschichtsphilosoph Nikolaj Danilewskij eine eigene, ganzheitliche und besondere Welt zuerkannt hat[106], dazu tendiert, die weite Natur des Landes mit dem „breiten Charakter" des Menschen zusammenzudenken und auch alle andern nationalen Eigenheiten und Errungenschaften – von der russischen Sprache bis zur russischen Seele, von der russischen Duldsamkeit und Leidenskraft bis zur „allweltlichen" russischen „Resonanzfähigkeit" – monokausal als Emanationen des geographischen Raums zu begreifen. Darin stimmt Danilewskij mit Novalis überein, der die Landschaft – jede Landschaft – als einen besonderen „Körper" für eine jeweils besondere, darin geborgene und daraus expandierende „Seele" begriff.

Dass die Mentalität des Russentums von der „Grenzenlosigkeit des Staats" und der „Grenzenlosigkeit der russischen Felder" gleichermaßen konditioniert worden sei, hat nach und neben manch andern russischen Geschichtsdenkern auch Berdjajew verschiedentlich unterstrichen; er war der Überzeugung, dass die räumliche Weite keineswegs nur befreiend, sondern durchaus auch bedrückend, wenn nicht versklavend auf die russische Bevölkerungsmehrheit – die Bauern – sich ausgewirkt hat: „Die russische Seele ist durch die Weite verprellt worden, sie vermag keine Grenzen zu sehen, und diese Konturlosigkeit befreit sie nicht, sondern setzt sie unter Zwang. Und so ist die geistige Energie des russischen Menschen nach innen gegangen, ins Meditative, ins Seelenhafte, sie konnte sich nicht der Geschichte zuwenden, die ja stets mit Formgebung verbunden ist, mit einem Weg, der Grenzen markiert ... Weit ist der russische Mensch, weit wie die russische Erde, wie die russischen Felder. Das slawische Chaos tobt in ihm. Die Enormität der russischen Räume hat beim russischen Menschen nicht beigetragen zur Entwicklung von Selbstdisziplin und Selbstinitiative – er hat sich in diesen Räumen aufgelöst. Und das war nicht das äußere, sondern das innere Schicksal des russischen Volkes, denn alles Äußere ist lediglich Symbol des Inneren."

Fest steht für Berdjajew, dass die Geographie nicht nur ein wichtiger „Faktor der russischen Geschichte" ist, dass sie immer auch als „Geographie der russischen Seele" ihre Funktion und Bedeutung hat[107], und selbstkritisch moniert er, dass in Russland das Naturhafte zu oft die Oberhand gewonnen habe über das Menschliche, mithin – um auf Michelets Metapher zurück zu verweisen – das „Nest" über den „Vogel", wiewohl doch „das Menschliche dazu bestimmt sei, über das Naturhafte zu herrschen".[108]

21

Nicht zuletzt das Verhältnis des russischen Menschen zur Arbeit – „der russische Mensch" war bis ins frühe 20. Jahrhundert *der russische (russisch-orthodoxe) Bauer* – wurde maßgeblich durch die Geographie geprägt und durch das Institut der Leibeigenschaft zusätzlich determiniert.

Dieses Verhältnis ist vorab dadurch charakterisiert, dass es keine ethischen Grundsätze, Werte und Perspektiven kennt. Die Ausgesetztheit im grenzenlosen Raum wie auch die repressive und ausbeuterische Bindung an die gutsherrliche Scholle, an kirchliche oder staatliche Güter ließen keine selbstverantwortliche, auf Leistung und Ertrag ausgerichtete Arbeitsmoral aufkommen. Für den Bauern war Arbeit nichts als ein notwendiges Übel, sie wurde verrichtet unter den Zwängen schwierigster klimatischer und vegetativer, sozialer und ökonomischer Bedingungen, so dass sie keine geistige Dimension, keinen Sinn gewinnen konnte – sie blieb während Jahrhunderten ein nicht zu durchbrechender, nie abzuschließender Automatismus, der keinerlei persönliche Werte generierte.

Weder die klösterliche „Werktätigkeit" oder „Arbeitsamkeit" (*truženničestvo*), wie sie von Feodossij Petscherskij, Sergij von Radonesh, Nil Sorskij hochgehalten und gefördert wurde, noch die „protestantische" Arbeitsethik der Altgläubigen vermochten jenem Automatismus merklich entgegen zu wirken. Wohl hätte auch die russisch-orthodoxe Kirche – was übrigens keineswegs auf der Hand liegt – zu einer Annäherung der russischen an die westeuropäische (städtisch, bürgerlich geprägte) Arbeitsethik beitragen können, verfügte sie doch im 16. Jahrhundert, auf dem Höhepunkt ihrer Machtentfaltung, über den weitläufigsten Landbesitz in ganz Russland und hätte durch ihre Musterbetriebe, ihre technologische Fortschrittlichkeit, ihre gut funktionierenden Handelsbeziehungen beispielgebend sein können. Ökonomisch blieb ihr Vorbild aber ohne jede Breitenwirkung.

Die tiefgläubigen Mönche, die ihre strenge Arbeitsmoral und ihr landwirtschaftliches Know-how hätten weitergeben können, wirkten nicht über die Klöster hinaus, wollten dies auch nicht, da sie mehrheitlich dem asketischen, letztlich asozialen Prinzip des Eremitentums oder Wüstendaseins (*pustynnožitel'stvo*) des 14. Jahrhunderts verhaftet blieben. Für den ökonomischen, von Iwan III. geförderten Aufstieg der russischen Klöster gab es in der orthodoxen Dogmatik keinen Rückhalt, und nie hat sich für die Ökonomie, anders als im westeuropäischen Protestantismus, eine geistliche Dimension gefunden.

Ohnehin wurde die Wirkungsmacht der Klöster unter Peter I. und Katharina II. massiv eingeschränkt – Russlands Modernisierung sollte durch westlichen Wissens- und Erfahrungsimport erreicht werden, und nicht durch den näher liegenden Rückgriff auf Errungenschaften der ansonsten fortschrittsfeindlichen orthodoxen Kirche. Was sich auf Dauer durchsetzte und was bis heute als das größte aller aus dem „Erbe der Geschichte der russländischen Zivilisation" überkommenen Probleme gilt, ist „die organische russische Passivität" in Verbindung mit einem stetigen arationalen „Streben nach dem Absoluten"[109] – im Zusammenhang mit Oblomow, dem prototypischen Russen aus Iwan Gontscharows gleichnamigem Roman, wird darauf zurückzukommen sein.

Wie verbreitet dieser intransitive Wirklichkeitsbezug in Russland – nicht nur bei der konservativen Arbeiter- und Bauernschaft, sondern auch bei der westorientierten, tendenziell „progressiven" Intelligenz – noch in der späten UdSSR gewesen ist, hat der Schriftsteller und Literaturkritiker Andrej Sinjawskij in einem seiner Lagerbriefe deutlich gemacht, als er die Vorzüge der Gefangenschaft der schlechten Alltäglichkeit des Sowjetstaats gegenüberstellte und sich selber als Nutzniesser des Straflagers zu erkennen gab; seine Selbstcharakteristik hat Geltung für das Russentum schlechthin – „ich" geht fließend in „man" über: „Überhaupt bin ich der Meinung, dass eine passive Rolle im Leben meinem apathischen Charakter am besten entspricht. Eben deswegen scheint mir, man sollte selbständig nichts unternehmen."[110]

Diese persönliche Erfahrung und Selbsteinschätzung lässt sich mit dem Kulturologen I. N. Ionow verallgemeinern durch den Hinweis, die russische Arbeitsmoral suche ihren Vorteil eher im Abwarten und Erharren (*pereterpet'*) als darin, „etwas zu unternehmen und den Gang des Lebens zu ändern."[111] Wenn man nach den Gründen für diese viel diskutierte, bald positiv, bald negativ gewertete Passivität fragt, bietet sich unweigerlich – nebst den klischeehaften Konstanten des russischen Volkscharakters – wiederum der Landschaftsraum beziehungsweise dessen scheinbar grenzenlose Ausdehnung zur Erklärung an. Naturgemäß konnten weder die unabsehbare Weiträumigkeit des Landes noch sein gewaltiger Reichtum an Rohstoffen unterschiedlichster Art – von Holz bis Gold – einer auf Kontinuität und Intensität angelegten Arbeitsethik förderlich sein. Im Gegenteil. Je weiter die territoriale Erschließung des Reichs voran kam, desto weniger schien die Wirtschaft erneuerungsbedürftig zu sein und desto mehr war man geneigt, die vorhandenen und stetig sich erweiternden Ressourcen rücksichtslos auszubeuten – man förderte deren extensiven Abbau und Export, nicht aber die industrielle Verarbeitung und die gesamtwirtschaftliche Nutzung.

Der Verzicht auf systematische Nachhaltigkeit und permanente Modernisierung in der Landwirtschaft ermöglichte die Aufrechterhaltung der Leibeigenschaft bis 1861 und darüber hinaus die Dominanz einer archaischen Sklavenmoral, die einer effizienten und selbstverantwortlichen Einstellung zur Arbeitswelt wie auch zur eigenen Arbeitsleistung hinderlich war. Die „Passivität" des russischen Charakters wurde durch ungünstige vegetative und klimatische Gegebenheiten zusätzlich verstärkt (wovon noch die Rede sein wird) und fand immer dann neue Nahrung, wenn das Land sich vom Westen abkehrte, sich vermehrt „asiatischen" Einflüssen und Gepflogenheiten öffnete.

22

Berdjajews „Seelengeographie" gehört zweifellos zu den bemerkenswertesten, mit Beispielen und Argumenten am besten belegten Versuchen, den russischen Kollektivcharakter auf den Begriff zu bringen und solcherart zumindest eine Diskussionsgrundlage zu schaffen für jenes endlose Streitgespräch, das die sogenannte russische Seele oder das, was man inzwischen als nationale Mentalität bezeichnet, eher verdunkelt als erhellt hat. In immer wieder neuen Annäherungen, oftmals auch sich wiederholend ist Berdjajew den vielfältigen Wechselbeziehungen zwischen den objektiven Gegebenheiten des geographischen Raums, der Mythopoetik der „russischen Seele" und den politischen Implikationen der „russischen Idee" nachgegangen, wobei er, anders als die meisten seiner schreibenden Kollegen, jede Parteilichkeit vermied, sich also weder die nationalistische (russozentrische) noch die kosmopolitische (eurozentrische) Position zu eigen machte, sich vielmehr für deren Versöhnung, ja sogar für deren Verschmelzung in *einem* umgreifenden „Ost-Westen" oder „West-Osten" einsetzte.

Berdjajews diesbezügliche Darstellungs- und Argumentationsweise besteht darin, dass er sowohl zwischen Russland und Europa wie auch innerhalb Russlands gravierende zivilisatorische Unterschiede aufzeigt, diese als „polare" Gegensätze vorführt, um sie zuletzt, ohne sie aufzuheben, einer höheren Synthese zuzuführen. Russland ist, nach Berdjajew, nur in Extremen zu denken, und in Extremen denkt sich auch, wie hinzuzufügen wäre, der Russe selbst – Mittelmaß und Mittelweg, Kompromiss und „goldene Mitte" lehnt er als spießbürgerliche Werte mit größter Verachtung ab, unabhängig davon, ob er dem Anarchismus zuneigt oder (wie Dostojewskij und Leontjew) einem militanten Konservatismus. Das Russentum muss, um zu überdauern, in seiner bipolaren Mentalität zwischen Aufbegehren und Unterwerfung wie auch in seiner Andersartigkeit gegenüber dem Westen belassen werden; nicht die Versöhnung der Gegensätze, sondern die produktive Spannung zwischen ihnen ist es, was Russland für sich selbst wie für sein Verhältnis zu Europa anstreben und erhalten sollte.

Für Berdjajew ist dies keineswegs bloß ein politisches oder ideologisches Gebot, er erkennt in der allgegenwärtigen Spannung zwischen Extremen jeglicher Art das naturgegebene, vorab raumbestimmte historische „Schicksal" des Russentums. In einem seiner Versuche zur *„Psychologie des russischen Volkes"* heißt es resümierend dazu: „Vor der russischen Seele eröffnen sich die Fernen, und es gibt keinen abgezirkelten Horizont vor ihren geistigen Augen. Die russische Seele verbrennt in ihrer feurigen Wahrheitssuche, ihrer Suche nach absoluter, göttlicher Wahrheit sowie nach der Errettung der gesamten Welt und der allgemeinen Auferstehung zu einem neuen Leben. Sie beklagt ewiglich den Kummer und die Leiden des Volkes und der ganzen Welt, und ihre Qual kennt keinerlei Linderung." Jedoch: „Es gibt in der russischen Seele den Aufruhr, das Aufbegehren, die Unstillbarkeit und Unzufriedenheit in Bezug auf alles Zeitliche, Relative und Bedingte. Immer weiter und weiter muss es gehen, dem Ende zu, zur Grenze hin, zum Fortgang aus dieser ‚Welt', von dieser Erde und von allem Lokalen, Kleinbürgerlichen, Festsitzenden."

Der russische Mensch lasse in seinen extremen Gefühlsschwankungen „Engelhaftes" und „Bestialisches" gleichermaßen sich ausleben, meint Berdjajew, doch „das Menschliche" komme dabei stets zu kurz.[112] Diese lapidare Feststellung ist von enormer, noch ungenügend austarierter Tragweite; sie verweist einerseits auf den direkten Zusammenhang zwischen Geographie und Psychologie, genauer: zwischen heimatlicher Landschaft (Enormität) und nationaler Mentalität (Extremismus), andererseits macht sie deutlich, dass dieser Zusammenhang in Russland die Prämisse dafür bildet, dass der Mittelweg, der Durchschnitt, die Normalität, mithin also bürgerliche Orientierungswerte sich nie haben durchsetzen können. „In Russland gibt es keine mittleren Talente, keine einfachen Handwerksmeister", hat einst der Historiker Wassilij Kljutschewskij notiert: „Aber es gibt vereinzelte Genies und Millionen von völlig untauglichen Menschen. Die Genies bringen nichts zustande, weil sie keine Handwerksburschen haben, und mit den Millionen ist nichts anzufangen, weil es für sie keine Meister gibt. Erstere sind ohne Nutzen, weil es ihrer zu wenige gibt; Letztere sind hilflos, weil es ihrer zu viele gibt."[113]

Das sagt nicht ein russophober Westeuropäer, sondern ein patriotischer russischer Geschichtsschreiber, der in seinen privaten Aufzeichnungen immer wieder seiner Irritation, auch seiner Trauer über den defizitären russischen Charakter Ausdruck gibt. Was in Russland vorrangig und unwandelbar zählt, ist das große Ganze, das einzig in der prekären Grundsatzfrage (wenn nicht Grundsatzforderung) „alles oder nichts" fassbar wird, sich ansonsten aber jeglichem differenzierenden oder gar definitorischen Zugriff entzieht. Das „Streben nach Ganzheit, nach allumfassender und konkreter Totalität" hat einst der exilrussische Philosoph Simon Frank, ganz ähnlich wie Berdjajew, als das Hauptcharakteristikum der „russischen Weltanschauung" ausgewiesen, wobei er zu deren Präzisierung – auch dies ein Charakteristikum russischen Selbstverständnisses – ausschließlich solche Eigenschaften und Fähigkeiten anführte, die dem „russischen Geist" offenkundig *fehlten*.

Ex negativo heißt es bei Frank: „Dem russischen Geist ist die Differenziertheit, die Abgesondertheit einzelner Gebiete und Werte des westlichen Lebens fremd und unbekannt [...]. Alles Relative, woraus es auch bestände – seien es Moral, Wissenschaft, Kunst, Recht, Nationalität usw. – hat als solches für den Russen gar keinen Wert. Es erhält seinen Wert erst durch seine Beziehung zum Absoluten, erst als Äußerung und Erscheinungsform des Absoluten, der absoluten Wahrheit und des absoluten Heils."[114] Alles umgreifen und begreifen zu wollen, ist ein Begehren, das sein Ziel naturgemäß und auch vernünftigerweise niemals erreichen kann, das folglich notgedrungen zum Nihilismus mutiert. Der Wille zum *Absoluten* verliert sich in der absoluten *Leere*. Tschitschikows totalisierende Panoramafahrt durch Russland (in Gogols Prosapoem „*Tote Seelen*") erweist sich als eine Art Endlosschlaufe, ist Exploration einer einzigen großen Leere statt – Ganzheitsgewinn.

23

Der übermächtige Raum bedingt naturgemäß den übermächtigen Staat. Dieser wird als gigantischer Verwaltungs- und Unterdrückungsapparat erfahren, er disponiert die Bevölkerung zu Unterwürfigkeit, Passivität, Verantwortungsscheu, aber auch zu Aufruhr, zu sektiererischem oder anarchischem Widerstand, während jener das allgemeine Gefühl von Freiheit vermittelt und Qualitäten wie Großzügigkeit, Geduld, Solidarität fördert. Man kann den russischen Menschen restlos – und widerstandslos – der Herrschaft des Raums unterworfen sehen. Dem Russen ist der grenzenlose Raum als Heimat altvertraut, Heimat ist für ihn nicht durch Grenzen definiert, sondern umgekehrt dadurch, dass sie eben grenzenlos ist.

Russlands Ebenerdigkeit galt dem heidnisch imprägnierten christlichen Volksglauben nicht nur als natur-, sondern auch als gottgegeben, und umgekehrt wurden sämtliche Unebenheiten – Berge und Schluchten, Hügel und Täler – für hinderlich und unschön, letztlich für ein Werk des Teufels gehalten. Das gelobte Land der Russen konnte nur ein Flachland sein, und wo es gleichwohl Erhebungen oder Senken gab, galt dies als satanisches Zerstörungswerk. Die volkstümliche legendäre Überlieferung hält dazu fest, der Teufel habe einen Brocken Erde gestohlen und sich in den Mund gesteckt. Hinter der Backe quoll die Erde auf, der Teufel litt unsägliche Qualen und begann, den wachsenden Brocken stückweise wieder auszuspucken. Dort, wo die größeren Stücke hinfielen, entstanden die Berge, aus kleineren Stücken – die Hügel. Schluchten und Senken wiederum bildeten sich als Folge des Himmelssturzes des Teufels, der, nachdem der Erzengel Michail ihn im Streit verstoßen hatte, mit seinen Hörnern die Erde aufriss.

Die Erde, als Erdreich, hatte für Russlands bäuerliche Bevölkerungsmehrheit eine ausgeprägt magisch-erotische Faszinationskraft. Der Bauernkalender sah (je nach Gegend unterschiedliche) Daten für den Namenstag der Mutter Erde vor. In diversen Ritualen wurde bei solcher Gelegenheit die Erde geküsst, man kaute sie auch und schluckte sie sogar, etwa um Versprechungen, Schwüre zu beglaubigen, die Bauern begatteten sie, indem sie – ein verbreiteter Fruchtbarkeitszauber – über ihr ejakulierten. Die Erdgebundenheit war so groß, dass Umsiedler oder Pilger einige Brocken heimatlicher Erde auf ihre langen Reisen mitnahmen, dies vorzugsweise für den Fall ihres Tods – damit dem Verstorbenen die Krümel auf die Augen gelegt oder ins Grab mitgegeben werden konnten.[115]

Der Napoleonische Feldzug und die beiden Weltkriege des 20. Jahrhunderts haben bei den Russen das Bewusstsein verstärkt, dass ihr Land kraft seiner Weiträumigkeit uneinnehmbar bleiben und auch die mächtigsten Invasoren buchstäblich *ins Leere* laufen lassen werde. Der ungeheure Raum ist nicht das Bedrohliche, er ist das Rettende, weil er auch das Organisierende ist; der Russe fühlt sich nicht als Organisator des Raums, er lässt sich eher vom Raum konditionieren – am Ort zu treten oder sich treiben zu lassen, hat deshalb Vorrang vor Eigeninitiative, Risikobereitschaft, Aggressivität.

Der russische Raum ist ein Konglomerat von Großräumen, hinter jedem Raum steht noch ein Raum, die Rückzugsmöglichkeiten sind niemals ausgeschöpft, der Rückzug bringt den Gegner in weit größere Gefahr als der Angriff. „Die Weite der russischen Erde und die Weite der russischen Seele haben die russische Energie unter Druck gesetzt, haben die Möglichkeit einer Bewegung hin zur Extensität eröffnet. Solche Weite erforderte keine intensive Energie und auch keine intensive Kultur. Von der russischen Seele forderten die unfassbaren russischen Räume Demut und Opfer, doch sie schützten den russischen Menschen auch und gaben ihm ein Gefühl der Sicherheit. Allseits fühlte sich der russische Mensch umgeben von enormen Räumen, und er hatte keinerlei Furcht, in diesen Innenräumen Russlands zu sein. Die große russische Erde, so weit und so tief wie sie ist, bleibt dem russischen Menschen stets hilfreich und rettet ihn. Er wiederum verlässt sich allzu sehr auf die russische Erde, auf Mütterchen Russland."[116]

Daran ließe sich die Frage anschließen, weshalb der russische Staat auch dann noch expandierte, als er bereits zwei Erdteile umspannte, kaum noch zu administrieren und nur mit gigantischem Aufwand militärisch zu verteidigen war. Denkbar ist, dass die Expansion, die ja stets in Wechselwirkung mit der zentripetalen Staatsmacht stand, eine Art von eigengesetzlicher Vorwärtsverteidigung war, angelegt darauf, die äußeren Grenzen als umfassende Sicherheits- und Pufferzone auszugestalten.[117] Dass sich ein zeitgenössischer russischer Kulturgeograph in einer wissenschaftlichen Arbeit wiederum auf „die eingeborene Breite der russischen Seele" beruft, um die kontinuierliche imperiale Erweiterung des Riesenreichs zu erklären, ist ein weiterer Beleg für die zeitlose Konsistenz dieser klischeehaften nationalen Selbsterfassung.[118]

24

Nikolaj Berdjajew war, angesichts des Ersten Weltkriegs und in Vorahnung der Revolution, überzeugt davon, dass die Herrschaft des Raums über Russland bald schon abgelaufen sein würde, dass sie abgelöst werden müsste von der Beherrschung des Raums durch Russland. Mit manchen seiner Zeitgenossen – mit Fjodorow, Rosanow, Blok u. a. m. – teilte er die damals weit verbreitete, vom Volksglauben wie von der Volksdichtung seit alters kolportierte Vorstellung von der russischen Erde als einem grenzenlosen, zugleich aber mütterlich bergenden Raum, in dem Irdisches und Göttliches zusammenwirken.

Die „Mutter-feuchte-Erde", „Mütterchen Russland", aber auch Russland als „Freundin", als „Gattin", bisweilen als „Hure" waren in der russischen Volksdichtung, in Sprichwörtern und Gebeten wie auch in der Vers- und Erzählkunst Russlands rekurrent und hatten – ergänzt durch die weiblich imaginierte Stadt („Mütterchen Moskau") und den großen weiblichen Fluss („Mütterchen Wolga") – wesentlichen Anteil nicht nur am russischen Weltbild, sondern auch am Selbstverständnis der russischen Menschen, und zwar unabhängig davon, ob sie der ungebildeten Bevölkerungsmehrheit angehörten oder der schmalen Schicht der Intelligenz.[119]

Schon im frühen 16. Jahrhundert hat der aus Griechenland stammende, als Theologe und Übersetzer in Moskau wirkende Michail Triwolis (gen. Maksim Grek) Russland als eine weibliche Trauergestalt allegorisiert – ein Bild, eine Vorstellung von enormer Prägnanz und lang anhaltender Auswirkung auf das russische kollektive Selbstverständnis: Eine schwarz gewandete Frau, die in nachdenklicher Pose am Wegrand sitzt – sie sinnt über ihre Zukunft und das Ende der Zeiten nach; sie weint …[120] Wenn Dostojewskij in Russland die exemplarische *Gattin,* Aleksandr Blok *sein Weib* und Wassilij Rosanow *das Weib* schlechthin enthusiastisch feiern konnten, hielt Nikolaj Berdjajew den weiblichen (*ženskij; ženstvennyj*), ja weibischen (*babij*) Charakter der „russischen Seele" für eine historische Kalamität, die dem Land auf schicksalhafte Weise sowohl den zivilisatorischen Fortschritt wie auch die Annäherung an Europa erschwere.

Der Philosoph und Kulturologe operiert an diesem Punkt nicht mehr mit Begriffen, sondern mit einem klischeehaften Frauenbild, das Weiblichkeit grundsätzlich mit Passivität gleichsetzt. Nach Berdjajew war Russland gerade durch seine „Weiblichkeit", seine „Weichheit" und „Willensschwäche" besonders gefährdet und riskierte, den Anschluss an die Moderne vollends zu verpassen. Weiblichkeit ist für ihn gleichbedeutend mit mangelnder Männlichkeit, mangelnder Eigenständigkeit, mangelndem Durchsetzungsvermögen. Die Frau bleibt – um produktiv, um kreativ zu sein – auf den Willen, auf den Samen des Mannes, auf die Begattung angewiesen und verbleibt somit in der Abhängigkeit *eines Fremden.* „Das Bild der Heimaterde ist nicht bloß ein Mutterbild, es ist auch das Bild der Braut und der Gattin, die der Mann mit seinem Logos befruchtet, mit seinem kraftvollen, Licht bringenden Prinzip […]."

Andererseits – und positiv – gewinnen die Russen aus ihrem weiblichen Charakter eine besondere Fähigkeit der Einfühlung und Hingabe an das Fremde, die Fähigkeit der Aneignung und Fortentwicklung dessen, was sie *nicht* sind.

„Aber", so lautet Berdjajews strenges Fazit, „die ausschließliche Herrschaft des weiblichen Elements hindert sie daran, ihre Bestimmung in der Welt zu erfüllen." Und in begrifflich wie bildlich unsauberer Vermengung der „Natur" Russlands (geographisch) und der „Natur" der Russen (sozialpsychologisch) wird das „leidgeprüfte russische Volk" noch einmal als Opfer der naturgegebenen räumlichen Verhältnisse dargestellt, die es nicht zu organisieren, nicht zu nutzen weiß, von denen es sich vielmehr dauerhaft in die Defensive drängen lässt. „Das russische Volk will kein mannhafter Erbauer sein, seine Natur definiert sich als weiblich, als passiv und unterwürfig in staatlichen Angelegenheiten, beständig erwartet es den Bräutigam, den Mann, den Beherrscher. Russland ist ein unterwürfiges, weibliches Land. Passive und rezeptive Weiblichkeit in

Mutter-feuchte-Erde (1) – *oben* Konstantin Makowskij, *Die Schnitterin* (Gemälde, 1871). Während der Erntezeit auf freiem Feld notdürftig aufgerichtet ein Zeltgestell mit Kinderwiege; die motivische Verbindung von Erntezeit und Mutterschaft hat in Russland eine spezifische religiöse, ideelle und künstlerische Ausprägung gefunden. *Unten* Noch zur Sowjetzeit zogen im westlichen Russland viele Familien zur Erntezeit mit ihrem Hausrat kilometerweit ins Feld; hier eine junge Mutter vor einem Zeltgestell mit Kinderwiege (sowjetisches Presseklischee, 1920er Jahre).

Bezug auf die Staatsmacht ist charakteristisch für das russische Volk und die russische Geschichte."[121]

In freudianischer Lesart würde dies nichts weniger und nichts anderes bedeuten als dass der „weiblich" disponierte russische Osten sich vom „männlich" gesammelten und gespannten europäischen Westen „besamen" lassen müsste, um seinerseits – kraft seiner Selbstvergessenheit und Anverwandlungsfähigkeit – überhaupt erst „fruchtbar" zu werden. Nebenbei sei hier bemerkt, dass die spekulativen Debatten über die „weibliche" Grunddisposition Russlands und des Russentums, die in den vergangenen zweihundert Jahren so wortreich geführt wurden, durchweg ohne weibliche Beteiligung stattgefunden haben, was darauf verweist, dass dieses mythologisch und ideologisch inszenierte Russlandbild weitgehend auf männlichen Projektionen, und nicht auf „allmenschlichen" Erwägungen beruht.

Im ausgehenden 20. Jahrhundert, viele Jahrzehnte nach Berdjajew mithin, hat Georgij Gatschew noch einmal das Bild von der großen Mutter auf den Plan gerufen, freilich so, als hätte es in der Zwischenzeit *keinen* Sigmund Freud gegeben. Gatschew bezeichnet Russland mit einem kalauerhaften Neologismus als „Gott-Mutter-Ich" (*Bogo-Mater'-Ja*), was homophon auch als „Gottesmaterie" (*Bogo-Materija*) gehört werden könnte. „Russland ist die ‚Mutter-feuchte-Erde', d. h. von den Elementen her ‚Wasser-Erde'. Und es ist – ein ‚Raum ohne Ende'. Grenzenlosigkeit ist Formlosigkeit. Russland ist ein riesiges Schneeweib, das in die Breite rinnt: hat sich ausgebreitet vom Baltikum bis zur Chinesischen Mauer [...]. Klar, dass von den Elementen her die ‚Luft' (*voz-duch*, ‚Geist-Fuhre') und das ‚Feuer' es erfüllen müssten, die Formlosigkeit muss mit Form gefüllt werden (Rand, Grenzen), durch den Raum muss die Zeit sich durchschlagen und durcharbeiten (Rhythmus der Geschichte) usw. – Und dies zu verwirklichen ist hier das Männliche Prinzip berufen."[122] Man mag von solchen Wort- und Gedankenspielereien halten, was man will, Fakt ist, dass sie in Russland weithin praktiziert werden und auch breiten Anklang finden bei den Befürwortern eines autarken russischen Selbstverständnisses und eines autochthonen russischen Staatswesens, wie es nicht zuletzt von Aleksandr Dugin, Igor Schafarewitsch, Aleksandr Solshenizyn gefordert wird.

Ihren stärksten und eigenwilligsten Ausdruck hat die „Hymnologie" der russischen Erde in Fjodor Dostojewskijs quasireligiösen Preisungen des Heimatbodens (*počva*) gefunden, in Wladimir Solowjows und Sergej Bulgakows „Sophiologie", in den poetischen Überblendungen Russlands mit dem Konzept des Ewig-Weiblichen oder der Schönen Dame bei Aleksandr Blok und Andrej Belyj, im nationalerotischen Mutterschaftskult von Wassilij Rosanow, aber auch in der patriarchalen Auferweckungsutopie des Philosophen Nikolaj Fjodorow, für den der Mann – stets in Abhängigkeit von der machtvollen Mutter-Erde gedacht – nicht in erster Linie Gatte, sondern Sohn zu sein hätte. Am Schluss seines Gesellschaftsromans *„Die Schlucht"* (1869) evoziert Iwan Gontscharow die russische Nation als „Großmutter" (*babuška*), was einer vielleicht ironisch intendierten Rückführung des Mythos von der großen Erdmutter in die Alltagswelt gleichkommt. Der eben aus dem westlichen Europa zurückgekehrte Rajskij, ein adliger Schöngeist und Taugenichts, feiert Wiedersehn mit seinen Lieben, doch angesichts seiner Großmutter wird ihm plötzlich klar, wie vergänglich alles und jeder hienieden ist. Rajskij erkennt, dass hinter jedem und allem „noch eine andere, eine gigantische Gestalt" (*ispolinskaja figura*) steht, die ihn weit stärker als irgendwer sonst zu sich hin zieht, „eine andere große ‚Babuschka', nämlich Russland".[123]

Mutter-feuchte-Erde (2) – *oben* Junge Frau, eins mit der Erde, ausgestreckt in einer blühenden Wiese, die bis zum Horizont reicht (Nikolaj Kusnezow, *Feiertag*, Gemälde, 1879); *Mitte* Russischer Agrarritus: junge Frau, die sich nach der Ernte auf der Erde wälzt (Photographie, ca. 1913); *unten* Sowjetpropaganda: „Frauen in den Kolchosen sind eine große Kraft (Stalin)". (Plakat von Leonid Golowanow, 1947).

25

Die Mutter-Erde ist aber, auch wenn sie sich in „Mütterchen" oder „Großmutter" Russland verkörpert, nicht bloß ein dichterisches oder philosophisches Konzept, sondern ein *zentraler*, vielleicht *der* zentrale Topos des russischen Volksaberglaubens. In der Folklore – in Märchen, Legenden, Gebeten – ist die Mutter-Erde tatsächlich in anthropomorpher Gestalt präsent, sie ist ein lebendiges Geschöpf, das schreien, weinen, heulen, zittern kann, sie wird als Ernährerin, als Amme, als Heilerin verehrt.

Am gigantischen Leib von „Mutter-feuchte-Erde" hat der Mensch, als Lebender wie als Toter, unmittelbar Anteil. Als „totale Mutter" vereint die Erde jeglichen Anfang und jegliches Ende in sich. Die Mutter-Erde ist Mittlerin zwischen dem Menschen und Gott, unterstützt wird sie darin, nach halb heidnischer, halb christlicher Vorstellung, von den Verstorbenen, die sich ihrer bedienen, um für die nachkommende Menschheit zu sorgen. Die personifizierte, weiblich imaginierte Erde gilt auch als Hüterin des sittlichen Gesetzes und bestimmt wesentlich das Geschlechts- und Familienleben, sie ist Anlaufstelle für Bitten, Klagen, Geständnisse jeglicher Art – allen öffnet sie sich, für alle verwendet sie sich.[124]

Wo die Mutter-Erde als personifizierte Heimat in Erscheinung tritt, nimmt sie jedoch keineswegs nur mythische Heroengestalt an, sie kann sich ihrem Volk auch im Zustand der Misere und der Traurigkeit über das Fehlen eines gleichwertigen männlichen Widerparts offenbaren: „Oh, Mütterchen! oh, Heimatland (*rodina*)! | Nicht unser Los beklagen wir, | Wir klagen über dich, Vertraute (*rodnaja*). | Du bist wie eine trauernde Witwe, | Stehst da mit aufgelöstem Zopf, | Mit ungepflegtem Gesicht! ..."[125] Mütterchen-Russland (*Matuška-Rus'*) ist nach Nikolaj Nekrassow immer beides zugleich – „ärmlich" und „überfließend", „mächtig" und „kraftlos".[126]

Dass die russische Mutter-Erde auch als Mutter der gesamten irdischen Welt gelten konnte, bezeugen manche Verse aus dem volkstümlichen „*Taubenbuch*" aus dem 13. Jahrhundert: „Unser Zar ist aller Zaren Zar. | Die heilige Russenerde ist Erden [Länder] Mutter."[127] Die Mission des russischen Mutterlands ist eine „allweltliche" – allweltlich sind die Pflichten, die es auf sich nimmt, allweltlich die Rechte, die es beansprucht. Von daher erklären sich die unterschiedlichsten, einander teilweise zuwiderlaufenden Züge des „russischen Charakters", so etwa das imperial ausgerichtete Engagement für Russlands lichte Zukunft – bei gleichzeitigem Desinteresse an der Lösung von Gegenwartsproblemen; so das Unvermögen, oft auch der Unwille, hier und jetzt Verantwortung zu tragen, die Tendenz zum Utopischen, das Räsonieren über Gott und Ewigkeit, Gut und Böse, stets jedenfalls über ein Allgemeines – bei gleichzeitiger Verachtung des Faktischen, Besonderen, Persönlichen; der stolze Glaube an *den* russischen Menschen und die russische „Allmenschlichkeit" – bei gleichzeitiger Geringschätzung des einzelnen Menschenlebens und der menschlichen Individualität.

Dass durch derartige Spiegelungen und Überblendungen die realen räumlichen Gegebenheiten auf metaphorischer Ebene oftmals massiv begradigt und verfälscht wurden, ist ebenso klar zu erkennen wie die andere Tatsache, dass die russische Geschichte und auch die russische Mentalität durch deren direkte Herleitung aus den naturgegebenen Raumverhältnissen vielfacher Simplifizierung anheim fielen. Geographische Prämissen – insbesondere so ungewöhnlich ausgeprägte wie in Russland – können geistige und mentale Anlagen wohl fördern, vielleicht auch verstärken, sind aber nicht als deren einzig bestimmender Faktor zu veranschlagen.

Mutter-feuchte-Erde (3) – *links* Aleksej Wenezianow, *Bei der Ernte. Sommer* (Gemälde, 1820er Jahre); *rechts* Filipp Maljawin, *Bäuerin* (Gemälde, 1903).

Landschaftliche Weite ist für seelische, emotionale Weite (und dementsprechend für angeblich typisch russische Tugenden wie Heroismus, Geduld, Gerechtigkeitssinn, Solidarität, Toleranz, Einfühlung, gegenseitige Hilfe, Großzügigkeit, Dienst an der Menschheit und „Allmenschlichkeit" oder auch kontrastierende Eigenschaften wie Autoritätsgläubigkeit, Herdentrieb, Maßlosigkeit, Unordentlichkeit u. a. m., aus denen der sogenannte Volkscharakter oder die nationale Mentalität sich aufbaut[128]) keineswegs die unabdingbare oder genügende Voraussetzung, kann sie aber sehr wohl unterstützen und festigen. Doch der Zugang zur Wirklichkeit, gerade zur geschichtlichen, erfolgt weit weniger über Fakten und Begriffe denn über Bilder und Vergleiche, die als Vorstellungen, Projektionen, Kollektivsymbole oder -klischees die eigene Vergangenheit immer auch in eine Zukunftsperspektive rücken.

Nationale oder regionale Mentalitäten lassen sich daher in vielen Fällen, zumindest was deren dominante Charakteristika angeht, auf bildhafte Ursprünge zurückführen. In Bezug auf Russland gilt dies in erster Linie für die hier skizzierte Vorstellung eines anthropomorphen Raumgefüges, das in seiner „weiblichen" Ausprägung zugleich als Innen- und Außenraum, als geschlossen und offen, bewahrend und empfangend, einheitlich und vielfältig, eigen und fremd, national und transnational begriffen werden kann. In solchem Verständnis – das Fremdverständnis stimmt hier weitgehend mit dem Selbstverständnis überein – kann Russland tatsächlich als das „Haus Eurasiens" gelten, als ein Land der Länder, letztlich als das Land schlechthin, in dem die unterschiedlichsten Ursprünge sich zu einem gleichsam organischen Ganzen zusammenfinden, ein Land, das seine schicksalhafte, bald imperial, bald solidarisch motivierte Bestimmung darin erkennen konnte, das Land nicht nur vieler, sondern aller Völker zu sein. Die totale Vereinheitlichung des Diversen – die Vereinigung der Menschheit als letzte, als einzige Einheit – ist im historiosophischen und geopolitischen Denken Russlands während Jahrhunderten ein Desiderat gewesen und hat in der Utopie des „Weltkommunismus" ihre zumindest ideologische Erfüllung gefunden.

26

Die Flächenhaftigkeit und Großräumigkeit der natürlichen russischen Lebenswelt werden von nationalistischen Kulturologen in Bezug auf die Geschichts- und Gesellschaftsentwicklung auch heute noch für grundlegend gehalten und zu jenen Konstanten gezählt, die den Volkscharakter weit nachhaltiger beeinflusst haben als alle historischen Persönlichkeiten und Ereignisse. Der typisch russische Kult der Natur, wie er in Bauernkalendern, bäuerlichen Bräuchen und Festen sich manifestiert, war demnach so wichtig für die Entstehung und Entfaltung der russischen Kultur, der gesellschaftlichen Ordnung und der Staatlichkeit, dass er sich in unverwechselbarer Weise auch auf die tieferen Schichten des nationalen Selbstbewusstseins auswirken musste.[129]

Georgij Gatschew, der die russische „Kosmo-Psycho-Logik" in all ihren Erscheinungsformen und Problemzusammenhängen aufgearbeitet hat, geht in einer seiner diesbezüglichen Abhandlungen so weit, dass er die geographisch determinierte Horizontalkultur Russlands – im Unterschied zur westlichen Vertikalkultur – einerseits nach ihren landwirtschaftlichen, andererseits nach ihren erotischen Spezifika charakterisiert. Demnach hält der Westeuropäer kraft seiner Person (Ich, Individuum) die Verbindung zwischen Erde und Himmel aufrecht, während der Russe (Wir, Kollektiv) dem „Zug in die Weite und Breite", dem Drang zur Gemeinschaft folgt, die als Kirch- oder Bauerngemeinde zugleich eine Welt für sich darstellt. Entsprechend ist bei den Russen, wie Gatschew in riskanter Argumentation ausführt, sowohl der traditionelle Praxisbezug zur Erde (Pflug, Egge, Harke) wie auch der zur Frau weit *oberflächlicher* als im westlichen Europa.[130]

Dominant bei der Anschauung und der Bewältigung der Außenwelt sind Horizont und Oberfläche, und beides prägt sowohl das geistige und praktische Leben der Menschen als auch deren Selbst- und Weltverständnis. Gatschew geht – eher spekulativ denn argumentativ – so weit, dass er die rigide soziale und institutionelle Vertikalstruktur Russlands, die dem gleichwohl ausgeprägten „Wir"-Gefühl und der expansiven „Kollektivseele" der Bevölkerungsmehrheit zuwider läuft, unmittelbar auf die horizontale russische Weiträumigkeit zurückführt: „Im Kosmos des Flachlands, wie z. B. in Russland, ist eine natürliche Tendenz zur Angleichung und Glättung des Diversen und Besonderen wirksam. Und damit hier ein Kulturschaffen aufkommen konnte, musste die Geschichte künstlich eine Diversität von Potenzialen, Standesschranken und Barrieren errichten. Hier schuf die Geschichte Kaskaden, im flachen Kosmos erbaute sie gesellschaftliche und geistige Gebirge: damit Spannung aufkommen konnte im wort-magnetischen Feld des Geistes, musste eine künstliche Dynamik der Leidenschaften, des Ingrimms hervorgerufen werden, um dem Kosmos der Mutter-feuchte-Erde zu erwärmen ... Und da kommt denn auch ein Gesetz der allgemeinen Geschichte zum Vorschein: der Vektor des Soziums (der Typus der staatsbürgerlich-gesellschaftlichen Ordnung), seine Struktur- und Formenbildungen sind nicht bloß in Harmonie und Resonanz mit der nationalen ‚Naturheimat' (*prirodina*), sie bilden zu ihr auch eine Ergänzung, nehmen Form an im Gegenzug zu den natürlichen Gegebenheiten der jeweiligen Region."[131]

Im Russischen – wie ja auch im Deutschen – kann der Begriff der „Natur" gleichermaßen auf die äußere Natur (Landschaft) und die innere (seelische) Natur des Menschen angewandt werden. Eine kurze Passage aus Dmitrij Mamin-Sibirjaks Gesellschaftsroman *„Die Priwalowschen Millionen"* (1883) aus der sibirischen Goldgräberszene führt diese Übereinstimmung am Beispiel eines großzügig ausgerichteten Fests vor Augen; die breite Natur hinter dem Ural wird hier nicht nur mit der breiten Natur des Gastgebers verglichen, sondern zusätzlich hervorgehoben durch den Vergleich seines Reichtums mit einem flutenden Meer: „Man kann nur sagen: Die *russische Natur* entfaltete sich dort *in ihrer ganzen Breite*. Vom frühen Morgen bis in die späte Nacht hinein fanden ununterbrochen die üppigsten Gastmahle statt – in diesem *alle Ufer überschwemmenden Meer* wurden geladene wie ungeladene Gäste *ohne jede Einschränkung* bewirtet." Die Weite des Landes und die Breite der Seele tendieren – nicht anders als der Priwalowsche Kapitalismus – dazu, sich nach dem Prinzip „je mehr, desto mehr" immer weiter auszudehnen, um Fremdes sich anzueignen. Der „russische Mensch" habe, meint der Titelheld des Romans, „*seiner eigensten Natur nach* immer mehr dazu geneigt, sich anderen Völkern zu nähern, ja sich ihnen vielleicht allzu sehr anzugleichen und sie nachzuahmen. Das zeigt schon unsere Geschichte, die durch eine langwierige Assimilation an Dutzende von fremden Völkerschaften gekennzeichnet ist."[132] – Fjodor Dostojewskij hat diesen zugleich imperialen und kapitalistischen Automatismus im Rahmen seines organismischen Geschichtsverständnisses damit erklärt, dass Russland ein ewig werdendes, ewig sich selbst erschaffendes (*večno sozdajuščajasja*), niemals abgeschlossenes nationales Gebilde sei.

Der von Gatschew aus *rodina* (Heimat) und *priroda* (Natur) kontaminierte Neologismus *prirodina* veranschaulicht sehr prägnant die spezifisch russische Verbindung von Natur- und Heimatgefühl. Beides, Natur wie Heimat, geht im Russischen auf die Wurzel *rod* (Geschlecht) zurück, verweist also – wie im übrigen auch das russische Wort für „Volk" (*narod*) – auf Herkunft, auf Geburt, auf „Eingeborensein".[133] Von Maksim Gorkij stammt die wohl kürzeste Definition von „Heimat", nämlich: *rodina – èto narod*, „Heimat ist das Volk." Und wortspielerisch sekundiert Georgij Gatschew: *priroda nam rodnaja*, „die Natur ist uns (Russen) verwandt", d. h. wesensähnlich, intim vertraut.[134]

Die Analogiebildungen lassen das gemeinsame Wurzelelement der beiden Begriffe – *rod* – deutlich hervortreten. Die Mehrzahlform zu Heimat (*rodina*) ist übrigens, fast gleich lautend, *rodiny* und wurde noch im 20. Jahrhundert in der Bedeutung „Geburt" (sonst *rody*, *roždenie*) verwendet. Im Russischen und für die Russen ist die solcherart ins Leben, in die Natur eingelassene Heimat – anders als das Vater- oder Mutterland – eine „Figur der patriotischen kommunalen Automythologie", eine „staatsbürgerliche Religion", ein „säkularisierter Altar der Macht", letztlich ein „Produkt der kollektiven Einbildungskraft", das aus lauter Gemeinplätzen zusammengefügt ist, das „nichts kommuniziert und bloß sich selbst ausdrückt": „Heimat (*rodina*) bemüht sich mit allen Kräften, den Mythos der eigenen Einzigartigkeit aufrecht zu erhalten. Die Gemeinschaft der Menschen ist im Zeichen der Heimat eine Gemeinschaft, welche das Fest der eigenen Unübersetzbarkeit feiert."[135]

Dieser kritischen Bestandsaufnahme einer zeitgenössischen russischen Autorin steht die Tatsache gegenüber, dass der patriotische Heimatdiskurs in Russland heute – nach langjähriger Sowjetherrschaft – erneut mit großem und kontroversem Engagement auf breitester Basis geführt wird und dass Heimat, als Begriff und Konzept, wiederum zu einem vorrangigen Ideologem geworden ist, aus dem sich allmählich eine postsowjetische russländische Staatsideologie entfaltet, die mit Demokratisierung und Modernisierung schwerlich zusammenzudenken ist: „Am Ende des 20. Jahrhunderts sind ‚Russland' und das ‚Russischsein' (*russkost*) genau so wie am Ende des 18. und des 19. Jahrhunderts zu höchst lebhaft erregenden Themen geworden, zu höchst interessanten und in keiner Weise lösbaren Rätseln, zu etwas Wundersamem, das rationaler Erklärung unzugänglich bleibt, zum Gegenstand des Glaubens, der Liebe, des Stolzes und der Hoffnung."[136]

27

Im Folgenden soll vorrangig das russische, genauer das *typisch* russische Selbst- und Weltverständnis charakterisiert werden, wie es in Text- oder Bilddokumenten unterschiedlicher Herkunft und Qualität festgehalten ist. Zu berücksichtigen ist dabei die Tatsache, dass die russische Bevölkerungsmehrheit (und damit auch der „typische" Russe) bis ins frühe 20. Jahrhundert vom größtenteils analphabetischen Bauerntum gestellt wurde, dessen Redeweise und Lebenszeugnisse dem zu Folge lediglich zitathaft erhalten geblieben sind – etwa in Kirchen- oder Gerichtsakten sowie in der schönen Literatur, die den „typischen" Russen eher besprach, als dass sie ihn authentisch hätte sprechen lassen.

Es geht aber auch gar nicht darum, historische Fakten und Realien korrekt zusammenzutragen, um davon ausgehend die „wahre", objektiv belegbare Sozial-, Kultur- oder Alltagsgeschichte Russlands zu rekonstruieren, das Interesse gilt vielmehr der Historiosophie Russlands und hält sich deshalb primär an die Konstanten und Koordinaten des russischen Weltbilds, für das so unterschiedliche und so schwer fassbare Konzepte wie der „russische Charakter", die „russische Seele", die „russische Idee" und generell die „russische Mentalität" einstehen. Keine kollektive Mentalität, auch keine nationale Idee erwächst aus Texten – aus Gesetzen, aus Dogmen oder Ideologien –, sie entsteht gleichsam selbstorganisierend aus dem komplexen Wechselbezug von Mensch und Natur, Brauchtum und Geisteswelt, individuellen und kollektiven Erfahrungen; eher ist sie eine kulturelle denn eine zivilisatorische Hervorbringung.

Beliebig oft ist die russische Volksmentalität besprochen, belobigt, auch gerügt worden, sei's durch fremde, sei's durch eigene Stimmen, immer wieder neue Bilder und Vergleiche hat man dafür gefunden oder auch erfunden, aber nie hat man sie begrifflich präzisiert, nie ihren Mythos objektiviert und dadurch entzaubert, und noch heute – heute wieder – ist sie Gegenstand kontroverser Debatten zwischen russozentrischen Patrioten und weltläufigen Internationalisten. Letztere plädieren für ein rationales, somit auch kritisches russisches Selbstverständnis, erstere beharren darauf, dass das Verständnis Russlands allein durch den Glauben und ausschließlich durch die Russen selbst zu gewinnen sei. In beiden Fällen, unter beiden Gesichtspunkten erscheint Russland als ein Ausnahmephänomen, das nicht nur räumlich eine eigene Welt bildet, sondern auch zeitlich einer besonderen Ordnung angehört.

E. M. Cioran, in Rumänien geboren als Sohn eines orthodoxen Geistlichen, hat dieses Phänomen in seiner Widersprüchlichkeit wie folgt charakterisiert: „Mit seinen in den Sekten und den Steppen durchgekneteten Seelen macht es einen einzigartigen Eindruck von Weite und zugleich von Abgeschlossenheit, von Unermesslichkeit und zugleich von erstickender Enge, einen nordischen Eindruck, aber auf eine besondere Art nordisch, die sich nicht von unseren Analysen erfassen lässt, gezeichnet von einer Schläfrigkeit und einer Hoffnung, die uns frösteln machen, einer Nacht voller Explosionen, einer Morgenröte, an die man sich noch erinnern wird."[137]

Diese Debatte soll hier nicht verlängert, auch nicht kommentiert und schon gar nicht nach Pro und Contra gewertet werden. Das Ziel besteht, weit weniger anspruchsvoll, aber durchaus notwendigerweise darin, zusammenfassend vorzuführen und durch einschlägige Beispieltexte zu belegen, wie die Russen selbst – als Zeitzeugen oder Zeitkritiker, als Schriftsteller und Philosophen, als Politiker und Historiker – ihre Lebenswelt, ihren Lebensstil, ihre Lebensqualität eingeschätzt und dadurch zur Ausdifferenzierung ihres nationalen Bewusstseins beigetragen haben.

Bemerkenswert ist die Tatsache, dass das russische Selbstverständnis, unabhängig davon, ob es zur Selbstbelobigung oder zur Selbstbezichtigung neigte, über Jahrhunderte hin sowie durch alle gesellschaftlichen Schichten und geistigen Welten hindurch *weitgehend kohärent* geblieben ist und in den immer wieder gleichen Metaphern seinen Ausdruck gefunden hat. Diese Metaphern – poetische Bilder ebenso wie symbolische Handlungen, klischeehafte Vorstellungen, typische Verhaltensweisen u. a. m. – gehören unverkennbar zum geistigen Überbau der russischen Horizontalkultur und sind denn auch größtenteils in irgendeiner Weise von der Anschauung oder der Erfahrung praktisch unbegrenzter Naturräume sowie, damit zusammenhängend, vom Streben nach einer starken zentralistischen Staatsmacht vorgeprägt. Von daher dürfte es gerechtfertigt sein, Beispiele solcher Metaphern und auch sonstige Belege für das geokulturelle russische Selbstverständnis im Folgenden ohne ständige Bezugnahme auf die Chronologie hier anzuführen und sie zu vergleichen, auch wenn sie zeitlich noch so weit auseinander liegen.

Dass die „Anatomie der russischen Seele" noch heute, viele Jahre nach dem Ende der Sowjetherrschaft, im wesentlichen die gleichen ideologischen Versatzstücke zu Tage fördert, wie man sie zuvor aus der Zarenzeit gekannt hat, zeigen jüngste Umfragen und Untersuchungen. Im Frühjahr 2002 erbrachte eine groß angelegte soziologische Erhebung die folgenden Ergebnisse: Das russische kollektive Selbstverständnis ist zu 35% an der Vorstellung eines mächtigen Staats orientiert („Russland als eine starke globale Macht"), zu weiteren 13% am Wunsch nach der Wiedererstarkung der kommunistischen Macht, zu 5 % an der Überzeugung von Russlands „nationaler Einzigartigkeit", zu 3% an Russlands globaler religiöser Sendung, und nur zu 6–7% an individueller Freiheit als unabdingbarer Voraussetzung für Demokratie und Marktwirtschaft. Ein weiteres Indiz für die Zählebigkeit und die fortdauernde patriotische Relevanz der „russischen Seele" kann man darin erkennen, dass sie erst kürzlich zum Gegenstand eines Lehrbuchs – mit Kommentaren und Aufgaben für russische Schüler – geworden ist und dass es inzwischen auch eine *„Enzyklopädie der russischen Seele"* gibt, in der alle einschlägigen Ideologeme, Metaphern- und Klischeebildungen zusammengefasst sind.[138]

Die neu erstarkte imperiale Dimension des russischen Selbstbewusstseins kommt klar zum Ausdruck in einem populär gewordenen Slogan wie „Wir sind im Imperium, das Imperium ist in uns!" (*My – v imperii, imperija – v nas!*) – ein patriotischer Slogan, der sicherlich in keinem westeuropäischen Land mehrheitsfähig wäre. Gerade die Tatsache, dass dieser Vergleich möglich ist und dass er – buchstäblich von den Anfängen des russischen Schrifttums bis zur heutigen Literatur und Publizistik – so viele Übereinstimmungen erkennen lässt, bestätigt die ungewöhnliche Stabilität des russischen Weltbilds. „Es ist, als wären das Land und die Natur eine Art passive Stimm- und Gedankenleere, schlichtes Rohmaterial für die Geschichte – zur Weiterverarbeitung", meint dazu Georgij Gatschew, der für dieses Phänomen, wie schon erwähnt, den russischen Begriff „prirodina" geprägt hat, einen Neologismus, der höchst sinnreich die Wörter für „Heimat" (*rodina*) und „Natur" (*priroda*) kontaminiert: „Bereits die Strukturbildung der Natur ist hier so etwas wie ein Text, ein Narrativ (*skaz*) – Gebirge oder Meere, Wald oder Steppe, Pfade oder Jahreszeiten sind gleichsam Wesensgedanken (*mysli bytija*), ausgesprochen in den Worten der Natur!"[139] Somit wäre, was das Verhältnis zwischen Naturraum, Bevölkerung und Geschichtsverlauf betrifft, das „Nest" (Michelet, Schischkow) dem Vogel vorgeordnet und würde dessen Verhalten und Existenzbedingungen entscheidend bestimmen, so wie die „Wiege" (Kljutschewskij, Berdjajew, Rosanow), gleichsam als Präfiguration des Grabes, vorbestimmend wäre für die Grundbefindlichkeit und den Lebensgang des Menschen.

28

Dass in diesem Problemzusammenhang nicht zuletzt der Sprache – begriffen als Muttersprache – eine wichtige Funktion zukommt, ist offenkundig; doch stellt sich auch hier die Frage, ob und in welchem Umfang die Sprache einer Region, einer Nation mit den jeweiligen naturräumlichen Gegebenheiten verquickt ist; ob und in welchem Umfang beispielsweise die Lexik, die Syntax einer Lokalsprache von der natürlichen Umgebung, in der sie gesprochen wird, determiniert sind, oder umgekehrt – wie und ob eine Sprache die räumliche Wahrnehmung beeinflussen und dadurch auf die Gestaltung des Lebensraums einwirken kann.[140]

Die Frage braucht an dieser Stelle nicht beantwortet zu werden, sollte jedoch in Evidenz bleiben, wenn nun versucht wird, die sprachlichen Äquivalente (Wortbestand, Idiomatik, Metaphorik) zu einigen alltagsweltlichen Grundeinstellungen, Verhaltensweisen, Lebensformen aufzuzeigen und zu erklären, die als typisch gelten können für den großrussischen Charakter, wie er sich in der Neuzeit – seit dem 18. Jahrhundert bis heute – behauptet hat.[141]

In äußerster Verknappung, dennoch auf umfassende und exemplarische Weise hat der späte Iwan Turgenew die russische Sprache als ein quasi religiöses Fluidum imaginiert, das Menschliches und Göttliches, die russische Seele wie die russische Natur gleichermaßen zu umgreifen, zu festigen, zum Ausdruck zu bringen vermag. Alles, was das „typisch russische" Selbstverständnis, das kollektive wie das individuelle, auszumachen scheint, kommt in Turgenews Anrufung der Sprache zum Tragen – Macht und Freiheit, Schicksal und Wahrheit, Glaube und Trauer ... Die Sprache selbst wird hier zur Trägerin, mehr noch zur sinnlichen Konkretisierung der „russischen Idee", sie wird angesprochen wie in einem Gebet, wird beschworen mit pathetischem Du: "In Tagen des Zweifels, in Tagen schwermütigen Nachsinnens über die Geschicke meiner Heimat bist mir du allein Stütze und Halt, o du große, du mächtige, wahrhaftige und freie russische Sprache! Gäbe es dich nicht, wie sollte man nicht in Verzweiflung verfallen angesichts dessen, was sich zu Hause tut? Doch kann man nicht umhin zu glauben, dass nur einem großen Volk eine solche Sprache gegeben ist!"[142]

In einem konzisen kulturologischen Versuch über *„Die russische Sprache"* hat die Linguistin Anna Wierzbicka aufgezeigt, dass und in welcher Weise die „Besonderheiten des russischen Nationalcharakters" in der russischen Sprache zum Ausdruck kommen beziehungsweise zum Ausdruck gebracht werden. Demnach gibt es eine Reihe von Schlüsselwörtern und Redensarten, in denen sich das russische Selbstverständnis sprachlich konkretisiert und von denen her (beziehungsweise aus deren Gebrauch) gewisse Mentalitätskonstanten abgeleitet werden können.

Die ausgedehnten Untersuchungen der Autorin erbringen zwar keinerlei neue oder gar überraschende Einsichten in die Gefühls- und Geisteswelt der Russen, sie bestätigen vielmehr, was längst bekannt ist und in Form von Vorurteilen, von positiven und negativen Klischeebildungen weithin kolportiert wird.[143] Neu ist aber, dass diese zumeist trivialen Vorstellungen dessen, was „typisch russisch" sei, hier wissenschaftlich erhärtet und somit auch beglaubigt werden. Anna Wierzbicka kommt anhand ihrer semantischen und rhetorischen Analysen zum Schluss, dass die folgenden vier Komponenten für den russischen Charakter besonders relevant sind. Erstens die ausgeprägte *Emotionalität* (Tendenz zu spontaner, stark expressiver Gefühlsäußerung; sozialer Expansions- und gleichzeitig Zugehörigkeitsdrang; Mangel an Disziplin und Konsequenz; Selbstzweifel und Autoritätsgläubigkeit u. a. m.). Zweitens *Passivität* und *Fatalismus* (Demut, Geduld, Leidensfähigkeit, Unterwürfigkeit u. a. m.). Drittens *Vernunftwidrigkeit* (arationales bzw. irrationales Denken und Handeln; Glaubensfähigkeit; Wissensskepsis; gegen die „Tyrannei der Vernunft" u. a. m.). Viertens der *moralische Extremismus* (Hang zu scharfen Moralurteilen; Absolutsetzung ethischer Kategorien u. a. m.).

Mit zahlreichen Beispielen und Vergleichen legt die Autorin dar, „dass all diese Besonderheiten der russischen Kultur und all diese Eigenschaften der russischen Seele in der russischen Sprache reflektiert werden oder, anders gesagt, dass das Sprachmaterial, das sich auf dieses oder jenes Thema bezieht, vollumfänglich mit Belegen aus anderen Quellen übereinstimmt wie auch mit den Intuitionen der Russen selbst und derer, die das russische Leben erforschen."[144]

Das „typisch Russische", das den Nationalcharakter weder historisch noch regional ausreichend zu differenzieren vermag, gibt sich durch rekurrente Merkmale, durch generelle Tendenzen, durch dominante Effekte zu erkennen, die sich in Kern- oder Schlüsselbegriffen der russischen Sprache verdichten und in deren Gebrauch ihren Ausdruck finden. Wenn nachfolgend auf Grund von russischen Selbstaussagen einige jener Begriffe belegt und erklärt werden, ist immer zu beachten, dass schriftliche Quellen – gerade in Russland – nicht „Volkes Stimme" wiedergeben, sondern in aller Regel von Angehörigen sozialer Minderheiten (Adel, Klerus, Beamtenschaft u. a. m.) stammen, die sich dem „Volk" kaum zugehörig fühlen, es eher dem Erfahrungsbereich des Fremden als dem des Eigenen zuordnen und deshalb auch, in ihren Texten, eher eine Außen- denn eine Innenansicht von ihm vermitteln.

Eine solche – ganz zufällige, ganz punktuelle, aber doch auch ganz typische – Ansicht ist einer Jugendreminiszenz zu entnehmen, die der Petersburger Kulturhistoriker Dmitrij Lichatschow in einem späten autobiographischen Essay mitgeteilt hat; darin wird die folgende Szene beschrieben: Auf einem Wolgadampfer beginnt ein Verladearbeiter unverse-

hens zu tanzen, er tanzt ausgelassen, „schleudert Arme und Beine in alle Richtungen",
reißt sich die Mütze vom Kopf, schleudert sie weit von sich und schreit dazu: „Es zerreißt
mich! Es zerreißt mich! ..."[145]

Das Bild dieser Szene ist weit stärker als ihre Beschreibung – sehr einfach, sehr einleuchtend vergegenwärtigt es den Bezug des „breiten russischen Menschen" (*širokij čelovek; čelovek širokoj duši*) zum Raum, sein Bedürfnis, mit seinem Körper und durch seine Bewegungen möglichst viel Raum einzunehmen – und mehr als das: den physisch einnehmbaren Raum noch symbolisch zu erweitern durch das Wegschleudern der Mütze und das laute Schreien. Die persönliche Gefühlssphäre wird auf solche Weise geradezu theatralisch erweitert, wird ausgedehnt ins Kosmische, soll schlechterdings „alles" umgreifen.

Um so bemerkenswerter ist die Tatsache, dass diese Verquickung der persönlichen mit der universellen Sphäre auch sprachlich beglaubigt ist, wird doch im Russischen der grenzenlose Raum üblicherweise als ein *intimer* bezeichnet, indem man ihn mit Eigenschaften wie „vertraut", „verwandt", „an-" oder „eingeboren" verbindet: „traute Räume" (*rodnye prostory*) steht – in der Mehrzahl – für ein Raumgefüge, das gleichzeitig als allumfassend und als heimisch empfunden wird, wobei sowohl die Natur (*priroda*) als auch die Heimat (*rodina*) mit ihrem Bezug zum Generellen wie zum Generativen (*-rod-*) assoziativ mitgemeint sind.

29

In anekdotisch komprimierter Form wird durch Lichatschows Reminiszenz die Frage aufgeworfen, wieviel Raum der Mensch brauche, jene Frage, die Lew Tolstoj in seiner Meistererzählung „*Wieviel Erde braucht der Mensch?*" aus der Negativität – vom Tod des Protagonisten her – ultimativ gestellt und skeptisch beantwortet hat: Der Mensch braucht mehr Erde, als er brauchen kann.

Gemeint ist damit der Mensch als Normalverbraucher, der stets mehr *will*, als er braucht, und der nicht zu erkennen, nicht anzuerkennen vermag, dass er letztlich nur für sein Grab ein kleines Stückchen Erde bräuchte. Die simple Moral von Tolstojs später Geschichte, nämlich möglichst *wenig* Erde in Anspruch zu nehmen und lieber in geistigen Welten sich umzutun, wird noch verschärft dadurch, dass in Russland ja ohnehin beliebig *viel* Erde zur Verfügung steht, dass die Weite und Tiefe des geographischen Raums sowie dessen fehlender oder jedenfalls schwieriger Zugang zu den Weltmeeren zur *internen* imperialen Raumerschließung, d. h. zu staatlicher oder privater *Kolonisierung* geradezu einlädt.

Tolstojs Antiheld Pachom hat sich mit diesem Angebot stets von neuem auseinanderzusetzen, er sucht und findet immer wieder neue Möglichkeiten, seinen Landbesitz zu mehren, sein privates koloniales Imperium zu erweitern. „Ich werde dir viel Erde geben", flüstert ihm der Teufel ein: „Doch ich werde dir Erde auch nehmen." Pachom nimmt nur das Versprechen, nicht die Warnung zur Kenntnis und rafft Schritt für Schritt immer größere Ländereien an sich – immer mehr *Erde*, um der Engnis der Bauerngemeinde (*mir*) zu entkommen, die doch eigentlich seine Welt (**mir*) ist und ihm genügen sollte: „Auf der Erde (*zemlja*) wurde es für Pachom geräumiger, und in der Gemeinde (*mir*) immer enger."

Der Wunsch nach immer noch mehr Erde wird für Pachom zum Wahn, „Erde für die Ewigkeit" zu kaufen, und so groß wie die Ewigkeit bietet sich ihm die russische Erde auch an. Schließlich zieht er ins ferne russländische Baschkirien, wo man ihm sagt: „Nimm, wo es dir gefällt. Es gibt viel Erde hier." Und: „Du brauchst bloß mit der Hand zu zeigen wieviel – sie wird dir gehören." Oder: „All das, was du mit deinem Aug erfassen kannst, gehört uns. Du magst beliebig viel wählen." Das Land ist „eben wie eine Handfläche", der Mushik bekommt von den Baschkiren „einen Tag" für 1000 Rubel angeboten – soviel Erde, wie er an einem Tag zwischen Sonnenaufgang und Sonnenuntergang abschreiten kann, wird ihm zu diesem Preis gehören.

Pachom macht sich auf den Weg, zieht einen möglichst weiten Kreis, schreitet möglichst schnell aus, kommt pünktlich zum Ausgangspunkt zurück und stirbt, vor Erschöpfung, auf der Stelle. Ein „großes Palästina" hätte der Russe gewinnen wollen, und die Erde gibt nur gerade den Platz für sein Grab frei.[146]

Mit dieser parabelhaften Erzählung bietet Tolstoj, weit über seine lehrhafte Absicht hinausweisend, ein Exempel für die Macht des Raums – man könnte auch sagen: für die Schwerkraft der Leere –, die den Russen zum Wanderer und zum Eroberer werden lässt. Ohne ihm jemals äußere Grenzen zu setzen, hält ihn dieses Faszinosum zeitlebens in Trab, treibt ihn zu immer wieder neuen Horizonten, macht ihm die ganze Welt zur virtuellen Heimat. Das Land ist unermesslich, ein Maß hat einzig der „Tag", gemeint ist das menschliche Leben, nach dem der Raum auf rationale Weise zu gliedern wäre.

Was Tolstoj als Gleichnis für die Existenz des Menschen generell konzipiert hat, erweist sich bei genauerer Lektüre als eine höchst subtile Studie zur kollektiven Mentalität des Russentums beziehungsweise der russischen bäuerlichen Bevölkerungsmehrheit mit ihrem raumbedingten Hang zum Maximalismus, mit ihrem zugleich imperialen und anarchischen Bedürfnis, die eigene Welt mit der Welt schlechthin gleichzusetzen, die eigene Heimat als das gelobte Land zu durchstreifen, zu erkunden, aber auch zu erobern, zu besitzen, auszubeuten. Dass gerade die Eroberung, die definitive Inbesitznahme niemals gelingt, bestätigt die Unermesslichkeit des russländischen Staatswesens, und es unterstreicht ein oft genanntes Charakteristikum der russischen Mentalität, nämlich die Unfähigkeit, ein begonnenes Werk kontinuierlich voranzutreiben und es Gewinn bringend abzuschließen.

Geographisch und vor allem klimatisch bedingt ist die Tatsache, dass der russische Bauer (der bis um 1930 die überwiegende Mehrheit der Bevölkerung ausmachte und deshalb als der russische Mensch schlechthin zu gelten hat) im Jahresverlauf lediglich rund hundert Tage für seine landwirtschaftliche Schwerarbeit – russisch *strada*, Leidenszeit genannt – zur Verfügung hatte, bevor immer wieder der lange eisige Winter dazwischen trat und ihn zur Muße zwang. Die *strada* kam jedesmal einem Kampf um die Ernte gegen die Fatalitäten der Witterung gleich, der Bauer war dadurch während drei bis vier Monaten extrem gefordert, die restlichen zwei Drittel des Jahres verbrachte er, sofern er sich nicht als Saisonarbeiter in einer nahe gelegenen Stadt verdingte, in relativer Gemächlichkeit zu Hause.

Das bäuerliche Kalenderjahr setzte sich im mittleren 19. Jahrhundert aus etwa 38% Arbeits- und 62% Nichtarbeitstagen (davon 26% Fest- und Feiertage) zusammen; es umfasste insgesamt – bezogen auf das Gebiet westlich des Urals – etwa 140 Werk- und 225 arbeitsfreie Tage, wovon die Hälfte auf weltliche und kirchliche Feiertage entfiel, der Rest auf Krankheitstage, private Festtage, Pausen wegen schlechten Wetters u. ä. m. Die bäuerliche russische Arbeitsethik kann als minimalistisch bezeichnet werden, sie ist im wesentlichen auf die Befriedigung bescheidener familiärer Bedürfnisse (Verbrauchsethik) angelegt, und nicht – wie in Westeuropa üblich – auf die Anhäufung von Geld und materiellen Gütern (Sparen zur Lebenssicherung, für Investitionen usw.). Im Verlauf seiner tausendjährigen Geschichte soll Russland „allein wegen der vielen Festtage 137 Jahre ‚verloren'" haben. Dies wurde einst von einem russophilen Beobachter errechnet, der aber, mit durchaus „oblomowistischer" Lebensklugheit, hinzufügte, man könne dennoch nicht von einem Verlust reden in Anbetracht der unbeantwortbaren Frage, *was* denn die Russen mit jenen 137 Jahren angefangen, *wie* sie sie genutzt hätten ... „Das russische Land und das russische Volk sind deshalb ärmer als andere, weil wir weniger als die andern arbeiten, weniger produzieren und öfter arbeitsfreie Tage beziehen", stellte noch nach der Bauernbefreiung von 1861 der „Volkstümler" und Agrarexperte Aleksandr Wassiltschikow fest: „Der Niedergang der [russischen] Landwirtschaft geht unmittelbar auf die Sitten und Gebräuche unseres Volkes zurück."[147]

Der regelmäßige jahreszeitliche Wechsel zwischen intensiver Feldarbeit und langer Wartezeit ist, nach dem Dafürhalten mancher Kulturologen, bestimmend geworden für die Konstitution des russischen Volkscharakters, der ständig oszilliert zwischen kurzfristigem Tatendrang und ziellosem Müßiggang, dabei aber doch stets dem vermeintlich Unabwendbaren, schicksalhaft Vorbestimmten unterworfen bleibt.[148] Als schicksalhaft vorbestimmt betrachteten – und akzeptierten – die Russen sowohl ihre Herrscher wie auch die Naturgegebenheiten, denen sie „unterworfen" waren. Pjotr Tschaadajew hat diese „Unterwerfung" auf ein asiatisches Welt- und Selbstverständnis zurückgeführt, das notwendigerweise in Trägheit ausarten und schließlich das „Einschlafen" der Nation, des Volks nach sich ziehen werde: „Von unseren Herrschern und unserem Klima geformt, gestaltet, geschaffen, sind wir nur kraft der Unterwerfung ein großes Volk geworden. Durchlaufen Sie unsere Annalen von einem Ende zum andern: Sie werden auf jeder Seite der tiefen Einwirkung der Herrscher, dem unaufhörlichen *Einfluss des Bodens* gewahr, aber fast nie *Äußerungen des öffentlichen Willens* begegnen."[149] Diese summarischen Feststellungen lassen sich ergänzen durch eine präzisierende Umschreibung der bäuerlichen Lebensart und Weltanschauung, die bei einem „westlerischen" Zeitgenossen Tschaadajews, Konstantin Kawelin, abzurufen ist: „Der Bauer ist vor allem und mehr als alles andere ein vorbehaltsloser Anhänger von Riten und Bräuchen, von eingespielter Ordnung und Überlieferung. Sein gesamtes häusliches und wirtschaftliches Verhalten ist vorbestimmt durch das, was ihm seine Väter und Großväter anerzogen und vorgebaut haben. Seine Alltagswelt verändert sich wohl, doch diese Änderungen sind in seinen Augen das Ergebnis der Einwirkungen des Schicksals oder geheimer unsichtbarer Kräfte, die sein Leben bestimmen. Völliges Fehlen von selbständiger Aktivität (*samodejatel'nost'*) und grenzenlose Unterwerfung unter alles, was von außen kommt – das ist das Grundprinzip der gesamten bäuerlichen Weltanschauung. Und von ihr ist sein ganzes Leben determiniert. Seine Anschauungen schließen die schöpferische Aktivität des einzelnen Menschen als Quelle materieller und geistiger Güter, als Waffe gegen alle Übel und Plagen prinzipiell aus."[150]

Unter solchen soziokulturellen, eher heidnischen denn christlich-orthodoxen Bedingungen hat sich seit dem 18. Jahrhundert nicht bloß beim russischen Bauerntum, vielmehr – als weithin wirksamer Ausfluss der bäuerlichen Mentalität – bei der russischen Bevölkerungsmehrheit insgesamt eine Werthaltung, ein Welt- und Selbstverständis entwickelt, das man gelegentlich als „Leibeigenschaftssyndrom", wenn nicht gar als „Sklavenmoral" bezeichnet hat. Gleichmacherisches Denken, ökonomische und technische Innovationsfeindschaft, Lethargie und Destruktivität, Misstrauen und Furcht, Autoritätsgläubigkeit und Unterwürfigkeit, aber auch Treue, Demut, Anpassungsfähigkeit und Schlauheit sind die Komponenten dieses gesamtrussischen Verhaltensmusters, dass noch in der späteren „Sowjetmoral" seine Fortsetzung und Entsprechung finden sollte.[151]

Die bäuerliche Arbeitsmoral – und die russische „Wirtschaftspsyche" insgesamt – war entsprechend widersprüchlich ausgeprägt: einerseits hatte sie der Notwendigkeit höchster punktueller Anstrengung zu genügen, anderseits tendierte sie zu Schwermut und Passivität angesichts der kaum berechenbaren Launen der Natur, die oft genug zu Missernten, wenn nicht gar zu Hungersnöten führten. Dass die bäuerliche mit der russischen Arbeitsmoral weitgehend übereinstimmt, bestätigt ein Hinweis von Mamin-Sibirjak, der von einem seiner Romanhelden aus der Goldschürfungsindustrie des Uralgebiets berichten kann: „Wie großartig und unersetzbar Schelchow aber auch bei der Suche nach neuen Schürfungsgebieten war, so unerträglich, ja geradezu erbärmlich war er in der ganzen übrigen Zeit, sobald alles nur auf systematische Arbeit hinauslief. Er vermochte einzig in plötzlichen Anfällen mit erstaunlicher Energie und Hartnäckigkeit zu arbeiten, zu jeder regelmäßigen Tätigkeit war er vollkommen unfähig."[152]

Diese offenbar typische Arbeitsmoral (sie ist gleichermaßen typisch für den Land- und den Fabrikarbeiter) findet in zahlreichen russischen Heldengestalten, wie man sie aus Märchen, Epen oder auch Chroniken kennt, ihre genaue Entsprechung. Der gewiss populärste dieser Helden, Ilja Muromez, der unter verschiedenen Namen in die Volksepik und das -märchen eingegangen ist, verbringt die ersten dreiunddreißig Jahre seines Lebens „ohne Arme, ohne Beine" reglos auf dem Ofen hockend, bevor er endlich, bereits zum graubärtigen Greis („alter Kosak") geworden, zu seinen Heldentaten sich aufrafft und, einzig dem Wohl und dem Ruhm seiner Heimat zu Diensten, die es von allem „Fremden" (Tataren, Türken, Räuber) zu „säubern" gilt, schlagend und mordend durch die Lande zieht. Ilja tut dies uneigennützig und unreflektiert, er tritt konsequent in der Rolle eines Dieners auf, seine selbstlosen Heldentaten lassen gleichermaßen an einen Amoklauf und einen hochgemuten Opfergang denken.

Dieser ungeschlachte Antiheld konnte zum „Volksideal" werden, ohne jemals ein bleibendes, mit seinem Namen verbundenes Werk vollendet zu haben. Ilja verkörpert den „russischen Charakter" insofern, als er all sein Tun ins Extrem treibt und all seine Kräfte in die Eroberung des Unmöglichen investiert. Als sprichwörtlicher Volksheld vermag er gleichwohl mit keiner seiner Taten – meist sind es blutige Abrechnungen und sinnlose Zerstörungen – als Vorbild zu dienen, er ist weder besonders schlau noch besonders geschickt, er kennt keine Ritterlichkeit, keine Umsicht, er handelt spontan und stets mit roher Gewalt. Gleichwohl wirkt er irgendwie unbeteiligt, meist hilft ihm der Zufall (oder das Geschick) in weit höherem Maß als sein Können, seine Kraft, sein Einsatz; andererseits hat er in aller Regel von seinen Taten keinen persönlichen Gewinn, sein Handeln lässt selten einen plausiblen Grund erkennen und fast nie ein vorgefasstes Ziel.

Eigentlich ist der populäre Märchenheld Ilja Muromez ein fauler, sogar ein feiger Charakter, seine Gegner bezwingt er üblicherweise durch einen raschen Coup, der sich wie ein Zaubertrick ausnimmt, sein bevorzugtes Utensil ist ein (stets glühender) Pfeil, der immer schon bereit liegt und der, als wäre er ferngesteuert, das feindliche Objekt – sei's im wüsten Sturm, sei's im dichten Wald oder auch übers Meers hinweg – mit unfehlbarer Treffsicherheit ereilt. Ilja braucht sich im Schießen nicht zu üben, er lässt sich einfach einen Bogen reichen, beschwört den Pfeil mit magischen Sprüchen, worauf dieser sogleich abhebt („wie ein Schwan") und den Feind ins Auge oder ins Herz trifft.

Zu direktem Feindkontakt und also auch zu direktem Kräftemessen kommt es dabei nicht. Iljas Heldentaten beschränken sich jeweils auf sehr knappe kämpferische Gesten ohne Taktik, ohne Strategie. Der Held nimmt sich aus wie ein Spielball des Schicksals und nicht wie einer, der sein Schicksal selbst in die Hand nimmt oder der in fremdem Auftrag und in höherem Interesse handelt. In den russischen Bylinen wird Ilja Muromez zärtlich „der kleine Ilja" (Iljuschenka, Ilejuschka, Jelejka u. ä. m.) genannt, der Held ist hier demnach keine hochrangige Autorität, keine Vaterfigur, er ist vielmehr der ewige Sohn, mit dem sich der Durchschnittsrusse gern identifiziert, dem er also auch nicht nachzueifern braucht.[153]

30

Generell treten russische Heroen eher unheroisch in Erscheinung – mehr zufällig als geplant realisieren sie irgendwelche Großtaten (zumeist destruktiver Art) oder bringen auch bloß durch trickreiches Verhalten weit stärkere Gegner zu Fall. Als eigentliche Kulturhelden, als umsichtige und zielstrebige Eroberer bewähren sich die Volkshelden kaum, diese Rolle wird allenfalls von herausragenden, historisch beglaubigten, aber mythisch überhöhten Herrscherfiguren oder Armeeführern übernommen.

Auch und gerade das populärste Epos der russischen Literatur, das bereits mehrfach erwähnte „*Igor-Lied*" (*Slovo o polku Igoreve, Igorja Svjatoslaviča, vnuka Olegova*) aus dem späten 12. Jahrhundert, führt in der Gestalt des Fürsten Igor keinen strahlenden und triumphierenden Kriegshelden vor, sondern einen zerknirschten, über Gott und die Welt sinnierenden Heerführer, dessen Truppen vernichtend geschlagen wurden und der nun verwundet in Gefangenschaft sitzt. Mit vielen realistischen Details und ornamentalen Ausschmückungen kommt Igors Niederlage und Erniedrigung im Kampf mit den heidnischen Kumanen, begleitet von der wortreichen Klage seiner Frau Jaroslawna, zur Darstellung – besungen wird auch in diesem großen Heldenepos, das eigentlich ein vielstimmiges Klagelied ist, ein melancholischer Antiheld, dem schließlich, aller Schande zum Trotz, auch noch Ruhm und Ehre zuteil werden.

Dem „*Igor-Lied*" wie auch späteren altrussischen Chroniken, die das selbe Ereignis rapportieren, ist zu entnehmen, dass der Anteil des Schicksals an Igors Niederlage weit höher veranschlagt wird als dessen schuldhaftes und wenig heldenhaftes Verhalten in der Schlacht gegen einen offensichtlich übermächtigen Feind. Die Niederlage hat insofern ihre Richtigkeit, als sie gottgewollt ist und durch ein deutliches Zeichen – vor dem Kampf sieht die Sonne aus wie der Mond – angekündigt wird. Entgegen diesem göttlichen Fingerzeig führt der Fürst sein Heer in die aussichtslose Schlacht, und das heißt: er führt es wider besseres Wissen statt zum Sieg in den Tod.[154]

„Alles erduldet der Recke!" heißt es in einer volkstümlichen patriotischen Ballade von Nikolaj Nekrassow.[155] Der russische Held bewährt sich demzufolge eher – durch seine Leidensfähigkeit – als Märtyrer denn als Kämpfer und Eroberer. In der bildenden Kunst Russlands ist der Typus des schwerfälligen, unproduktiven und eigentlich antiheroischen Helden, dessen staunenswerte Popularität gelegentlich auch besonders behäbigen und konservativen Herrschern zugute kam, exemplarisch gestaltet worden von Wiktor Wasnezow.

Wasnezows „*Recke am Scheideweg*" (1882; Abb. S. 78) zeigt schräg von hinten einen bewaffneten Rittersmann, der in sich zusammengesunken auf seinem stehenden Schimmel sitzt – oder schläft; vor ihm breitet sich bis zum Horizont die flache karge Erde aus, am Boden liegen ein Menschen- und ein Pferdeschädel, ein beschrifteter Stein markiert den Scheideweg zwischen Verharren und Fortstreben, zwischen Sein oder Werden. Kein Lüftchen scheint sich zu rühren, jede Dynamik ist der Schwerkraft – und der Schwermut des Ritters – zum Opfer gefallen, selbst der große schwarze Weih, der, in die Bildmitte gesetzt, vom Tod kündet, macht den Anschein, als wäre er in der Luft erstarrt. Ebenso statisch präsentiert Wasnezow in seinem patriotischen Monumentalgemälde „*Die Recken*" (1898; Abb. S. 79 *unten*) die drei volkstümlichsten russischen Heldengestalten – Ilja Muromez, Dobrynja Nikitisch und Aljoscha Popowitsch – auf ihren ruhenden Pferden sitzend und nach unerreichbaren Grenzen oder unbekannten Zielen Ausschau haltend.

Der zeitgleich von Michail Wrubel gemalte „*Recke*" (1898; Abb. S. 79 *oben*) verdichtet die Vorstellung des verharrenden, fast schon erstarrten Helden unfreiwillig zur Karikatur: Ritter und Pferd sind hier für immer zum Stillstand gekommen und werden bereits von allen Seiten vom Wald bedrängt, der sie völlig einzuschließen droht. Der Plastiker und Denkmalbauer Paolo Trubezkoj hat in gleichem Verständnis für den Zaren Alexander III. ein Reiterstandbild geschaffen, das Mensch und Tier in ganz und gar unheldischer Reglosigkeit zur Darstellung bringt und damit den denkbar extremsten Gegensatz zum berühmten „ehernen Reiter" von Etienne Falconet postuliert, der Peter I. (den Großen) mit vorgerecktem Arm auf einem im Absprung befindlichen Pferd zeigt – als zeichenhafte Vergegenwärtigung von Reform- und Fortschrittsdynamik.

31

Problematisch, beschwerlich war und ist in Russland, nebst der Vielfalt und Unberechenbarkeit der klimatischen Verhältnisse, die Tatsache, dass der Großteil des gesamten Territoriums in einer durch vorwiegend ungünstige Faktoren determinierten Zone liegen – wo die Winterzeit sehr lang und sehr kalt ist, wo weite Bereiche ewigem Frost ausgesetzt sind und wo ertragsschwache oder unfruchtbare Böden überwiegen. Dazu kommt, dass die Weite und der verborgene Reichtum dieser Natur (Bodenschätze) gemeinhin für unbegrenzt gehalten wurden, was nicht allein die Motivation zur Anwendung intensiver Produktionsverfahren schwächte, sondern auch zu bedenkenloser Ausbeutung, Verschleuderung, ja Zerstörung natürlicher Ressourcen führte. „All diese ungünstigen Bedingungen", so lautet der Schluss eines heutigen russischen Wirtschaftsgeographen, „erforderten einen großen und mächtigen Zentralstaat, der die Möglichkeit hatte, die notwendige Konzentration der Ressourcen für die Aneignung des gigantischen Territoriums zu gewährleisten. Zentralismus und Kollektivismus in ihrer organischen Verbindung erwiesen sich als die unmittelbaren und überaus wesentlichen Voraussetzungen der wirtschaftlichen Entwicklung des Landes."[156]

„Die Erde ist gewaltig und reich", notierte zur Zeit der Bauernbefreiung (1861) der angesehene Folklorist Iwan Sabelin, „aber zu leben verstehen wir nicht."[157] Das klingt wie ein fernes Echo auf jene oft zitierte Passage aus der altrussischen „*Nestorchronik*" (11./12. Jahrhundert) über die Staatsgründung Russlands, die – weithin einzigartig – durch die Berufung einer Fremdherrschaft vollzogen wurde, und dies mit dem expliziten Hinweis auf die Weitläufigkeit der heimatlichen Lande: „*Unser Land ist groß und reich, aber es ist keine Ordnung darinnen.*"[158] Weiter unten (im Kapitel „Wege nach Russland") wird dieser

Russische Helden (1) – *oben* Wiktor Wasnezow, *Der Recke am Scheideweg*, (Gemälde, 1882); *unten* Der kosakische Rotgardist am Scheideweg – sowjetisches Propaganda-Plakat aus der Bürgerkriegszeit (1920) als Remake des *Recken* von Wiktor Wasnezow.

Russische Helden (2) – *oben* Michail Wrubel, *Der Recke* (Gemälde, 1898); *unten* Wiktor Wasnezow, *Die Recken* (Gemälde, 1898).

Berufungs- und Gründungsakt – die Urszene der russischen Geschichte – detaillierter dargestellt.

Noch im ausgehenden 20. Jahrhundert konnte man den „russischen Kosmos" als ein von Null zu Unendlich strebendes, stets auf der Strecke bleibendes Gebilde beschreiben, das gänzlich der „russischen Logik" unterworfen sei, wonach Etwas niemals Das, sondern immer Jenes ist. Damit korrespondiere, meint der Kulturologe Georgij Gatschew, die Tatsache, dass Russen einen Satz lieber mit drei oder mehr Punkten offen halten, als ihn mit einem (und nur einem) Punkt abzuschließen: „... dem entsprechen die Pünktchen, die Unabgeschlossenheit. Was aber, nach Bachtin, auch einen Wert darstellt: Offenheit, Fragehaltung, über nichts ein letztes Wort zu sagen. Die russischen Meisterwerke sind unvollendet: ,Jewgenij Onegin', ,Tote Seelen', ,Die Brüder Karamasow'... Der Anfang ist da, das Ende fehlt. Wie in der Sowjetzeit: es gibt die Vorsteher, und es gibt (im Bauwesen) das unfertig Stehengelassene. Der russische Seelenwunsch – alles von vorn, das Leben noch einmal! Zerstören wir, um endlich das zu errichten, was wir brauchen! Und wir werden nicht müde, immer wieder zu *beginnen*! ..."[159]

Dass dies auch – und gerade – für die Landwirtschaft, das Verhältnis der Russen zur Natur, zur Erde gilt, unterstreicht Wiktor Schapowalow in seiner als Lehrbuch verbreiteten *„Russlandkunde"*: „Die typische russländische Landschaft ist charakterisiert durch etwas ,aufs Geratewohl' Angelegtes, irgendwie aus dem gerade vorhandenen Material Geformtes, nicht Ausgestaltetes, nicht Fertiggestelltes, dann Verworfenes." Die Erklärung dazu lautet: „Der russländische Mensch lebt gleichsam mit dem ständigen Gefühl der Zeitlichkeit seiner Existenz hier, an der Stelle des Raums, wo zu leben ihm bestimmt ist."[160] Etwas tiefer greifend und zugleich in erweitertem Kontext hat der Religionsphilosoph Nikolaj Losskij dieses Phänomen – Schwäche oder Gebrechen? – darauf zurückgeführt, dass der Russe grundsätzlich nach dem Absoluten, Vollkommenen strebe, solches Streben aber, naturgemäß, nicht *in die Tat* umzusetzen wisse; dass er deshalb rasch resigniere oder sich auf fremde Hilfe, auf ein Wunder verlasse, statt selbst aktiv zu werden. „Daher kommt es oft zur Abkühlung gegenüber dem begonnenen Werk und zur Abkehr von dessen Fortführung; oft sind die Absicht und der allgemeine Plan dazu äußerst wertvoll, doch seine Unvollständigkeit und also auch seine unvermeidlichen Unvollkommenheiten schrecken den russischen Menschen ab, und dieser bringt die Kraft nicht auf (*lenitsja*, tut sich schwer, langweilt sich), mit der Ausarbeitung der Details fortzufahren."[161]

Auch dafür, dass Trägheit und Inkompetenz nicht nur die abschließende Realisierung zahlreicher Projekte verhindern, sondern überdies die Erhaltung dessen, was *dennoch* erreicht wurde, gibt Iwan Gontscharow – wiederum in *„Oblomow"* – ein augenfälliges Beispiel: Als am Haus des Gutsherrn ein Balkon teilweise wegbricht, wird zwar in längeren Abständen immer wieder erörtert, was vorzukehren sei, um ihn zu reparieren, eine Wiederherstellung findet aber nicht statt – man begnügt sich definitiv damit, den verbliebenen Rest des Balkons mit zufällig vorhandenem, keineswegs tauglichem Sperrmüll notdürftig abzustützen. Die Bastelei, ob genialisch oder unbedarft ins Werk gesetzt, behält Vorrang vor planmäßiger und zielführender Arbeit. – Zufallsbestimmte Improvisation statt planmäßiger Konstruktion: Damit ist nach dem Zeugnis eines zeitgenössischen russischen Autors auch heute noch zu rechnen: „Bei uns wird die Idee immer durch die Ausführung ins Gegenteil verkehrt. Wir schaffen es nicht, abzuwarten, wenn etwas zur planmäßigen Ausführung fehlt. Wir machen einfach weiter mit dem, was vorhanden ist. Aber alles lässt sich nun mal nicht machen mit dem, was jeweils da ist."[162] Dass diese defiziente Arbeitsethik über Jahrhunderte Bestand hatte und sowohl die forcierte Industrialisierung Russlands im späten 19. Jahrhundert wie auch die maßenhafte Zwangsarbeit im stalinistischen Gulag überdauert hat, ist ein besonders eindrückliches Beispiel für den Vorrang der kollektiven russischen Mentalität vor jeder wie immer gearteten Nützlichkeits- oder Erfolgsideologie.

Beispiele dafür ließen sich in beliebiger Anzahl, aus verschiedensten Lebens- beziehungsweise Schaffensbereichen und aus allen Epochen der russischen Geschichte anführen. Doch nicht nur auf die Fakten kommt es an, fast mehr noch darauf, dass die althergebrachte russische Arbeitsmoral den Schlendrian, die Halbfertigkeit, die misslingende Improvisation ganz selbstverständlich mit einschließt, wenn nicht gar sich als Verdienst anrechnet. Bloß eine Minderheit von selbstkritischen Intellektuellen hat daran immer wieder und stets vergeblich Anstoß genommen. Pjotr Tschaadajew war es, der einst mit bitterem Sarkasmus vermerkte, dass Fragmente und Ruinen in Russland zu den beliebtesten Sehenswürdigkeiten gehören: „In Moskau wird jeder Ausländer zur Besichtigung der großen Kanone und der großen Glocke [im Kreml-Geviert] geführt. Zu einer Kanone, mit der sich nicht schießen lässt, und zu einer Glocke, die schon auseinanderbrach, bevor sie läutete. Erstaunliche Stadt, in der sich Sehenswürdigkeiten durch ihre Nichtigkeit auszeichnen; oder womöglich ist diese große Glocke ohne Klöppel eine Hieroglyphe, welche dieses riesige stumme Land symbolisiert […]."[163] (vgl. Abb. S. 404, *unten links*)

Die große „Zaren-Glocke" (*Car'-kolokol*) wurde um 1600 auf Veranlassung von Boris Godunow gegossen, später mehrfach umgegossen und vergrößert, zuletzt 1735 unter Zarin Anna; in Gebrauch kam das rund 200 Tonnen schwere Gerät offenbar nie, 1737 wurde die Glocke (wie schon früher einmal) in einem Brand schwer beschädigt, vom Rand her brach ein Stück heraus, und in der Folge blieb sie während hundert Jahren liegen, bis man sie wieder entdeckte und unrepariert auf einem Sockel als Denkmal aufstellte – ein in der Tat einzigartiges Vorgehen, das anderswo nicht denkbar wäre: der Öffentlichkeit im Regierungsbezirk ein Gerät zu präsentieren, das weltweit das größte seiner Art hätte sein sollen und dessen Herstellung sich über rund 140 Jahre erstreckte, ohne dass es jemals (wie auch die „Zaren-Kanone") seine Funktion hätte erfüllen können.

Man hat Russland und das Russentum eine „Zivilisation der Provisorien" genannt, ein unverbrauchtes, in mancher Hinsicht aber auch unkultiviertes „Kind-Volk" (*narod-rebenok*), das stets auf das große Ganze abgehoben habe, aber auch stets in den Anfängen seiner Unternehmungen stecken geblieben sei. Wer aufs Ganze geht, vernachlässigt gewöhnlich die Pflege der Details; wer großen Träumen nachhängt, bleibt meist in den Anfängen ihrer Realisierung stecken.

Noch in der Sowjetzeit gab es gigantische Bauprojekte (etwa den Weißmeerkanal sowie diverse Industrieanlagen), die mit enormem Aufwand an Menschen und Material angefangen, vorangetrieben, dann aufgeben wurden. Zwar vermochte sich die Sowjettechnik in wenigen hoch spezialisierten Bereichen wie der Raumfahrt weltweit an die Spitze zu setzen, doch die Erfolge waren kurzfristiger Natur und dienten eher der staatlichen Propaganda als den alltäglichen Bedürfnissen der Bevölkerung. „Deshalb haben wir denn auch verloren", stellt dazu ein heutiger russischer Kulturkritiker fest: „Denn eine Rakete, die besser ist als alle andern, können wir sehr wohl herstellen. Aber tausend gute Bratpfannen – das schaffen wir nicht. Das kreative Potenzial unseres Volkes ist absolut kolossal, jedoch eine Tätigkeit im Rahmen strenger technologischer Disziplin – das ist unsere Sache nicht."[164]

Das Reiterstandbild als skulpturale politische Metapher – oben Denkmal, gestiftet von Katharina II., für Peter I. (Etienne Falconet, Mitarbeit Marie-Anne Collot, Petersburg 1765-1782); *unten* Denkmal für den Zaren Alexander III. von Paolo (Pawel) Trubezkoj (Erstfassung in Bronze, 1905).

DER RUSSISCHE RAUM

„Zivilisation der Provisorien" – *oben* Haus oder Zelt? (Aleksandr Morosow, *Ruhepause bei der Heumahd,* Gemälde, ca. 1860); *unten* Russische Bauernsiedlung, wie hingewürfelt und von der Natur überwuchert (Pjotr Suchodolskij, *Mittag auf dem Dorf,* Gemälde 1864).

Dass dies auch noch 150 Jahre nach „Oblomow" konstatiert werden muss, macht klar, wie wenig sich der „russische Charakter" seither, allen historischen Umbrüchen und Neuorientierungen zum Trotz, verändert hat. Auch nach der Auflösung des sowjetischen Riesenreichs und der sich bietenden Gelegenheit, Russland zum Westen hin zu öffnen und vom Westen her zu erneuern, kehrte nach einer kurzen Phase hektischer, kaum koordinierter, im wesentlichen „nachholender" Aktivitäten erneut die allgemeine Lethargie ein, von der bloß eine Minderheit der neuen wirtschaftlichen und kulturellen Elite sich abzusetzen vermochte, eine Minderheit, der man in aller Regel „unrussisches", also unmenschliches Verhalten, oft auch schlicht eine „unrussische" Herkunft vorwarf.

Vielfach wurde damals, unter ratlosen Philosophen, Soziologen und Historikern, der kollektive Oblomowismus als Erklärung dafür herangezogen, dass wiederum nur ein chaotischer Umbruch, nicht aber ein entschiedener Aufbruch stattgefunden habe. Einmal mehr war die Rede von der „geschichtlichen Trägheit der Bevölkerung", und wieder wurde diese Trägheit in zahllosen Voten und in altbekannter Rhetorik auf die „gigantischen Dimensionen des Landes" zurückgeführt und letztlich als schicksalhaft hingenommen. Was in vielen einzelnen Belangen schon immer zu beobachten war und was auch hier bereits erwähnt wurde, nämlich das Phänomen der äußersten punktuellen Kraftanstrengung und der darauf folgenden Erlahmung der Energie wie auch des Interesses am begonnenen Werk, das spielte sich nunmehr in großem Maßstab vor aller Augen erneut ab: Wieder löste ein kühnes, wenn nicht abenteuerliches Reformprojekt, die sogenannte Perestrojka, eine momentane Beschleunigung und Intensivierung des historischen Prozesses aus, aber nur, um schon bald abgelöst zu werden durch hemmende und gegenläufige Kräfte, die das zu überwindende und halbwegs überwundene System unter neuer Bezeichnung nach altem Muster reaktivierten. Die Gleichung zwischen den „gigantischen Dimensionen" Russlands und dessen „gigantischer Trägheit" hatte sich erneut bestätigt.[165]

32

Als „Kind-Volk" neigen die Russen zur Utopie, sie versetzen sich in die Zukunft, um der schlechten Alltäglichkeit in der Gegenwart zu entkommen. Der Philosoph Gustav Schpet, einer der scharfsinnigsten Kritiker dieses Syndroms, hat Russland und das Russentum denn auch dementsprechend charakterisiert: „Russland lebt nicht bloß in der Zukunft, es lebt in einer universalen Zukunft. Seine Aufgaben sind allweltlich, und es selbst ist für sich eine Weltaufgabe. Darin besteht auch seine spezifische nationale Psychologie: Selbstzerknirschung, Verantwortung vor dem Gespenst künftiger Generationen, Illusionismus, hervorgerufen durch die Visionen ungeborener Richter, die Unfähigkeit und das Ungemach, in der Gegenwart zu leben, die rastlose Besorgnis um das Ewige, der Traum von Ruhe und Glück (unbedingt für alle), und von daher – Selbstverliebtheit, fehlende Verantwortung vor der Kultur, hochmütige Herabwürdigung der Lehrer und das uneingeschränkt-gutmütige Vertrauen in die grandiose Breite, Reichweite, Fülle und Güte der ‚Seele' und des ‚Herzens' des russischen Menschen, der in seiner bequemen Unbildung sich gerne vorstellt, dass Disziplin des Geistes und des Verhaltens das Gleiche sei wie Engnis, ‚Trockenheit' und Einseitigkeit."[166]

Auch diese kompromisslos negative Einschätzung der russischen Mentalität krankt, obwohl der Autor manche Einzelbeispiele als Belege beibringt, an allzu weit gehender

Verallgemeinerung. Wiederum ist aber festzuhalten, dass die hier mit Bezug auf die emotionale „Breite" und „Reichweite" des russischen Charakters verwendeten Epitheta – „allweltlich", „universal", „uneingeschränkt", „grandios" – analog auch für den russischen Landschafts- und Lebensraum Geltung haben. Dem gegenüber wird die europäische, eher von Vernunft und Disziplin als von arationalen Zukunftsträumen dominierte Geisteswelt russischerseits gemeinhin als zu eng, zu spröde, zu einseitig abgelehnt.

Nicht nur russische Meisterwerke und sowjetische Plattenbauten, nicht nur der russische Messianismus des 19. und der Sowjetkommunismus des 20. Jahrhunderts standen unter dem Fatum, *unvollendet, unverwirklicht,* mithin *offen* zu bleiben, auch die exemplarische Liebesbeziehung, so wie die russische Literatur sie vorführt, kennt keine Vollendung, wird nicht *verwirklicht* selbst und gerade dann, wenn es sich um die große Liebe handelt. Von Tatjana Larina und Jewgenij Onegin (in Puschkins *„Jewgenij Onegin"*) über Sonja Marmeladowa und Rodion Raskolnikow (in Dostojewskijs *„Verbrechen und Strafe"*) bis hin zu Anna Karenina und Aleksej Wronskij (in Tolstojs *„Anna Karenina"*), von Marina Zwetajewas zahlreichen Abschieds- und „Endgedichten" bis zu Nabokows *„Lolita".* Die Trennung, oft besiegelt durch den Tod, hat eine höhere Bedeutungshaftigkeit, ist näher bei der „Wahrheit" als die glücklich realisierte Liebe. In der russischen Kultur ist der Eros charakterisiert durch „erhöhte horizontale Spannung" (räumliche Entfernung, verschlungene oder gar nicht erst erkennbare Wege, Trennung und Verlust ins Nirgendwo). Noch in heutigen Debatten zur Frage nach der russischen Mentalität wird immer wieder auf das Phänomen des *großen Plans* und überhaupt auf das Bedürfnis nach Größe – Größe auch im Kleinen! – verwiesen, auf die Erwartung eines Idealzustands, der in aller Regel unrealisiert bleibt.

Russland erweist sich damit als ein Zivilisationstypus, für den das Ideal wichtiger, auch alltäglicher ist als dessen Verwirklichung, eine „Zivilisation der Provisorien" (*civilizacija vremjanok*), die sich mit lauter Zwischenlösungen zufrieden gibt und das vorgestellte, nicht aber tätig angestrebte Ideal – man denke an den jahrzehntelangen Aufschub des Kommunismus in der ehemaligen UdSSR – so lang wie möglich vor sich her schiebt. „Die Russen beginnen nämlich mit dem Absoluten", heißt es in einer aktuellen Standortsbestimmung, „mit dem Größten, das ihnen ihre Einbildungskraft vorgaukeln kann. Statt sich ein normales Haus zu bauen, träumen sie von einem gigantischen Schloss. Doch irgendwo muss man ja schlafen können. Deshalb errichten sie ein Provisorium und lassen sich darin nieder. Der russische Mensch träumt weiter von seinem Schloss und denkt nicht daran, sein Provisorium zu verbessern."[167]

Wassilij Rosanow hat die Unfertigkeit, das Unausgewachsene, Unausgegorene, Unmündige nicht nur des russischen Charakters, sondern des russischen Menschen schlechthin am Beispiel des Schriftstellers Anton Tschechow aufgezeigt, den er – problematisch genug und gleichwohl aufschlussreich – in seiner Körpererscheinung, seiner Lebensführung, seiner geistigen Statur mit dem ganz gewöhnlichen „kleinen", „grauen" russischen Menschen gleichsetzte – „Och, dieses Spießertum! ..." – „Och, diese russische Kraftlosigkeit! ...": „Bei Tschechow breitet sich alles am Boden aus. In der Tat, nichts geht aufrecht, es breitet sich aus ... Genauer, es wächst über den Boden hin. – Wie das Leben, wie die Natur, wie alles. [...] Alles [bei Tschechow] kam so heraus, wie bei allen Russen: Eines hat er gelernt, ein Anderes hat er dann aber gemacht; naturgemäß hat er sein reifes Alter nicht erreicht. Wer bei uns lebt denn so lang? Ein Nest hatte er nicht, er war ein Wanderer. [...] Kein scharfer Ton, kein großer Gedanke. Aber in all dem liegt etwas, das es noch nirgends gibt. Was könnte das sein? Jedenfalls wäre es langweilig, ohne es zu leben."[168]

33

Paradox, aber aufschlussreich: Die Grundanlage des Russentums wäre demnach etwas, das nur vorhanden ist, weil es fehlt, ein Defizit, ohne das der Russe ungern leben würde, vielleicht gar nicht lebensfähig wäre, etwas freilich auch, das als Potenzial vorhanden ist, das virtuell Zukunft hat. Noch ist der russische Charakter, nach Rosanow, am Boden, noch weiß niemand, „was zu tun" ist und wer es zu tun hat; noch hat sich der Russe nicht aufgerichtet, hat sich nicht eingerichtet, noch ist er – ohne Bedacht und ohne Ziel – unterwegs; Hauptsache jedoch bleibt: er ist der kommende Mensch.

Die Wechselbeziehung zwischen Geographie und Volksseele oder, genauer vielleicht, die strukturelle und funktionale Bedingtheit der „psychischen Geographie" durch eine jeweilige „physische Geographie" hat mit besonderem Nachdruck Nikolaj Berdjajew in manchen seiner Schriften hervorgehoben. Auf ihn, der wohl als Erster von der „Geographie der russischen Seele" gesprochen und der während Jahrzehnten immer wieder, oftmals sich wiederholend, auf die heimatliche Landschaft als Grundlage kollektiver Mentalitäten verwiesen hat, beziehen sich noch heute die meisten Autoren, die sich unter historiosophischem oder geopolitischem Gesichtspunkt mit Russland und dem Russentum befassen.

Es dürfte deshalb gerechtfertigt sein, einen längeren Auszug aus einer späten diesbezüglichen Reflexion des Philosophen hier anzuführen, die auf durchaus unwissenschaftliche Weise, aber doch im Sinn eines geläufigen russischen Selbstverständnisses geographische, politische, soziale, psychische sowie allgemeine „geistige" Komponenten synthetisiert. Zur „Bestimmung des russischen Nationaltypus" heißt es bei Berdjajew: „Es gibt eine Entsprechung zwischen der Unfassbarkeit, Grenzenlosigkeit, Unendlichkeit der russischen Erde und der russischen Seele, zwischen der physischen und der psychischen Geographie. In der Seele des russischen Volkes ist eine ebensolche Unfassbarkeit, Grenzenlosigkeit, ein Streben nach Unendlichkeit wie auch in der russischen Weite. Deshalb wurde es dem russischen Volk schwer, diese riesigen Räume zu beherrschen und sie zu formen. Das russische Volk hatte eine gewaltige Kraft des Elementaren und eine verhältnismäßige Schwäche der Form. Das russische Volk war nicht vorzugsweise ein Volk der Kultur, wie die Völker Westeuropas, es war eher ein Volk der Offenbarung und Begeisterung, es kannte kein Maß und fiel leicht in Extreme. [...] Zwei gegensätzliche Prinzipien haben der Formung der russischen Seele zugrunde gelegen: das natürliche, heidnische, dionysische Element und die asketisch-mönchische Orthodoxie. Man kann gegensätzliche Eigenschaften im russischen Volk erkennen: Despotismus, Hypertrophierung des Staates und Anarchismus, Freiheit; Grausamkeit, den Hang zur Gewalt und Güte, Menschlichkeit, Milde; Ritengläubigkeit und Wahrheitssuche; Individualismus, ein geschärftes Bewusstsein für die Persönlichkeit und unpersönlichen Kollektivismus, Nationalismus, Eigenlob und Universalismus, Menschlichkeit, die allen gilt; eschatologisch-messianische Religiosität und äußerliche Frömmigkeit; Gottsuche und militante Gottlosigkeit; Sanftmut und Frechheit; Sklaverei und Rebellion."[169]

Die von Berdjajew angeführten Eigenschaften der russischen Kollektivseele machen vor allem deren extreme innere Spannung, aber auch deren Spannweite erkennbar. Dadurch, dass die Extreme sich berühren, bleibt die Mitte – das Neutrale, das Mediale, das Normale – weitgehend ausgeschlossen. Alles ist auf Weite, Breite, Größe ausgerichtet, die Grenzenlosigkeit provoziert gleichermaßen die Suche nach Grenzen und den Versuch, diese zu überwinden, die Suche nach den eigenen, den persönlichen Grenzen wie auch nach den Grenzen des Staats und der Staatsmacht.[170]

So pauschal und diskutabel derartige Feststellungen sind, finden sie doch mancherlei Entsprechungen in der wissenschaftlichen oder philosophischen Literatur zur russischen Geschichte wie auch zur russischen Idee. Die Tatsache, dass in der russischen Kultur – der Hochkultur ebenso wie der Volkskultur – kontinuierliche Evolution, Formbildung, Vollendung weit weniger ausgeprägt sind als in den Kulturen Westeuropas und dass es in Russland immer wieder zu revolutionären Neuansätzen, aber nur ausnahmsweise zu erfolgreichen, nicht mehr umkehrbaren Reformen gekommen ist, hat für diverse kulturologische Theoriebildungen die Stichwörter geliefert. Tynjanows Theorie der literarischen Evolution (Stichwort: Entkanonisierung), Lotmans Theorie des kulturellen Sprungs (Stichwort: Ausbruch, Explosion) oder Achijesers Theorie zur Entwicklung und Periodisierung der russischen Geschichte (Stichwort: Spaltung) sind Beispiele dafür.[171]

Dem ist allerdings beizufügen, dass in diesem Fall die Kulturologie mit dem kulturellen Selbstverständnis des Russentums in Konflikt gerät; denn letzteres war stets am Vorrang der Kontinuität – der gewissermaßen organischen Entwicklung – orientiert und hielt alle „revolutionären" Ausbrüche und Übergriffe für verfehlt, wenn nicht für „sündhaft" oder „kriminell". Im Zusammenhang mit dem russischen Schicksalsglauben und Geschichtsverständnis wird darauf noch genauer einzugehen sein.

34

Um auf Tolstojs Erzählung von der rastlosen Landsuche und Landnahme des Bauern Pachom zurückzukommen – dort ist an mehreren Stellen vom „Raum" (der russischen Landschaft), von der „Welt" (der russischen Bauerngemeinde) die Rede, und es soll nun, mit Blick ins Wörterbuch und anhand von literarischen Texten sowie einschlägigen Redensarten, danach gefragt werden, welches Wortmaterial im Russischen zur Verfügung steht und auch vorzugsweise gebraucht wird, um räumliche Verhältnisse, vorab den Raum und die Räumlichkeit der Heimat zu bezeichnen.

Gerade für Russland hat zu gelten, dass der Kultur-Raum maßgeblich und unverwechselbar durch den Natur-Raum konditioniert ist. Die Sprache nimmt zwischen Natur und Kultur eine schwer bestimmbare Zwischenstellung ein, die zur weiteren Frage führt, inwieweit die Sprache das Weltbild und die Lebenswelt eines Menschen beziehungsweise eines Volks konditioniert oder widerspiegelt. Vermutlich liegt auch hier, wie im eingangs erwähnten Verhältnis zwischen Nest und Vogel, eine komplexe Wechselbeziehung vor, die zur Annahme berechtigt, dass durch die Sprache – zum Beispiel also das Russische – die Mentalität der Sprecher (*native speakers*) gleichzeitig geformt und zum Ausdruck gebracht wird.

Die russische Sprache wäre somit das Instrumentarium für die Konzeptualisierung der russischen Wirklichkeit und deren Transformation zu einem russischen Weltbild; dieses wiederum wäre zugleich ein Produkt und eine Projektion des russischen Volks- oder Nationalcharakters. Am Leitfaden diverser Schlüsselbegriffe („Raum", „Seele", „Freiheit" u. a. m.), die kontextbezogen nach ihrer spezifischen – spezifisch *russischen* – Bedeutung abzufragen sind, soll einerseits der russische Charakter, anderseits das russische Weltbild und insgesamt das russische kollektive Selbstverständnis approximativ erschlossen werden.[172]

Der russische Ausdruck für „Raum" (*prostor*, von *prosteret'*, ausbreiten, ausdehnen, auslegen), zu dem etymologisch auch „Land" (*strana*) und „Gegend", „Seite" (*storona*) gehören, bezeichnet generell die durch nichts begrenzte Dimension von Ferne und Weite, mithin vorab die *Tiefe* des Raums, das heißt seine horizontale Ausdehnung. Da *prostor* vorwiegend flächenhaft (*prostiranie*) imaginiert und auch erfahren wird, verwendet das Russische (im Unterschied etwa zum Deutschen, zum Französischen) für die Befindlichkeit „in" diesem Raum den Ausdruck „auf" (*na prostore*), woraus zu schließen ist, dass Raum zweidimensional als Breite mal Tiefe, generell als horizontale Weite begriffen wird. So kann beispielsweise Sergej Maksimow, ein Folklorist und Ethnogeograph des späten 19. Jahrhunderts, von seinen Reisen „im [oder eben: auf dem] breiten Raum der Steppe" (*na širokom stepnom prostore*) berichten und unermüdlich den „ganzen breiten Raum der russischen Erde" (*vse širokoe prostranstvo russkoj zemli*) wortreich dem Leser vor Augen führen.[173]

Das im Russischen besonders oft verwendete Epitheton zum Allgemeinbegriff des Raums – „unumgreifbar" (*neob-jatnyj*) – lässt auch die übertragene Bedeutung von „unbegreiflich" (*neponjatnyj*) mitschwingen. Häufig ist vom „Raum" in der Mehrzahl die Rede (*prostory*), man spricht dann von den „russischen Räumen", wenn der „unumgreifbare" oder „uferlose" (*bezbrežnyj*) Raum Russlands gemeint ist.

Als Eigenschafts- oder Umstandswort zu *prostor* wird *prostornyj*, *prostorno* verwendet, was aber nicht primär „räumlich" bedeutet, sondern „weiträumig", „weitreichend", „weit und breit". *Bylo prostorno* heißt soviel wie „es gab viel Raum", eine Aussage, die auch in übertragener Bedeutung gemacht werden kann und sich als „Raumgefühl" (*čuvstvo prostora*) auf Innenräume, auf räumliche Atmosphären beziehen lässt.

Der schon erwähnte russische Antiheld Oblomow, ein willensschwacher Stubenhocker, verzichtet im gleichnamigen Roman von Iwan Gontscharow konsequent auf Krawatte und Weste, weil er sich räumlich frei fühlen möchte: „räumlich frei" steht hier für den häuslichen „Raum" (*prostor*) und die räumliche „Freiheit" (*privol'e*), die Oblomow sich wünscht, auf die er angewiesen ist. Neben *privol'e* (Raum als Freiraum, von *volja*, „Freiheit") gilt auch *razdol'e* (für „räumliche Weite", „freien Raum", von *dolja*, „Geschick", „Los") als Synonym zum russischen Raum. Anders als der stark emotional besetzte, oft auf Russland (Heimat und Heim) bezogene *prostor* bezeichnet der neutrale Begriff *prostranstvo* (Eigenschaftswort: *prostranstvennyj*) eher den physischen, physikalisch bestimmbaren Raum, der meist als Innenraum, auch als interstellarer Raum (*mežplanetnoe prostranstvo*) u. a. m. begriffen und deshalb stets mit der Präposition „in" (*v prostranstve*) verbunden wird.

35

Die Weitläufigkeit des russischen Raums steht in deutlichem Kontrast zur Kleinräumigkeit und territorialen Parzellierung Westeuropas. Für den Russen verbindet sich die Erfahrung oder Erschließung des heimatlichen Raums vorab mit dem „Gefühl größerer Freiheit" und bekommt dadurch tatsächlich eine ethische Dimension; es ist, aus russischer Sicht, eine Freiheit, die ihn verlockt, sich selbst zu verlieren, fortzuwandern und alles zu vergessen, was ihn an gestern und morgen bindet, an seine Arbeit, seine Familie und sein Heim. So wie in der landschaftlichen Engnis Westeuropas der Blick und auch der Wille des Menschen immer wieder an Grenzen stoßen (an Berge, an schmale, aber tiefe Flüsse und Seen u. a. m.), so kann er dort „auch nicht einen Schritt tun, ohne auf irgendein Gesetz zu treffen" – ein Lebensgefühl, das der „größeren Freiheit" der russischen Weite durchaus entgegengesetzt ist.[174]

Auch Anton Tschechow hat aus diesem geokulturellen Unterschied die Mentalitätsdifferenz zwischen Russland und Europa herzuleiten und zu erklären versucht. In einem Privatbrief vom Frühjahr 1888 spricht er vom Menschen und von der Natur als von zwei gegenseitig sich bedingenden, aufeinander einwirkenden und dabei sich angleichenden „Kräften". Mit Blick auf die russische Natur und den russischen Charakter schreibt er dazu stichwortartig: „ Auf der einen Seite physische Schwächlichkeit, Nervosität, frühe Geschlechtsreife, leidenschaftlicher Lebens- und Wahrheitsdurst, Träume von *Tätigkeiten so weitläufig wie die Steppe,* ruheloses Analysieren, Wissensarmut bei hochfliegendem Denken; auf der andern Seite – die unermessliche Ebene, das rauhe Klina, das graue, rohe Volk mit seiner schweren, kalten Geschichte, das Tatarenjoch, die Bürokratie, die Armut, die Unbildung, die Feuchtigkeit der Hauptstädte, die slawische Apathie usw. Das russische Leben schlägt den russischen Menschen so, dass kein Auge trocken bleibt, schlägt ihn wie ein Stein von tausend Pud Gewicht." Und er fügt hinzu: „In W.-Europa gehen die Menschen zugrunde, weil es zu eng und zu stickig ist zum Leben, bei uns, weil zu viel Raum ist ... Und Raum gibt es bei uns so viel, dass dem kleinen Menschenkind die Kraft nicht ausreicht, um sich zu orientieren ..."[175]

„Das Wort *prostor,* dessen Gefühlston in keiner westlichen Sprache seinesgleichen findet, gibt sehr genau das innere Bild der unendlichen, einsamen Weite wieder ..."[176] Oftmals wird diese Weite, wie bereits angedeutet, mit „Ferne" (*dal'*) oder „Breite" (*šir', širota*) identifiziert, nicht jedoch mit Vertikalität (hoch/tief), bisweilen aber mit „Leere" (*pustota*) oder, konkreter, mit „Wüste" (*pustynja*). „Der Reisende, der dieses Tiefland kreuz und quer befährt, in waldloser Steppe oder im endlosen Wald, spürt unwandelbar allüberall, dass dieser grandiose Raum (*velikij prostor*) in Tat und Wahrheit eine große Wüste ist", schreibt der Folklorist Iwan Sabelin: „Dies ist der Grund dafür, dass dem russischen Menschen nebst seinem Gefühl für Raum und Weite auch das *Gefühl der Wüstenhaftigkeit* so vertraut ist, das am klarsten im *sehnsüchtigen Klang unserer heimatlichen Lieder* zum Ausdruck kommt."[177]

Dieses „Gefühl der Wüstenhaftigkeit" findet seinen sprachlichen Ausdruck in dem weiter oben bereits erwähnten, seit dem frühen 12. Jahrhundert belegten Begriff des „reinen Felds" (*čistoe pole,* auch Mehrzahl *čistye polja*).[178] Der Begriff hat insofern tautologischen Charakter, als im Russischen das Wort für „Feld" (*pole*) an sich schon für einen „hohlen" (*poloe*), also „leeren Raum" (*pustoe prostranstvo*) steht; die „Leere" (*pustota*) verbindet sich auch etymologisch mit der „Wüste" (*pustynja*). Das „reine", das weite, das leere Feld ist demnach eine alte russische Formel für räumliche Leere und Offenheit, ein stehender Ausdruck, der immer auch „das Pathos der Beherrschung, der Aneignung eines sich eröffnenden leeren Raums" mit einschließt.[179] „Das reine Feld, die unbekannten Ebenen, das leere Dunkel, die grenzenlose Höhe" – das sind, nach Michail Epstein, die Komponenten des russischen Großraums: „Ein solcher Raum ist Leere, ist das totale Nichts, dessen Nähe unerträglich ist."[180]

Noch weiter geht Wassilij Rosanow, wenn er Russland mit einem unabsehbar weit sich erstreckenden Friedhof vergleicht: „D. h. – da ist eine Ebene ... ein Feld ... es gibt nichts, es gibt niemanden ... Und dieses Erdhügelchen, unter dem ein Mensch verscharrt ist. Und diese beiden Worte: ‚Mensch, verscharrt', ‚Mensch, gestorben' – mit ihrem erschütternden Sinn, ihrem erhabenen Sinn, ihrem stöhnenden ... überkommen sie den ganzen Planeten ..."[181] – Dass die eigene Heimat als wüst und leer empfunden wird, dürfte ein Spezifikum des russischen nationalen Selbstverständnisses sein, spezifisch auch die Tatsache, dass Raum in jedem Fall, wenn er noch so eng ist, mit dem Konzept – oder dem Gefühl – der Freiheit (*volja*) verbunden werden kann.

Gontscharows Oblomow findet seine Freiheit nicht in der Großstadt, die breiten Straßen und großen Paläste lassen bei ihm nicht jene freie Atemweite (*vol'nyj vozduch*) aufkommen, die er auf dem Land, im „reinen" oder „wilden Feld", in der ruhigen Abgeschiedenheit, im offenen wie im geschlossenen Raum seiner Alltagswelt findet: „Er empfand ein Gefühl friedlicher Freude darüber, von neun bis drei, von acht bis neun Uhr bei sich auf dem Diwan verweilen zu können, und er rühmte sich dafür, nicht Bericht erstatten, keine Papiere schreiben zu müssen und Raum (*prostor*) zu haben für seine Gefühle, seine Einbildungskraft." Im übrigen ist es bemerkenswert, wie stark Oblomows Selbstverständnis und Lebensgefühl durch die ihn umgebende Landschaft vorbestimmt sind. In der idyllischen Utopie von Oblomowka sind trautes Heim und umgreifendes Universum ebenso eng wie spannungslos aufeinander bezogen, die „ganze Geographie dieses Winkels" unterliegt dem natürlichen Gesetz der Harmonie, das alles mit allem zu versöhnen scheint: „Der Himmel scheint sich dort noch näher an die Erde zu schmiegen, aber nicht um noch mächtiger seine Pfeile herabzuschleudern, sondern nur um sie fester und liebevoller zu umfassen."

Im neunten Kapitel des Romans führt Gontscharow „Oblomows Traum" von einem untätigen Leben in ewigem Frieden vor, und dieser Traum braucht als Kulisse nichts anderes als das unermessliche Firmament über einer gigantischen, weder vom Meer noch von Gebirgen und Schluchten eingeengten Ebene, in der alles und jeder seinen Platz hat und nichts Wildes und Düsteres zur Bedrohung werden kann. Die Natur selbst scheint den Menschen dazu anzuhalten, sich in der unermesslichen Weite zwischen Erde und Himmel einen versteckten Ort zu suchen, um dort, „von allen vergessen", nichts als Glück zu empfinden und „weder starke Leidenschaften noch kühne Unternehmungen" aufkommen zu lassen.

Das Nichtstun wird durch die eigene Nichtigkeit erkauft – „nur hie und da krabbelt auf dem schwarzen Acker, wie eine Ameise, ein von der Hitze gesengter Bauer herum ..." Im ungeheuren Raum wird der Mensch, auch wenn er sich noch so sehr abmüht, notwendigerweise zum Winzling, er verliert seinen Weltbezug, genügt sich selbst: „Sie hatten nicht einmal etwas, womit sie ihr Leben vergleichen konnten, ob sie gut oder schlecht lebten, ob sie reich oder arm waren und ob man sich noch etwas wünschen konnte, das andere besaßen."[182]

Der immer wieder stereotyp als „endlos", „grenzenlos", „unfassbar" u. ä. qualifizierte Raum wird nicht nur physisch als Freiraum empfunden, der zu großen Gesten und nomadischer Regsamkeit einlädt, er hat auch eine psychische Entsprechung, gewinnt eine geistige Spannweite, indem er unterschiedlichsten, auch extremen Emotionen freien Lauf lässt. Anton Tschechow scheint auf den fließenden Übergang zwischen physischer und psychischer Raumdimension verweisen zu wollen, wenn er festhält: „Der Mensch braucht nicht bloß drei Ellen Erde, nicht bloß ein Landhaus, sondern die gesamte Erdkugel, die ganze Natur, wo er im freien Raum (*na prostore*) all seine Eigenschaften und die Besonderheiten seines freien Geistes hervorkehren kann." Der sinnlich erfahrbare weitläufige Raum wird hier überboten durch den noch weiter ausgreifenden Raum der Vorstellungs- und Einbildungskraft.

Bescheidener, jedenfalls frei von jedwedem Maximalismus ist demgegenüber der träge Oblomow, der sein Bedürfnis nach unaufgeregten Freuden konsequent auf seine enge Alltagswelt beschränkt und von der großen russischen Geographie nichts wissen will – ihm genügt das kleinformatige Idyll seines Provinznests, um gleichwohl den „Freiraum (*prostor*) für seine Gefühle, seine Phantasie" voll auszuleben. Die Generalisierung dieses Raumgefühls und seine Identifikation mit der „russischen Seele" findet sich in formelhafter Kürze bei Boris Pasternak: „Welch gigantische Geräumigkeit (*prostor*) in allem! | Welch eine Reichweite (*šir*)! Welch eine Spannweite (*razmach*)!" Mit „Spannweite" ist das russische Wort *razmach* nur unzureichend wiedergegeben; *razmach* hat mit Schwung, Aufschwung zu tun, steht also für eine dynamische Raumerfahrung beziehungsweise für die Erfahrung eines stets bewegten, sich verändernden, expandierenden Raums.[183]

36

Im kollektiven Selbstverständnis des Russentums verbindet sich diese Raumerfahrung unmittelbar mit dem dominierenden Grundzug des russischen Charakters, der als „russische Seele" zu einem ideologischen Stereotyp geworden ist. Vorab *die Breite* als hauptsächliche Qualität des Naturraums wird gemeinhin direkt auf die russische Mentalität übertragen, und man spricht denn auch vom „breiten Menschen", vom „breiten Charakter", vom „breiten Talent" und eben von der „breiten Seele", um die Großzügigkeit, die Freigebigkeit, die Toleranz, aber auch den emotionalen Extremismus des Russen in Worte zu fassen.

Die „Breite" wird somit tatsächlich zu einer „ethischen" Kategorie. In Fjodor Dostojewskijs Roman „*Verbrechen und Strafe*" (1866) charakterisiert Arkadij Swidrigajlow, der als Wüstling und Intrigant ein ausschweifendes Leben führt, den russischen Menschen und damit auch selbst wie folgt: „Überhaupt sind die russischen Menschen breite Menschen (*širokie ljudi*), Awdotija Romanowna, breit wie ihre Erde, und sie neigen außerordentlich zum Phantastischen, zum Unordentlichen; schlimm ist es aber, ein breiter Mensch ohne besondere Genialität zu sein."[184] Was allzu breit, allzu weit sich ausdehnt, evoziert keineswegs nur immer Größe und Freiheit; es kann auch als Leere empfunden werden und so das Gefühl der Verlorenheit, der Nichtigkeit aufkommen lassen.

So wie die große russische Ebene oftmals als wüst und leer erfahren wird, kann auch die „russische Seele" als ein Unort begriffen werden, als eine große Null, ein unfruchtbares „wildes Feld" oder auch als finsterer unauslotbarer Abgrund. „Ist schon eine fremde Seele etwas Dunkles", so lautet eine bäuerliche russische Redensart, „die eigene ist tiefste Nacht." Der Imperativ des „Erkenne dich selbst!" hat hier keinerlei Geltung; die Selbsterkenntnis beschränkt sich darauf, sich selbst – die eigene Seele – für unerklärlich zu halten, für ebenso unfassbar wie den großen russischen Raum.[185]

„An sich ist die russische Seele schweigsam, wort- und formlos", notiert dazu der russische Gegenwartsautor Dmitrij Galkowskij: „Das ist die absolute Leere. Ein Schweigen, ein Leuchten. Und *an und für sich* ist die russische Seele unfruchtbar. ‚Braucht das Diesseits nicht.' Doch diese Leere erzeugt eine schreckliche Wahrnehmungsfähigkeit, die Fähigkeit zu staunenswerter und unwahrscheinlicher Erhellung des wahrgenommenen Materials." Davon nimmt Galkowskij auch sich selbst nicht aus, wenn er an anderer Stelle festhält: „Ich bin unfruchtbar. Ich bin eine Nullität mit Talent [...]. Sogar noch schlimmer. Ich habe keine Heimat, keinen festen Halt im Leben, keinen Kreml, keine Akropolis." Diese Innenansicht und Selbsteinschätzung – das Ich als ein Nichts im ungeheuren Raum – versucht der Autor zu ergänzen durch den Blick von außen, den er sich, als Fremdanschauung, wie folgt vorstellt: „Das westliche Denken hat den rein russischen Zustand der ‚Leere' umgriffen und ... erschrak dabei. Die Russen aber haben ‚damit' tausend Jahre gelebt. Eine solche Nation, eine Nation mit sozialistischer (nihilistischer) Wüste in der Seele, war zum Tod verurteilt. Doch die Russen leben."[186]

Zu überleben scheint auch – bis heute – die „russische Seele", deren „ewiger Ruf" (*večnyj zov*) weder von Pop- und Rockmusik, noch vom Piepsen elektronischer Geräte aller Art übertönt wird. Nachdem der Reformeifer nach der großen „Wende" von 1989/1991 verhältnismäßig rasch erlahmt und (in der Bevölkerungsmehrheit) einem apathischen Konservatismus gewichen ist, hofft man darauf, dass „alles in seine Bahnen zurückkehrt", und man vertraut erneut, wie aus Umfragen hervorgeht, der stabilisierenden Schwerkraft der „russischen Seele", die in der Unterhaltungsliteratur und in TV-Serien neue Urständ feiert.[187]

„Breite" (*širota*) steht sowohl – positiv – für „Großzügigkeit" (*ščedrost'*) wie auch – negativ – für eine Verhaltensweise, die kein Maß und keine Grenze kennt und die mit dem neuerdings oft verwendeten Begriff *bespredel* (von *bez predela*, „ohne Grenze") treffend bezeichnet ist.[188] Der Raumvorstellung von *prostor* entspricht sehr genau das verbreitete Bedürfnis maß- und haltloser Grenzüberschreitung, das manche Beobachter – Russen wie Nichtrussen – als den hauptsächlichen dynamischen Faktor (*sich gehen lassen*) des ansonsten eher trägen „russischen Charakters" ausgewiesen haben.

Breite und Weite sind korreliert mit der Vorstellung von räumlicher wie auch geistiger Offenheit; im Russischen ist diese Korrelation belegt durch die häufig gebrauchte Wortverbindung „Offenheitsbreite" (*širota-otkrytost'*). Wo „Offenheitsbreite", also eine Vielzahl von Wahl- und Entscheidungsmöglichkeiten vorherrscht, ist die Tendenz zu Normabweichungen größer als zur Normeinhaltung und wird Sesshaftigkeit immer wieder in Frage gestellt durch Fernweh, Ausbrüche, Migration oder Emigration. In der „Offenheitsbreite" fällt es schwer, eine Lebensmitte (einen Verantwortungs- und Entscheidungspol) zu halten, das Interesse des Einzelnen wird vom Eigenen auf Fremdes abgelenkt, das Zentrum verlagert sich an die Peripherie, was immer wieder zum Aufsuchen von Grenzen und Grenzsituationen einlädt.

Dem russischen Charakter entspricht, nach Dostojewskij, dieser ständige Hang zu abenteuerlichen, oft überstürzten Grenzgängen. Der Maximalismus, ebenfalls eine Eigenschaft des Russentums, impliziert gleichermaßen Exzentrizität und Totalitätsanspruch, aber auch, im Gegenzug, die Verachtung jeglicher Norm, Konvention, Mediokrität sowie die Unfähigkeit zum Kompromiss. Generell kann „Offenheitsbreite" zu Gleichgültigkeit, ja Verachtung gegenüber materiellem Eigentum führen, zum Interessenverlust am eigenen, abzuschließenden Werk, am eigenen Heim, sie begünstigt das Faszinosum des Fremden, Fernen, vielleicht Illusorischen oder gar Jenseitigen.

Die „Offenheitsbreite" ist konstitutiv für den russischen Kulturtypus insgesamt, der Analogiebezug zwischen Raum- und Mentalitätsstruktur liegt auf der Hand und ist empirisch in mancherlei Hinsicht nachzuweisen. Man hat diesbezüglich von einer „tiefgreifenden Isomorphie" gesprochen. Die „Offenheitsbreite" scheint sowohl Entscheidungsfreude wie auch Verantwortungsbewusstsein zu schwächen, sie wirkt auf den Einzelnen lähmend, löst Konzentration – geistig und physisch – in der Ausschweifung auf, verleitet zu Aufschub und Resignation, fördert Gleichgültigkeit und Gleichmacherei, indem sie stets beliebig viele Möglichkeiten – Abwege, Umwege, Auswege – offen lässt. Die Notwendigkeit, etwas Bestimmtes zu einer bestimmten Zeit an einem bestimmten Ort mit einem bestimmten Ziel zu tun, wird durch „Offenheitsbreite" in Frage gestellt, denn sie begünstigt passives Zuwarten oder unüberlegten Aktivismus, das Aufschieben von Verpflichtungen, den vorzeitigen Abbruch begonnener Unternehmungen, die Vermeidung von weittragenden oder definitiven Entschlüssen.[189] Man erinnert sich an den prägnanten Ausspruch, den Dostojewskij seinem Protagonisten Mitja Karamasow in den Mund gelegt hat: „Nein, der Mensch ist breit, zu breit sogar, ich würde ihn enger machen ..." (*Net, širok čelovek, sliškom daže širok, ja by suzil...*).

Durch ihre Breite ist die russische Seele der Gefahr des Substanzverlusts, der Verformung ausgesetzt, äußerer Druck, vorab Druck von oben macht sie leicht zur „Sklavenseele". Deshalb bedarf sie innerer Stützung und Verstrebung, sie bedarf, wie Wladimir Korolenko einst in seinem Tagebuch notierte, eines „Skeletts". Und eben dieses Skelett scheint ihr zu fehlen: „Ja, die russische Seele ist irgendwie skelettlos. Auch die Seele sollte ein eigenes Skelett haben, das sie daran hindert, sich jeglichem Druck zu beugen ..."[190] Die althergebrachte Bezeichnung Russlands als „Mutter-feuchte-Erde" (*mat'-syra zemlja*) verweist gleichermaßen auf die Grundelemente Erde und Wasser, evoziert also auch die bereits erwähnte Vorstellung eines sich verflüssigenden Kontinents.

Mit zunehmender Größe und vollends bei „grenzenloser" Ausdehnung verliert noch jeder Gegenstand an innerer Struktur, an äußerer Gestalt. Alles Gigantische ist (oder wirkt jedenfalls) amorph. Als ein stetig zerfließendes Gebilde – diese weit verbreitete Raummetapher ist durchaus tauglich – wird Russland niemals bloß es selber sein, es wird immer mehr sein müssen, als es ist. „So hat denn Russland keine intensive Entwicklung erlebt: hat nicht, an Ort und Stelle hockend, eine Zivilisation hervorgebracht, – sondern ist ganz im Extensiven verblieben; und nach wie vor besticht es durch die Leichtigkeit seiner Problemlösungen – vermittels des grenzenlosen Raums [...]: das fröhliche und leichtsinnige In-die-Breite-Fließen war die Verlockung Russlands in die Falle des Ostens (so wie einstmals in der Taktik der Tataro-Mongolen, der Nomaden)."[191]

37

Der grenzenlose russische Raum war aber bekanntlich auch für den Westen – für Frankreich unter Napoleon, für Deutschland unter Hitler – eine fatale „Verlockung", und für Russland erwies sich die Verflüssigung, die Entgrenzung des heimatlichen Raums, der die überlegenen feindlichen Armeen buchstäblich in der „feuchten Mutter Erde" untergehen ließ, tatsächlich jedesmal als eine gewissermaßen naturgegebene Problemlösung.

Dass sowohl die russische patriotische Rhetorik wie auch die antirussische Publizistik in Frankreich oder Deutschland aus propagandistischen Gründen dazu neigten, aus der „breiten Natur" Russlands die „breite Seele" der Russen herzuleiten und den Vergleich zwischen beidem auf jede Weise – ob positiv oder negativ – zu strapazieren, ist leicht nachvollziehbar, obwohl Umfang und Vielfalt der diesbezüglichen Klischeebildungen geradezu exuberant sind.[192] Man mag solche Klischeebildungen grundsätzlich und ohne Vorbehalt verwerfen, wie etwa der Sozialhistoriker Boris N. Mironow es tut, wenn er kurz und bündig konstatiert: „Sie alle sind obsolet, und sie zu widerlegen, macht keine große Schwierigkeit, wenn es bloß gelingt, die Furcht vor den Namen der Autoren derartiger Konstruktionen zu überwinden."[193]

Tatsache ist jedoch, dass das Klischee (oder die „Legende", der „Mythos") der russischen Seele weite Verbreitung gefunden und das kollektive Selbstverständnis des Russentums wie auch die Historiosophie Russlands merklich geprägt hat und übrigens, trotz jahrzehntelanger Verdrängung in der Sowjetzeit, weiterhin prägt. „Woraus schöpft die Seele des russischen Menschen diese unversiegbare Kraft und energetische Potenz?" fragt rhetorisch ein zeitgenössischer Philosoph der Moskauer Staatsuniversität; und man glaubt einen orthodoxen Slawophilen des 19. Jahrhunderts zu hören, wenn man dazu seine Antwort vernimmt: „Aus der Russischen Erde! Aus ihrer geographischen und kosmographischen Einzigartigkeit! Aus ihrer geologischen, geophysischen und geochemischen Farbenvielfalt [sic]! Aus dem sagenhaften Reichtum ihrer Wälder, Felder, Berge, Steppen, Flüsse, Seen, Meere und Ozeane! Aus der märchenhaften Schönheit ihrer Flora und Fauna!"[194] Zu diesem „kosmistischen" und ökologischen Überschwang passt schlecht die Bedenkenlosigkeit, mit der in Russland noch heute die Natur geschändet und die Umwelt verschmutzt wird – die Kraft der russischen Seele und die Potenz der russischen Idee entfalten sich offenkundig allein im luftleeren Raum patriotischer Spekulationen und sind in keiner Weise „geerdet" mit dem Boden der Realität. Und trotzdem: „Die russische Seele, die wirst du niemals ändern", betonte nach dem Zusammenbruch der UdSSR ein Literat der jüngeren Generation in einem Privatgespräch. „Niemals werden die Russen nach westlichen Vorgaben funktionieren", fügte er, betont pathetisch und fast schon drohend, hinzu.[195] Zu überlegen wäre im Weitern, weshalb man zwar von der russischen, allenfalls von der deutschen, nicht aber von der englischen, französischen, norwegischen oder schweizerischen „Seele" spricht – der Engländer scheint sich eher durch seinen Stil (oder Charakter) als durch seine Seele auszuzeichnen, der Franzose eher durch seinen Witz oder Geist (esprit). Man sollte die Bedeutung kollektiver, oft über lange Zeit tradierter Vorstellungen wie der von der „russischen Seele" nicht unterschätzen – solche Vorstellungen mögen zwar trivial sein, doch haben sie wesentlichen Anteil an der gesellschaftlichen Wirklichkeit, zu deren Konstitution sie beitragen und zu deren ideellen Institutionen sie gehören.[196]

Zu jenen „Furcht" erregenden Autoren, die mit besonderer Insistenz am Klischee der „russischen Seele" gearbeitet, es für lange Zeit zementiert, aber auch danach gelebt haben, gehört Fjodor Dostojewskij. Dem idealisierten Robotbild des russischen Welt- und Allmenschen, der alles verstehen, alles verzeihen, in alles sich einfühlen kann, steht der russische Normalverbraucher gegenüber, der im Unterschied zum Westeuropäer kein engstirniger und ängstlicher Spießer ist, sondern ein „Volkstyp", für den extreme Gefühlsschwankungen und entsprechend sprunghaftes Handeln charakteristisch sind, ein Mensch „wie du und ich", der sich „vor allem" durch „die Verachtung des Maßes in allen Dingen" leiten lässt, der grundsätzlich und freudig „über die Stränge" schlägt, sich lustvoll am Rand des Abgrunds bewegt, der das „Heilige", das „Ideale" gläubig hochhalten und es im nächsten Augenblick in den Schmutz treten kann, der im Leid seine höchste Lust, im Glück „stets einen Tropfen Leid" findet, der Wohltäter und Missetäter in einem ist, der sich erhebt, um sich zu erniedrigen, der „keinerlei Schranken" kennt: „Ganz gleich, ob in der Liebe, im Rausch, in der Ausschweifung, im Ehrgeiz oder Neid – der Russe gibt sich der Leidenschaft stets restlos hin und ist bereit, alle Bande zu zerreißen und sich von allem loszusagen: von der Familie, von der Moral, von Gott."[197] – In diesem einen Satz ist manches von dem zusammengetragen, was die Maßlosigkeit der „russischen Seele" ausmacht und was zugleich in Analogie zur Grenzenlosigkeit des russischen geographischen Raums gesehen werden kann: „ganz gleich", „Rausch", „Ausschweifung", „Leidenschaft", „restlos", „zerreissen", „sich lossagen" …

Georgij Fedotow hat die russische „Kollektivseele" als eine Bündelung von Widersprüchen und Gegensätzen beschrieben und vorgeschlagen, sie in Form einer Ellipse zu imaginieren, deren „Bizentralität jene Spannung erzeugt, welche allein das Leben sowie die Bewegung ihres unablässig sich wandelnden kollektiven (*sobornyj*) Organismus ermöglicht. Alles andere", so heißt es bei Fedotow weiter, „kann auf eines der beiden Zentren zurückgeführt werden. Daraus erwächst eine gewisse Gewalthaftigkeit gegenüber dem Leben, doch ist diese weniger brutal als jene in monistischen Konstrukten. Bei aufmerksamerer Betrachtung erweisen sich beide Zentren der nationalen Seele als komplexe multiple Einheit (*mnogoedinstvo*). Auch diese wiederum lässt sich in ihre Bestandteile zerlegen." Das Bild der Ellipse vermag, nach Fedotow, „die Natur der historischen Entwicklung, das Drama der Schismen, der Krisen und überhaupt die Möglichkeit einer Entwicklung" zu vergegenwärtigen.[198]

38

Als zeitloser Prototyp des in sich widersprüchlichen, zwischen letzter Exzentrizität und tiefster Zerknirschung ständig changierenden „russischen Charakters" kann wohl der alte Fjodor Karamasow aus Dostojewskijs unvollendetem Roman *„Die Brüder Karamasow"* gelten, ein Mensch, der elementare Skrupellosigkeit, Sentimentalität, Grausamkeit, Geilheit, Lügenhaftigkeit, Großzügigkeit, Selbstüberhebung und Selbstverachtung in sich zu einer emotionalen Gemengelage vereint, die man bis heute mit dem Sammelbegriff „Karamasowstschina" bezeichnet, und die insgesamt die Abgründigkeit wie auch die Spannweite der russischen Mentalität veranschaulichen soll.

Dostojewskij hatte den alten Fjodor Karamasow ursprünglich mit der „Vita eines großen Sünders" ausstatten wollen, doch scheint ihn dessen monströser Charakter eher fasziniert denn abgestoßen zu haben, so dass der Sünder die (gewiss auch autobiographisch unterlegten) Züge eines ganz normalen Russen annehmen konnte, Züge übrigens, die selbst russischen Helden und Heiligen nicht ganz fremd waren. Es ist durchaus aufschlussreich, dass noch ein Gegenwartsautor wie Aleksandr Solshenizyn mit Berufung auf dessen „rein russisches Bestreben, in allem bis ans Ende zu gehen", als ein „rein russischer Denker" gerechtfertigt und (keineswegs nur in reaktionären Kreisen) belobigt werden kann.[199]

„*Karamasowstschina* – das eben sind die Ungeheuerlichkeiten und die Qualen, wenn die Gesetze des Alltagslebens für den Menschen nicht mehr gelten und er neue noch nicht wieder gefunden hat", hatte schon, merklich angestrengt, Wassilij Rosanow in seiner populären Dostojewskij-Biographie von 1894 festgestellt: „Jedoch verspürt er, nach ihnen dürstend, ein Reissen nach allen Seiten, um im Augenblick der Verletzung der bekannten und heiligen Vermächtnisse eben diese [Vermächtnisse] kraft eigenen Leidens schließlich wieder zu finden und sich ihnen zu fügen."[200] Das „Reissen nach allen Seiten" entspricht genau dem Bild jenes tanzenden, seine Hände und Füße gleichsam wegschleudernden und damit mächtig Raum greifenden jungen Mannes, den Dmitrij Lichatschow (es wurde bereits darauf hingewiesen) noch im mittleren 20. Jahrhundert als Prototyp des seine „Freiheit" beziehungsweise seinen freien „Willen" (*volja*) auslebenden Russen hat beobachten können.

Der Wille, in diesem Verständnis, ist absichts- und ziellos, er selbst ist das Gewollte, er braucht kein Objekt. Der russische Wille, das russische Wollen ist eher ein Zustand als eine transitive Geste, hat eher mit Erwartung und also Zulassen zu tun als mit Vorgriff und Übergriff. Die spezifisch russische Verknüpfung der Freiheitsidee mit dem Ausleben von Willkür (und eben nicht, wie im westeuropäischen Zivilisationsbereich üblich, mit konstruktiver Willensanstrengung) hat schon der Kulturkritiker Wissarion Belinskij – unter Nikolaus I. ein Meinungsführer der antiautokratischen und antiklerikalen Opposition – in ihrer paradoxalen Ambivalenz dargestellt; um 1837 schrieb er dazu: „Einem Kind die volle Freiheit (*svoboda*) zu geben, heißt es zu verderben. Russland in seinem derzeitigen Zustand eine Konstitution zu geben, heißt Russland ins Verderben zu stürzen. Im Verständnis unseres Volkes ist Freiheit (*svoboda*) gleich Willkür (*volja*), Ausgelassenheit. Nicht ins Parlament würde das befreite russische Volk sich begeben, sondern in die Kneipe, es würde Schnaps trinken, Gläser zerschmeißen und Adlige aufhängen, das heißt solche Leute, welche sich den Bart abrasieren und einen Gehrock tragen statt eines Bauernkittels, ungeachtet der Tatsache, dass diese Adligen weder ein Quentchen Bildung noch eine Kopeke Geldes besaßen."[201]

Lew Tolstoj hat die russische Freiheit in einem seiner Protagonisten, Fjodor Protassow aus dem Drama „*Der lebendige Leichnam*" (1900), zu personifizieren versucht. Protassow wird gewissermaßen als Prototyp des Russentums auf die Bühne geschickt und scheint auch tatsächlich dessen Wesenszüge – Gutherzigkeit und Eigensinn, Aufrichtigkeit und Unabhängigkeit, Sentimentalität und Tapferkeit – in sich zu vereinen. Protassow, der seine allzu häusliche Gattin verlässt, um sich mit einer „Fahrenden" einzulassen, hält kurz und bündig fest, was für ihn das Russentum ausmacht und woran er selber sich orientiert: „Das ist die Steppe, das ist das zehnte Jahrhundert, das ist nicht ‚Freiheit zu' (*svoboda*), sondern ‚Freiheit von' (*volja*)."[202]

Der so verstandene freie Wille ist im russischen Selbstverständnis eine archetypische Konstante und bildet eigentlich den Gegenzug zur ebenso ausgeprägten Ehrfurcht vor dem Staat beziehungsweise der Staatsmacht. Auch für den staatstreuen, traditionell denkenden Russen ist Gesetz gleich Unrecht, mithin Negierung jeglicher Gerechtigkeit, die Freiheit aber, verstanden als *volja*, anerkennt weder Gesetze noch irgendwelche sozialen Normen – sie wird ausgelebt um ihrer selbst willen und nimmt Rücksicht weder auf den Nachbarn noch den Vorgesetzten, ist also eigentlich Willkür (*proizvol*). Solcher Freiheit steht *alles* entgegen, alles und jeder schränkt sie ein, mit ihr triumphiert das Anarchische im Menschen, sie wird ausgelebt entweder durch die Abkehr von der Gesellschaft, den Auszug ins „wilde Feld" der Steppe oder durch rücksichtslose Verdrängung, Unterdrückung, ja Vernichtung des jeweils Nächsten, der ihr gewollt oder ungewollt im Weg steht. Von daher kommt es, dass man als Verkörperung der *volja* einerseits den protestierenden Aussteiger und den nomadisierenden Räubergesellen sehen konnte, andererseits einen Despoten wie Iwan IV., den Schrecklichen, dessen Willkürregime keineswegs nur Furcht erregte, sondern auch Bewunderung hervorrief gerade *weil* es sich über sämtliche Gesetze, Normen und Konventionen hinwegsetzte.

Die revolutionäre Intelligenz des mittleren 19. Jahrhunderts hat die *volja* als Schlagwort in ihre politische Nomenklatur aufgenommen („Erde und Freiheit", „Volksfreiheit" u. a. m.) und den „freien Willen" zur Überwindung der Unfreiheit zu mobilisieren versucht: „Für den freien Willen, für ein besseres Geschick!" (*Za vol'nuju volju, za lučšuju dolju!*) – so lautete ein zeitgenössischer wortspielerischer Slogan.[203]

Manche Verhaltensweisen russischer Menschen und sogar gewisse grammatikalische Konstruktionen, die für das Russische charakteristisch sind, lassen darauf schließen, dass der Wille tatsächlich *auch* als das Frei- und Offensein gegenüber der Macht des Schicksals beziehungsweise die Unterwerfung unter diese immer schon vorbestimmte, deshalb nicht abwendbare Macht verstanden wird.

Die gängige unpersönliche Redewendung „es will mir" (*chočetsja*), durch die das persönliche „ich will" (*choču*) gemeinhin ersetzt wird, ist ein sprachlicher Beleg dafür. Insofern steht *volja* für die Einheit von Freisein, Offensein und Selbstsein, schließt aber zugleich den Gegensatz von Sein und Wollen in sich ein. Wladimir Dals *„Erklärendes Wörterbuch der lebenden großrussischen Sprache"*, das autoritativste und vollständigste Kompendium seiner Art im 19. Jahrhundert, gibt für *volja* eine Reihe von Bedeutungen und Anwendungen, die größtenteils wiederum auf räumliche Gegenheiten bezogen beziehungsweise durch die Erfahrung des russischen Landschaftsraums geprägt sind. *Volja* ist demnach „die dem Menschen gegebene Willkür (*proizvol*) des Handelns"; „Freiheit (*svoboda*) und Raum (*prostor*) für Handlungen"; „Macht oder Stärke, sittliche Kraft, Recht, Mächtigkeit"; „Wunsch, Streben, Wollen, Begehren ..."; negativ gewendet: „das Fehlen von Unfreiheit (*nevolja*), Gewaltanwendung, Nötigung".

„Stets hat der weite Raum das russische Herz beherrscht", schreibt Lichatschow: „Er ist eingeflossen in Begriffe und Vorstellungen, die es in andern Sprachen nicht gibt. Wodurch unterscheidet sich z. B. *volja* (,Freiheit', ,Wille') von *svoboda* (,Freiheit')? Dadurch, dass der freie Wille (*volja vol'naja*) eine mit räumlicher Weite (*prostor*), mit uneingeschränktem Raum (*prostranstvo*) verschmolzene Freiheit (*svoboda*) ist."[204]

Versuchsweise könnte man die russische *volja* als „Freiheit *von*", *svoboda* hingegen als „Freiheit *zu*" definieren, und durch manche Satzbeispiele – alltagssprachliche wie literarische – aus den vergangenen zwei Jahrhunderten ließe sich dieses Begriffsverständnis auf breiter Basis erhärten.[205]

Die „Freiheit zu" ist die Freiheit, etwas zu *tun*, zu bewirken, durchzusetzen, es ist eine transitive, durch den Willen bestimmte Freiheit; die „Freiheit von" bleibt vom Willen unabhängig, entspricht viel mehr der Freiheit zu *sein* und liegt schon deshalb russischen Bedürfnissen und Wünschen viel näher als eine Freiheit, die nicht um ihrer selbst willen *gelebt*, vielmehr zur Erreichung anderer, fernerer Ziele *genutzt* wird. Dem deutschstämmigen Gutsherrn und Dichter Afanassij Fet (Schenschin) war es vorbehalten, auf die Relativität der bürgerlichen und selbst der geistigen Freiheit (*svoboda*) hinzuweisen im Unterschied zum absoluten, immer nur punktuell – in persönlichen Ausnahmesituationen – gültigen Freiheitsbegriff der Russen; in seinen ebenso scharfsinnigen wie poetischen *„Bemerkungen zur Lohnarbeit"* schreibt Fet kurz nach der Bauernbefreiung von 1861: „Der Mensch sucht und erringt Freiheit auf sämtlichen Schauplätzen, dem politischen wie dem gesellschaftlichen, dem geistigen wie dem künstlerischen; mit einem Wort – auf allen. Das Wort *Freiheit* ist in aller Mund und vielleicht auch in aller Herzen; wie viele aber haben sich seine Bedeutung klar gemacht? Freiheit wird verstanden als die Möglichkeit, sich in alle Richtungen fortzubewegen. Indes erlaubt mir die Natur weder den Eintritt in den Himmel, noch in die Erde, weder auf den Grund des Ozeans, noch durch die Wand. Auch für geistige Bewegung gibt es Ozeane und Wände. Es ist interessant, den uns zur Nutzung überlassenen Raum (*prostranstvo*), durch den wir uns tatsächlich bewegen können, genauer zu betrachten. Dieser Raum ist bald weitläufig, bald bedrängend, je nachdem, welche Richtung wir gewählt haben; doch wohin man auch immer sich wendet, man wird notwendigerweise auf eine Wand treffen, sei es die Ewigkeit, sei es ein verschlossenes Tor, ein wildes Tier oder ein anderer, uns ähnlicher Mensch – das Gesetz der unbewussten Natur oder das bewusste Gesetz der Gesellschaft."[206]

Mit Georgij Fedotow ist zur Differenzierung des russischen Freiheitsbegriffs (*svoboda/volja*) und der Homonymie von „Freiheit"/"Wille" (*volja*) Folgendes festzuhalten: „Das Wort Freiheit (*svoboda*) scheint bis heute bloß eine Übersetzung der französischen *liberté* zu sein. Niemand aber kann bestreiten, dass Freiheit (*volja*) etwas typisch Russisches (*russkost'*) ist. Um so mehr muss man sich den Unterschied bewusst machen, der zwischen *volja* und *svoboda* im russischen Wortlaut besteht. – Freiheit (*volja*) bedeutet vorab die Möglichkeit, nach eigenem Willen (*volja*) zu leben oder sich auszuleben, ohne sich durch soziale Bande (und nicht bloß durch Ketten) einengen zu lassen. Die Freiheit (*volja*) wird auch durch Gleichgestellte eingeschränkt, durch die Alltagswelt. Die Freiheit (*volja*) triumphiert entweder beim Austritt aus der Gesellschaft, im Freiraum der Steppe, oder in der Herrschaft über die Gesellschaft, in der Unterdrückung der Menschen. Persönliche Freiheit (*svoboda*) ist undenkbar ohne die Respektierung fremder Freiheit; Freiheit (*volja*) indes ist stets die eigene. Sie steht der Tyrannei nicht entgegen, denn auch der Tyrann ist ein freies (*vol'noe*) Wesen. Der Räuber ist das Ideal der moskowitischen Freiheit (*volja*), so wie Iwan der Schreckliche das Ideal des Zaren ist. Da Freiheit (*volja*), ähnlich der Anarchie, im kultivierten Zusammenleben nicht möglich ist, findet das russische Freiheitsideal seinen Ausdruck im Kult der Wüste, der wilden Natur, des nomadischen Lebens, des Zigeunertums, des Schnapses, der Ausschweifung, der Selbstvergessenheit der Leidenschaft – des Räubertums, des Aufruhrs, der Tyrannei."[207]

39

Demgegenüber gibt es bemerkenswert viele russische Zeugnisse, in denen das strenge Regime der Kerkerhaft oder des Arbeitslagers als ein spezifischer Freiheitsraum nicht nur beschrieben, sondern belobigt wird, starke Texte – von Dostojewskijs *„Aufzeichnungen aus dem Totenhaus"* bis hin zu Andrej Sinjawskijs Lagerbriefen –, die der „Freiheit" in der Zwangsgemeinschaft mehr abgewinnen als den „Zwängen" der Zivilgesellschaft. Vielfach legt die russische Geschichte Zeugnis ab von der bemerkenswerten, anderswo kaum zu beobachtenden Tatsache, dass es zu Zeiten schwerster Repression – etwa unter Iwan dem Schrecklichen, unter Stalin – niemals merklichen Widerstand oder gar revolutionäre Erhebungen in größerem Umfang gegeben hat, dass aber Phasen der Liberalisierung – beispielsweise nach der Bauernbefreiung von 1861 – üblicherweise einhergingen mit verstärkten staatsfeindlichen Umtrieben aller Art. Repression scheint demnach eher die Unterwerfungs- und Anpassungsfähigkeit der Russen zu stärken als deren Widerstandswillen, und erst ein gewisses Maß an Freiheit, an Freiraum vermag ihren rebellischen Charakter beziehungsweise den rebellischen Anteil daran zu mobilisieren.

Die vektorielle, auf vorbestimmte Ziele oder Erwerbungen ausgerichtete Freiheit hat in Russland primär *städtischen* Charakter, wohingegen die Freiheit als solche – das Freisein von Zwängen jedweder Art – sich eher mit der Erfahrung oder Möglichkeit uneingeschränkter räumlicher Expansion (begriffen als *Bewegungs*freiheit) in der Landschaft, mithin *zwischen* (und *fern* von) städtischen Agglomerationen verbindet. Für diese Art von Freiheit scheint es in Russland auch heute noch Raum genug zu geben, und offenbar muss man sich gar nicht mal allzu weit vom Zentrum, vom Kreml, von der Stadt entfernen, um den freien „Willen" ausleben, ihn zumindest sammeln und sich bewusst machen zu können.

„Vermutlich gibt es kein anderes Land", schreibt ein heutiger Petersburger Normalverbraucher, „wo man in bloß zwei Stunden aus einer Millionenstadt in die urtümlichste Wildnis gelangen kann – man ist in ihr einen Tag, zwei Tage, eine Woche zugange und trifft doch auf keinen einzigen Menschen, dafür aber, irgendwo an einer lehmigen Böschung, auf die Abdrucke von Bärentatzen. Unsere Staatsmacht war, versteht sich, Scheiße, doch Gott halte sie gesund, diese Macht! Eine andere, kompetentere Macht hätte verschiedenste Straßen angelegt, hätte alles in Ordnung gebracht und dabei alles verdorben, doch hierzulande ist man wochenlang unterwegs, und rund herum nichts als diese begeisternde Ödnis, nichts als angefaulte, verrottete Brücken, verwahrloste Straßen, verlassene Dörfer, und alles ist überwachsen von Gras und Gesträuch ..."[208]

Die Gegenüberstellung von städtischer Ordnung und ländlicher Wildnis soll hier auch den Gegensatz zwischen westlicher Zivilisation und östlicher Naturhaftigkeit markieren, und sie veranschaulicht zugleich die extreme Spannweite der „russischen Seele", deren Wollen – schwankend zwischen Karamasowscher und Oblomowscher Lebensauffassung – ebenso auf alles wie auf nichts, auf totalitäre Gleichmacherei wie auf anarchische Fragmentierung ausgerichtet sein kann. Auch der russische Patriotismus ist, nicht anders als der russische Mensch und Russland selbst, in sich uneins, lässt sich gleichermaßen zu militantem Chauvinismus und zu sentimentaler Entfremdung verleiten.

In seinem Roman „*Rauch*" (1867) verwendet Turgenew dafür die Ovidsche Formel des „odi et amo" und lässt einen der Protagonisten, den Auslandrussen Sosont Iwanowitsch Potugin, sein Russlandbild und sein Verhältnis zur Heimat entsprechend beschreiben: „Ich liebe es leidenschaftlich, und leidenschaftlich hasse ich es. [...] Ja, mit Verlaub; ich liebe und hasse mein Russland, meine seltsame, reizvolle, garstige, gute Heimat. Ich habe sie nun verlassen: es war nötig, sich ein wenig durchzulüften nach zwanzigjährigem Sitzen am Bürotisch, im Bürogebäude; ich habe Russland hinter mir gelassen und fühle mich hier [in Baden-Baden] wohl und heiter: aber bald werde ich zurück [in Russland] sein, das spüre ich. Wie schön ist doch unser Gartenland (*sadovaja zemlja*) ... soll dort bloß keine Sumpfbrombeere sprießen!"[209]

Der hier spricht, ist zwar kein Durchschnittsrusse, sondern ein aufgeklärter „Westler", der sich zwischen unterschiedlichen Welten zu bewegen weiß; sein Heimatgefühl ist aber gleichermaßen gebrochen wie das eines russischen Bauern, der das heilige, große, mütterliche Russland liebt, während er gleichzeitig die schlechte russische Alltäglichkeit – das, was die Heimat ihm an Last und Missachtung auferlegt – hasst.

Raum geben (*dat' prostor*) bedeutet im Russischen oftmals soviel wie dem „freien Willen" (*volja, privol'e*, auch tautologisch als *volja vol'naja*) oder gar der „Willkür" (*proizvol*) Tür und Tor öffnen. Häufig wird *volja* als „Freiheit" im Gegensatz zu Gefangenschaft verstanden – *vyjti na volju* heißt soviel wie „aus Gefangenschaft in die Freiheit zurückkehren"; *na vole* bedeutet in der Sicht eines Häftlings ganz allgemein „draußen", d. h. „nicht im Gefängnis, Lager" o. ä.[210], wird aber auch in der Alltagssprache verwendet und steht dann (etwa in der Wendung *poguljat' na vole*) für „im Freien, in der Weite, an der frischen Luft sich ergehen". Doch in allen, auch den trivialsten Bedeutungszusammenhängen wird die russische „Freiheit" mit der Unbegrenztheit des russischen Raums assoziiert und gilt deshalb auch durchweg als ein exklusiv russisches Konzept, das „der westlichen Mentalität zutiefst fremd" sei.[211]

In einem Interview vom Sommer 2003 hat der Moskauer Kulturkritiker Lew Anninskij den Versuch unternommen, seine Selbstwahrnehmung als Angehöriger der russischen „Supernation" (*sverchnacija*) zu beschreiben, und ganz umstandslos bediente er sich dabei in einem längeren Exkurs eben jener Begriffe und Konzepte, die seit eh und je zur Charakterisierung der russischen Mentalität verwendet werden, darunter des Begriffs der „Freiheit" (*volja*), der offenbar auch die Jahrzehnte der Sowjetherrschaft unverändert überdauert und seinen Bezug zur räumlichen Weite Russlands beibehalten hat. Anninskij führt dazu aus: „Richtig, wir wollen die ganze Zeit in die Freiheit hinaus (*na volju*). Woher kommt das bei uns? Russland ist das einzige Land, das, um zu überleben, einen unvorstellbar gigantischen Raum benötigte. Und die Menschen haben überlebt, indem sie eine Vielzahl von sich bekämpfenden Völkerschaften in sich aufnahmen, und sie nannten sich ‚die Russischen' – nicht mit einem Substantiv, sondern mit einem Adjektiv. Es ist sehr schwierig, sich mit einem unermesslich großen Ganzen zu identifizieren. Von daher ist auch der russische Held, etwa Achilla Desnizyn, ohne Maß.

Und außerdem: um ein solches Reich aufrecht zu erhalten, brauchte es die Grausamkeit der Goldenen Horde. Die Tataren hätten sich nicht für zweihundert Jahre an der Macht halten können, hätten sie nicht für jeden schrägen Blick den dazugehörigen Kopf abgeschlagen. Kaum gaben sie ein wenig nach, waren sie verloren. Und auch bei uns hat das Prinzip der Goldenen Horde oder der Tschekistenkeller periodisch immer mal wieder obsiegt – eine Kugel ins Genick, sonst wäre es zu Verfall und Anarchie gekommen, zum Untergang des Staats.

Und Zeit seines Lebens fragt sich der russische Mensch: ‚Wann endlich hat all dies ein Ende?!', und bei jeder beliebigen Gelegenheit wirft er sein Joch ab und schreit heraus, er sei frei, doch wird ihm geantwortet: frei (*svoboden*) ist der westliche Mensch, der weiß, dass auch der Andere frei ist. Unsereiner antwortet darauf: dann bin ich eben frei (*volen*). Und frei ist er in der Tat. Und mit dieser Freiheit (*volja*) gibt er sich denn auch zufrieden. Die russische Sprache ist nämlich die einzige, in der mit dem einen und selben Wort *volja* sowohl der Übertritt in die Freiheit (*svoboda*) wie auch der Verzicht auf die Freiheit kraft willentlicher (*volevoj*) Selbstbescheidung ausgedrückt wird. Was leider unausweichlich ist, doch das russische Eingeschriebensein in die Unermesslichkeit und dementsprechend unsere Allresonanz, unsere Allrezeption sind auch unser Glück – unsere Kultur ist darauf aufgebaut."[212]

40

„Was ist das – Russland? ..." heißt es an einer Stelle bei Maksim Gorkij: „Wie soll man das verstehen – Russland? ... Wo hat da die Freiheit (*volja*) ihre Grenze?"[213] Dass im Russischen für uneingeschränkte Freiheit (*polnaja svoboda*) das ebenfalls kaum übersetzbare Wort *razdol'e* zur Verfügung steht, ist deshalb von besonderem Interesse, weil dessen Lautähnlichkeit mit „Ferne" (*-dol'e > dal'*) wie auch mit „Schicksal" (*-dol'e > dolja*) eine Bedeutungsverwandtschaft nahelegt, die zwar faktisch nicht gegeben ist, als Volksetymologie aber durchaus ihren Sinn hat, da ja die Ferne, als Primärqualität des russischen Raums, für

Russland tatsächlich zum Schicksal geworden ist. Manche Sprichwörter und Redensarten stellen denn auch – nicht nur, weil die Klangähnlichkeit es nahelegt – einen Zusammenhang zwischen „Freiheit" und „Schicksal" nahe: „Eure Freiheit – unser Schicksal." – „Je mehr Freiheit, desto schlimmer das Schicksal." – „Nimmst du dir die Freiheit, wird sie dir zum üblen Geschick." – Aufschlussreich ist hier die Tatsache, dass „Freiheit" als *volja* stets negativ konnotiert ist und schlimme schicksalhafte Folgen nach sich zieht, obwohl sie doch zum begehrtesten lebensweltlichen und geistigen Gut des russischen Menschen gehört.

Die umweltbedingte Schicksalhaftigkeit der russischen Geschichtsentwicklung scheint tief eingelassen zu sein nicht nur in das Nationalbewusstsein der Russen, sondern auch in deren persönliches, betont fatalistisches Lebensgefühl, das vorab zum Abwarten, zum Erdulden tendiert.[214] Eine Vielzahl von Märchen, Sagen und geistlichen Liedern belegen diesen spezifischen Zusammenhang; „Schicksal" (auch im Russischen groß geschrieben: *Sud'ba*), „Los" (*Dolja*), „Schlimmes Los" (*Zlaja dolja*), „Glücklosigkeit" (*Besščastie*), „Gram-Ungemach" (*Gore-Zločast'e*) und verwandte personifizierte Geister bevölkern unzählige populäre Geschichten und Gesänge, sie gelten als unbezwingbar, sind dem menschlichen Willen niemals untertan, und so erübrigt es sich denn auch, gegen sie anzukämpfen oder ihnen zuvorzukommen.

Besser ist es (und bei den alten Russen üblich), sich dem Schicksal widerstandslos hinzugeben, das heißt: das eigene individuelle Schicksal als einen „Teil" (was *dolja*, wörtlich, auch bedeutet) des kollektiven Schicksals zu begreifen – der Familie, der Sippe, des Dorfs, der Region, der Heimat, des Volks. Die Verwendung des Begriffs „Schicksal" hatte in der russischen Volkskultur – in Redewendungen und Sprichwörtern – schon immer eine auffallende Häufigkeit und einen sehr viel weiteren semantischen Einzugsbereich als in den Sprachen Westeuropas. (Der russische Schicksalsglaube und seine sprachlichen Ausdrucksformen bedürften, gerade auch mit Rücksicht auf die Unermesslichkeit des Naturraums, einer gesonderten Darstellung.[215])

Dominant sind im Russischen Ausdrücke und Redensarten, die das Schicksal als bereits entschiedenes, mithin nicht mehr abwendbares, nicht beeinflussbares und schon gar nicht bestimmbares ausweisen: „Das Schicksal ist unvermeidbar." – „Dem Schicksal entkommt man nicht." – „Das ist halt mein Schicksal." – „Das Schicksal spielt mit dem Menschen." – Wurde etwas vergeblich erhofft, erwartet, gewünscht, so heißt das für den Russen, „es war nicht Schicksal" (d. h. vom Schicksal nicht gewollt oder zugelassen).

Die Bezugnahme – oder der Rückzug – auf das Schicksal ist oft ein Rückzug aus der Verantwortung, ein Verzicht auf Eigeninitiative und Eigenleistung. Die Abweichung oder Ablehnung von dem, was das Schicksal vermeintlich vorgezeichnet hat, also die Mobilisierung des eigenen Willens, wird zwar nicht ausgeschlossen, jedoch dann, wenn sie stattfindet, als Zuwiderhandlung gegen einen höheren Willen empfunden, als eine gleichsam sündhafte Eigenmächtigkeit, die zu bedauern ist. Zu bedauern ist aus russischer Sicht und Erfahrung auch die unabänderliche Tatsache, dass das „Schicksal ein nebulöser Text" ist, den der Mensch nicht ohne Verlust oder Täuschung zu entziffern vermag.[216]

41

Ein weiteres, ebenso schwer übersetzbares „Steppenwort" wie *volja* ist das Substantiv *udal'* (auch adj. *udal*, zu *udaloj*), das vorab die „Steppentugend" der Kühnheit, der Verwegenheit, der Tapferkeit, des selbstvergessenen Heroismus russischer Kosaken (*udalye ljudi; kazak udaloj*) bezeichnet, deren unbändiger Freiheits- und Durchsetzungswille (*kazackaja volja; vol'nyj kazak*) sprichwörtlich geworden ist: „Der freie Wille (*volja*) triumphiert entweder beim Austritt (*uchod*) aus der Gesellschaft, im Freiraum der Steppe oder in der Macht über die Gesellschaft, in der Gewalt über die Menschen. Persönliche Freiheit ist undenkbar ohne den Respekt vor der Freiheit des Andern; der freie Wille waltet immer um seiner selbst willen. Er ist der Tyrannei nicht entgegengesetzt, denn auch der Tyrann ist ein freies Wesen. Der Räuber ist das Ideal des freien moskowitischen Willens, [Iwan] der Schreckliche ist das Ideal eines Zaren."[217] *Vybrat'sja na volju*, wörtlich „sich in die Freiheit (d. h. ins Freie, in den freien Raum) absetzen", ist der russische Ausdruck dafür, und die lautliche Nähe von *udal'* zu *dal'* (Ferne) evoziert den Zusammenhang zwischen Tatendrang und Freiraum. Im russischen Selbstverständnis steht *udal'* (begriffen als Kühnheit) nicht zu Feigheit oder Trägheit in Gegensatz, sondern zu Umsicht und Vernunft, Eigenschaften, die im allgemeinen den Europäern, dem Westen zugeschrieben werden.

Demgegenüber ist die „typisch russische" Verwegenheit stets eine riskante, unüberlegte, auf „alles oder nichts" angelegte Verhaltensweise, die in den meisten Fällen – von außen betrachtet – als Wahnsinnstat zu qualifizieren wäre. Solche Verwegenheit setzt fraglos den Erfolg voraus, der Verwegene kümmert sich weder um Nebeneffekte noch um Konsequenzen seines Tuns. Die russische Sprache lässt diese Besonderheit klar erkennen – die Wörter für „Verwegenheit" und „Erfolg" gehen gleichermaßen auf das Verb „gelingen" zurück (*udal'* und *udača* zu *udat'sja*).

„Der russische Begriff der Tapferkeit ist *udal'*, und *udal'* ist Tapferkeit in der weit ausholenden Bewegung. Eine um den Raum vermehrte Tapferkeit zum Ausleben eben dieser Tapferkeit. Man kann nicht kühn (*udaloj*) sein, indem man tapfer (*chrabro*) an einem befestigten Ort ausharrt."[218]

Der in solch spezifisch russischem Verständnis „freie" und also dezidiert *eigensinnige* Mensch anerkennt weder innere noch äußere Einschränkungen, er operiert willentlich oder unwillentlich im Grenzbereich zwischen Helden- und Verbrechertum, sein Tun ist in aller Regel unproduktiv, dabei aber – man denke an den namenlosen Tänzer bei Lichatschow wie auch an manch einen verwegenen Protagonisten aus der russischen Märchen- und Erzählliteratur – in hohem Maß zeichenhaft, wenn nicht gar exemplarisch, und es kann grundsätzlich auf *alles*, selbst auf *nichts* gerichtet sein, auf Gutes ebenso wie auf Schlimmes. Im aktuellen (postsowjetischen) Sprachgebrauch hat sich der althergebrachte, von *volja* abgeleitete Begriff *vol'nica* (freies Gelände, freier Handelsplatz, auch koll. für Räuberbande, Freibeuter und allgemein für ausgelassene oder gewalttätige Zusammenrottungen) als Trendwort durchgesetzt zur Bezeichnung 1) einer Gruppe von Menschen, die alle gesellschaftlichen Normen und Verhaltensregeln ignorieren, mit ihnen also völlig „frei" umspringen, 2) eines gesellschaftlichen oder wirtschaftlichen Zustands, der gekennzeichnet ist durch Maßlosigkeit, Gesetzlosigkeit, Anarchie. Russische Äquivalente dazu sind *bespredel* (Extremismus), *bezzakonie* (Gesetzlosigkeit), *razgul* (Ausschweifung).

Dass die russische Verwegenheit – im Unterschied zur vorsätzlichen, ethisch hoch eingeschätzten Tapferkeit des Westeuropäers – durchaus negativ gesehen, sogar als Laster empfunden werden kann, geht aus einer diesbezüglichen Wortmeldung des Schriftstellers Fasil Iskander hervor: „Verwegenheit (*udal'*) ist eine Mutprobe, deren Realisierung räumliche Weite, Ferne erfordert. […] Verwegenheit setzt zweifellos den Einsatz des eigenen

Lebens voraus, Heldenmut. – Haben wir uns jedoch den Begriff *udal'* etwas näher angeschaut, fühlen wir, dass diese [Verwegenheit] kein vollwertiger Heldenmut ist. Ihr haftet Aufgeblasenheit, Trunkenheit an. Würden Wettbewerbe der Mannhaftigkeit durchgeführt, so dürfte man die Verwegenheit zu diesen Wettbewerben nicht zulassen, denn sie würde nur in gedoptem Zustand daran teilnehmen. – Solche Verwegenheit verlangt nach Raum, die Luft des Freiraums regt zu falscher Kühnheit an, sie macht trunken. Dem trunkenen Menschen gilt das Leben nichts. Verwegenheit ist vorwärts stürmende Panik. Verwegenheit hinterlässt links wie rechts nur Trümmer. [...] Und gleichwohl – was für ein schönes Wort ist – *udal'*! Es lindert die Sehnsucht nach dem Sinnlosen."[219]

Üblicherweise manifestiert sich, wie bei Leskow und Dostojewskij, bei Gorkij und Bunin besonders einprägsam beschrieben, der kühne „freie Wille" in stereotypen Exzessen wie Besäufnis, Zerstörungswut, Totschlag, russischem Roulette oder theatralischen Verschwendungsakten, aber auch in heldenhaften Befreiungsschlägen oder in heiligmäßiger Selbstaufopferung. Der russische Tatmensch weist sich eher durch punktuell-intensive Handlungen aus, zu denen er sich gleichsam *zusammenreisst*, als durch kontinuierliche Leistungen, die allmählich ein Werk erbringen, und meist sind seine kurzfristigen Unternehmungen von längeren Phasen der Untätigkeit, ja der Apathie gefolgt, die im Selbstverständnis vieler Russen positiv als Langmut, Geduld, Leidensfähigkeit ausgewiesen wird.

Von Iwan Sabelin gibt es dazu eine treffende Aufzeichnung aus dem Jahr 1867; sie lautet: „Weshalb nur tragen und ertragen wir so duldsam, so apathisch die ganze Last unseres Lebens, all der dummen und blöden administrativen Verfügungen und all der Willkür? Deshalb, weil es in uns kein Persönlichkeitsgefühl gibt, d. h. kein Gefühl für individuelle Freiheit (*svoboda*), weil uns das feine geistige Gespür für unsere persönliche Unabhängigkeit selbst von den Unbilden der Natur abgeht. Die Freiheit, dieses Wohl der menschlichen Person, begehrt nicht auf, heult nicht auf in uns."[220]

42

Wenn Iwan Sabelin persönliche Freiheit beziehungsweise individuelles Selbstbewusstsein mit Naturkatastrophen in Zusammenhang bringt, hat dies insofern seine Richtigkeit, als in Russland solche Katastrophen („Unbilden"), zu denen nicht zuletzt die „großen Hungersnöte", die „großen Brände" u. ä. gehörten, weithin mit staunenswerter Duldsamkeit dem „Schicksal" (*dolja, rok, sud'ba, žrebij*) zugeschrieben wurden, als dessen Spielball der Einzelne nichts auszurichten hatte und mithin auch nicht gehalten war, sich *persönlich* zu engagieren und in den unabänderlichen (von der Natur, von Gott bestimmten) Lauf der Dinge einzugreifen.

Mehr als in andern Sprachen gibt es im Russischen nebst der expliziten substantivischen Bezeichnung schicksalhafter, unbegreiflicher, dämonischer, kurz: „höherer" Kräfte auch unauffällige, meist unbewusst verwendete Partikel, die auf die Übermacht des Geschicks und des Zufalls im menschlichen Leben verweisen. Unter diesen Partikeln sind, auf Grund ihrer außerordentlichen Häufigkeit, an erster Stelle das russische „Nitschewo" (*ničego*) und das russische „Awoss" (*avos*) zu nennen.

„Nitschewo" – was eigentlich *nichts* bedeutet – steht, gestisch umgesetzt, für ein beiläufiges Abwinken und kann bedeutungsmäßig ausgeschrieben werden in Formulierungen wie „macht nichts", „schadet nichts", „geht so", „ganz gut", „nicht schlecht", „spielt eh keine Rolle", „ist doch egal", „sei's drum" u. ä. m., ist mithin leicht als ein sprachliches Spurenelement russischer Schicksalsergebenheit (oder auch bloß Gleichgültigkeit) zu erkennen. „Nitschewo" – fast ausschließlich als Replik auf eine Anrede, eine Frage gebraucht – scheint für die russische Mentalität exemplarisch zu sein; das sehr häufig verwendete Wort, das ja in aller Regel eine Satzaussage vertritt, steht für die russische „Fähigkeit, die eigene Leistung bescheiden einzuschätzen, die Vergeblichkeit jeglicher Planung zuzugeben, die eigene Passivität zu rechtfertigen, den Verzicht auf stures Beharren zum Ausruck zu bringen, das Vermögen, sich mit dem eigenen Scheitern abzufinden".

Ein Gleiches gilt für die Partikel „awoss", die ebenfalls eine ganze „Reihe von Besonderheiten der russischen Kultur und des russischen Nationalcharakters" vergegenwärtigt, die jedoch, anders als „nitschewo", nicht primär replizierend verwendet wird, sondern Teil der diskursiven Rede ist. Die Tatsache, dass „awoss" – deutsch wiederzugeben mit „mag sein", „vielleicht", „allenfalls", „in etwa", „aufs Geratewohl", „auf gut Glück", „hoffentlich", „gewiss doch" – häufig auch in substantivierter Form (*russkij* oder *russkoe avos*) und sogar als Verb (*avos'ničat*) verwendet wird, macht deutlich, welch große Bedeutung dem „russischen Awoss" für das nationale wie das individuelle Selbstverständnis beigemessen wird.

Die Rückkopplung des russischen „Awoss" mit dem Göttlichen (*Avos' ne bog, a polboga est'*, „Das Awoss ist zwar kein Gott, aber doch ein Halbgott"; *Russkij Bog – avos'- nebos' da kak-nibud'*, „Der russische Gott heißt Allenfalls-Vielleicht und Irgend-Wie") lässt wiederum auf dessen fatalistischen Stimmungshintergrund schließen.[221] Gemeinhin wohnt dem „Awoss" – dem großen „Allenfalls" – eher die Hoffnung auf einen unerwarteten, auch unverdienten Glücksfall inne (*na avos*; bei Puschkin: „... und er hoffte auf das russische Awoss") denn die Furcht vor schicksalhaftem Ungemach, die jedoch ebenfalls belegt ist („das Awoss dreht den Strick, das Vielleicht wirft die Schlinge über" u. ä.).

In russischen Sprichwörtern wird nicht nur das blinde Vertrauen in das „gute Glück" bekräftigt (*Na avos' vsja nadežda naša*, „Auf dem guten Glück beruht unsre ganze Hoffnung"), es wird auch gewarnt vor dessen Ungewissheit (*Avosju ver' ne vovse*, „Dem guten Glück vertrau nicht gänzlich"). Die ständige Präsenz des „Awoss" in der russischen Alltagsrede wie auch in traditionellen volkstümlichen Redewendungen weist das Wort als einen „Mythopoetismus" aus, der die russische Sprache und überhaupt die russische Kultur zutiefst durchwirkt, indem er die grundsätzliche Unkontrollierbarkeit und Unverständlichkeit der Welt, die Untauglichkeit der Rationalität für die Alltagsbewältigung, die Unmöglichkeit, das eigene Leben in die Hand zu nehmen, permanent im Bewusstsein der Menschen wach hält: „Allenfalls, vielleicht und irgendwie als Drittes." – „Awoss ist ein großes Wort". – „Halte dich ans Awoss, solang es nicht zerfloss." – „Wer sich aufs Awoss verlässt, der fastet auch."[222] In Bezug auf die verbreitete Vorstellung eines in der unabsehbaren Ebene, im Nebel oder im Halbdunkel sich verlierenden Wegs kennt man die stereotype Wendung: „Kein Weg zu sehen, wir müssen aufs Geratewohl [gehen]." (*Dorogi ne vidno, nado na avos'*.)

Die „Hoffnung auf blindes Gelingen" lässt aktives Handeln oftmals sinnlos erscheinen, was Leichtfertigkeit und Gleichgültigkeit in Bezug auf die Arbeitsleistung und „infantile Verantwortungslosigkeit" in manchen Lebenszusammenhängen begünstigt.[223] Diesem russischen Charakterstereotyp entsprechen, u. a., die meisten literarischen Protagonisten Anton Tschechows, unabhängig davon, ob es sich bei ihnen um analphabetische Bauern, halbgebildete Lehrer oder Popen, gescheiterte Künstler, dekadente Adlige, melancholische Intellektuelle oder korrupte Staatsdiener handelt; aber noch – oder wieder – in Nikita Michalkows populärem Unterhaltungsfilm „*Ein unvollendetes Stück für mechanisches Klavier*" (1976) spielt ein ganz gewöhnlicher Versager als durchaus positiver Held die Hauptrolle, ein russischer Normalverbraucher, dem nicht nur das Leben, sondern auch der Freitod kläglich misslingt, und der zuletzt im großen russischen „Awoss" seinen Trost, sogar seine Rechtfertigung findet: „Nichts in diesem Leben ist zu ändern, es lohnt nicht, es auch nur zu versuchen."

Der Gegensatz zum „westlichen", vor allem zum „amerikanischen" Helden, der sich entweder tatkräftig durchsetzt oder bewusst sich ins Ungemach stürzt, der jedenfalls sein Schicksal selbst bestimmt, könnte größer nicht sein. Noch heute ist das „Awoss" im russischen Selbstverständnis, bei all seiner Unbestimmtheit, ein dominanter, durchweg positiv besetzter Faktor – im aktuellen Sprachgebrauch wie in der Publizistik hat sich als Synonym dazu tatsächlich der Begriff des „menschlichen Faktors" etabliert, wobei auch hier das „Menschliche" mit dem *Russischen* gleichgesetzt wird.

Dem Vorrang des „Awoss" vor rationalem Wollen, Disponieren und Handeln entspricht die (weiter oben bereits erwähnte) russische Neigung nicht nur zur Schicksalsergebenheit, sondern auch zum Obrigkeitsglauben, zu utopischem Räsonieren und zu unkritischem Glauben an eine bessere, von selbst sich ergebende Zukunft. Glücks- wie Katastrophenfälle werden deshalb mit relativem Gleichmut zur Kenntnis genommen, der „menschliche Faktor" fällt letztlich mit dem unvermeidlichen „Schicksalsschlag" zusammen, wird also gemeinhin weder mit persönlichen Verdiensten noch mit persönlicher Verantwortung oder Schuld in Verbindung gebracht. Dass der Schlag (oder der Wink) des Schicksals durchaus ins Positive weisen kann – dafür ist noch die sowjetische „Awosska" (*avos'ka*) ein Indiz, das Einkaufsnetz oder die leicht verstaubare Einkaufstasche, die man auf gut Glück bei sich trägt, um sich sofort zu versorgen, wenn irgendwo unterwegs eine Warteschlange vor einem Geschäft darauf schließen lässt, dass hier und jetzt – meistens nur für kurze Zeit – unerwartet dieses oder jenes Mangelprodukt zu haben ist.

Die „Awosska" dient in einem solchen Fall dazu, gleich einen größeren Posten der Ware einzukaufen, gleichgültig im übrigen, ob man sie benötigt oder nicht. In einer Ökonomie des Mangels, wie sie zur Sowjetzeit bestand, sind es weniger Angebot und Nachfrage, vielmehr ist es die Gelegenheit, die Käufer macht, ist das „Awoss" verlässlicher als die Prognosen und Versprechungen der Planwirtschaft. Von kritischen russischen Zeitgenossen, die das Scheitern der liberalen Reformen und der Marktwirtschaft nach der Wende von 1991 bedauern, hört oder liest man gelegentlich das resignierte Diktum: „Uns hat das russische Awoss zugrunde gerichtet." (*Nas pogubilo russkoe avos'.*)

Ein weiteres „großes Wort", das im Russischen häufig zur Bezeichnung einer Unbestimmtheitsrelation oder einer Verallgemeinerung verwendet wird, ist das Wort „überhaupt" (*voobšče*). „Und überhaupt", „im Allgemeinen" – auch in diesen Ausdrücken artikuliert sich ein Denken und Empfinden, das geprägt ist von der gegenstands- und formlosen Erfahrungswelt des russischen Flachlands. „Nichts hält den Blick auf, nichts fesselt, nährt, blendet ihn", stellt Fjodor Stepun fest: „Überhaupt gibt es nichts außer einem unbestimmten ‚Überhaupt'. Es gibt keine Formen, denn alle Formen werden verschlungen von der Formlosigkeit ..."[224]

43

Ein weiteres, wiederum ganz unauffälliges, für den russischen Charakter aber in höchstem Maß signifikantes Kennwort ist „plötzlich" (*vdrug*). Auch dieses Wort beziehungsweise dessen häufiger Gebrauch entspricht einem fatalistischen Grundgefühl, gehört also – wie „allenfalls" und „sei's drum" – in das semantische Umfeld von „Schicksal".

Im Russischen evoziert *vdrug* allein schon klanglich das plötzlich auftauchende „Andere" (*drugoe*), aber auch den Andern als „Freund" (*drug*) oder als bedrohlichen Doppelgänger. Im traditionellen russischen Denken und Imaginieren kann der plötzlich erscheinende Andere – wenn nicht ein Mensch wie du und ich – immer auch der wiederkehrende Christus sein. „Dich, Heimaterde, hat zur Gänze | Segnend abgeschritten | Der Herr des Himmels in Sklavengestalt", heißt es in einem patriotisch-religiösen Gedicht von Fjodor Tjuttschew.[225] Das plötzliche Erscheinen des Heiligen im Unscheinbaren wird offengehalten als jederzeitige, nicht absehbare Möglichkeit kraft der russischen Willens-Freiheit (*volja*), die in weit höherem Maß Erwartung denn Absicht ist. Als frei kann nur jener Wille gelten, der *kommen* und *geschehen lässt*, statt greifen und begreifen zu wollen. Von Oswald Spengler stammt die These, wonach die russische Kommunalität und Brüderlichkeit ihre Ausprägung durch den russischen Raum erhalten hätten, dessen Weite den Horizontalbezug und somit das Nebeneinander von Menschlichem und Göttlichem gegenüber dem Vertikalbezug zu einer autoritativen väterlichen Gottheit gefördert habe: „Der Russe hat nicht das geringste Verhältnis zu einem *Vater*gott. Sein Ethos ist nicht Sohnes-, sondern reine Bruderliebe, die allseitig in die Menschenebene ausstrahlt. Auch Christus wird als Bruder empfunden. Das faustische, ganz vertikale Streben nach persönlicher Vervollkommnung ist dem echten Russen eitel und unverständlich. Auch die russischen Ideen von Staat und Eigentum entbehren jeder Vertikaltendenz."[226] Das ist eine zunächst einleuchtende, dann aber doch – man denke an die ebenfalls typische Autoritäts- beziehungsweise Machtgläubigkeit der Russen gegenüber „Väterchen Zar" oder „Führer Stalin" – zweifelhafte These; der russische philosophische Kosmismus im frühen 20. Jahrhundert wie auch die sowjetische Kosmonautik bezeugen eine ausgeprägte Vertikaltendenz, die jedoch – wie das Sowjetsystem dargetan hat – die horizontale „Bruderhilfe" nicht ausschließt.

Plötzlichkeit, so erfahren, ist mithin auch ein virtuell sakrales Phänomen. Der späte Wiktor Schklowskij hat dazu, im Rückblick auf Dostojewskij, ein paar bemerkenswerte Sätze notiert – *plötzlich*: „Das Wort über die Zerrissenheit des Lebens. Über dessen ungleiche Stufen.

Und diese Stufen vermag kein Fuß vorauszuahnen.

Das Wort ‚plötzlich' bezeichnet das Unerwartete; doch es gibt ja auch den ‚Andern', der neben einem steht, sagen wir – den Freund, den Nächsten.

Der ‚Andere' – das ist auch der, der unvermutet in nächster Nähe auftaucht.

Plötzlich – ist auch die unerwartete Veränderung von etwas Großem, Auffälligem.

[…] Plötzlich – das ist eine nicht bloß unvermutete, sondern auch weit reichende oder scheinbar weit reichende (*širokoe*) Veränderung."[227]

Plötzlichkeit ist ein panischer Moment, der um so überraschender, um so erschreckender wirkt, wenn das Auftauchen von etwas Anderm, das Erscheinen eines Andern im weiten leeren Raum der russischen Landschaft eintritt. Als ein Beispiel unter vielen seien hier zwei kurze Abschnitt aus Anton Tschechows Reiseerzählung *„Die Steppe"* (1888) angeführt, der die plötzliche Begegnung mit einem unerwarteten und unbestimmbaren Andern eindrücklich darstellt: „Durch das Dunkel ist alles wahrzunehmen, nur die Farbe und die Umrisse der Dinge sind schwer auszumachen. Alles stellt sich anders dar, als es wirklich ist. Man fährt und gewahrt *plötzlich* vorn am Weg eine Silhouette, die einem Mönch gleichsieht; er bewegt sich nicht, er wartet und hält etwas in der Hand ... Vielleicht ein Räuber? Die Gestalt nähert sich und wächst, schon ist sie auf gleicher Höhe mit der Kalesche, und da erst sieht man, dass es kein Mensch ist, sondern ein einsamer Busch oder ein großer Stein. Derart regungslose und auf etwas wartende Gestalten stehen auf den Hügeln, sie verstecken sich hinter den Grabhügeln, sie schauen aus dem Steppengras hervor, und *alle gleichen Menschen* und flössen irgendwie Verdacht ein." Auch ein akustisches Phänomen kann sich in der weiten Steppe mit solch unerwarteter Plötzlichkeit manifestieren; Tschechow schreibt im Weitern: „Man fährt dahin und fühlt, dass man einnickt, *plötzlich* aber hallt dann aus der Ferne der abgerissene aufgeregte Schrei eines noch nicht eingeschlafenen Vogels, oder es erklingt *ein unbestimmter Laut, der an eine Stimme gemahnt*, etwa in der Art eines erstaunten ‚Ah-ah!', und schon lässt die Müdigkeit die Lider zufallen."[228]

44

Die genannten Leitpartikel der russischen Alltagsrede im Bedeutungsbereich zwischen Gleichgültigkeit, Schicksalsergebenheit und Plötzlichkeit finden eine aufschlussreiche Entsprechung in der von Aleksandr Gerzen und Fjodor Dostojewskij portierten antirationalen Devise „zweimal zwei gleich fünf", die seit dem mittleren 19. Jahrhundert bald ironisch, bald polemisch gegen die „aufklärerischen", „cartesianischen", wissenschafts- und fortschrittsgläubigen „Westler" und deren Vernunftsformel „zweimal zwei gleich vier" vorgebracht wurde.

Wer zweimal zwei *fünf* sein lässt, der bietet einen Glaubenssatz, vorgebracht als Behauptung, nicht nur wider wissenschaftliche Evidenz auf, sondern auch wider den gesunden Menschenverstand und die praktische Alltagserfahrung, man könnte auch sagen – die Vagheit, die Unverbindlichkeit, der Fatalismus des russischen „mag sein" und „macht nichts" finden in der Formel „zweimal zwei gleich fünf" ihren exakten numerischen Ausdruck, und vielleicht ist damit auch die russische Mentalität insgesamt – das, was man die „russische Seele" nennt – knapp auf den Punkt gebracht.

Zwar wird die Evidenzformel „zweimal zwei gleich vier" auch in andern Sprachen als Redensart verwendet, wohl aber nirgends so häufig und so selbstverständlich wie im Russischen, wo sie auch einfach etwas Augenfälliges, allgemein Bekanntes, Berechenbares, keiner Erklärung Bedüftiges, ja Banales bezeichnet, etwas, das „nicht der Rede wert" ist. Dabei wird übrigens im Russischen oftmals nur „zweimal zwei" (*dvaždy dva* oder seltener *dva raza dva*) gesagt, der Zusatz „ist gleich vier" (*četyre*) jedoch fortgelassen.

Dass etwas *wie* „zweimal zwei" sei, heißt soviel wie – es ist „eine klare Sache", das Übliche, Gewohnte, etwas nicht Erwähnenswertes. Im hier gegebenen Zusammenhang ist dies allerdings nur sekundär von Bedeutung, nämlich als Hintergrund für die Wendung der banalen Formel in eine programmatische, progressive. Diese Wendung der Allerweltsformel ins Positive, ihr metaphorischer Einsatz zur Kennzeichnung einer wissenschaftlich begründeten Weltanschauung, ist offenbar erstmals dokumentiert bei Aleksandr Gerzen, der in seinen *„Neuen Variationen auf alte Themen"* aus den Jahren 1843–1847 unterstreicht, er halte sich an die Evidenz von „zweimal zwei gleich vier", obwohl niemand ihm „verboten [habe] zu sagen, dass 2 x 2 = 5 ist".[229]

Etwa gleichzeitig wie Gerzen greift auch Iwan Turgenew den ironisch verfremdeten Evidenztopos auf, indem er eine markante Gestalt aus seinem Roman *„Rudin"*, den Salonlöwen, Misanthropen und Skeptiker Afrikan Pigassow, drei verschiedene Rechnungsergebnisse vortragen lässt: „und zwar diese: ein Mann kann beispielsweise sagen, dass zweimal zwei nicht gleich vier ist, sondern fünf oder dreieinhalb; eine Frau indes würde sagen, das zweimal zwei gleich einer Stearinkerze ist." So wie Pigassow die Menschen pauschal und die Frauen im Besondern verachtet, verschont er auch die Philosophen nicht mit seinem wegwerfenden Sarkasmus – ob Kant, ob Hegel, alle Systeme mit Wahrheitsanspruch sind ihm gleichermaßen suspekt: „Ich wiederhole, dass ich nicht erfassen kann, was Wahrheit ist. Meines Erachtens gibt es sie auf Erden überhaupt nicht, das heißt es gibt das Wort, nicht aber die Sache."

In Turgenews bekanntestem Roman, *„Väter und Kinder"* von 1862, konstatiert dessen Hauptheld, der Szientist und Positivist Jewgenij Basarow, kurz und bündig: „Wichtig ist, dass zweimal zwei gleich vier ist, und alles Übrige sind Lappalien." Worauf Basarows eher romantisch veranlagter Freund auf die Schönheiten der Natur verweist, die seiner Ansicht nach ganz andern Gesetzen folgt. Basarow will die Natur jedoch naturwissenschaftlich aufgefasst sehen und erwidert: „Auch die Natur ist eine Lappalie in dem Sinn, wie du sie verstehst. Die Natur ist kein Tempel, sondern eine Werkstatt, und darin ist der Mensch ein Arbeiter."[230]

Sicherlich hat Dostojewskij die beiden Romane Turgenews gekannt, und man darf sich den „Untergrundmenschen", also den fiktiven Autor und eifernden Protagonisten der wenig später entstandenen *„Aufzeichnungen aus dem Untergrund"*, einerseits als geistesverwandten Nachfahren des wortreichen Pessimisten Pigassow denken, anderseits als Gegenfigur zum kurzsichtigen Rationalisten und Reptilienforscher Basarow. Der Untergrundmensch greift die Evidenzformel der „westlerischen" russischen Intelligenz mit polemischem Missmut auf und verkehrt sie in die Nonsensformel 2 x 2 = 5. Dostojewskijs Ich-Erzähler ist mit unvergleichlich viel mehr intellektueller und rhetorischer Kraft ausgestattet als Trugenews blasse Salonhelden. Auch geht es in den *„Aufzeichnungen"* keineswegs bloß um den Gegensatz zwischen rationalem und arationalem, männlichem und weiblichem, westlerischem und slawophilem, progressivem und konservativem Denken, sondern um die existentielle Frage, wie der Mensch – jeder einzelne – mit der zutiefst verunsichernden Tatsache fertig wird, dass für sein Denken und Fühlen und Glauben durchweg *beide* Formeln Geltung haben; dass er mithin von Vernunft und Einbildungskraft, von positivem Wissen und intuitiver Erkenntnis gleichermaßen gelenkt wird.

Beim Untergrundmenschen hat aber naturgemäß das von Verstandes- und Verhaltensnormen Abweichende – das Absurde – Vorrang gegenüber allem Wohlgeordneten und allgemein Anerkannten. Die Formel 2 x 2 = 4 kann er wohl bequem, in mancher Hinsicht auch hilfreich finden, nicht aber dazu geeignet, Chaos und Zerstörung zu verhindern. Der Untergrundmensch, von Dostojewskij als Prototyp des russischen Menschen schlechthin konzipiert, vereinigt in seiner Person alle denkbaren Widersprüche, er selbst ist ein lebender Widerspruch *in sich* – er amüsiert sich zähneknirschend, er reflektiert ebenso scharfsinnig wie spekulativ und erkennt solcherart im vermeintlichen Gegensatz von Kristallpalast und Ameisenhaufen zahlreiche strukturelle und funktionale Gemeinsamkeiten.

Entsprechendes gilt auch für die „euklidische" Formel 2 x 2 = 4 und die „nichteuklidische" 2 x 2 = 5; sie stehen in unauflösbarem Widerspruch zueinander und können doch von einem und dem selben Subjekt als gleichermaßen zutreffend vertreten werden. „Doch dazu möchte ich selbst zwei Worte sagen", meint der Untergrundmensch; und Bezug nehmend auf die fatale Gebrochenheit des russischen Menschen schlechthin stellt er (sich) die rhetorische Frage: „Liebt er nicht vielleicht deshalb Zerstörung und Chaos so sehr (denn ohne Zweifel ist es so, dass er's bisweilen allzu sehr liebt), weil er selbst instinktiv fürchtet, sein Ziel zu erreichen und das zu errichtende Gebäude fertigzustellen? [...] Und warum sind Sie so fest, so feierlich überzeugt davon, dass für den Menschen allein das Normale und Positive von Nutzen ist, — mit einem Wort: allein sein Wohlergehen? Ist da nicht vielleicht die Vernunft im Irrtum über diesen Nutzen? Denn womöglich liebt der Mensch keineswegs nur sein Wohlergehen. Vielleicht liebt er in gleichem Maß auch das Leiden? Vielleicht ist für ihn das Leiden von eben solchem Nutzen wie das Wohlergehen? Und bisweilen liebt der Mensch das Leiden ganz fürchterlich, ganz leidenschaftlich, das ist ein Fakt."

Diese Irrungen und Wirrungen widersprüchlicher Gefühle versucht der Untergrundmensch einsichtig und nachvollziehbar zu machen, indem er auf die Evidenzformel 2 x 2 = 4 zurückgreift und sie spöttisch *ad absurdum* führt: „Und wer weiß (es ist nicht zu verbürgen), mag sein, dass das ganze Ziel auf Erden, nach dem die Menschheit strebt, allein beschlossen ist in diesem unentwegten Prozess des Strebens, anders gesagt – im Leben selbst, und nicht eigentlich im Ziel, welches selbstredend nichts anderes zu sein hat als zweimal zwei gleich vier, das heißt eine Formel, und doch bedeutet zweimal zwei gleich vier bereits nicht mehr das Leben, sondern den Anfang vom Tod. [...] Mit einem Wort, der Mensch ist komisch gebaut; in alledem steckt offenkundig ein Kalauer. Aber zweimal zwei gleich vier ist eben doch eine ganz und gar unerträgliche Sache. Zweimal zwei gleich vier – das ist meiner Meinung nach bloß eine Frechheit. Zweimal zwei gleich vier sieht aus wie ein Lackaffe, stellt sich einem in den Weg, die Hände in die Hüften gestemmt, und spuckt aus. Einverstanden, zweimal zwei ist ein grandioses Ding; doch wenn man schon alles loben soll, dann ist auch zweimal zwei gleich fünf bisweilen ein allerliebstes Dingelchen (*premilaja inogda veščica*)."[231]

Noch mehrfach hat Dostojewskij in der Folge die Formel 2 x 2 = 4 als Zahlenmetapher für rationales und damit zu kurz greifendes Denken verwendet oder zumindest darauf angespielt. In einem späten Brief an Iwan Aksakow nennt er „das Axiom zweimal zwei gleich vier" ein Paradoxon und besteht darauf, dass „die Wahrheit kurvenreich und widersprüchlich" sei.[232] Dem dezidierten Ja-ja! oder Nein-nein! zieht der Untergrundmensch – wie Dostojewskij selbst – die weit schwächere, aber auch weiträumigere Alternative des „Vielleicht, vielleicht auch nicht" vor, dem dialektischen Entweder-Oder das paradoxale Sowohl-als-auch. Wenn der Dichter Fjodor Tjuttschew zwei Jahre nach Erscheinen von Dostojewskijs *„Aufzeichnungen aus dem Untergrund"* in seinem populärsten (weiter oben bereits zitierten) patriotischen Gedicht die Überzeugung, ja die Behauptung ausspricht, Russland sei nicht „mit dem Verstand", nicht „mit gemeinem Maß" zu begreifen, sondern „einzig durch den Glauben" (*možno tol'ko verit'*), gibt er dem Paradoxon 2 x 2 = 5 vor dem positiven Wissen 2 x 2 = 4 eindeutig den Vorrang, trennt das Nationale vom Rationalen und bleibt somit weit hinter der Reflexionskompetenz des Untergrundmenschen zurück, der das Russische ins Allgemeinmenschliche überhöht und den Verstand mit dem Glauben zusammendenkt.[233]

Russische Nationalisten haben das intuitive Verstehen und die Glaubensfähigkeit ihres Volks stets höher veranschlagt als das westeuropäische Vernunftdenken mit seinen Programm- und Ordnungsansprüchen. Lew Tolstoj hat einst so etwas wie einen Katalog europäischer Denk- und Bewusstseinstypen aufgestellt, der unter anderm das deutsche „Selbstbewusstsein auf eine abstrakte Idee, auf die Wissenschaft" zurückführt, das französische auf die hohe Einschätzung der eigenen geistigen und körperlichen Vorzüge, das englische auf die stolze Loyalität des Einzelnen zum Staat und das russische – all dem entgegengesetzt – auf die Tatsache, dass der Russe wisse, dass er nichts weiß, und dass er auch überhaupt nichts wissen *wolle*, da er davon überzeugt sei, dass man nichts wissen *könne*. „Es gibt Dinge", schreibt Tolstoj, „die man nicht tun und nicht nicht tun kann. Das ist klar. Und nicht nur wenn, wie in bisherigen Beweisführungen, durcheinander gebracht wird, dass es außer den Nerven nichts gibt, man aber nicht weiß, was Nerven sind, sondern selbst dann, wenn man mir dies wie 2 x 2 = 4 beweist, werde ich es nicht glauben, denn ich kann jetzt gleich meine Hand ausstrecken, kann sie aber auch nicht ausstrecken."[234]

2 x 2 = 4 kann für Tolstoj nicht für die lebendige Wahrheit, nur für theoretische Richtigkeit stehen. Wahr ist für ihn vielmehr das, woran man, *weil es absurd ist*, um so mehr glaubt. Als strenger Moralist wagt Tolstoj sogar die Behauptung, dass der kein „guter" Mensch sein könne, der die Formel 2 x 2 = 4 akzeptiert. 2 x 2 = 5 ist demnach eher als eine ethische denn eine arithmetische Formel aufzufassen. „Zu fühlen, dass ich ein guter Mensch bin, war für mich wichtiger und notwendiger als dass zweimal zwei gleich vier ist."[235] Die Statistik wird vom Zufall, die formale Logik vom Paradoxon, das positive Wissen von der Lebenserfahrung konterkariert – Tolstoj wird nicht müde, eben darauf hinzuweisen, und er tut es stets mit Rückgriff auf die besondere Mentalität des Russentums, die er gleichermaßen in einem russischen General und einem russischen Leibeigenen, in einem delirierenden Greis und in einem redseligen Stotterer verkörpert finden kann.

Hintergrund und auch Beweggrund der russischen Präferenz für arationales Räsonieren und Agieren sind, wie Tolstoj vorab in „*Krieg und Frieden*" plausibel zu machen versucht, durch den allseits offenen, äußerst einförmigen und scheinbar unbegrenzten russischen Landschaftsraum vorgegeben, in dem man sich, da äußere Orientierungspunkte weitgehend fehlen, eher intuitiv, „auf gut Glück" bewegt als nach einem bestimmten Strecken- und Zeitplan. Der russische Raum *und* die russische Mentalität haben, nach Tolstoj, auch die „genialen" strategischen Schachzüge Napoleons im Russlandfeldzug von 1812 zunichte gemacht.

Dass der Glaube, wie immer geartet, das Wissen zunichte – zu nichts – machen kann und machen sollte, davon waren zahlreiche russische Patrioten aus dem Lager der Slawophilen fest überzeugt in ihrer Ablehnung des „westlerischen" Forschrittsdenkens, das sich gleichermaßen am philosophischen Materialismus und an den Naturwissenschaften orientierte. Die radikalste Position hat in dieser Auseinandersetzung Wassilij Rosanow eingenommen. In einem für ihn typischen Syllogismus bezeichnete er zu Beginn des Ersten Weltkriegs den Tod als „auch eine Religion" und die Religion als Überwinderin nicht nur jeglichen rationalen Denkens, sondern auch der Mathematik. Mit Bezug auf die Evidenzformel 2 x 2 = 4 schreibt er („im Garten mit Blick in den Himmel"): „Der Tod – das Ende. Die Parallelen haben sich getroffen. Naja, sie haben sich ineinander verkeilt, und weiter gibt es nichts. Nicht mal ‚die Gesetze der Geometrie'.

Ja, ‚der Tod' überwindet sogar die Mathematik. ‚Zweimal zwei gleich *null*'."[236]

45

Zu den fatalen Konstanten der russischen Volksmentalität gehören – vorab aus der Sicht westlicher Beobachter, aber doch auch nach russischem Selbstverständnis – zwei passive Eigenschaften, die dem anarchischen Heroismus der einmaligen, kurzfristigen, auf alles oder nichts abzielenden Tat zutiefst widersprechen und für die es, nicht anders als für die russische „Freiheit" oder die russische „Kühnheit" und „Ausgelassenheit", keine adäquate Übersetzung und deshalb, vielleicht, auch kein adäquates Fremdverständnis gibt. Es handelt sich um die mentalen Konzepte der *toska* (Nostalgie, Trauer, Sehnsucht, Heimweh u. ä.) und der *len'* (Trägheit, Faulheit, Willensschwäche, Muße u. ä.), die zum spontanen, deshalb auch riskanten Aktivismus von *razgul, razgul'e, gul'ba* (Ausschweifung, Ausgelassenheit, Saus und Braus u. ä.) den extremsten Gegensatz bilden.

Als spezifisch russisch hat gerade auch die Tatsache zu gelten, dass diese gegensätzlichen Konzepte durchaus ineinander übergehen können, sich also nicht ausschließen, sondern ergänzen. Das Umschlagen von verzehrendem Seelenschmerz (*serdečnaja toska*) in wilde, oft brutale Ausgelassenheit (*razgul'e udaloe*) ist in der russischen Volksdichtung und – von Puschkin und Gogol bis hin zu Aleksandr Blok und Sergej Jessenin – in der Kunstliteratur ein rekurrentes Thema.

Landschaftliche Weite, hingebreitete Weiblichkeit, quasierotische Heimatliebe und unstillbares richtungsloses Sehnen hat auf exemplarische Weise Blok in seiner patriotisch überhöhten Lyrik zusammengeführt.

In einem lyrischen Zyklus zum Andenken an die Schlacht auf dem Schnepfenfeld am Don (Pole Kulikowo, 1380), die von den „Russen" – das Heer war aus 23 russischen Fürstentümern zusammengezogen worden – gegen die Okkupationstruppen der Goldenen Horde siegreich ausgefochten wurde, entwirft der Dichter nicht etwa ein lichtes, optimistisch in die Zukunft weisendes Russlandbild, sondern überantwortet das Steppenland, dem er sich, auch als Großstadtmensch, zutiefst verbunden fühlt, seiner abgründigen Schwermut: „Unser Weg gehört der Steppe, unser Weg [erstreckt sich] in grenzenloser Schwermut, | In deiner, o Russland, Schwermut!" – „Noch immer biegt sich in uralter Schwermut | Das Steppengras zur Erde. [...] Und ich, in uralter Schwermut, | Steh wie ein Wolf unterm abnehmenden Mond, | Weiß nicht, was ich mit mir anfangen soll | Und wohin fliegen, dir hinterher! [...] Von mächiger Schwermut umfangen, | Irr ich mit meinem weißen Pferd umher ..."[237]

Die „russische Seele" ist breit genug, um Seelenschmerz und Ausgelassenheit zugleich in sich zu vereinen, sie nach dem Prinzip von „sowohl ... als auch" in ihrer vielleicht nur scheinbaren, vielleicht nur dem Nichtrussen unverständlichen Differenz koexistieren zu lassen; ein altes populäres Kutscherlied kündet davon: „Etwas Urvertrautes (*rodnoe*) ist zu hören | Im trauervollen Kutscherlied: | Bald ist's kühne Ausgelassenheit (*razgul'e*), | Bald ist's tiefer Seelenschmerz (*toska*)."[238]

In russischen Wörterbüchern wird der Begriff *toska*, dessen Etymologie nicht definitiv geklärt ist, umschrieben als ein zwischen Sehnsucht, Trauer und Langeweile changierender Seelenzustand, der dem nahekommt, was ein Mensch empfindet, der etwas begehrt, ohne zu wissen, was der Gegenstand seines Begehrens *genau* ist, und dies im Bewusstsein, dass das Begehrte ohnehin *unerreichbar* bleibt, und also auch im Wissen, dass der Seelenschmerz nie ein Ende haben und auch nie ein Resultat erbringen kann.

Man hat *toska* die „russische Krankheit", das „russische Gebrechen" genannt, das Leben des Russen sei „tödlich durchsetzt mit *toska*", die alles vergifte.[239] Noch weiter geht Iwan

Bunin, wenn er in einem Gedicht mit dem Titel „*Ödnis*" (1903) *alle* Russen auf den Seelenzustand der *toska* festlegt und damit implizit das Russische am Russentum als etwas Pathologisches, Unheilbares diagnostiziert: „Uns ist's unheimlich hier. Wir alle leben im Seelenschmerz (*v toske*), in Angst und Bangnis ... | Es ist Zeit, das letzte Fazit zu ziehn." Für Bunin verbindet sich der russische Seelenschmerz mit der „Weite der Felder" und den „dumpfen Dämmernissen", die sich unabwendbar darüber legen. „In der weiten und öden Ferne der Wiesen" überkommt ihn die Schwermut, peinigt ihn „die stumme Stille", die mit der „Verödung des heimatlichen Nests" unheilvoll korrespondiert. In dem mehrstrophigen Gedicht wird die russische *toska* auf durchaus klischeehafte, eben deshalb auch typische Weise zusammengedacht mit den immer wieder angeführten Qualitäten des russischen geographischen Raums – Weite, Breite, Ferne, Leere, Ödnis, Wüstenhaftigkeit.[240]

Als Erster hat aber wohl Nikolaj Gogol dieses diffuse, richtungslose Sehnen wie auch dessen Epiphänomene – etwa das schwermütige russische *Lied* oder die russische Vorliebe für die rasende *Fahrt* ins Nirgendwo – explizit thematisiert und als wichtige Komponente des russischen Charakters herausgestellt; darauf wird weiter unten zurückzukommen sein. An dieser Stelle sei bloß ein kurzer Passus aus jener langen Eloge angeführt, die der Erzähler des Gogolschen Prosapoems „*Tote Seelen*" (1842) aus „wundersamer, herrlicher Ferne" an seine russische Heimat richtet, deren weite Steppen und „endloser Horizont" überzufließen scheinen von Klang gewordener und als Klang verhallender Sehnsucht: „Russenland! Russenland! ... Wüstenhaft offen und eben ist alles in dir; wie Pünktchen, wie Strichlein heben sich inmitten des Tieflands unmerklich deine unhohen Städte ab: nichts verlockt und nichts bezaubert den Blick. Doch was für eine unfassbare, geheimnisvolle Kraft zieht einen zu dir hinan? Warum lässt dein sehnsuchtsvolles (*tosklivaja*), von Meer zu Meer in deiner ganzen Länge und Breite dich durchwirkendes Lied sich vernehmen? Was ist in ihm, in diesem Lied? Was ruft da und schluchzt und greift so ans Herz? Russenland! was nur begehrst du von mir?"[241]

Zwar gibt es *toska* auch als eine Art des *Nachtrauerns* oder des *Rücksehnens* nach verlorenen Orten (Heimat) und Zeiten (Kindheit), jedoch wesentlich ist dieses Mangel- und Absenzgefühl mit der Vorstellung grenzenloser Landschaftsräume verbunden, sie ist, nach Berdjajew, eine weit verbreitete Reaktion auf die „Herrschaft des Raums über die russische Seele", eine Reaktion, die nicht zuletzt auf langen Reisen durch den gleichförmigen Großraum Russlands als spezifische Melancholie des scheinbar unaufhörlichen Unterwegsseins (*dorožnaja toska*) auftritt und die auch als „Raumnostalgie" (*toska prostorov*) oder als „Melancholie der endlosen Ebenen" (*toska beskonečnych ravnin*) erlebt wird.[242]

Mit bemerkenswerter Insistenz kehrt diese Thematik – motivisch, formal und melodisch nur schwach variiert – im russischen Volkslied wieder. Die Einförmigkeit geht so weit, dass ein kompetenter Beobachter wie Afanassij Fet feststellen konnte, „dass allein die Worte sich ändern, das Lied aber immer gleich ist". Russland ist so weitläufig, dass auch der Russe sich darin verliert, es als ferne Heimat empfindet, weshalb bei ihm denn auch Heimweh und Fernweh zu *einer* großen Nostalgie verschmelzen: „Leg ich mich ins Bett, kann ich nicht schlafen, | Die Gedanken schweifen in die Ferne, | Mir dreht sich der Kopf, | Und voll Trauer (*toska*) ist mein Herz."[243]

Demgegenüber finden sich in Dostojewskijs Erzählwerk fast beliebig viele Beispiele dafür, dass *toska* oder vergleichbare Gefühle wie Trauer, Sorge, Gram auch in der Engnis und Bedrängnis des städtischen Lebensraum aufkommen können, zum Beispiel als „ängstliche Erwartungsqual" (*puglivaja toska ožidanija*); dort allerdings ist der Seelenschmerz Folge und

Ausdruck von Einsamkeit, Verlassenheit, sozialer Deklassierung und verbindet sich üblicherweise mit der Sehnsucht nach menschlicher Gemeinschaft und einem weiträumigen Draußen. Vom Träumer (in *„Weiße Nächte"*, 1848) heisst es: „Schon am frühen Morgen begann mich ein verwunderlicher Seelenschmerz (*udivitel'naja toska*) zu quälen. Mir schien es plötzlich, dass mich, den Einsamen, alle fallen lassen und dass man sich von mir abwendet … Es kam mich schrecklich an, allein zu bleiben, und ganze drei Tage streifte ich in tiefem Seelenschmerz (*v glubokoj toske*) durch die Stadt, ohne im geringsten zu begreifen, was mit mir vorging …" Unter solchem, oft „plötzlichem" Überhandnehmen von *toska* leiden manche von Dostojewskijs großstädtischen Protagonisten, die in der Folge denn auch – wie der Autor selbst! – immer wieder die Wohnung wechseln und damit eigentlich zu Stadtnomaden werden.[244]

46

Am adäquatesten kommt *toska* im russischen Volkslied wie auch im lyrischen Kunstlied – in Melodie und Rhythmus, in den Liedtexten – zum Ausdruck. Eine Romanze aus dem mittleren 19. Jahrhundert, die schon bald als gesunkenes Kulturgut, in den anonymen Volksmund einging, bringt in Wort und Melodie genau jenes Unbestimmte zum Ausdruck, das den russischen Seelenschmerz in seiner Grund- und Richtungslosigkeit charakterisiert; in Prosa lautet der Text wie folgt: „Kannst du erraten, meine Liebe, | Weshalb ich so traurig bin | Und stets allein | Am offenen Fenster sitze? | Weshalb ich Tag für Tag so angestrengt | Auf etwas warte? | Weshalb ich täglich suche | Was ich nicht finden kann? || Lege ich mich hin – ich kann nicht schlafen, | Die Gedanken schweifen weit umher; | Der Kopf dreht sich mir, | Und mein Herzchen leidet Schmerz. | Kannst du erraten, Liebe, – | Ist es Liebe oder Qual? | Schau nur, krank bin ich nicht, | Doch immer tut mir etwas leid!"[245]

Das wehmütige Lied, das zumeist von Abschied, Vergänglichkeit, Verlorenheit kündet, ist in aller Regel – deutlicher als in der hier angeführten Moskauer Romanze – auf den russischen Landschaftsraum bezogen, der für den einzelnen Menschen durch seine Größe und Leere zur ständigen existentiellen Herausforderung wird. Alle Charakteristika und Ingredienzien des russischen Lieds, sein vielfältigen Natur- und Seelenbezüge hat einst Dmitrij Mamin-Sibirjak in der folgenden Szene zusammengefasst: „Antonida Iwanowna griff einige Akkorde und stimmte dann mit ihrer nicht sehr umfangreichen, doch reinen Altstimme das langgezogene, alte russische Lied an: *Breit fließt die Wolga hin durchs weite Land* | *Vorbei an ihrem steilen Uferrand …* Die *schwermütige* Weise ergoss sich mit dem schlichten, die ganze Seele ergreifenden Ausdruck, mit dem das einfache Volk sie singt, und so, wie sie nie von einem Konzertpodium herab zu hören ist. Antonida Iwanowna verstand jene *herzbeklemmende Traurigkeit* aus ihr herauszuholen, die allen alten russischen Liedern eigen ist: verhaltene Tränen und *tödliche Sehnsucht nach einer unbestimmten Freiheit* und einem nie ausgekosteten Glück tönten aus diesem Lied."[246]

In einer überaus sentimentalen Erzählung aus seinen *„Aufzeichnungen eines Jägers"* (1852) hat Iwan Turgenew dem russischen Lied buchstäblich ein Denkmal gesetzt, hat es als etwas Übersinnliches, einem „fernen Irgendwo" Entstammendes ausgewiesen, das nicht einfach gesungen wird, das sich vielmehr des Menschen – und vorzugsweise des schlichten, unverbildeten russischen Bauern – bedient, um *gesungen zu werden*; das Lied ist hier zugleich Medium und Subjekt jenes schwer fassbaren Wesens, das „russische Seele" genannt wird, und der Sänger scheint ganz Stimme zu sein, scheint ganz aus dem Lied, für das Lied zu leben, das sämtliche emotionalen Register umgreift – „unteilbare tiefe Leidenschaft und Jugend und Kraft und Süße und eine gewisse anziehend-naive, gramvolle Trauer". Turgenew präzisiert: „Die russische, die wahrhaftige, die hitzige Seele tönte und atmete in ihm, und sie griff einem ans Herz, griff unmittelbar in dessen russische Saiten. Das Lied erwuchs, verströmte sich. Jakow [der Sänger] war offenkundig von einem Rausch ergriffen: er hatte keinerlei Scheu mehr, gab sich ganz seinem Glück hin; seine Stimme zitterte nicht mehr – er bebte, und zwar mit einem kaum merklichen inneren Beben der Leidenschaft, welche als Pfeil in die Seele des Zuhörers dringt, und unablässig erstarkte er, verfestigte und verbreitete sich." Das Lied selbst wird zum Helden der Erzählung, die ihrerseits eingebettet ist in ein episches Panorama der russischen Landschaft, vorab die Steppe, die den Menschen unwiderstehlich „in die Ferne zieht", „weiter, immer weiter": „Er sang, und aus jedem Ton seiner Stimme wehte etwas Vertrautes und unabsehbar Weites, so als täte sich vor einem die vertraute Steppe auf, die in die endlose Ferne drängt." [247]

Was Gogol an den kleinrussischen Volksliedern beobachtet hat, gilt für die großrussischen ebenso: „Solch ein Lied wird nicht mit der Feder in der Hand verfasst, nicht auf dem Papier geschaffen, nicht nach einem streng vorbedachten Plan, sondern in einem Wirbelsturm der Gefühle, wie selbstvergessen, dann, wenn die Seele klingt und alle Glieder die lässig gewohnte Haltung durchbrechen, sich gelöster fühlen, wenn die Arme ausgelassen in die Höhe fliegen und die wilden Wogen der Fröhlichkeit alles mit sich reissen. Das kann man auch bei den schwermütigsten Liedern beobachten, deren herzzerreissende Töne schmerzlich an die Herzen rühren." [248]

Auch in seinem Prosapoem *„Die toten Seelen"* hat Gogol das russische Lied als den authentischen, ebenso innigen wie mitreißenden Ausdruck der „unumfassbaren Weite" Russlands beglaubigt. In einem großen innern Monolog, den er aus der Ich-Perspektive vorträgt, qualifiziert er die russischen Volkslieder als direkten Ausfluss der russischen Landschaft: „... auf den weiten Steppen, in der Ferne verhallende Gesänge, aus dem Nebel hervorragende Tannengipfel, fernes Glockengeläute, Raben wie Fliegen und ein endloser Horizont ... O Russland, Russland! [...] Warum erschallt unaufhörlich in unsern Ohren dein trauriger von Tal zu Tal, von Meer zu Meer sich verbreitender einförmiger Gesang? Was liegt in diesen Melodien, das ruft und schluchzt und das Herz ergreift? Welche Töne dringen wehmütig in die Seele und ziehen mein Herz in ihren Zauberkreis? Russland! Welches unbegreifliche Band knüpft mich an dich? Warum schaust du mich an? Warum blickt alles in dir mit harrenden, sehnsüchtigen Augen auf mich? ..." [249]

Für Gogol ist das russische Lied – nicht anders als der säuselnde, der sausende Wind – ein quasi naturgegebenes Fluidum, von dem der Mensch durchs Leben geleitet, wenn nicht getragen wird und das dem Volk nicht nur das Gefühl der Zusammengehörigkeit, sondern auch der Zugehörigkeit zum Rest der Menschheit vermittelt. An einer Stelle seines *„Briefwechsels mit Freunden"* (1847) hält Gogol fest: „Wie von einem Wiegenlied, dem wunderbaren Lied der Mutter, wird ein Volk in seinen jungen Jahren von Wohlklang eingewiegt, noch ehe es den Sinn der Worte des Liedes selbst versteht, und unmerklich, wie von selbst, verebben seine wilden Leidenschaften und werden sanfter. [...] Noch immer ist sie ein Rätsel, diese unerklärliche wilde Ungebundenheit, die in unseren Liedern erklingt, die dahinstürmt, irgendwohin, vorbei am Leben und dem Lied selbst, als verglühe sie in dem Verlangen nach einem besseren Vaterland, nach dem sich der Mensch seit dem Tag seiner Erschaffung sehnt."[250]

Im russischen Volkslied – und noch im patriotischen Sowjetlied – kommen der Heroismus und die Schwermut der Menschen ebenso zum Tragen wie der gleichermaßen verlockende und erschreckende Freiraum der Natur. Bei Michail Lermontow (in *„Russische Melodie"*, 1829) ist es ein „schlichter Sänger", der zu einem wundersamen Lied anhebt, von dem jedoch nur der Anfang zu hören ist und das „niemand je zu Ende singen wird" – so, wie der russische Landschaftsraum zwar betreten, nie aber bis zu seinen Grenzen abgeschritten werden kann. Dazu passt ein anderes Gedicht von Lermontow (*„Mein Haus"*, 1830/1831), in dem das lyrische Ich – hier der Dichter selbst – seine Heimat dort ortet, „wo immer die Klänge der Lieder vernehmbar sind".[251]

Weit deutlicher noch verweist Iwan Turgenew auf die Übereinstimmung zwischen Lied und Landschaft in seiner Erzählung *„Die Sänger"* (1850), wo an einer Stelle vom „sehnsuchtsvollen", zugleich „süßen" und „schaurigen" Gesang die Rede ist, den einer der Protagonisten vor aufmerksamen Zuhörern auf einem Landgut zum Besten gibt: „Er sang und vergaß dabei vollkommen nicht nur seinen Rivalen, sondern uns alle, doch sichtlich ließ er dabei, wie ein munterer Schwimmer von den Wellen, sich tragen von unserer schweigenden leidenschaftlichen Anteilnahme. Er sang, und aus jedem Laut seiner Stimme wehte uns etwas Vertrautes und unabsehbar Weites an, so als täte sich vor uns die bekannte Steppe auf und verlöre sich in der endlosen Ferne."[252]

Als wollte er unmittelbar an diese Stelle anknüpfen, macht auch Anton Tschechow die Steppe zum Resonanzraum wehmütiger Lieder, die emotional alles transportieren, was die „russische Seele" ausmacht: „Da musste eine Frau, nicht eben in der Nähe, singen, doch wo und auf welcher Seite, das war nicht auszumachen. Das Lied war ruhig, getragen und kummervoll, es war wie ein Weinen und kam, vom Ohr kaum wahrnehmbar, bald von rechts, bald von links, bald von oben, bald aus der Erde empor, wie wenn ein unsichtbarer Geist singend über der Steppe schwebte."[253] Der Gesang wird hier zum Fluidum der großen kargen Natur Russlands, und er gewinnt geradezu magische Macht. Die unbekannte, scheinbar allgegenwärtige und doch nicht fassbare Frau – steht sie für die Mutter Erde? für Russland? – singt richtungslos vor sich hin, und es ist, als ob das Steppengras selbst „dieses an die Seele greifende getragene Lied" erklingen ließe.

Als eine Art Enzyklopädie Russlands und des Russentums hat Nikolaj Nekrassow das Volkslied in seiner großen Versdichtung *„Wer gut lebt im Russenland"* (1866–1874) charakterisiert. In wenigen Zeilen führt er am Beispiel des Volkslieds so gut wie vollständig die Grundzüge der russischen, das heißt hier: der bäuerlichen Mentalität an, die ihrerseits von der weiten russischen Natur imprägniert ist – kollektives Tun und Fühlen, Freiheitslust und Wagemut, grenzenloser Raum und grenzenloses Weh: „Plötzlich erscholl *im Chor* ein Lied, | Ein *kühnes* und *harmonisches*: | Drei Dutzend junge Leute, | Leicht angetrunken, aber nicht stockvoll, | Gehen schön in einer Reihe und singen, | Singen von *Mütterchen* Wolga, | Von jugendlichem *Wagemut*, | Von jungfräulichem Liebreiz. | Stumm liegt das schmale Weglein da, | Allein das wohl gefügte Lied | *Wälzt sich breit und frei dahin*, | so wie ein Roggenfeld im Wind, | Und durch das Herz, das bäuerliche, | Weht wie Feuer das *Weh*! ..."[254]

Eine schwermütige Bestätigung dafür findet sich noch im beginnenden 20. Jahrhundert bei Aleksandr Blok, der allem Kriegs- und Revolutionsgetöse zum Trotz das Lied der Natur als Elementarmusik Russland zu erkennen glaubt: „Bei uns gibt es keine geschichtlichen Erinnerungen, aber groß ist unser elementares Gedächtnis; unsern räumlichen Weiten wird es noch beschieden sein, eine große Rolle zu spielen. Bisher haben wir keinen Petrarca und keinen Hutten gehört, dafür aber den Wind, der durch unser Tiefland weht; die musikalischen Klänge unserer grausamen Natur tönten schon immer in den Ohren eines Gogol, eines Tolstoj, eines Dostojewskij".[255] Dennoch kann Aleksandr Blok in seinen finstern Heimatgedichten die „luftigen Lieder" (*pesni vetrovye*) Russlands wie Zugvögel den gewaltigen Raum durchmessen lassen, der Himmel und Erde zu einer ganz eigenen und doch nie restlos zu erschließenden Welt vereint.

Vermutlich zurückgreifend auf Puschkin, schreibt Blok in einem *„Russland"*-Gedicht von 1908: „Und Unmögliches ist möglich, | Der weite Weg ist leicht, | [...] | Wenn wie die Schwermut im Kerker | Des Kutschers dumpfes Lied erklingt! ..."[256] Auch in diesen zwischen Pathos und Sentimentalität schwelgenden Versen bleibt der große Raum, bleiben Freiheit und Ausgelassenheit, Fernweh und Resignation *gleichermaßen* präsent. Pawel Florenskij, prominenter Zeitgenosse Bloks, glaubte im russischen Volkslied eine Entsprechung zur orthodoxen Gemeinschaftlichkeit (*sobornost'*) zu erkennen, die ebenfalls allen Stimmen die volle Freiheit gewähre, ohne dadurch die harmonische Übereinstimmung zu gefährden.[257]

In der russischen Belletristik und Publizistik – von Turgenew und Leskow bis hin zu Korolenko und Gorkij – findet sich manch ein aufschlussreicher Beleg dafür, dass ein guter Sänger gemeinhin nicht dafür gelobt wird, dass er *gut singt*, gut singen *kann*, sondern dass er *ein gutes Lied* vorgetragen hat – nicht der Sänger macht das gute Lied aus, das Lied macht den guten Sänger aus. Das Lied ist etwas der russischen Natur Inhärentes, man hat es als „die Seele der Landschaft" bezeichnet, hat von der „Musik der *singenden* Kräfte der Natur", von ihrem „Sanges-" oder „Liedstrom" (*pesennoe stremlenie*) gesprochen, und dies nicht etwa zur Zeit der Romantik oder des Symbolismus, sondern in der stalinistischen Sowjetunion.[258]

Das unübersehbar reiche Lied- und Lyrikgut lässt bei aller thematischen Vielfalt fast ausnahmslos den Bezug zur Heimat, Weite, Freiheit erkennen. Herz und Schmerz (*serdečnaja toska*), Weg, Liebe, Abschied – „all dies" sei *eins*, heißt es bei Marina Zwetajewa: „All dies nennt sich Russland und meine Jugendzeit [...]".[259] Für die exilierte Dichterin ist Russland Heimat und Fremde, Schicksal und Schmerz zugleich – der Gedanke daran weckt immer wieder neu das Gefühl von sehnsuchtsvoller Trauer, die nicht weiß, wohin sie will und soll: „Fremdland, mein Heimatland! || Ferne, eingeboren wie ein Schmerz, | So sehr Heimat und so sehr | Schicksal, dass ich sie überallhin, quer durch | Die Ferne zur Gänze mit mir trage! || Ferne, die mir die Nähe entrückt, | Ferne, die spricht: ‚Kehr | *Nach Hause* zurück!' ..."[260]

47

Wenn Maksim Gorkij (wie vor ihm Tschechow oder Bunin und mit ihm etwa Wsewolod Iwanow) das russische Dorf, den russischen Bauern zu charakterisieren versucht, ist implizit stets von Russland insgesamt und vom russischen Menschen schlechthin die Rede: „Die endlose Ebene, in der sich strohgedeckte Holzhütten zu engen Dörfern drängen, wirkt wie ein verwüstendes Gift auf den Menschen, saugt ihm das Wollen aus der Seele. Wenn der Bauer vor sein Dorf hinausgeht und auf die Leere um sich herum schaut, so fühlt er bald, wie diese Leere auch seine Seele ergreift. Nirgends ringsum sind bleibende Spuren von Arbeit und Schaffen. [...] Rundum dehnt sich grenzenlos die Ebene, und mitten drin steht der elende kleine Mensch, zur Fronarbeit hineingestellt in diese trostlose Welt. Und des Menschen bemächtigt sich ein Gefühl der Gleichgültigkeit: das ertötet die Fähigkeit, zu denken, an das Geschehene sich zu erinnern, aus eigenen Erfahrungen heraus neue Ideen zu schaffen."[261]

Hier wird mit Bezug auf die Beschaffenheit des geographischen Raums („endlose Ebene", „Leere", „nirgends ringsum", „trostlose Welt") auf eine weitere, als typisch geltende Qualität des russischen Charakters verwiesen, auf die in allen Lebensbereichen und, darüber hinaus, in Wirtschaft und Politik sich manifestierende *Passivität*, die von westlicher Seite oftmals beklagt, oft auch gerügt worden ist und die wiederum Gorkij – keineswegs als Erster, aber auch nicht als Letzter – mit „Trägheit" (*len'*, was auch für „Muße" stehen kann), „Leerlauf" (*prazdnost'*) und „orientalischer Tatenlosigkeit" (*vostočnaja inertnost'*) umschrieben hat, um sie kritisch abzuheben von europäischer, vor allem germanischer Tatkraft und Produktivität, wie sie – der Vergleich drängt sich auf – in der Gestalt des deutschstämmigen Kleinunternehmers Andrej Stolz dem trägen russischen Gutsbesitzer Ilja Iljitsch Oblomow entgegengesetzt wird in Gontscharows gleichnamigem Roman („*Oblomow*", 1848–1859).

Oblomows Name, der weiter oben mit der defizienten russischen Arbeitsmoral in Beziehung gebracht wurde, kann als Kürzel für die nachmals oft berufene „Passivität der russischen Seele" gelten; er steht für Eigenschaften und Verhaltensweisen wie Trägheit, Willenlosigkeit, Gleichgültigkeit, Weltfremdheit, für eine zutiefst apolitische und asoziale Lebensführung. Dazu kommt (was gemeinhin kaum beachtet wird), dass Oblomow physisch wie psychisch als weichlicher, bisweilen weibisch wirkender Zeitgenosse geschildert wird – was ihn typologisch in die Nähe von „Mütterchen Russland" rückt und was zweifellos dazu beigetragen hat, dass er als Verkörperung des Russentums schlechthin wahrgenommen werden konnte. All diese Charakteristika sind synthetisiert im negativen Sammelbegriff der *oblomowstschina*, der deutsch gemeinhin mit „Oblomowerei" oder „Oblomowismus" wiedergegeben wird. Gontscharow selbst hat den Begriff gebildet, und bezeichnenderweise hat er ihn Andrej Stolz, dem „deutschen" Widerpart Oblomows, als Erstem in den Mund gelegt.

Der Sozialkritiker Nikolaj Dobroljubow hat den „Oblomowismus" als typische Erscheinungsform gutsherrlicher Arroganz, Ausbeutung und Faulenzerei in einem Grundsatzartikel („*Was ist ‚Oblomowismus'?*", 1859) scharf gerügt und damit eine „progressive" Lesart eingespurt, die für lange Zeit dominant bleiben sollte. Allerdings führt Dobroljubow den „Oblomowismus" monokausal auf weit zurückreichende gesellschaftliche Missstände (Leibeigenschaft, Adelsprivilegien) zurück, bringt ihn also nicht allgemein mit dem russischen Charakter und auch nicht mit Russland als geographischem Raum in Beziehung.[262]

Im übrigen gab es im Verlauf der langwierigen publizistischen Kontroversen um „*Oblomow*" immer auch affirmative Stimmen, die – in Übereinstimmung mit dem Autor – den apathischen Charakter des Protagonisten auf einen „reinen, hellen und guten Ursprung" zurückführten. Iwan Gontscharow selbst scheint seinen Titelhelden als durchweg positive, stark autobiographisch eingefärbte Figur konzipiert und den „Oblomowismus" auch eigens praktiziert zu haben; jedenfalls konnte er, kurz nach Beginn der Niederschrift des großen Romanwerks, in einem Privatbrief (1849) festhalten, er habe „endgültig die Poesie der Trägheit (*poėziju leni*) erreicht", und eben *diese* Poesie sei „die einzige, der er bis zum Grabe treu" sein werde.

Tatsächlich ist Gontscharow dieser Art von „Poesie" treu geblieben, manche seiner Aufzeichnungen und Briefe zeugen davon. Der Autor des „*Oblomow*" hat den „Oblomowismus" ausgiebig praktiziert, ihm ging es nach eigenem Bekunden stets nur darum, auf seinem Diwan Ruhe zu finden und dort auch in Ruhe gelassen zu werden; er selbst bezeichnete sich – ohne eine Spur von Reue oder Selbstkritik – als einen „toten [*sic*], erschöpften Menschen, der gegenüber allem gleichgültig ist, auch gegenüber dem eigenen Erfolg". Im Freundeskreis wurde der Autor denn auch ebenso witzig wie folgerichtig „le Prince de Lène" genannt, was als homophone Anspielung auf die russische Trägheit oder Muße (*len*) zu verstehen ist.

In einem bekenntnishaften Essay hat Gontscharow unter dem bezeichnenden Titel „*Lieber spät als nie*" in Bezug auf seinen Oblomow bestätigt, dass er dessen „träge Gestalt" in sich selbst und in vielen seiner Zeitgenossen leibhaftig vorgefunden und „instinktiv gespürt" habe, „wie ganz allmählich die elementaren Eigenschaften des russischen Menschen in diese Figur eingegangen" seien, nämlich „Trägheit und Apathie als elementarer russischer Wesenszug". Und wieder auf sich selbst bezogen schreibt Gontscharow 1859 an einen Freund: „Ich lebe nicht, sondern träume und langweile mich, alles andere hat aufgehört."[263]

Damit allerdings ist nur über Gontscharows persönlichen, nicht jedoch über den kollektiven „Oblomowismus" und dessen Bedingtheiten etwas gesagt. Unabhängig davon, wie man Oblomow als literarischen Helden (oder Antihelden) einschätzt, stellt sich doch die Frage nach dessen geistesgeschichtlicher Herkunft und geokultureller Prägung. Oblomow ist mehr als eine fiktionale Gestalt; er ist, ob der Autor es gewollt hat oder nicht, ein nationaler Prototyp, vergegenwärtigt also keineswegs bloß den typischen Gutsbesitzer, sondern den typischen Russen schlechthin.[264] Aleksandr Puschkin, als Klassiker der russischen Literatur auch eine moralische Autorität, hat diese Einsicht – in der ersten Person Mehrzahl, also sich selbst mit einschließend! – kurz und bündig auf den Punkt gebracht: „Wir sind faul und desinteressiert."[265] Der Russe, so lautet eine paradoxale Formel seiner Arbeitsmoral, ist nur „im Pausieren ein ewiger Schwerarbeiter" (*večnyj truženik otdycha*).

Für Afanassij Fet war die Trägheit nicht bloß eine typisch russische Charakteranlage, vielmehr sah er sie gekennzeichnet von einer tief greifenden Ambivalenz, die er darin zu erkennen glaubte, dass die Russen – und nicht nur die Bauern, sondern auch die aus der Stadt anreisenden Sommergäste, mit denen Fet auf seinem Landgut Stepanowka zu tun hatte – unter ihrer Passivität ebenso litten wie unter der Langeweile, die sie bei der Arbeit empfanden: „Passiv auf künftige Segnungen zu warten – das ist wohl das Allerschwierigste für einen russischen Menschen, obzwar er eigentlich Zeit seines Lebens nichts anderes macht."[266] Dass solches in Russland nicht bloß für Bauern und Gutsherren gilt, sondern selbst für Künstler zum fatalen Ungemach werden kann, zeigt Anton Tschechow am Beispiel des Ich-Erzählers in „*Das Haus mit dem Mezzanin*" (1896), der – wie Oblomow – den Großteil seiner Zeit auf einem „breiten Diwan" verbringt und von sich nur sagen kann: „Vom Schicksal [*sic*] zu stetigem Müßiggang verurteilt, tat ich rein gar nichts. Stundenlang pflegte ich aus meinem Fenster den Himmel, die Vögel und die Alleen zu betrachten ... Manchmal verließ ich das Haus und streifte bis zum späten Abend irgendwo umher."[267]

Tschechows müßiggängerischer und also naturgemäß völlig unproduktiver Künstler erinnert an den Schreiber Bartleby in der gleichnamigen Novelle von Herman Melville, der auf jeden von außen kommenden Anspruch mit dem selben stereotypen Satz zu antworten pflegt: „Ich möchte lieber nicht." Wenn der arbeitsscheue und völlig ambitionslose Bartleby in Amerika – New York! Wallstreet! – eine negativ konnotierte Ausnahmeerscheinung ist, so könnte er, bezüglich seiner Arbeitsmoral, in Russland durchaus als unauffälliger Normalverbraucher gelten, ginge ihm nicht gleichzeitig jene große, ständig zwischen Extremen schwankende Emotionalität ab, die dem russischen Charakter, aller Trägheit und Oblomowerei zum Trotz, eigen ist. Dem wäre beizufügen, dass Trägheit, Faulenzertum und andere Spielarten des Müßiggangs immer dann, wenn sie abschätzig beurteilt werden, bei russischen Autoren gemeinhin als „östliche" oder „asiatische" Untugenden eingestuft sind, meist im Verein mit Verschlagenheit, Lügenhaftigkeit, Grausamkeit – es ist, als wollten die Russen die negativen Mentalitätsqualitäten, die ihnen immer wieder zugeschrieben werden, von sich abweisen und sie pauschal auf den asiatischen Osten übertragen. Dostojewskijs späte politische Publizistik ist ein anschauliches Beispiel für diese Art von Übertragung.

Dass Oblomow zu einer prototypischen Figur hat werden können, dass der „Oblomowismus" – sei's als Untugend, sei's als Tugend – die russische Volksmentalität nachhaltig geprägt hat, scheint wiederum mit der Geographie Russlands und der „Geographie der russischen Seele" zu tun zu haben. „In der Gestalt Oblomows hat uns der Dichter [Gontscharow] unser Verhältnis zur Heimat und zu unserem gestrigen Tag offenbart", schreibt um 1900 der Pädagoge und Kritiker Innokentij Annenskij (der auch ein bedeutender Lyriker war): „In ihm liegen unsere Zukunftsträume, die Bitternis unserer Selbsterfassung, unsere Daseinsfreude, die Poesie und die Prosa des Lebens." In Oblomow – „er ist ein Egoist in der naiven Überzeugung, er sei ein Mensch von besonderer Rasse" – offenbart sich, laut Annenskij, die russische Seele mit ihren „persönlichen, nationalen und globalen Elementen": „Was ist er: Vielfraß? Faulenzer? Weichling? Träumer? Räsoneur? Nein ... er ist Oblomow, Resultat einer langwierigen Anhäufung verschiedenartiger Eindrücke, Gedanken, Gefühle, Sympathien, Zweifel und Selbstvorwürfe."[268]

Der Ideenhistoriker Dmitrij N. Owsjaniko-Kulikowskij – ein eminenter Zeitgenosse Annenskijs und in Russland einer der frühesten Vermittler Nietzsches sowie Sigmund Freuds – hat ausdrücklich davor gewarnt, den „Oblomowismus" einseitig als ein pathologisches Phänomen der „russischen Nationalpsyche" aufzufassen, da man daraus auch äußerst aufschlussreiche positive Hinweise bezüglich der russischen Mentalität „in ihrem Normalzustand" gewinnen könne. Folgerichtig ist Owsjaniko-Kulikowskijs bemüht, Oblomow als klassen- und zeitspezifische Figur zu verallgemeinern, ihn als Inkarnation des Russentums schlechthin zu rechtfertigen: „Kein Zweifel: Ilja Iljitsch [Oblomow] ist ein durch und durch russischer Mensch, und von dem Bild des ‚Oblomowismus', wie Gontscharow es dargestellt hat, lässt sich füglich sagen: ‚Hier weht russischer Geist, hier riecht es nach Russland.' Wobei es nicht allein nach dem sklavenhalterischen, gutsherrlichen Russland der ‚guten alten Zeit' riecht, sondern nach Russland überhaupt; das ‚Bild' ist überdehnt, der Typus breit angelegt, und unwillkürlich überträgt sich von daher unser Denken auf andere Formen russischer Trägheit, auf andere Erscheinungsweisen russischer Tatenlosigkeit und Apathie."

Owsjaniko-Kulikowskij erkennt in Oblomow eine bewusst überzogene Karikatur des Durchschnittsrussen, in der alle „normalen russischen Denk- und Handlungsweisen ihren äußersten hyperbolischen Ausdruck" finden: „Wenn wir Oblomows Psychologie von dieser extremen Ausprägung befreien und ihre Züge der Norm annähern, bekommen wir das Bild der russischen Nationalpsyche." Und diese wird auch hier durch ihre „Breite" charakterisiert, wird ausgewiesen als die ganz normale geistige und psychische Erscheinungsform des Russentums.[269]

Nach Innokentij Annenskij hat auch der Bildkünstler Kasimir Malewitsch die Oblomowsche Trägheit ins Positive zu wenden, sie als eine neue, gewissermaßen selbsttätige Art menschlicher Kreativität glaubhaft zu machen versucht. In einer 1921 verfassten Schrift über „*Die Muße als reale Wahrheit des Menschentums*" unternimmt er es, die „Mutter aller Laster" – die Trägheit eben – zu rehabilitieren, sie zu rechtfertigen als „Mutter der Vollkommenheit". Die radikale Neubewertung der Faulheit, die nun als höchste Tugend empfohlen und vom Makel der Lasterhaftigkeit befreit wird, gewinnt ihre Legitimation daraus, dass Malewitsch die aktive Passivität – den Müßiggang – zur notwendigen Voraussetzung für die Rückkehr des Menschen aus der gegenständlichen Welt der Arbeit in das paradiesische Reich der Ruhe erklärt. In polemischem Gegenzug zum Kapitalismus westlicher, vorab protestantischer Prägung, dem er eine unmenschliche Arbeitsmoral, zugleich aber die Förderung des unproduktiven Müßiggangs zum Vorwurf macht, empfiehlt Malewitsch die viel berufene und viel gerügte russische Untugend des Oblomowismus als natürliche Grundlage für eine nie dagewesene globale Lebenskunst. Im modernen Maschinismus sowie im Fortschritt von Wissenschaft und Technik erkennt Malewitsch die Möglichkeit zur Wiedergewinnung der „Ruhe" und damit des „Rechts auf Faulheit"; seiner Überzeugung nach müsste es gelingen, „den gesamten arbeitenden Teil der Nation oder die ganze Menschheit in einen müßigen Meister zu verwandeln". Auf diese Weise könnte sich die Menschheit, meint Malewitsch, von politischen Führern und Ideologien wie auch von wirtschaftlichen Zweckverbänden emanzipieren, „sich selbst von der Arbeit befreien" und – durch konsequenten Müßiggang – „in das Bild der Göttlichkeit eingehen"; damit wäre dann die „Legende von Gott als der Vollkommenheit in der ‚Muße'" bestätigt.[270]

Malewitschs Apologie des Müßiggangs ist im Kontext des von ihm begründeten „Suprematismus" zu sehen, einer bildnerischen Kunstrichtung, die sich die Erschließung und Vergegenwärtigung einer gegenstands- und horizontlosen Welt zur Aufgabe gemacht hat. Der scheinbar unbegrenzte Landschaftsraum des westrussischen Tieflands mag Malewitsch zum künstlerischen (und kunstphilosophischen) Ausgreifen in den kosmischen Raum inspiriert, ihn dazu veranlasst haben, die Leere, das All, das Nichts zum ungegenständlichen Sujet seiner Malerei, aber auch zum Experimentierfeld für seine utopischen Spekulationen zu machen. Dass es außer dem „Suprematismus" – etwa zeitgleich mit ihm – auch den russischen philosophischen „Kosmismus" (Nikolaj Fjodorow u. a.) sowie, früher schon, erste raketentechnische Projekte (Konstantin Ziolkowskij u. a.) zur Erschließung des Weltraums gegeben hat, dürfte ebenfalls auf die spezifisch russische und ganz alltägliche Erfahrung mit einem Chronotop zurückzuführen sein, der sich in räumlicher wie in zeitlicher Hinsicht dem Unendlichen zu öffnen scheint.

48

Die Behauptung der „Einzigartigkeit", die „Unvergleichbarkeit" des russischen Charakters kann nicht vorbehaltslos hingenommen werden. So ließen sich, im Positiven wie im Negativen, manche Übereinstimmungen zwischen „Russen" und „Deutschen", mehr noch zwischen „Russen" und „Amerikanern" namhaft machen. An dieser Stelle sei aber der Blick für einmal, über die „westlich" genannte Welt hinaus, auf Afrika gerichtet, und mit einiger Überraschung wird man feststellen, dass die „russische" mit der „afrikanischen" Mentalität mehr Gemeinsamkeiten aufweist als mit irgendeiner der euroamerikanischen „Volksseelen".

Bei aller berechtigten Skepsis, die man bei einem generellen Vergleich von Russen und Afrikanern haben kann und haben sollte, einem (bisher wohl noch nie angestellten) Vergleich, der auf durchwegs unvergleichbaren historischen Prämissen beruht, ist wohl gerade in diesem Fall – wiederum ganz allgemein – von ähnlichen geographischen beziehungsweise landschaftlichen Bedingungen auszugehen. Der afrikanische wie der russländische Kontinent ist vorab gekennzeichnet durch unabsehbar weite Ebenen, von denen zahlreiche Teilgebiete als magere Erde oder gar als Wüste zu gelten haben, gekennzeichnet aber auch durch ausgedehnte Waldgebiete und ein strukturbildendes System von großen Wasserläufen.

Andererseits sind auch wesentliche Unterschiede hervorzuheben, so die Tatsache, dass der afrikanische Kontinent allseitig ans offene Meer grenzt, dass er keine einheitliche Nation bildet und weder ein dominierendes Superethnos noch eine dominierende Staatskirche kennt, durch die seine unterschiedlichen Völkerschaften und Glaubenspraktiken überboten, kontrolliert, vereinheitlicht werden.

Dennoch ist gerade die Tendenz zur Vereinheitlichung, zumal im lebensweltlichen und religiösen Bereich, für Schwarzafrika so charakteristisch, dass man insgesamt von einer „Einheitszivilisation" hat reden können, „in der alles mit allem und mit sich selbst verbunden ist: Physisches und Metaphysisches, Religion, Moral und Kunst, Politik und Ökonomie, Atom und Gott". Léopold Sédar Senghor, Philosoph, Dichter und Interpret der Negritude, hat Afrika überdies als „eine organische Zivilisation" beschrieben, „wo sich die Vernunft von der Intuition, der Akt von der Idee, das Leben vom Tod nährt" – eine Charakterisierung, die sich unverändert auf Russland und die russische Geisteswelt übertragen ließe.

Man kommt der russischen Sophiologie (Wladimir Solowjow, Sergij Bulgakow) recht nah, wenn man Senghor folgt und zur Kenntnis bekommt, dass „in Afrika die Religion, die Kunst und die Gesellschaft ein großes Ganzes" sind, das heißt „unterschiedliche Aspekte einer und derselben Lebensaktivität", die identisch ist mit Lebensweisheit (*sagesse*). „Diese Weisheit", betont Senghor, „beeinflusst nicht nur das Leben der Person, sondern auch das der Gruppe, zu der die Person als Einzelglied gehört – ich sage nicht ‚das Individuum', ich sage ‚die Person', die Ganzheit und Fülle ist. Denn die schwarzafrikanische Gesellschaft ist mehr als ein Kollektiv, sie ist eine *Gemeinschaft*. Der Mensch entwickelt sich darin nur, weil ihm Halt zuteil wird, und er hat nur darum Halt, weil die Gesellschaft ihn einschließt wie der Ballen das Getreide."

Ohne Russland auch nur zu erwähnen, scheint Senghor Wort für Wort die russische Weltanschauung mit ihrer ausgeprägt weiblichen, mütterlichen Erdung zu skizzieren, wenn er festhält: „Der Hauptfehler Afrikas, zumindest Schwarzafrikas besteht darin, der Intuition mehr Raum zu geben als dem diskursiven Verstand, der Absicht mehr als der Handlung, der Gegenwart und Vergangenheit mehr als der Zukunft. Seine Schwäche ist, mehr Gefühl und Liebesdrang zu sein als überlegtes Wollen. Wie die Frau. Von daher hat es sein künstlerisches Vermögen und seine außerordentliche Anpassungsfähigkeit, aber auch seine Abneigung gegen jeden Fortschritt, sein Verharren in einem zeitlosen Universum. Hier bleibt das Projekt allzu oft ein Traum, der Glaube wird nicht zur *Barmherzigkeit*, will heißen: zu wirkendem Handeln. Was den europäischen Beobachter verblüfft, ist die Gleichgültigkeit der schwarzafrikanischen Zivilisation gegenüber dem Erfolg." All diese Charakteristika konnten weiter oben – etwa in Bezug auf das Arbeitsethos, die Dominanz des Glaubens gegenüber dem Verstand und des rezeptiven gegenüber dem produktiven Schaffensprinzip, den Hang zum Fragmentarischen bei gleichzeitiger Behauptung der All-Einheit u. a. m. – auch schon am Beispiel Russlands aufgezeigt werden.

Léopold Senghors vergleichende Ausführungen über „*Afrika und Europa*" könnten zu großen Teilen auf das Verhältnis zwischen Russland und Europa übertragen werden. Allein die *Möglichkeit* einer solchen Übertragung ist von größtem Interesse und bedürfte eingehender Erörterung. Hier soll aber lediglich die Gegenüberstellung Afrikas und Europas in Senghors Worten angeführt und darauf verwiesen werden, wie weitgehend, im 18. Jahrhundert und auch heute wieder, die wechselseitigen Beziehungen sich gleichen: „Tatsache bleibt, dass Afrika sich zunächst gegen Europa verteidigen muss. Denn [...] durch die Propagierung seiner rationalistischen, szientistischen, materialistischen und atheistischen Zivilisation – des Kapitalismus – in Afrika hat Europa die schwarzafrikanische Gesellschaft, mehr als jede andere, durcheinander gebracht, indem es die Quellen ihrer Zivilisation zum Versiegen brachte."[271]

Doch zurück, noch einmal, zum russischen Selbstverständnis. Dieses war schon immer und ist offenbar noch heute markiert durch eine Gebrochenheit, die zugleich als Spaltung und als Doppelung in Erscheinung tritt. Übergriffe, Auseinandersetzungen, Infiltrationen, Herausforderungen aller Art – Stichwörter: Kijew/Byzanz, Heidentum/Christentum, Russen/Mongolen, Russland/Europa, Volk/Intelligenz u. a. m. – haben den Hiatus zwischen „wir" und „sie", zwischen dem Eigenen und dem Fremden akzentuiert.

Für die Zeit seit Peter dem Großen gilt nach Wassilij Rosanow die Unterscheidung und eben auch die Spaltung (*raskol*) zwischen, einerseits, dem fassadenhaften Russland der Äußerlichkeiten, der Gesamtheit ausgeformter staatlicher und administrativer Strukturen, die als „Imperium" Gestalt angenommen haben und, andererseits, dem verborgenen, in sich gekehrten „Mütterchen Russland" mit seinen unklaren Formen, seinen unbestimmten Regungen, seiner unfassbaren Eigengesetzlichkeit, seinem Verströmen, das weder Ende noch Anfang hat: „Ein Russland der Wesentlichkeiten, des lebendigen Bluts, des ungebrochenen Glaubens, wo ein jedes Faktum nicht durch die künstliche Verknüpfung mit einem jeweils anderen Faktum Halt gewinnt, sondern durch die Kraft seines eigenen, ihm eingeborenen Wesens."[272]

Was Rosanow mit Blick auf Russland – auf das *Phänomen* Russland – allgemein festhält, bezieht sein marxistischer Zeitgenosse Maksim Gorkij etwas konkreter auf das Russentum und dessen Kollektivcharakter. In einer selbstkritischen publizistischen Verlautbarung aus der Zeit des Ersten Weltkriegs schreibt Gorkij: „Wir Russen haben zwei Seelen: Die eine haben wir vom mongolischen Nomaden, vom Träumer, vom Mystiker und vom Faulenzer, der überzeugt ist, dass ‚das Schicksal aller Dinge Richter' ist, dass man ‚auf Erden ist und das Schicksal über einem steht', dass man ‚gegen das Schicksal nicht ankommt'; und neben dieser kraftlosen Seele lebt die Seele des Slawen, sie kann prächtig und hell aufflammen, doch brennt sie nicht lange, erlischt rasch und taugt kaum zum Selbstschutz vor all den Giften, die man ihr einimpft und die ihre Kräfte schwächen."[273]

Als engagierter Pazifist wurde Gorkij, um dem Hurrapatriotismus des Kriegs entgegen zu wirken, nicht müde, seine Landsleute auf ihre „nationalen Gebrechen" aufmerksam zu machen, sie davor zu warnen, sich ihrem mystisch überhöhten, letztlich aber bloß welt-

und lebensfeindlichen Fatalismus zu überlassen und gänzlich in Passivität zu versinken. Gorkij zog damit sowohl den Zorn nationalistischer Kreise wie auch die Kritik seiner linken Gesinnungsgenossen auf sich – seine Russen- und Russlandschelte galt, mitten im Krieg, weithin als defätistisch. Im Unterschied zu Lenin, dem er freundschaftlich verbunden war, begnügte sich Gorkij nicht damit, die „typisch russische" Willensschwäche und Nachlässigkeit allein als Folge Jahrhunderte langer Unterdrückung zu erklären, vielmehr bestand er – mit Bezugnahme auf die traditionelle Volksdichtung, auf Märchen, auf Legenden – darauf, dass sich das Russentum seit alters den angeblich unbezwingbaren Mächten des Schicksals demutsvoll unterworfen und dabei verlernt, schließlich vergessen habe, in eigener Verantwortung und auf eigene Initiative zu handeln.

Auch durch den kollektiven Gewaltakt der Großen Sozialistischen Oktoberrevolution ließ sich Gorkij nicht davon abbringen, die Lethargie der russischen Bevölkerungsmehrheit zu beklagen; in unverkennbarer Anspielung auf die füllige Gestalt und den verweichlichten Charakter von Gontscharows Oblomow hielt er ein halbes Jahr nach der Revolution in einem Zeitungsartikel resigniert fast: „Das russische Volk ist aufgrund seiner Geschichte ein riesiger, schlaffer Leib; es findet keinen Geschmack an staatlicher Organisation und ist für Ideen, die Willensakte veredeln können, so gut wie unempfänglich."[274]

Noch 1936 konnte der bolschewistische Ideologe Nikolaj Bucharin im Regierungsblatt „Iswestija" das Sowjetvolk als eine „Nation von Oblomows" (*nacija Oblomovych*) abqualifizieren.[275] In solchem Verständnis hat auch, ungeachtet seiner völlig andern ideologischen Position, der exilrussische Kulturhistoriker Georgij Fedotow von der „Kraft der Trägheit" (*sila inercii*) geredet, „die der reinen Maße von Russlands gigantischem Leib innewohnt".[276] Diese paradoxale, eher im Beharren, in der Verlangsamung als in progressiver Dynamik sich behauptende Kraft scheint für das russische Selbstverständnis auch heute noch – bei der Bevölkerungsmehrheit wie bei der intellektuellen Elite – bestimmend zu sein.

Auf die in Russland oft gestellte Frage *Was tun?*, eine rein rhetorische Frage, die das Tun aufschiebt, statt es zu fördern, antwortet ein zeitgenössischer philosophischer Autor: „Nichts tun! Die Russen sind das untätigste Volk überhaupt. Je intelligenter ein Europäer ist, desto aktiver und tatkräftiger ist er. Bei den Russen ist ‚das Tun' ein Synonym für Dummheit. Das Ideal des Russen ist der Weltbezug als reine Anschauung (*sozercatel'noe otnošenie*)."[277] Trägheit und Fatalismus werden hier, fern jeder Selbstkritik, als durchweg positive Eigenschaften des russischen Charakters festgeschrieben und ausdrücklich von der „europäischen" Tatkraft abgesetzt.

Man mag derartige Verallgemeinerungen für indiskutabel halten; Tatsache ist, dass sie bei russischen Autoren seit gut zweihundert Jahren regelmäßig wiederkehren, unabhängig davon, ob sie positiv oder negativ gemeint sind. Bemerkenswert ist auch, das sei an dieser Stelle wiederholt, die Klischeehaftigkeit der verwendeten Metaphern und Vergleiche, aus denen sich allenfalls Behauptungen ableiten lassen, kaum aber kritische Einsichten. Dennoch bleibt solches Reden über Russland für zahlreiche Leser und wohl auch für die Autoren selbst ein Faszinosum eigener Art, und es macht den Anschein, als gewänne es daraus, dass es sich unablässig wiederholt, einen eigendynamischen, zugleich aber zwanghaften Dauerimpuls. So wie – beispielsweise – der Philosoph Nikolaj Berdjajew apodiktisch immer wieder festgehalten hat, „Russland" fürchte und hasse *jedwede* Schönheit, verachte *alles*, was luxuriös und also überflüssig sei, so konnte er auch die Trägheit als ein *allgemei-*

nes Mentalitätsmerkmal des „Russentums", der „Russen" namhaft machen und zum geographischen Raum Russlands in Beziehung setzen: „Russland von der Stelle zu bewegen, ist fast unmöglich, so schwerfällig ist es geworden, so unbeweglich, so träge, so tief ist es in die Materie eingelassen, so demutsvoll findet es sich mit dem Leben ab. Alle unsere Stände, unsere Grundschichten, der Adel, die Kaufmannschaft, das Bauerntum, die Geistlichkeit, die Bürokratie – sie alle wollen und mögen den Aufstieg nicht; sie alle ziehen es vor, in den Niederungen, in der Ebene zu verharren und ‚wie alle' zu sein. Überall wird die Einzelpersönlichkeit im organischen Kollektiv unterdrückt."

Berdjajew lässt keinen Zweifel daran, dass er die physische wie auch die geistige Trägheit „aller" Russen für die eigentliche Ursache „aller" russischen Übel hält: „Grenzenlose Freiheit wird zu grenzenloser Sklaverei, ewiges Nomadentum – zu ewiger Erstarrung, weil die weibliche nationale Elementarkraft in Russland nicht von innen, nicht aus der Tiefe durch mannhafte Freiheit überwunden werden kann. Das mannhafte Prinzip wird stets von außen erwartet, das Persönlichkeitsprinzip kann sich dem russischen Volk selbst nicht erschließen."[278]

Auch diese philosophische Pauschalisierung mag auf die Mehrheit der russischen Menschen – auf deren Durchschnittstyp – zutreffen, müsste aber im Hinblick auf anders geartete Einzelfälle beziehungsweise Einzelschicksale stark eingeschränkt werden. Dass herausragende Individuen ohnehin (und nicht nur in Russland) von vorgegebenen Normen jeglicher Art abweichen, ist evident, muss nicht eigens erklärt werden. Gleichwohl ist nicht zu übersehen, dass auch Persönlichkeiten von ausgeprägter, vielleicht exzentrischer Eigenart in gewisser Weise und in gewissem Ausmaß einem kollektiven Mentalitätstypus entsprechen.

Eine besonders auffallende Ausnahmeerscheinung dieser Art war – ein einziges Beispiel soll hier zur Veranschaulichung genügen – die russische Dichterin Marina Zwetajewa, die viele Jahre ihres Lebens im Exil verbracht und von sich gesagt hat, sie sei stets allein, nur sie selbst, überall fremd gewesen und habe sich gegenüber den „160 Millionen" (Russen) immer als die Eine, die Einzelne, die Ausgeschlossene gefühlt. Dennoch ließen sich aus ihren Werken und sonstigen Schriften zahlreiche Stellen anführen, die sie, durchaus klischeehaft, als „typisch russischen" Menschen ausweisen – mit einem starken Anteil von „typisch russischer" Schwermut, „typisch russischer" Sentimentalität, „typisch russischer" Widersprüchlichkeit, „typisch russischer" Schicksalsergebenheit, „typisch russischer" Resonanzfähigkeit, „typisch russischer" Arationalität u. a. m. Selbst jene „typisch russische" Passivität, die man gemeinhin als Oblomowismus rubriziert, hat die Zwetajewa sich zugeschrieben, wenn nicht gar gewünscht, obwohl doch ihr gesamtes Leben und Schaffen das Gegenteil bezeugt, nämlich eine Arbeitskraft und Produktivität, die ans Übermenschliche grenzt. „Selbstverständlich hätte ich aufgrund meiner angeborenen Passivität und noch aus manchen andern Gründen keinen entscheidenden Schritt getan", schreibt sie an eine ihrer Brieffreundinnen: „Jedoch der Schritt hat sich von selbst getan, *ohne* mein Zutun, als Lebensregung (*volej žizni*)." Eine Frau, die durch ihre maskuline Entschiedenheit bei manchen Zeitgenossen Respekt und Furcht ausgelöst hat, bekennt sich damit – wiederum typisch russisch? – zu einem Fatalismus, der ihrem eigenen Wollen klar vorgeordnet ist: „Nichts habe ich gewollt. Alles ist so herausgekommen (*nicht* herausgekommen?)." – „... ich kann schon nicht mehr, und *ich will nicht*."

Nicht zuletzt gehört zu dieser „typisch russischen" Passivität der „typisch russische" Seelenschmerz, der sich als ein Sehnen ohne Ziel und Ergebnis manifestiert: „Seit Geburt sehnte ich mich nach allen! Nicht *ohne* alle – *nach* allen: der Seelenschmerz (*toska*) als Strebung, nein: als STRÖMUNG! als hauptsächlicher Motor." Und eben diese lebenslängliche sehnsüchtige „Strebung" hat Marina Zwetajewa dazu veranlasst (oder dazu verurteilt), immer wieder – „wie die Nomaden und die Hunde" – neue Orte aufzusuchen, immer wieder neue, schicksalhafte, glücklose Liebesbeziehungen einzugehen und dennoch niemals, wo und bei wem auch immer, anzukommen: „Jegliches DORT ist ein großartiger HINTERGRUND."[279]

„Ein langer Weg", so umschreibt, mit launiger Selbstironie, der Publizist Michail Epstein diese urrussische Erfahrung: „ – Russland saust immer vorüber, ist nie einzuholen, nie anzuhalten, der Drang nach ihm ist hoffnungslos, ist mörderisch, der Weg dorthin endet stets in noch weiterer Ferne. Für den heroischen Wanderer ist diese Ferne, mit der er auf ewig vereint ist, eine unstillbare Versuchung – die babylonische Hure, die ihre Beine an jedem russischen Kreuzweg spreizt."[280]

Exkurs (1)
Heim und Heimat

1

Lew Tolstojs rhetorische Frage, „wieviel Erde" der Mensch für sein irdisches Auskommen brauche, kann auch anders beantwortet werden als mit dem moralisierenden Hinweis darauf, „der Mensch" möge sich in seinen materiellen Ansprüchen mäßigen, der schlichten Tatsache eingedenk bleibend, dass er letztlich – nach seinem Lebensgang hienieden – ohnehin nicht *mehr* Erde braucht als jene paar Ellen im Quadrat, die sein Totengräber ausheben wird, um ihn zur ewigen Ruhe zu betten.

Für den *russischen* Menschen stellt sich viel eher die Frage, ob er sich zur unabsehbar weiten Erde, die ihn als gigantische Leere umgibt und überwölbt, in ein Verhältnis zu bringen vermag, wie und wo er sich positionieren soll, sich behaupten kann. Auch wenn ihm die Weitläufigkeit seines Landes – sei's als Faszinosum, sei's als Schicksal oder Bedrohung – vertraut ist und er den scheinbar unbegrenzten, allseits offenen geographischen Raum durchaus als heimatlich, „ganz Russland" als sein *Haus*, sogar als Intimsphäre empfinden kann[1], hat er naturgemäß das Bedürfnis, *in* diesem Raum seinen eigenen Ort zu finden und besetzt zu halten, das heißt sich ein Heim als bergenden Innenraum gegenüber (oder entgegen) dem immensen Außenraum der Heimat zu schaffen, durch den er sich eher exponiert als integriert fühlt.

Der Zwiespalt besteht darin, dass das großräumige Land weit mehr zu freiem Nomadisieren (*na prostore; na vole*) einlädt als zur Sesshaftigkeit, dass Russland als Heimat mithin eher *auf dem Weg*, eher in *Bewegung* als *an Ort und Stelle* zu erfahren ist. Dieses ambulante Lebensgefühl scheint noch heute (oder heute wieder) für viele Russen bestimmend zu sein. „Zehntausende von Gespannen flitzten über Russlands Straßen und ließen seine Weiten zur Verlockung werden. Jedes Mal, wenn der Russe sich auf den Weg machte, spürte er, dass sich vor ihm ein Abgrund des Unerwarteten auftat", liest man bei einem zeitgenössischen Autor: „Das ist die Symbolik unserer heimatlichen Steppenräume."[2] Wirtschaftliche, politische, soziale Faktoren stehen aber bekanntlich der Privilegierung des Wegs vor dem Ort entgegen und also konterkarieren sie auch das oft als „asiatisch" oder „mongolisch" verunglimpfte *nomadische* Grundbedürfnis des russischen Menschen.

Auf der einen Seite, unabsehbar hingebreitet, die mütterliche Erde, auf der andern das väterliche Haus: „Und wie behaglich fühlte sich der Gast in diesem Nest, unterm türkisblauen herbstlichen Himmel."[3] Immer wieder als Gast zurückkehren ins häusliche Nest! Wie sonst wäre in der Enormität des Raums Intimität herzustellen?

Die gewaltigen Dimensionen des russischen Natur- und Lebensraums reduziert den Einzelmenschen in seinem Selbstgefühl und seinen Wirkungsmöglichkeiten, macht ihn schutzlos und klein, lässt ihn und sein Tun als irrelevant erscheinen, setzt ihn einer Leere aus, die jedes Beginnen sinnlos zu machen scheint und die der Schicksalsergebenheit – „du auf der Erde, das Schicksal auf dir!" – Vorschub leistet. Wenn Blaise Pascal angesichts des gestirnten Himmels *über sich* ein existentieller Schauder überkommt, so widerfährt

Aleksandr Puschkin ein Gleiches im unverstellten Blick auf die Weite, die er *vor sich* hat: „Welch ein Entsetzen, unwillkürlich inmitten dieser unbekannten Ebenen zu sein!"[4]

Doch gerade dadurch werden auch sozialer Zusammenhalt, gegenseitige Hilfe, gemeinschaftlicher Besitz und überhaupt kollektive Interessen in einer Weise gefördert, wie es im kleinräumigen Europa weit weniger der Fall und eben auch nicht gleichermaßen notwendig ist. Das sprichwörtlich gewordene russische „Wir-Gefühl", in Westeuropa, wo gemeinhin das „Ich-Gefühl" dominant ist, oft als „Herdentrieb" disqualifiziert, beweist sich nicht zuletzt dadurch, dass die Menschen, obwohl ihnen in einem insgesamt dünn besiedelten Land beliebig viel Raum zur Verfügung steht, vorzugsweise – in Dörfern und Städten, aber auch in ihren Wohnungen – dicht beieinander leben und die Vereinzelung in der Verstreuung unbedingt zu vermeiden suchen. Der Einzelne ist hier stets der Einsame, der von sich sagen muss, er sei *allein*, und dies im unglücklichen Bewusstsein, dass er als Einzelner nicht einer von *allen* sein kann.

Für den sozial kompetenten und engagierten Menschen wird die Heimat als unabsehbarer, viele Möglichkeiten eröffnender Freiraum (*privol'e, volja*) erfahrbar, der Einzelne empfindet solche Offenheit eher als unheimlich, gefahrvoll, feindlich usf. oder fühlt sich in diesem *leeren* „Raum der gramerfüllten Auen" (so Marina Zwetajewa: *prostor gorestnych niv*) existentiell verloren und reagiert darauf, wie weiter oben schon ausgeführt und belegt wurde, mit jenem schwer zu definierenden Seelensyndrom, in dem Schwermut und Nostalgie auf offenbar typisch russische Weise zu einer alles umgreifenden Schmerzerfahrung (*toska*) gerinnen.

Der tiefe Seelenschmerz dessen, der sich in den „vertrauten Räumen" der Heimat seiner Geworfenheit und Nullität bewusst wird, scheint ein nomadischer Grundimpuls des Russen zu sein und bestimmt dessen qualvolle, meist unproduktive „Umtriebigkeit", die ihn ständig schwanken lässt zwischen Weltflucht und Treten am Ort. Das Russische hat für diesen ambivalenten Zustand der „Unbehaustheit" den nicht übersetzbaren Begriff *neprikajannost'* zur Verfügung, ein Wort, das auch in seiner vermuteten ursprünglichen Bedeutung – es bezeichnet einen reuigen Sünder, dem keine Absolution zuteil wird – von abgründiger Ambivalenz geprägt ist. Der Unbehauste und Umgetriebene lässt sich gehen, schweift umher, ist ein Springinsfeld (*perekati pole*), dies jedoch in der traurigen Gestalt des ziellosen Wandergesellen (*strannik*). Einen seiner innerlich „umgetriebenen" und auch draußen in der Welt ständig sich „herumtreibenden" Protagonisten (Rudin) lässt Iwan Turgenew kleinlaut resümieren: „Ich habe mich so sehr herumgequält, war ständig auf der Wanderschaft – nicht nur mit meinem Körper, auch mit der Seele wanderte ich."[5]

2

Die Ohnmacht und Marginalität des Individuums im russischen Lebensraum hat der Schriftsteller Wenedikt Jerofejew unvergleichlich prägnant mit einer rhetorischen Frage herausgestellt: „Wie könnte man denn jene vom Antlitz der Erde fegen, die so ungeheuer viel Erde (*tak mnogo-mnogo zemli*) haben und – kein Gesicht!"[6] Der urtümliche nomadische Impuls und die (ebenfalls sprichwörtliche) russische Vorliebe für rasende Fahrten erklären sich vielleicht daraus, dass der große freie Raum letztlich doch als bedrohliche Leere empfunden wird, in die man sich nur deshalb stürzt, weil man sie hinter sich bringen muss, um gleichsam an ihrem andern Ende wieder einen Ort zu erreichen, wo Gemeinschaft möglich ist.

Darauf könnten jedenfalls die zahlreichen Berichte und Erzählungen russischer Autoren des späten 18. sowie des 19. Jahrhunderts schließen lassen, in denen (*vor* der Popularisierung der Eisenbahn als Verkehrsmittel) weit auseinander liegende Reise- oder Poststationen zum Schauplatz intensiver Sozialkontakte werden.

Zu den ältesten und beständigsten Klischeebildungen in Bezug auf das Russentum gehört, wie eben schon erwähnt, dessen Kollektivbewusstsein und Kollektivverhalten; das bald positiv, bald negativ konnotierte Klischee wird von Russen wie von Nichtrussen gleichermaßen als Konstante des Nationalcharakters, wenn nicht gar als eine anthropologische Eigenart der Ostslawen insgesamt präsent gehalten. In einem seiner populären Gesellschaftsromane lässt der polnisch-jüdische Erzähler Schalom Asch einen Petersburger Intellektuellen wie folgt über die „kollektivistische" Besonderheit Russlands räsonieren: „Unter russischen Menschen herrscht eine ganz andere Art der Moral als in allen anderen Teilen der Erde, ich möchte mir sogar gestatten zu sagen – eine höhere Gattung der Moral, nicht die egoistische Moral, welche wie ein Polizist das Eigentum bewacht, sondern eine Moral, die ich Kollektivmoral nennen möchte. Es ist die Moral der Familie, nicht die des einzelnen Individuums. Es ist gewissermaßen die Moral des ‚wir alle'. Wir leben noch in einer früheren Weltordnung oder vielleicht schon in einer späteren, im Kollektivismus, wie er einst wohl herrschte zur Zeit, als es die Stammesherrschaft, als es das Mutterrecht gab. Daher gibt es bei uns nichts Persönliches, nichts Intimes. Haben Sie schon bemerkt, dass es bei uns kein Geheimnis gibt?"[7]

Die Zeugnisse und Beispiele für den großrussischen Gemeinschaftssinn – Texte, Brauchtum, Architektur – sind beliebig zahlreich, die Literatur darüber ist längst unüberschaubar geworden und hat mit dem Zusammenbruch der Sowjetunion, mit der Rückbesinnung auf traditionelle russische Wertvorstellungen und mit der Wiederbelebung der sogenannten russischen Idee noch einmal massiven Auftrieb erfahren. Wie auch immer der russische Kollektivismus hergeleitet, belegt, eingeschätzt wird, Tatsache ist, dass er sich in der Alltagswelt der Bevölkerungsmehrheit auf spezifische Weise konkretisiert und in der Bauern- oder Dorfgemeinde (*obščina; mir*) seine institutionelle wie funktionale Entsprechung gefunden hat.[8]

Die Gemeinde, die gemäß ihrer geläufigen Bezeichnung eine „Welt" (*mir*) für sich bildete und kraft ihrer spärlichen administrativen Befugnisse ihren eigenen inneren „Frieden" (homophon: *mir*) zu wahren hatte, war ein historisch äußerst langlebiges, von der Mentalität her zutiefst konservatives, in der Praxis kaum variables Sozialgefüge, das manche Reformen und selbst die revolutionären Verwerfungen des beginnenden 20. Jahrhunderts überdauert hat. In der frühen Sowjetzeit wurde die urtümliche Institution der Bauerngemeinde als „Kolchose", das heißt als Kollektivwirtschaft, in modifizierter Form erneuert – ein Akt wirtschaftspolitischer Modernisierung durch Archaisierung, aber auch eine offenkundige Konzession (und ein Appell) an das nach wie vor ausgeprägte „Wir-Gefühl" der bäuerlichen Bevölkerung.

„Die Bauerngemeinde verteidigte den Boden, ihre lokale Welt und damit konsequenterweise auch die gesellschaftliche Daseinsorganisation des russländischen Soziums, seine ethischen Grundlagen, seine traditionellen Werte und letztlich – eine eigenständige russische Kultur und Zivilisation", schreibt dazu der neoslawophile Sozialhistoriker Jurij Olejnikow: „Die Bauerngemeinde mit ihrer Forderung nach gleichem Recht auf das Mittel der Existenzsicherung – den Boden – war der Hauptgegner der Ideologie eines extremen Individualismus. Eben diese Idee findet heute, ungeachtet aller Versuche liberaler Reformer, dem Land das Institut privaten Grundbesitzes aufzuzwingen, keine breite Unterstützung mehr. Das Dorf lebt den alten kollektivwirtschaftlichen Gepflogenheiten nach."[9]

Dem slawophilen Gemeinschaftsdenken gilt die Kommune als ein freiwilliger Zusammenschluss von religiös und moralisch gleichgesinnten Menschen, die sich – und darin liegt der antieuropäische, antiaufklärerische, antiindividualistische Ansatz dieses Denkens – von ihrem „Egoismus", und das heißt hier auch: von ihrer „Persönlichkeit" losgesagt haben. Die Gesellschaft, die Gemeinschaft, die Gemeinde, das Land – sie, und nicht der Staat mit seinen Institutionen, bilden nach dem Dafürhalten der Slawophilen die eigentliche Heimat des russischen Menschen, begründen und festigen dessen Volksbewusstsein. Nur als Angehöriger der Gemeinschaft könne der Einzelne seine Freiheit gewinnen. Wer sich eingeengt oder verkannt fühle, könne die Gemeinschaft seiner näheren Umgebung jederzeit verlassen – nicht um seinen Weg allein zu gehen und ortlos umher zu irren, sondern um sich anderswo einer anderen Gemeinschaft anzuschließen.

3

Der allgemeinste russische Begriff für kollektives Verhalten ist „Gemeinschaftlichkeit" (*obščinnost'*), in der Lebenspraxis geht es um die hoch entwickelte Kultur sozialen Umgangs (*obščenie*), wozu etwa Gastfreundschaft und familiäre Solidarität gehören, und der schwer übersetzbare theologische Terminus *sobornost'* (von russ. *sobrat'*, zusammennehmen, versammeln), der auch sozialphilosophisch relevant ist, steht für die freie Gemeinschaftlichkeit des Gemeinde- beziehungsweise Kirchenvolks. In diesem Verständnis bedeutet „gemeinschaftlich" (*sobornyj*) soviel wie *versammelt* – aus der Vielzahl – in die Einheit und *einheitlich* in der Vielfalt, eine Begriffsbestimmung, die oft auch auf den russischen Vielvölkerstaat generell angewandt wird.

Immer wieder wurde und wird betont, dass der starke Gemeinschaftssinn die russische Gesellschaft (*obščestvo*) zu etwas Besonderem, ganz Eigenem, sogar Einzigartigem mache.[10] Pawel Florenskij, Naturforscher und Philosoph, hat mit Bezugnahme auf diesen hoch entwickelten Gemeinschaftssinn die russische Kultur insgesamt auf das Prinzip der *Synthetisierung* zurückgeführt, die Fähigkeit also, alles mit allem zu verbinden, das Eigene aus dem Fremden zu erschaffen und mehr als dies – sich selbst, durch liebende Vereinnahmung, als synthetische Weltkultur zu etablieren: „Wir versammeln uns zur Familie, zum Geschlecht, zum Volk usf. bis zur gesamten Menschheit, und so schließen wir die ganze Welt (*ves' mir*) in der Einheit der Humanität zusammen." Die künftige Weltkultur wird nach Florenskij (der sich auf Dostojewskij beruft) „allmenschlich" sein, wenn sie die russische Kultur zu ihrer Grundlage macht.[11]

An Florenskij und andere russische Gemeinschaftsdenker schließt eine postsowjetische philosophische Bewegung an, die seit 1994 unter dem Titel „*Wetsche*" (*veče*, Bezeichnung der altrussischen Volksversammlung, 10. bis frühes 16. Jahrhundert) an der Petersburger Universität einen „Almanach für russische Philosophie und Kultur" herausgibt und dies wie folgt begründet: „Eigentlich entspricht das Wetsche seinem Wesen nach der Gemeinschaftsstruktur des russischen Geistes, des russischen Selbstbewusstseins. Unsere ganze

Geistigkeit ist durchwirkt vom Wetsche-Prinzip. Wir leben in einer Atmosphäre des Polyphonismus, der leidenschaftlichen Wahrheitssuche. Jede einzelne Stimme, jede einzelne Meinung ist hier von Gewicht."[12] Dass ein solches Denken noch heute – heute wieder – zum Durchbruch kommen und sich auf Universitätsebene etablieren kann, ist als Faktum bemerkenswert, auch wenn es weder philosophisch noch politisch von irgendeinem Belang ist.

4

„Unser Kollektivismus besteht darin", so lautete das Fazit einer prominenten Gesprächsrunde im russischen „Klub Diskurs" (2001), „dass es für uns bequemer, angenehmer und vorteilhafter ist, nach dem kollektivistischen Modell zu handeln, und deshalb motiviert es uns auch. Damit aber das vorhandene Motivationspotenzial in Handlung umgesetzt werden kann, braucht es die Präsenz sozialnormativer Strukturen, welche dieser Umsetzung nachhilft. [...] Wenn Kollektivismus die Neigung des Menschen bedeutet, sich in ein Kollektiv einzufügen und aktiv für es zu ‚arbeiten', so bedeutet Gemeinschaftlichkeit das Vermögen, den Zielen eines komplexeren Ganzen dienstbar zu sein, das aus mehreren oder gar vielen gesellschaftlichen Gruppen und Strukturen besteht, die hinreichend stark mit einander verbunden oder sogar vernetzt sind. [...] Obwohl die Bauerngemeinde, wie wir sie im 19. Jahrhundert kannten, inzwischen zerfallen ist, existieren gemeindeähnliche Strukturen in der Gesellschaft (in unterschiedlichen Sphären und in unterschiedlicher Weise) auch heute noch."[13]

Tatsächlich hat das Sowjetsystem als allgegenwärtiger, alles bestimmender Staats- und Parteiapparat nach der Wende von 1989/1991 einem neuen „Patriotismus der Bauernhütte und des Hausgartens" (*patriotizm izby i ogoroda*) Platz gemacht, der wie in vorindustriellen Zeiten auf Selbstversorgung und gegenseitiger Hilfestellung, auf Tauschhandel und Schwarzarbeit beruht und der recht verlässlich, obzwar auf äußerst bescheidenem Niveau nicht nur zu „funktionieren" (russ. *rabotat*) scheint, sondern eben auch althergebrachte *soziale* Qualitäten gemeinsamen Tuns und Lassens im engsten Familien- und Freundeskreis verstärkt wieder aufleben lässt.

Dadurch gewinnt im übrigen – was bei wirtschaftlicher Krise oder politischer Repression in Russland schon immer der Fall war und was schon immer durch die landschaftsräumliche Weite zusätzlich gefördert wurde – die Privatsphäre, vorab die familiäre Wohnsituation, erhöhte Bedeutung.

So sehr dem russischen Menschen die unabsehbaren „Räume" seiner Heimat „vertraut" (gewesen) sein mögen, stets hielten sie doch auch das Verlangen nach einer kleinen, überschaubaren, in sich geschlossenen Eigenwelt wach, ein Verlangen, das nicht zuletzt im sprachlichen Weltbild Russlands seinen spezifischen Ausdruck findet. Gegenüber dem existentiellen, als schicksalhaft empfundenen Gefühl der Nichtzugehörigkeit und des Umgetriebenseins, von dem schon die Rede war, gibt es ein starkes Bedürfnis nach Geborgenheit und Gemütlichkeit, das in der Engnis und Wärme des privaten, wenn auch noch so schlichten Interieurs seine restlose Erfüllung finden kann. Der Russe befindet sich diesbezüglich in einem ständigen Zwiespalt, der denn auch in allen Textsorten – vom Sprichwort bis zum Gedicht, vom Volkslied bis zum sozialphilosophischen Traktat – vielfach dokumentiert ist.

Dieses eher bürgerliche denn bäuerliche Bedürfnis ist exemplarisch ausgeprägt in der fülligen Gestalt Oblomows aus Iwan Gontscharows schon mehrfach erwähntem gleichnamigem Roman. Oblomow liebt seinen Krähwinkel Oblomowka, mit dem er auch dem Namen nach gleichsam verschmolzen ist; Engnis und Weiträumigkeit sind ihm gleichermaßen zuwider, Ortswechsel und Veränderungen jeder Art sucht er ebenso zu vermeiden wie Streitigkeiten und anstrengende Gespräche, der aktiven, nach außen gerichteten Bewegung zieht er den Stillstand, der Arbeit die Ruhe, der wachen Aufmerksamkeit den Tagtraum und den Schlaf vor. Anton Tschechow hat den unersättlichen russischen Raumhunger, der sich „die ganze Welt" als Heimat einverleiben möchte, des öftern beobachtet und auch immer wieder beschrieben; und es ist ihm nicht entgangen, dass dieser imperiale Enthusiasmus zumeist relativiert oder gar aufgehoben wird durch das gleichermaßen ausgeprägte Bedürfnis nach „Häuslichkeit" (*domovitost*), „Geborgenheit" (*ujutnost*) und „Festigkeit" (*pročnost*).[14]

5

Der Größe und Leere der natürlichen Außenwelt (*prostory; volja*) wird ein Privatissimum entgegengesetzt, für das im Russischen die Begriffe *ujut* (bergende Behausung, auch schützende Atmosphäre, häusliche Ruhe, kurz: Geborgenheit) und *prijut* (Obdach, Zuflucht, Unterstand, Schutzraum o. ä.) zur Verfügung stehen, beide hergeleitet vom Verb *jutit'sja* (eng zusammenrücken, sich um etwas gruppieren), beide wiederum nicht adäquat zu übersetzen. *Ujut* (heute zunehmend durch das Fremdwort *komfort* ersetzt) wie auch *prijut* evozieren zumeist kleine, enge, dennoch gemeinschaftliche und durchweg positiv besetzte räumliche Verhältnisse und verbinden sich oft mit den intimisierenden Verkleinerungsformen zu „Welt" (*ujutnyj* – veraltet: *ukromnyj* – *mirok*) oder „Ecke", „Winkel", „Nische" (*ujutnyj ugolok*).[15]

Im Unterschied zu *ujut* – in der Regel ein Innenraum – kann *prijut* (Synonym: *pribežišče*, Zufluchtsort) auch einen geschützten, abgelegenen, weltabgewandten, oft idyllisch verklärten engen Raum in der weiten Natur bezeichnen, und vorzugsweise ist ein solcher Ort in einem verborgenen Tal gelegen, in einer Senke mit einem Teich, in einem lichten Hain – es ist der Ort, den die russische Romanze von Rimskij-Korsakow bis Rachmaninow und Prokofjew privilegiert und den man wiederfindet in der weltflüchtigen russischen Landschaftsmalerei des späten 19. Jahrhunderts, etwa bei Lewitan, Mussatow, Nesterow, Polenow. *Prijut* ist eine geschützte, allseits überschaubare Oase (*ugolok prirody*), die gleichsam „auf der Hand liegt" (*ležit na ladoni*) inmitten einer Welt, die durch ihre ungeheuere, genauer: ihre nicht geheuere Ausdehnung ebenso erschreckend wirkt wie durch die häufigen Regen-, Schnee- oder Sandstürme, von denen der bergende Raum bedroht ist, denen er aber auch, eben deshalb, seine besondere Behaglichkeit verdankt.[16]

Exemplarisch hat der Maler Isaak Lewitan diesen Sachverhalt in einem oft reproduzierten Bildwerk mit dem Titel „*Über der ewigen Ruhe*" (1894; siehe Abb. S. 347) festgehalten: Vor der gewaltigen Kulisse einer in kaltes Licht getauchten Flusslandschaft, die von einer hochgetürmten Wolkenarchitektur überwölbt ist, steht einsam auf weiter Flur, an den untern Bildrand gerückt und von einer Baumgruppe abgeschirmt, eine kleine Holzkirche, auf deren Schattenseite ein winziges erleuchtetes Fenster zu sehen ist – der einzige Lichtpunkt, der über der alles umgreifenden Friedhofsruhe strahlt; es ist dieser Lichtpunkt, der

Das Dorf als „kleine Heimat" – *oben* Konstantin Korowin, *Dorf im Norden Russlands* (Gemälde, 1880er Jahre); *unten* Fjodor Wassiljew, *Auf dem Land* (Gemälde, 1869).

Zuflucht und Behaglichkeit verspricht, während er gleichzeitig und um so stärker die Kälte des feindlichen Raums hervortreten lässt, dessen gekrümmter Horizont seine globale Dimension veranschaulicht.

Die „kleine Heimat" (*malaja rodina* oder auch – zärtlich, poetisch – *storonuška rodnaja*) steht für die lokale beziehungsweise regionale Welt, in der man sich unter seinesgleichen fühlen und sich zwanglos integrieren kann. Mit dem „eigenen Winkel" (*svoj ugol*) ist im Russischen außer den eigenen vier Wänden (Haus, Wohnung) auch die eigene über-

Dörflicher „*Auslauf*" (anonyme Photographien aus Nordrussland, um 1900).

schaubare, berechenbare Alltagswelt (*byt*) mit Familie, Freundeskreis, privaten und gemeinschaftlichen Ritualen gemeint. Der „eigene Winkel", säkulares Pendant zur „schönen Ecke" (*krasnyj ugol*) des orthodoxen Haushalts, steht für „Gemütlichkeit" (*ujutnost'*) und „Geborgenheit" (*ukromnost'*) und verbindet sich gewöhnlich mit der Vorstellung von Wärme, die wiederum als Gegensatz empfunden wird zur Kälte der großen weiten Außenwelt, aber auch – im gängigen russischen Empfinden – zur Freiheit, die jene kalte Außenwelt zu bieten hat.

5

Von daher verstehen sich manche Zeugnisse russischer Kerker- und Lagerhäftlinge – von Dostojewskij über Wera Figner bis hin zu Schalamow und Solshenizyn –, die in der Haft, oft unter horrenden Lebensbedingungen, ihre „Freiheit" entdecken und sich gleichzeitig der Freiheit *draußen* entfremden, sie gering schätzen, wenn nicht gar verachten. Die Situation des Gefangenen ist generell zu umschreiben als eine Ausnahmesituation, in der der Raum auf ein Minimum reduziert ist, während die Zeit sich endlos hinzuziehen scheint und für ausgedehnte Selbsterkundigungen – Reisen nach innen – beliebig verfügbar bleibt.

Was von westlichen Intellektuellen wohl mit größter Frustration als Langeweile erfahren würde, haben auffallend viele russische Autoren dazu genutzt, sich einen geistigen Freiraum zu schaffen, dessen Expansion die Kerkermauern nicht zu beeinträchtigen vermochten. Ein extremes, wohl einzigartiges Beispiel dafür bietet der Dichterphilosoph und Forschungsreisende Gawriila Batenkow, der ab 1825 – nach dem missglückten Aufstand der Dekabristen, zu deren Sympathisanten er gehörte – genau 21 Jahre, 1 Monat und 18 Tage in Kerkerhaft verbrachte, einen Großteil davon in verdunkelter Einzelzelle und ohne jeglichen Kontakt mit der Außenwelt oder auch bloß mit seinen Mitgefangenen.

Ungewöhnlich an diesem Fall ist die Tatsache, dass Batenkow die Verurteilung nicht als persönliche Katastrophe, vielmehr als Chance wahrgenommen und die Einzelhaft *freiwillig* angetreten hat – seine Beteiligung an der Dekabristenbewegung war viel zu ephemer, als dass ein derart strenges Regime für derart lange Zeit gerechtfertigt gewesen sein könnte. Batenkow hat die lebensbedrohende Einkerkerung auch keineswegs als Buße für sein politisches Fehlverhalten begreifen wollen, sondern als äußere Voraussetzung für eine schier endlose Reise nach innen. Die räumliche „Weite" und „Freiheit" Russlands, die er von seinen Forschungsreisen kannte, kam ihm durchaus irrelevant vor im Vergleich zu der inneren Freiheit, die er *dank* äußerster Unfreiheit zu erringen hoffte. Der bergende höhlenartige Raum der dunklen Festungszelle wurde für ihn zum neuen Freiraum und scheint ihm auch tatsächlich eine neue, ganz andere, ganz verinnerlichte Freiheit eröffnet zu haben: „Welch großartiger Raum! Raum des Denkens und einzig für das Denken auch zugänglich."[17]

Was wie ein wahnwitziges Experiment aussieht, war für Batenkow das eigentliche, einzig wahre Leben, ausagiert auf wenigen Quadratmetern, ohne jeden Sozialkontakt, bei immer gleicher karger Ernährung, protokolliert auf unzähligen Blättern, deren weißes Rechteck zugleich seinen Kerker und seinen Freiraum darstellte. Das Verlies, in dem er einen Großteil seines Lebens zu fristen hatte, war für ihn – kühne Metapher! – „ein steinerner Sack", in dem er wie in einer Wiege, wie in einem Sarg „schaukelte", über das sich sein „stolzer Geist" jedoch erhob, „freier als ein Vogel, | Der seinen Flug zum Himmel lenkt".[18]

Dass Batenkow mit seiner ungewöhnlichen Kerkererfahrung und deren ebenso ungewöhnlicher – positiver – Einschätzung in der russischen Literaturszene keineswegs allein dasteht, ist belegt durch ein viel später entstandenes Kerkergedicht von Aleksandr Bogdanow, der jede Inhaftierung im späten Zarenreich für eine Auszeichnung hält, die nur durch „Ehrenhaftigkeit" zu erwerben sei. Auch bei Bogdanow wird der Kerker gleichsam zur moralischen Anstalt und zum Weltmodell: „Von der Tür zum Fenster | Bloß sieben Schritte. | Von der Tür bis zum Fenster | Ist im Stein ein Weglein ausgeschritten – | Die Tretspur der Kämpfer. | Um diesen Weg zu betreten, | Muss einer ehrenhaft sein. | Muss durch Dörfer und Fabriken | Russland durchwandert haben. | Um diesen Pfad | Als kühner Kämpfer abzuschreiten, | Muss einer dem Volk ergeben sein, | Ergeben bis zum Letzten. | Eine ganze Welt erschließt mein [Kerker-]Pfad ... | Und eine ganze Welt – mein Fensterlein ... | Ich aber weiß – schon bald | Werden wir allein auf diesem Weg | Weltweit alle Schranken | Der Sklaverei zerschmettern ..."[19]

Und noch ein Beispiel für dieses paradoxale russische Freiheitskonzept. Der hier schon mehrfach angeführte Philosoph Nikolaj Berdjajew, der lebenslang nicht nur über das Handwerk der Freiheit nachgedacht, sondern es auch konsequent praktiziert hat, geht in seiner intellektuellen Autobiographie („*Selbsterkenntnis*", 1949) so weit, seine politisch bedingte Gefangenschaft – er war 1898 für ein paar Wochen in Kijew inhaftiert, bevor er für drei Jahre verbannt wurde – als einen geradezu „ekstatischen" Höhepunkt zu feiern: mit jener ersten Gefangenschaft, in der er sich „immer beschwingt", „in kämpferischer Stimmung", ja „sehr wohl gefühlt" habe, konkretisierte sich auch sein Freiheits- und Gemeinschaftsgefühl, sie verhalf ihm dazu, seine Niedergeschlagenheit in „Siegerstimmung" umzuwandeln, und befreite ihn definitiv zum Schreiben. In den langen Jahren seines erzwungenen Exils in Deutschland und Frankreich hat Berdjajew, als einflussreicher Publizist und international anerkannter Vertreter seines Fachs, niemals wieder eine vergleichbare Freiheitseuphorie erlebt.[20]

Noch 1966 konnte in solchem Verständnis Andrej Sinjawskij in einem Brief aus dem Straflager unverblümt festhalten: „Würde ich in Freiheit (*na vole*) leben, ich würde mich quälen. Doch hier [im Lager] ist mir warm (*mne teplo*) und es zieht nicht. Ich hab mich gut eingerichtet [in der Zelle] und hab keine Eile. Für einen Sträfling ist das Leben bequemer. Man muss nirgendwohin gehen, muss nichts entscheiden. Und es gibt nichts, wonach zu streben wäre. Vor allem nicht – nach Freiheit."[21] In diesen wenigen Zeilen wird nicht bloß ein indivuelles Lebensgefühl, sondern eine kollektive Lebenshaltung auf den Punkt gebracht.

Aus westlicher – „aufgeklärter", „bürgerlicher", „liberaler" – Sicht ist Sinjawskijs bekenntnishafte Aussage ein Skandal. Kaum irgendwo in Europa wäre wohl ein Gefangener ausfindig zu machen, der die Gefangenschaft so vorbehaltlos der Freiheit vorziehen würde. Umgekehrt würde der Europäer dem Russen vermutlich Eskapismus vorwerfen, Furcht vor der Übernahme persönlicher Verantwortung, Unfähigkeit zu eigener Initiative, Entscheidungsangst. Im übrigen geht Sinjawskij so weit, als generelles Charakteristikum russischer Wohnarchitektur deren Mangel an „Konstruiertheit" und Funktionalität hervorzuheben, mit der Begründung, den Russen sei es nie primär um das „Bauen", sondern um das „Bergen" gegangen, also nicht um die Struktur, sondern um das Dekor architektonischer Räume.[22]

An anderer Stelle hat Sinjawskij „das Haus" – generell verstanden als private Lebenswelt – mit unvergleichlicher Prägnanz in der Art eines zugleich intimen und kosmischen

Der Kerker als Freiheitsraum – oben Nikolaj Jaroschenko, *Der Gefangene* (Gemälde, 1878); *unten* Ein zum Tod verurteilter Sozialrevolutionär verweigert dem Popen, der ihn zur letzten Beichte einlädt, seinen Respekt (Gemälde von Ilja Repin, 1879-1885).

Weltinnenraums beschrieben. Wärme und Gemeinschaft, Geborgenheit und Konzentration finden hier gleichsam naturgewollt zusammen: „Zum Märchen passt es, dass man es nicht unter freiem Himmel erzählt, sondern im Haus, im engen Kreis, in der Ofennische, beim Herd, an der warmen Seite der Hausfrau, die derweil zu dessen Unterstützung das endlose Garn spinnt, in Eintracht mit dem Katzenjungen, das den rastlosen Knäuel am Boden rollt, neben der ins Dösen versunkenen Katze an einem späten Abend, zur Winter- oder Herbstzeit, wenn der Geruch des Hauses besonders deutlich wahrnehmbar und eindringlich ist, der Geruch des vertrauten Schaffells, und all dies im Verein mit der Dunkelheit, dem Unwetter, das die Kibitka [Nomadenbehausung] bedrängt. Es ist dies nicht bloß die übliche vorteilhafte Atmosphäre des Märchens und seiner Darbietung, sondern das seinen inneren Saiten entsprechende, dem Text sich einprägende Interieur, das mit langen Reisen versponnene und unterwegs vorausgedachte Nest, von dem her und auf das zu und zu dessen Ruhm das Märchen sich auf Wanderung begibt. Das Haus ist die Kehrseite, ist der lokalisierte Pol der Reise, zu dem diese in aller Regel hinführt: je weiter der Weg, desto liebenswerter das Haus."[23]

6

Einen schützenden Raum dieser Art wird sich jeder Unbehauste als „eigene Welt" oder auch bloß als schützende Nische wünschen, während der darin Geborene und ansässig Gewordene irgendwann den Ausbruch wagen, „„das Weite suchen", anderswo sich niederlassen oder auch, später, zurückkehren möchte. „Wiewohl er zu Hause still und zwistlos lebte" heißt es in einem Vaganten-Poem („*Der Landstreicher*", 1846–1850) von Iwan Aksakow zur Charakterisierung des russischen Menschen, „War doch alles nicht nach seinem Sinn, nicht weiträumig (*prostorno*) genug, | Und hinterm Dorf, wohin der Blick auch geht, | Welch eine Ferne, was für ein freier Raum ..."[24]

Nikolaj Gogol hat diesen Sachverhalt an einer abgelegenen Stelle seines Werks beispielhaft in Worte gefasst, als er „unser Russland", das so ungeheuer weit sei an Raum und auch an Zeit, mit dem Haus aller Russen gleichsetzte: „Dies ist unser Russland; uns ist darin behaglich und warm, und wir sind hier tatsächlich bei uns zu Hause, unter unserem eigenen heimatlichen Dach, und nicht in der Fremde." Doch kraft seiner Ausdehnung ist Russland stets Heimat und Fremde zugleich, nie ganz auszumessen, nie – als Heimat – gänzlich anzueignen, und eben deshalb, meint Gogol, habe sich in Russland als authentischer Ausdruck heimatlicher Treue wie auch unheilbaren Fernwehs das Volkslied herausgebildet, mit seinem Hang zu „grenzenloser Ausschweifung" (*bezgraničnyj razgul*), seinem Bestreben, „zusammen mit den Tönen irgendwohin abzuheben".[25]

Die Bewegung hin zur Bleibe, die Bewegung weg von der Bleibe entsprechen gleichermaßen dem russischen Wandertrieb, der bekanntlich oft auf einen „asiatischen" (nomadischen) Drang zurückgeführt wird, sich vom Nomadentum jedoch dadurch klar unterscheidet, dass der russische „Herumtreiber" in aller Regel zwischen verorteten Stationen (Haus und Haus, Dorf und Dorf, Kloster und Kloster) unterwegs ist, sein Heim also nicht – wie der Nomade sein Zelt – mit sich trägt. In seiner umfangreichen Autobiographie beschreibt Wladimir Korolenko in nur zwei Sätzen, wie er erstmals in seinem Leben – noch als Kind und in Begleitung seiner Mutter – den heimatlichen Weiler verlässt: „Die Brücke entschwand, es entschwanden nach hinten auch die Föhren von Wrangelewka, die letzten Begrenzungen jener kleinen Welt (*mirok*), in der ich bis dahin gelebt hatte. Vor mir tat sich, unbekannt und verlockend, der freie Raum (*prostor*) auf."

Doch sehr bald schon wird der enthusiastische Zug ins Offene relativiert durch die Rückbesinnung auf das vergangene, das verlassene Haus der Kindheit, und schon beginnt „von dort hinten, wo diese trübe Vergangenheit geblieben war, gleichsam dieser Straße entlang etwas sich nach mir auszustrecken, etwas dumpf Gewesenes neckt, kost und lockt mich durch seine Erinnerungen ..."[26] Damit ist die bei russischen Menschen so oft zu beobachtende Ambivalenz zwischen Sesshaftigkeit und Unbehaustheit, zwischen Fortgehen und Heimkehr, zwischen Haus und Weg beispielhaft in Worte gefasst. Und beispielhaft ins Bild gesetzt findet sich dieses Phänomen bei Fjodor Wassiljew, einem realistischen Landschaftsmaler, der eine bäuerliche Hütte in ansonsten völlig einsamer, endlos weiter Landschaft wie eine Arche auf den verwischten Horizont setzt – die Erde scheint sich verflüssigt zu haben, Unten und Oben verfließen ineinander, das schlichte Holzgehäus ist ohne festen Grund, wird als Spielball der Elemente in unbekannte Richtung fortgetragen und behält doch seine Qualität als bergender Raum.

Eine aufschlussreiche Ergänzung dazu liefert in seinen Erinnerungen der Kulturhistoriker Fjodor Stepun, der auf seinen ausgedehnten Eisenbahnfahrten im späten 19. Jahrhundert beobachten konnte, dass die russischen Mitreisenden die Waggons nicht eigentlich als Fahrzeuge, vielmehr als fahrbare Häuser oder Gemeinschaftsräume begriffen haben, in denen man sich gleichzeitig fortbewegen und wohnlich einrichten kann. Auch dies lässt auf ein nomadisches Grundbedürfnis schließen und erinnert außerdem daran, dass das russische (ursprünglich tatarische) Wort für einen leichten Reisewagen, *kibitka*, auch zur Bezeichnung eines Nomadenzelts verwendet werden kann.

„Wenn ich an meine Fahrten durch Russland zurückdenke", schreibt Stepun, „erinnere ich mich vor allem der russischen Eisenbahnwagen. Der Rhythmus ihrer rollenden Räder und die in ihnen herrschende Stimmung waren ganz anders als Rhythmus und Stimmung der Eisenbahnwagen im westlichen Europa. Einer der zeitgenössischen russischen Religionsphilosophen hat den Gedanken ausgesprochen, dass die russische Seele einen festgegründeten Hausstand wenig schätze, da sie jegliche Behausung in diesem Leben nur als Station auf dem Wege zum Jenseits empfinde. Dieser freilich nur zum Teil richtige Gedanke steht keineswegs im Widerspruch zu der Tatsache, dass sich in jedem russischen Fernzug sofort ein gemütliches häusliches Leben einrichtete: wenn jedes Haus nur eine Station ist, warum sollte da ein Eisenbahnwagen nicht auch ein richtiges Haus sein?"[27]

Dass nochmals hundert Jahre später, schon nach dem Zusammenbruch der UdSSR, dieses Reiseverhalten weiterhin so gut wie unverändert beobachtet und dokumentiert werden kann, bestätigt zumindest in Bezug auf die russische Haus- und Reisekultur eine bemerkenswerte Mentalitätskonstante.[28] – Beim sowjetischen Dorf- und Genreschriftsteller Wladimir Solouchin dominiert dann wieder der Wandertrieb, der wohl auch hier, in der poststalinistischen Stagnationszeit, als eine Form antigouvernementaler Opposition zu verstehen ist; bei Solouchin gibt es die Rückkehr nicht mehr – wer sich einmal auf den Weg gemacht hat, wird der unbehausten Existenzform des Nomaden verfallen, freilich der des *russischen* Nomaden, der doch, auch wenn er kein Heim mehr hat, *von Haus zu Haus* zieht: „Von einem Dorf gibt es einen Weg zu einem andern Dorf, und von dort zu einem dritten ... Bricht die Nacht an – dann nächtige. Klopf bei der letzten Hütte an und nächtige. Bricht der Morgen an – geh weiter."[29]

Das Heim in der Schwebe – *oben* Fjodor Wassiljew, *Scheune in der Steppe* (Zeichnung, 1869/1871); *unten* Gennadij Sotnikow, *Dorfstraße* (Aquarell, 1963).

7

Man kann den Antagonismus zwischen weiträumiger Außenwelt und kleinräumiger Innenwelt als einen ständigen Wechselbezug von „Freiraum" (*volja*) und „Ruheraum" (*pokoj*) begreifen, der sich daraus ergibt, dass der Mensch – und mit „Mensch" sei hier der *Russe* gemeint – die große Freiheit sucht, um sich irgendwo in der unabsehbaren Weite einen Ort zu erwandern, an dem er als „trauten Winkel" für sich und die Seinen ein Heim errichten kann, ein geschlossenes „Weltchen" in der bedrohlich-offenen Welt, die viel zu viel Raum umgreift und gleichwohl keinen Platz für *mich* und *dich*, für *mein* und *dein* bereithält.

Der populäre Märchendichter Pjotr Jerschow hat diesen Sachverhalt in seiner Verserzählung vom „*Bucklichten Pferdchen*" (1834) wie folgt umschrieben: „Hinter Bergen, hinter Wäldern, | Hinter all den weiten Meeren, | Dem Himmel gegenüber – auf der Erde (*protiv neba – na zemle*) | Lebte einst in einem Dorf (*v odnom sele*) ein Greis."[30] Das Dorf bildet hier offenkundig als miniaturisiertes Universum eine private Gegenwelt – Zuflucht und Schutzraum – irgendwo auf der weiten Erde und unter einem mächtigen Himmel. Nur wo er bei sich *zu Hause* und aufgehoben ist, entgeht der Mensch der großen Leere des Außen, die ihm unabwendbar seine Nichtigkeit bewusst macht. Sergej Jessenin, der Sowjetpoet vom Dorf, in dessen Werk Fernweh und Heimweh, Zukunftshoffnung und Vergangenheitssehnsucht auf tragische Weise mit einander verquickt sind, hat dies für sich und seinesgleichen mehrfach festgestellt – in Russland wird jeder, der sein heimisches Dorf verlässt, unweigerlich zu einem abtrünnigen „Herumtreiber", der sich an seinen Nächsten ebenso wie an der Heimat schuldig macht.[31]

Ein Dorf, eine kleinere Siedlung kann, genau so wie das einzelne Haus oder auch ein geschützter Winkel (etwa ein Garten) in der freien Natur, als vertrauter, von der Außenwelt abgesetzter Raum erfahren werden, wobei dieser Raum in aller Regel die *eigene* von der „fremden" Welt trennt. Das kann auch innerhalb eines größeren Gebäude- beziehungsweise Wohnkomplexes der Fall sein, kann gelten, zum Beispiel, für ein Turmzimmer, eine Veranda in einem gutsherrlichen Landhaus oder für ein nach *eigenem* Geschmack und für *eigene* Bedürfnisse eingerichteten *Einzelzimmer* in einer städtischen Wohngemeinschaft. Zwischen Bauernhütte und Stadtpalast gibt es mancherlei Behausungen, die mit unterschiedlicher Intensität Behaglichkeit, Verinnerlichung, soziale Wärme sowie Schutz des Eigenen vor dem Fremden, der Ruhe vor dem Sturm gewähren, Wohnstätten, die als mehr oder minder verlässliche, mehr oder minder intime Enklaven eingelassen sind in eine allzu weitläufige Außenwelt, die Himmel und Erde fast ununterscheidbar zusammenschließt.

Dass im Russischen die Bezeichnung der Kirche, des Gotteshauses (*chram*) identisch ist mit derjenigen für die einfache bäuerliche Behausung (*chorom*), macht deutlich, welch zentrale Bergungsfunktion dem sakralen wie dem privaten Innenraum zukommt angesichts der als unerschließbar und grenzenlos empfundenen Außenwelt. „Und erinnere dich: das Leben ist ein *Haus*. Und ein Haus muss warm, behaglich und rund sein. Bemühe dich um dein ‚rundes Haus', und Gott wird dich nicht allein lassen in den Himmeln. Er wird das Vögelchen nicht vergessen, das sein *Nest* flicht." Mit diesen Worten – sie stehen am Schluss der *„Apokalypse unserer Zeit"* (1918) – hat der sterbende Wassilij Rosanow, angesichts des Weltkriegsdebakels und der Revolutionswirren, der russischen „Jugend" Trost zuzusprechen, Mut zu machen versucht.[32]

Knapp und klar wird hier vergegenwärtigt, was im Russischen mit *ujut* und *prijut* gemeint ist. Deutlich wird auch die Ambivalenz zwischen Kultur (Haus) und Natur (Nest), die der russischen Vorstellung von Heim und Heimat innewohnt. Im Haus sollte, nach Rosanow, das angeblich typisch russische Bedürfnis nach Harmonie und Versöhnung fundiert sein, das Haus sollte den Zusammenbruch der Nation, die zentrifugale Zersetzung ihrer Lebens- und Geisteswelt verhindern – die Umwertung überlieferter Wertvorstellungen, die „Dekadenz" der künstlerischen Kultur, die Deregulierung der gesellschaftlichen Ordnung. Und auch seine eigene Neigung zur Formlosigkeit und Unordentlichkeit scheint Rosanow immer wieder im eigentlichen Wortsinn *domestiziert* zu haben, indem er dem Zug nach außen, ins Freie, ins Unversicherbare Einhalt gebot durch seine angestrengte, fast schon stubenhockerische Häuslichkeit, seine ständige Konzentration auf den Schoß der Frau, seinen Familiensinn, seine Sammelwut.

Kaum ein anderer russischer Autor hat so oft, so eindringlich und so vorbehaltlos die private Behaglichkeit als höchste Lebensqualität gefeiert wie Rosanow, und kaum einer hat so wortreich wie er das Schwanken des russischen „Hauses" bedauert und vor dessen Einsturz gewarnt. Bis zur Peinlichkeit konnte er, mit unentwegten Seitenhieben gegen politisch „engagierte" Intelligenzler und „dekadente" Literaten, für das plädieren, was er für notwendig hielt, weil es naturgemäß war – dass Männer Kinder zeugen, dass Frauen Kinder gebären, dass man sein Heim und sein Gärtchen „in Ordnung" hält: „Was tun? – fragte ein ungeduldiger Petersburger Jüngling. – Wie was tun: wenn es *Sommer* ist – Beeren rüsten und Konfitüre kochen; wenn *Winter* – zur Konfitüre Tee trinken."[33]

Das Kleinbürgeridyll trügt. Rosanow selbst, ein bekennender Provinzler, hat seine Heimat gut genug gekannt, um zu wissen: „Ein totes Land, ein totes Land, ein totes Land. Alles unbeweglich, und nicht ein Gedanke, der sich einimpfen lässt." Und auch er war, wie so viele Russen, ein zwanghaft Umgetriebener, der eigentlich nichts haben, nichts erreichen, nur *sein* wollte, der sich aber unablässig hinreißen und verführen ließ: „Ich gehe. Gehe. Gehe. Gehe ... – Und wo mein Weg endet, weiß ich nicht."[34]

Übrigens lässt Rosanows „rundes Haus" nicht nur an ein Vogel- oder Familiennest denken, es evoziert auch, zumindest als Interieur, die *Höhle* des Bären und verweist somit auf ein Tier, dem in Bezug auf Russland und das Russentum bekanntlich ein hoher Symbolwert zukommt. Weit mehr als der Hund oder die Katze beherrscht der Bär, obwohl er kein Haustier ist, die traditionelle russische Vorstellungswelt; er gilt als durch und durch positive Verkörperung des russischen Charakters, man spricht ihm eine Seele und diverse menschliche Eigenschaften zu, liebevoll wird er mit dem populären männlichen Vornamen Michail bezeichnet (meist als „Mischa", aber auch als „Michail Iwanowitsch" u. ä.), und häufig assoziiert man ihn – wegen seiner rundlichen Körperform, seiner bräunlichen Farbe, seiner Schwerfälligkeit – mit der Erde. Dass der Bär heute, im frühen 21. Jahrhundert, wieder als Wappentier einer russischen Volkspartei („Einheit") fungiert, bestätigt und verstärkt seinen Rang als nationale Identifikationsfigur im allgemeinen Bewusstsein. Der Bär scheint, wie manchen Märchen und Volksliedern zu entnehmen ist, eine Reihe von Eigenarten und Gewohnheiten zu haben, die mit dem „Nationalcharakter" der Russen korrespondieren. In ihm verbinden sich Trägheit und Kraft; die Höhle, in die er sich winters zurückzieht, hat eben jene Qualitäten von Behaglichkeit (rund, eng, warm u. ä.), die sich der Russe für seine eigene Wohnstatt vorstellt und wünscht, und die Tatsache, dass er als „Honigfresser" (russ. *medved*) von fremder Arbeit und Ingeniosität – nämlich der der Bienen – profitiert, ist auch schon in Analogie zur vielfach behaupteten russischen Nachahmungs- und Aneignungssucht gesehen worden.³⁵

8

Dem „Haus" als Weltmodell, als religiösem, sozialem, politischem Symbol entspricht – nicht nur in der russischen Kultur – eine lange Reihe realer Gebäudetypen, die von der Bauernhütte über diverse städtische Wohn- und Repräsentationsbauten bis zur Fabrik, zur Kathedrale reicht. Im vorliegenden Zusammenhang geht es um die funktional-symbolische Wechselbeziehung zwischen Heim und Heimat einerseits, zwischen Haus und Weg andererseits, aber auch darum, diesen Bezug unter spezifisch russischen – geographischen, historischen, gesellschaftlichen – Bedingungen zu veranschaulichen und zu dokumentieren.

Auch hier soll also versucht werden, das herauszuarbeiten, was für Russland als typisch zu gelten hat, sich mithin von westeuropäischen (oder asiatischen) Gegebenheiten signifi-

Die russische Bauernhütte (1) – *links* Traditionale russische Wohnstätten (Südsibirien); *rechts* Blockbauweise, Verfugung der Außenwände in sieben Varianten (zeitgenössische Konstruktionsskizzen).

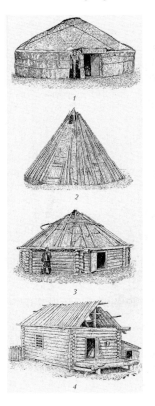
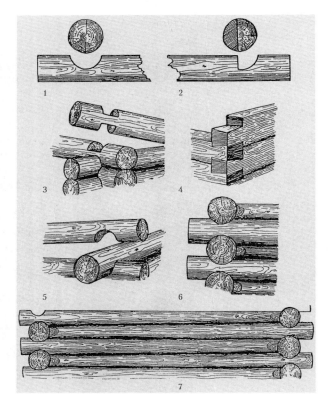

Oben Russisches Bauerndorf zur Zeit der Kollektivierung – Wassilij Roshdestwenskij, *Dorf im Norden* (1930er Jahre); *unten* Nordrussische Bauernsiedlung (Gemälde von Aleksandr Grizaj, *Frühjahr im Norden,* 1986)

Das sowjetische Dorf – Hütten, Wege, Zäune, Brücken wie im 18./19. Jahrhundert. – *oben/unten* Das Sowjetdorf um 1990 (zeitgenössische Photographien).

kant unterscheidet. Solche Unterschiede sind naturgemäß dort am geringsten, wo die westlichen (oder andere) Einflüsse am stärksten waren, so in der Palast- und Parkarchitektur, deren repräsentativer und exklusiver Charakter sie in der russischen Alltagswelt ohnehin sehr „fremd" oder „künstlich" erscheinen ließ, was im übrigen auch für die in Russland recht spärlichen Bürgerhäuser und Kaufmannsvillen gilt. Eine eigenständige Bautradition hat demgegenüber, abgesehen vom Sonderfall der Sakralarchitektur, lediglich die bäuerliche Behausung (Haus, Hof, Weiler), die sich funktional und strukturell, in der Außenansicht wie im Innenausbau während vieler Jahrhunderte, bei nur geringen regionalen Unterschieden, bis in die späte Sowjetzeit fast unverändert erhalten und der überwiegenden Bevölkerungsmehrheit Russlands als familiärer Lebensraum gedient hat.

Dieses durchaus primitive, auch in seinen spätesten Erscheinungsformen archaisch zu nennende Haus, von dem es in den west- und nordrussischen Regionen noch heute vereinzelte bewohnte Einheiten gibt, repräsentiert symbolhaft den nationalen Kosmos Russlands und gibt sich gleichzeitig als dessen Gegenentwurf zu erkennen. Dass der Boden des Hauses ursprünglich der Erde, das Dach dem Himmel, die Wände den Himmelsrichtungen entsprechen sollten, gilt gewiss nicht nur für das russische Haus; dass aber dessen Wände, vergegenwärtigt man sich das weite umliegende Flachland, auch dazu da sind, die unheimliche, vielleicht bedrohliche Leere zu strukturieren, in ihr ein kleines, geschlossenes, von Menschen und Gegenständen dicht gefülltes Eigen-Heim zu schaffen, ist leicht nachzuvollziehen.

Der Bau, die Einrichtung dieses Hauses widerspiegeln nicht nur die Außenwelt, sie dementieren sie auch. Das Haus wächst ja nicht aus dem Erdreich, ist nicht naturhaft vorgegeben, muss vielmehr errichtet werden in Abhängigkeit und Berücksichtigung seiner Umgebung, und es lässt folglich erkennen, welche Anschauung der Erbauer von der Außenwelt hat, wie diese auf ihn einwirkt, was sie ihm bedeutet, wie er sich zu ihr verhält. Insofern ist das Haus gleichermaßen Produkt seines Erbauers wie seiner Umgebung.

Heim und Heimat sind im russischen Selbstverständnis bis auf den heutigen Tag eng verbunden geblieben, obwohl – oder weil? – der Gegensatz zwischen beiden, hier die häusliche Engnis, dort die räumliche Weite, größer nicht sein könnte. Während gemäß einer neueren wissenschaftlichen Erhebung zur nationalen Kollektivsymbolik die russischen Umfrageteilnehmer beim Stichwort „Heimat" (*rodina*) gleich nach „Russland" mit großer Mehrheit „Haus" und danach „Familie" assoziieren, bleiben dieselben Begriffe beziehungsweise Vorstellungen in Deutschland ausgeblendet zugunsten abstrakter Termini wie „Patriotismus", „Nation", „Tradition" u. ä. m. Bei den Russen wiederum haben private (familiäre) Beziehungen und Befindlichkeiten wie „Eltern", „Liebe", „Freunde", „Mutter", „Geburtsort", allerdings auch „Patriotismus" deutlichen Vorrang. In weiter zurückliegenden Positionen folgen emotionale Qualitäten wie „Stolz" und „Nostalgie", wo bei den Deutschen etwa „Sprache", „Krieg" und, auf der letzten Position, „Geburtsland" genannt werden.

Beim Stichwort „Haus" (*dom*) steht in Russland wie in Deutschland „Familie" an erster Stelle, danach aber treten die Unterschiede mit solcher Schärfe hervor, dass man tatsächlich meinen könnte, die beiden Länder lägen auf verschiedenen Kontinenten und hätten ihrer Mentalität nach nichts miteinander zu schaffen: Die russischen Prioritäten „Behaglichkeit" (*ujut*), „Wärme", „Eltern", „Kinder" (in dieser Reihenfolge) werden auf deutscher Seite konterkariert durch „Sicherheit", „Eigentum", „Wohnen", „Geld".[36]

Das Ranking belegt jedenfalls aufs Eindrücklichste, dass das russische „Haus" – nach wie vor – eher als *Nest* oder *Höhle* empfunden wird denn als *Besitz* oder als *Vorzeigeobjekt*;

Die russische Bauernhütte (1) – *oben* Isba als kleiner Bauernhof (mit vierflächigem Dach, Gouvernement Orlow, 19. Jahrhundert); *unten* Nördlicher Haustyp (auf Pfählen errichtet, Gouvernement Olonez, Zeichnung 19. Jahrhundert).

eher als etwas *Naturhaftes* denn als *zivilisatorische* Errungenschaft. Das fortdauernde Bedürfnis nach dem intakten „häuslichen Herd" (*domašnij očag*) sollte aber nicht über dessen historisch und ideologisch bedingte Transformation hinwegtäuschen.

Am Beispiel der neueren russischen Literatur ist diese Transformation Schritt für Schritt zu verfolgen – bei Lew Tolstoj wird der „häusliche Herd" als harmonischer herrschaftsfreier Haushalt vorgeführt, bei Anton Tschechow, bei Iwan Bunin steht dessen moralischer Verfall im Vordergrund, Maksim Gorkij, der diesen Verfall gleichermaßen registriert, glaubt den „häuslichen Herd" retten zu können, indem er ihn zum Weltgebäude der Menschheitsfamilie erweitert, für Wladimir Nabokow wiederum, der seine letzten Lebensjahre bekanntlich in einer kleinen Hotelsuite verbracht hat, ist der „häusliche Herd" nur noch ein Erinnerungs- und Imaginationsraum, zu dem es keine reale Entspre-

Die russische Bauernhütte (2) – *oben* Russisches Dorf im späten Zarenreich – fragile Hütten, Zäune, Stege, verschlungene Trampelpfade (Gemälde von Wassilij Polenow, 1880er Jahre); *unten* Bäuerlicher Hof in Moskau (Gemälde von Wassilij Polenow, 1878).

chung mehr gibt, und bei Jewgenij Samjatin oder Andrej Platonow bleibt das Haus überhaupt (im doppelten Wortsinn:) unabgeschlossen – der „häusliche Herd" mitsamt seinen sozialen und mythischen Komponenten wird abgelöst durch inhumane Wohnmaschinen, die als Utopieentwürfe nicht zu verwirklichen, deshalb schon als Neubauten ruinös sind.

9

Der kulturelle Mythos des Hauses als kosmisches Modell beziehungsweise als räumlich strukturierte Emanation des Menschen ist natürlich kein spezifisch russischer Mythos, es gibt dazu – in verschiedenen Epochen und bei verschiedenen Völkern – eine Vielzahl von jeweils sehr ähnlichen Entsprechungen. Das Haus hat aber in der russischen Kultur eine besonders intensive symbolische Aufladung erfahren und ist als mythisches Gehäuse wie als mythischer Raum in hohem Maß geprägt durch die reale, während Jahrhunderten fast unveränderte Wohnsituation der bäuerlichen Bevölkerung, deren Lebensart und Lebensbedingungen das Haus gleichsam in sich aufnahm, die es aber auch, umgekehrt, im Innern (Haus-und-Herd) wie nach außen (Haus-und-Hof) materiell und funktional veranschaulichte.

Modellcharakter hat hier also nicht eigentlich das Haus, vielmehr die Hütte, die Kate, die sehr einfach gebaut, einförmig strukturiert und funktional wie symbolisch im Wesentlichen – ungeachtet epochaler und regionaler Unterschiede bei der Raumdisposition oder der Bautechnik und den -materialien – immer gleich angelegt ist. Selbst in den Städten, nicht zuletzt in Moskau gehörte die Hütte – neben Wohnhäusern, Palästen, Kirchen, Festungsbauten – noch um 1900 zum normalen architektonischen Inventar. Die Stadt behielt lange, trotz Industrialisierung und Modernisierung, ihren ländlichen, ja landwirtschaftlichen Habitus bei, sie war durchsetzt mit Feldern, Wiesen, Teichen, kleinen Wäldern, großen Gärten, Bauernhöfen. Bis zur gewaltsamen Kollektivierung der sowjetischen Landwirtschaft um 1930 wurden in Russland Bauernhütten nach alt hergebrachter Art in Holz gebaut; in der Provinz Twer z. B. lebten damals noch 54% der Bevölkerung in Hütten mit nur einem Wohnraum.

Bemerkenswert im Hinblick auf den geokulturellen Großraum Russlands ist die Tatsache, dass eben die Hütte als die schlichteste aller Wohnstätten mit den höchsten Symbolwerten befrachtet und zum Gegenstand unzähliger magischer beziehungsweise ritueller Praktiken werden konnte – die diesbezügliche Fachliteratur ist denn auch entsprechend umfangreich und vielfältig.[37] An dieser Stelle kann es nicht darum gehen, die in Einzelheiten sich unterscheidenden Hüttentypen vorzuführen. Das Interesse gilt ja keineswegs dem Haus als realer Wohnstatt, sondern dessen prototypischer Ausformung. Den Prototyp der russischen Bauernhütte (*izba; izbuška*) gibt es nur auf dem Papier, als Idee, als Modell, doch in ihm sind, ungeachtet aller Abweichungen im Einzelfall[38], die wesentlichen Charakteristika vereint und lassen sich gleichsam auf einen Blick erfassen.

Die gewöhnliche Blockbauhütte, die als Chassis einen einzigen Raum mit durchschnittlich 25 bis 30 Quadratmeter Bodenfläche (gestampfte Erde, fallweise Bretterbelag) umfasste, konnte von drei bis vier Mann innerhalb knapp einer Woche allein mit Hilfe von Axt, Säge und Hobel aus geschältem Rundholz errichtet werden. Fundament oder Keller gab es nicht, die Hütte wurde einfach auf die Erde gestellt, war leicht demontierbar, konnte bei Bedarf ohne großen Aufwand versetzt werden – die Leichtigkeit und

Kurzfristigkeit des Auf- und Abbaus verleiht der russischen Bauernhütte etwas Zeltartiges, Nomadenhaftes und stellt sie mithin in schroffen Gegensatz zur westeuropäischen bäuerlichen Wohnkultur, bei der gerade die Erdverbundenheit, die Festigkeit und Behäbigkeit des Hauses vorrangig sind.

Weit verbreitet ist im ländlichen Russland ein Dachschmuck, der als langhalsiger Pferdekopf (russ. *ochlupen*) aus dem Giebel der Isba ragt. Damit wird die Sesshaftigkeit symbolisch dynamisiert, die Hütte bekommt die Funktion eines Wagens zugesprochen, das Straßendorf soll an einen mobilen „Hüttentross" (*izbjanoj oboz*) erinnern – eine Umfunktionalisierung, wie sie wohl nirgendwo in Westeuropa zu beobachten ist. „Weder der Westen noch der Osten, mit eingeschlossen Ägypten, hätten sich so etwas nicht ausdenken können", hat dazu der Dichter Sergej Jessenin notiert: „Das ist eine rein skythische Angelegenheit (*čistaja čerta Skifii*) mit dem Mysterium des ewigen Nomadisierens (*kočev'e*)."[39]

Etwa ein Fünftel des Innenraums einer russischen Isba beanspruchte der Ofen (Herd, Heizung); in der Regel wurden mehrere, möglichst klein gehaltene Fenster oder Lichtluken angebracht. Die Inneneinrichtung beschränkte sich, nebst dem Ofen, auf einen Tisch, auf Wandbänke – alles war am Boden festgemacht beziehungsweise in den Boden eingelassen, was in einem gewissen Widerspruch steht zur leichten Bauweise und zur raschen Demontierbarkeit der Hütte insgesamt. Hier, am konkreten Wohnobjekt, zeigt sich die bereits erwähnte, für das russische Selbstverständnis typische Ambivalenz zwischen Schutz- und Rückzugsbedürfnis (*ujut; prijut*) einerseits, Freiheitsstreben und Raumerschließung (*volja*) andererseits – das russische Haus, exemplarisch repräsentiert durch die Bauernhütte, steht gleichsam in der Mitte zwischen der Jurte des Nomaden und dem festgefügten Steinbau des niedergelassenen Stadtbewohners.

Die gemeinsame Elementarfunktion der verschiedenen Hüttentypen besteht darin, dass sie ihre Bewohner (Einzel- oder Großfamilie) wie auch deren häusliche Tätigkeiten *synthetisieren*. In der Regel lebten sämtliche Hüttenbewohner, ungeachtet ihres Geschlechts oder ihrer Generationszugehörigkeit, in *einem* gemeinsamen Wohnraum. Die einfache Bauernhütte bildete einen multifunktionalen Gemeinschaftsraum, in dem gekocht und gegessen wurde, hier verrichteten Frauen wie Männer, namentlich in der Winterzeit, Reparatur- und sonstige Heimarbeiten (Korbflechten, Weben, Spinnen u. a. m.). Hier gab es auch eine sakrale Nische, die sogenannte schöne Ecke (*krasnyj ugol*), wo ein „ewiges Licht" brannte, wo eine oder mehrere Ikonen angebracht waren, wo man seine Gebete zu sprechen und sich im übrigen wie in der Kirche zu verhalten hatte – die „schöne Ecke" war dem Osten, dem Himmel zugewandt, die Ikonen hingen so hoch, dass man, um sie zu betrachten, den Kopf heben, nach oben, „zum Himmel" blicken musste.

Im selben Raum wurde aber auch gespielt und getanzt, wurden Gäste empfangen, wurden oft – vor allem in der Winterzeit – Nutztiere (Hühner, Kleinvieh) gehalten, hier legte man sich (auf den Bänken, auf dem Ofen) zum Schlafen nieder, hier wurden Kinder geboren und starben im Normalfall die Alten. Der Historiker Wassilij Kljutschewskij hat in seinem berühmten „*Cursus zur Russischen Geschichte*" (I-V, 1904–1922) auf die Hinfälligkeit der bäuerlichen Wohnstätten hingewiesen, die wie zufällig und immer nur vorläufig über die Landschaft verstreut waren und jederzeit vom Sturm oder vom Feuer zerstört werden konnten: „Darin kamen zum Ausdruck die fortgesetzte Umsiedelungsbewegung früherer Zeiten sowie die chronischen Feuersbrünste – Gegebenheiten, welche von Generation zu Generation eine abwertende Gleichgültigkeit gegenüber häuslichem Wohlstand und den Bequemlichkeiten der Wohnungseinrichtung mit sich brachten."[40] Dass manche

Ikonenecke („schöne Ecke") in der russischen Bauernhütte (zwei Gemälde von W. M. Maksimow, *oben Der Tod des Gatten*, 1881; *unten Der Heimarbeiter*, 1884).

Restbestände solch „provisorischer" Bauernhäuser sogar die Sowjetzeit überdauert haben, bestätigt aufs Eindrücklichste die Eigengesetzlichkeit der ländlichen russischen Wohnkultur und die Kontinuität jenes lebensweltlichen Provisoriums, das vielen Russen noch heute als praktikable Option gilt.

10

Zwei kurze einschlägige Zeitzeugnisse aus dem späten 18. Jahrhundert sollen diese Situation verdeutlichen; das eine Zeugnis stammt von einem englischen Russlandreisenden, ist also vom Interesse am Fremden, Ungewöhnlichen, neu zu Entdeckenden bestimmt, beim andern handelt es sich um ein russisches Selbstzeugnis, dessen Verfasser – ein Adeliger und Intellektueller – im Eigenen das Befremdliche, ja Widernatürliche erkennt und es als sozialen Missstand anprangert.

Beide, William Coxe und Aleksandr Radistschew, beschreiben in der Optik des Außenstehenden die reale Szenerie einer gewöhnlichen Bauernhütte. Coxe in seinem Bericht von 1778: „Der größte Teil dieser Hütten ist aber nur ein Stockwerk hoch; wenige derselben enthalten zwei Gemächer, die meisten überhaupt nur eines. In den Hütten von dieser letzten Art wurde ich des Nachts sehr oft von den Hühnern aus dem Schlaf geweckt, welche die noch übrigen Körnchen aus dem Stroh pickten […]. Im Dorf Tabluka […] kamen um vier Uhr morgens einige Schweine in die Stube, grunzten ganz nahe an meinem Ohr vorbei und weckten mich. […] Ich machte mich also von dem Stroh auf, setzte mich in eine Ecke und betrachtete bei einem Spanlicht die Gruppe um mich her. Meine zwei Gefährten lagen auf dem nämlichen Strohhaufen, von dem ich eben aufgestanden war; nahe daneben schliefen unsere Bedienten auf einem anderen Strohbündel; nicht weit von ihnen lagen drei Russen, mit langen Bärten, in Hemden und Hosen von grobem Packtuch rücklings auf dem bloßen Boden hingestreckt; auf der anderen Seite der Stube schlummerten drei Weiber in ihren Kleidern auf einer langen Bank; vorne in der Stube endlich hatte sich ein Weib gelagert, das gleich den übrigen gekleidet war, und rings um sie her lagen vier fast ganz nackte Kinder ausgestreckt."

Die kleine Mehrzweckstube diente also den (mindestens) fünf ausländischen Gästen sowie den insgesamt elf Hausbewohnern und einigen Tieren als gemeinsame nächtliche Unterkunft. „Meistenteils schläft die Familie auf Bänken, auf dem Boden oder auf dem Backofen […], Männer, Weiber und Kinder liegen gewöhnlich ohne Unterschied des Standes oder Geschlechts und oft ganz nackt durcheinander. […] Die Menge von Leuten, welche auf diese Art in einem kleinen Raum zusammen gedrängt waren und sich manchmal bis auf zwanzig Köpfe belief, und die Hitze des Ofens dazu, machten die Stube unerträglich warm und verursachten einen erstickenden Geruch, den uns bloß die allmähliche Gewohnheit erträglich machen konnte. Diese Unbequemlichkeit war in jenen Hütten noch unerträglicher, welche keine Schornsteine hatten, wo also der Rauch in der Stube blieb und die Luft derselben noch unreiner machte."[41]

Radistschews oft zitierte Beschreibung, Teilstück aus seinem narrativen Essay über eine *„Reise von Petersburg nach Moskau"* (1790), bezieht sich weniger auf die Bewohner als auf die Einrichtung und den Zustands ihres Wohnraums, der hier exemplarisch vorgeführt wird als Beispiel für die menschenunwürdigen Bedingungen, unter denen russische Leibeigene damals zu leben und zu arbeiten hatten: „Vier Wände, bis zur Hälfte mit

Ruß bedeckt, ebenso die ganze Decke; der Fußboden voller Risse und mit einer Schmutzschicht von wenigstens einem Werschok [4,44cm]; der Ofen ohne Rohr, allein bester Schutz gegen Kälte, und Qualm, der jeden Morgen, winters wie sommers, die Hütte erfüllt; die Fensteröffnungen mit Ochsenblasen bespannt, die zur Mittagszeit ein dämmriges Licht durchlassen; zwei oder drei Töpfe (glücklich die Hütte, wenn in einem davon jeden Tag bloße Kohlsuppe ist!). Eine Holzschale und runde Brettchen, die Teller genannt werden; ein mit dem Beil behauener Tisch, der an Festtagen mit dem Schabeisen abgekratzt wird. Ein Trog zum Füttern von Schweinen und Kälbern, wenn welche vorhanden sind; man schläft auch mit ihnen zusammen, wobei man eine Luft schluckt, in der die brennende Kerze gleichsam im Nebel oder hinter einem Vorhang zu stehen scheint. Zum Glück ein Zuber mit Kwass, der Essig ähnelt, und auf dem Hof ein Bad, in dem, wenn nicht gebadet wird, das Vieh schläft. Ein hanfleinenes Hemd, Schuhwerk, wie die Natur es schenkt, Fußlappen und Bastschuhe zum Ausgehen."[42]

Man mag sich fragen, weshalb wohlhabende Reisende wie Coxe oder Radistschew sich in unbequemen Bauernhütten einquartiert und jedes erdenkliche Ungemach mehr oder minder klaglos auf sich genommen haben. Gewiss gab es in beiden Fällen ein dezidiertes Erkenntnisinteresse; weder Coxe noch Radistschew war bloß als Tourist unterwegs, dem einen wie dem andern ging es darum, authentische Eindrücke aus der bäuerlichen Alltagswelt zu gewinnen und publizistisch zu verarbeiten. Darüber hinaus war es jedoch – für alle damaligen Russlandreisenden – so, dass nebst weit auseinander liegenden Poststationen oder klösterlichen Unterkünften keine Gasthäuser zur Verfügung standen, die auch nur im entferntesten den Komfort der damaligen Wohnkultur des mittleren Stadt- oder Landadels aufgewiesen hätten.

„Im Winter machte man Station in Bauernhütten, zumeist solchen ohne Rauchabzug, wo unerträgliche Hitze und Gestank die Ausländer auf eine harte Probe stellten, wohingegen das russische Wesen sich dadurch kaum stören ließ", rapportiert der Folklorist Nikolaj Kostomarow: „Sommers bezog man überhaupt keine Unterkunft und bereitete sich die Mahlzeiten unter freiem Himmel selber zu. Winters wie sommers hatte der Reisende einen großen Brotvorrat bei sich, dazu wurden Fleisch, Fisch, Speck, Honig und andere Vorräte von Stadt zu Stadt mitgeführt."[43]

Die vorrangige soziale Synthetisierungsfunktion der russischen Bauernhütte erweist sich unter anderem darin, dass sie gemeinhin keine räumliche Trennung vorsah zwischen männlichen und weiblichen, jungen und alten, engsten und ferneren Familienangehörigen und dass sie ganz selbstverständlich Raum bot für unterschiedlichste Lebensbedürfnisse, praktische Beschäftigungen und religiöse (oder magische) Rituale. In der „ganzheitlich" angelegten Bauernhütte konkretisierten sich modellhaft der sprichwörtliche russische Gemeinschaftssinn und das kollektivistische russische Selbstverständnis, die Hütte mit ihren Bewohnern bildete aber auch die familiäre Vorstufe zur Institution der Bauerngemeinde und stand symbolisch für die geistliche Zusammengehörigkeit der orthodoxen Christenmenschen (*christiane*), die schon ihrer Bezeichnung nach mit dem russischen Bauerntum (*krest'jane*) weitgehend identisch waren.[44]

11

Was dem Bauern, dem leibeigenen wie dem freien, sein Familienkreis und seine schlichte Hütte ist, das stellt für den adligen Grundbesitzer sein Landhaus (*usad'ba*) dar. Ob es sich dabei um einen bescheidenen Gutshof oder einen repräsentativen, von Parkanlagen umgebene Sommerpalast handelt – das Landhaus ist für dessen Besitzer, nicht anders als die Blockhütte für den Bauern, das Haus schlechthin und bildet gleichsam eine Welt für sich.

Und dennoch könnten die Unterschiede zwischen beiden – in funktionaler, sozialer, architektonischer Hinsicht – größer nicht sein. Das Landhaus dient gemeinhin nicht als fester Wohnsitz und schon gar nicht als Wirtschaftsgebäude, es wird zumeist als ländliche Zweitresidenz genutzt, ist Anlaufstelle für seine aus der Stadt anreisenden Bewohner, die hier vorübergehend Ruhe, Erholung, Einkehr suchen.

Die ortsansässige Bevölkerung nimmt das gutsherrliche Landhaus als einen städtischen Ableger in ländlicher Umgebung wahr. Die hier residierenden Städter werden als glückliche, von Gott oder vom Schicksal, vielleicht auch vom Zaren begünstigte Menschen gesehen. Diese reisen aus der Hauptstadt oder aus dem Ausland an, bringen von weit her unbekannte Dinge mit – nie gesehene Möbel, Luxusgegenstände, Musikinstrumente, Bücher, Kleidungsstücke, Nahrungsmittel – und verhalten sich in einer Weise, die in der Provinz als Sensation oder Skandal aufgefasst wird.

Dass die „Usadba" als Exklave europäischer Kultur im bäuerlichen Russland niemals organisch integriert war und von der Bevölkerungsmehrheit eher als störender Fremdkörper denn als Bereicherung empfunden wurde, haben die großen ruralen Unruhen während der Pugatschow-Revolte 1773–1774 und um 1905 deutlich gemacht, als Hunderte von (meist leerstehenden) Landgütern niedergebrannt oder sonstwie zerstört wurden – ein brachialer Angriff auf die seit dem 18. Jahrhundert importierte Herrenkultur, die sich mit der althergebrachten Volkskultur nicht zu verbinden vermochte und auch nicht verbinden wollte. Wo der bäuerliche Volkszorn sich gegen die „Obrigkeit" entlud, wurde immer zuerst das „Herrenhaus" zum Objekt der Herabwürdigung und der Zerstörung, während der „ferne Zar", zumindest vorübergehend, noch verschont blieb, als hätte er mit dem Repressionssystem seiner Stellvertreter in der Provinz nichts zu schaffen. Auch wenn die reale Distanz zwischen Stadt und Land noch so gering war – zahlreiche Güter lagen im näheren Umfeld städtischer Zentren –, klaffte dazwischen eben doch ein sozialer und kultureller Abgrund. *Isba* und *Usadba*, Bauernhütte und Herrenhaus mochten unmittelbar benachbart sein, sie standen gleichwohl für getrennte Welten.

Das Landhaus ist ein Herrenhaus (*gospodskij dom*), seine architektonische, nicht primär der Nützlichkeit, vielmehr dem Komfort dienende Anlage und vor allem sein Interieur markieren gegenüber der Natur und im Zusammenspiel mit ihr eine kulturelle Sphäre, die sich von der eher primitiven Lebenswelt der bäuerlichen Gemeinde geradezu exotisch abhebt, unabhängig davon, ob man es in Wirklichkeit mit einem einstöckigen, mehrere Zimmer umfassenden Holzbau, mit größeren Bauten in Stein oder mit Palästen zu tun hat, die aus mehreren Gebäuden bestehen und von ausgedehnten Parkanlagen umgeben sind. In seiner provinziellen Umgebung steht das Landhaus, so oder anders, zeichenhaft für eine „fremde" Welt (die des europäisch geprägten Adels), die zur „eigenen" Welt (der der ländlichen Bevölkerungsmehrheit) in denkbar scharfem Kontrast steht und gleichwohl vielfach mit ihr interferiert – den Herrenhäusern sind oft (besonders dann,

Das Landgut Grusino (1) – eine miniaturisierte Weltstadt am Ufer des Wolchow zwischen Petersburg und Tichwin (spätes 18. Jahrhundert). – *oben* Der Hauptplatz mit Kirchen und Spitalbauten; *unten* Kleines Holzpalais im Park.

Das Landgut Grusino (2) – *oben* Gesamtansicht mit Kirche und Herrenhaus; *unten* Künstliche Ruinenanlage (zeitgenössische Darstellungen, 1821-1823).

Das Landgut Muranowo (Innenansichten) – *oben* Der Grüne Salon; *unten* Esszimmer; *oben* (*S. 157*) zeitweiliges Arbeitszimmer des Schriftstellers N. W. Gogol; *unten* (*S. 157*) Zimmerflucht im ersten Stockwerk. – Das in der Nähe Moskaus gelegene Gut, im 19. Jahrhundert nacheinander von den Dichtern Jewgenij Baratynskij und Fjodor Tjuttschen bewohnt, besteht noch heute als Literaturmuseum.

wenn die Gutsbesitzer selbst sie bewohnen) diverse Nebenbauten zugeordnet, die sich bisweilen wie ein kleines Dorf konzentrisch darum scharen.

Den bald idyllischen, bald erhabenen Ausnahmestatus der Usadba hat Iwan Turgenew in seinem Roman „*Adelsnest*" (1859) beziehungsreich dargestellt und am Beispiel eines adeligen, aus dem Ausland zurückgekehrten Protagonisten kritisch präzisiert – der Landsitz wird hier zum Schauplatz und zum Symbol des Verfalls der russischen Adelskultur. Turgenew selbst war Gutsbesitzer, lebte aber mehrheitlich in Deutschland und Frankreich, von wo aus er den Gang der Dinge in Russland ebenso luzide wie melancholisch beobachtete – Kritik und Nostalgie hielten sich bei ihm in prekärem Gleichgewicht.

Vorab von Nostalgie geprägt war seine Absicht, den Schriftstellerfreund Gustave Flaubert zu einer Reise in die russische Provinz einzuladen: „Ich denke, eine Russlandreise mit mir zu zweit könnte für Sie von Nutzen sein: wundersam sind die Spaziergänge in den Alleen des alten ländlichen Parks, der erfüllt ist von ländlichen Düften, Erdbeergeruch, Vogelgesang, dämmrigem Sonnenlicht und Schatten; und in der Runde – zweihundert Desjatinen wogenden Roggens, grandios! Unwillkürlich erstirbt man in einem triumphalen, endlosen und dumpfen Zustand der Reglosigkeit, in dem gleichzeitig das Leben, das Tierhafte und Gott zusammenfließen. Geht man fort von dort, ist es wie nach einem ich weiß nicht wie kraftvoll stärkenden Bad, und gleich ist man wieder auf der alten Bahn, auf dem gewohnten Alltagsgleis."[45]

12

Als kultureller Topos hat sich das Landhaus mit so unterschiedlichen Vorstellungen verbunden wie „Paradies", „Oase", „Retraite", „kulturelle Einsiedelei", „Fenster ins All", Vorstellungen, deren Exklusivität gerade auch dadurch unterstrichen wurde, dass man die ländlichen Außenstationen nur zu bestimmten Zeiten und mit besonderen, vom städtischen Alltag abweichenden Interessen besuchte – Naturbetrachtung, Landschaftspflege, Jagd, Lektüre, Hausmusik und Haustheater.

Iwan Gontscharow, angesehener Schriftsteller und Petersburger Funktionär, hat um 1887 sein Landhaus an der Ostsee, rund 200 km westlich der Hauptstadt, als eine solche Retraite – exemplarisch – wie folgt beschrieben: „Hier in Ust-Narwa lebt man ruhig, einsam, unaufgeregt. Die Landhäuser sind bald von kleinen, bald von großen Gärten umgeben, so dass den Bewohnern (*dačniki*) unbekannt bleibt, wie ihre Nachbarn leben. Die Landhausbesitzer können, falls sie dies wollen, einander zum Musizieren treffen, was immer auch Publikum anzieht, oder zum Baden im Meer, oder zu abendlichen Spaziergängen am Strand. – Zum Musizieren gehe ich nicht, im offenen Meer bade ich nicht, und mit meinen wenigen Bekannten treffe ich mich erst abends am Strand, wenn einem der heftige Wind den Hut nicht mehr vom Kopf reißt und auch keinen Sand mehr ins Gesicht weht. […] In meinen Mußestunden schütze ich mich, um meine kranken Augen zu schonen, mit Vorhängen vor der Sonne, ich wühle in meinen Papieren, habe die Feder zur Hand. Tag um Tag, ganz allmählich, hat sich denn auch ein ordentlicher Stoß von beschriebenem Papier aufgehäuft."[46]

Nicht allzu viele Herrensitze waren zugleich „Adelsnester" des Geistes, Rückzugs- und Vertiefungsorte der städtischen Intelligenz. Nach der Bauernbefreiung von 1861 geriet der Landadel ökonomisch stark unter Druck, die Herrenhäuser konnten nicht mehr wie früher unterhalten werden, vielfach verarmten ihre Besitzer, sie richteten sich auf dem Land eher für einen unbedarften Lebensabend ein, als dass sie ihre Häuser für glanzvolle Soirées oder Jagdgesellschaften nutzten. Solches gilt auch für die diversen Landhäuser, über welche die Familie des Schriftstellers Iwan Bunin verfügte.

Bunin, nach Turgenew und vor Nabokow der engagierteste literarische Chronist der untergehenden Gutsherrenwelt, hat in manch einem Erzählwerk, vor allem jedoch in dem autobiographischen Roman *„Leben Arsenjews"* den Kosmos der russischen Usadba mit liebevoller Detailtreue noch einmal vergegenwärtigt, als er durch die gewaltsame Kollektivierung der sowjetischen Landwirtschaft aus dem bäuerlichen Bewusstsein bereits ausgeblendet war. Bunin erinnert sich: „Das Gutshaus von Baturino war – gerade in diesem Winter – besonders schön. Die Steinpfeiler bei der Einfahrt zum Hof, das vom Schnee überzuckerte, von Kufenspuren aus den Schneewehen geschnittene Gehöft, die Stille, die Sonne, in der scharfen Frostluft eine süße Duftschwade aus der Küche, etwas Heimisches (ujutnoe), Häusliches ging von den Spuren aus, die von der Backstube zum Haus führten, vom Gesindehaus zum Küchenraum, zum Pferdestall und zu den übrigen Dienstgebäuden, die den Gutshof umgaben [...]. Stille und Glanz, die Weiße der vom Schnee verdickten Dächer, der flache, unter den Schneemassen verschwundene, doch von kahlem Geäst rötlich-schwarz schimmernde Wintergarten, der beidseitig hinterm Haus zu sehen war, unser vertrauter hundertjähriger Tannenbaum, der seinen spitzen dunkelgrünen Wipfel hinterm Hausdach hervor in den klaren blauen Himmel reckte, zwischen zwei ruhig emporrauchenden Schornsteinen hoch aus dem steilen Abhang heraus, der einer gebirgigen Schneekuppe glich [...]. Auf den von der Sonne angewärmten Giebelchen des Türvorbaus sitzen wohlig zusammengedrängt wie kleine Nonnen die Dohlen, üblicherweise sind sie eher schwatzhaft, doch jetzt verhalten sie sich sehr still; einladend, blinzelnd vom blendenden fröhlichen Licht, vom eigenfarbigen Lichtspiel auf dem Schnee gucken die altertümlichen Fenster aus ihren hageren Rahmen [...]. Mit den froststarren Stiefeln steigt man knirschend auf den mit Hartschnee belegten Stufen hinauf zum gedeckten Haupteingang rechts, man geht unter dessen Vordach durch, öffnet die schwere, von der Zeit geschwärzte Eichentür und tritt in den langen dunklen Vorraum [...]."

Über weitere zwei Seiten beschreibt Bunin nachfolgend den familiären Gutshof – es ist einer von mehreren – als das Schatzhaus seiner Kindheit und Jugend, er nimmt den Leser mit auf einen Rundgang durch die schwach geheizten, aber gemütlich eingerichteten Räume, in denen noch lange die nächtlichen Gespräche und Lektüren nachwirken sollten, die den Jüngling schließlich zum Dichter bestimmten. Die Tatsache, dass der Gutshof von Schnee umgeben und bedeckt ist, erhöht naturgemäß seine Wohnlichkeit und macht ihn zu einem zumindest zeitweiligen Ort der Einkehr für seine ruhelosen Bewohner und namentlich für den Icherzähler, der (einer adligen, unaufhaltsam verarmenden Familie entstammend) schon in frühen Jahren weit mehr von den Risiken und Überraschungen der „Straße" fasziniert war als von den Annehmlichkeiten eines abgelegenen Landsitzes, der eben doch nie wirklich zu seinem „Heim" werden konnte und der dann in den Revolutionswirren ohnehin als Zufluchtsort verloren ging. Auch für Bunin ist das wiederholte Weggehen, ist das ständige Unterwegssein, bei allen damit verbundenen Verlusten, weit produktiver gewesen, als es das Verharren vor Ort je hätte sein können.[47]

Der Kulturphilosoph Nikolaj Arsenjew hat die Landsitze – „Familien- und Adelsnester" – hochgemut gewürdigt als ein „wesentliches, ein unabdingbares Element" der russischen Geisteswelt, als Relaisstationen zu den „weit in die Tiefe reichenden Landschaftsräumen mit ihrem stillen und zugleich intensiv-erhabenen Leben". Für Arsenjew stellten die Landhäuser ein Refugium „schöpferischer Ruhe", „geistiger Gemeinschaft" und „bummlerischen Müßiggangs" (*brodjačaja len*) dar, mithin eine weltliche Analogie zu den Klöstern, aber auch die ländliche Variante zu den städtischen intellektuellen und gemeinnützigen Zirkeln, Salons, Klubs usw.[48] Das ist sicherlich eine stark idealisierende Optik, denn manche Landgüter dienten weit mehr der Demonstration von maßlosem Reichtum und Westimport als der geistigen Versenkung. Übrigens handelte es sich bei vielen dieser Landhäuser eher um etwas komfortablere Bauernhöfe denn um glanzvolle Residenzen.

Einzigartig an der Parallelkultur der russischen Usadba ist die Tatsache, dass die unzähligen Landsitze über weite Teile des Zarenreichs verstreut waren und insgesamt so etwas wie einen Archipel bildeten, zusammengesetzt aus lauter kleinen Inseln, auf denen eine fremde, vom russischen Alltagsleben abgekoppelte Kultur gepflegt wurde, wo man vorzugsweise französisch oder deutsch oder englisch sprach und das Russische den Bediensteten und Leibeigenen überließ. Die abgehobene Welt der Herrenhäuser – meist anschaulich gemacht allein schon durch die ganz und gar unrussische Architektur – war also eigentlich das innere Exil der europäisierten Elite des Zarenreichs, die nur einfach das Bild, das sie von Europa gewonnen hatte, auf Russland projizierte, ohne sich darum zu kümmern, ob und wie dieses Bild mit der russischen Wirklichkeit in irgendeine Übereinstimmung hätte gebracht werden können.

Schon zu Beginn des 19. Jahrhunderts hatte der Schriftsteller und Historiograph Nikolaj Karamsin das Fehlen einer solchen Übereinstimmung beklagt und vor der Verselbständigung, der Entfremdung der russischen Adelskultur gewarnt, der er ein „moralisches" Existenzrecht kategorisch absprach. Dass noch hundert Jahre danach Wladimir Lenin auf das Skandalon zweier voneinander völlig getrennter, ja einander feindlicher Kulturen innerhalb Russlands abheben konnte, macht deutlich, wie tief die Entfremdung inzwischen geworden war.[49]

13

Spätestens seit Peter III. und Katharina II. wurde das Landhaus, dank vermehrter Adelsprivilegien, auch zu einem wichtigen Ort kultureller Produktivität, manche Herren (auch einige Damen) machten daraus ihren Alterssitz, schrieben Tagebuch, verfassten literarische oder autobiographische Werke. Erst so wurde es möglich, dass sich in der russischen Gesellschaft, freilich beschränkt auf die kleine Minderheit der adeligen Geisteselite, eine bewusst und individuell gestaltete Privatsphäre mit beträchtlichem kulturschaffendem Potenzial herausbilden konnte. „Bis zur Mitte des 19. Jahrhunderts", so lautet das Fazit eines zeitgenössischen Sozialhistorikers, „blieben die Landsitze des Adels die einzigen Inseln der Moderne in der Tiefe der russischen Provinz."[50] Dies kann freilich nicht bedeuten, dass der russische Adel vermittels seiner Landsitze zur Modernisierung des Staates und zur Aufklärung der bäuerlichen Bevölkerung beigetragen habe. Eher drang die Moderne in Form von Moden in die Provinz vor, und nur ausnahmsweise wurden anwendbare und produktive Neuerungen technischer oder ökonomischer Art durch die Gutsherren an die örtliche Bevölkerung vermittelt.

Am Ende des Jahrhunderts musste Iwan Bunin, Sohn eines heruntergekommenen, dem Hofadel entstammenden Gutsherrn mit Ländereien in den Gouvernements Orjol und Tula, feststellen, dass die russische Provinz weiterhin vom repressiven Geist der einstigen Leibeigenschaft geprägt war; dass das Landhaus für die privilegierten Besitzer wohl weiterhin ein paradiesischer Hort sein konnte, letztlich aber keinerlei sozialen oder wirtschaftlichen Nutzen mehr erbrachte. In Bunins Meisternovelle „*Die Antonsäpfel*" (1900) wird ein solcher Landsitz mit wenigen Strichen plastisch zur Anschauung gebracht: „Das Landhaus (*usad'ba*) ist nicht groß, doch es ist sehr alt, fest gefügt, umgeben von jahrhundertealten Birken und Weiden. Es gibt eine Menge von niedrigen, aber wohnlichen Hofgebäuden, und alle sind sie gleichsam eingeschmolzen aus dunklen Eichenbalken unter Dächern aus Stroh. Durch Größe oder besser gesagt durch Länge tritt einzig das geschwärzte Gesindehaus hervor, aus dem die letzten Mohikaner der Knechtschaft gucken – irgendwelche uralten Greise und Greisinnen, ein gebrechlicher ausgedienter Koch, der einem Don Quijote ähnlich sieht. Sie alle, wenn man im Hof einfährt, beugen sich vor und verneigen sich tief zum Gruß. Der graue Kutscher nimmt, wenn er vom Wagenschuppen her das Pferd holen geht, schon beim Schuppen seine Mütze vom Kopf und überquert den ganzen Hof mit entblößtem Haupt. Er hatte bei meiner Tante einst als Vorreiter gedient, und heute noch hat er sie zur Frühmesse zu fahren – winters in einer Schlittenkutsche und sommers mit einem stabilen eisenbeschlagenen Wagen ähnlich denen, die von Popen benutzt werden. Der Garten meiner Tante war berühmt für seinen Wildwuchs, seine Nachtigallen, seine Wildtauben und seine Äpfel, und ihr Haus – für sein Dach. Es stand oben am Hof, gleich neben dem Garten – das Weidengezweig fasste es ein –, groß war es nicht, zum Boden geduckt, doch es schien, als könnte es noch ein Jahrhundert überdauern – so gesetzt schaute es unter seinem ungewöhnlich hohen und dicken Strohdach hervor, das die Zeit geschwärzt und gefestigt hatte. Mir schien seine vordere Seite stets wie lebendig: so, als blickte aus tiefen Augenhöhlen ein altes Gesicht unter einer Riesenmütze hervor, waren die Fenster mit ihren von Regen und Sonne wie mit Perlmutt überzogenen Scheiben beschaffen. Und seitlich dieser Augen waren Flügel angebracht – zwei alte große Freitreppen mit Säulen. Auf dem Giebel saßen immer wohlgenährte Tauben, während Tausende von Spatzen wie ein Regenschwall von Dach zu Dach wogten ... Und wie geborgen (*ujutno*) fühlte sich der Gast in diesem Nest unterm türkisfarbenen Herbsthimmel!"[51]

Bunins anthropomorphes Konterfei eines typischen, nicht sonderlich vornehm und reich ausgestatteten Landhauses ist zu ergänzen durch die weit seltenere Variante der luxuriösen, schlossähnlichen Villa, wie sie in der russischen Graphik des 18. und 19. Jahrhunderts, aber auch in der Erzähl- und Memoirenliteratur oftmals dargestellt wurde und von der es, allen Zerstörungen durch Revolution und Bürgerkrieg zum Trotz, bis weit in die Sowjetzeit noch vereinzelte Exempla gab.

Ein solches Überbleibsel aus verlorener Zeit beschreibt Wladimir Nabokow in „*Erinnerung, sprich*" (1947/1966), wobei er den familiären Landsitz – für ihn wie für Bunin ein Dingsymbol des untergehenden, fast schon untergegangenen Russland – mit einem Schiff assoziiert, das auf dem rauhen Ozean der Geschichte dahintreibt: „Als Onkel Ruka Ende 1916 starb, hinterließ er mir eine Summe, die sich heute auf ein paar Millionen Dollar belaufen würde, dazu seine Besitzung: das Herrenhaus mit seinem weißen Säulenportal auf einem grünen, abgeböschten Hügel und zweitausend Morgen Naturwald und Torfmoor. Wie ich höre, stand das Haus 1940 noch, volkseigen zwar, aber Abstand wahrend, ein Museumsstück für jeden Touristen, dem es einfiel, die Landstraße Petersburg-Luga zu benutzen, welche unterhalb durch das Dorf Roshdestweno und über den verzweigten Fluss führt. Schwimmende Inseln aus Wasserlilien und Algenbrokat verliehen der schönen Oredesh [Fluss] an jenem Ort ein festliches Aussehen. Weiter ihren gewundenen Lauf hinunter, wo die Uferschwalben aus ihren Löchern im steilen roten Lehmufer hervorschossen, war sie tief durchdrungen von den Spiegelungen hoher, romantischer Tannen (der Saum unseres [Landsitzes] Wyra); und noch weiter stromabwärts gab der endlos tosende Abfluss einer Wassermühle dem (die Ellbogen auf das Geländer stützenden) Betrachter das Gefühl, weiter und weiter zurückzuweichen, als wäre dies das Heck der Zeit selbst."[52]

Die Nostalgie nach dem alten Familiensitz, der für den später im Exil lebenden Autor zum Erinnerungshort einer verlorenen Kindheit und zum Symbol („Adelsnest") für das untergegangene Zarenreich werden sollte, hat Nabokow zeitlebens begleitet, wurde von ihm auch zelebriert und schließlich künstlerisch konterkariert mit seinem Erfolgsroman „*Lolita*" (1955), der den russischen Wandertrieb wieder aufleben lässt in den beiden Hauptprotagonisten, Humbert und Lolita, die schmetterlingsgleich – ohne klaren Kurs und ohne klares Ziel – den nordamerikanischen Kontinent durchkreuzen.

Das heutige kultur- und sozialgeschichtliche Interesse am russischen Landgut findet seine reale Entsprechung im Bestreben der „neuen Russen", sich außerhalb der großen Städte ein „Territorium des Behagens" zu erschließen. Die alte Usadba scheint wieder aufzuleben mit den modernen weitläufigen Überbauungen, in denen Grundstück an Grundstück, Herrenhaus an Herrenhaus sich reiht und wo der postsowjetische Geldadel hinter Sicherheitsabschrankungen eher seinen Reichtum denn sein kulturelles Interesse demonstriert. Dennoch bleibt die Motivation, sich fern der Geschäftswelt eine Oase offen zu halten, die gleiche wie im 18. und 19. Jahrhundert.

Auch das heutige Landhaus bietet sich in Bezug auf seine landschaftliche Umgebung und die heimatliche architektonische Tradition als ein Fremdkörper dar. Die neue Usadba wird „Kottedsh" (*cottage*) genannt, die ländliche Villensiedlung – „Cottage Ville" (*kottednyj poselok*). Eine Moskauer Immobilienfirma wirbt für solche Siedlungen mit explizitem Hinweis auf die russische vorrevolutionäre Landschaftsmalerei. In einer Annonce für die Überbauung „Riwersajd" (*riverside*) unweit von Moskau heißt es im Stil Turgenews oder Bunins: „Das lärmige und staubige Moskau liegt hinter Ihnen. Malerische Landschaften, die des Pinsels eines Lewitan und Schischkin würdig sind, wechseln einander ab. Nur zwanzig Minuten auf der modernen Autobahn – und schon erreichen Sie eine sagenhaft schöne Waldlichtung. Das Rascheln des Windes verliert sich in den Baumkronen. Melodisch plätschert ein Bächlein im Walde. Die Strahlen der untergehenden Sonne tauchen alles in der Runde in wundersame Farben ein. Allmählich stellt sich das Gefühl vollendeter Harmonie ein ..."[53] Wirtschaftliche Prosperität, forsches Fortschrittsdenken und schrankenloser Internationalismus verbinden sich hier mit retrogradem Kitschbedürfnis und patriotischer Nostalgie.

14

Von Michail Lermontow gibt es ein vierstrophiges Gedicht aus dem Jahr 1830/1831, das unter dem Titel „*Mein Haus*" so gut wie alle Spezifika volkstümlicher russischer Raumvorstellungen und mythischer oder poetischer Raumkonzepte zur Anschauung bringt – das Haus als Kosmos, das Haus als Ort der Ruhe und des Fernwehs, das Haus als zugleich offener und geschlossener Raum, der zum Verweilen einlädt, aber auch zum Auszug in die weite Welt, sogar zum Griff nach den Sternen; die weitreichende Ambivalenz zwischen Sein und Wollen, Eigenem und Fremdem, Bleibe und Aufbruch tut sich hier kund in einem hohen dichterischen Ton, der selbst in der Prosaübersetzung noch mitschwingt: „Mein Haus ist überall, wohin der Himmelsbogen reicht, | Wo auch immer man den Klang der Lieder vernimmt, | Alles, was einen Funken Leben in sich hat, wohnt in ihm, | Doch dem Dichter ist es nicht zu eng. || Bis zu den Sternen reicht es mit dem Dach | Und von der einen zu der andern Wand | Ist lang der Weg, den der Bewohner misst | Nicht mit dem Blick, sondern mit seiner Seele. || Es gibt im Herzen des Menschen ein Gefühl für Gut und Recht, | Der Ewigkeit heiligen Samen: | Einen Raum ohne Grenzen und den Fluss der Zeit | Umgreift es in einem kurzen Augenblick. || Und vom Allmächtigen ist mein allerschönstes Haus | Für dieses Gefühl gebaut, | Und verurteilt bin ich dazu, lange zu leiden darin | Und nur in ihm werde ich Ruhe finden."[54]

In einem seiner späteren Heimatgedichte („*Die Heimat*", 1841) spricht Lermontow von seiner „seltsamen Liebe" zu Russland – seltsam ist die Liebe deshalb, weil dem Liebenden gar nicht bewusst wird, weshalb und wofür er seine Heimat liebt. Diese baut sich, im Unterschied zu „*Mein Haus*", als weitläufiges Weichbild auf, in dem die Tages- und Jahreszeiten wie auch Feld und Wald, Steppe und Wiese ineinander zu verfließen scheinen und die seichten Flüsse sich wie Meere hinbreiten, eine ebenso erhabene wie idyllische Landschaft, in der weder die Birke, der paradigmatische russische Baum, noch die Bauernhütte, das paradigmatische russische Haus, fehlt. Der Dichter – das lyrische Ich – liebt es, im schnellen Reisewagen „über den Feldweg zu jagen": „Ich liebe den Geruch der versengten Mahd, | Den Tross, der in der Steppe nächtigt, | Und auf dem Hügel in der gelben Flur | Ein lichtes Birkenpaar. | Mit einer Freude, die kaum jemand kennt, | Seh ich die volle Tenne, | Die Bauernhütte, strohgedeckt, | Das Fenster mit geschnitzten Läden …"[55]

Auch in diesem Fall ist es das ländliche, von der Landwirtschaft geprägte Russland, in dem Lermontow seine Heimat erkennt und dem seine Liebe gilt. Freilich ist dessen dichterische Vergegenwärtigung – sie endet mit einem nächtlichen Tanzvergnügen, ist begleitet vom „Gebrabbel trunkener Bäuerlein" – offenkundig geschönt und klischeehaft vereinfacht, ein allzu harmloses, allzu helles Bild, wie man es auch aus der russischen Malerei jener Zeit kennt (*siehe* u. a. Abb. S. 342, 344). Das Bild entspricht der sehnsuchtsvoll projizierenden Optik des Außenstehenden, der (als Stadtmensch, als Angehöriger des Adels, der Intelligenz, des Militärs) in der vermeintlich heilen Welt des Bauerntums den Ort wie auch die Rechtfertigung seiner Heimatliebe findet.

In einem weiteren, kurz vor seinem frühen Tod verfassten Gedicht kommt Lermontow ohne Haus und ohne Russland aus, um den Raum zu entwerfen, in dem er hausen und in den er heimgehen möchte. Der Raum ist hier ein ungeheures Großes und Ganzes, das All, dessen einzige Koordinaten die Sterne sind, und der Heimgang ist nichts anderes als der Gang durchs Leben in den Tod. Um diesen Gang zu absolvieren, muss sich das lyrische Ich – wie jeder Mensch – auf einen Weg begeben, dessen Sinn und Ziel ihm ebenso verborgen sind wie die im einzelnen abzuschreitenden Stationen. Wer sich auf den Weg macht, bricht auf in einen unermesslichen Raum, der zugleich kosmische Heimat und endlose Wüste ist. Was der Dichter hier sucht, ist das Einzige, was auch zu finden ist – „Freiheit" (*svoboda*) und „Frieden" (oder „Ruhe", *pokoj*).

Die Freiheit ist durch das Abschreiten des vorbestimmten, jedoch unbekannten Wegs zu gewinnen, Frieden oder Ruhe – beim Eintritt in das „Haus" Gottes, in das nächtliche

Universum, das dem Wanderer zum „Heim" wird, indem es ihn verschlingt. Das Heim, das Haus sind Orte der Gemeinschaft, auf dem Weg hat jeder sich selbst zu bewähren: „Alleine mache ich mich auf den Weg; | Im Neblicht blinkt der steinige Pfad; | Die Nacht ist still. Die Wüste tut sich auf zu Gott, | Und im Gespräch sind Stern und Stern." – „Nichts erwarte ich mehr vom Leben, | Und Vergangenes bedaure ich in keiner Weise; | Ich suche Freiheit und Frieden! | Ich möchte vergessen werden und entschlafen! – "[56]

II

Der russische Weg

1

„Alleine mache ich mich auf den Weg ..." – man darf den von Michail Lermontow skizzierten Lebensgang, der zugleich Lebenssinn sein soll, für typisch russisch halten, typisch wegen seiner räumlichen Ambivalenz (innen/außen), seiner kosmischen und zugleich endzeitlichen Perspektive, seiner Unbestimmtheit und Fatalität, die dem Wanderer keine Eigeninitiative, keinen Gestaltungswillen zugestehen, ihn nur einfach sich gehen, sich treiben und schließlich ihn verschwinden lassen.

Der spannungsreiche Bezug zwischen Haus (oder Heim) und Weg, Geschlossenheit und Offenheit, Eigenem und Fremdem, Sein und Wollen, *sich befinden* und *sich bewegen* findet in der russischen Grammatik und Lexik mancherlei aufschlussreiche Entsprechung. Ein paar wenige Hinweise und Beispiele dazu seien nachfolgend angeführt.

Auffallend ist zunächst, dass das Russische zur Bezeichnung von Fortbewegungen nicht nur über einen ungewöhnlich reichen Bestand an Tätigkeitswörtern verfügt, sondern auch über ein spezielles System paariger Bewegungsverben, das vollumfänglich eingelassen ist in die Kategorie der Verbalaspekte. Insgesamt gibt es dreizehn Paare von Bewegungsverben, die nach Aktionsarten (bestimmt/unbestimmt) unterschieden werden; als bestimmt gelten Bewegungen in *einer* (bestimmten) Richtung, als unbestimmt solche in *mehreren* Richtungen beziehungsweise in mehrfacher (iterativer) Abfolge.

Während etwa das Deutsche die beiden Aussagen „ich gehe (bin unterwegs) zur Arbeit" und „ich gehe (regelmäßig, täglich, dreimal wöchentlich o. ä.) zur Arbeit" rein verbal nicht unterscheidet, stehen im Russischen dafür zwei ganz unterschiedliche Verben zur Verfügung (*idti/chodit'*), deren jeweilige Verwendung entsprechend der vorliegenden Aktionsart zwingend vorgeschrieben ist. Beide Aktionsarten gehören dem unvollendeten Aspekt an; lediglich bestimmte Bewegungsverben können zu Aspektpaaren umgerüstet und als unvollendete beziehungsweise als vollendete eingesetzt werden.

Die Aktionsarten lassen sich grob in drei Gruppen aufteilen. Dazu gehören die eigendynamischen Fortbewegungen („gehen", „fliegen", „schwimmen" u. a. m.), transportierte Fortbewegungen (intransitiv: „gehen", „fahren", „laufen" mit diversen Fortbewegungsmitteln wie Wagen, Boot, Schlitten, Roll- oder Surfbrett; transitiv: „führen", „bringen" mit Fahrzeug) und direkte transitive Fortbewegungen („führen", „tragen").

Durch die Verwendung unterschiedlicher Präfixe lassen sich bestimmte wie unbestimmte Fortbewegungen nach Beginn und Ziel, Einmaligkeit und Mehrmaligkeit, Intensität und Resultat u. ä. m. vielfältig differenzieren.[1]

Von großem Reichtum und eben solcher Variabilität sind auch die russischen Wort- und Metaphernbildungen im Bedeutungsfeld „Weg". Dieses Bedeutungsfeld ist wohl in allen Sprachen und Kulturen stark besetzt[2], weist aber im Russischen eine Reihe von aufschlussreichen Besonderheiten auf, die nicht zuletzt für das Mentalitätsverständnis relevant sind.

Es gibt im Russischen für „Weg" zwei synonyme Ausdrücke – *put'* und *doroga* – mit ähnlicher Grundbedeutung, aber mit unterschiedlicher semantischer Schattierung. Generell wird für abstrakte Wegvorstellungen (wie Lebensweg, Weg der Geschichte, Wege des Denkens u. a. m.) das Wort *put'* gebraucht, während *doroga* fast ausschließlich konkrete Wegbedeutungen vertritt, darunter solche, die sich auf „Bahn" beziehen (Fahrbahn, Eisenbahn u. ä.).

Das Wort *doroga* (altslawisch *draga* für „Tal"), das auch „Reise" bedeuten kann (*doroga na avos'* ist eine „Reise ins Ungewisse", *kul'tura dorogi* bedeutet soviel wie „Reisekultur"), wird etymologisch auf Bedeutungen wie „ziehen", „spuren", „reißen" zurückgeführt (*dergat'*) und soll mit englisch *to draw* sowie deutsch *tragen* verwandt sein.

Die gewiss zufällige und eben deshalb bedenkenswerte Tatsache, dass im Russischen *doroga* („Weg") ein exaktes Anagramm zu *goroda* (Plural von *gorod*, „Stadt") bildet, lässt den *Gegensatz* zwischen Unterwegs- und Zuhause-Sein um so stärker hervortreten, verweist implizit aber auch darauf, dass in traditionellem, bäuerlich geprägtem Verständnis die Stadt stets als Bedrohung für die Erde empfunden wurde, während der Weg als deren Lebensader galt[3] – das korrespondiert mit der weit verbreiteten Vorstellung, dass man Erde nicht besitzen, sich auf ihr nicht festsetzen könne, dass die Erde endlos abgeschritten werden müsse, dass jeder Ort auf ihr nur Durchgangsort zu einem nächsten Ort sei. Der russische „Landstreicher" trifft sich hier mit dem jüdischen „Luftmenschen", beiden ist die Erde leicht, beide heben gern von ihr ab, beiden gilt das Utopische mehr als das Hiesige. Boris Pasternak hat dies in seinem Roman *„Doktor Shiwago"* lapidar festgehalten: „Wir stürzen uns mit zugekniffenen Augen ins Unbekannte und haben nicht die geringste Vorstellung, wie es dort aussieht."[4]

Für „Weg" (auch „Bahn" oder „Pfad") steht andererseits das Wort *put'* (von indoeuropäisch *pent[h]-*, für „kommen", „gehen") zur Verfügung, das im Unterschied zu *doroga* (oder *ulica*, „Straße", meist innerorts) zahlreiche, auch metaphorische Ableitungen ermöglicht.

Zum semantischen Feld von *put'* gehören zusammengesetzte Substantive wie *rasput'e* und *pereput'e* (Kreuz-, Scheideweg), *putešestvie* (Reise), *putešestvennik* (Reisender), *putnik* (Wanderer), *putevoditel'* (Reiseführer), *sputnik* (Begleiter), dazu das Adjektiv *putevoj* (Reise-, zur Reise gehörig), aber auch, in übertragener Bedeutung, *putëvyj* und *putnyj* (tätig, tüchtig, nützlich, passend, ordentlich), *neputnyj* und *neputëvyj* (unangepasst, unverlässlich, unbeherrscht), *besputnyj* und *rasputnyj* (verkommen, amoralisch), dazu *rasputnik* (Wüstling).

Neben *rasputica* (Unwegsamkeit) gibt es, aus analoger Herleitung, den Begriff *rasputstvo* zur Bezeichnung ausschweifender (vom Weg abweichender) Lebensführung. Eben dafür kennt das Russische zahlreiche Wortbildungen, die auf die Vorstellung richtungslosen Gehens zurückverweisen, auf ein Gehen mithin, das eher passiv als ein Sichgehen-lassen zu bestimmen wäre.

Das produktivste Wurzelelement dazu ist *gul-*. Das Verb *guljat'* (schlendern, sich herumtreiben, arbeitsfreie Zeit verbringen, ausgelassen sein u. ä. m.) findet in Substantiven wie *guljan'e, gul'ba, guljanka, gul'nja, razgul, razgul'e* (für diverse Spielarten und Intensitäten von Ausgelassenheit) seine Entsprechung; *razguljaj* (wörtlich etwa „Auslauf") ist ein Ort, wo man sich zu ausgelassenen Festen und Besäufnissen trifft. Als *guljaka* wird ein haltloser Fest- und Saufkumpan bezeichnet, als *razgul'naja* oder *guljaščaja* eine „Läufige", das heißt eine Nutte und Herumtreiberin.

Wie *doroga* kann auch *put'* sowohl statisch den Weg als Örtlichkeit als auch den Weg als Fortbewegung bezeichnen; das Wort für „Reise", abgeleitet von *put'*, bedeutet eigentlich das Abschreiten eines Wegs (*putešestvie*). Bemerkenswert ist übrigens die Klangähnlichkeit von *puti* (Wege) und *puty* (Fesseln, Ketten), die für Russischsprechende den Bedeutungskontrast von Freiheit/Unfreiheit umso stärker hervortreten lässt.

Für „gute Reise" wünscht man „glücklichen Weg" (*sčastlivogo puti*); wer vor einer Entscheidung zögert, befindet sich am Scheideweg (*na pereput'e*); in poetischem oder pathetischem Wortgebrauch werden die Synonyme *put'* und *doroga* als Doppelbegriff verwendet (*put'-doroga*). Ebenfalls mit einem Doppelbegriff spricht man in übertragener Bedeutung (und stets in der Mehrzahl) von Ideen- oder Gedankenwegen (*puti-idei*). In keiner anderen Nationalbibliographie sind wohl so viele „Weg"-Titel zu finden wie in der russischen – von den mittelalterlichen Reise- und Pilgerberichten, die als „Gänge" (*choždenija,* auch *choženija*) bezeichnet wurden, bis hin zur philosophischen und historischen Literatur des 19./20. Jahrhunderts sowie der jüngsten Vergangenheit.

2

Immer wieder hat man die angebliche russische Entscheidungs- und Formschwäche auf die Kontrastarmut, die langsam gleitenden Übergänge, das Fehlen von klar erkennbaren Grenzen im Landschaftsraum zurückgeführt, hat betont, dass der im weiten Raum schweifende, kaum irgendwo anstoßende Blick zwar große Zusammenhänge, nicht aber kleine Unterschiede zu erfassen vermöge. Wer über Hunderte von Kilometern in beliebiger Richtung sich fortbewege und doch stets die gleiche, das heißt: eine gleichförmige Landschaft vor sich habe, werde dadurch auch mental ganz anders geprägt als etwa ein Franzose, ein Italiener, ein Schweizer gar, der unterwegs in seiner Heimat mit ständigen landschaftlichen Szenenwechseln und damit schon äußerlich mit einer Vielzahl von Grenzen, Differenzen und Formationen aller Art konfrontiert sei.

Alles im russischen Landschaftsbild, ob Wald- oder Steppengebiet, sei gekennzeichnet durch Weichheit, Vagheit, offene Konturen, unauffällige Farben, kaum merkliche Schattierungen und hinterlasse deshalb – so der Historiker Wassilij Kljutschewskij – „einen unbestimmten, unklaren, ruhigen Eindruck".[5] Von diesen raumbedingten sinnlichen Eindrücken scheint, wie manchen russischen Selbstzeugnissen zu entnehmen ist, die Mentalität des Russentums – von der Heimatliebe über den Gemeinschaftssinn bis zur Wirtschaftsethik – zutiefst imprägniert zu sein. Es versteht sich, dass dort, wo weitläufiges, unbesiedeltes, scheinbar herrenloses Land in grenzenlosem Umfang für eine dünn gesäte, zahlenmäßig schwache Bevölkerung zur Verfügung steht, kein fester Bezug zur Erde und zu immobilem Besitz entstehen kann.

Im Unterschied zu sämtlichen europäischen Ländern und selbst zu den USA ist Russland spätestens seit Iwan III. ein Staatsgebilde, bei dem es keinerlei Kongruenz zwischen Volk und Territorium gibt. Der Großteil der Bevölkerung blieb auf die Gebiete westlich der Wolga (und hier wiederum auf die Städte) konzentriert, wohingegen die viel ausgedehnteren russischen Territorien Zentralasiens und des fernen Ostens vorwiegend von kolonisierten nichtrussischen Völkerschaften bewohnt waren – eine ungleichgewichtige demographische Situation, die sich auch durch die massive Russifizierungspolitik zur Zaren- wie zur Sowjetzeit nicht gänzlich hat begradigen lassen. Von daher ist zumindest teilweise die Merkwürdigkeit zu erklären, dass im russischen nationalen Selbstverständnis die Heimat immer auch als etwas Fremdes, sogar als eine Art Exil begriffen wurde und der unabsehbar weite *Raum* als ein besonderer, nach allen Seiten expandierender *Weg*; oder umgekehrt – der unbestimmte, in die Breite und Weite verlaufende Weg bringt, indem er abgeschritten wird, den Raum, das Raumgefühl überhaupt erst hervor.

Der „Springinsfeld" (russ. *perekati-pole*) hortet gewöhnlich keine Reserven, braucht keinen ihn überdauernden Wohnsitz, knüpft keine beständigen wirtschaftlichen und sozialen Kontakte, folgt nicht vorab angelegten Wegen, lässt sich vielmehr gehen nach Maßgabe seiner jeweiligen Bedürfnisse und Möglichkeiten – wo immer er hingelangt, fühlt er sich, vorübergehend, als Herr eines Terrains, dessen Grenzen er nicht kennt und nicht kennen will, und das er klaglos auch immer wieder aufgibt.

Wer gleichwohl, wie die Russen, in einem solchen Raum heimisch wird und sich niederlässt, wird sich ständig wehren müssen gegen die Übergriffe jener „räuberischen Nomaden", die alles, was sie auf ihrem Weg vorfinden, für ihre natürliche, deshalb legitime Beute halten. Welche Vorzüge diese oder jene Örtlichkeit in der Steppe auch haben mochte, kaum jemand wagte es, sie langfristig für sich in Anspruch zu nehmen, wissend, „wie schwer, ja, wie unerträglich es infolge ständiger nomadischer Angriffe sein würde, dort auch nur am Rande eines Feldes zu leben". Sergej Solowjow, autoritativer Vorgänger Kljutschewskijs in der russischen Geschichtsschreibung, hat dieses Phänomen wie folgt festgehalten: „Die Steppe ist ein trockenes Meer, doch die Bewohner dieses Meeres bilden ein flüssiges, bewegliches, ungeformtes Element innerhalb der Gesamtbevölkerung; das ewige Bewegtsein verurteilt sie zu ewigem Stillstand bezüglich der Entwicklung gesellschaftlicher Formen, bezüglich der Zivilisation; sie fühlen keinen festen Boden unter sich, sie mögen dessen unmittelbare Berührung nicht und verbringen ihre Zeit auf dem Rücken eines Kamels oder ihres Pferdes; ihr Einhalten an einem Ort ist von kurzer Dauer; sie schenken der Erde keine Beachtung, bearbeiten sie nicht, ihre Tiere suchen sich die Nahrung selbst und geben auch ihren Herren Nahrung; ihr Geschäft besteht darin, lebendige Beute zu jagen, zu fangen, zu erlegen, ihr Geschäft ist es, andere Nomaden oder sesshafte Menschen anzufallen, zu berauben, gefangen zu nehmen; sie sind Liebhaber des Angriffs, können sich aber nicht verteidigen und weichen beim ersten Widerstand zurück: ja, und was hätten sie denn zu verteidigen?"[6]

3

Die russische Literatur aller Epochen kennt zahllose Protagonisten – Pilger, Bettler, Christusnarren, Söldner, Abenteurer, landlose Bauern, unbehauste Arbeiter, umgetriebene Wahrheitssucher –, die Zeit ihres Lebens, ohne ein erkennbares Ziel zu haben, auf Wanderschaft sind und deren Biographie mehr mit Geographie als mit Geschichte zu tun hat, Menschen, die den zumeist aktivistischen und zielstrebigen Helden westlichen Typs als schicksalsergebene, zwar bewegte, aber nichts bewegende Antihelden gegenüberstehen. Sogar die Kriegsheroen der altrussischen Epen und Annalen oder die kraftvollen Haudegen der russischen Märchen- und Erzählliteratur wirken oft sehr unentschieden, warten ab, brechen auf, machen Zwischenhalt, schmieden Pläne, brechen erneut auf, vollbringen die eine oder andere Heldentat, wonach sie erneut zurückweichen.

Eine generelle Deutung dieses Haltungs- und Verhaltensmusters hat Nikolaj Berdjajew in seinem großen Essay über *„Russlands Schicksal"* (1918) geliefert. Für Berdjajew ist das Weggehen „aus dem Alltag, aus jeglichem normierten Leben" und ist auch das ziellose Weitergehen, das klaglose Untergehen ein typisch russischer Mentalitätszug, der jede Bürgerlichkeit und Ordentlichkeit hinter sich lässt. Berdjajew glaubte im Landstreicher, den er für einen typisch russischen Charakter hielt, die Verkörperung des freien Menschen schlechthin zu erkennen, einen Menschen auch von besonderer Schönheit, der nicht an die Erde gebunden, nicht der sozialen Schwerkraft verfallen sei; und mehr als dies – der russische Landstreicher sei ein Luftmensch, der sich vom irdischen Boden wie von der mondänen Welt abgehoben habe und sich ihr nicht mehr verpflichtet fühle: die ganze Schwere der Erde und des diesseitigen Lebens sei zusammenpackt in seinem kleinen Reisesack, den er über der Schulter trägt. Das Wesen, die Größe des Russentums und dessen Berufung zu einem höheren, mehr geistig (oder geistlich) denn materiell ausgerichteten Dasein hienieden konkretisiere sich im Typus des Landstreichers.

Auch in diesem Zusammenhang bemüht Berdjajew die Analogie zwischen Russlands räumlicher Weite und der Weiträumigkeit der sogenannten russischen Seele: „Vor der russischen Seele eröffnen sich die Weiten (*dali*), und es gibt keinen vorgezeichneten Horizont vor ihren geistigen Augen. Die russische Seele verbrennt in flammender Suche nach Wahrheit, nach der absoluten, der göttlichen Wahrheit, nach der Errettung der ganzen Welt und nach allgemeiner Auferstehung zu einem neuen Leben. […] Immer weiter und weiter muss man gehen, dem Ende, der Grenze entgegen, zum Ausgang aus dieser ‚Welt', zum Weggang von dieser Erde und von allem Ortsgebundenen, Kleinkarierten, Festgeklebten."[37]

Der Landstreicher hat keine eigene Wohnstatt und ist unentwegt auf der Suche nach einem ihm unbekannten zukünftigen Reich. Was Berdjajew, der sonst durchaus sachlich zu argumentieren weiß, an dieser Stelle reichlich mit lyrischem Pathos verbrämt, findet sich, schlicht und anschaulich dargelegt, in der populären Volkslegende von der unsichtbaren Stadt Kitesh, die für den russischen Menschen All und Heim zugleich bedeutet und auf deren Suche er endlos unterwegs ist.

10

Lew Tolstojs Weggang aus dem herrschaftlichen Familiengut von Jasnaja Poljana könnte man durchaus mit dem althergebrachten russischen Phänomen des „Narrentums in Christo" (*jurodstvo Christa radi*) in Verbindung bringen, jener spezifischen, zugleich asketischen und karnevalistischen Form des Heiligenlebens, das mit dem gewollten, oft provokant inszenierten Austritt aus der gesellschaftlichen Normalität beginnt und an einem vom Zufall beziehungsweise vom Schicksal bestimmten abseitigen Ort sein erbärmliches Ende nimmt.

Auch wenn Tolstoj, der als weltberühmter Schriftsteller und Meinungsführer nach seinem „Weggang" aus Jasnaja Poljana in einem abgelegenen Bahnwärterhaus starb, kein authentischer „Christusnarr" gewesen ist, so stimmte er doch, vorab durch seine massive öffentliche Kritik an staatlichen Würdenträgern und kirchlichen Institutionen, mit den Anliegen und dem abweichenden, bewusst schockierenden Verhalten jener Gottesmänner recht weitgehend überein. Auch darin stimmt Tolstoj mit ihnen überein, dass er, wiewohl erst als alter Mann, sein Hab und Gut hinter sich ließ, um – einer „plötzlichen" Eingebung folgend und in planlosem Zickzackkurs sich fortbewegend – ins Unversicherbare aufzubrechen und *dort* den Tod und damit die Erfüllung seines Lebens zu finden. Für den Philosophen Wassilij Rosanow war Tolstoj gerade wegen seiner souveränen Anspruchslosigkeit, seines rebellischen Charakters, seines ständigen, innern wie äußern Unterwegsseins ein „ganzer" Mensch und somit *der* russische Mensch schlechthin – ein Mensch „ohne Festlegungen, ohne Grenzen, ohne Uniform und Standesprivilegien, ohne Form und Beruf."[38]

Auf das schlechthin Russische und damit das schlechthin Menschliche hat Lew Tolstoj manche seiner großen literarischen Gestalten heruntergebrochen, indem er sie ihres Ansehens, ihres Anscheins entkleidete und so ihre wahre Statur gewinnen ließ. Im Roman „*Krieg und Frieden*" lässt er den Generalfeldmarschall der zaristischen Armee, Michail Kutusow, bei wichtigen Lagebesprechungen während der napoleonischen Besatzung gelegentlich eindösen, und er zeigt ihn in burschikosem, eher unbedarftem Umgang mit den gemeinen Soldaten, denen er sich offenkundig näher fühlt als den meisten seiner Stabsoffiziere. Kutusow ist Mensch genug, um auch in der Lächerlichkeit seine persönliche Größe zu bewahren.

Der adlige Intellektuelle und Offizier Pierre Besuchow wiederum erkennt nach seiner Begegnung mit einem analphabetischen Bauern, der als Prototyp eines „allmenschlichen" Russentums gelten kann, wie wenig von seinem glanzvollen Leben für ihn selber wesentlich ist, und lernt so – nachdem er weder auf Bällen noch in der Wissenschaft, weder in der Freimaurerei noch in der Ehe sein Glück gefunden hat – die schlichte Schönheit eines Sonnenaufgangs, den herrlichen Geschmack eines Stücks Brot als alltägliche Sensation zu schätzen: Erst das Absehen von sich selbst und der Verzicht auf jegliches Prestige macht ihn zu einem ganzen Menschen. Auch in diesen Fällen wird der „Weggang", so unvernünftig und anstößig er der Umwelt erscheinen mag, zur Voraussetzung wahrer Menschwerdung.

Nikolaj Strachow, ein konservativer Großkritiker seiner Zeit, hat Tolstojs Romanpersonal – ob Adlige oder Bauern, ob Beamte oder Militärs – pauschal als Landstreicher charakterisiert: „Was tun denn eigentlich die Helden des Grafen Tolstoj? Sie streunen buchstäblich durch die Welt, tragen ihr Ideal mit sich und suchen die ideale Seite des Lebens."[39]

Lew Tolstojs eigener „Weggang" war ultimativ und irreversibel, gefolgt von einer unschlüssig suchenden Fortbewegung, verzögert durch Umwege und Fehlgänge, ein Gehen, das zwar ein entschiedenes „Fort-von", aber kein erkennbares „Hin-zu" kannte, ein „Weggang" letztlich, der nirgendwohin führen und nichts erbringen sollte.[40] Natürlich fehlt es im russischen Schrifttum nicht an esoterischen und theologischen Deutungen dieser Art von „Weggang". So interpretiert die zeitgenössische Lyrikerin Sinaida Mirkina in einem kurzen versifizierten Traktat den „Weggang" als Gottessuche und den so gewonnenen „Ausweg" als Vollendung dieser Suche: „Gott ist der Ausweg. In völliger Schwärze, / In einem Raum ohne Wege."[41]

11

Wie sehr und wie früh Tolstoj vom Phänomen des russischen „Narrentums in Christo" fasziniert war, ist belegt durch ein diesbezügliches Kapitel – „Der Christusnarr" – in seiner großen Erzählung „*Kindheit*" (*Detstvo*, 1852); schwankend zwischen Mitleid und Bewunderung vergegenwärtigt Tolstoj den „Streuner" Grischa wie folgt: „Woher stammte er? Wer waren seine Eltern? Was hatte ihn dazu veranlasst, das Wanderleben zu wählen, das er nun führte – niemand wusste es. Ich weiß nur, dass er seit seinem fünfzehnten Altersjahr als Christusnarr bekannt wurde, als einer, der im Winter wie im Sommer barfuß ging, Klöster aufsuchte, Ikonenbildchen verteilte an jene, die sie mochten, und der rätselhafte Worte sprach, die von Einigen als Prophetien aufgefasst wurden, dass man ihn nie in anderer Gestalt gekannt hatte, dass er nur ganz selten einmal zur Großmutter ging und dass die Einen sagten, er sei der unglückliche Sohn reicher Eltern und eine reine Seele, die Andern aber – dass er schlicht ein Bauer und ein Faulpelz sei."[42] In wenigen treffenden Zeilen wird hier nicht nur das Portrait des Narren skizziert, sondern auch hingewiesen auf die Unklarheiten seiner Herkunft und die Ambivalenz seiner Wirkung auf die Umwelt.

Das Wandern, erfahren und erlitten als ein unablässiges Getriebensein, ist die selbst auferlegte Existenzform des „Christusnarren", der niemals zur Ruhe kommt, bevor er zu irgendeiner Stunde an irgendeinem Ort als anonymer Zeitgenosse stirbt. Einen solchen Tod hat auch Lew Tolstoj gesucht und gefunden, als er sein behagliches Landgut in Jasnaja Poljana am 28. Oktober 1910 um 5 Uhr früh für immer verließ. Während dreißig Jahren hatte er den „Weggang" geplant, um sich *irgendwann* vom „weltlichen Leben", von dessen Luxus und Schlechtigkeit abzukehren[43], er hatte seit den späten 1870er Jahren sogar die Absicht, nach *„Krieg und Frieden"* und *„Anna Karenina"* ein weiteres großes Romanwerk zu verfassen, dessen kollektiver Hauptheld das russische Volk im Kraftfeld des russischen Raums sein sollte: das „wandernde Russland".

Oft hat sich der Schriftsteller damals, unweit seines Landsitzes in Jasnaja Poljana, an der von Moskau nach Kijew führenden Magistrale aufgehalten, um die vorüberziehenden Landstreicher und Pilger zu beobachten oder mit ihnen das Gespräch zu suchen.[44] Besonders die Wallfahrer, die über Tausende von Wersten aus Sibirien zu den Kijewer Kirchen und Reliquien wanderten, haben ihn beeindruckt; sie wiesen ihm den „Ausgang in die weite Welt", den er selbst mit der Übersiedlung aus Moskau in die ländliche Provinz um Tula erst zaghaft begonnen hatte. Doch er stellte auch fest, dass sich die Pilgerschaften keineswegs nur aus frommen und uneigennützigen Christenmenschen rekrutierten, dass sie vielmehr – zum eher größeren Teil – von durchaus zweifelhaften Mitläufern missbraucht wurden. Tolstojs Beobachtungen, die später auch in sein Erzählwerk eingingen, bestätigen jedenfalls, dass die großen Pilgerreisen weniger ein religiöses denn ein soziales beziehungsweise massenpsychologisches Phänomen war.

Das von Tolstoj konsequent praktizierte „geistige Narrentum" ist, jeweils unterschiedlich ausgeprägt, schon bei Nikolaj Gogol und Pjotr Tschaadajew sowie bei diversen Romanfiguren Dostojewskijs (namentlich dem „idiotischen" Fürsten Lew Myschkin) zu beobachten, und es wird mit Autoren wie Wladimir Solowjow, Andrej Belyj, Wassilij Rosanow, Aleksandr Dobroljubow, Maksimilian Woloschin, Welimir Chlebnikow, Andrej Platonow, Aleksej Remisow u. a. m. zu einem Signum der russischen Moderne.

Das Narren- und Sektierertum, somit auch die Landstreicherei ist damals in zahlreichen literarischen und philosophischen Werken thematisiert worden, besonders eindringlich in Belyjs Roman *„Die silberne Taube"* (*Serebrjanyj golub'*, 1909), in der Dichtung Chlebnikows, im Erzählwerk Bunins, Remisows und Schmeljows, in der religiösen Publizistik Rosanows.[45] In einer Versdichtung von Maksimilian Woloschin liest man unter der Titelzeile *„Wie ein Jüngling auf Wanderungen ohne Wiederkehr ..."* (*Kak nekij junoša v skitanjach bez vozvrata ...*; 1913): „Ein hausloser langer Weg ist mir vom Los bestimmt ... | Andern mag er fremd sein ... Ich appelliere nicht, dass man mir folgt – | Ich bin ein Streuner und Poet, ein Träumer und Passant ..." Was hier noch zum spätromantischen Image des Dichters als Sonderling und Einzelgänger gehört, wird für Woloschin nach der bolschewistischen Revolution, angesichts der zunehmenden staatlichen Vereinnahmung und Reglementierung der Künste, zu einem Fluch – der wahre Dichter hat im Sowjetsystem keinen Platz mehr, ist gezwungen, sich auf Um- und Nebenwegen zu bewegen, um seiner Mission gerecht zu werden; in dem Gedicht „*Heldenmut des Dichters*" (1925) heißt es dazu: „Paria zu sein unter sämtlichen Zaren und Staatsordnungen: | Gewissen des Volkes – das ist der Dichter. Im Staate aber gibt's für ihn keine Bleibe."[46] Für den Dichter, der sich und seiner Berufung treu bleiben will, gibt es weder im Staat noch in der Gesellschaft einen adäquaten Ort, eine glaubwürdige Position. Adäquat und glaubwürdig kann einzig der Weg selbst sein, den er außerhalb der Institutionen und unabhängig von ihnen abschreitet.

Dass nachmals der Schriftsteller Wenedikt Jerofejew, Verfasser des halluzinatorischen Pendlerberichts „*Von Moskau nach Petuschki*" (1970), als schwerer Alkoholiker, als angeblich Verrückter und als „asoziales Element" zu einem der populärsten Autoren der postsowjetischen Literaturszene werden konnte, ist vorab dadurch zu erklären, dass man in ihm, nach Jahrzehnten gesellschaftlicher und ideologischer Gleichmacherei, einen neuen Christusnarren erkannte, der offenbar mit Wort und Tat ein breites Publikum für sich einzunehmen vermochte.[47]

Zu beachten ist übrigens die Tatsache, dass Jerofejews Protagonist seine ziellose Fahrt auf einer Stadtbahnstrecke absolviert, mithin auf einer vorgegebenen Route mit Abfahrts- und Ankunftsstation; doch dieser Festlegung entzieht er sich durch das Abheben in den Rausch, der ihn die Bahnreise als Schlingerkurs erfahren und Anfang und Ende durcheinander bringen lässt. Das grundsätzlich abweichende Verhalten dieses sowjetischen Christusnarren manifestiert sich dadurch um so deutlicher.

12

Weder das religiöse noch das intellektuelle „Christusnarrentum" ist jemals ein Massenphänomen gewesen, aber beide Spielarten dieses karnevalesken sozialen Verhaltens, das mit erratischem Furor zwanghafte Ordnungen und Gewohnheiten aufbricht, sind beispielhaft für den urtümlichen russischen Hang zum Nomadisieren. Diesen Hang hat noch Sergej Jessenin in einem Gedicht aus der Zeit des Ersten Weltkriegs als unabwendbares Fernweh wie folgt charaktersisiert: „Müde bin ich des Lebens im heimatlichen Land, | Vor lauter Sehnsucht (*toska*) nach den Weizenweiten | Verlasse ich meine Hütte, | Mache mich davon als streunender Räuber und Dieb." Doch immer wieder kehrt der Wanderer ins „Vaterhaus" zurück, ein letztes Mal, um sich dortselbst den Tod zu geben und „ungewaschen", „bei Hundegebell" begraben zu werden: „Auch das Russenland wird stets so leben, | Wird tanzen und weinen am Zaun."[48] Rastlosigkeit, Ziellosigkeit, Sinnlosigkeit des indivuellen Lebensgangs wie auch des Gangs der Geschichte sind hier beispielhaft in Verse gefasst.

Von „närrischen" Geistesgrößen wie Tolstoj oder Jerofejew unterscheiden sich die eigentlichen „Christusnarren" dadurch, dass sie ausschließlich mit moralischen Forderungen und Anklagen auftreten, dass sie tatsächlich – meist nackt oder in abgerissener Kleidung – ohne jede Rücksicht auf Verluste „sich gehen lassen", dass sie sich auf paradoxe

Weise durch Selbsterniedrigung erhöhen, sich als lebendige Wahrheit, als wandelndes Gewissen einer sündigen und verlogenen Welt entgegenstellen. Den „Christusnarren" geht es nicht darum, die Wahrheit zu behaupten, sie zu verkünden und durchzusetzen, vielmehr darum, sie „Fleisch" werden zu lassen – sie selbst soll sich aussprechen durch den närrischen Körper, durch spontane Gesten und Reden.

In den „Christusnarren" erreicht der russische Wander- und Freiheitstrieb seine höchste, zudem religiös begründete Intensität; ihr „Weggang" ist definitiv, ihr Gang durch das irdische Jammertal, oft mit dem Streunen von Hunden verglichen, kennt kein räumliches Ziel und findet seinen Sinn einzig darin, die unaufhebbare menschliche Niedertracht – vor allem die der weltlichen Herrscher – durch verbale Attacken zu entlarven und zu geißeln. Die „Christusnarren" lassen mehr als nur ihre Familien, ihre Freunde, ihren Besitz, ihren Beruf, ihren gesellschaftlichen Status, sogar ihren Namen hinter sich, sie verwerfen und verunglimpfen jegliche kulturellen und zivilisatorischen Errungenschaften, sie ersetzen die Alltagssprache durch obszöne Reden, durch eine hemmungslose Fluch- und Schimpfrhetorik, durch transmentale Zungenrede oder auch – durch beharrliches Schweigen. Als plan- und ziellose Herumtreiber halten sie sich dennoch mit Vorliebe in eng begrenzten, meist städtischen Gebieten auf, doch empfinden sie diese als wüst und leer und irren darin herum, als wären sie tatsächlich in einer Wüste unterwegs.

Das streng dualistische Weltbild des „Christusnarren" konkretisiert sich in seiner Lebensführung. Den Tag verbringt er, unentwegt hadernd und intrigierend, im Sündenpfuhl irdischer Normalität, die Nacht – rastlos umgetrieben – in stetigem flehentlichen Gebet. Vom weithin bekannten und berüchtigten Prokopij aus Ustjug wird berichtet: „Tagsüber ging er als Narr, die Nacht verbrachte er jedoch ohne Schlaf und betete ohne Unterbrechung zu Gott dem Herrn. [...] Nachts gönnte er sich nicht die geringste Ruhe, sondern wanderte durch die Stadt und durch alle Kirchen Gottes und betete zum Herrn unter vielen Tränen. Morgens ging er wieder für einen ganzen Tag hinaus auf die Straßen der Stadt und wanderte als Narr herum." Von einem andern Narren heißt es: „Wenn der Selige des Morgens aufgestanden war, begann er seine Wanderung. Inmitten von Unrast und Lärm trieb er seine Possen, und so wanderte er den ganzen Tag, ohne zu essen oder sich irgendwo niederzusetzen."[49]

13

Als „Christusnarren" hat man (und haben sich) in Russland auch viele ganz gewöhnliche Menschen bezeichnen können. Im 19. Jahrhundert galt fast schon jeder, der ein unstetes Leben führte, die Arbeit scheute, sich in die Ferne sehnte oder auch bloß ein „Original" war, als ein solcher „Narr um Christi willen". Mit Christenglauben oder christlichem Engagement hatte dies nichts zu tun. Iwan Turgenew hat in den *Aufzeichnungen eines Jägers* (1852/1880) ein russisches „Original" dieser Art mit dem bezeichnenden Übernamen Blocha (d. i. Floh) wie folgt charakterisiert: „Ein wunderlicher Mensch: ein Christusnarr, wie man so bald keinen zweiten findet. Er ist, wie er leibt und lebt, wie unser falber Gaul: er meidet genau so die Hand ... die Arbeit, meine ich. In der Tat, was ist er schon für ein Arbeiter – nichts als Haut und Knochen, aber trotzdem ... Er ist doch schon seit seiner Kindheit so. Zuerst ging er mit seinem Onkel als Fuhrmann: hatte eine Trojka; dann wurde er das satt, gab es auf. Dann lebte er daheim, aber auch daheim konnte er nicht stillsitzen: er ist so ruhelos, genau wie ein Floh. Gott sei Dank bekam er einen guten Dienstherrn, der zwang ihn zu gar nichts. Und nun streunt er umher wie ein herrenloses Schaf. Und wunderlich ist er: schweigt manchmal wie ein Baumstumpf, und manchmal fängt er an zu reden und zu reden – weiß der liebe Gott was."

Und im selben Teilstück der *„Aufzeichnungen"* findet sich im Gegenzug zum „wunderlichen" Blocha auch der ganz normale russische Christenmensch, dem die Exzentrizität eines „Christusnarren" völlig abgeht und der dennoch zur verbreiteten Spezies des „ewigen Wanderers" gehört. „Ich bin allein, kann nicht stillhalten. Was hat man denn schon davon, zu Haus zu hocken", lässt Turgenew den Bauern Kassjan räsonieren: „Wenn man aber mal ins Gehen kommt, – fuhr der Alte mit erhobener Stimme fort, – dann wird einem wirklich leichter. Da bescheint einen die liebe Sonne, Gott kann dich besser sehn, und auch das Singen geht besser. Man schaut hin, was da für Kräutlein sprießen, man sieht eins und pflückt es. Da fließt zum Beispiel so ein Gewässer; man sieht's, man trinkt: es ist quellfrisch, ein Quell, heiliges Wasser. Die Vögel des Himmels singen ... Dort hinter Kursk beginnen die Steppen; die Steppenlandschaft – ein Wunder, eine Freude für unsereinen, Freiheit, göttliche Seligkeit! Und so gehen sie, wie man sich erzählt, bis hin zu den warmen Meeren, wo der Vogel Gamajun lebt, der so lieblich singt, wo im Winter und Herbst kein Blatt von den Bäumen fällt und wo goldene Äpfel an silbernen Zweigen wachsen und wo jedweder Mensch in Zufriedenheit und Gerechtigkeit lebt ... Dorthin würd ich gerne gehen ... Wo bin ich nicht überall hingegangen! Bin gegangen nach Romion, nach Simbirsk – eine wunderbare Stadt – und sogar nach Moskau mit seinen goldenen Kuppeln; an die Oka, die Ernährerin, bin ich gegangen, an die schöne Zna, an die Wolga, unser Mütterchen, und so viele Menschen hab ich gesehn, gute Christenmenschen, und war in manchen Städten, ehrbaren Städten ... Ja, dorthin würd ich gehn ... ja ... aber ich ... und nicht nur ich Sünder ... viele andere Christen gehen in Bastschuhen, sie pilgern durch die Welt, sie suchen die Wahrheit ... ja! ... Und was hat man schon davon, daheim zu hocken, was?"[50] Der „Weggang" und die vage Suchbewegung, von der hier die Rede ist, hat letztlich das Paradies beziehungsweise eine weit verbreitete populäre Wunschvorstellung davon – das Schlaraffenland – zum Ziel, einen Unort mithin, eine ewig währende Utopie.[51]

Vergleichbar mit den „Christusnarren", wiewohl weniger radikal in ihrem Auftreten sind die sogenannten „Läuflinge" (oder „Ausreißer", russ. *stranniki* oder *beguny*), eine sektiererische religiöse Bewegung des 18. und der ersten Hälfte des 19. Jahrhunderts.[52] Auch die „Läuflinge" gehörten gewissermaßen zur Avantgarde des „wandernden Russland", auch sie sollte um der Wahrheitssuche willen Haus und Herd verlassen, sollten auf jede Ordnung und Regelung ihres Lebens verzichten, sich jeglichen Forderungen politischer oder sozialer Art entziehen, keine offiziellen Papiere und auch kein Geld entgegennehmen – nur immer wandern und sich (anders als die „Christusnarren") möglichst abseits der menschlichen Gemeinschaft halten, was den „Läuflingen" deshalb leicht gelingen konnte, weil sie sich vorwiegend in den großen Wäldern Nordrusslands aufhielten. Getrieben waren sie von der Überzeugung, sich dem Antichrist entziehen zu müssen, der sie in Gestalt des Staats und einer hierarchisch strukturierten Gesellschaft einengte, getrieben eben deshalb von der Sehnsucht nach grenzenloser Weite und Ferne, nach einem Jenseits im Diesseits, wie die russischen Ebenen, die Steppen, die Wüsten es erahnen ließen.

In einem späten (unvollendeten) Poem hat Aleksandr Puschkin einen solchen Wanderer sich aussprechen lassen über den unerklärlichen und unabwendbaren Zug in die Weite, den Widerstreit von Fernweh und Heimweh, von Einzelgängertum und Familiensinn, von religiöser Verzückung und tiefer Schwermut. In Ich-Form artikuliert der Sektierer seine apoklyptischen Ängste und Warnungen, er klagt, er weint, er betet, er zweifelt, er fragt sich, ob sein Tun rechtens sei, er sorgt sich um seine Familie und kann doch nicht umhin, sie zu verlassen – er kommt sich vor wie ein aus dem Gefängnis ausgebrochener Häftling und ist doch nichts weniger als ein geistlicher Märtyrer, der sich selbst seine Fußeisen angelegt und kein anderes, kein konkreteres Ziel hat als ein „gewisses Licht" (*nekij svet*), das aber seinerseits lediglich „andere Gestade, andere Wogen" verspricht, mithin die Ferne schlechthin.[53]

Zu den Besonderheiten dieser nomadisierenden Sekten gehörte die Übereinkunft, dass die lebenslänglichen Wanderschaften auch zu Hause – „im Geist" – stattfinden konnten. Die berühmten, erstmals 1865 in Kasan erschienenen *„Aufrichtigen Berichte eines Wanderers an seinen geistlichen Vater"* (Otkrovennye razskazy strannika duchovnomu svoemu otcu) lassen im übrigen darauf schließen, dass manche fromme Wanderer, auch wenn sie zwischen Südrussland und Zentralsibirien jahrelang unterwegs waren und dabei Tausende von Wersten zurückgelegt haben, nur wenig von der russischen Landschaft wahrgenommen haben, weil sie auch beim Wandern unentwegt ins Gebet versunken oder mit der Bibel und diversen „Tugendschriften" (*dobrotoljubie*) beschäftigt waren.[54]

Wanderndes Russland (1) – Wallfahrt nach Sergijew Possad (Sergej Korowin, *Zur Dreifaltigkeit*, Gemälde, 1902).

Wanderndes Russland (2) – *oben* Wanderer auf Arbeitssuche (Sergej Korowin, *Bauer unterwegs*, Gemälde, 1890er Jahre); *unten* Landlose Bauernfamilie unterwegs – der Vater gestorben, das Pferd entlaufen (Sergej Iwanow, *Unterwegs*, Gemälde, 1889).

14

Den russischen Wandertrieb vermochten in weit größerem Umfang und auch sehr viel früher als die „Christusnarren" und die wandernden Sektierer die regulären Pilger zu absorbieren. Pilgerfahrten in „fremde Länder" – vorab ins Heilige Land (Jerusalem), bald auch ins Byzantinische Reich (Zargrad) und auf den Berg Athos – wurden schon aus dem alten Kijewer Russland unternommen, was durch manche Pilgerberichte eindrücklich belegt ist.[55] Zu Tausenden begaben sich russisch-orthodoxe Wallfahrer (*palomniki; piligrimy; kaliki*) auf monate-, sogar jahrelange Reisen zu fernen Heiligtümern – so zahlreich, dass solche Reisen zeitweilig verboten werden mussten, weil die Abwesenheit allzu vieler Gläubigen die Aufrechterhaltung des kirchlichen Gemeindelebens in Frage stellte.

Bei der gewaltigen Ausdehnung des Reichs wurden Distanz und Dauer der Pilgerfahrten, aber auch die extremen klimatischen Schwankungen zu einem oftmals lebensbedrohlichen Problem. Nicht selten kam es vor, dass ganze Pilgergruppen unterwegs zu einem Heiligtum in die Irre gingen, weder den Hin- noch den Rückweg mehr fanden und so – ein ausschließlich russisches Phänomen – zu „ewigen" Wanderern wurden, zu „mystischen Vaganten", die zusammen mit fahrenden Gesellen aller Art das „wandernde Russland" beziehungsweise dessen „flüssiges" Element bildeten.

Im 18./19. Jahrhundert wurde das Einzugsgebiet der Pilgerfahrten mehr und mehr eingeschränkt, und man ging nur noch kurzfristig, meist zur Sommerzeit, auf Reise. Dennoch machten sich viele Pilger auf den Weg, ohne ein konkretes Ziel zu haben und auch ohne die Absicht, ja wieder nach Hause zurückzukehren. Für sie bedeutete der geistliche Aufbruch zugleich den Abbruch aller sozialen, auch der familiären Beziehungen „um Christi willen". Im Unterschied zu den „Christusnarren" verzichteten sie aber auf jede Art von Schaustellerei und Weltverachtung; ihr einziges Anliegen bestand darin, unentwegt pilgernd und betend zu „geistiger Schönheit und Wahrheit" zu gelangen. Diese Pilger waren von gewöhnlichen Landstreichern kaum zu unterscheiden, sie legten zu Fuß, dem „Ruf der großen Straße" folgend (*prizyv bol'šoj dorogi*), Tausende von Wersten zurück, um ihr „Herzensgebet" zu vollenden und fern vom eigenen Heim ihr Eigenstes und Eigentliches zu finden.

Das Eigenste und Eigentliche würde für den, der die Pilgerschaft als solche, unabhängig von der Erreichung irgendeines Ziels, ernsthaft als Lebensweg absolviert, darin bestehen, sich durch die Permanenz des Wanderns und Betens um eine noch so unvollkommene Imitation Christi zu bemühen. „Ich bin nunmehr seit dreizehn Jahren ununterbrochen auf Wanderschaft", heißt es im Bericht eines anonymen russischen Pilgers aus dem späten 19. Jahrhundert: „Viele Kirchen und Klöster habe ich aufgesucht, nun aber bin ich vor allem in den Steppen und Feldern unterwegs. Ich weiß ja nicht, ob der Herr es mir gestatten wird, jemals das Heilige Jerusalem zu erreichen. Falls es des Herrn Wille ist, wäre es nunmehr vielleicht an der Zeit, dortselbst meine sündigen Knochen zu begraben. – ‚Wie alt bist du denn?' – Dreiunddreißig. Das Alter Christi!"[56]

Im Vergleich mit Pilgerfahrten in (oder aus) Westeuropa, nehmen sich die „ewigen Wallfahrten" der Russen eher wie Irrfahrten aus. Iwan Aksakow hat den russischen Wanderer und das Faszinosum des russischen Raums in Versform wie folgt charakterisiert: „Wiewohl er bei sich zu Hause still und zwistfrei lebte, | Behagte es ihm doch nicht so recht, war ihm der Raum nicht groß genug (*ne prostorno*), | Doch hinterm Dorf, so weit das Auge reicht – | Welch eine Ferne (*dal'*), was für ein großer Raum (*prostor*) ..."[57] Ob Pilger oder Landstreicher – für das „wandernde Russland" scheinen die „große Straße" und der *große Raum* eins zu sein, und wer sich auf dieser Straße, in diesem Raum gehen lässt, folgt bewusst oder unbewusst immer auch dem Wunsch, im ziellosen Gehen zu vergehen und im Vergehen schließlich bei sich anzukommen.[58] An einer Stelle seines Romans „*Doktor Shiwago*" hält Boris Pasternak in diesem Sinn beiläufig fest, dass für den Russen jeder „schneeverwehte Trampelpfad", der *in die Ferne* führt, *der Heimweg* sein kann.[59]

Als negative Variante steht diesem Prototyp des Russentums der ewig irrende, ewig getriebene Jude gegenüber[60], der wurzellose ahasverische „Luftmensch", der dem russischen Selbstverständnis so weitgehend entspricht, dass er sich dieses mit Leichtigkeit aneignen, sich darin einrichten könnte. Um dies zu verhindern, wurde immer wieder auf die angeblich selbstverschuldete Unbehaustheit und Heimatlosigkeit als Prämisse des jüdischen Wandertriebs verwiesen und gleichzeitig für das Russentum in Anspruch genommen, dieses sei, auch wenn es wandere und pilgere, keineswegs heimatlos, sondern bewege sich *in seiner Heimat*, die aber so weitläufig sei, dass sie nie erwandert werden könne. Der jüdische Wanderer wird somit auf den Status des Eindringlings, des Fremdgängers und letztlich des *Unterwanderers* festgelegt, wohingegen die Wanderschaft des Russen als patriotische Exploration gelten soll.

15

Außer den „ewigen" Pilgern, die nichts anderes als fromme Wanderer in Gestalt von gewöhnlichen Landstreichern waren, gab es in Russland zahllose Menschen, die sich nur kurzfristig auf Pilgerschaft begaben, ohne deswegen Haus und Hof hinter sich lassen.

In der näheren Umgebung Moskaus wurde das Kloster von Sergijew Possad zum bevorzugten Pilgerort, und viele Gläubige machten es sich zur Gewohnheit, das Kloster einmal jährlich über eine Distanz von fünfzig bis hundert Wersten zu Fuß aufzusuchen, um dort zu beten, zu gedenken, zu spenden, sich segnen zu lassen. Die zunehmende Dekadenz des Pilgertums hat im ausgehenden 19. Jahrhundert Lew Tolstoj wie folgt beschrieben: „Da gab es Pilgerinnen, die von einer heiligen Stätte zur nächsten, von einem Einsiedler zum andern wanderten und die vor jedem Heiligtum und jedem Starzen in Rührung zerflossen. […] Da gab es Streuner, zumeist ausgemusterte Soldaten, es gab Greise, bettelarm und meist betrunken, die sich der Ansässigkeit entzogen hatten und nun von Kloster zu Kloster zogen, nur um sich verpflegen zu lassen; da gab es auch die unscheinbaren Bauern und Bäuerinnen mit ihrem egoistischen Anliegen, geheilt zu werden oder Ratschläge zu bekommen über die alltäglichsten Angelegenheiten: an wen sie ihre Tochter verheiraten sollten, ob sie einen Laden mieten oder ein Stück Land kaufen sollten, ob sie von der Sünde befreit werden könnten, ein Kind im Schlaf erdrückt oder es unehelich geboren zu haben."[61]

Überhaupt waren die massenhaften Pilgerfahrten für die Kirche nicht nur ein Gewinn. Allzu oft entpuppten sich die Wallfahrer als bloße Abenteurer ohne alle religiösen Interessen, auch gab es unter ihnen zahlreiche kriminelle Elemente – Diebe, Räuber, Vergewaltiger –, mit denen kein Staat zu machen war. In kirchlicher Optik sollte das Pilgertum deutlich abgehoben sein vom kommunen „wandernden Russland", zu dem außer zahllosen Landstreichern auch Handelsleute, Schausteller, Musikanten, Soldaten und nicht zuletzt reiche Gutsherren sowie hohe Beamte gehörten, die oft mit einer Vielzahl von Begleitpersonen unterwegs waren.

So wird verständlich, dass die Kirche schon früh dazu tendierte, das Pilgertum – den Weg – als etwas Besonderes herauszustellen und darauf hinzuweisen, dass „viele gute Menschen" auch daheim – im Haus – durch Gebete, tugendhaftes Verhalten und edle Taten „zu jenen heiligen Stätten gelangen" könnten.[62] Gegen Ende der Tatarenherrschaft, im mittleren 15. Jahrhundert, wurden ausländische Heiligtümer zunehmend als „fremd" empfunden, und „eigene", näher gelegene Pilgerorte gewannen an Interesse und Zulauf, während gleichzeitig Handels- und Entdeckungsreisen – so etwa *Der Gang über drei Meere* des Kaufmanns Afanassij Nikitin nach Ostindien in den Jahren 1466 bis 1472 – an Interesse gewannen.[63]

Mehr und mehr bevorzugten die Pilger heilige Stätten im Moskauer Reich, meist Klöster, in denen angeblich wundertätige Ikonen aufbewahrt wurden und wo es für die Pilger auch geistlichen Beistand gab. Auf Pilgerschaft gingen nicht nur einfache Christenmenschen, sondern oft auch Angehörige des Provinzadels oder höherer großstädtischer Gesellschaftsschichten. Von daher wird verständlich, dass nach dem Tod Alexanders I. – er starb 1825, fern weitab vom Petersburger Machtzentrum, auf der Krim – in weiten Bevölkerungskreisen Russlands der feste Glaube aufkommen konnte, der Tod des Zaren sei vorgetäuscht worden, dieser habe vielmehr freiwillig der Macht entsagt, um künftighin als Pilger das weite Land zu durchwandern – als Starez Fjodor Kusmitsch soll er später verschiedentlich in Sibirien angetroffen worden sein …

Das passt auch zum russischen Volksglauben, wonach Gott in der Gestalt Christi (und mit ihm die Wahrheit) nicht entrückt im Himmel, sondern unerkannt auf Erden und insbesondere auf russischer Erde zugange ist, weshalb der Christenmensch, um ihm zu begegnen und in ihn einzugehen, nur immer gehen und gehen müsse. Unter Christenmenschen und „Christusnarren" ist auch Christus selbst auf Wanderschaft hienieden, eine Begegnung mit ihm also jederzeit möglich: „In der Gestalt, wie Er sich irgendwo ein erstes Mal gezeigt hat, geht Er auch weiterhin einher. Und zu uns kam Er in Knechtsgestalt, und so geht Er auch durchs Land, von Petersburg bis nach Kamtschatka, ohne Sein Haupt irgendwo niederlegen zu können."

So liest man es in Nikolaj Leskows Erzählung *„Am Ende der Welt"* (1875): „Wir haben Ihn nicht in prunkendem Byzantinismus und in Weihrauchdunst entdeckt, sondern Er ist heimisch bei uns selbst und geht einfach überall durch unser Land, dringt ohne Weihrauch im Wehen eines feinen Hauchs unter die Badebank und kuschelt sich als Taube unters warme Brusttuch."[64] Mit Dostojewskij zu reden – „… lange-lange gehen und jene Linie überschreiten, eben jene Linie, wo der Himmel mit der Erde zusammentrifft."[65]

16

Viel wurde darüber spekuliert, nie aber definitiv geklärt, was denn das Ziel dieses „langen-langen" Wanderns hätte sein können oder sein sollen – eben dieser Frage sind zahlreiche russische Märchen und Legenden gewidmet, in denen von fremden, weit entfernten, noch zu entdeckenden Ländereien die Rede ist – Utopia? Ein himmlisches Jerusalem? Russland selbst als das verlorene Paradies oder als das gelobte, nie erkannte Land? Oder allgemeiner noch: ein völlig neues Leben? Eine neue Existenzform? Eine neue alternative Geisteswelt? Die lichte Zukunft einer wahrhaft kommunistischen Welt? Theologen wie Mystiker, Literaten wie Historiker haben darüber räsoniert; die Fragen bleiben offen, wer-

Russische Landstreicher, Wanderarbeiter, Bettler
(zeitgenössische Photographien, um 1910).

„*Gang ins Volk*" – jugendliche Intellektuelle, viele davon in Westeuropa ausgebildet, bereisten in den frühen 1870er Jahren die Provinzen Russlands, um die bäuerliche Bevölkerung nach sozialistischen Vorstellungen „aufzuklären"; die Bewegung blieb ohne Erfolg und provozierte behördliche Repressionen (zeitgenössische Photographie).

den bis heute unter immer wieder anderem, aktuellem Gesichtspunkt gestellt und münden doch stets im Zwiespalt zwischen Heils- und Endzeiterwartung.

Von Iwan Bunin gibt es eine Erzählung des Titels „*An der Straße*" aus dem Jahr 1913, in der das streunende Russland, wie es noch zu Beginn des 20. Jahrhunderts zu beobachten war, auf einzigartige Weise präsent gehalten wird. – Die Handlung spielt sich fast durchgehend auf einem kleinen Gutshof unweit einer Überlandstraße ab, hält aber ihre Protagonisten – Bauern, Soldaten, Händler, Hirten, Landstreicher – in ständiger unsteter Bewegung. Von der Schwelle des ärmlichen Hauses verfolgt die Hauptheldin der Erzählung das Treiben auf der großen Straße, auf der Schwelle erwartet sie jeweils die Rückkehr ihres Vaters, der unentwegt in undurchsichtigen Geschäften durch die Gegend reist. Die junge Frau, die zwar vor Ort bleibt, aber qualvoll umgetrieben ist von ihrem erwachenden sexuellen Begehren, beobachtet die Viehtreiber, die Kosaken und Kirgisen, die in karnevalesker Buntheit und Wildheit auf der Straße Revue passieren. Alle Welt ist in permanenter flutender Bewegung, ohne dass erkennbar würde, auf welches Ziel die Bewegung hinausläuft. „In irgendeine weite Ferne, in ein glückliches Land strebten sie alle, die hier bisweilen vorüberfuhren, vorübergingen."

Einer von ihnen, ein typischer Vagabund, hinterlässt bei der aufmerksamen Beobachterin einen besonders starken Eindruck, der in der Folge auf merkwürdige Weise ihr Leben, ihren Untergang bestimmt: „Wagemutig und gespannt nach vorne schauend, mit schulterlangem, von der Sonne gesprenkeltem, teils basthellem, teils dunklem Haar, mit

Kappe und Kutte schritt am Wegrand weit ausholend und im Gehen seinen hohen Stab aufsetzend, ein Vagabund: sie folgte ihm mit einem langen Blick, obzwar sie sich vor den Vaganten fürchtete, wenn diese in den Hof einbogen und um eine milde Gabe baten. In ruhigem Trab, oftmals hopsend und holpernd, fuhr mitten auf der Straße eine gebrechliche gutsherrliche Trojka vorüber: das Geräusch der brüchigen Federung, das reiseartige Aussehen des verdreckten Fahrzeugs weckten in ihr ein Sehnen, ein unbestimmtes Begehren." Und dieses Begehren steigerte sich noch, wurde fast unbeherrschbar, wenn sie den Blick zum Himmel hob, der sich in „heller matter Bläue" unabsehbar über den wogenden Feldern wölbte: „Dahin schaute sie am allerhäufigsten, gequält vom Ruf der Weite und Ferne der Steppe."[66]

Das Sehnen der jungen Frau gilt keinem bestimmten Mann, sondern der Liebe als solcher, und es hat kein vorbestimmtes Ziel, aber doch einen beständigen Vektor – es ist ein Sehnen nach Ferne und Weite schlechthin, nach einem grenzenlosen Raum, der unentwegt erwandert, ja erflogen werden muss und in dem es keinen Ruhepol gibt. Bunins Heldin, ständig schwankend zwischen Versonnenheit und Leidenschaft, zwischen Hingabe und Revolte steht symbolhaft für die russische Mentalität, die gleichermaßen bestimmt ist vom Mythologem der „Mutter feuchte Erde" und dem in endlosen Windungen sich dahinziehenden Weg, zu dem es keine Distanz- und Zielanzeige gibt.

In der russischen Volksliteratur wird die nomadische Suchbewegung nach „fernen Ländereien" (*dalekie zemli*) mit ausschweifender Phantasie thematisiert und ins Utopische gewendet.[67] Klar ist jeweils nur, dass Weg und Ziel auf dieser Suche unklar sind; dass das Gehen selbst – „lange-lange" – einen tief empfundenen Sinn, wenn auch keine eindeutige Richtung hat und dass es immer, ungeachtet sozialer oder nationaler Grenzen, auf ein Jenseits hin tendiert. Der Wanderer ist immer schon „außer sich", auch wenn er zu Hause bleibt und seine Reise im Kopf oder auf Papier „hinter sich" bringt, um jeweils *dort* zu sein, wo er *jetzt* nicht ist.

17

Nachdem die Zeit der großen kontinentalen Pilgerreisen vorbei war und auch die Volksreligiosität zu schwinden begann, kam es zunächst zu einer gewissen „Demokratisierung" der Wallfahrten, da nun jedermann in die Lage kam, in verhältnismäßig kurzer Zeit einen verhältnismäßig nah gelegenen Pilgerort aufzusuchen.

Das Wallfahren war nichts Außergewöhnliches, Entbehrungsreiches mehr, es war keine existentielle Erfahrung mehr, wurde vielmehr absolviert als eine unaufwendige Art, sündige Schuldhaftigkeit loszuwerden und an heiliger Stätte der Segnung teilhaftig zu werden: Pilgerfahrten als kurzfristiges touristisches Vergnügen. Vollends die Aufhebung der Leibeigenschaft (1861) führte zur Reaktivierung des urtümlichen, ganz und gar ungeistigen kollektiven Wandertriebs und brachte in den 1870er Jahren zusätzlich eine neue, säkularisierte Form von „Pilgerfahrten" hervor, den sogenannten „Gang ins Volk", für den man im Russischen denselben Begriff (*choždenie*) verwendete wie für die traditionelle Wallfahrt. Allerdings handelte es sich nun um „Wallfahrten" revolutionär engagierter Intelligenzler, für die das „Heiligtum" nicht mehr ein altes Kloster oder eine Kirche, sondern das Volk war, dem sie mit missionarischem Engagement „die Wahrheit" bringen wollten.

Der „Gang ins Volk" – die Bezeichnung, die zugleich ein Slogan war, stammt ursprünglich vom Anarchisten Michail Bakunin – war als Aufklärungs- und Agitationsfeldzug geplant, sollte in der bäuerlichen Bevölkerungsmehrheit eine revolutionäre Grundstimmung erzeugen, den von der Leibeigenschaft seit 1861 befreiten Landwirten aber auch Hilfestellung bieten zur Verbesserung ihrer gesellschaftlichen und wirtschaftlichen Lage sowie zur Übernahme westlicher Technologie und Anbaumethoden.

Die intellektuelle Wallfahrt zum Volk, an der junge Leute zu Tausenden beteiligt waren, dauerte nur kurze Zeit (1873/1874; Abb. S. 195) und endete in einem Fiasko, da die Bauern ihre ungebetenen Wohltäter für Polizeiagenten oder wenigstens für antichristliche Aufrührer hielten. In einem über Jahre sich erstreckenden Untersuchungs- und Anklageverfahren wurden insgesamt 2564 politische „Dörfler" (*derevenščiki*) oder „Troglodyten", wie man die jugendlichen „Wallfahrer" in der Presse nannte, polizeilich vernommen; nur bei wenigen kam es jedoch in der Folge auch tatsächlich zu einer Verurteilung, da den „Volkstümlern" kriminelle Vergehen kaum nachzuweisen waren.[68]

Eine Art intellektueller Wallfahrt gab es, in weit größerem Umfang, seit den Petrinischen Reformen auch in umgekehrter Richtung. Nicht nur Handelsreisende, Diplomaten, Militärs, Wissenschafter und Publizisten, sondern zunehmend auch bildungsbeflissene (oder spielversessene) Touristen sowie – nicht zu vergessen – eine große Anzahl politischer Emigranten verließen Russland in Richtung Westeuropa, und für viele von ihnen kam die zeitweilige oder auch definitive Übersiedelung einer Wallfahrt in ein utopisches Wunderland gleich, selbst dann, wenn es sich bei den Reisenden um europakritische russische Patrioten handelte.

18

Das literarische Modell zum neuen intellektuellen Tourismus hat Nikolaj Karamsin mit seinen *„Briefen eines russischen Reisenden"* (1791/1801) geliefert, in denen die Länder Westeuropas – allen voran die Schweiz und England – als idyllische Horte der Freiheit, der Harmonie und der Vernunft belobigt werden, als eine lichte Gegenwelt zum finstern Russland, dessen Zugehörigkeit zu Europa von Karamsin gerade deshalb wortreich beschworen wird.

Die schicksalhafte Frage „Russland oder Europa?" kontert Karamsin mit der Feststellung: Russland gehört virtuell zu Europa, muss aber erst noch nachhaltig europäisiert werden. Was für viele russische Pilgerberichte gilt, nämlich dass ihr Stoff eher aus Texten denn aus der Wirklichkeit geschöpft ist, stimmt auch für den hochgebildeten Karamsin, der sein weitreichendes Buchwissen – Gessner, Rousseau, Sterne – über die realen Reiseeindrücke hat triumphieren lassen.

Ganz real waren aber jedenfalls die Schikanen und die heimatliche „Wegmisere", die er, auf der Strecke zwischen Twer, Sankt Petersburg und Riga, bei seiner Ausreise in den Westen zu spüren bekam und für die er denn auch, ohne Rückgriff auf irgendwelche literarischen Vorbilder, entsprechend deutliche Worte fand: „Der Weg war höchst beschwerlich. [...] Alles ärgerte mich. Überall, schien es, forderte man mir zu viel ab; auf jeder Station hielt man mich übermäßig lange auf. Doch nirgends war ich verdrießlicher als in Narwa. Ich kam ganz durchnässt in dieser Stadt an. Meine Betten, Kissen und alles [was auf die Reise mitzunehmen war] war mit Kot bespritzt. Mit Mühe erhielt ich zwei Bastdecken zu Kauf, um mich damit auf irgend eine Art gegen den Regen zu schützen [...]. Man gab mir eine elende Kibitka [leichter Reisewagen] und jämmerliche Pferde, und kaum waren wir eine halbe Werst gefahren, so brach die Achse; die Kibitka fiel in den Kot und ich mit ihr. [...] Das war noch nicht genug. Irgend ein Polizeibeamter kam und fing an zu lärmen, dass meine Kibitka da mitten im Wege läge. [...] Gott weiß, wie mir in diesem Augenblicke zu Mute war. Alle angenehmen Ideen von Reisen waren aus meiner Seele verwischt."[69]

Vor diesem düstern russischen Hintergrund hat Karamsin in der Folge seine ausgedehnte Europatour um so nachhaltiger im Positivbereich erlebt – so als wären vor seinen Augen all jene bald idyllischen, bald erhabenen Ideallandschaften vorübergezogen, die er aus seinen Lektüren bereits kannte.

Den Prototyp des russischen Europareisenden hat Fjodor Dostojewskij in seinem Thesenroman „*Der Jüngling*" (1875/1876) in Gestalt des „unbehausten" Gutsbesitzers Andrej Petrowitsch Wersilow geschaffen, dessen Lebensbericht sich tatsächlich wie ein säkularisierter Pilgerbericht liest. Auch Wersilow wird von einem unabwendbaren Wandertrieb erfasst, lässt sein Haus, seine Familie hinter sich, um nach Europa zu „emigrieren" und dort in eine rast- und ergebnislose Suchbewegung zu verfallen, die bloß ganz vage auf irgendein gelobtes, nirgendwo existierendes Land ausgerichtet ist.

Wersilows entschiedene Unentschiedenheit manifestiert sich schon bei seiner Abreise aus Russland: Niemals zuvor hat er, dessen Leben ohnehin eine ständige Wanderschaft war, „solch trostlose Trauer und ... solche Liebe" empfunden wie eben damals. Die Reise selbst gerät ihm zur Offenbarung nicht des europäischen, vielmehr des russischen Wesens schlechthin. Wersilow findet nämlich in Europa keine Europäer vor, er sieht sich lediglich mit nationalen Typen konfrontiert, die für Frankreich, für England usw. stehen, nicht aber sich erheben können zu einer höheren, freieren, menschlicheren Existenzform. Vor Ort in Europa erkennt der Russe ohne größere Verwunderung, dass eben doch nicht die Franzosen, die Engländer, die Deutschen die wahren Europäer sind, sondern einzig die Russen. „In Europa mag man das vorläufig noch nicht zu begreifen. Europa hat wohl respektable französische, englische, deutsche Typen hervorgebracht, weiß aber noch immer so gut wie nichts von seinem eigentlichen künftigen Menschen. Und will es offenbar auch gar nicht wissen. Was auch verständlich ist: Sie sind unfrei, wir [Russen] jedoch sind frei. Ich allein mit meiner russischen Sehnsucht war damals in Europa frei."

Wersilow besteht – wie Dostojewskij selbst in seinen politischen Verlautbarungen – auf der übernationalen, gesamtmenschlichen Auserwähltheit des Russentums und nimmt für seine Landsleute in Anspruch, immer schon Europäer gewesen und eben dadurch zu wahrhaftigen Russen geworden zu sein: „Dies bildet unseren wesentlichsten nationalen Unterschied gegenüber allen Andern, und in dieser Hinsicht sind wir einzigartig. Ich [als Russe] bin in Frankreich Franzose, gemeinsam mit den Deutschen bin ich Deutscher, mit den alten Griechen – Grieche und eben dadurch ganz und gar Russe. Damit bin ich ein echter Russe und diene vorab Russland, denn ich vertrete seine Hauptidee."[70] Unter dieser Hauptidee ist hier auch Dostojewskijs eigene Überzeugung und darüber hinaus die slawophile Idee der brüderlichen allmenschlichen Führerschaft Russlands in einer künftigen unifizierten Christenwelt zu verstehen. Was Dostojewskij in seiner wegweisenden Puschkinrede von 1880 und den späteren Ergänzungen dazu ausgeführt hat, kann als letztgültige Synthetisierung des slawophilen Messianismus gelten und ist für die „russische Idee" bis heute grundlegend geblieben.[71] Im Schlusskapitel dieses Bands wird davon noch einmal die Rede sein.

Das „Land der heiligen Wunder" – die Formulierung geht auf Aleksej Chomjakow zurück – ist für den Russen gleichermaßen ein Sehnsuchtsort, ein Sündenpfuhl, ein Spießerparadies, eine dekadente Zivilisation, eine absterbende Kultur. Doch gerade dieses ferne und fremde Europa lockt den Russen zum Wandern und Streunen, auch Europa ist und bleibt für ihn letztlich ein diffuses Ziel, dem er sich immer nur rastlos annähern, das er nie erreichen kann. Auch diese Art von Nomadentum setzt einen abrupten Aufbruch voraus, der ohne Rückkehr bleiben kann. „Damals warf ich alles weg", gesteht Wersilow seinem unehelichen Sohn: „Und du musst wissen, mein Lieber, dass ich mich damals von deiner Mutter trennte und ihr dies auch klar machte. Das musst du wissen. Ich erklärte ihr damals, ich würde für immer fortgehen, sie würde mich nie wieder sehen."[72]

In seinen *„Winterlichen Aufzeichnungen über sommerliche Eindrücke"* aus dem Jahr 1863 notiert Dostojewskij: „Wie werde ich nun endlich Europa sehen, ich, der ich darüber während fast vierzig Jahren fruchtlos nachdachte, ich, der ich schon mit sechzehn Jahren *in die Schweiz fliehen* wollte, in vollem Ernst, so wie Belopjatkin bei Nekrassow, der ich damals aber nicht geflohen bin, und da reise ich nun endlich ein ins ‚Land der heiligen Wunder', in das Land all meiner langen Sehnsüchte und Erwartungen, meines sturen Glaubens. ‚Gott, was sind wir denn nur für Russen?' schoss es mir in diesem Moment durch den Kopf, als ich noch immer im Reisewaggon saß. – Sind wir denn tatsächlich Russen? Warum übt Europa auf uns, wer auch immer wir seien, einen derart starken, zauberischen, provokanten Eindruck aus?"[73]

Dass ausgerechnet Russlands „ewige Wanderer" der übrigen Welt das Heil bringen sollen, weist sie als Missionare aus, als Reisende in Sachen Orthodoxie, aber auch als Weltbeglücker und Wahrheitsfanatiker, denen imperiale Interessen keineswegs fremd sind. Mit messianischem Überschwang hat Dostojewskij in seinem *„Tagebuch eines Schriftstellers"* immer wieder darauf insistiert, dass es gerade den russischen „Landstreichern" und „Strolchen" vorbehalten sein werde, Europa und der Welt das „Allmenschentum" beizubringen, mithin die höchste Form des Menschseins überhaupt. Für das aktuelle Europa hat er indessen bloß Verachtung übrig, der bürgerlichen Sesshaftigkeit zieht er allemal den russischen Wandertrieb vor.[74]

Die Jurte eines kirgisischen Nomaden sei ihm lieber, schreibt Dostojewskij 1868 in einem Brief aus der Schweiz an Apollon Majkow, als die abscheuliche Sauberkeit, Spießigkeit und Rechtschaffenheit, die ihm in Genf das Leben zur Hölle mache.[75] Den extremsten Gegenzug zu Europa vollzieht Wassilij Rosanow, wenn er apodiktisch festhält, man müsse als Russe „hienieden so leben wie in der Wüste; und in einem Steinhaus in Petersburg – wie in einem Zelt"[76], eine Forderung, der er selber, als ausgeprägter Stubenhocker und Familienmensch, keineswegs genügen konnte.

Iwan Gontscharow hat mit seinem Weltreisebericht *„Die Fregatte Pallas"* (1858) ein Beispiel dafür gegeben, wie russische Touristen Kontinente umschiffen oder überqueren können, ohne ihr trautes Heim wirklich zu verlassen: Gontscharow selbst – auch er ein Büro- und Stubenhocker – unternahm seine fast zweijährige Seereise unter lauter russischen Matrosen auf einem russischen Schiff, das wie eine treibende Insel um die Welt schaukelte und gleichwohl das Fremde nie auf das Eigene übergreifen ließ.[77]

19

Im russischen Wegkonzept fallen Utopismus und Eschatologie in eins, jede Wanderung ist, dieser Auffassung nach, ein Aufbruch ins Unversicherbare, dessen Fortgang und Ablauf eher unerheblich bleibt, auch kaum irgendwelche Ergebnisse oder gar Eroberungen zeitigt und fast immer in der Auflösung endet.

Der russische Weg scheint primär die Ferne zum Ziel zu haben, einen unbestimmten namenlosen Raum, hinter dem immer noch ein Raum sich auftut; es ist ein Weg, der eigentlich nur nach Utopia führen kann und der seinerseits utopisch ist – ein Unort. Russland selbst, Raum und Weg zugleich, kann als dieser Unort imaginiert werden. Die russische realistische Landschaftsmalerei bestätigt diese Perspektivierung; sie ist denn auch reich an Werken, die nichts anderes zeigen als einen leeren, in die offene Ferne strebenden, oft schnurgeraden Weg, der auf keinerlei Hindernisse stößt und eher als ein zeitlicher denn ein räumlicher Vektor aufzufassen ist. Diesem Phäomen ist weiter unten ein eigenes Kapitel gewidmet.

Die russische Historiosophie und mehr noch die schöne Literatur ist reich an Utopieentwürfen und utopistischen Metaphernbildungen.[78] Als Unort erscheint Russland – ein kurzer Beispieltext soll hier, gleichsam als Motto zum Folgenden, genügen – in Aleksandr Bloks Gedichtzyklus *„Auf dem Schnepfenfeld"* (1908), das auf geradezu paradigmatische Weise den weiten Raum, die umgreifende Weiblichkeit und die endlose Sehnsucht zu einer phantastischen Architektur kontaminiert, bei der Innen und Außen, Eigenes und Fremdes, Wirklichkeit und Möglichkeit nicht mehr zu unterscheiden und auch nicht mehr von Bedeutung sind; im Eingangstext finden sich unter andern die folgenden Verse: „O Russland mein! Mein Weib! Schmerzlich | Klar ist uns der lange Weg! | Unser Weg – als Pfeil des alten Freiheitswillens der Tataren | Hat er unsre Brust durchbohrt. || Unser Weg – ein Steppenweg, unser Weg – in uferlosem Sehnen, | In deinem Sehnen, o Russland! | […] | Und nie ein Ende! Vorüber fliegen Werst um Werst […]."[79]

Und nie ein Ende ... der „ewige" russische Pilger steht für den „ewig" pilgernden Russen schlechthin. In der ersten Hälfte des 19. Jahrhundert haben die Historiker Nikolaj Karamsin und Michail Pogodin vom „Landstreichertum" als einer Grundanlage der russischen Bevölkerung gesprochen, und sie waren sich einig darin, dass diese Grundanlage – genauer vielleicht: dieses Grundbedürfnis, dieser kollektive Grundimpuls – verantwortlich dafür gewesen ist, dass sich die russische Gesellschaft nie wirklich gesetzt und gefestigt hat, dass sie nie ein integrales Ganzes hat werden können, sondern stets gekennzeichnet blieb durch eine gewisse „Flüchtigkeit" und „Fragilität" (*zybkost*), durch ständige innere Schwankungen und Antagonismen.

Vom permanenten „Wanken" einer disparaten Bevölkerung durch grenzenlose Landschaftsräume sah später der Publizist Konstantin Kawelin die Geschichte Russlands bestimmt, und sein Zeitgenosse Sergej Solowjow war es, der diesen zentrifugalen Wanderungsprozess als innere „Kolonisierung" auf den Begriff brachte und in ihm *die* geschichts- und staatsbildende Kraft erkannte, aus dem das russländische Imperium erwuchs.

20

Schon 1851 ließ sich Solowjow in einer seiner frühen Vorlesungen an der Moskauer Universität dazu wie folgt verlauten: „In der russischen Geschichte nehmen wir das hauptsächliche Phänomen wahr, dass der Staat bei der Ausdehnung seiner Territorien weitläufige leere Räume in Besitz nimmt und besiedelt – das Staatsgebiet wird vornehmlich vermittels der *Kolonisierung* erweitert; der führende slawische Stamm treibt seine Völkerschaften immer weiter in die Tiefe des Ostens. Sämtlichen Stämmen Europas ist es durch die Geschichte bestimmt, ihre Völkerschaften in andere Erdteile zu schicken, um dort Christentum und Staatlichkeit (*graždanstvennost*) zu verbreiten; den westeuropäischen Stämmen ist es beschieden, dies auf dem Seeweg zu leisten, dem ostslawischen Stamm hingegen – auf dem Landweg (*suchim putem*)." Von daher das Fazit: „Die alte russische Geschichte ist die Geschichte eines Lands, das sich selbst kolonisiert (*kolonizuetsja*)."[80]

Ein Fazit, das durchaus im Einklang mit der Tatsache steht, dass der populärste aller russischen Heiligen, Nikolaj (oder Nikola Ugodnik), als Schutzheiliger aller Wandersleute – ob Landstreicher, Pilger oder Handelsreisende – verehrt wird. Das Modell der flutenden Kolonisierung und Staatsbildung Russlands hat seit dem Zusammenbruch der Sowjetunion und der damit verbundenen Ablösung riesiger Territorien in die Unabhängigkeit erneute Aktualität gewonnen – noch nie zuvor in der Geschichte sind dem Land soviele kolonisierte Gebiete verloren gegangen, und dies innerhalb weniger Monate und ohne eine einzige kriegerische Handlung.

Zur flutenden Kolonisierung gehört auch, wie man heute anzunehmen bereit ist, der Prozess des Rückflutens. Die expansive Flutbewegung des „wandernden Russland" hat schon in der Frühzeit des Kijewer Reichs eingesetzt, als große Bevölkerungsteile sich dem Druck der südlichen Steppenvölker durch einen massenhaften Abmarsch aus dem Dneprgebiet nach Norden (bis an die Oka und den Oberlauf der Wolga) entzogen.[81] Das nördliche Petschory-Land, das Pomorje sowie das Uralgebiet wurden bis zum 14. Jahrhundert von Nowgorod her kolonisiert in der hauptsächlichen Absicht, neue Jagdgründe zu erschließen. Mit dem Fall der Chanate Kasan und Astrachan begann im mittleren 16. Jahrhundert das russische Vordringen über den Ural hinaus nach Zentral- und Ostsibirien bis in den Fernen Osten.

Gefolgt war diese unwiderstehliche, durch ein Kosakenheer unter Jermak Timofejewitsch vorangetriebene Flut von einer bedeutsamen Welle russischer Entdeckungsreisen, die im 17. Jahrhundert zur Erforschung, aber auch zur präsumptiven Nutzung der neu erworbenen Ländereien zwischen dem Nördlichen Eismeer, dem Pazifik und der Halbinsel Kamtschatka, mit eingeschlossen die großen sibirischen Flussläufe, unternommen wurden.[82]

Nach beträchtlichen Gebietsgewinnen im Westen und Süden Russlands in den Jahrzehnten um 1800 (Polen, Finnland, Krim, Georgien, Bessarabien) fanden im zweiten und letzten Drittel des 19. Jahrhundert die kolonialistischen Flutbewegungen mit einer Reihe von Eroberungen und Annexionen in Zentralasien (Buchara, Chiwa, Samarkand, chinesisches Amur- und Ussurigebiet) ihren imperialen Höhepunkt und erlebten zugleich, mit dem Verkauf Alaskas (1867) an die Vereinigten Staaten von Amerika, eine bedeutsame transkontinentale Rückzugsbewegung.

Aufschlussreich in Bezug auf das „wandernde Russland" ist die Tatsache, dass die russischen kolonialistischen Flut- oder Wellenbewegungen eher vom Zufall und von einsamen herrscherlichen Entscheidungen bestimmt waren als von langfristiger politischer Planung. Bei der Expansion des gewaltigen Imperiums waren lediglich im Westen und Süden Grenzen zu überwinden, nach Osten hin stand der Raum weit offen, die Kolonisierung konnte ohne wesentlichen Widerstand durchgeführt werden, und tatsächlich verlief sie eher planlos und sprunghaft denn zielgerichtet.

Bezeichnend dafür ist eine Notiz des russischen Innenministers Pjotr Walujew aus dem Jahr 1865, als zaristische Truppen Usbekistan besetzten: „Taschkent ist von Gen. Tschernjajew eingenommen worden. Niemand weiß, warum und wozu."[83]

21

„Das russische historische Gewebe ist so befremdlich verwirrt, ist so gänzlich zerwalkt und zerfetzt", schreibt mit viel Emphase der Religions- und Kulturhistoriker Georgij Florowskij, den man sonst als durchaus nüchternen Gelehrten kennt. Die bildhafte Ausdrucksweise sollte nicht darüber hinwegtäuschen, dass Florowskij die russische Mentalität auf Grund umfangreicher Recherchen und langjähriger Studien zu bestimmen versucht, auch wenn er sie im Weiteren am Klischee der „russischen Seele" festmacht. Beachtenswert sind seine Ausführungen schon deshalb, weil er zur Phänomenalität des russischen Raums und des russischen Migrantentums in der zeitlichen Dimension der Geschichte eine genaue Entsprechung erkennt. Russland ist für Florowskij ein Chronotop, der horizontale Weite und offene (oder jedenfalls fluktuierende) Grenzen mit einem alinearen und diskontinuierlichen Zeitgefühl verschränkt, das stark zum Apokalyptischen tendiert.

„Seit jeher lebt und verweilt die russische Seele", so liest man bei Florowskij, „in mehreren Epochen und Altersstufen zugleich. Nicht deshalb, weil sie über die Zeit triumphiert oder sich über sie erhebt. Im Gegenteil, sie zerfließt in den Zeitläuften. Unkoordinierbare und ungleichzeitige seelische Formationen gehen ineinander über und verwachsen. Doch das Verwachsen ist keine Synthese." Die von Dostojewskij propagierte „universelle Resonanzfähigkeit" des Russentums, die alles Fremde ins Eigene zu verwandeln vermag, hält Florowskij nicht für einen Vorzug, sondern für ein fatales geistiges und psychisches Gebrechen, weil der Mensch auf all seinen „Wanderungen durch die Zeiten und Kulturen" stets Gefahr laufe, sich selbst abhanden zu kommen und in der Zerstreuung jede Konzentrationsfähigkeit zu verlieren: „Die Seele verliert sich, verliert sich selbst in diesem Fluten von historischen Eindrücken und Erfahrungen. So als vermöchte sie nicht bei sich selbst einzukehren, weil sie von allzu vielem angezogen und abgelenkt wird, weil sie befangen bleibt im Anderwärtigen (*inobytie*). Und so bilden sich in der Seele bestimmte nomadische Gewohnheiten (*kočevye privyčki*) heraus – die Gewohnheit, in Ruinen oder unterwegs in Zelten zu hausen. Die russische Seele hat ein schlechtes Gedächtnis für verwandtschaftliche Herkunft (*rodstvo*). Am beständigsten ist sie im Verneinen und Abschwören."

Der gerade, der steile, der schmale oder breite Weg hat im russischen Weltbild – etwa in Bezug auf den Lebensweg oder den Weg der Geschichte, des Denkens – eine weit geringere Bedeutung als die Wegkreuzung oder die Weggabelung. Der Weg wird nicht primär als Linie imaginiert, sondern als ein weitläufiges Netz mit Städten oder Klöstern als Knotenpunkten, oft aber einfach als eine Art Kreislauf, wie er sich bekanntlich beim richtungslosen Umherirren in der Wüste, in flachen Schneegebieten oder auch bloß in der Nacht einzustellen pflegt. „In der russischen Geschichtserfahrung wird durchweg die Bedeutung unpersönlicher, sogar unbewusster, irgendwie elementarer Kräfte, ‚organischer Prozesse' oder der ‚Macht der Erde' überbetont, so als vollziehe sich Geschichte eher in passiver Weise, als *geschehe* sie eher, als dass sie *gemacht* würde."

In der durchgehenden Ambivalenz zwischen Zuflucht und Flucht, Sesshaftigkeit und Nomadentum, Haus und Weg, wie sie bereits aufgezeigt wurde, erkennt Florowskij die „Tragödie einer gespaltenen Liebe", die jegliche Beständigkeit und Zielführung gleichermaßen verunmöglicht. Unter diesem Gesichtspunkt präsentiert er den Schriftsteller und Philosophen Wassilij Rosanow als einen besonders authentischen Vertreter russischer Geistigkeit, der zwar über ein „unbezweifelbares Gespür" für Einzelprobleme und -phänomene des Alltagslebens verfügt habe, nicht jedoch über die Kraft oder den Willen, größere Zusammenhänge zu erkennen und darzustellen: „Und ihm wird alles bloß zum Anlass. Ihm fehlte die organische Ganzheit. Rosanow verbleibt ganz im Chaos, in Augenblicken, in Empfindungen, in blitzartigen Einsichten. [...] Selten gelingen ihm große Bilder. Er hat ein irgendwie zersetztes, sich zersetzendes Bewusstsein – zersetzend, weil kleinkariert und alles nach Strich und Faden zerfasernd."

Florowskijs Kritik an Rosanow ist allein deshalb von Interesse, weil sie der gleichen Ambivalenz unterliegt, die für das Russentum insgesamt charakteristisch zu sein scheint – die Ambivalenz zwischen Detailverfallenheit und Ganzheitlichkeitsstreben: einerseits soll Rosanows Denken als „typisch" russisch gelten, andererseits wird es verworfen wegen seiner Fragmentierungstendenz, seiner Unfähigkeit mithin, das ebenfalls „typisch" russische Bedürfnis nach Einheit, Gemeinschaftlichkeit, Allversöhnung, geistiger, kultureller und nationaler Synthese zu verwirklichen.[84]

22

Die organismische Grundanlage und Ganzheitlichkeit des russischen Kulturtyps hat der Dichterphilosoph Wjatscheslaw Iwanow in seinem Versuch über *„Die russische Idee"* (1909) wie folgt expliziert: „Unter der ‚organischen Kultur' verstehen wir diejenige, in der die Einheit der Grundvorstellungen von den göttlichen und menschlichen Dingen, vom Guten und Bösen herrscht und die Einheit der Lebensformen sowie die Stileinheit in Kunst und Gewerbe sich realisiert. Die streitenden Kräfte kämpfen auf dem gemeinsamen Boden derselben Normen, und die Gegner verstehen sich gegenseitig dank der Gemeinschaftlichkeit der ihr Tun und Trachten bestimmenden Grundsätze; diesen Normen und Grundsätzen vermag das Individuum nur ihre tatsächliche Verletzung, nicht aber eine prinzipielle Ablehnung entgegenzusetzen. Alles Schöpferische als solches ist hier unpersönlich, und alles Individuelle bedeutet nur die eigensinnige Behauptung des zufälligen persönlichen Willens zur Macht und Herrschaft. Die fortschreitende soziale Differenzierung führt eine allmähliche, erst auf einzelne Volksschichten und Lebenssphären sich erstreckende, sodann immer weiter um sich greifende Umwandlung der organischen Kultur in die kritische herbei."[85]

Die Grundbegrifflichkeit des russischen Selbstverständnisses („Einheit", „Lebensformen", „gemeinsamer Boden", „Gemeinschaftlichkeit") wird hier beispielhaft in Stellung gebracht und zugleich abgehoben von der „kritischen Kultur" des Westens, die dem Individuum vor der Volksgemeinschaft, dem analytischen und kompetitiven Interesse vor dem Bedürfnis nach Synthetisierung den Vorrang gibt. Der persönliche Weg, die individuelle Biographie wird demzufolge abgewertet zugunsten eines gemeinschaftlichen Raums, der die Differenzen zwischen den vielen, innerhalb dieses Raums möglichen Wegen und Irrwegen einebnet. Das russische Nomadentum braucht unter diesem Gesichtspunkt nicht als „asiatische" Untugend oder „skythischer" Atavismus erklärt zu werden, oftmals erschöpft es sich in einem (wenn auch noch so weit ausgreifenden) „Gehen im Kreis", das letztlich einem unergiebigen „Treten am Ort" gleichkommt.

Nach Sergej Solowjow, Fjodor Dostojewskij und Maksim Gorkij waren es, im 20. Jahrhundert, vorab die exilrussischen Historiosophen – Berdjajew, Iljin, Fedotow, Wejdlé u. a. m. –, die das „Schicksal Russlands" mit dem Phänomen des plan- und ziellosen Nomadentums verknüpften. Nicht ohne Emphase war da immer wieder, mit impliziter oder expliziter Kritik am repressiven und gleichmacherischen Sowjetstaat, die Rede vom unbändigen Freiheitswillen „des Russen", von seiner Verachtung für jegliche Grenze, jegliches Maß, jegliches Gesetz und, im Gegenzug dazu, von seiner Liebe zur großen Geste, zum heroischen Befreiungsschlag.

Namentlich Nikolaj Berdjajew, der ansonsten nicht zu nationalem Pathos neigt, hat wortreich die zukunftsorientierte Vitalität des „wandernden Russland" gegenüber der konservativen bourgeoisen Sesshaftigkeit Westeuropas hervorgehoben: „Der russische Mensch überwindet mit großer geistiger Leichtigkeit jedwede Bürgerlichkeit und geht fort von jedweder Alltagswelt, von jeglichem genormten Leben. Der Typ des Wanderers ist für Russland so charakteristisch und hat seine eigene Schönheit. Der Wanderer (*strannik*) ist der freieste Mensch auf Erden. Er bewegt sich auf Erden, doch sein Element ist die Luft, er ist nicht eingewachsen in die Erde, es gibt bei ihm keine Erdverbundenheit. Der Wanderer ist frei von der ‚Welt', und die ganze Schwere der Erde und des irdischen Lebens ist bei ihm konzentriert auf den kleinen Reisebeutel auf seinen Schultern. Die Größe des russischen Volkes und seine Auserwähltheit für ein höheres Leben sind im Typ des Wanderers vereint", unterstreicht Berdjajew, und er scheut sich nicht, in esoterischer Emphase beizufügen: „In Russland, in der russischen Seele gibt es ein endloses Suchen, die Suche nach der unsichtbaren Stadt Kitesh, nach einem unsichtbaren Haus. Vor der russischen Seele öffnen sich die Fernen, und es gibt keinen durchgezogenen Horizont für ihre geistigen Augen. Die russische Seele verbrennt in feuriger Wahrheitssuche, in der Suche nach der absoluten, göttlichen Wahrheit, nach der Errettung der ganzen Welt und der allgemeinen Auferstehung zu einem neuen Leben."

Das Denken des Philosophen bekommt hier wie an zahlreichen andern Stellen seiner Schrift über „*Russlands Schicksals*" einen unüberhörbar religiös-patriotischen Unterton, der bisweilen in prophetisches Raunen übergeht: „Der russische Messianismus stützt sich vorab auf die russische Landstreicherei, auf das Wanderer- und Suchertum, auf die Rastlosigkeit und Unersättlichkeit des russischen Geistes, auf das prophetische Russland, auf die Russen, die keine Heimstatt haben und auf der Suche nach einer künftigen Heimstatt sind."[86]

23

Spätestens seit dem mittleren 19. Jahrhundert und der damals einsetzenden weltanschaulichen Kontroverse zwischen „Slawophilen" und „Westlern" ist das Phänomen des russischen Nomadentums, das mit dem russischen Gemeinschaftssinn auf widersprüchliche

Weise verknüpft bleibt, stets erneut thematisiert, dabei ganz unterschiedlich erklärt und bewertet worden. Den nachhaltigsten Impetus erhielt diese Diskussion, die im postsowjetischen Russland noch einmal vielstimmig aufgenommen wurde, durch den philosophischen Publizisten Pjotr Tschaadajew. Es war ein Impetus *ex negativo*, ein selbstkritischer Paukenschlag, wie man ihn in Russland niemals zuvor vernommen hatte.

Tschaadajew, ein hochgebildeter russischer Adeliger und Militär mit tatarischem Familienhintergrund, legte 1836 einen (ursprünglich französisch verfassten) fiktiven Brief als Journalpublikation vor, in dem er den russischen – geographischen wie historischen und kulturellen – Raum als eine gigantische Leerstelle beschrieb, einen „unfruchtbaren Boden" ohne Tiefendimension, eine geschichtslose Exklave, wo bloß „die platte Stille" (*un calme plat*) herrsche. Zeit und Raum sind hier gleichermaßen „platt", reduziert auf reine Gegenwart und reine Oberfläche. „Unser Gedächtnis", so liest man bei Tschaadajew, „reicht nicht über das Gestern zurück; wir sind sozusagen uns selbst fremd. Wir bewegen uns so sonderbar in der Zeit, dass uns mit jedem Schritt vorwärts der vergangene Augenblick unwiederbringlich entschwindet. [...] Wir wachsen, aber reifen nicht; bewegen uns vorwärts, aber auf einer schiefen, d. h. zu keinem Ziele führenden Bahn." Das „Wissen" der Russen hafte lediglich an der „Oberfläche ihres Daseins", und „ihre ganze Seele [befinde sich] außerhalb ihrer selbst".

Dazu passt dann auch jene oft zitierte Stelle aus diesem ersten philosophischen Brief, an der Tschaadajew das russische Nomadentum bildhaft beschreibt und wortreich beklagt – was sich in französischer Sprache noch unversöhnlicher ausgenommen haben muss, als wenn die Kritik russisch formuliert gewesen wäre: „Sehen Sie sich mal um. Scheint es Ihnen nicht, dass wir alle mit einem Fuß in der Luft stehen? Wir sehen alle aus, als wären wir auf Reisen. Keiner hat einen festen Daseinskreis, es gibt keine guten Gewohnheiten, keine Regeln; es gibt nicht einmal einen häuslichen Herd; es gibt nichts, was Anhänglichkeit, Sympathie oder Liebe weckte, nichts Festes, nichts Dauerhaftes; alles verfließt, alles vergeht, ohne in uns noch über uns hinaus Spuren zu hinterlassen. In unseren Hütten sind wir wie Gäste, in der Familie erscheinen wir wie Fremde, in den Städten wie Nomaden, mehr noch als jene, die ihre Herden in unseren Steppen weiden, denn sie hängen an ihren Steppen mehr als wir an unseren Städten."[87]

In diesen wenigen Zeilen ist, treffender und selbstkritischer als irgendwo sonst, alles Wesentliche festgeschrieben, was sich vom flüchtigen „russischen Charakter" sagen lässt. Tschaadajews Ausführungen sind von besonderem Interesse deshalb, weil sie den russischen Raum nicht nur geographisch, sondern auch zeitlich, als Geschichts- und Kulturraum, vergegenwärtigen, und weil sie ihn zumindest implizit zur dominanten Mentalitätsstruktur des Russentums in Beziehung setzen.

Nach Tschaadajew hat auch der liberale Staatswissenschaftler Boris Tschitscherin diesen Bezug kritisch reflektiert, ohne freilich mit seiner nüchternen Argumentation auf vergleichbaren Widerhall zu stoßen. In seinen ideenreichen *„Versuchen zur Geschichte des russischen Rechts"* (1858) und in seiner Studie *„Über die Volksvertretung"* (1866) unterzieht Tschitscherin die Unbedarftheit des „russischen Charakters" und dessen mangelnde staatsbürgerliche Tauglichkeit einer nüchternen Analyse, wiederum ausgehend davon, dass die Schwächen und Defizite der russischen Mentalität nicht ursprünglich vorgegeben waren, sondern im Lauf der Geschichte unter dem ständigen Eindruck des unermesslichen geographischen Raums erworben wurden. Die räumlichen Gegebenheiten hätten gleichermaßen zur Entstehung einer staatsfremden beziehungsweise staatsfeindlichen

Haltung *und* zur Hypertrophierung des Staats in der politischen Realität Russlands beigetragen. Der russische Charakter sei primär durch die weiträumige Steppe geprägt und mit einem umfassenden, dabei unkontrollierten und ziellosen Freiheitswillen (*volja*) ausgestattet worden – eine These, die viel später Nikolaj Trubezkoj im Rahmen seiner eurasischen Kulturtheorie ausgearbeitet hat.

Die Steppe – das Leben in der Steppe – hat nach Tschitscherin die Mehrheit der russischen Menschen daran gehindert, feste soziale Bindungen einzugehen und eine tragfähige staatliche Ordnung zu schaffen: „Alles gab sich der Ausschweifung (*razgul*) hin, alles zerfloss in diesem unumgreifbaren Raum, der den menschlichen Interessen so wenig Nahrung bot." Ein solch wanderndes Volk gesellschaftlich zu festigen und staatlich zu administrieren, sei „keine leichte Sache" gewesen, meint Tschitscherin, und tatsächlich sei die Bevölkerungsmehrheit bis ins ausgehende 18. Jahrhundert unentwegt bestrebt gewesen, „auseinander zu laufen" (*razbrestis' vroz*), so dass „die Suche nach Entlaufenen zu einer der Hauptaufgaben der Administration geworden" sei. Nur ein starker Staat habe diese Aufgabe leisten können – den russischen Menschen aus seinen naturgegebenen Bedingtheiten herauszuführen und ihm eine politische Ordnung aufzuerlegen.[88]

Rund ein Jahrhundert nach Tschaadajew und Tschitscherin hat Georgij Fedotow das prekäre Gleichgewicht zwischen Sesshaftigkeit und Wandertrieb noch einmal als das beständigste, immer wiederkehrende Charakteristikum der russischen Kulturentwicklung hervorgehoben und ihm eine archetypische Symbolkraft zugesprochen; er erkannte die Kultur Russlands als eine zwar sesshafte (sesshaft gewordene), jedoch zu geistigem Nomadentum neigende, als eine in sich tief gespaltene, stets um ihre verlorene, vielleicht nie wieder zu gewinnende Freiheit ringende Kultur.

Der spezifisch russische Chronotopos besteht nach Fedotow in der unlösbaren Verbindung eines grenzenlosen Raums mit einem Weg ohne Richtung und Ziel.[89] Diese paradoxale Verbindung hat übrigens bereits Nikolaj Gogol hergestellt, als er 1844 in einem fiktiven *„Brief an den Grafen A. P. T...i"* Russland selbst als den *russischen Weg* bezeichnete – Russe zu sein, das hieß für ihn, in Russland *unterwegs* zu sein, hieß also auch, dass für den Russen Weg und Heimat in eins fallen sollten.[90] Diese Gleichsetzung von Weg und Raum bietet sich am ehesten in der Wüste, in der Steppe, aber auch in der schneebedeckten Tiefebene an, wo keine Wege mehr zu erkennen sind und allseits bis zum Horizont die weiße Fläche sich dehnt.

24

Die klassische russische Literatur kennt zahlreiche Beschreibungen, die Malerei ebenso zahlreiche Darstellungen von unabsehbar sich dehnenden Schneelandschaften, von rasenden, ja „fliegenden" Schlittenfahrten im Neuschnee oder auf breiten eisigen Pisten, ein Erzähl- und Bildmotiv, das oft in Verbindung mit Schneestürmen oder mit der Verfolgung der Reiseschlitten durch ausgehungerte Wölfe dramatisch ausgearbeitet wird.

Ein knappes Statement aus den Memoiren des französischen Diplomaten Philippe-Louis Comte de Ségur, unter Katharina II. Botschafter seines Landes in Sankt Petersburg, veranschaulicht die Situation: „In dieser Jahreszeit unterscheidet sich Russland nur wenig von der kalten Landschaft Sibiriens. Jedes Tier bleibt in seiner Höhle, jeder Einwohner bei seinem Herd oder Ofen. Schnelle Schlitten durchkreuzen einsam diese öde, vereiste

Ebene, um in alle Dörfer, vom Osten bis zum Westen und vom Süden bis zum Norden, die verschiedensten Erzeugnisse der Landwirtschaft und der Industrie zu bringen. Diese zahllosen Schlitten, einer Flotte leichter Barken vergleichbar, durchquerten mit unglaublicher Geschwindigkeit diese unermesslichen Ebenen, welche den Anblick eines vereisten Meeres boten."[91]

Von besonderem Interesse ist hier der Vergleich der eingeschneiten Tiefebene mit dem Meer und der Schlitten mit Schiffen. Man erinnert sich an die oftmalige Charakterisierung Russlands als eines „flüssigen" Kontinents, hat aber auch daran zu denken, dass der Schiffsverkehr in russischen Binnengewässern noch um 1900 umfangreicher, verlässlicher und wirtschaftlicher gewesen ist als der Straßentransport.

Die natürlichen *Wasserstraßen*, im 18. und frühen 19. Jahrhundert durch Kanalbauten allmählich locker vernetzt, bildeten tatsächlich auch dann noch das ausgedehnteste, verlässlichste und meistgenutzte Verkehrssystem Russlands, als nebst besser ausgebauten Überlandstraßen (Chausseen, Magistralen, Trassen, Trakte) bereits ein transregionales Eisenbahnnetz zur Verfügung stand. Um 1900 gab es im russischen Reich rund 110.000 km schiffbare Wasserstraßen, von denen knapp die Hälfte nur stromab (zum Flößen u.ä.), etwas mehr als die Hälfte in beiden Richtungen befahren werden konnten; lediglich 2,5% der nutzbaren Wasserwege lagen im europäischen Teil Russlands.

Das erste den Verkehr betreffende Gesetz findet sich im Kodex („*Uloženie*") von 1649 und hat bezeichnenderweise die Schiffahrt zum Gegenstand. Ein halbes Jahrhundert danach, unter Peter dem Großen, wurde die Verkehrspolitik insgesamt, der Kanal- und Straßenbau im Besondern gefördert nicht allein aus militärischen Gründen, sondern auch mit dem Ziel der Handels- und Industrieförderung. Ein von Peter eigens eingerichtetes Kommerz-Kollegium hatte die Bauarbeiten zu überwachen und zu koordinieren. Der Zar persönlich kümmerte sich um Großprojekte wie die Errichtung eines Kanalsystems zwischen Ostsee und Kaspischem Meer und einer „Perspektiv"-Trasse zwischen Moskau und Wolchow.

Nach Peter I. dauerte es Jahrzehnte, bis unter Katharina II. die Verkehrsplanung in Russland wieder zur Chefsache und eine „Kommission für die Straßen im Staate" eingesetzt wurde, doch erst im beginnenden 19. Jahrhundert, namentlich unter Alexander I., gelang es, die künstlichen und natürlichen Wasserwege Russlands weiträumig zu verknüpfen und als Netz befahrbar zu machen. Ab 1817 übernahm eine Petersburger Werft das „Privilegium" für den Schiffsbau in Russland, wodurch ein rascher Ausbau der staatlichen wie auch (seit 1843) der privaten Dampfschifffahrt ermöglicht wurde. Ebenfalls ab 1817 wurden die ersten befestigten Überlandstraßen gebaut.

Die Verteilung und Vernetzung der Wasserwege war allerdings sehr unausgeglichen. Für Massen- oder Schwertransporte behielten jedoch Flüsse und Kanäle bis zum Ersten Weltkrieg ihre Vorrangstellung gegenüber Straße und Schiene. Auf kleineren Flüssen wurden Lastschiffe noch um 1900 mit Menschenkraft (Treidler, *burlaki*) vom Ufer aus stromaufwärts gezogen – Menschen waren als Schlepper seit jeher billiger anzumieten als Pferde. Transporte zu Wasser waren allerdings im nördlichen und zentralen Russland dadurch eingeschränkt, dass die meisten Flüsse zwischen November und April zugefroren und bestenfalls als Schlittenpisten nutzbar waren. Dampfschiffe wurden zwar recht früh (ab 1813) in Betrieb genommen, fanden aber vorwiegend als Passagierboote Verwendung und konnten wegen ihres Tiefgangs nur in beschränktem Umfang auf den seichten Flussläufen eingesetzt werden; um 1900 waren die russischen Wasserstraßen ungefähr zu einem Drittel mit Dampfschiffen befahrbar.[92]

25

Die frühesten staatlichen Maßnahmen im Bereich des *Straßenverkehrs* gehen in Russland auf das 17. Jahrhundert zurück und sind nachzuweisen in Form von Postverbindungen zwischen Moskau, Nowgorod und Smolensk, mit internationalen Anschlüssen nach Polen und Schweden.

Charakteristisch für das vorrevolutionäre Straßensystem war das weitgehende Fehlen von befahrbaren Brücken – wegen des größtenteils flachen Territoriums waren die meisten Gewässer so seicht und so breit, dass man auf Brückenbauten verzichtete und statt dessen für die Flussüberquerung Furten benutzt wurden. Bei schmaleren und tieferen Gewässern mit entsprechend hohen Böschungen verwendete man vorzugsweise massives Rundholz, das Stamm neben Stamm gelegt wurde und für die Überquerung mit Pferdegespannen wenig geeignet war.

Der englische Reiseschriftsteller und Historiker Donald Mackenzie Wallace hat in den siebziger Jahren des 19. Jahrhunderts sarkastisch notiert, dass russische Brücken den Straßenverkehr eher behindert denn erleichtert haben; von einer ganz normalen Flussüberquerung berichtet er wie folgt: „Nachdem er [der Kutscher] sich schnell bekreuzigt hat, ergreift er die Zügel, schwingt die kleine Peitsche in der Luft und treibt kräftig rufend sein Gespann an. Die Prozedur entbehrt der Aufregung nicht. Zunächst geht es ein wenig bergab, dann stürmen die Pferde wild durch eine fast verschlingende Kotschicht, darauf erfolgt ein schreckliches Emporschnellen, wenn das Fuhrwerk mit einem Ruck auf die ersten Bretter gelangt; die nur lose befestigten Querbalken lassen ein ominöses Rappeln und Rumpeln vernehmen, während die erfahrenen klugen Tiere vorsichtig

Wolgaschlepper – noch um 1900 wurden Lastschiffe auf der strömungsschwachen Wolga vom Ufer aus mit Menschenkraft fortbewegt (*S. 208*); die Schlepper (*burlaki*) waren kostengünstiger als Pferde oder Ochsen; *oben* Ilja Repin, *Die Wolgaschlepper* (Entwurf, 1870); *unten* Agitationsplakat (1923) nach Ilja Repins Gemälde *Die Wolgaschlepper* (1871); hier ist es die Russische Kommunistische Partei (RKP), die als „Avantgarde des Proletariats" die neu gebildete UdSSR gegen den Strom zieht.

und bedächtig zwischen den gefährlichen Öffnungen und Spalten sich ihren Weg suchen; zuletzt sinkt man mit einem fürchterlichen Ruck in eine zweite Kotschicht und gelangt endlich wieder auf Festland – und zwar mit jener angenehmen Empfindung, die ein junger Offizier haben mag, wenn er seine erste Kavallerieattacke im wirklichen Kriege hinter sich hat. – Selbstverständlich bringt hier, wie anderswo, das Vertrautsein mit der Sache Gleichgültigkeit hervor. Nachdem man ein paar hundert solcher Brücken ohne ernstlichen Unfall passiert hat, wird man fast so kaltblütig und fatalistisch wie der Kutscher."

Beigefügt sei, dass Wallace diese Beschreibung noch in der letzten Ausgabe (1905) seines erfolgreichen Werks zur Kultur und Gesellschaft Russlands – rund dreißig Jahre nach dem Erstdruck – unverändert beibehalten und damit deutlich gemacht hat, dass die russischen Verkehrswege auch zur Zeit der beschleunigten Industrialisierung nicht merklich ausgebaut und verbessert wurden; ebenso wenig scheint sich damals, obwohl die Wirtschaft boomte und eine effiziente Arbeitsmoral gefragt war, der sprichwörtliche Fatalismus der Russen, eine eigenartige Mischung von Melancholie und Heiterkeit, kaum abgeschwächt oder verändert zu haben.[93]

Die russische Belletristik und Publizistik, die Folkloristik wie auch die Landschaftsmalerei bieten, über Jahrhunderte hinweg, reiches Beispielmaterial zur russischen „Wegmisere". – Für die Zeit des 15. bis 17. Jahrhunderts hat der Volkskundler Nikolaj Kostomarow die schlichte Feststellung getroffen, dass die russischen Handels- und Reiserouten sich „allgemein in unvorteilhaftestem Zustand" befanden, dass es so gut wie keine Brücken gab und dass „ganz Moskowien zur Sommerzeit unbefahrbar (*neprochodima*) war wegen des Drecks und der scheußlichen Straßen"; in alle Himmelsrichtungen sei man damals aufgebrochen, als wäre es darum gegangen, „neue Landstriche zu entdecken".[94]

Solche und ähnliche Einschätzungen des russischen Verkehrswesens, vorab des Zustands der Landstraßen, wären in beliebiger Anzahl auch über die petrinische Zeit hinaus namhaft zu machen, und man mag sich fragen, weshalb und wie es gerade in Russland zu einer permanenten, bis heute sprichwörtlichen „Wegmisere" kommen musste, obwohl das zu erschließende, größtenteils flache Territorium für den Straßenbau topographisch weit weniger problematisch war als das engräumige und gebirgige westliche Europa.

„Man darf nicht den russischen Herbst und Frühling vergessen", hat einst, fast entschuldigend, der sowjetische Historiker Michail Tichomirow unterstrichen: „Und nicht die russische Unwegsamkeit (*rasputica*), gegen die noch unsere zeitgenössischen Städte angestrengt ankämpfen. Frankreich, Italien, Spanien, ein Großteil Deutschlands haben keinerlei Vorstellung von den russischen Problemen, die nicht vom Volk abhängig sind, sondern von der rohen Natur, in der es lebte und die es tapfer bezwang."[95] Die technologische Rückständigkeit allein kann als Erklärung nicht genügen; sicherlich haben die ungewöhnlich weiten Distanzen, die zum Teil extremen klimatischen Verhältnisse, die dichte und weitläufige Bewaldung des nordwestrussischen wie auch des westsibirischen Tieflands die Entstehung eines kohärenten Straßenverkehrsnetzes erschwert.

Tatsache ist aber ebenso, dass es während Jahrhunderten keine entsprechenden Planungsmaßnahmen und offenkundig – sieht man von den punktuell intensivierten Bemühungen unter Peter dem Großen und Alexander I. ab – keinen politischen Willen dazu gab.[96] Auch die traditionelle russische Wegvorstellung, für die das suchende und schweifende Gehen stets Priorität hatte vor der gebahnten und zielgerichteten Fortbewegung, war dem Straßenbau gewiss nicht förderlich; erst durch die Sowjetideologie mit ihrem linear-progressiven Geschichtskonzept gewann die breite, gradlinige, zielgerichtete Magistrale auch in der Vorstellungswelt der Menschen Vorrang vor den verschlungenen, im Nirgendwo endenden Pfaden, die man aus Märchen und Liedern, aus der vorrevolutionären Belletristik und Landschaftsmalerei kennt.

26

Die Landverkehrswege werden in Russland je nach Dimension, Bauart und Funktion begrifflich differenziert. Die Bezeichnungen sind verhältnismäßig unspezifisch. Als „große Straßen" (*bol'šie dorogi*) galten bis in die späte Zarenzeit transregionale oder nationale Post- und Handelswege, als „kleine Straßen" (*malye dorogi*) solche, die von Kleinstadt zu Kleinstadt führten, als „Dorfstraßen" (*proseločnye dorogi*) solche zwischen Weilern, kleinen Siedlungen; bei den „Chausseen" (*šosse*) handelte es sich um große, mit Pflastersteinen oder Schotter befestigte Straßen; die „einfache Straße" (*prostaja doroga*) war gestampft oder wurde gewalzt; die „Frachtfuhrwege" (*gužev'ye dorogi*) waren für den Transport mit Pferd und Wagen bestimmt – in Russland bestanden sie oft aus nicht viel mehr als aus tiefen ausgefahrenen Radspuren.[97]

Durch manche Berichte und Dokumente ist belegt, welch enorme wirtschaftliche Nachteile (bis hin zu katastrophalen Verlusten an verderblichem Transportgut) die „Wegmisere" während Jahrhunderten zur Folge hatte, belegt aber auch, wie wenig dagegen vorgekehrt wurde – offenbar nahm man lieber den Verlust eines Großteils der Ernten oder anderer Güter in Kauf, als dass man sich zur systematischen Sanierung des Straßennetzes entschlossen hätte; im übrigen waren verrottende Lebensmittellieferungen auf freier Wegstrecke oder an Flughäfen noch in der späten Sowjetunion des öftern zu beobachten.

Bei Aleksandr Puschkin und seinen Zeitgenossen – mithin im ersten Drittel des 19. Jahrhunderts – sind diverse Textbelege zu finden, die den mangelhaften Zustand des russischen Straßennetzes und die dadurch bedingten Reiseverhältnisse eindrücklich vor Augen führen. In Teil VII des Versromans „*Jewgenij Onegin*" finden sich dazu einige Strophen, aus denen hier in Prosaübersetzung die einschlägigen Verse zitiert seien: „Zur Zeit sind bei uns die Straßen schlecht, | Die vergessenen Brücken werden morsch ... | Vor trägem russischem Feuer | Wird mit einem Hammer repariert | Europas leichtes Fabrikat [offenbar eine europäische Reisekutsche] | Und man lobt sich die ausgefahrenen Straßen | Und Gräben der heimatlichen Erde." (Strophe 34)

Im Weiteren wird darauf hingewiesen, dass das Reisen in Russland einzig zur Winterzeit, bei Schnee, einen gewissen Komfort und passable Geschwindigkeiten zulässt. Nur im Pferdeschlitten auf eisglatter Piste bleibt man verschont von Schlaglöchern und andern Hindernissen: „In der kalten Zeit des Winters | Ist die Reise angenehm und leicht. | Glatt ist die winterliche Straße | Wie ein gedankenloser Vers aus einem Modelied." (Strophe 35) Gleichwohl dauerten die Reisen bei den in Russland üblicherweise zurückzulegenden Strecken oft sehr lang, und wegen fehlender Gasthäuser musste viel Proviant und auch Hausrat mitgeführt werden – Puschkin nennt in diesem Zusammenhang unter anderem Bratpfannen, Töpfe, Stühle, Bettzeug, „Konfitüre in Dosen" und sogar „Hähne in Käfigen" (Strophe 31).

Viel eher als gradlinige Fernstraßen oder Eisenbahnstrecken entsprachen der traditionellen Wegvorstellung die großen russischen Flüsse, die sich, noch unbegradigt, mäan-

Winterreise in Russland – oben Bojaren-Schlitten in unwegsamem Gelände (Skizze auf Papier von Sergej Iwanow, um 1900); *unten* Trojka-Gespann, von Wölfen verfolgt (Gemälde von Konstantin Stoilow, o. J.).

Wegmisere (1) – *oben* Behelfsmäßige Brücke aus geschälten Baumstämmen (Isaak Lewitan, *Am stillen Wasser,* Gemälde, 1892); *unten* Konstantin Korowin, *Brücke* (Gemälde, 1890er Jahre).

dernd durch die flache Landschaft zogen, sich zu seichten Seen ausweiteten und einer unbestimmten, oft gar gegenläufigen Strömung zu folgen schienen. Die populären Mythen und Legenden um „Mütterchen Wolga" – auch die „große Straße" Russlands genannt – bieten dafür eine Vielzahl von Beispielen.[98]

Besonders eindrücklich hat Anton Tschechow die gleichsam organische Vernetzung von Straßen und Flüssen im endlosen russischen Raum in seinen Reisenotizen festgehalten: „Wenn für Sie die Landschaft unterwegs nicht das letzte der Dinge ist, werden Sie auf der Reise aus Russland nach Sibirien vom Ural bis zum Jenissej-Fluss gelangweilt sein. Eine kalte Ebene, gebückte Birken, Pfützen, da und dort ein See, im Mai noch Schnee und die öden, eintönigen Gestade der Zuflüsse zum Ob – das ist auch alles, was das Gedächtnis zu bewahren vermag von den ersten zweitausend Werst. [...] Den eifrigen Verehrern der Wolga sei's arglos gesagt – ich habe Zeit meines Lebens keinen grandioseren Strom als den Jenissej gesehen. Mag die Wolga eine schmucke, bescheidene und traurige Schönheit sein, der Jenissej ist ein mächtiger, unermüdlicher Recke, der nicht weiß, wohin er mit seinen Kräften und seiner Jugendfrische soll. An der Wolga begann der Mensch mit großem Wagemut (*udal*') und endete mit einem Stöhnen, das man als Lied bezeichnet; lichte goldene Hoffnungen verwandelten sich ihm in jene Ohnmacht, die gemeinhin als russischer Pessimismus gilt, am Jenissej indessen begann das Leben mit einem Stöhnen, und es wird enden mit dem großen Wagemut, den wir uns niemals hätten träumen lassen. So jedenfalls dachte ich, als ich am Gestade des breiten Jenissej stand und begierig in seine Wasser schaute [...]."[99]

Was Tschechow hier mit den großen russischen Flüssen assoziiert – Wagemut, Sehnsucht, weittragende Gesänge –, gehört, wie bereits gezeigt wurde, zum Inventar der „russischen Seele" und ist gleichermaßen charakteristisch für das unwegsame eurasiatische Steppengebiet.

27

Allen praktischen Erschwernissen zum Trotz herrschte in Russland zur damaligen Zeit eine überaus rege Reisetätigkeit, an der naturgemäß der vermögende Adel vorrangig beteiligt war. Quantitativ zwar nicht mit der Masse der nomadisierenden Bauern und wandernden Pilger vergleichbar, war dieser Adelstourismus mit seinen zahlreichen Auslandreisen und den weiträumigen Pendelbewegungen zwischen Stadtwohnung und Landhaus von oft staunenswerter Intensität.

Puschkins Titelheld Jewgenij Onegin legt im Verlauf der Romanhandlung entsprechend große Distanzen zurück; rekonstruierbar ist die Strecke von Moskau über Nishnij Nowgorod nach Astrachan und in den Kaukasus, dann auf die Krim und über Odessa nach Sankt Petersburg – viele tausend Werst unter durchweg schwierigen, wenn nicht gefährlichen Bedingungen. Nicht ohne Sarkasmus merkt Puschkin an, dass Russland vielleicht „in fünfhundert Jahren" zivilisatorisch so weit fortgeschritten sein und endlich über ein ausgebautes Verkehrsnetz verfügen werden: „Wenn wir einst die segensreiche Aufklärung | Von Beschränkungen befreien, | Werden mit der Zeit (gemäß philosophischen | Tabellen in etwa fünfhundert Jahren) vermutlich auch die Straßen | Bei uns gewaltige Veränderung erfahren: | Chausseen werden Russland da und dort | Durchqueren und verbinden; | Eisenbrücken werden die Gewässer | Überwölben in weitem Bogen ..."[100] (Strophe 33)

Was Puschkin in leichtfüßigen Versen und mit souveräner Ironie vor Augen führt, hat Iwan Gontscharow zu gleicher Zeit als junger Mann leidvoll erfahren und später in einem faktographisch verlässlichen Erinnerungswerk festgehalten. Gontscharow macht klar, dass das Ungemach des Reisens im „goldenen Zeitalter" Russlands keineswegs bloß auf die allgemeine „Wegmisere" zurückzuführen war, sondern gleichermaßen auf die völlig ungenügende Organisation und die unzureichende Ausrüstung der Transportbetriebe.

Waren schon die Reisewagen und „Wechselpferde" der Post eher gemächlich – mit vielen Zwischenstationen – unterwegs und durch den allgemein schlechten Straßenzustand stark behindert, so stand es um private Fuhr- und Reiseunternehmen noch weit schlimmer. Gontscharow berichtet von einer Fahrt aus Moskau nach Kasan an der Wolga: eine „elftägige Folter" sei für die Reise mit der viersitzigen Diligence über rund 750 km zu erdulden gewesen; geregelte Abfahrts- und Ankunftszeiten habe es nicht gegeben, gefahren wurde erst, wenn alle zur Verfügung stehenden Plätze gebucht waren; oft musste zumindest ein Passagier auf dem Kutschbock mitfahren; der Platz sei in der Regel so beschränkt gewesen, dass man sich auf das eigene Gepäck habe setzen oder es unter den Füssen halten müssen; er selbst, Gontscharow, habe bei jener Fahrt jeweils ein Bein aus dem Wagen baumeln lassen, weil man sich sonst gegenseitig auf die Füsse getreten wäre; vor Wind und Wetter habe es ebenso wenig Schutz gegeben wie vor andern Unannehmlichkeiten jeder Art.[101]

Was Gontscharow hier nach eigenem Bekunden „wirklichkeitsgetreu" vorführt, findet in zahlreichen andern Reiseberichten jener Zeit faktische Bestätigung, auch wenn sich die geschilderten Missstände bisweilen geradezu kabarettistisch oder auf bedrängende Weise tragikomisch ausnehmen. Von daher verwundert es nicht, dass sich die russische Belletristik dieser Thematik mit Vorliebe angenommen und immer wieder Darstellungen geliefert hat, bei denen das Fiktive weitgehend mit dem Dokumentarischen übereinstimmte und übereinstimmen musste, weil die Realität der „Wegmisere" fiktional schon gar nicht mehr zu überbieten war.

Ein diesbezügliches, von der Literaturgeschichte kaum beachtetes Beispiel ist der ironisch grundierte und philosophisch verbrämte Kurzroman *„Der Reisewagen"* (1845) des Grafen Wladimir Sollogub, der seinen schwadronierenden Ich-Erzähler durch die russischen Lande fahren und seine Heimat erkunden lässt, nachdem dieser, zutiefst ernüchtert, aus Westeuropa zurückgekehrt ist. Keinerlei „lebendige Eindrücke" hat er dort empfangen, statt dessen bloß „langweilige Kunstsammlungen" und dazu „viele Kneipen, Dampfer, Eisenbahnen" zu Gesicht bekommen.

So entschließt sich denn der Enttäuschte, „den Rest seiner Tage" Russland zu widmen und es nach allen Seiten zu belobigen: „Bloß stellt sich nun die Frage: wie lernt man Russland kennen? Ich machte mich zunächst an die Altertümer – aber es gibt keine Altertümer. Ich gedachte die Gesellschaften in den Gouvernements zu studieren – Gesellschaften gibt es in den Gouvernements nicht. Sie sind allesamt, wie man sagt, bloß formal vorhanden. Das Großstadtleben ist kein russisches Leben, sondern ein von Europa übernommenes – mediokre Bildung und grandiose Laster. Wo also hat man Russland zu suchen? Womöglich im einfachen Volk, im einfachen Alltag des russischen Lebens? Und da reise ich nun schon den vierten Tag, ich höre zu und höre hin, ich sehe zu und sehe hin, und doch gibt es, ich kann tun und lassen, was ich will, weder etwas zu vermerken noch aufzuschreiben. Die ganze Umgebung ist tot; Erde, Erde und noch-

Wegmisere (2) – *oben* Archip Kuindshi, *Herbstlicher Morast* (Gemälde, 1872); *unten* Ilja Repin, *Gefangenentransport auf morastiger Straße* (Gemälde, 1876).

Wegmisere (3) – Konstantin Sawizkij, *Herbst im Wald, Verdruss für den Bauern* (Gemälde, o. J., spätes 19. Jahrhundert).

mals Erde – soviel, dass den Augen das Schauen vergeht; die Straße ist widerwärtig ... auf der Straße bewegen sich Fuhrwerke ... Bauern, die sich streiten ... Das ist alles ... und ansonsten: der Stationsvorsteher besoffen, an den Wänden kriechen Kakerlaken, die Kohlsuppe schmeckt nach Talgkerzen ... Kann sich denn ein ordentlicher Mensch mit solchem Dreckzeug beschäftigen? ... Und das Freudloseste überhaupt ist, dass dieser ganze ungeheure Raum beherrscht ist von einer schrecklichen Eintönigkeit, welche einen bis zum Äußersten strapaziert und einem keinerlei Erholung gewährt ... Es gibt überhaupt nichts Neues, nichts Unerwartetes. Immer ein und dasselbe ... und morgen wird es genau so sein wie heute. Hier eine Station, dort wieder die gleiche Station, und dort nochmals die gleiche Station; hier ein Vorsteher, der um Schnaps bittet, und dort erneut, bis ins Unendliche, lauter Vorsteher, welche um Schnaps bitten ... Was also soll ich aufschreiben?"[102]

Die Heimat als ein Raum ohne Grenzen und zugleich als ein endlos sich hinziehender Weg – dies lässt Anton Tschechow in seiner Reisegeschichte „*Die Steppe*" (1888) den kindlichen Helden Jegoruschka im eigentlich Wortsinn *erfahren*. In der ungetrübten Optik des Jungen wird Russland identisch mit der Steppe, und die Steppe wiederum präsentiert sich als ein unabsehbar breiter und weiter Weg, auf dem die Menschen in ihrer Winzigkeit sich verlieren und der einzig den gigantischen Recken der russischen Epen und Märchen angemessen zu sein scheint. Jegoruschkas Beobachtungen, Überlegungen

Russische Reisewagen – oben Frontispiz zu Wladimir Sollogubs Roman *Der Reisewagen* (*Tarantas*, 1845), gezeichnet von G. Gagarin, gestochen von K. Clodt von Jürgensburg; *unten* Illustration zu Sollogubs *Tarantas* von Jewstafij Bernardskij (sig. „Bernardski").

und Fragen evozieren alle wesentlichen Facetten des russischen Raums, der zugleich der russische Weg ist: „Es gab keine Hügel mehr, und wohin man auch blickte, zog sich endlos die braune freudlose Ebene hin; da und dort erhoben sich niedrige Grabhügel, und wie gestern flogen die Saatkrähen darüber hin. Weit voraus schimmerten die Glockentürme und Hütten eines Weilers. [...] In den Zwischenräumen zwischen Kirche und Hütten blaute ein Fluss, und dahinter lag die dunstige Ferne. Doch nichts war so unähnlich dem, was gestern da war, wie der Weg. Etwas ungewöhnlich Breites, Ausladendes und Heroisches durchzog anstelle der Straße die Steppe; es war ein grauer, stark ausgefahrener und mit Staub bedeckter Streifen (*polosa*), so wie alle Straßen (*dorogi*) hier, aber gleich Dutzende von Ellen breit. Mit ihrer Weiträumigkeit (*prostorom*) brachte sie Jegoruschka zum Staunen und weckte märchenhafte Ideen in ihm. Wer reist denn auf einer solchen Straße? Wer braucht soviel Raum? Unbegreiflich und seltsam. Man könnte tatsächlich meinen, dass in Russland so gigantische und weit ausschreitende Menschen wie [der Recke] Ilja Muromez und der Räuber Nachtigall (*Solovej*) noch nicht der Vergangenheit angehören und dass ihre Heldenrosse noch nicht ausgestorben sind. Mit Blick auf den Weg stellte sich Jegoruschka sechs hohe nebeneinander dahinjagende Streitwagen vor, so wie er sie auf Darstellungen zur Heilsgeschichte gesehen hatte; diesen Streitwagen waren sechs wilde, rasende Pferde vorgespannt, und mit ihren hohen Rädern wirbeln sie Staubwolken bis zum Himmel auf, und die Pferde werden gelenkt von Menschen, von denen man nur träumen kann oder die aus märchenhaften Ideen entspringen. Und wie sehr hätten diese Gestalten zur Steppe und zu diesem Weg gepasst, wenn sie wirklich existiert hätten!"[103]

Die „Wegmisere", die hier überblendet wird durch die „märchenhaften Ideen" eines träumerisch veranlagten Jungen, legt Tschechow in seinen Reisenotizen *„Aus Sibirien"* (1890) in aller Ausführlichkeit und versehen mit sarkastischen Kommentaren realitätsnah dar. Die sibirische Landstraße nennt er nicht den längsten, sondern „den größten (*samaja bol'šaja*) und wohl hässlichsten Weg auf der ganzen Welt": „Welch eine abscheuliche, welch eine entsetzliche Straße!" Eine Straße wohlverstanden, welche zeit- und streckenweise über das freie Feld umfahren werden muss, weil sie ganz einfach unpassierbar ist. Die Postboten, die ebenfalls auf diesem Sträflingstrakt unterwegs sind, bezeichnet Tschechow als „Märtyrer": „Sie haben ein schweres Kreuz zu tragen. Das sind Helden, die das Vaterland beharrlich nicht anerkennen will. Sie arbeiten viel, kämpfen mit der Natur wie niemand sonst, bisweilen leiden sie ganz unerträglich [...]." Doch dieses Ungemach – es ist keineswegs auf den großen sibirischen Trakt beschränkt, wird in gleicher Weise auf andern Fernstraßen erfahren – betrifft auch die gewöhnlichen Reisenden, die von sich und zu sich sagen müssen: „Schwer ist diese Fahrt, sehr schwer, und noch schwerer wird sie, wenn man daran denkt, dass dieser hässliche, narbige, schwarzpockige Erdstreifen fast die einzige Ader ist, die Europa mit Sibirien verbindet! Und durch eine solche Ader fließt angeblich die Zivilisation nach Sibirien! Gesagt, ja, gesagt wird so manches, und wenn uns dabei die Kutscher, die Postboten oder jene durchnässten und verdreckten Bauern zuhören könnten, die neben ihren Fuhrwerken bis zu den Knien im Dreck stecken, um Tee nach Europa zu transportieren – welche Meinung hätten sie wohl von Europa, von seiner Aufrichtigkeit!"[104]

28

Noch um 1900 werden russische Landstraßen, darunter auch die seinerzeit am besten ausgebauten, als „schwer befahrbar", ja „einfach lebensgefährlich" beschrieben. Nach dem Zeugnis von Fjodor Stepun waren die Straßen auch damals noch, „mit Ausnahme ganz weniger Chausseen, nicht gebaut, sondern nur eingefahren"[105]; was um so mehr für die „kleinen Straßen" und die „Umfahrungswege" gilt und worüber der Sowjetschriftsteller und Publizist Boris Pilnjak in einer eindrücklichen Textpassage aus „*Mahagoni*" (1929) Zeugnis ablegt, nicht ohne darauf hinzuweisen, dass die „Wegmisere" in Russland eine Jahrhunderte zurückreichende Tradition hat und auch unter den Bedingungen der Neuen Ökonomischen Politik nach der Großen Sozialistischen Oktoberrevolution keineswegs behoben ist: „Wälder und Wege versanken im Dunkel. Man fuhr aufs freie Feld hinaus. Der Westen war schon lange am Sterben, wund vom Abendrot. Sie fuhren über ein Feld – es war genau so wie fünfhundert Jahre zuvor – und fuhren in ein Dorf, arbeiteten sich durch den Morast des siebzehnten Jahrhunderts. Hinter dem Dorf führte die Straße in eine Schlucht, sie überquerten eine Brücke, jenseits der Brücke war eine überschwemmte Stelle (*luža*), die sich als unpassierbar erwies. Man fuhr hinein in die Pfütze. Die Pferde blieben ruckartig stehen. Der Fuhrmann schlug mit der Peitsche auf die Pferde ein – die Pferde zuckten zusammen, bewegten sich nicht vom Fleck. Rings herum Dreck, es gab kein Durchkommen, der Reisewagen blieb mitten in der Pfütze stecken, versank mit dem linken Vorderrad bis zur Nabe im Dreck. Der Kutscher turnte auf dem Kutschbock herum und versetzte dem Pferd mit seinem Stiefel einen Tritt in den Hintern – das Pferd machte einen Ruck und fiel hin, wobei es die Deichsel unter sich begrub, bis zum Kummet versank das Pferd im

Wegmisere (3) – *S. 220* Überschwemmte unbefestigte Dorfstraße (Photo ca. 1930); *oben* Russische Landstraße bei Tauwetter (Photo 1942); *unten* Gescheiterte Nachschublieferung zu einem Kolchosbetrieb in der poststalinistischen UdSSR (Landstraße Staraja Russa – Schimsk, 1950er Jahre).

Schlamm. Der Kutscher schlug so lange auf die Pferde ein, bis ihm klar wurde, dass das Leitpferd nicht mehr aufstehen konnte – da stieg er selbst hinunter in den Morast, um das Pferd auszuspannen. Er tat einen Schritt, versank mit dem Bein bis zum Knie im Morast, – tat einen zweiten Schritt mit dem andern Bein und blieb erneut stecken, – konnte die Füsse nicht mehr herausziehen, die Füsse rutschten aus den Stiefeln, die Stiefel steckten im Dreck. Der Alte verlor das Gleichgewicht und sass plötzlich in der Pfütze. Und der Alte begann zu heulen, – heulte bittere, hysterische, ohnmächtige Tränen vor Wut und Verzweiflung, dieser Mann, ein Spezialist für das Schlachten von Kühen und Ochsen. – Den Zug, wie auch den Zug der Zeit, verpasste der Trotzkist Akim gleichermaßen."[106]

Wenn Boris Pilnjak, zumindest indirekt, darauf hinweist, dass ein Land, dem kein verlässliches Straßennetz zur Verfügung steht, dem „Zug der Zeit" nicht zu folgen vermag, evoziert er damit ein verkehrstechnisches Defizit, das in der heutigen Russländischen Föderation insgesamt zwar weitgehend abgearbeitet, in manchen Regionen jedoch keineswegs behoben ist. Einem „Consular Information Sheet" des U.S. Departement of State vom März 2004 ist die ebenso staunenswerte wie nüchterne Feststellung zu entnehmen, dass „Straßen in einigen Gebieten Russlands praktisch inexistent" sind.[107]

Ein westeuropäischer Publizist hat im selben Jahr auf einer Autofahrt von Finnland nach Russland die aktuellen russischen Straßenverhältnisse wie folgt erlebt: „Die russische Straße hat keinen Belag. Löcher lassen das Tempo immer langsamer werden. Man muss das Fahrzeug im Slalom zwischen der rechten und der linken Straßenseite führen, dann trotz 1. Gang bremsen, weil es plötzlich steil hinunter geht, um auf der Gegenseite der Geländesenke ebenso steil wieder hochzusteigen. Wir fahren nur noch im 1. Gang. Jede höhere Geschwindigkeit könnte das Fahrzeug zerbrechen lassen."[108] Und ein zeitgenössischer Petersburger Autor sei dazu beispielshalber und vergleichsweise mit den folgenden Sätzen zitiert: „Gewiss gibt es kein anderes Land, wo man aus einer Millionenstadt wegfährt und in zwei Stunden in der primitivsten Wildnis ankommt, wo man einen oder zwei Tage, vielleicht eine Woche unterwegs ist und dennoch keinen einzigen Menschen antrifft."

Auffallend (und aus westlicher Sicht kaum nachvollziehbar) ist nun die Tatsache, dass diese verkehrs- und erschließungstechnische „Primitivität" weder bedauert noch dem Staat angelastet, sondern als ein Vorzug Russlands begriffen wird: „Klar, die Sowjetmacht war Scheiße, aber Gott gebe ihr Gesundheit, dieser Macht! Eine andere nämlich, eine aktivistische Macht hätte mancherlei Straßen angelegt, hätte alles in Ordnung gebracht und dabei alles zu Grunde gerichtet, und da geht man nun wochenlang einher und ist umgeben von einer begeisternden Wildnis, von angefaulten, einstürzenden Brücken, verrotteten Straßen, verlassenen Dörfern ..."[109] Das hier angeführte Zitat ist von 1993 datiert, es ließe sich leicht durch spätere Textzeugnisse oder Bilddokumente bestätigen und ergänzen; sogar ein neuer, wenn auch altertümelnder Ausdruck für den Normalzustand russischer Straßen ist in jüngster Zeit aufgekommen: „sehr viel schlecht" (*gorazd plocha*).[110] Noch heute bleiben in der russischen Provinz – und als Provinz hat in Russland alles zu gelten, was nicht Großstadt ist – selbst auf Kreis- und Bezirksebene viele Straßen unasphaltiert, was im Winter und bei Tauwetter den Verkehr stark behindert, ja selbst den Einsatz von Feuerwehr, Schneeräumung oder Krankenwagen verunmöglicht.[111]

29

Zu der oftmals dokumentierten, über Jahrhunderte hin vielfach beklagten „Wegmisere" bildet der volkstümliche, auch von der künstlerischen Literatur kolportierte russische Reisemythos, wie er sich in Verbindung mit dem *Trojka*-Motiv seit der Romantik herausgebildet hat, einen auffallenden, geradezu wundersamen Gegensatz. Die Trojka, der von einem Kutscher gelenkte Dreispänner mit angehängtem Transportwagen oder -schlitten[112] (*telega; sani*) ist das reale Vehikel einer Mythenbildung, die sich in der Volks- wie in der Kunstpoesie, im Volkslied wie in der Salonmusik (Romanze) des 19. Jahrhunderts gleichermaßen niedergeschlagen hat.

In Dutzenden von Gedichten wird die Trojka thematisiert, und es gibt weit über hundert zum Großteil anonyme Lieder, von denen manche noch heute bekannt sind.[113] Die Tatsache, dass die Trojka vielfach in die Folklore eingegangen ist und oft auf den weiten Themenbereich von „Heimat", „Landschaft", „Weg" bezogen wird, unterstreicht deren Bedeutung als nationales Dingsymbol. Dabei fällt auf, wie weitgehend dieses vieldeutige Symbol, das sich in der russischen Dichtung und Musik erst im frühen 19. Jahrhundert fassbar herausgebildet hat, der Simplifizierung und Klischeebildung anheim gefallen ist.

Unabhängig davon, wofür die Trojka zu stehen hat – ob für Russland, für das Leben, die Liebe –, ihre dichterische Vergegenwärtigung bleibt auf ganz wenige Konstanten beschränkt. Als Epitheta für das Dreigespann werden fast ausnahmslos die Eigenschaftswörter „tollkühn" (*udalaja*), „rassig" oder „hurtig" (*borzaja*) und „tobend" (*bešenaja*) verwendet, dies in Verbindung mit den immer gleichen Bewegungsverben „flitzen" (*mčit'sja; nestis'*), „eilen" (*bežat'*), „hüpfen" (*skakat'*) und „fliegen" (*letet'*).

Die rasende Fahrt – der *Flug* – der Trojka ist denn auch in all diesen Gedichten und Liedern das eigentliche Thema („die Pferde flitzen wie Vögel"), ungeachtet der realen „Wegmisere", die gerade dies nicht zulässt, es sei denn bei der Schlittenfahrt im Winter, wenn die Pisten vereist und leicht zu befahren sind. Aber darauf kommt es weder im Lied noch im Gedicht an. Hier geht es – im Unterschied zu den zahlreichen Weg- und Reisebeschreibungen, die in publizistischer oder belletristischer Prosa überliefert sind – nicht um den Wirklichkeitsbezug, sondern um den Symbolwert der flitzenden, ja fliegenden Fortbewegung als solcher; es geht um Freiheit in russischem Verständnis (*volja*), um die totale Befreiung von der schlechten Alltäglichkeit, die totale Mobilisierung des Willens ohne jede Zielrichtung. Das „Fort-von", das „Weg-von" dieser Bewegung, gewissermaßen der Aufbruch aus den Niederungen der Alltagsnormalität, und das Hinwegschlittern über alle Unebenheiten und Hindernisse – das ist der eigentliche Triumph der Trojka-Fahrt, gleichzeitig aber auch deren Schmerz, da jeder Auf- und Ausbruch auch Abschied bedeutet.

Andererseits folgt die symbolische Trojka nie einem vorgegebenen Weg oder Ziel, sie ist einfach unterwegs, hat keinen Nutzen zu erfüllen, von Personen- oder Warentransport ist nicht die Rede, einziger Passagier ist in aller Regel der Kutscher, dem in der Trojka-Poesie denn auch die wichtigste Rolle zukommt – er selbst bildet zusammen mit den Pferden und dem Gefährt erst eigentlich die Trojka, er ist mit ihnen eins. Es gehört zur poetischen Stereotypie der Trojka, dass der Kutscher, einerseits, die Pferde mit ungestümen Peitschenhieben vorantreibt (*po vsem i po trem*) und dass er, andererseits, ein schwermütiges Lied vor sich hin singt, das seiner Sehnsucht, seiner Trauer, seinem Kummer Ausdruck verleiht.

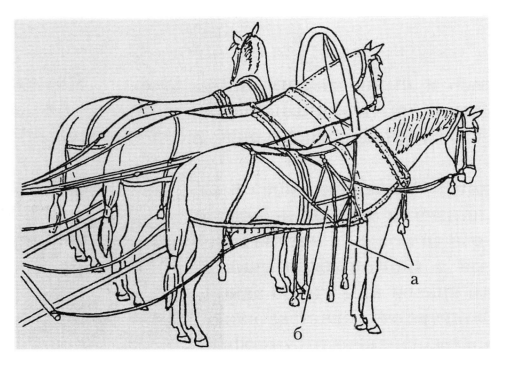

Trojka (1) – *oben* Zaumzeug und Anschirrung eines Dreigespanns; *unten* Trojka (Leitpferd mit Glockenbügel, Anfang 20. Jahrhundert).

Der ständige Wechsel zwischen Ungestüm und Grübelei, Aggressivität und Zerknirschung gehört – worauf bereits hingewiesen wurde – zu den Charakteristika der „russischen Seele". Charakteristisch ist auch, dass auf einen impulsiven Start meist eine trostlose Fahrt folgt, die kein Ende nehmen will und die letztlich auch keinen andern Sinn gewinnt als den, *unterwegs* zu sein. Der Kutscher ist also immer auch ein Sänger, dessen „nach Wehmut klingendes" Lied mit dem pfeifenden Fahrtwind verschmilzt. Fast durchweg wird dieses Lied als ein „dumpfes" oder „ödes" bezeichnet, so wie auch der Weg, der zurückgelegt wird, stets „öd" (*unylyj*), „lang" (*dalekij*) und „beschwerlich" (*tjažełyj*) ist.

Zum Trojka-Modell gehören obligatorisch die am Zaumzeug befestigten „Schellen" (*kolokol'čiki; bubency*), die mit ihrem Klingeln die Fahrt von Anfang bis Ende begleiten. Dieses Klingeln kann durchaus hell und heiter sein, kann sogar mit einem Kichern, einem Kreischen verglichen werden, wird aber gemeinhin, nicht anders als der Weg und das Lied, als „öd", als „monoton" (*odnozvučen*) bezeichnet. Wenn des Kutschers Lied „nach Wehmut klingt" (*zvenit toskoj*), so können die Schellen ihrerseits bald ein „Heulen", bald ein „Weinen" hören lassen. Desolat scheint hier tatsächlich alles zu sein – die hochgemut begonnene Fahrt, der tollkühne Kutscher, die schrillen Schellen, das traurige Lied, der endlose Weg ...

30

Die Trojka-Strophen sind einander, unabhängig vom Zeitpunkt ihrer Entstehung, zum Verwechseln ähnlich. – Aleksandr Puschkin: „Auf der öden winterlichen Straße | Eilt eine rassige Trojka dahin, | Ermüdend lärmt | Das monotone Glöckchen." (*Winterliche Straße*, 1826) – Fjodor Glinka: „Die Trojka flitzt, die Trojka hüpft, | Unter den Hufen erhebt sich Staub; | Klangvoll plärrt das Glöckchen | Und es kichert und es heult." (*Trojka*, 1834) – Iwan Markow: „Monoton lärmt das Glöckchen, | Und von der Straße hebt sich leichter Staub, | Und öd ergiesst sich übers flache Feld | Des Kutschers Lied." (*Monoton*, o.J.) – Pjotr Wjasemskij: „Monotones Glöckchen, | Des Kutschers langgezogener Schrei, | Der Wintersteppe ödes Zwielicht, | Des Himmels Totenhemd, die Wolken! | [...] Ihr habt in eine uferlose Welt | Davongetragen Verstand und Herz." (*Reisegedanken*, 1830) Variante unter gleichem Titel: „Glöckchen, reg dich, | Du sollst bimmeln, schellen sollst du! | Staub, erreg dich und erheb dich! | Was wird weiter vorne sein? | Mich hält es nicht auf meinem Sitz, | Die dumpfe Luft bedrängt die Brust; | Wie ein Bräutigam eile ich zur Braut, | Ich eile – ins Ungewisse [*kuda-nibud'*] | Die Ferne – Braut im Schleier! | Ferne, o geheimnisvolle Ferne!" (*Reisegedanken*, 1833) – Und nochmals Wjasemskij: „Die Trojka flitzt, die Trojka hüpft, | Unter den Hufen windet sich der Staub, | Das Glöckchen weinet klangvoll, | Es kichert und es heult. | [...] Der russischen Steppe, der finsteren Nacht | Poetische Kunde! | In ihr ist viel von schmachtender Versonnenheit | Und viel Freiraum auch. | [...] Wer ist der Reisende? und woher? | Und hat er einen weiten Weg? | Ob er unfreiwillig oder freiwillig | In die nächtliche Finsternis flitzt? | Ob er zur Belustigung oder zum Kummer, | Zu den Seinen ins traute Heim, | Oder in die gramvolle Fremde eilt, mein kleiner Täuberich? | Strebt in ihm das Herz so heftig | Auf den Heimweg oder in die Ferne? | [...] Wie soll man's wissen? er ist schon so fern! | Der ist in die Wolke eingetaucht, | Und tief in der leeren Ferne ist das Glöckchen | Längst schon eingeschlafen." (*Trojka*, 1834)

Trojka (2) – *links* Geschlossener Reiseschlitten; *rechts* Offener Postreisewagen (Gouachen von Aleksandr Orlowskij, ca. 1815).

Grigorij Malyschew: „Die Glocke klingt. Der Kutscher, jetzt allein, flitzt | Auf dem Rückweg heim; | Kaum hörbar in der Ferne: | Klingeling, klingeling." (*Trojka*, 1848) – Iwan Aksakow: „Es tönt ein Glöckchen! ... kommt jemand hergefahren? | Die müden Pferde laufen lässig; | Die Kutsche kreischt und klirrt und zittert ... | Woher kommt sie und wie weit ist ihr Weg? ... Frage ohne Antwort! ..." (*Der Landstreicher*, 1852). – Leonid Trefolew „Da flitzt die Trojka mit der Post | Entlang der Mutter Wolga winters. | Der Kutscher singt öd vor sich hin, | Schüttelt seinen ungestümen Kopf." (*Der Kutscher*, ca. 1868). – Nikolaj Nekrassow: „Tollkühn der Kutscher, die Trojka tollkühn | Und am Krummholz das Glöckchen, | Trotz Regen und Wegschlamm flitzen die Pferde | Energisch mit dem Wagen dahin." (*Noch eine Trojka*, 1876) Und wieder eine Generation später – Andrej Belyj: „Hei, lasst uns flitzen! Die Pferde schlagen | Forsch mit ihrem Huf aufs klingende Eis; | Die bunt geschmückte Trojka | Fährt im Kreis und trägt uns hoch. […] Bald ist Abend: den Himmel gürtet | Ein klares Rot wie Glut. | Es beginnt zu kichern und zu tanzen | Dein Waldajsches Glöckchen." (*Trojka*, 1904).[114]

Einen späten, gleichsam synthetisierenden und auch harmonisierenden Nachklang dazu, der das Erlebnis der Trojka-Fahrt als existentiellen Glücksmoment in Erinnerung ruft, liefert in lyrischer Prosa Iwan Bunin: „Dann verdumpfte der Glöckchenklang im gigantischen Luftraum, der aufgeklarte Tag war trocken. Ebenmäßig fuhr die Kutsche im tiefen Straßenstaub dahin, und alles in der Runde war so einförmig, dass einem bald die Kraft ausging, in die Ferne des schläfrig-hellen Horizonts zu blicken und irgend etwas von ihm zu erwarten. In einem halben Tag zog an uns in dieser glühenden Wüste etwas ganz und gar Nomadisches vorüber […]: Ich bin vollkommen glücklich!"[115]

Man ersieht aus diesen Textbeispielen, dass sich das Trojka-Motiv über Jahrzehnte hin kaum verändert hat, dass es durchweg eingeschmolzen bleibt in das stereotype Ensemble von Pferden, Kutscher, Wagen, begleitet vom immer gleichen sehnsuchtsvollen Gesang und dem hellen Schellenklang, verfallen der flitzenden Geschwindigkeit, aber auch der Endlosigkeit eines kaum erkennbaren, meist zugeschneiten Wegs mit unbestimmtem Ziel – die Trojka-

Trojka (3) – *oben* Pferdeschellen (*bubency*) und -glöckchen verschiedener Größen, wie sie u. a. am Geschirrzeug der russischen Dreispänner (*trojka*) befestigt wurden; der Schellenklang diente als Warnsignal bei Nebel oder Schneesturm; *unten* Dreigespann mit Glockenbügel (Pjotr Sokolow, *Trojka,* Gemälde, 1886).

fahrt als bildhafte Vergegenwärtigung eines weit verbreiteten russischen Lebensgefühls, dem jede Willenssteuerung abgeht und das sich ganz der Schicksalsfügung überlässt.[116]

Noch bei Aleksandr Blok (im Gedicht „*Russland*", 1908) wirkt dieses Modell deutlich erkennbar nach, doch hier wird das Trojka-Motiv klar politisiert, es wird übertragen auf einen Transport ins Arbeitslager, wo Russland selbst gefangen gehalten wird: „Auch Unmögliches ist möglich, | Die lange Straße ist ganz leicht, | Wenn am Weg in weiter Ferne | Unter einem Kopftuch jäh ein Blick aufblitzt, | Wenn im dumpfen Lied des Kutschers | Die Sehnsucht der Gefangenen erklingt! ..."[117]

Von diesem Schema, das vielfach vom Volkslied übernommen wurde, ist einzig Puschkin etwas abgewichen dadurch, dass er die Trojka nicht allein der Willkür des Kutschers überließ, sondern auch die Passagiere in das Geschehen einbezog, sie in der ersten Person Einzahl als anonymes lyrisches Subjekt auftreten ließ. Wohl hat man es auch bei Puschkin („*Wagen des Lebens*", 1823) mit einem „tollkühnen Kutscher" und einem leicht dahinfliegenden Reisewagen zu tun, doch fehlt das romantische Requisit der Glöckchen und es fehlt auch das sehnsuchtsvolle Lied. Puschkins Passagiere sind voller Tatendrang, sie sind es, die den forschen Ton angeben, die wissen, wohin die Reise geht, und die die Zeit nutzen, um sich Gedanken zu machen über Gott und die Welt: „In der Früh schwingen wir uns auf den Wagen, | Wir jagen dahin mit dem Kutscher, | Wir verachten das Nichtstun und die Zärtelei, | Wir schreien: ‚Los, treib sie an, die Drei, so schnell wie's geht!'"

Erschöpft von der raschen Fahrt kommt man beim Nachtlager an und wird sich klar darüber: nicht der Kutscher und auch nicht die Passagiere haben die Trojka so erbar-

Trojka (4) – *S. 228* Sozialkritische Aufarbeitung des Trojka-Motivs – Wassilij Perow, *Trojka* (Gemäldeskizze auf Karton, 1860er Jahre). *Oben* Die Trojka im Sowjetstaat – aus dem populären Reisegefährt ist ein Kampfwagen für die Rote Armee geworden (Dekorationsentwurf von Wladimir Baranow-Rossiné, ca. 1918); *unten Vorwärts, Russland!* – eine postsowjetische Trojka, vorwärtsstrebend auf den Bahnen der russländischen Trikolore (Plakat, 1990er Jahre).

mungslos von Station zu Station gejagt, sondern – *die Zeit*, die unser aller Leben dominiert und begrenzt. Die Trojka-Fahrt kann solchermaßen zur Metapher für die Menschheitsgeschichte und ebenso für die Geschichte – den Lebensgang – jedes einzelnen Menschen werden.

In der autobiographischen Erzählung „*Die Kinderjahre des Bagrow-Enkels*" (1858) von Sergej Aksakow findet sich eine kurze Meditation über das Reisen mit der Kutsche, das zugleich eine Reise zu sich selbst ist, eine Reise in die eigene Vergangenheit und ein Weg in die noch unbekannte Zukunft: „Das Reisen – eine wundersame Sache! Ein mächtiger Drang – unüberwindlich, beruhigend und heilsam. Indem die Reise den Menschen jäh aus seiner gewohnten Umgebung herausreißt, ganz gleich, ob diese ihm lieb oder unangenehm ist, aus seiner stetig dahinfließenden, ständig ihn durch eine Vielzahl von Dingen ablenkenden gleichförmigen Tätigkeit – versammelt sie seine Gedanken und Gefühle in der engen Welt der Reisekutsche, richtet seine Aufmerksamkeit zunächst auf ihn selbst, dann auf die Erinnerung des Vergangenen und schließlich auf seine Träume und Hoffnungen in der Zukunft; und all dies vollzieht sich in aller Klarheit und Ruhe, ohne jede Geschäftigkeit und Eile."[118]

31

„Das freie Russland flitzt voran", heißt es zum Abschluss eines Heimatgedichts von Nikolaj Ogarjow („*Mein heimatliches Gefilde …* ", 1858), und jedem russischen Leser ist klar, dass in diesem Vers das Bild der flitzenden Trojka assoziiert wird mit gleichzeitiger Bezugnahme auf Nikolaj Gogol, der das Gefährt als Dingsymbol Russlands in die Literatur eingeführt hat. „Gebt mir eine Trojka mit Pferden so schnell wie ein Sturmwind!" lässt Gogol in den „*Aufzeichnungen eines Wahnsinnigen*" (1834; erschienen 1835 im Prosaband „*Arabesken*") den Bürolisten Popristschin notieren: „Sitz auf, mein Kutscher, läute, mein Glöckchen, bäumt euch, ihr Pferde, und tragt mich fort aus dieser Welt!"

Die Trojka wird hier gleichsam zur Rakete aufgerüstet, sie soll sich abheben von vorgezeichneten Wegen, soll nicht gebunden sein an ein zu erreichendes Ziel, soll einfach *fort von hier* – hinaus, hinauf. „Weiter, weiter, bis man nichts mehr sehen kann, nichts. Dort vor mir ballt sich der Himmel zusammen; ein Sternchen funkelt fern; der Wald huscht hin mit seinen dunklen Bäumen und dem Mond; grauer Nebel breitet sich unter meinen Füssen aus; ein Saite klingt im Nebel; auf dieser Seite das Meer, auf jener Italien; da sind auch russische Hütten zu sehn. Ist das mein Haus, dort in der blauen Ferne?"

Der unermessliche Raum und die heimische Hütte sind hier keine Gegensätze mehr, alle Proportionen und Relationen ändern sich unter der Einwirkung der Geschwindigkeit, die Fahrt wird (wie in den altrussischen Heldensagen und Annalen oder auch im „*Igor-Lied*") als Flug imaginiert, Grenzen werden mit Leichtigkeit überwunden, auch die Grenze zwischen Heimat und Fremde sowie die Scheidung zwischen Unten und Oben. Der Weg als solcher hat keine Zielführung mehr, er verflüchtigt sich, zerfließt im Raum, wird selber Raum – der Weg ist Russland, Russland ist der Weg.[119]

So lautet Gogols Credo; und so liest man es im Ausgang des Poems von den „*Toten Seelen*": „Die Pferde zogen kräftig an, und das leichte Gefährt flog wie eine Flaumfeder dahin. […] Es ist ja, als höbe eine unbekannte Macht dich auf ihre Flügel, du fliegst dahin und alles fliegt mit dir: die Werstpfähle, die Kaufleute mit ihren halb zugedeckten Wagen, der Wald, zu beiden Seiten der Straße, mit seinen aufgereihten dunklen Tannen und Fichten, seinem Holzhackerlärm und seinem Krähengekrächze. Es fliegt die ganze Poststraße, Gott weiß wohin, in ungewisse Fernen. [...] Ach, meine Trojka, mein Dreigespann, das wie ein Vogel dahinfliegt, wer mag es wohl gewesen sein, der dich erdacht hat? Nur von einem lebhaften und phantasiebegabten Volk konntest du ersonnen werden und nur in einem Land, das ernst genomen werden will und sich einförmig und beharrlich über die halbe Welt ausbreitet – man versuche nur, die Werstpfähle zu zählen, ohne dass es einem vor den Augen flimmert! Du bist kein spitzfindig ausgeklügeltes, von eisernen Schrauben zusammengezwungenes Gebilde, sondern irgendein gewitzter Bauer aus dem Jaroslawschen hat dich schlicht mit Beil und Eisenkante wie aus dem Handgelenk gezimmert und hergerichtet. Dein Kutscher trägt keine feinen deutschen Stulpenstiefel – mit Bart und Fausthandschuhen hockt er oben, weiß der Teufel wie, und wenn er sich aufrichtet, seine Peitsche knallen lässt und sein Lied, das kein Ende kennt, anstimmt, stürmen die Pferde dahin wie ein Wirbelwind, die Radspeichen verfließen zu einer glatten runden Scheibe, die Straße donnert, der Fußgänger stößt einen Schreckensschrei aus und starrt wie angewurzelt der davonfliegenden Trojka nach. Sie fliegt und fliegt, und schon sieht man nichts mehr als nur noch in der Ferne eine Wolke von Staub."

Dem ist beizufügen, dass dem „Flug" der selbstgezimmerten, ziemlich pannenanfälligen Trojka im russischen Volkslied ein langes Überdauern beschieden war – als Dingsymbol für die „russische Seele" wie auch für das autochthone, vom Westen abgeschirmte Russland überhaupt blieb sie noch im 20. Jahrundet als folkloristisches Überbleibsel präsent, nachdem die Eisenbahn und auch schon das Flugzeug den flitzenden oder hüpfenden Dreispänner längst überholt und definitiv hinter sich gelassen hatten. Zu erklären ist dieser merkwürdige Sachverhalt vermutlich dadurch, dass das zentrale Interesse, das man einst an die Trojka geknüpft hatte, durch den modernen Maschinismus eliminiert worden ist, nämlich die *Freiheit,* nach eigenem *Gutdünken* irgendeinen Weg zu wählen, die Freiheit auch, sich ohne vorbestimmtes Ziel auf die Reise zu begeben. „Ich flitze dahin, wo ich will ..." – solcher Eigenwille ist dem Eisenbahn- wie dem Flugpassagier untersagt; die neuen mechanisierten Verkehrsmittel machten den Reisenden zum willfährigen Passagier, beförderten ihn zwar schnell und leidlich bequem, ließen die übliche „Wegmisere" vorübergehend vergessen, nahmen ihm aber doch auch die Wahl, auf eigenen, auf neuen Wegen und in der ihm passenden Geschwindigkeit sein fernes Ziel zu suchen.

32

Diese Freiheit, die er vorab als die Freiheit Russlands verstand und weit weniger als die des einfachen russischen Bauernmenschen, hat Gogol in immer wieder neuen Annäherungen am Beispiel der Trojka exemplifiziert und bis zur globalen Apotheose aufgegipfelt – zur bedingungslosen Rechtfertigung des zaristischen Unrechtsregimes, die er, bereits unterm Druck der neuen progressiven Intelligenz, in seinen *„Ausgewählten Stellen aus dem Briefwechsel mit Freunden"* (1847) mit viel religiösem Pathos betrieb.

Die Ambivalenz von Gogols Russlandbild wird bestätigt durch die ebenso ambivalente Aufnahme, die sein Werk, *„Tote Seelen"* inbegriffen, bei der zeitgenössischen Kritik fand – die einen nahmen es als Verunglimpfung, die andern als Verherrlichung des Imperiums und seiner Institutionen wahr. Zweifellos war Gogol mit den weitreichenden Missständen im Zarenreich – Leibeigenschaft, Korruption, Rechtlosigkeit, Zensur, Bildungsnotstand – bestens vertraut, manche davon hat er mit großer satirischer Schärfe auch öffentlich vorgeführt, doch mochte er, der lange Jahre im Ausland zubrachte und dort unter permanentem Heimweh litt, sein Land nicht schlecht reden, vielmehr sah er in ihm – der Blick aus der Ferne trug das seine dazu bei – so etwas wie ein verlorenes Paradies, das es mit allen Mitteln zu belobigen und zurück zu gewinnen galt.

Mit missionarischem Eifer und entgegen besserem Wissen forcierte Gogol im selbstgewählten Exil seinen patriotischen Diskurs, den er schließlich durch den Erzähler der „Toten Seelen" zur Jubelrede steigerte. Obwohl Tschitschikow, der vulgäre, komische und selbstgefällige Protagonist des Prosapoems, auf seinen Fahrten durch Russland nichts als trostlose Landstriche, schlechte Straßen, halb verfallene Höfe, dumme und niederträchtige Menschen antrifft, was ihn daran hindert, irgendwelche Abenteuer zu erleben, und ihn über die allgegenwärtige Trivialität (*pošlost*) nicht hinauskommen lässt – all dem zum Trotz kann er nicht umhin, in Russland das gelobte Land zu erkennen, das dereinst der gesamten Menschheit eine geistige Zuflucht, eine ins Globale erweiterte Heimat würde bieten können. Was hier noch missionarisch angepriesen wird, werden schon bald die sogenannten Slawophilen, die Ideologen des „russischen Wegs" und der russischen „Bodenständigkeit", zu einem messianischen Heilsversprechen steigern.[120]

Wenn Gogol Russland mit dem russischen Weg gleichsetzt, vermengt er eine Raum- mit einer Bewegungs- oder Entwicklungsvorstellung, und Russland kann dann eben nicht mehr mit einem Haus, einem Hof, einem Kreml verglichen werden, sondern findet sich wieder in dem dynamischen Bild der Trojka-Fahrt, die gemäß russischer Wortbedeutung (*doroga*) Weg und Reise gleichermaßen vergegenwärtigen kann. Drei Pferde, ein Lenker, ein Fahrzeug (Wagen oder Schlitten) werden, wie bereits bezeigt wurde, zu diesem zeitlich-räumlichen Bild synthetisiert. Gogols Russlandbild ist, entgegen der reaktionären Haltung des Autors, durch und durch dynamisch, es ist utopisch in dem Sinn, dass ihm ein Idealstatus zugesprochen wird, der seiner realen Verfassung (die eine reale Misere ist) zutiefst widerspricht.

Dies kommt schon darin zum Ausdruck, dass die damals in Russland herrschende „Wegmisere" von Gogol glatt übergangen beziehungsweise als nicht vorhanden angenommen wird. Anders wäre ein Fahrbericht wie dieser (aus dem zweiten, nur fragmentarisch erhaltenen Teil der „Toten Seelen") nicht denkbar und auch in keiner Weise glaubwürdig: „Mittlerweile fuhr der Wagen leicht federnd den nur allmählich sich neigenden Hang hinunter, und wieder gab es nichts als weite, mit Espenhainen bestandene Flächen. Die Kutsche rollte durch Wiesen, kam an Mühlen vorbei, donnerte über Brücken und glitt mit sanftem Schwanken über den weichen, nachgiebigen Grund tief liegender Wegstrecken hinweg. Keine Unebenheiten und Holprigkeiten der Straße machten sich fühlbar. Die Fahrt war die reine Wonne."[121] Man könnte durchaus vermuten, dass diese und ähnliche Passagen in den „Toten Seelen" ironisch gemeint sind, was aber in keiner Weise mit jenem Russlandbild zusammenpassen würde, das Gogol gleichsam als Vision des himmlischen Jerusalem an den Schluss des ersten Teils des Romanpoems gestellt hat. Auch dort wird das Lob der russischen Landstraße gesungen, so als wäre sie Teil eines perfekt ausgebauten Verkehrssystems und hätte weder Schlaglöcher noch Schlammzonen, aus denen es kein Entrinnen gibt ...

„Wieviel Seltsames, Verlockendes, Hinreißendes, Wunderbares steckt in diesem Wort: Straße! Und wie wunderbar ist sie selbst, diese Straße! Ein klarer Tag, herbstliches Laub, kühle Luft […]. Gott, wie schön bist du mitunter, du ferne, ferne Straße! Wie oft habe ich, einem Untergehenden und Ertrinkenden gleich, nach dir gegriffen, und noch jedesmal hast du mich großmütig herausgetragen und gerettet." – Nach weiteren wortreichen Belobigungen der russischen Straße, die eben auch der Weg Russlands in seine lichte Zukunft sein soll und jederzeit eine leichte, hurtige, dem Flug ähnliche Fahrt ermöglicht, bringt Gogol ein letztes Mal seine Heimat und Tschitschikows Trojka auf einen gemeinsamen Nenner und schließt das Buch mit einer pathetischen Anrufung Russlands, das dereinst den Globus beherrschen soll.

Noch einmal werden sämtliche Epitheta und Requisiten aufgeboten, die zum Trojka-Mythos gehören und die auch im Volkslied rekurrent sind: „*Stürmst* nicht auch du, Russland, so wie die *rassige*, die uneinholbare Trojka dahin? Unter dir die Straße dampft und raucht, die Planken dröhnen, alles bleibt hinter dir zurück, bleibt stehn. Wie von einem göttlichen Wunder angerührt, steht der Beschauer betroffen da: ist das nicht ein vom Himmel geschleuderter Blitz? Was bedeutet diese Schrecken erregende *Fortbewegung*? und was für eine unbekannte Kraft ist beschlossen in diesen weltweit noch nie gesehenen Rossen? Och, ihr Rosse, Rosse – was für Rosse! Hausen *Wirbelwinde* in euren Mähnen? Brennt ein waches Gespür in all euren Adern? Erlauscht ihr von oben das vertraute *Lied* – brüderlich und einig sind eure bronzenen Leiber zusammengespannt und haben sich schon, mit den Hufen die Erde kaum noch berührend, in eine einzige langgestreckte Linie verwandelt, die durch die Luft *fliegt* und *flitzt*, vom Hauche Gottes *beflügelt*! … Wohin *stürmst* du, Russenland? Gib Antwort. Gibt keine Antwort. Wundersam verströmt das *Glöckchen* seinen Klang; die in Stücke gerissene Luft dröhnt und wird zum Sturm; vorüber *fliegt* alles, was es auf Erden nur gibt, und es treten gebückt beiseite und machen ihr den Weg frei die anderen Völker und Reiche."[122]

33

Wohin das Russenland stürmt – das ist und bleibt die große Frage, die sich manch einer gestellt hat angesichts der mit unbekanntem Ziel vorüberfliegenden Trojka. Bei Aleksandr Puschkin wird sie – „wohin sprengst du?" – an den ehernen Reiter gerichtet, jenes Standbild, das Katharina die Große im Gedenken an Peter den Großen hat entwerfen lassen und das ebenfalls, schon bei seiner Einweihung im Sommer 1782, zu einem nationalen Symbol für Russland geworden ist, nur dass hier ein singuläres Kunstwerk diese Funktion erfüllt, und nicht ein weit verbreiteter Gebrauchsgegenstand aus der Alltagswelt.

Das Reiterstandbild, im Auftrag der Zarin konzipiert und errichtet von Etienne-Maurice Falconet, zeigt Peter den Großen mit ausgestrecktem Arm auf einem zum Sprung – gleichsam: zum Flug – ansetzenden Pferd mit hoch erhobenen Vorderhufen. Pferd und Reiter sind verschmolzen zur dynamischen Symbolgestalt, in der das moderne, nach Westen, in die Zukunft gerichtete Russland sich erkennen soll. Die machtvolle herrscherliche Gestik des Abhebens lässt sich durchaus vergleichen mit der Gogolschen Vision der flitzenden Trojka, die sich von der Erdenschwere löst und sich damit über die russische Wegmisere – das heißt auch: über Russlands Zurückgebliebenheit und Unaufgeklärtheit – hinwegsetzt. Überraschend ist allerdings, dass ausgerechnet der konservative Gogol, als Befürworter des starren nikolajitischen Ordnungssystems, seine von Leibeigenschaft, Bürokratie und Militarismus bedrückte Heimat als ein dahinfliegendes Gespann imaginiert hat.

Die Einschätzung der Zukunft Russlands ist bei Aleksandr Puschkin wie bei Nikolaj Gogol gleichermaßen zwiespältig. Puschkin kann die historische Leistung Peters des Großen durchaus als Fortschritt für Russland würdigen, weiß jedoch nicht abzuschätzen, in welche Richtung und auf welches Ziel hin der Eherne Reiter mit seinem sich aufbäumenden Ross abhebt. Gogol verkündet das Heil, den weltweiten Triumph Russlands und kann doch nicht verhindern, dass auch apokalyptische Untertöne mitschwingen.

Man könnte das unvollendet gebliebene Erzählwerk „*Tote Seelen*" als einen Abenteuerroman ohne Abenteuer, einen Reisebericht ohne Reise bezeichnen. Tatsächlich führt Tschitschikows rasante Trojka-Fahrt lediglich durch die Niederungen einer trivialen russischen Seelenlandschaft und erweist sich zuletzt als eine ergebnislose Rundreise, die nichts als das Nichts des gutsherrlichen Provinzalltags und letztlich der *conditio humana* überhaupt erschließt. Alles ist so, wie es ist; es könnte auch anders sein und wäre dennoch ein Gleiches: Wohin auch immer Tschitschikow gerät (meist eher zufällig als gewollt), überall bietet sich ihm das gleiche Bild. Es scheint keinerlei Richtung zu geben, so wie selbst der Raum unfassbar bleibt. Das Unfassbare an sich, der Unort ist das einzig Reale.

Die Wege, die mit der Trojka endlos abgefahren werden, sind allesamt unabsehbar, vielfach verzweigt, mit gewöhnlichem Werst-Maß nicht zu messen, oft liegen sie im Nebel oder unter Staub, oft sind Oben und Unten, Links und Rechts nicht zu unterscheiden, es geht immer schön „geradeaus nach rechts", und es gibt „viele Abzweigungen", deren Sinn, also Richtung darin besteht, dass man sie verpasst.[123] Ort und Weg fallen in eins, es gibt kein Entkommen und auch keine Ankunft, es gibt weder Sinn noch Gewinn, alles scheint null und nichtig zu sein, die Reise führt über das Gängige (eben das, was man im Russischen als *pošlost'*, das Gemeine, Triviale kennt) nicht hinaus – allein Tschitschikows Phantasien, die ihn im Flug über die Misere und das Malaise Russlands forttragen, rücken Besseres in den Blick, bleiben aber pure Utopie.

Und mehr als dies: Gerade dadurch, dass er sich in seinen Träumereien gleichsam der Vogelperspektive bemächtigt, gewinnt Tschitschikow vollends Klarheit über Russlands Elend und *Nichtswürdigkeit*: „Wie offen und öd und platt ist doch alles in dir; wie Pünktchen, wie Strichelchen nehmen sich, kaum zu bemerken inmitten der Ebenen, deine niedrigen Städte aus: nichts verlockt und entzückt den Blick. Doch welch unfassbare, geheimnisvolle Kraft macht dich so anziehend? […] Was verheißt dieser unumgreifbare Raum? Soll hier, soll in dir der endlose Gedanke geboren werden, da du selber ohne Ende bist? Soll hier der Recke beheimatet sein, wo es den Ort gibt, da er sich entfalten und ausleben kann? Und dräuend wird der mächtige Raum mich umfangen und mit schrecklicher Kraft in meiner Tiefe sich spiegeln; mit unnatürlicher Gewalt haben meine Augen sich entfacht ... U! welch funkelnde, wundersame, unbekannte Ferne ist, Erde, dir beschieden! Russenland! ..."[124] Das Bild der ungebremst dahinfliegenden Trojka und die von Gogol gestellte Frage nach dem Ziel der rasenden Fahrt sind von manchen späteren Autoren – bis ins 20. Jahrhundert – aufgegriffen und in unterschiedlicher, zunehmend skeptischer Weise gedeutet worden.

Bei Anton Tschechow erweist sich das hochgemute Abheben Russlands in eine lichte Zukunft als romantische Illusion, die der ironischen Redimensionierung bedarf. In seinen Aufzeichnungen „*Aus Sibirien*" schildert Tschechow, wie eine Trojka der russischen Post auf seinen Reisewagen zurast und sich mit diesem zu einer „dunklen Masse vermengt", während bereits eine weitere Trojka in rascher Fahrt sich nähert und auf die Unfallstelle aufzufahren droht. Die Frage, wohin das außer Kontrolle geratene Fahrzeug unterwegs ist, braucht hier nicht mehr gestellt zu werden, der wie durch ein Wunder überlebende Reisende befreit sich aus den Trümmern, eilt der Trojka entgegen und schreit „mit nicht mehr menschlicher Stimme: Stopp, stopp!"[125]

Die rasende Trojka muss aufgehalten, eine Katastrophe vermieden werden – Gogols Zukunftsvision verwandelt sich bei Tschechow in ein tragikomisches Horrorszenario. Aleksandr Blok hat dieses Szenario, fern jeder Komik, um eine apokalyptische Dimension erweitert, als er 1908 in einem vielbeachteten, mehrfach nachgedruckten Vortrag über *„Volk und Intelligenz"* das Bimmeln der Trojka-Glöckchen mit dem fernen Donner der Revolution identifizierte: „Gogol stellte sich Russland als eine dahinjagende Trojka vor. ‚Russland, wohin fliegst du? Gib Antwort!' Aber die Antwort bleibt aus, nur ‚das Glöckchen tönt mit wundersamem Klang'. – Der Donner, der, aus der Ferne kommend, rasch anschwillt und den wir Jahr für Jahr deutlicher vernehmen, dieser Donner eben ist der ‚wundersame Klang' der Trojka-Glöckchen. Und wenn nun die Trojka, in deren Umgebung die ‚zerfetzte Luft dröhnt und zum Wirbelsturm wird', geradewegs auf uns zujagt? Indem wir uns ins Volk stürzen, stürzen wir uns vor die toll gewordene Trojka ins sichere Verderben."[126]

34

Eine aufschlussreiche Entsprechung – tatsächlich eine bewusste Variantenbildung – zu Gogols *„Tote Seelen"* stellt die Erzählung *„Der verzauberte Streuner"* (1873) von Nikolaj Leskow dar, ein Text, der in deutscher Übersetzung seit jeher und noch heute unter dem unzutreffenden Titel *„Der verzauberte Pilger"* rubriziert ist.

Das Strukturschema dieses hochgemuten und zugleich desolaten, in Ichform gehaltenen Lebensberichts folgt allerdings nicht, wie Gogols Romanpoem, primär der westeuropäischen pikaresken Erzähltradition, sondern dem Vorbild altrussischer Pilgerberichte. Leskow hatte den *„Verzauberten Streuner"* seinem Verleger als unterhaltsame, heitere, sogar komische Reiselektüre angeboten und war zutiefst betroffen, als dieser die Erzählung ablehnte.

Es handelt sich dabei um einen durchaus ernsten, letztlich tragischen, wenn auch leutselig dargebotenen Selbsterlebensbericht eines Unbehausten, der sich durch die uferlosen Weiten Russlands treiben lässt, wobei er sich mit staunenswertem Gleichmut den Freuden wie den Leiden seines schicksalbestimmten Lebens, aber auch den Schönheiten und Befremdlichkeiten seiner Heimat aussetzt, um nach einem ebenso weitläufigen wie abenteuerlichen Parcours als Klosterbruder (wenn auch mitnichten als vorbildlicher Christenmensch) zu enden.

Wie so oft in russischen Lebensbeschreibungen wird auch hier ein Protagonist vorgeführt, der sich von seinem Weg viel eher lenken lässt, als dass er ihn, mit einem bestimmten Ziel vor Augen, planmäßig abschreitet und ihm auf solche Weise irgend einen Sinn abgewinnt. „Ein fremder Wille waltet in mir", bekennt der verzauberte Streuner, „und ich erfüllte ein fremdes Geschick." An anderer Stelle sagt er ergänzend dazu: „Mein ganzes Leben habe ich zu Grunde gerichtet und ging dennoch nicht zu Grunde dabei."

Der Streuner praktiziert das Gehen als einen – seinen – permanenten Untergang, eher lässt er sich treiben, als dass er selber sich voranbewegt, sein Weg scheint richtungslos zu sein, es ist ein mändernder Parcours, der ihn durch weite Teile Russlands führt, auch wenn er als Weg oft nicht mehr erkennbar ist und im grenzenlosen Raum sich verliert. Der Streuner berichtet von den Jahren, die er unter den Tataren in der Steppe verbracht hat: „ – immer dasselbe. Wabernde Hitze, grausam; der Raum – kein Ende; Kräuter, Wildwuchs; das Steppengras weiß, flockig, wogt wie ein silbernes Meer und bringt mit dem Windzug Geruch: es riecht nach Schafen, und die Sonne fließt über und sengt, kein Ende ist absehbar in dieser Steppe, so wie im schweren Leben, nirgends zeichnet sich ein Ende ab, und hier ist der Abgrund der Sehnsucht bodenlos ..."

Die einzige Sehnsucht, die für den Streuner in Erfüllung geht, die Liebe zu einer Zigeunerin, macht er selbst zunichte, indem er die Geliebte in einem Moment der Besinnungslosigkeit und Exaltation tötet, um danach der Sehnsucht noch viel mehr zu verfallen. Und nochmals macht er sich einsam auf den Weg, „ohne zu wissen wohin": „Und es war dies so ein Tag im Herbst, trocken, die Sonne scheint, doch es ist kalt, und geht ein Wind, und Staub fliegt auf, und wirbelt gelbes Laub; und ich weiß nicht, welche Stunde ist und was hier für ein Ort, und wohin die Straße führt, und nichts in der Seele hab ich mehr, kein Gefühl, keine Gewissheit, was ich machen sollte [...]." Des Streuners Lebensgang führt, nach allen nur denkbaren Entbehrungen, Katastrophen, Leiden, Untaten und Strafen, schließlich ins Kloster, doch auch dort hält es den Ruhelosen nicht – er bittet schon bald um seine Entlassung und begibt sich mit dem Segen des Priors auf eine Pilgerfahrt, um endlich den Tod zu finden und damit ans Ende des Wegs zu gelangen.

Leskows Streuner ist ein markantes Beispiel dafür, dass der russische Weg seinen einzigen und wesentlichen Sinn darin findet, abgeschritten zu werden, und eben nicht darin, ein Ziel zu erreichen, ein Terrain zu erobern, einen *Fortschritt* gemacht zu haben.[127]

35

Einen ganz andern Lebensweg als Leskows „verzauberter Streuner" legt jener Vater Sergij zurück, den Lew Tolstoj zum Titelhelden einer seiner letzten Meistererzählungen gemacht hat (1890–1898). Fürst Stepan Kassazkij verzichtet nach einer großen Liebesenttäuschung auf seine weltliche Karriere und sein soziales Prestige und wird, im besten Alter, Klosterbruder. Als solcher gewinnt er gleichwohl hohes Ansehen, da man in ihm einen Wundertäter zu erkennen glaubt. Während vieler Jahre lebt und dient Vater Sergij – so lautet sein Mönchsname – im Kloster; er hält vielbesuchte Gottesdienste ab, empfängt, berät, segnet die herbeiströmenden Pilger, gibt sich dem Gebet, der Meditation hin, ohne seinen innern Frieden und die Gewissheit der Existenz Gottes zu erringen.

Immer wieder wird er auch von jungen Frauen aufgesucht, die ihn sexuell provozieren, mehr als einmal erliegt er der Verführung, und schließlich hält es ihn im Kloster nicht mehr, er will der Welt restlos entsagen, will sein Leben als Landstreicher beenden. Von Pilgern und einem weit gereisten Soldaten lässt er sich über das Wanderleben in Russland beraten – wie man sich unterwegs ernährt, wie man um Almosen bittet, wie und wo man ein Nachtlager finden kann. Nachdem Vater Sergij dem Teufel – diesmal in Gestalt einer jungen Kaufmannstochter mit Namen Marja – ein weiteres Mal nicht hat widerstehen können, geht er in Bauernkleidung auf Wanderschaft, entkommt aber auch so der Versuchung und Verführung nicht und endet, ähnlich dem „verzauberten Streuner", irgendwo weitab von der Welt im fernen Sibirien.

„Und er machte sich auf den Weg", heißt es bei Tolstoj, „ging von Dorf zu Dorf, bald ging er zusammen mit Landstreichern und Landstreicherinnen, bald trennte er sich wieder von ihnen, und um Christi willen bettelte er um Brot und Nachtlager. Selten nur schimpfte ihn eine bösartige Hauswirtin aus oder ein besoffener Bauer fluchte auf ihn, doch meistens gab man ihm Nahrung, Trank und sogar Wegzehrung. Einige fühlten sich durch sein vornehmes Aussehen von ihm eingenommen. Andere wiederum frohlockten – umgekehrt – darüber, dass so ein Herr wie er derart heruntergekommen konnte. Doch seine Sanftheit bezwang sie alle. [...] Acht Monate war Kassazkij auf solche Weise unterwegs, im neunten wurde er in einer Gouvernementsstadt festgenommen, wo er mit andern Streunern in einem Asyl übernachtete, und als Papierloser auf die Wache gebracht. Auf die Frage, wo er seinen Pass habe und wer er sei, antwortete er, er habe keinen Pass und sei ein Gottesknecht. Man rechnete ihn den Landstreichern zu, er wurde abgeurteilt und nach Sibirien verschickt."[128]

Am Beispiel der beiden Wandersleute bei Leskow und Tolstoj kann man ersehen, dass die Grenzen zwischen Pilgertum und Landstreicherei durchaus fließend sind, und es wird deutlich, dass im Bewusstsein des Wanderers Straße und Raum, Heimat und Fremde, Sakral- und Natursphäre ununterscheidbar verschmelzen können.

36

Für die russische Geschichtsschreibung aller Sparten, von der Sozial- bis zur Religions- und Kulturgeschichte, hat die Kategorie des Wegs (mit Exkursen, Irrungen, Sackgassen, Suchbewegungen, Zufallsbegegnungen, Schicksalsbestimmungen usf.) zentrale Bedeutung gewonnen, ausgenommen die „westlerische" Publizistik des 19. Jahrhunderts und die offizielle Sowjetliteratur, deren Geschichtsdenken primär am *Fortschritt* orientiert war, der grundsätzlich als linear-progressive Entwicklung auf ein vorgegebenes Ziel hin gedacht wurde, und gerade nicht als ein vielfach verschlungener, irgendwo im Erdreich oder am Horizont sich verlierender Pfad.

Zu Hunderten sind (abgesehen von den Genres der eigentlichen Reiseliteratur und der Science Fiction) Werktitel wie „Der Weg geistiger Erneuerung", „Auf den Wegen zum künftigen Russland", „Wege der russischen Theologie", „Der Weg zur Evidenz", „Die Wege Russlands", „Der geschichtliche Weg Russlands", „Wege Eurasiens", „Der geschichtliche Weg der Orthodoxie", „Der Weg der Reinheit", „Der Weg der geistigen Erneuerung" oder „Gogols geistiger Weg" namhaft zu machen, wobei sich der Begriff beziehungsweise die Vorstellung des Wegs bei weitem am häufigsten mit dem Stichwort *Russland* verbindet, etwas weniger oft ist die Rede vom Weg der *Philosophie* und der *Kirche* (oder allgemein der *Orthodoxie*), vom Weg des *Menschen*, des *Lebens,* des *Geistes,* der *Literatur* und auch einzelner Autoren, allen voran *Dostojewskij*, gefolgt von *Puschkin, Gogol, Blok*, deren Schaffens- und Gedankenwege mit besonderer Vorliebe abgehandelt werden.

Zum Bedeutungsfeld des Gehens und damit, indirekt, auch des Wegs gehören zwei für das russische Selbstverständnis zentrale Begriffe, zu denen es in keiner anderen Sprache ein valables Äquivalent gibt. Es sind dies die bedeutungsmäßig äußerst gegensätzlichen Begriffe *podvig* und *pošlost'*, die behelfsmäßig zu umschreiben wären als „hehres, hochgemutes, selbstloses Tun" beziehungsweise als „Gemeinheit, Gewöhnlichkeit, Geläufigkeit, Geschmacklosigkeit, Niedertracht". *Podvig* leitet sich her von *-dvig-*, was auf Regung, Bewegung, Verkehr (*dviženie,* verbal *dvigat',* reflexiv *dvigat'sja*) verweist; *podvižnik* ist, wie bereits ausgeführt wurde, der selbstlose Held (auch als Asket, Märtyrer), *podvižničestvo* steht für hochherzige, primär spirituelle Heroik. *Pošlost'* wiederum kommt von *poš-l-* (Präteritum zu *idti,* gehen, kommen; Adjektiv *pošlyj*) und bezeichnet also das Gängige, Geläufige, Gemeine und Allgemeine, *pošljak* ist ein gemeiner, trivialer Mensch.

Der eigentliche russische Held (*podvižnik*) ist, im Unterschied zum Helden generell (*geroj*), jemand, der sich voranbewegt und damit auch etwas voranbringt, der freilich weniger durch Tat und Werk, vielmehr durch Haltung und Vorbild seine Wirkung hat. – Gegenüber der heldenhaften Ausnahmeerscheinung des *podvižnik* erweist sich der *pošljak* als ein „Mensch wie du und ich", ein Normalverbraucher ohne soziales Gewissen, ohne höhere Interessen, ohne Stil und Charakter. Beide gehören zur Galerie der „typischen" Russen, können nationale Exklusivität für sich beanspruchen, sind in der russischen Literatur als Protagonisten rekurrent. Aleksej Chomjakow, der slawophile Dichterphilosoph, hat die spezifisch russische „Heroik" – im Unterschied zum Heldentum westlicher Prägung – gleichsam definitorisch in Verse gefasst: „Heroik ist in der Schlacht, | Heroik ist im Kampf; | Die höchste Heroik ist in der Duldsamkeit, | In der Liebe und im Gebet. | Wenn dem Herzen bange wird | Vor der Schlechtigkeit des Menschen, | Oder wenn Gewalt dich festhält mit stählerner Kette; | Wenn das irdische Leid | Als Stachel in der Seele sitzt, – | Dann lass mit lebhaftem und kühnem Glauben | Deine Heroik walten. | Die Heroik hat Flügel, | Und mit ihnen wirst du fliegen | Ohne Mühe, ohne Anstrengung | Über die irdischen Finsternisse | Und über die Kerkerdächer hinaus, | Höher als blinde Bosheit, | Höher als die Rufe und Schreie | Des stolzen menschlichen Pöbels."[129]

In seinen *„Notizen über das Russische"* führt Dmitrij Lichatschow eine Reflexion des Künstlers und Kulturphilosophen Nikolaj Rerich über das russische Heldenverständnis an; man liest dort den folgenden Textauszug: „Wie seltsam es auch scheinen mag, aber keine einzige europäische Sprache verfügt über ein Wort von auch nur annähernd gleicher Bedeutung [wie russisch *podvig*]. Ein Heroismus, der mit Pauken und Trompeten bekannt gemacht wird, ist nicht in der Lage, den unsterblichen, alles abschließenden Gedanken wiederzugeben, der im russischen Wort *podvig* angelegt ist. Eine Heldentat ist etwas völlig anderes, Heldenmut wird ihm nicht gerecht, Selbstentsagung entspricht ihm auch nicht, Vervollkommnung verfehlt ihn ebenso, Errungenschaft hat eine ganz andere Bedeutung, weil sie auf etwas Abgeschlossenes verweist, wogegen *podvig* keine Grenzen kennt. Man sammle aus verschiedenen Sprachen solche Wörter, welche die Idee der Fortbewegung bezeichnen, doch kein einziges wird dem alten präzisen russischen Begriff des *podvig* äquivalent sein. [...] *Podvig* meint Bewegung, Zupacken, Ausdauer und Kenntnis, sehr viel Wissen. Und wenn in fremdsprachigen Wörterbüchern Begriffe wie ‚Ukas' und ‚Sowjet' enthalten sind, dann sollten sie unbedingt auch das beste russische Wort, ‚Podvig', mit aufnehmen."[130]

Rerich unterlässt es allerdings, darauf hinzuweisen, dass es sich bei dieser russischen Tugend um ein wohl typisches, dabei aber seltenes Ausnahmeverhalten handelt, das eher der geistigen oder geistlichen Sphäre als der Alltagswelt zuzuordnen ist und das auch vorwiegend bei herausragenden Einzelpersönlichkeiten, kaum jedoch bei der Bevölkerungsmehrheit in Erscheinung tritt. Ergänzend und präzisierend heißt es dazu in Sergej Bulgakows Aufsatz über „*Heroismus und Heroik*": „Christliche Heroik ist beständige Selbstkontrolle, ist Kampf mit den niedrigen, sündigen Seiten des eigenen ‚Ich', ist Askese des Geistes. Sind für den Heroismus Ausbrüche und das Streben nach hehren Taten charakteristisch, so erweisen sich hier, im Gegenteil, Ausgeglichenheit, ‚Maßhalten', Durchhaltefähigkeit, unermüdliche Selbstdisziplin, Geduld und Ausdauer als Norm [...]."[131]

Bulgakow assoziiert hier die russische „Heroik" ausschließlich als passive Verhaltensweise, entgegen der Grundbedeutung des Worts *podvig*, das noch, ein halbes Jahrhundert zuvor, Aleksej Chomjakow explizit als eine Vorwärtsbewegung (*podvigat'sja vpered*) gedeutet und – wie aus dem oben angeführten Zitat zu ersehen ist – mit dem kämpferischen Heroismus zusammengedacht hat.

37

Auch der Begriff *pošlost'*, bedeutungsmäßig ein schroffer Gegensatz zu *podvig*, ist so intim mit dem russischen Charakter verbunden, dass er nicht adäquat in andere Sprachen übersetzt werden kann. Etymologisch ist *pošlost'* nichts anderes als das, was „gegangen" (entschwunden) ist. Das Adjektiv dazu, *pošlyj*, heißt eigentlich nichts anderes als „vergangen", im Sinn von einstmalig, altertümlich, althergebracht, altbekannt u. ä., hat aber zusätzlich die negativ besetzte Bedeutung von „trivial" angenommen, welche diverse Ausprägungen aufweisen kann (z. B. abgeschmackt, unkultiviert, spießig, vulgär, unanständig, niederträchtig).

Solche *Gewöhnlichkeit* ist in Russland nicht bloß eine kleinbürgerliche Unart, wie Dostojewskij in Paris oder London und Konstantin Leontjew in Belgien oder der Schweiz sie ausgemacht haben[132], sondern ist als allgemeiner Mentalitätszug zu registrieren, der Arm und Reich, Jung und Alt, Frau und Mann gleichermaßen eignet. Es geht, wie Innokentij Annenskij einst vermerkt hat, um „jenen gemeinen (*pošlyj*) Menschen, jenen allgemeinen (*obščij*), namenlosen, dumpfen Menschen, der sich in jedem von uns eingenistet hat" und der ständig im labilen Gleichgewicht zwischen Langeweile und Horror verharrt.[133]

Der gemeine Mensch dieses Typs hat weder Skrupel noch Minderwertigkeitsgefühle, vielmehr rechnet er sich seine Unbedarftheit und Niedertracht als einen Vorzug an, er ist durchaus selbstbewusst, zumindest selbstzufrieden – Spießer und Philister zugleich.

Nikolaj Gogol hat in seinem Prosawerk mit „gemeinen", ganz und gar unheroischen Protagonisten wie Tschitschikow, Pljuschkin, Tschartkow, Pirogow, Kowaljow oder Schponka die literarischen Prototypen des russischen *pošljak* Revue passieren lassen, eine Revue, die in der Folge durch Dostojewskij, Saltykow-Stschedrin und Tschechow, durch Fjodor Sologub (mit der Paradefigur des Peredonow aus dem Roman „*Ein kleinkarierter Teufel*", 1907) und Wladimir Nabokow (mit dem tragisch-spießigen Schachgenie Lushin) erweitert, schließlich durch den postmodernen Autor Wladimir Sorokin als monströses Bestiarium noch einmal vorgeführt wurde.

Am nachhaltigsten hat bislang Nabokow (zumeist im Rückgriff auf Gogol) das unattraktive Phänomen des spießigen Normalverbrauchers thematisiert. Auch er war der

Ansicht, dass der *pošljak* (oder weiblich die *pošljačka*) als Phänotyp des Russentums zu gelten hat, unabhängig davon, welcher Gesellschaftsschicht er angehört, und ungeachtet der Tatsache, dass es für ihn in Russland nie eine mehrheitliche bürgerliche Mittelklasse als Trägerin gegeben hat.

Der „gemeine" Russe ist aber gerade nicht ein sesshafter Stadtbewohner, vielmehr bildet er die mobile Grundsubstanz eines „Wander-Volks", das ständig in der Entscheidung zwischen Haus und Weg zu stehen scheint. Von daher hat die Bezeichnung *pošljak* – der Gängige, Geläufige – ihre Richtigkeit und Berechtigung, welche allerdings verloren geht, wenn sie auf den westeuropäischen oder nordamerikanischen Spießbürger übertragen wird, der weit eher zur Stubenhockerei als zum Nomadentum tendiert. Die Spezifik des russischen Trivialverhaltens – *pošlost'* – hat Nabokow im übrigen dadurch unterstrichen, dass er den Begriff dafür in fast identischer, unüberhörbar ironisierender Lautung – *poshlust* – ins Englische übernahm: „Im Russischen gibt oder gab es ein besonderes Wort für selbstgefälliges Philistertum – *pošlost'*. ‚Poschlismus' ist nicht nur offenkundiger Schund, sondern vor allem etwas, das mit falscher Gravität daherstolziert kommt, alles unecht Schöne, unecht Kluge und unecht Attraktive. Eine Sache mit dem tödlichen Etikett ‚Poschlismus' zu versehen, bedeutet nicht nur ein ästhetisches Urteil, sondern auch eine moralische Anklage. Das Echte, das Offen-Unschuldige, das Gute ist nie *pošlost'*. Man kann sogar sagen, dass ein einfacher, unkultivierter Mensch selten, wenn je, *pošlost'* ist, da ‚Poschlismus' den Firnis der Zivilisation voraussetzt. Ein Bauer muss zuerst ein Städter werden, bevor er vulgär sein kann. Ein grellfarbener Schlips muss den ehrlichen Adamsapfel verstecken, damit ‚Poschlismus' entstehen kann."[134]

38

In der russischen Vorstellungswelt ist der Weg zumeist etwas schicksalhaft Vorbestimmtes, dabei aber schwer zu Erkennendes, wenn nicht überhaupt Unsichtbares.

Der Weg erschließt sich, indem man ihn suchend abschreitet, er ist Schicksal und Freiheit zugleich. In zwei berühmten, von Russen gern zitieren Versen hat Puschkin („*Jewgenij Onegin*", Teil VII, Strophe 28) diesen Sachverhalt als rhetorische Frage ausformuliert: „Wohin, wozu mein Streben? | Was kündet mir mein Los?"[135] Es gibt für Tanja, die so spricht, kein Ziel, keinen Sinn, es gibt bloß den Aufbruch unter Führung des Schicksals. Der Lebensweg hat keine erkennbare Ausrichtung und Folgerichtigkeit, korrespondiert nicht vorrangig mit einem Prozess des Reifens, des Erfahrungsgewinns, er tendiert vielmehr zur Auflösung denn zur Verengung auf ein Ziel hin.

Aleksej K. Tolstoj hat diese Tendenz seinerseits in ein paar Zeilen wie folgt präzisiert: „Geh denn halt zu Grunde, Leben, altes Weib, | Überlass mich der Auflösung im himmlischen Gefilde, | Lass mich zerflattern als freie (*svobodnoju*) Seele, | Als loses (*vol'noju*), als endloses Lied …"[136] Auffallend oft werden in der russischen Literatur des 18. bis 20. Jahrhunderts Seele und Lied metaphorisch zusammengeführt; die Seele erhält eine reine Klanggestalt, wird zur reinsten Musik, verklingt und verweht „zu nichts".

Gestalt und Weg der Seele sind nicht weniger schicksalsbestimmt als der irdische Weg des Menschen mit seinem unabsehbaren Verlauf, seinen Verzweigungen, seinem Verschwinden im Erdgrund oder am Horizont. Das biblische Wort, wonach die Wege des

Herrn unerschließbar seien, scheint für die russische Wegvorstellung und im besonderen für die Vorstellung des menschlichen Lebensweg grundlegend zu sein. Es ist eine (sieht man vom christlichen Gottvertrauen ab) durchaus fatalistische Vorstellung, die dazu führt, dass der Weg fraglos hingenommen und gewissermaßen blind abgeschritten, nicht aber auf ein Ziel hin konzipiert wird.

Das Leben des Russenmenschen geht, wie es an einer wenig beachteten Stelle bei Iwan Gontscharow heißt, „in irgendeine Richtung voran (*kuda-to vpered*) wie alles auf der weiten Welt".[137] Dass für russische Reisende die Fortbewegung als solche oftmals wichtiger ist denn der zurückzulegende oder der zurückgelegte Weg, die Stationen und sogar das Ziel, hat Gontscharow auf einer ausgedehnten Sibirienfahrt notiert: „Vielen gefällt die Fahrt, und zwar nicht als Reise, das heißt als Beobachtung der Sitten, der wechselnden Landeschaften usw., sondern einfach als Fahrt."

Die Fahrt wiederum scheint unmittelbar als Lebensbewegung empfunden zu werden, als Realisierung einer schicksalhaften, schwerlich beeinflussbaren historischen Dynamik. Gontscharow berichtet: „Ich fahre noch immer durch einsames, leeres Land und werde es noch lange tun: Tage, Wochen, fast Monate. Das ist keine Fahrt, keine Reise, es ist ein besonderes Leben: so lang ist dieser Weg, einförmig reiht sich Tag an Tag, zieht Station um Station vorbei […]."[138]

Auch der „neue Mensch", den die Sowjetmacht mit „kommunistischer Moral" aufgerüstet und mit vielen ideologischen Vorgaben auf den Weg gebracht hat, vermochte sich von diesem Fatalismus nie ganz zu emanzipieren. Noch in der Spätzeit der UdSSR konnte Wenedikt Jerofejew in seinem Kurzroman „*Moskau-Petuschki*" (entstanden 1970) sich selbst wie folgt zureden: „Wenn du nach links gehen willst, Wenitschka, dann geh nach links. Wenn du nach rechts willst, geh nach rechts. Egal – einen Weg gibt's für dich sowieso nicht (*vse ravno tebe nekuda idti*). Also gehst du vielleicht besser vorwärts, wohin die Augen gucken …"[139] Dazu passt exakt eine russische Redensart, welche die Unsichtbarkeit des Wegs – sein Verschwinden im Dunkel, im Schnee, im sumpfigen Gelände – als ein Glücksversprechen deutet: *Dorogi ne vidno, prichoditsja idti na avos'* („Der Weg ist nicht zu sehen, gehen wir denn also auf gut Glück.")

Eher ungewöhnlich ist demgegenüber die dem Westen vertraute Konzeption, wonach man den Weg – als Karriere, als etappierte Strecke, als Stufenleiter aufgefasst – im Hinblick auf ein bestimmtes Ziel wählt oder eigens anlegt. „In Russland gibt es keine Wege", so lautet ein dort gängiges Sprichwort: „Es gibt Richtungen." Nicht der klar erkennbare Weg und das klar erkennbare Ziel sind in Russland mythenbildend geworden, sondern das unwegsame Gelände, der gewundene, irgendwo in der Ferne sich verlierende Pfad, die holperige und löcherige Landstraße. Noch 1958 führt Boris Pasternak in Versen eine derartige Straßenszene vor: „Die Wege haben sich in Brei verwandelt. | Ich versuche abseits durchzukommen. | Ich untermische Eis mit Lehm wie Teig, | Schleppe mich durch den flüssigen Dreck."[140]

39

Traditionell steht der russische Weg – es ist immer der „schlechte Weg" – für Unordnung, Unzuverlässigkeit und Unbequemlichkeit; es ist, als wäre er nie (und noch immer nicht) zu einem zivilisatorischen Faktum geworden – der „schlechte Weg" ist für den Russen der gute Weg, weil er unabsehbar, unbestimmt, ziellos ist: weil er Freiheit (*volja*) gibt. Dem Weg wird mithin die Unwegsamkeit vorgezogen.

Für diesen schlechten Weg, der zugleich der gute ist, gibt es im Russischen denn auch eine Reihe von spezifischen Bezeichnungen – so stehen *bezdorože, bezdorož', besput'e, rasputica* u. a. m., wörtlich begriffen, für das Paradoxon eines „weglosen" Wegs; sie sind hergeleitet von den schon erwähnten Grundbegriffen *doroga* (Weg, Straße) und *put'* (Weg, Bahn) und werden mit den Präfixen *bez-* (*bes-*) oder *raz-* (*ras*-) versehen. Der schlechte Weg ist demzufolge ein Weg „ohne" (*bez*) Weg oder ein Weg, der auseinander (*raz-, ras-*) läuft, sich verwirrt, sich verliert.

Kaum verwunderlich also, dass diese negativistische Wegvorstellung im Russischen auch auf übertragener Ebene ihre Entsprechung findet. *Rasputin*, das Pseudonym des berühmt-berüchtigten sibirischen Wandermönchs Grigorij Nowych, evoziert gleichermaßen dessen physisches Umherirren wie dessen geistige Irrungen und moralische Verkommenheit.

In einem berühmten systemkritischen Gedicht von 1828 hat Fürst Pjotr A. Wjasemskij, ein Zeitgenosse Puschkins, dem „russischen Gott" nebst vielen anderen Ungeheuerlichkeiten und Versäumnissen explizit vorgeworfen, auch der „Gott der Schneestürme und Schlaglöcher" zu sein, und allgemein – „der Gott der schmerzensreichen Straßen", die von den Russen als naturgegebenes Übel akzeptiert und deshalb auch nicht adäquat unterhalten werden.

In einem späteren, eigens den russischen Wegen gewidmeten Poem hält Wjasemskij, schwankend zwischen Zerknirschung und Belustigung, unmissverständlich fest, dass Russland auch verkehrstechnisch „eine andere Welt" als Europa sei: „Auf Schritt und Tritt – | Gräben, Schieflagen, Sümpfe oder Spalten. | Bin fest überzeugt, dass seit der Sintflut | Kein einziger Wegbauer mit der Schaufel daran gerührt hat." So gilt denn: „Die [russischen] Wege sind eine Hölle auf Erden, doch unser ‚Sei's drum' ist gigantisch! | Gigantisch auch – das steht wohl fest – ist unser Kutscher."[141]

Wie weitgehend russische Wegvorstellungen und konkret die in Russland während Jahrhunderten vorherrschenden Reise- und Transportbedingungen auch das Selbstverständnis der Russen konditioniert haben, ist einer eindrücklichen Schilderung von Iwan Aksakow zu entnehmen, die dessen großen Essay zum Thema *„Russischer Fortschritt und russische Wirklichkeit"* (1862) einleitet.

Die Schilderung wiederholt und bestätigt im Wesentlichen, was man aus Reiseberichten des 17. bis ins frühe 20. Jahrhundert noch und noch erfahren kann; doch gerade die Insistenz, mit der immer wieder auf die „Wegmisere" verwiesen wird, lässt darauf schließen, dass man es hier mit einem „typisch" russischen, keineswegs nur wirtschaftlich oder technisch bedingten Schwachpunkt zu tun hat. Die meisten diesbezüglichen Berichte konstatieren die Tatsache, dass kaum jemand – ausgenommen der Tourist aus Westeuropa – an der „Wegmisere" ernstlich Anstoß nahm und dass diese, aus russischer Sicht, eher dem „Schicksal" angelastet wurde als den Versäumnissen staatlicher Verkehrsplanung.

Bei Aksakow liest man: „Stellen Sie sich, Leser, eine riesige, schwer beladene Kalesche vor, die langsam voranbewegt wird auf verdreckter, morastiger Straße von sechs gesunden, stämmigen, doch etwas trägen Pferden sowie einer Trojka mit Vorspannpferden, auf deren einem ein geschickter Vorreiter sich hingebungsvoll abmüht. Die Kalesche bleibt immer wieder stecken in den tiefen Fahrrinnen, die Räder blockieren in den Furchen oder laden pfundweise Dreck auf die Felgen; die Pferde, nach festem Grund für ihre Hufe tastend, rutschen immer wieder aus und brechen zusammen. Schließlich geht es darum, eine Anhöhe zu erklimmen, hinter der, wie berichtet wird, die Straße besser werden soll. Um diese Steigung zu bewältigen, müsste die Kalesche in solidarischer Anstrengung aller neun Pferde angepackt und herausgezogen werden, doch nichts davon! Der ungeduldige Vorreiter, der seinen Pferden nicht rechtzeitig die Peitsche gegeben hat, spannt die Zugstränge so heftig an, dass sie reißen; die Kalesche mit dem Sechsergespann sitzt im Morast an der Straßenböschung fest, und der Vorreiter macht mit seinen Pferden einen Sprung nach vorn! Und er sprengt, ohne sich umzublicken, weiter voran und voran; er sprengt davon, ohne die verzweifelten Schreie des Lenkers der stecken gebliebenen Kalesche zu vernehmen und ohne den Weg vor sich zu erkennen […]; er sprengt voran, höchst zufrieden mit sich selbst und seiner rasenden Fahrt, und in der Hitze seiner Jagd nach stiebenden Funken stellt er sich vor, er lenke die Kutsche hin zu einem richtigen Leuchtfeuer am Weg! ..."

Der Autor selbst legt dem Leser nahe, die schwer beladene Kalesche als Symbol für Russland und das russische Volk zu nehmen – das unterdrückte Volk, von dem sich „die oberen Schichten der Gesellschaft" losgerissen haben[142], ein Bild, das deutlich (und vielleicht gewollt) mit der leicht dahin flitzenden Trojka kontrastiert, wie man es von Gogol und aus russischen Romanzen kennt.

Die unverantwortlichen, eigenmächtigen Sprünge des „Vorreiters", von denen bei Aksakow die Rede ist, verweisen auf die ruckartigen Reformen, mit denen sich Peter der Große und dessen Nachfolger von der russischen Tradition, von russischen Wertvorstellungen und eben auch von der russischen Bevölkerung abgekoppelt haben, indem sie, statt auf *ein* verlässliches Leuchtfeuer zuzuhalten, bloß ein paar „stiebenden Funken", also irgendwelchen „westlerischen" Ideen, nachjagen.

Implizit wird damit unterstrichen, dass die russische Geschichte (etwa nach dem Modell von Lew Tolstojs Epochenroman „*Krieg und Frieden*") als eine allmähliche organische Entwicklung gemeinschaftlich gefördert, und nicht durch Sprünge und Brüche (Reformen, Revolutionen) von ihrem vorbestimmten Weg abgebracht werden sollte.[143]

Die Gegensätzlichkeit der beiden Kultur- und Wegtypen und die für das russische Selbstbewusstsein klare Priorität des unwegsamen Pfads vor der schnurgeraden Magistrale hat Iwan Aksakow in einem titellosen Gedicht exemplarisch aufgezeigt. Die „gerade Straße", die „große Straße" wird hier, durchaus widersprüchlich, bald mit einem Pfeil, bald mit einem Tischtuch verglichen, was wohl – wie schon bei Gogol – dadurch zu erklären ist, dass der russische Weg oft mit dem russischen Raum identifiziert wird.

Die große pfeilartige, also zielgerichtete Straße habe Gott, so heißt es bei Aksakow, „nicht wenig Raum (*prostor*) weggenommen" und liege nun ausgebreitet da als „weite Fläche" (*širokoju glad'ju*); sie sei durch geplante und angestrengte Arbeit geschaffen und gehärtet worden, um in gerader Linie Hügel zu durchschneiden und Flüsse zu überspannen.

Jedoch unweit der gepflasterten Magistrale „windet sich ein kleiner lebendiger Umweg" – das *Lebendige* setzt Aksakow dem Gemachten, das *Natürliche* dem Künstlichen, den *Umweg* der großen geraden Straße entgegen. „Weder Axt noch Schaufel" haben den namenlosen Weg geebnet, der so „morastig ist bei schlechtem Wetter" und der „zu leiden hat unter dem Joch | Jener aufgeklären Affen", welche sich dem zielgerichteten Fernverkehr – dem Fortschritt – verschrieben haben.

Aksakows Weggedicht endet mit einem geradezu obskurantistischen Aufruf an den „lebendigen Umweg", er möge sich erheben gegen die Übermacht und Arroganz der geraden widernatürlichen Straße der Aufklärung und des Fortschritts: „Mögest du dich, gepackt vom Geist der Rache, | Erheben, die Last abwerfen, | Machtvolle Prophezeiung künden und | Dem Schwert das faulende Geschlecht (*gniloe plemja*) anheim geben, | Dessen Samen mit dem Wind verstreuen | Und erneut in deine Rechte eintreten! ..."[144]

Das Textbeispiel macht deutlich, wie stark das traditionelle Wegdenken die Weltanschauung der großrussischen Patrioten und gewiss auch der bäuerlichen Bevölkerungsmehrheit geprägt hat – weit stärker als das Gegenbild der begradigten Fernstraße, das lediglich für progressive Westler und proletarische Internationalisten zum Symbol zivilisatorischer Emanzipation werden konnte. Die zahlreichen russischen Sprichwörter und Redensarten, die sich auf den Weg, auf dessen Anlage und Verlauf beziehen, geben mehrheitlich dem schmalen Pfad, dem Umweg (*ob-ezd; krjuk; okol'naja doroga*), dem Abweg, dem „Holzweg" vor der breiten und geraden Straße den Vorzug: „Auf dem Umweg reist man nicht geradeaus." – „Der Weg ist kein Draht, den man gradziehen kann." – Demgegenüber wird der gerade Weg grundsätzlich mit Skepsis betrachtet, und oft heißt es, der direkte Weg sei länger als jeder Umweg: „Wer geradeaus fährt, wird nicht zu Hause nächtigen." – „Geradeaus fahren – in die Grube fahren." – „Machst einen Umweg – kommst zum Mittagessen an, fährst geradeaus – reicht's zum Abendessen nicht." – „Verreist du für einen Tag, nimm Brot mit für eine Woche." Der gewundene Umweg ist der „bessere", dem Menschen eher entsprechende Weg als die schnurgerade Landstraße oder der Stadtprospekt. Der Umweg mag beschwerlicher sein, ist aber auch interessanter, und bisweilen hat er sogar Vorteile: „Hast du auf einem solchen Weg Milch dabei, kommst du mit Butter an." Das ist natürlich auch ein Hinweis auf den notorischen russischen Notstand, wie er vorab zur Zeit des Tauwetters auftritt, wenn der Boden aufgeweicht und die Straßen kaum passierbar sind: „Im Februar sind alle Wege krumm." – „Weder im Schlitten noch im Wagen befahrbar." – „Im Frühling ist der Weg keine Straße."[145]

Eine vielfache Bestätigung dieses Wegkonzepts findet sich bei Aleksandr Blok, der den „Weg in die Ferne" als seinen „einzigen Freund" in Versen hat hochleben lassen und dessen gesamtes lyrisches Werk – seit den „*Gedichten von der Schönen Dame*" (1905) bis zum späten Poem „*Die Zwölf*" (1918) – um die zentrale Wegmetaphorik gravitiert und geprägt ist vom Antagonismus zwischen gerader Straße und gewundenem Pfad. Beide Wegtypen sind hier spannungsreich verschmolzen, aus Um- und Abwegen ergibt sich zuletzt eine einzige breite Bahn : „Denn mein *Weg* ist gerade wie alle russischen Wege, und auch wenn man von einer Kneipe zur andern im Zickzack geht, so geht man doch immer auf jener gleichen, noch unbekannten, aber einem Pfeil ähnlichen geraden Landstraße – wohin? wohin?"[146]

Es sei darauf hingewiesen, dass noch Boris Pasternak in einem seiner späten Gedichte die vorauseilende „gerade Magistrale" (*bežit prjamaja magistral'*) dem traditionellen russischen Weg gegenüber gestellt hat, der „sich als Schlangenlinie unaufhaltsam fortbewegt" und dessen „Windungen die Ferne beleben".[147]

41

Von Feldwegen und Dorfstraßen unterschieden sich die Verkehrswege russischer Städte nur wenig. Selbst in Moskau und manchen Provinzhauptorten waren die Straßen mehrheitlich krumm und bucklig, kreisförmig angelegt und kaum befestigt. Dazu bildete ab dem frühen 18. Jahrhundert die damals neu gegründete „nördliche Hauptstadt" Petersburg erstmals einen klaren und gewollten Kontrast. Die in bloß zehn Jahren auf Anordnung und unter aktiver Mitwirkung des Zaren Peter I. in sumpfigem Gelände errichtete Metropole galt wegen ihrer radikalen Geometrisierung – rasterartige Überbauung des morastigen Geländes, Kanalisierung zahlreicher Wasserläufe, Errichtung strenger Fassaden, Anlage von großen „Linien" und „Prospekten" – von Beginn an als ein künstliches Produkt, als etwas Fremdes, sowohl dem Russentum wie auch der Natur Entgegenstehendes, überdies als eine dämonische Provokation der früheren, vom Reformzaren zurückgestuften Hauptstadt Moskau: Dem „weiblichen" (oder „mütterlichen") Moskau mit dem Kremlhügel als Zentrum, mit seinen Holzbauten, seinen Bauernhöfen, seinen „40 mal 40" Kirchen, seinen Ringstraßen, aber auch mit seinen alteingessenen Familien und Clans, dem Patriarchat, den byzantinischen und asiatischen Prägungen stellte sich Petersburg schon durch seinen Namen als „männliches" Konstrukt entgegen, als etwas Mechanisches, das allem Menschlichen, allem Organischen feind sein musste – die Zivilisierung Russlands durch moderne, aus dem Ausland übernommene Technologien (Architektur, Schiffsbau, Hüttenwesen usw.) und Gepflogenheiten (Kleidung, Hygiene, Unterhaltung usw.) wurde in Moskau als Bedrohung der alten russischen Kultur empfunden.

Zum weltanschaulichen Antagonismus der beiden russischen Metropolen gibt es ein überaus reiches publizistisches und belletristisches Schrifttum, das neuerdings, als „Petersburger Text" rubriziert, auch literaturwissenschaftlich und kulturologisch aufgearbeitet wird.[148] Petersburg stand für Innovation und Fortschritt, für Bürokratie und Technologie sowie, in psychosozialer Hinsicht, für Strenge und Kälte.

Kalt, gottlos, grausam, eitel, inhaltsleer, verlogen, unecht, künstlich, phantastisch, theatralisch – so und ähnlich lauteten die Epitheta, welche die russische Dichtung des 19. Jahrhunderts für Petersburg mehrheitlich bereithielt. Der Kunsthistoriker Aleksandr Benua hat diese fast durchweg negativen Eigenschaften in einem Essay aus dem Jahr 1902 zusammengetragen und positiv zu kommentieren versucht. „Wenn Petersburg schön ist, dann eben", so schreibt er, „in riesigen Blöcken, in großen Ensembles und weiten Panoramen – steif und formell zwar, und dennoch von majestätischer Schönheit. Diese ist nicht gerade heiter. [...] In Petersburg herrscht derselbe strenge römische Geist, der Geist der Ordnung, jener Geist des formvollendeten Lebens, der für die allgemeine russische Schlampigkeit so unerträglich ist, aber doch ganz ohne Zweifel auch seine Reize besitzt."

Als „fremder, unbegreiflicher und verhasster Sergeant" stehe das stramme und brillante Petersburg dem mütterlichen, warmen, runden Moskau gegenüber und entgegen, unterstreicht Benua, und er stellt als hauptsächliche Charakteristika der „fremden", aus lauter Westzitaten bestehenden Hauptstadt deren „Maschinenhaftigkeit und Unnatürlichkeit" in den Vordergrund, Eigenschaften mithin, die man zu jener Zeit auch der Eisenbahn noch angelastet hat – dies in Verkennung der schlichten Tatsache, dass im Unterschied zur organischen Welt *jede* Stadt und vollends *jedes* technische Gerät „maschinenhaft" und „unnatürlich" ist.[149]

Petersburger Perspektiven (1) – S. 246 oben Newskij Prospekt (Lithographie von A. I. Charlemagne, 1856); S. 246 unten und S. 247 oben Newskij Prospekt um 1910 (anonyme Photographien); *unten* Vorrevolutionäre Demonstration auf dem Newskij Prospekt (Photo Karl Bulla, März 1917).

Die belletristische Entsprechung zu Benuas architekturhistorischer Skizze lieferte ein Jahrzehnt später Andrej Belyj mit seinem Roman *„Petersburg"*, dessen Prolog und einführende Paragraphen ein Stadtbild darbieten, dass einzig aus Linien – Parallelen und rechtwinkligen Kreuzungen – zu bestehen scheint. Auch hier werden immer wieder die Gradlinigkeit und Regularität der Stadtanlage herausgestellt, so als bestünde diese wie ein Rangierbahnhof aus lauter Gleisen: „Der Newskij Prospekt ist gradlinig (unter uns gesagt), weil er nämlich ein europäischer Prospekt ist; denn jeder europäische Prospekt ist nicht einfach ein Prospekt, sondern (wie ich schon sagte) ein europäischer Prospekt, weil ... ja ... Weil der Newskij Prospekt ein gradliniger Prospekt ist."

Gleichmaß und Symmetrie, Strenge und Einfachheit, „Quadrate, Parallelepipede, Kuben" kennzeichnen die zutiefst unrussische und unmenschliche Stadt Petersburg. „Der nasse, rutschige Prospekt: dort flossen die Häuser als Kuben zu einer ebenmäßigen vierstöckigen Reihe zusammen; diese Reihe unterschied sich von der Lebenslinie bloß in einer Hinsicht: diese Reihe kannte kein Ende, keinen Anfang; hier erwies sich die halbe Strecke der Lebensreise eines Trägers von brillantenen Abzeichen für manch einen Würdenträger als Ende des Lebenswegs. [...] Doch parallel zu dem laufenden Prospekt gab es einen laufenden Prospekt mit der wiederum gleichen Reihe von Schachtelhäusern, Hausnummern, Wolken; und mit dem gleichen Beamten.

Es gibt die Unendlichkeit der in der Unendlichkeit verlaufenden Prospekte mit der Unendlichkeit der in die Unendlichkeit auslaufenden, sich überkreuzenden Schatten. Ganz Petersburg ist die Unendlichkeit eines in die n-te Dimension erhobenen Prospekts.

Hinter Petersburg aber ist – nichts."[150]

42

Die städtebauliche Geometrisierung Petersburgs, die vom Zaren selbst angeregt und von westeuropäischen Architekten wie Trezzini, Le Blond, Härbel u. a. m. in ambitionierte Projekte eingebracht wurde (vgl. dazu *unten*, S. 410ff.), war Teil eines allumfassenden herrscherlichen Ordnungswillens (*reguljarstvo*), der gelegentlich zum Regulierungswahn ausartete. Vor allem anderen und mit besonders weit reichenden Konsequenzen fand die allgemeine „Regularität" ihren Niederschlag in der von Peter I. geschaffenen „Rangtafel" (*Tabel' o rangach*, 1722), die für Armeeangehörige (Heer und Flotte) sowie für Staats- und Hofbeamte je 14 Karrierestufen vorsah und zu der es auch ein Pendant für den Klerus gab.[151]

Die sichtbarste Realisierung dieses Ordnungswillens bestand in der Aufrüstung der russischen Armee und Verwaltung, in der konsequenten Uniformierung von Militärs und Beamten, in streng geregelten Exerzierübungen und Paraden, woran sich selbst Aleksandr Puschkin zu begeistern wusste – so jedenfalls liest man es im Prolog zu seinem Petersburger Poem *„Der eherne Reiter"* (1837): „Ich liebe die kriegerische Energie | Der Spiel- und Exerzierplätze, | Die uniforme Schönheit | Von Infanterie und Kavallerie, | Die Fetzen all der Siegesfahnen | In schön bewegter Formation, | Den Glanz all dieser Eisenkappen, | Mit Schussloch aus dem Kampf. | [Der Ulanen bunt bemalte Spiesse, | Trompetenklang und Trommelwirbel, | Ich treffe in der Früh so gern | Auf deinen Straßen ihre Kolonnen.]"[152]

Das „Lineal" des Zaren wurde schon in den ersten Entwürfen für die neue Stadtanlage erkennbar in Form von langen, rechtwinklig sich kreuzenden Straßenzügen, die als stren-

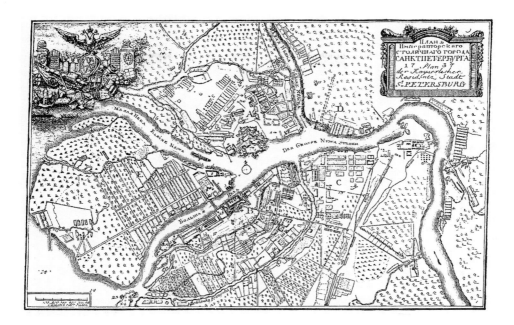

Geometrisierung als Signum der Moderne – oben Plan der Kayserlichen Residentz Stadt St. Petersburg (Stich von 1737) – deutlich zu erkennen die Geometrisierung der Stadtanlage und die beiden großen, von der Admiralität ausgehenden Prospekte (rechts der Newskij Prospekt als Verbindung zum Aleksandr-Newskij-Kloster); *unten* Ein Lehrbuch der Geometrie, herausgegeben auf Veranlassung Peters I. (*Geometria slawische Erdvermessung*, 1708).

ger Raster das morastige, über mehrere Inseln sich erstreckende Baugelände „ordnen", „regulieren" sollten. Besonders augenfällig wird diese Art der Geometrisierung auf der Wassilij-Insel im Newa-Delta sowie im Stadtteil der Admiralität, in der Anlage der großen „Linien" (*linii*) und „Prospekte" (*prospekty*), aber auch bei den ausgedehnten, rechteckig konzipierten Plätzen und Parks. (Abb. S. 246f., 252)

Tatsächlich wurden im Petersburger Ödland Perspektiven und Plätze – genau so wie 150 Jahre danach die Eisenbahndämme – hergerichtet, bevor es dazu die umstehenden Häuser gab.

Auffallend ist in diesem Zusammenhang auch, wie sehr die nachfolgend errichteten Norm- und Reihenhäuser in ihrer Einförmigkeit und Linearität einem Eisenbahnzug ähnlich sehen – diverse historische Darstellungen von Straßenverläufen und Fassadenreihen, vor allem das Panorama des Newskij Prospekt sowie des viel später erst (um 1810) begradigten und „regulär" mit gleichartigen Bauten bestückten Newaufers führen diese gewiss zufällige, dennoch aber aufschlussreiche Ähnlichkeit eindrucksvoll vor Augen.

43

Die berühmteste und eindrücklichste aller Petersburger Perspektiven, der Newskij Prospekt zwischen Admiralität und Aleksandr-Newskij-Kloster, wurde ab 1712 auf einer Länge von rund vier Kilometern in unbewohntem Gebiet verlegt. Die in der Folge stets weiter ausgebaute, schließlich zur Prachtstraße avancierte und mit zwei anderen Prospekten zu einer dreistrahligen Alleenflucht erweiterte „Perspektive" (russ. *prespektiva – sic*!) sollte nach dem Willen Peters I. als gradlinige Landstraße weit über die Stadt hinaus verlängert werden, was damals, wie bereits erwähnt, nicht gelang. Das Projekt entsprach genau dem Interesse, das im mittleren 19. Jahrhundert durch den Bau der ersten Eisenbahnverbindung nach Moskau realisiert wurde. Von daher ist es auch keineswegs überraschend, dass man den Nikolajitischen Bahnhof (*Nikolaevskij vokzal*, 1843–1851) ebenfalls am Newskij Prospekt errichtete, der Perspektive eben, die ja schon immer den Vektor für den Schienenweg nach Moskau vorgegeben hatte.[153]

Nicht allein die „Linien", die „Perspektiven" und „Horizonte" Petersburgs lassen an das legendäre „Lineal" des Zaren denken, sondern ebenso die zahlreichen, ungewöhnlich hohen Turmspitzen, die im völlig flachen städtischen Terrain als Orientierungshilfen dienen konnten und die zu den eher stumpf wirkenden „Zwiebelhauben" (*lukovicy*) der traditionellen russischen Sakralarchitektur einen markanten, bisweilen geradezu parodistischen Gegenzug bildeten. So nimmt sich denn auch beispielsweise die ab 1883 „auf dem Blute" des ermordeten Zaren Alexander II. errichtete Erlöserkathedrale – ein gigantisches, asymmetrisches, in sich völlig disparates Bauwerk aus altmoskowitischer Tradition – wie ein exotischer Fremdkörper aus, dessen exuberante Formenvielfalt und Farbenpracht im nüchternen städtebaulichen Kontext Petersburgs tatsächlich deplaziert wirken.

Zu den höchsten Turmspitzen der Stadt gehörten – und gehören noch heute – die Türme der Festungskirche Peter-und-Paul, der Dreifaltigkeits-Kathedrale (*Troickij sobor*) und der Admiralität. Wenn Ossip Mandelstam in einem seiner bekanntesten Gedichte die hochragende Spitze der Admiralität als das „Lineal" Peters des Großen bezeichnet, erweitert er damit dessen Assoziationsraum. Das „Lineal" weist hier nicht in die Ferne, sondern in die Höhe und kann sich so mit der Vorstellung eines Dirigentenstocks verbinden, der

Petersburger Perspektiven (2) – *oben* Das Gebäude der Zwölf Kollegien auf der Petersburger Wassilij-Insel, errichtet 1722 bis 1742 von Domenico Trezzini (Stich von Je. Winogradow, 1753); *unten* Häuserreihe am Südrand der Wassilij-Insel, zuvorderst das Palais der Grafen Gawriil und Aleksandr Golowkin (Stich nach einer Zeichnung von M. Machajew, 1753); *S. 252 oben* Der Petersburger Sommergarten (Stich von A. F. Subow, 1717); *S. 252 unten* Die Theaterstraße (Projekt Carlo Rossi, 1819-1829).

den Takt, den Verlauf, die Progressivität einer quasi musikalischen Aufführung bestimmt – den Geschichtsprozess.[154] Dass „die Perspektiven der Prospekte von Sankt-Piterburch" letztlich über sich selbst hinausweisen in die endlosen Fernen und Höhen der Metaphysik, unterstreicht Boris Pilnjak in einer von 1921 datierten historischen Erzählung über die Anfänge der nördlichen russischen Hauptstadt, die aus eben diesem Grund oft auch als Geisterstadt galt.[155]

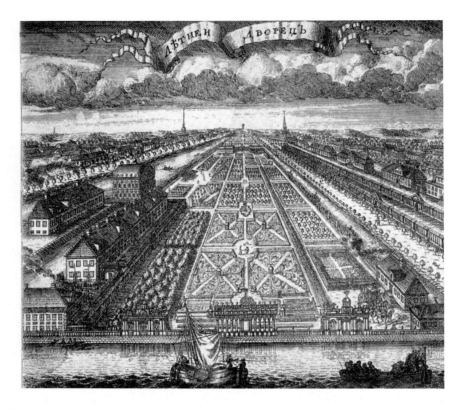

Schon Nikolaj Gogol hat sich durch die gewaltigen Perspektiven Petersburgs zu einer Art Flugtraum inspirieren lassen und sich sein Abheben (zwar nicht in die Metaphysik, aber doch in denkbar ferne Welten) bildhaft so vorgestellt: „Frohgemut kann man die sitzende Lebensweise und Beständigkeit verachten und nachsinnen über den weiten Weg unter andere Himmel, in die grünen Haine des Südens, in Länder mit neuer und frischer Luft. Frohgemut ist der, dem sich am Ende einer Petersburger Straße die wolkennahen Berge des Kaukasus darbieten oder die Seen der Schweiz oder das anemonen- und lorbeerbekränzte Italien oder das auch in seiner Ödnis so herrliche Griechenland ..."[156]

Träume dieser Art sind später in der stalinistischen UdSSR als technologische Utopien zumindest teilweise – in der Luftfahrt, im Städtebau – realisiert und zumindest propagandistisch genutzt worden. Was Peter der Große mit seinen „Linien" und „Prospekten" vorausweisend eingespurt hatte, wurde unter Stalin seit den 1930er Jahren vielfach umgesetzt und nach dem Weltkrieg in Form von „Stalin-Alleen" auch ins nahe sozialistische Ausland exportiert. Für den stalinistischen Städtebau ist Petersburg offenkundig Vorbild geblieben. Beim Proletkult-Dichter Aleksej Gastew liest man, gleichsam als Bestätigung dafür, eine lyrische „Order" zur Errichtung einer sozialistischen Stadtanlage: „Prismen als Häuser. | Zwanzig Stadtbezirke im Pack. | In die Presse damit. | Auswalzen zu einem Parallelogramm. | Komprimieren auf 30 Grad. | Zu Raupen und Rädern. | Wohnen im Tank. | Diagonalbewegung. | Unzimperlich die Straßen schneiden. | Tausend Extra-Kalorien für die Arbeiter."[157]

44

Eine private Aktiengesellschaft ermöglichte zwischen 1836 und 1838 den Bau der ersten Eisenbahnlinie Russlands auf der kurzen Strecke zwischen Petersburg und dem 24 Werst (26,5 km) entfernten Residenz- und „Zarendorf" (*Carskoe Selo*). Die vom österreichischen Ingenieur F. A. Gerstner konzipierte Strecke führte auf einem rund drei Meter hohen Damm gradlinig durch die ebene Landschaft, durchschnitt die Schuscharsker Sümpfe sowie die Parkanlage von Pawlowsk und endete 500 Meter vor der zarischen Sommerresidenz. Für den Bau dieser Strecke wurden 1800 leibeigene Bauern und 1400 gemeine Armeeangehörige herangezogen.

Als Attraktion erwies sich – für viele Jahrzehnte – der vom deutschen Architekten Andrej (Andreas) Stakenschneider errichtete Pawlowsker Bahnhof, ein Mehrzweckgebäude mit Restaurant und Konzertsaal (*kurzal*), das man in Anlehnung an das englische Vauxhall russisch *vokzal* nannte – das damals neu eingeführte Fremdwort hat sich in der Bedeutung „Bahnhof" bis heute behauptet. Im Frühjahr 1843 wurde dann auf Staatskosten mit der Errichtung der doppelspurigen Eisenbahnverbindung zwischen Petersburg und Moskau begonnen (*Nikolaevskaja Železnaja Doroga*, 604 Werst, ca. 620 km; Eröffnung, nach mehr als achtjähriger Bauzeit, 1851). Die weltweit längste gradlinige Strecke wurde mit primitivsten Mitteln und einem Großeinsatz von ungelernten Arbeitern errichtet, die mit bloßen Händen und unter Verwendung von Handkarretten oder kleinen Fuhrwerken pro Schienenkilometer ca. 71000 m³ Erdreich umschichteten. 1848 nahm die russische Staatseisenbahn den Betrieb auf der Strecke Warschau-Wien auf, und in der Folge hatte der Eisenbahnbau während Jahrzehnten Priorität in der gesamtrussischen Verkehrsplanung. Den dadurch ausgelösten „Eisenbahnboom" und den damit

Gründerzeit des russischen Eisenbahnverkehrs – oben Dampfbahn für gleislosen Straßenbetrieb zwischen Oranienbaum und Petersburg (kolorierte Lithographie von I. Selesnjow, erstes Drittel 19. Jahrhundert); *unten* Die erste Eisenbahnlinie Russlands zwischen Petersburg und Zarendorf (anonyme Zeichnung, 1837). *S. 255* Die Eisenbahn als Novum und Belustigung – Bauern erleben zum erstenmal die Durchfahrt einer Lokomotive (*An der Eisenbahn*, Gemälde von Wassilij Perow, 1868).

verbundenen Missbrauch von Arbeitskräften haben Autoren wie Nikolaj Nekrassow und Michail Saltrykow-Stschedrin in verschiedenen Werken kritisch thematisiert.

Anfang 1890 standen rund 27000 km, kurz vor der Jahrhundertwende bereits etwa 40000 km Schienenweg zur Verfügung, fast gleich viel wie im Deutschen Reich, das allerdings ein bedeutend geringeres Territorium zu bedienen hatte und dessen Schienennetz, bezogen auf die Grundfläche, um ein Zehnfaches dichter war. Mit dem Bau der Transsibirischen Bahn (ca. 8000 km, ab 1891 bis 1904) schloss Russland, von westeuropäischen Baufirmen und Bankhäusern massiv unterstützt, an die Spitzenleistungen zeitgenössischer Verkehrstechnik an. 1904 wurde die Witebsker Strecke (nach Weißrussland und in die Ukraine) fertiggestellt, 1906 die aus Sankt Petersburg ostwärts über Mga nach Wologda führende Linie; aus vorwiegend militärischen Gründen wurden zwischen 1914 und 1917 in rascher Folge sieben neue überregionale Strecken angelegt, die längste davon führte in den hohen Norden nach Romanow-na-Murmane (heute Murmansk). In der frühen Sowjetzeit forcierte man vorab den Bau weiterer Nord- und Ostverbindungen, um den Warentransport aus den zentralen Regionen der UdSSR zu den baltischen Häfen zu intensivieren und zu beschleunigen.[158]

Wie sehr diese (größtenteils militärisch motivierten) Leistungen mit der damaligen russischen Wirklichkeit noch in Kontrast standen, lässt sich ermessen, wenn man weiss, dass sich dem Reisenden während der zwölf Stunden dauernden Bahnfahrt zwischen den beiden Hauptstädten eine durchweg öde Ebene darbot, in der „kaum eine menschliche Behausung" zu sehen war.[159] Zar Nikolaus I. soll die Strecke gemäß einer oftmals kolpor-

Russischer Eisenbahnbau – oben Bauarbeiten an einem Streckenabschnitt (Gemälde von Konstantin Sawizkij, 1874); *unten* Verlegung der Geleise für die westsibirische Eisenbahn (zeitgenössische Photographie, 1890er Jahre).

tierten Anekdote auf der Landkarte mit einem Lineal eingezeichnet und die von ihm gewünschte Gradlinigkeit mit einem Säbelhieb durch die Luft unterstrichen haben.[160] In Wirklichkeit war es der russische Gelehrte und Ingenieur P. P. Melnikow, der dem Zaren auf Grund rationaler Argumente, d. h. technischer und wirtschaftlicher Berechnungen sowie sozialpolitischer Erwägungen die kürzeste, also gradlinige Streckenführung empfahl.

Die Künstlichkeit und Zwanghaftigkeit der Anlage wurde weithin als „unorganisch" und damit auch als „unrussisch" kritisiert. Proteste gab es namentlich aus der Stadt Nowgorod, die wegen der linearen Streckenführung keinen direkten Anschluss an Moskau und Sankt Petersburg erhielt. Die magistrale Eisenbahnlinie, für die es weder Tunnel-

noch Brückenbauten brauchte, sollte nicht zuletzt eine dichtere Besiedlung der ländlichen Gebiete längs des Schienenstrangs ermöglichen, hatte also auch demographischen und wirtschaftlichen Zielen zu dienen.

Mit der unbeschränkten Verfügbarkeit flacher Territorien einerseits, mit der autokratischen Regierungsform andererseits ist die Tatsache zu erklären, dass die frühen russischen Eisenbahntrassen mehrheitlich linear angelegt und die Landschaften ohne Rücksicht auf topographische Besonderheiten (Wälder, Felder) und lokale Verkehrsbedingungen (Straßen, Siedlungen) schnurgerade durchschnitten wurden, was zur Folge hatte, dass viele Haltestellen und Bahnhöfe ins freie Feld zu stehen kamen, oft weit entfernt von den nächsten Ortschaften und Marktplätzen.

Der Verkehr auf den ersten, meist eingleisig geführten Eisenbahnlinien hatte eine schwache Frequenz und eine niedrige Fahrgeschwindigkeit. In der Regel gab es selbst auf größeren Strecken täglich nur einen Kurs (allenfalls hin und zurück), und manche Züge legten noch im frühen 20. Jahrhundert pro Stunde nur etwa 50 km zurück, worüber sich vorab Spediteure, Kaufleute und auch Bauern beklagten, die mit dem Zug oft über weite Strecken mit verderblicher Ware zu ihren Märkten fuhren.

Anlass zu stetiger Kritik waren außerdem, von Beginn an, die Unpünktlichkeit, die zu hohen oder willkürlichen Fahrpreise, die mangelnde Infrastruktur (Depots, Lagerhallen, Unterkünfte in Bahnhofsnähe), die Vernachlässigung notwendiger Unterhalts- und Reparaturarbeiten sowie das hohe Unfallrisiko bei den russischen Staatsbahnen.

Problematisch war auch, in technischer Hinsicht wie bezüglich der Nutzung, die uneinheitliche Bauweise der Schienenanlagen und Stationsgebäude, dazu die Tatsache, dass die Haltestellen oft in viel zu großen, bisweilen auch in zu geringen Abständen voneinander eingerichtet wurden. Verspätungen, Entgleisungen, Zusammenstöße waren während des frühen Eisenbahnbooms zwischen 1850 und 1880 an der Tagesordnung.

Was russische Reisende, die mit Pferd und Wagen unterwegs waren, schon immer zu beklagen hatten – das Ungemach der allgemeinen Reisebedingungen –, das galt bald auch für die neuen Eisenbahnen. In einem dringlichen Memorandum an den Zaren Alexander II. machte der russische Kriegsminister Dmitrij Miljutin während des Balkankriegs 1876 darauf aufmerksam, dass sich das Eisenbahnwesen „in einem Zustand der Krise" befinde: „Von den 53 in Russland vorhandenen Eisenbahnlinien sind deren 23 in derart unbefriedigendem Zustand, dass sie […] den Staat und die Armee in eine äußerst schwierige Lage versetzen."[161]

45

Für das vorherrschende russische Zeitgefühl, schon immer bestimmt durch Geduld, durch Abwarten, durch Schicksalsergebenheit, bedeutete das Aufkommen des Eisenbahnverkehrs gleichwohl einen geradezu horrenden Zuwachs an Geschwindigkeit. Nach ersten Bahnfahrten bemerkte der Dichter und Diplomat Fjodor Tjuttschew, dass der gewaltige russische Raum durch die erhöhte Geschwindigkeit gewissermaßen verringert, verdichtet werde, dass die Ortschaften einander näher zu rücken schienen: „Man kann sich zur einen Stadt transportieren lassen, ohne sich von der anderen zu trennen. Die Städte reichen einander die Hand."[162] Eine Erfahrung, die angesichts der damaligen Reisegeschwindigkeiten schwer nachvollziehbar ist und die man, aus westeuropäischer Sicht, eher mit der Pionierzeit der motorisierten Fliegerei verbinden würde.

Zu erklären ist Tjuttschews Reaktion dadurch, dass adlige und vermögende Reisende bis zur Einführung der Eisenbahn durchweg die *langsame* Fortbewegung in der Kalesche vorzogen, während *rasche* Beförderung den Kurieren, Staatsbeamten und Offizieren vorbehalten war. Die Gleichschaltung der *Reisegeschwindigkeit* im Eisenbahnverkehr für *alle* Passagiere – Bauern wie Beamte, Geistliche wie Militärs – war also, ungeachtet der drei *Reiseklassen*, ein diskreter Demokratisierungsschritt.[163]

Eben daran knüpften sich die Zukunftshoffnungen sozialistisch engagierter Publizisten wie Wissarion Belinskij, der schon 1846 (in seinen wegweisenden „*Gedanken und Bemerkungen zur russischen Litetatur*") den zu erwartenden Nivellierungseffekt der Eisenbahn belobigte: „Eisenbahnen werden sowohl unter Mauern wie durch Mauern hindurch fahren; mit der Verstärkung des Handels werden sie *die Interessen aller Stände und Klassen verbinden* und sie dazu bringen, miteinander in jene lebendigen und engen Beziehungen zu treten, welche unwillkürlich *alle schroffen und unnötigen Differenzen ausgleichen* werden."[164]

Was sich Belinskij auf nationaler und sozialer Ebene von der Eisenbahn erwartete, hat sein späterer idealler Opponent Wassilij Rosanow in eine geopolitische Vision umgesetzt, die das, was heute „Globalisierung" genannt wird, um hundert Jahre *ex negativo* vorwegnimmt: alles werde durch die künftige Verkehrs- und Kommunikationstechnik nivelliert, aufgelöst, ineinander vermengt; die Staaten, als „politische Körper", verlören ihre Kontur, die Grenzen würden durchlässig, nationale Identitäten neutralisiert, die Demokratisierung werde global durchgesetzt: „Politische Grenzen wie auch administrative (zwischen Provinzen) werden nicht mehr die Ränder eines zerstückelten Volkslebens sein, sondern bloß noch eine schlichte kartographische Aufteilung. Sie werden durch punktierte Linien auf dem Papier festgelegt, und nicht durch das Volksgefühl oder gar die Volksinteressen.

Die gigantische Anzahl internationaler Gesellschaften, auch internationale Abkommen, globale Arbeitsbündnisse und schließlich die Schienenwege und die aufeinander abgestimmten Tarife – all dies ähnelt einem stählernen Spinnengewebe, das von Tag zu Tag erstarkt und das vormals unterschiedliche Nationen mehr und mehr zu einer Schmelzmasse vermengt, deren Anteile schon bald nicht mehr auszumachen sind."[165] Das „Eisen", das in die Bezeichnung der Bahn eingegangen ist, charakterisiert das 19. Jahrhundert insgesamt – Industrialisierung, Maschinenbau, Mechanisierung waren nur unter Verwendung von Eisen, Gusseisen, Stahl überhaupt möglich, beruhten aber auch auf dem „eisernen" Willen von wirtschaftlichen und politischen Führungskräften. Diese begriffliche Ambivalenz hat der Dichter Aleksandr Blok (wie vor ihm schon Baratynskij in den oben angeführten Zeilen) in ein berühmtes Poem eingebracht, dessen erster Teil mit den folgenden Zeilen beginnt: „Neunzehntes, eisernes Jahrhundert, | Du wahrlich grausames Zeitalter! | Von dir geworfen ist der schutzlose Mensch | Ins nächtliche, sternenlose Dunkel! | In die Nacht spekulativer Begriffe, | Materieller Nichtigkeiten, | Kraftloser Klagen und Flüche | Von blutleeren Seelen und schwächlichen Körpern! | Mit dir wurde die Pest abgelöst | Durch Neurasthenie, Langeweile, Spleen, | Jahrhundert des Stirneschlagens an die Wand | Von ökonomischen Doktrinen, | Von Kongressen, Banken, Föderationen, | Speeches bei Tisch, Schönrednerei, | Jahrhundert der Aktien, der Renten und Obligationen [...]."[166] Die Eisenbahn ist zum Dingsymbol dieses Zeitalters geworden.

Wenn die Eisenbahn trotz mancher Bequemlichkeiten und deutlich beschleunigten Fortkommens den Trojka-Mythos nicht zu verdrängen vermochte, so insbesondere deshalb, weil sie ein mehrfaches Freiheitsdefizit mit sich brachte. Der Bahnreisende war eingeschlossen und fremdbestimmt, er konnt sich nur noch als Transportgut, nicht mehr als

Herr und Lenker seiner Forbewegung fühlen. Eliminiert wurde seine Freiheit, die Art des Gefährts, den Zeitpunkt der Reise, die Reiseroute (allenfalls mit Umwegen, vorzeitiger Rückkehr) sowie die Reisegeschwindigkeit selbst zu wählen, und das heißt: die Freiheit, ziellos durch die Gegend zu kurven, nach Belieben Halt zu machen, auf halber Strecke umzukehren usw. Darauf spielt der progressive Literat Nikolaj Dobroljubow in einem satirisch getönten Gedicht seiner „Auszüge aus Reiseskizzen" (1860) an; hier wird die Eisenbahn als eine typisch preußische Erfindung dargestellt (und lächerlich gemacht), die zwar weder vom Kurs noch vom Kursbuch abweichen sollte, unter den nicht beeinflussbaren russischen Natur- und Mentalitätsbedingungen jedoch ohne Nutzen bleiben werde – dies im Unterschied zum traditionellen Dreispänner, der auf keine Route festzulegen sei und sich nach Belieben über Wiesen, Felder, Sümpfe hinwegsetze.

Dobroljubows vielstrophiges Gedicht – es gehört zu den populärsten Texten dieses „revolutionären Demokraten" – ist ein weiteres erstaunliches Zeugnis dafür, dass in Russland politische Progressivität keineswegs mit der Akzeptanz technischer Neuerungen einhergeht. Nicht anders als seine konservativen Zeitgenossen beklagt Dobroljubow im Zusammenhang mit dem russischen Eisenbahnbau das Überhandnehmen ausländischen Kapitals, das den „russischen freien Willen in Fesseln legen" werde, genau so, wie die „tote Maschine auch den Freiraum (*razdol'e*) der Riesen-Rus (*Rusi-ispolina*) einschnüren" werde. Der russische Freiheitswille (*volja*) sei dadurch bedroht, werde auf ein vorgegebenes Gleis festgelegt, könne sich nicht mehr ausleben, wie es zuvor der Fall gewesen sei: „Ganz anders mit der Trojka! | Ich flitze dahin, wohin ich will, | Ohne Notwendigkeit und ohne Ziel | Sause ich über die Erde." Der deutschen Pünktlichkeit und Zuverlässigkeit zieht Dobroljubow offenkundig den russischen Schlendrian vor, das fatalistische russische „Awoss" und „Neboss" – sei's drum! einerlei! wie auch immer! Die typisch russische „Wegmisere" ist ihm lieber als der reibungslos verlaufende Zugsverkehr, der Umweg, das freie Schweifen angenehmer als die direkte Verbindung zwischen zwei Punkten. Fast drohend heißt es in seinem Gedicht: „Wir werden uns nimmer | Blinder Routine unterwerfen: | Selbst der Maschine | Werden wir Leben einhauchen." Und Leben bedeutet hier – abweichen von der Regel, das Risiko wagen, Zufälle und Unfälle in Kauf nehmen, mithin all das, was deutschem Geist ein Greuel ist: „Nicht so wie der deutsche | Verkehrt unser Zug: | Bald springt er aus den Schienen | Mit jugendlicher Kraft; | | Bald bringt er den Damm zum Einsturz, | Bald bricht unter ihm eine Brücke, | Oder er rammt tollkühn | Einen anderen Zug. | | Bald fährt er langsamer, | Verspätet sich mit Absicht, | Bleibt stehen im Schneesturm | Drei Tage auf freiem Feld." Das Gedicht schließt mit einem unbedarften Credo des konservativen Revoluzzers: „Ich glaube: sämtliche Maschinen | Werden sich in der russischen Natur | Von selbst beleben | Mit Geist und Freiheit!"[167]

Für manche Zeitgenossen war die Eisenbahn zwar ein zivilisatorischer Mehrwert von allgemeinem Nutzen, gleichzeitig aber ein Verlust an Improvisations- und Risikofreude – man hatte Wirklichkeit gewonnen und Traum verloren. Den Vorrang von Nützlichkeit und Gewinn vor lebenskünstlerischen und geistigen Qualitäten hat schon in den 1830er Jahren der Dichter Jewgenij Baratynskij in elegischen Versen beklagt: „Das Zeitalter schreitet auf seinem ehernen Weg (*putem svoim železnym*) voran; | In den Herzen wohnt der Eigennutz, und der allgemeine Traum | Ist von Stunde zu Stunde mit dem Hiesigen und Nützlichen | Entschiedener und schamloser beschäftigt. | Entschwunden sind im Licht der Aufklärung | Der Poesie kindliche Träumereien, | Doch nicht um sie bemühen sich die Generationen, | Die industriellen Interessen dienstbar sind."[168]

In solchem Verständnis hat etwas später – gewiss auch mit Blick auf den westeuropäischen Eisenbahnbau – der Jurist und Staatsrechtler Boris Tschitscherin mit Bedauern festgehalten: „Ich kann mich nicht ohne ein gewisses Gefühl des Poetischen an die früheren ausgedehnten Reisen durch Russland erinnern. [...] Mit den Eisenbahnen hat sich alles geändert. Man fährt unvergleichlich viel schneller, mit weit mehr Bequemlichkeit, doch die ganze Poesie des Reisens ist dahin."[169]

46

Für die russische Belletristik und Publizistik wurde die Eisenbahn erst in den 1860er und 1870er Jahren zu einem ernst zu nehmenden Thema, als man ihren Ausbau und Einsatz (im Zusammenhang mit den Balkankriegen) staatlich forcierte und ihre wirtschaftliche, soziale, strategische, mithin auch ihre politische Bedeutung rasch zunahm.[170] Man sprach vom grassierenden „Eisenbahnfieber" und meinte damit nicht allein die rastlosen Aktivitäten in- wie ausländischer Investoren, sondern auch – generell – das in Russland verspätete, deshalb um so machtvollere Aufkommen des modernen Maschinismus und der Industrialisierung.

Michail Pogodin, offiziöser Historiker und staatstreuer Publizist, feierte die Eisenbahn als ein machtvolles Mittel und Werkzeug für den Anschluss Asiens an Russland und, darüber hinaus, für die globale Expansion des Zarenreichs im Geist des russischen Messianismus, der sich hier auf bemerkenswerte Weise mit technizistischem Fortschrittsdenken versöhnte: „Baut Straßen nach Asien, setzt die alten [Straßen] in Stand, schafft Verbindungen, folgt den Spuren Alexanders des Großen und Napoleons, richtet Karawanenzüge ein, *durchzieht das asiatische Russland mit Eisenbahnen*, schickt Dampfer auf allen sibirischen Flüssen und Seen aus, [...] und ihr werdet Segen und Überfluss *über die ganze Erdkugel verbreiten*. Asien, Europa, Einfluss über die ganze Welt."[171]

Unter konservativen, nationalistisch gesinnten Autoren markierte Pogodin als enthusiastischer Befürworter des technischen Fortschritts eine bemerkenswerte Sonderstellung, die auch der ihm nahestehende Fjodor Dostojewskij keineswegs hätte übernehmen wollen. Andererseits hatte bereits um 1845, also lange vor dem Boom des Eisenbahnbaus, der slawophile Publizist Aleksej Chomjakow dafür plädiert, Russland möge von seiner „Wegmisere" direkt übergehen zum modernen Schienenverkehr, in dem „menschliches Leben und Denken" für die Zukunft angelegt sei, ohne die traditionellen russischen Werte in Frage zu stellen.[172]

Die Eisenbahn wurde zum Inbegriff des Fortschritts, begrüßt von der westlerischen Intelligenz wie auch von der ansonsten konservativen staatlichen Führung, beargwöhnt oder gar als Teufelswerk beschimpft in weiten bäuerlichen wie auch kirchlichen Kreisen, denen jede technische Neuerung als eine Attacke auf die gute alte Zeit galt, als gewalthafte Störung langwieriger organischer Entwicklungen und bewährter Traditionen.

Der populäre Romanzendichter Fjodor Glinka, auf dessen Trojka-Verse bereits hingewiesen wurde, hat in einem weltanschaulich perspektivierten Poem mit dem Titel „*Zwei Wege*" die Unterschiede zwischen der guten alten russischen Landstraße – nunmehr bloß eine „arme und glücklose Witwe" – und der neuen „stolzen Gusseisenbahn" herausgearbeitet. Das prometheische Motiv des Maschinismus bleibt hier noch verquickt mit magischen Vorstellungen wie etwa der, wonach die gigantischen Lokomotiven von verdammten Seelen angetrieben würden, die unter der Fuchtel eines Teufels im Innern der Maschine ihre Höllenqualen abzugelten haben.[173]

Die Fortschrittsskeptiker waren es, die im zeitgenössischen Eisenbahnbau mit seinen schnurgeraden Linien eine direkte, vom kapitalistischen Westen geförderte Fortsetzung der Petrinischen Reformen erkennen wollten, mithin einen weiteren, von außen gesteuerten Versuch, Russland von seinem gottgewollten Sonderweg abzubringen, um es an die europäische Zivilisation anzuschließen und so seiner Eigenart zu berauben.

Hatte die Trojka einst den unbändigen russischen Freiheitswillen, das arglose Vergnügen, den unproduktiven Energieaufwand, den Aufbruch ins Unversicherbare symbolisiert, so stand nun die Eisenbahn, im Gegensatz dazu, für die natur- und menschenfeindliche Macht einer seelenlosen Technik, für demokratische Gleichmacherei, für wirtschaftliche Ausbeutung und insgesamt für eine von außen und von oben durchgesetzte Zwangszivilisierung, die für die geistige und geistliche Kultur Russlands nur verderblich sein konnte. Kaum erstaunlich, dass diese Entwicklung unter großrussischen Patrioten auch fremdenfeindliche und antisemitische Reflexe auslöste, da die einflussreichsten Eisenbahnmagnaten und –funktionäre entweder Ausländer oder emanzipierte russische Juden waren.

47

Was die Befürworter der Eisenbahn und, ganz allgemein, der Mechanisierung als Fortschritt begriffen, war für deren reaktionäre Verächter das Signum für Dekadenz und Untergang: die Lokomotive als apokalyptisches Stahlross, das erbarmungslos über alles hinwegfährt, was sich ihm entgegenstellt – ein Moloch, vor dem sich Bauern und Popen tatsächlich bekreuzigten, um sein satanisches Wesen zu bannen.

Von daher wird auch erklärlich, dass die Eisenbahnreise und dass Eisenbahnreisende weithin für moralisch obsolet gehalten und mit Lasterhaftigkeit, Sünde, Verführung in Verbindung gebracht wurden.

Typisch dafür ist ein Versprecher, der dem apokalyptischen Schwätzer Lukjan Lebedew, einer Romanfigur Dostojewskijs („*Idiot*", 1867–1869), unterläuft, wenn er das 19. Jahrhundert als „das Jahrhundert der *Laster* und der *Eisenbahnen*" (*vek porokov i železnych dorog*) verächtlich macht, obwohl er doch eigentlich bloß von „*Dampfschiffen* und Eisenbahnen" (*vek parochodov* usw.) hatte reden wollen ...[174]

Lew Tolstojs Romanwerk „*Anna Karenina*" (entstanden 1873–1877, erste Buchausgabe 1878) ist als tragische Ehe- und Liebesgeschichte gleichsam in das stählerne Schienennetz der Staatsbahnen eingebunden, das Ausschweifung und Ausweglosigkeit gleichermaßen symbolisiert.

Als ein „übles Vorzeichen" steht am Beginn des Romans der Unfalltod eines Bahnwärters. Die junge Karenina, Gattin und Mutter, trifft ihre große verhängnisvolle Liebe, den Grafen Wronskij, erstmals auf dem Moskauer Bahnhof; Wronskijs Liebeserklärung erfolgt im Zug nach Sankt Petersburg; den Tod – den Freitod – findet Anna Karenina unter den kreischenden Rädern einer gigantischen Lokomotive.

Indem Tolstoj die Eisenbahn, die doch als modernes technisches Fortbewegungsmittel (mit Fahr- und Streckenplan) weitgehend berechenbar sein sollte, *Schicksal* spielen lässt, zieht er deren Nützlichkeit und Rationalität in Zweifel und betont gleichzeitig ihr dämonisches Potenzial.

Dem Haupthelden seiner „*Kreutzersonate*" (entstanden 1887–1889, erschienen 1890), Posdnyschow, legt Tolstoj einen geradezu verzweifelten Aufschrei in den Mund: „Och, ich habe Angst, habe Angst vor den Waggons der Eisenbahn, ein Horror überkommt mich." Der Horror ist auch ein Faszinosum: Die Eisenbahn bietet bei suizidalen Versuchungen eine völlig neue Möglichkeit, sich das Leben zu nehmen, eine Möglichkeit, die damals keineswegs nur in der schönen Literatur, sondern ebenso in Bahnhöfen und auf einsamen Streckenabschnitten reichlich genutzt wurde.

Die zunehmende Rationalisierung und Mechanisierung der Alltagswelt, zu der die Eisenbahn gewiss wesentlich beigetragen hat, scheint also auch zutiefst irrationale Ängste ausgelöst zu haben. Tolstoj selbst hat darauf eher gelassen, wiewohl mit einiger Besorgnis reagiert; in einem Brief vom Frühjahr 1857 an Iwan Turgenew stellt er kurz und bündig fest: „Die Eisenbahn verhält sich zur Reise wie das Bordell zur Liebe. Sie ist ebenso bequem, aber auch ebenso unmenschlich maschinell und mörderisch einförmig."[175]

48

Im Unterschied zur motorisierten Fliegerei, die rund ein halbes Jahrhundert später ihre Pionierzeit erleben sollte, riefen die Einführung und der forcierte Ausbau des Eisenbahnverkehrs bei russischen Literaten nur mäßige Begeisterung, zumeist aber brüske, bisweilen ironisch gemilderte Ablehnung hervor. Diese war oftmals – wie etwa bei Dostojewskij – gekoppelt mit antieuropäischen und antikapitalistischen Reflexen, mit sozialökonomischen Vorbehalten und Bedenken (wie bei Nikolaj Nekrassow) oder mit allgemeiner Fortschritts- und Technikfeindlichkeit (wie bei Lew Tolstoj).

Festzuhalten ist, dass die Eisenbahn die Fronten und Fraktionen des russischen Geisteslebens im Nachgang zur Bauernbefreiung völlig neu aufgemischt und insbesondere den schroffen ideologischen Gegensatz zwischen „Westlern" und „Slawophilen" relativiert hat. Wenn sich konservative Denker wie Chomjakow oder Pogodin im Namen der „russischen Idee" für die Eisenbahn stark machen konnten, traten andererseits progressive Linksintellektuelle wie Nekrassow im Namen des unterdrückten und ausgebeuteten „russischen Volks" in diesem Fall als Fortschrittsgegner auf den Plan, um die rücksichtslose Gewinngier der Eisenbahnkonzessionäre und -funktionäre zu denunzieren.

Nikolaj Tschernyschewskij hat schon 1858, gleichsam als Rechtfertigung, geltend gemacht, die Eisenbahn sei ja nun keine russische Erfindung, man habe sie in Russland lediglich aus dem Westen übernommen, um sie in eigenem nationalem Interesse einzusetzen – eine rhetorische Volte, die Konstantin Leontjew, ideologischer Gegenspieler Tschernyschewskijs aus dem Lager der politischen Rechten, keineswegs akzeptieren mochte. Für Leontjew stand vielmehr, gerade umgekehrt, fest, dass Russland – als „eine ganze Welt mit besonderem Leben" – auf keinerlei Importe angewiesen war, schon gar nicht auf die Eisenbahn, welche die unheilvolle Bindung Russlands an Europa noch verstärken würde.

Statt dessen lautete Leontjews Devise (in „*Byzantinismus und Slawentum*", 1875): Weg von den europäischen Gleisen! Auf einen neuen Weg! An die Spitze der Menschheit! Was die Linke der Eisenbahn (wie auch, unter anderm, den zeitgenössischen Gerichts- und Verwaltungsreformen, den Naturwissenschaften, dem liberalisierten Pressewesen) als Demokratisierungsfaktor zugute hielt, konnte Leontjew nur als „egalitären Fortschritt" sehen, als einen weiteren Schritt hin zur „pseudohumanen Trivialprosa", die „alle und alles auf einen gemeinsamen Nenner" zurückbuchstabieren und so unter Kontrolle bringen wolle, mit dem Ziel, „einen *Durchschnittsmenschen* hervorzubringen; einen ruhigen *bourgeois* inmitten von Millionen ebenso durchschnittlicher und ruhiger Menschen."[176]

Zu den schärfsten Kritikern des russischen Eisenbahnwesens gehörte als großrussischer Patriot auch Fjodor Dostojewskij, der in dieser Hinsicht mit dem regime- und zarenfeindlichen Grafen Lew Tolstoj voll übereinstimmte. In seinem späten „*Tagebuch eines Schriftstellers*" (1876) warf er den verantwortlichen Politikern vor, die Eisenbahnen – damals bereits mit einem Streckennetz von ungefähr 20000 Wersten – zu einer bürokratischen Organisation gemacht zu haben, die von fortschrittsgläubigen und karrieresüchtigen Beamten beherrscht und als Machtinstrument zum eigenen Vorteil statt zu allgemeinem Nutzen eingesetzt werde.

Tatsächlich sind durch den Ausbau der russischen Staatsbahnen zahlreiche Arbeitsplätze nicht nur auf den Baustellen, sondern auch im Betrieb geschaffen worden. Viele dieser neuen Dienst-, Kontroll-, Rechnungs- oder Reparaturstellen scheinen reine Sinekuren gewesen oder als solche missbraucht worden zu sein. Entsprechend begehrt waren die Stellen und entsprechend herablassend verhielten sich offenbar manche ihrer Inhaber. Von Dmitrij Mamin-Sibirjak gibt es eine Erzählung aus dem Jahr 1896 über den Bau und die Eröffnung einer neuen Eisenbahnlinie in einem abgelegenen Gebiet des Ural; die Erzählung endet mit der Ankunft des ersten Zugs an einer Station „im Niemandsland": „[...] der Soldat Akintitsch hatte sich als Bahnwärter installiert. Er verfügte nun über ein eigenes Häuschen, einen Samowar und eine neue Pfeife. Akintitsch war glücklich. – Der ganze Weiler Schalajka eilte zum Gaffen herbei, als man den ersten Zug der neuen Gusseisenbahn (*čugunka*) erwartete. Auch Großvater Tit mischte sich darunter. [...] Er schaute Akintitsch, der mit einer grünen Flagge in den Händen vor seinem Häuschen hin und her ging, lange zu, bevor er schließlich sagte: ‚Das ist für dich die absolut richtige Stelle, Akintitsch. Keinerlei Arbeit, und dafür wirst du Lohngeld scheffeln. – Pimka [Akintitsch] schreckte voll zusammen, als in der Ferne das Geräusch des ersten Zugs laut wurde. Schon bald kroch er wie eine eherne Schlange aus dem Berg, und es ertönte der erste Pfiff, der die Ruhe dieses waldigen Niemandslandes für immer aufstörte. Auf Soldatenart stand Akintitsch stramm, und während er seine Flagge hochhob, schrie er dem ersten Zug entgegen: ‚Wünschn Gsssundheit!!!'"[177]

49

In einem fulminanten, postum zur Schulbuchlektüre gewordenen „*Eisenbahn*"-Poem, das er 1864 „den Kindern gewidmet" hat, ist Nikolaj Nekrassow ebenso subtil wie polemisch mit dem Eisenbahnboom und dessen sozialen Begleiterscheinungen ins Gericht gegangen und hat als deren Urheber den „Zaren Erbarmungslos mit Namen Hunger" ausgemacht.

Im versifizierten Gespräch mit seinem kleinen Jungen schildert dessen Vater die Bedingungen, unter denen ein geschundenes Heer von Schwerarbeitern den Eisenbahnbau in Russland überhaupt erst ermöglicht. Drastisch und mit anklägerischem Pathos werden die unmenschlichen Lebensbedingungen dieser Arbeiter, ihre Leiden durch Krankheit und Unfälle sowie die Übergriffe der Aufseher geschildert. Stellenweise lässt Nekrassow die Opfer selbst das Wort ergreifen und dem Jungen erklären, weshalb die neu erbauten Gleisanlagen von „russischen Knochen" gesäumt sind: „Wir haben uns aufgerieben bei Hitze und Frost | Mit ewig gebeugtem Rücken, | Wir lebten in Erdhütten, kämpften mit dem Hunger, | Waren durchfroren und durchnässt, litten an Skorbut. || Uns raubten die schreibkundigen Aufseher aus, | Die Bauleitung ließ uns prügeln, es lastete Entbehrung ..."

Der Hinweis auf die „russischen Knochen" ist eine offensichtliche Anspielung auf die Erbauung Sankt Petersburgs, die mit dem massiven Einsatz von Zwangsarbeitern durchgeführt wurde und der neuen Reichshauptstadt zu einem Fundament von Menschenknochen verhalf. Nach Abschluss der Arbeiten stehen in Nekrassows Poem die überlebenden Handlanger Schlange um einen jämmerlichen Lohn, bekommen schließlich von einem jovialen Investor (*kupčina*) ein Fass Schnaps geschenkt und ziehen damit ab ins nächste Unglück, den kollektiven Suff. Das Poem endet mit einer provokanten rhetorischen Frage: „Ein erfreulicheres Bild gibt es wohl kaum | Zu zeichnen, General?"[178]

Wenn Nikolaj Nekrassow im dialogischen Motto zu seinem Poem den deutschstämmigen Grafen Peter (Pjotr Andrejewitsch) Kleinmichel als den für den russischen Eisenbahnbau zuständigen Spitzenfunktionär namentlich erwähnt, so spielt er damit einerseits auf die führende Rolle ausländischer Manager an, verweist aber andererseits implizit auf Peter den Großen, der mehr als ein Jahrhundert zuvor seine großen Reformprojekte ebenfalls mit westlichen Führungskräften und mit massenhaftem Einsatz von Zwangsarbeitern durchgesetzt hat. Von daher ist es nicht verwunderlich, dass man später die Eisenbahn – vor allem die rauchende und stampfende Lokomotive – des öftern mit jenem „ehernen Reiter" verglichen hat, den Katharina II. (die Große) 1782 in Form eines gewaltigen Denkmals für Peter I. (den Großen) hat enthüllen lassen.

Der Reiter auf dem sich bäumenden Pferd weist mit gebieterischer Geste in eine ferne Zukunft, die es noch zu erkämpfen gilt – sein vorgereckter Arm (vorbildlich auch für viele spätere Lenin-Statuen) verkörpert den linearen Vektor des Fortschritts und korrespondiert auf symbolischer Ebene durchaus mit dem „Lineal" oder dem „Säbel", mit dem Nikolaus I. im mittleren 19. Jahrhundert die Eisenbahnstrecke zwischen Sankt Petersburg und Moskau als Route in die Moderne vorgezeichnet haben soll. Der Vergleich des Eisenbahnbooms mit dem abrupten Reformwerk Peters des Großen, der Lokomotive mit dem Pferd, des fortschrittlichen Westeuropa mit dem zurückgebliebenen Russland impliziert hier auch, in allgemeinerem Verständnis, den Vergleich zwischen Neuerertum und Traditionalismus, Ratio und Intuition, Wissen und Glaube, Technik und Natur, Maschine und Organismus, Eigenem und Fremdem.

So wie Peters gewalthafte Neuerungen vielfach als Werk des Teufels, des Antichrist aufgefasst wurden, hat man auch noch die Einführung der Eisenbahn dämonisieren und zu einer Grundsatzfrage des christlichen Glaubens machen können.

Der Dichter und Fürst Pjotr Wjasemskij hat manche dieser Fragen in einem vielstrophigen Poem von 1867 aufgegriffen und teils ironisch, teils kritisch abgehandelt. Peter der Große darf hier in seiner soldatischen Gestalt auferstehen und am Beispiel der „Gusseisenbahn", die „uns im bequemen Waggon | Durch die russischen Urwälder und Steppen trägt", die Fortschritte der Technik, die Modernisierung und Industrialisierung Russlands zur Kenntnis nehmen. Der Zar „ergötzt sich begierig an dem Monster" – der Lokomotive – und bedauert, dass „dieser Teufel nicht zu seiner Zeit geboren ward": „Den Dampf, das fünfte Element, hatte das Volk | Noch nicht entdeckt, | Als unser Zar das Mütterchen Russland | Bereits mit Volldampf vorantrieb."

In einem anderen Dichtwerk Wjasemskijs findet sich die vermutlich erste literarische Darstellung eines Zugzusammenstoßes in Russland. Der Autor hat den Zusammenstoß

„zweier fliegender Vulkane" als ein höllisches Spektakel erlebt: „Ich sah den Aufprall: Stirn an Stirn stießen sie aufeinander, | Und schrecklich krachten sie und schrecklich wankten sie – | Und todbringend war der Gegendruck der zwei Giganten."[179]

50

Mit der Expansion des Eisenbahnverkehrs in Russland ging unaufhaltsam, nicht anders als in den westlichen Industrieländern, auch dessen zunehmende Trivialisierung einher. Das Gefahrenwerden, anders als das Fahren, wurde rasch zur Gewohnheit, für weite Bevölkerungskreise war die Fahrt mit der Eisenbahn schon in den 1870er Jahren eine Alltagserfahrung, und entsprechend banal fiel denn auch deren Vergleich mit dem ganz gewöhnlichen Menschenleben aus.

Manche Beispiele dafür – die treffendsten – finden sich im Erzähl- und Dramenwerk Anton Tschechows; in einer von 1886 datierten Geschichte mit dem Titel *„Unglück"* heißt es dazu lapidar: „Erst kroch langsam die Lokomotive vorbei, dahinter die Waggons. […] In langer Reihe schoben sich die Waggons vor den weißen Hintergrund der Kirche, einer nach dem anderen, wie die Tage eines Menschenlebens, und es hatte den Anschein, als wollten sie kein Ende nehmen."[180]

Den epochalen Lebensüberdruss jener Zeit, der schon bald in der Literatur des dekadenten russischen Modernismus explizit thematisiert werden sollte, hat am einprägsamsten der damals äußerst populäre, später gänzlich in Vergessenheit geratene Dichter Aleksej Apuchtin in Verse gebracht. Bereits 1858 fragt sich in einem seiner Gedichte (*„Im Waggon"*) das schwermütige lyrische Ich auf einer Eisenbahnfahrt: „Was für Zweifel trag ich in der Brust! | Gott, wohin und warum verreise ich? | Gibt's denn überhaupt ein Ziel in der Ferne?" Und in einem sentimentalen Erzählgedicht der 1870er Jahre heißt es von der verheirateten Geliebten des Helden: „Mit dem Schnellzug – Gott weiß wohin – in Eile unterwegs, | So floh ihr Leben ohne Sinn und Ziel vorüber."

Demgegenüber lobt sich Apuchtin den gewundenen Feldweg, auf dem man so schlichten Wundern wie der Morgenröte, dem funkelnden Tau, dem Duft von Heu begegnen könne – alltägliche Sensationen, die dem Eisenbahnreisenden entzogen bleiben: „Durch das Russenland, das große, das kein Ende, keine Ränder hat, | Zieht sich, schmal und kurvenreich, ein kleiner Weg, | Durch Wälder und Flüsse [sic], über Wiesen und Felder, | Eilt er dahin mit trippelndem Schritt. | Auch wenn man auf diesem Weg nicht viele Wunder trifft, | So ist mir doch sein ärmlicher Anblick lieb und nah."[181] So viel Gefühligkeit vermag keine noch so schnelle „Gusseisenbahn" zu erzeugen.

Fünfzig Jahre nach Apuchtin, als die russische Eisenbahn ihren kurzfristigen lyrischen Reiz längst verloren hatte und zu einem (wegen ihrer zunehmenden Lärm- und Rauchentwicklung) eher lästigen Alltagsphänomen geworden war, verfasste Aleksandr Blok ein entsprechend prosaisches Eisenbahngedicht, das die einförmige Reihe der Waggons in Beziehung bringt zur Einförmigkeit des ländlichen Lebens und schließlich des Lebens schlechthin. Eine junge Frau beobachtet am Damm einer provinziellen Eisenbahnlinie die vorbeiflitzenden, dann in der Ferne verschwindenden Züge und gibt sich dabei ihrer Sehnsucht nach der großen weiten Welt hin. Immer wieder schaut sie „in die öden (*pustynnye*) Augen der Waggons" und hofft, dass irgendein Fahrgast sie wahrnehmen, ihr Bild mitnehmen würde. „Die Waggons rollten in der üblichen Reihung vorbei, | Sie holperten und kreischten [...]", und bald muss die Frau schmerzlich erkennen: „So ist auch die nutzlose Jugend vergangen, | Von leeren Träumen zermürbt ... | Es pfiff das eiserne Reiseweh, | Zerrissen ist das Herz ..." Die regelmäßig auf der immer gleichen Strecke verkehrende Eisenbahn repräsentiert die Normalität des Menschenlebens und führt vor, wie auferlegte Ordnung und Wiederholung auch die großen Gefühle in Trivialität und Verzweiflung umschlagen lässt: „Ob Liebe, ob Schmutz oder Räder – | Alles bringt Zerstörung, alles tut weh."[182]

In vergleichbarer Weise, wenn auch in weit größerem Umfang ist die Eisenbahn bei Andrej Belyj zum lyrischen Sujet geworden. Gleich mehrere seiner „Gedichte über Russland", eines Zyklus aus dem Band *„Asche"* von 1909, sind ihr gewidmet. Die Eisenbahngedichte stehen hier in einer Reihe mit diversen Weg- und Wandergedichten, werden also offenkundig zum russischen Raum und generell zum „wandernden Russland" in Beziehung gebracht. Fast wörtlich wie bei Apuchtin, bei Blok strapaziert Belyj den Vergleich der Eisenbahnreise mit dem Lebensgang und hält fest: „Verbundenheit, Jugend, Freundschaft | Sind immer schon vorbei: verweht wie ein Traum." Das eintönige Rattern der Eisenbahn entspricht der Eintönigkeit der Landschaft, stets bewegen sich die Züge, ohne je ein Ziel zu erreichen, durch unansehnliches Gelände und verschwinden in nebliger Ferne – so werden sie zum Dingsymbol des endzeitlichen Zarenreichs und existentieller Trostlosigkeit: „Feuchter Herbstdunst sprüht | Als grauer Regen | Überm schwindenden Raum. | [...] | Raum, Zeit und Leben | Gottes und des Lebens Ziel – | Eisenbahn, kaltes Bett. || Den Wahnwitz des Tages | Löst ein anderer ab – | Den Wahnwitz des Tages | Der Wahnwitz der Nacht." Die Bahnfahrt bestätigt den alltäglichen, ebenso banalen wie mörderischen Wahnwitz – die Wiederkehr des ewig Gleichen. Der Reisende kann nur immer wieder dies beobachten: „Ortschaft um Ortschaft gleitet vorbei – | Und fliegt und fliegt und fliegt. | Und stur blickt einem das Unbekannte | Unterm Rauchschleier hervor ins Gesicht." Dorthin führt die Reise – in die unbekannte Ferne, dorthin, „wo es leer und dunkel ist".[183]

Als einer der Wenigen hat Iwan Bunin die Eisenbahn mit der Natur zu versöhnen versucht. In einem längeren Gedicht lässt er einen Eisenbahnzug durch Feld, Wald und Steppe dampfen, fast so, als handelte es sich um ein Naturereignis, doch über die Engnis eines Idylls kommt er dabei nicht hinaus. Interessant ist allerdings, dass die Linearität der Fahrt den kreisrunden Horizont nicht aufzubrechen vermag, interessant auch, in formaler Hinsicht, dass das Gedicht kreisförmig angelegt ist: Die letzte Strophe stimmt weitgehend mit der ersten überein und macht deutlich, dass trotz der rasenden Eisenbahnreise alles beim Alten geblieben ist: „Erneut ziehen die offenen Felder | Kreisförmig an uns vorüber, | Und die Höfe und Pappeln | Verschwimmen und verschwinden hinter den Feldern." Der gerade Weg, von der Eisenbahn paradigmatisch repräsentiert, hat aber, wie Bunin in einem anderen Gedicht festhält, ein wesentliches Defizit – er kann immer nur in einer vorbestimmten Richtung *anderswohin* führen, nicht jedoch in ununterbrochener Fahrbewegung *heimwärts,* zurück zum Ausgangspunkt: „Der gerade Weg | Bereitet viele Nöte, und man wird auf ihm | Kaum je nach Hause kehren."[184]

Eine bemerkenswerte psychologische Dimension spezifisch russischer „Eisenbahngefühle" eröffnet der Publizist Fjodor Stepun, wenn er die von Station zu Station rollenden Waggons als mobile Behausungen darstellt – sie erinnern ihn an das traditionelle russische Wanderertum. Stepun hat dafür den etwas umständlichen, aber zutreffenden Begriff der „Eisenbahnhäuslichkeit" geprägt und betont, dass sich der Russe überall häuslich einrichten und auch zu Hause fühlen könne: „Russland ist, wo ich bin."[185]

Unter dem doppeldeutigen Titel „*Die neue Bahn*" (womit im Russischen – *novaja doroga* – eine neue Art von Straße oder, spezieller, eine neue Eisenbahnlinie gemeint sein können) hat Iwan Bunin zu Beginn des 20. Jahrhunderts auch die weitreichende Ambivalenz von Fortschrittseuphorie und Naturzerstörung problematisiert. Der Ich-Erzähler weiß zwar die Vorzüge der Eisenbahn zu schätzen, übersieht aber nicht die ökologischen Schäden noch die ästhetischen Verheerungen, die sie in den fast noch unberührten russischen Landeschaften anrichtet: „Die neue Strecke entführt mich immer weiter in eine neue, mir noch unbekannte Gegend Russlands, und deshalb empfinde ich noch lebhafter das, was so vollkommen in meiner Jugend zu empfinden war: die ganze Schönheit und die ganze tiefe Traurigkeit der russischen Landschaft, die so untrennbar verbunden ist mit dem russischen Leben. Vor der neuen Strecke sind die Wälder finster zur Seite getreten, und es ist, als wollten sie ihr sagen: – Komm, komm nur, wir treten vor dir zurück. Aber willt du denn wirklich erreichen, dass zur Armut der Menschen nun auch noch die Armut der Natur kommt?"

Bunins Erzähler fragt sich angesichts der technisch bedingten Eingriffe in die Natur und der dadurch bewirkten schockierenden Verfremdung der natürlichen Umwelt, welchem Land er denn überhaupt angehöre und wie er der geschändeten Natur in ihrer Trauer beistehen könne. „Ich blicke voraus auf diesen neuen Weg, den die düstern Wälder mit von Stunde zu Stunde wachsender Ablehnung empfangen. Bedrängt von schwarzen Gehölzen und nach vorn erleuchtet von der Lokomotive gleicht diese Bahn einem endlosen Tunnel. Jahrhundertkiefern beengen sie, und es scheint, als wollten sie den Zug nicht passieren lassen. Doch der Zug kämpft dagegen an: mit schwerem, abgerissenem Atem den gleichmäßigen Takt angebend, kriecht er wie ein gigantischer Drache über einen Abhang, und sein Haupt stößt in der Ferne eine rote Flamme aus, welche grell unter den Rädern der Lokomotive auf den Gleisen zuckt und dabei die düstere Allee der reglosen und stummen Kiefern unheilvoll beleuchtet. Die Allee hüllt sich in Finsternis, doch der Zug bewegt sich beharrlich vorwärts."[186]

51

Vorwärts! – so lautete das gemeinsame Kampfwort der politischen Linken in der Auseinandersetzung mit dem reaktionären Regime, das nur in wirtschaftlicher Hinsicht und zumeist auf Kosten der Arbeiterschaft progressiv und liberal zu sein vorgab. *Vorwärts!* – so lautete auch der Titel eines klassenkämpferischen populistischen Organs, das Pjotr Lawrow in den Jahren 1873 bis 1876, mithin auf dem Höhepunkt des russischen Eisenbahnbooms redaktionell verantwortete. *Vorwärts!* – das war nicht zuletzt die Losung der Marxisten und ihrer politischen Sympathisanten, die eben damals zur Kraftprobe mit dem autokratischen Regime des Zaren Alexander III. antraten.

Auf Karl Marx geht das vielzitierte Diktum zurück, wonach die *Revolutionen die Lokomotiven der Geschichte* seien, eine polithistorische Metaphernbildung aus dem Jahr 1850, die gerade in Russland gern aufgegriffen, vielfach auch – auf Flugblättern, in Karikaturen, auf Plakaten – künstlerisch umgesetzt und propagandistisch genutzt wurde.[187]

Tatsächlich entspricht die Eisenbahn auf ideale, wiewohl ambivalente Weise der marxistischen Geschichtsauffassung und Fortschrittsideologie, ambivalent deshalb, weil ja auch der bürgerliche Kapitalismus und sogar die zaristische Autokratie zumindest im Wirt-

Ein Hase auf Beutezug – die Eisenbahn in der politischen Karikatur (Zeichnung von M. M. Tschemodanow, 1905). Der Hase („die liberale Bourgeoisie") zerrt den russischen Bären („die Staatsmacht") am Ohr, während gleichzeitig der Löwe („das Proletariat") den Bären anfällt; im Hintergrund als Symbol des Fortschritts und der Revolution eine Lokomotive.

schafts- und Technologiebereich für eine linear-progressive Entwicklung eintraten. Was hier allerdings fehlte, war naturgemäß die revolutionäre Intention, die wiederum auf marxistischer Seite Priorität hatte. Die Geschichtsentwicklung war demnach konzipiert als eine sprunghafte Vorwärts- und Höherentwicklung, die ihre Impulse immer wieder aus revolutionären Umbrüchen gewinnen sollte. Auf der Ebene der Metapher hätte man sich demnach die Lokomotiven als Zugmaschinen vorzustellen, die die ganze Last der Geschichte zwar hinter sich her ziehen, die aber auch in der Lage sind, Prellböcke und Sackbahnhöfe mit explosiver Kraft zu überrollen.

Der Marx'sche Revolutionszug, dessen „Triebkraft" schon im *„Manifest der Kommunistischen Partei"* (1848) beschworen wurde, ließ sich problemlos koppeln mit der russi-

Die Eisenbahn als Symbol des Fortschritts und der Revolution (1) – *oben links* Lenin-Denkmal auf Eisenbahnrädern (Ort und Jahr unbekannt); *Mitte* Die Lokomotive als Symbol der Revolution und der forcierten Industrialisierung (Jurij Pimenow, *Vorwärts mit der Schwerindustrie,* Gemälde, 1927); *unten links* Der Mensch als „Rädchen und Schräubchen" (Lenin) im Sowjetsystem – Mechaniker im Eisenbahnwerk (Aleksandr Samochwalow, *Lok-Reparatur,* Gemälde 1931); *unten rechts* Sowjetfrauen in einem „Menschenrad" (Manifestation auf dem Roten Platz, Moskau 1936).

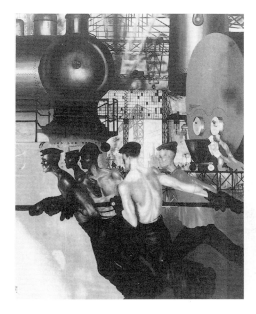

schen (zumal der positiv konnotierten) Eisenbahnmetaphorik, deren assoziativer Kontext bis zur Petrinischen Kulturrevolution zurückreichte und die ohnehin mit der Vorstellung eines westeuropäischen Ideenimports, eines russischen Innovationsschubs sowie einer definitiven Wende zur Moderne verbunden war. Wladimir Lenins triumphale Rückkehr im plombierten Eisenbahnwaggon aus dem Schweizer Exil via Reichsdeutschland ins vorrevolutionäre Petrograd wirkt vor diesem Hintergrund wie die eventhafte Konkretisierung der Rede vom Gespenst des Kommunismus, das in Europa umgehe, und von den Lokomotiven als den Triebkräften der kommenden Revolution.

Für Lenin selbst war die Eisenbahn – nicht nur als Verkehrs- und Transportmittel, sondern auch als Medium des Informationsaustausches zwischen Stadt und Land – eine „materielle Verbindung mit der Kultur", die dringend verbessert und erweitert werden musste in einem Land, dessen Straßen auch nach der Großen Sozialistischen Oktoberrevolution noch über weiteste Strecken von der althergebrachten „Unwegsamkeit" (hier *bezdorož'e*) betroffen waren.[188]

Die frühsowjetischen „Propaganda-" oder „Agit-Züge" und die revolutionäre „Eisenbahnromantik" in der russischen Literatur der 1920er und 1930er Jahre – bei Platonow, Babel, Kirschon, Wsewolod Iwanow u. a. m. – bezeugen das Fortleben der Marx'schen Metapher im real existierenden Sowjetkommunismus.[189] Der erste derartige „Agit-Zug" war nach Lenin benannt und ging im Sommer 1918 auf die Strecke. Eingesetzt wurde er für Propaganda- und Schulungszwecke in der Roten Armee. Der Erfolg war so überzeugend, dass schon bald fünf weitere Züge nachbestellt und eingesetzt wurden.

Ab 1919 gab es eine Sonderkommission zur Bereitstellung und zum Einsatz von Propagandazügen, für deren Ausstattung Künstler und Dichter vom Rang eines El Lissizkij, eines Kasimir Malewitsch oder Wladimir Majakowskij gewonnen wurden. Jeder „Agit-Zug" führte eine Handbibliothek mit sich, dazu eine Druckerpresse zur Herstellung von Flugblättern, Plakaten usw., einen Ausstellungsraum, oft auch einen Kinoraum zur Vorführung von Agitprop-Filmen.

Wladimir Narbut hat die „Dampflok" noch im Übergang zur Stalinzeit und zu den Fünfjahrplänen mit der jungen UdSSR gleichgesetzt: „Mein Land! Meine Heimat! | Du

---

(S. 271) *Die Eisenbahn als Symbol des Fortschritts und der Revolution* (2) – *oben links* Die Eisenbahn sichert die wechselseitige Versorgung zwischen Stadt und Land – anonymes politisch-didaktisches Plakat der frühen Sowjetzeit. Im Stil eines Volksbilderbogens (*lubok*) wird dargestellt, wie landwirtschaftliche Produkte per Eisenbahn in die Städte gebracht und wie von dort landwirtschaftliche Geräte in die Regionen gefahren werden. Der Text lautet: „Das Dorf [gibt] der Stadt Brot | Gib, Bauer, der Stadt Brot | Du [Bauer] hast die Erde bekommen, doch | Erde kann man nicht essen | Man muss sie bearbeiten [und] sie wird Frucht bringen | Die Stadt [gibt] dem Dorf | Die Stadt gibt dir [Bauer] alles Notwendige"; *oben rechts* Die Eisenbahn bringt Genossen und Produkte aus aller Welt nach Sowjetrussland – anonymes Plakat aus Anlass des 3. Weltkongresses der III. Internationale (Komintern, 1921) in Moskau. Der Internationalismus der kommunistischen Bewegung und deren globaler Wirkungsanspruch werden hier symbolisiert durch die Erdkugel und die vielen roten Fahnen mit dem Slogan „Proletarier aller Länder, vereinigt euch!" Der Plakattext lautet: „Es lebe der 3. Weltkongress der III. Internationale | Die Anreise von Delegationen | aus der ganzen Welt und der Antransport | von Waren sind | ein Zeichen für den Sieg | des Sowjetsystems"; *unten rechts* Tag der Arbeit im Zeichen des Fortschritts – Herstellung von Eisenbahnschienen, im Hintergrund die Fabrikanlage und eine Lokomotive (Plakat von Dimitrij Moor, 1920); *Mitte* und *unten links* Agitations- und Propagandazüge in der bolschewistischen Kulturrevolution (frühe 1920er Jahre).

Dampflok zur Güte!" In einem großen Gedicht, das den gleichen Titel trägt wie Nikolaj Nekrassows sozialkritisches „Eisenbahn"-Poem von 1864, das aber explizit Abstand nimmt von dessen skeptischer Grundstimmung, feiert Narbut die Eisenbahn als bolschewistische „Vater"-Figur und lässt sie „zischen wie ein Bügeleisen, fegen wie ein Besen" unter dem Diktat des neuen Menschen, der sie als „Ingenieur, als Heizer, als Maschinist, als Dispatcher" auf den Weg bringt: „Auf ein langes Glück unseres Landes. | Mit den Gelenken der Strophen, | Dem Rand der Reime entlang | Jagt die Geschichte ihre | Lokomotive ..."[190] Die Marx'sche Revolutionsmetapher findet hier ihre lyrische Entsprechung und Bestätigung.

Von besonderem Interesse ist in diesem Zusammenhang das Werk Boris Pasternaks, der die Eisenbahn nicht als Bedrohung, vielmehr als Triumph der Natur rezipiert und sie in seinem lyrischen wie in seinem erzählerischen Schaffen als eine Art Leitmotiv immer wieder verwendet hat. Schon in seinen frühsten Gedichten und noch im späten Jahrhundertroman „Doktor Shiwago" (erschienen nach langer Entstehungszeit 1957 in Turin) hat die Eisenbahn und haben Bahnhöfe, Bahndämme sowie diverse Requisiten, die zum Eisenbahnwesen gehören, eine beständige Präsenz. Zwar wird die Eisenbahn nicht als Vehikel der Revolution gedacht, aber doch stets in Verbindung mit der Zukunft und mit der (von der Trojka geprägten) Vorstellung der Ziel- und Endlosigkeit, aber auch des Um- oder Irrwegs, des Zwischenhalts, der Unterbrechung, des Umsteigens oder der Rückfahrt auf gleicher Strecke.

Der Determinismus der Eisenbahnlinien und -fahrpläne wird bei Pasternak dadurch relativiert, dass die Gleise oft schneeverweht oder von Nebel verhangen sind und sich in ungewisser Ferne zu verlieren scheinen – die Natur selbst setzt der Technik Grenzen, nimmt deren Konstrukte gewissermaßen in ihren Schoß zurück. Letztlich ist es eben nicht die Eisenbahn, die kraft ihrer revolutionären Schubkraft Geschichte macht, es ist noch immer die Natur, und nur sie, die „der Geschichte treu geblieben" ist.

In „Doktor Shiwago" geht die Eisenbahnromantik allmählich in apokalyptische Bilder des Horrors und der Vergeblichkeit über, etwa dort, wo Pasternak einen rostenden und rottenden „Lokomotivenfriedhof" als „ein Schaustück der Geworfenheit und Antiquiertheit unter einem weißen, von der frühen Morgenglut angesengten Himmel" vor Augen führt oder wo er gleichmütig beschreibt, wie eine Handvoll Rotgardisten einen verdächtigen Herumtreiber mit ausgebreiteten Armen und Beinen an die Eisenbahnschienen fesseln und ihn – Symbolgestalt des Gekreuzigten – von der stampfenden Lokomotive bei lebendigem Leib überrollen lassen. Die erbarmungslos menschenfeindliche Progressivität des neuzeitlichen „revolutionären" Maschinismus ist wohl nirgends so eindringlich vergegenwärtigt worden wie in diesem letzten großen Roman der „klassischen" russischen Moderne.[191]

52

Es ist kaum überraschend, dass die Eisenbahn, wie unterschiedlich sie auch eingeschätzt wurde, als „gusseisernes" oder „ehernes Gleis" zum Symbol für den *Weg der Geschichte* werden konnte. Weit mehr als die frei „fliegende Trojka" stand die Eisenbahn mit ihren fest verschraubten Schienen und festgeschriebenen Fahrplänen für die schicksalhafte Vorbestimmtheit des geschichtlichen wie auch des persönlichen Lebens. Wurde die Trojka-

Fahrt, auf metaphorischer Ebene, unabhängig von Weg und Ziel und Nutzen gedacht, so verbanden sich eben diese Komponenten um so enger mit der Eisenbahn. Beide Fortbewegungsarten kann man allerdings für schicksalhaft halten – bei der Eisenbahn wird das Schicksal als Prädestination aufgefasst, bei der Trojka (und ebenso beim nomadischen Wanderer) ist es umgekehrt die Offenheit, die Weg- und Ziellosigkeit, kurz: das bewusst eingegangene Risiko, das schicksalsentscheidend sein kann.

Dass aber ausgerechnet Revolutionen, mithin gewalthafte Umwälzungen und Brüche, die entscheidenden Triebkräfte – oder eben „Lokomotiven" – der Geschichtsentwicklung sein sollten, steht zum althergebrachten historischen Selbstverständnis Russlands in denkbar schroffem Widerspruch. Einzig durch Peter den Großen, dann wieder – auf Seiten der Opposition – durch die radikalen Vordenker des Dekabristenaufstands von 1825 und schließlich durch die westlich orientierte russischen Intelligenzia, die seit dem mittleren 19. Jahrhundert auf die revolutionäre Umgestaltung beziehungsweise Erneuerung von Staat und Gesellschaft hinarbeitete, fand jene Geschichtsauffassung in Worten wie in Taten Unterstützung, die den menschlichen Willen – ob individuell oder kollektiv durchgesetzt – als bestimmende und formende historische Kraft, den Geschichtsprozess als eine Abfolge von Bruchstellen, Wendepunkten oder abrupten Weichenstellungen verstehen wollte, anstatt, wie in der „vaterländischen" Historiographie, in der Geschichtsphilosophie, im traditionellen politischen Denken und im russischen Volksbewusstsein üblich, als eine kontinuierlich sich auslebende, gleichsam „organische" Fortentwicklung, die einer „höheren", bald naturhaft, bald göttlich gedachten, vom Menschen nicht beeinflussbaren Gesetzmäßigkeit folgt. Auch im mehrheitlichen russischen Geschichtsverständnis hat also die arationale Formel 2 x 2 = 5 klaren Vorrang vor der arithmetisch zwar korrekten, jedoch den meisten Lebensphänomenen und Glaubenssätzen nicht gerecht werdenden Rechnung 2 x 2 = 4.

Fürst Pjotr Wjasemskij, einflussreich als Dichter und Kulturphilosoph zur Zeit der Romantik, hat unter dem pietistischen Titel *„Gedanken beim Gebet"* eine versifizierte Begriffsbestimmung der Evidenzformel hinterlassen, in der alle wesentlichen – hier durchweg negativ besetzten – Komponenten rationalen Denkens aufgeführt sind. Der Verstand (*razum*) wird als eine Form von „blindem" Hochmut und Berechnungswahn ausgewiesen, der alles, was er nicht zu fassen vermag, zur bloßen „Träumerei" und zu „kindlichem Aberglauben" herabmindere. „Ist aber nicht gerade der dem Aberglauben verfallen", fragt Wjasemskij, „der nur an sich selber glaubt" und sich auf die „wankende Vernunft" (*rassudok*) verlässt, die er zu seinem Idol gemacht hat: „Wird der, welcher in seiner Persönlichkeit die Welt versammelt hat, | Jemals wie *zweimal zwei gleich vier* beweisen können das, | Was ihm doch unzugänglich bleibt in seiner Seele und in dieser Welt?"[192]

Die Wege der Geschichte sind nach alt hergebrachter russischer Auffassung ebenso unerforschlich wie „die Wege des Herrn", und sie führen meistens dahin, wohin der Mensch eher *nicht* will. Der Mensch ist demnach weit mehr Opfer denn Herr der Geschichte. Die Geschichte bedient sich seiner, nach höherem Ratschlag und in höherem Interesse, auf gleichgültige, letztlich unmenschliche Weise, weil für sie nicht das Leben des Einzelnen zählt, sondern die Evolution von Gemeinschaften, Gesellschaften, Klassen, Institutionen, Staaten.

Die Eisenbahn als Symbol des Fortschritts und der Revolution (3) – *S. 274 oben links* Unterwegs zur Station „Kommunismus" – *Der erprobte Lokführer der Revolution Gen. Stalin* (Plakat von P. Sokolow-Skalja, 1939); auf der mitgeführten Fahne die Profile der Klassiker des Marxismus-Leninismus – Marx, Engels, Lenin, Stalin; *S. 274 unten* „Die Oktoberrevolution ist die Brücke zur lichten Zukunft" (Plakat, 1921); *S. 274 oben rechts* Die Lokomotiven als symbolische Zugpferde des Ersten sowjetischen Fünfjahrplans (Plakat, 1929); *rechts* Aleksandr Labas, *Der Zug kommt* (Gemälde, 1929).

53

Die Geschichte brauche und missbrauche den Menschen als Rohmaterial zur Erreichung unmenschlicher Ziele, stellt dazu Nikolaj Berdjajew dezidiert fest, ihre ganzen Energien seien auf ihr eigenes Fortdauern und darüber hinaus auf ihre permanente Expansion gerichtet. Aus der Sicht des Einzelmenschen präsentiere sich der Geschichtsprozess als eine unabsehbare Abfolge von „kriminellen" Akten, welche abwechselnd die Form von Kriegen, Klassenkämpfen, Unrechtsregimen und vielen anderen – auch sehr subtilen – Repressionsmaßnahmen annehmen.

Auch wenn die Geschichte als menschenverachtende „Kriminalgeschichte" menschengemacht ist, hat der Mensch an ihr nur mittelbaren, instrumentellen Anteil – er bleibt der geschichtlichen Eigendynamik und Eigengesetzlichkeit unterworfen. Die Welt-, die Menschheits-, die Staats-, die Alltagsgeschichte, ja „die Geschichte" schlechthin steht in unaufhebbarem Konflikt mit all den unzähligen individuellen „Lebensgeschichten", die sie gewissermaßen ins Leere laufen lässt und von denen sie gleichwohl getragen wird; aus denen sie ihre evolutive Energie gewinnt, indem sie sie – wie die Lokomotive ihren ständig erneuerten Vorrat an Kohle und Wasser – gewissermaßen verdampfen lässt.

Die Geschichte, so verstanden, muss als Fatum akzeptiert werden, und würdig vor ihr zu bestehen heißt nichts anderes als klaglos sich ihr zu ergeben, ihr passiv (als „Material") dienstbar zu sein, sich von ihr treiben zu lassen, in ihr unter-, aber auch aufzugehen – eine für das russische nationale Selbstverständnis typische, von der Geschichtsphilosophie weitgehend bestätigte und auch von Historikern unterschiedlichster Orientierung hochgehaltene Vorstellung.[193]

Niemals kann der Mensch sich der Geschichte entziehen, niemals ist er bloß deren Spielball oder Opfer; vielmehr ist er zugleich Material und Subjekt ihrer scheinbar deregulierten Expansion, trägt folglich unwissentlich und ungewollt, aber doch mit Leib und Seele zu ihrem Walten, ihrem Wachstum bei. In dieses Walten und Wachsen einzugreifen, es durch revolutionäre Eingriffe zu unterbrechen oder ihm eine neue Richtung, ein vorab festgesetztes Ziel zu geben, wäre unter den genannten Voraussetzungen ein sowohl widernatürlicher wie auch gottloser Akt, der nicht ohne Strafe bleiben kann: Die Geschichte selbst wird sich rächen an dem, der ihren Weg zu begradigen, ihren Gang zu unterbrechen, zu beschleunigen oder in eine ihr nicht angemessene Richtung umzulenken versucht.

Mit höchster Eindringlichkeit hat der Schriftsteller Michail Ossorgin, der 1922 wegen seiner antibolschewistischen Haltung aus Sowjetrussland ausgeschafft wurde, einen derartigen gewaltsamen Übergriff auf den naturhaften Geschichtsverlauf in einem Bericht aus dem Bürgerkrieg geschildert. Für die Geschichte steht hier repräsentativ ein über lange Zeit herangewachsener Wald, der von einer Handvoll Jungbolschewiken mutwillig und sinnlos hingemetzelt wird: „Ich erinnere mich an einen russischen Sommer – es war der fatale Sommer des Jahres 18, als irgendwelche Halbbarbaren-Halbidealisten sich schlicht als Staatsmacht fühlten und entsprechend zu handeln begannen. Ich lebte damals im Gouvernement von Tula, wahrhaftig auf dem Land, in einem kleinen, von altem Wald umgebenen Haus. Die Äxte dröhnten, und die uralten Bäume stürzten stönend um. So haben sie den Wald für nichts und wieder nichts niedergemacht, angeblich für Bauholz, für neue Blockhäuser, doch niemand stellte ein Blockhaus auf. Dann haben sie alles zu Brennholz zersägt, doch auch mit dem Brennholz wurden sie nicht fertig, es begann zu faulen, es gab davon unnötig viel, und sie hatten nichts, um es abzutransportieren."[194]

Der vielfach festgestellte „Extremismus" des russischen Charakters offenbart sich hier in mehrfacher Hinsicht. Es sind Russen, die als Vergewaltiger der *eigenen* Geschichte und Natur halb „barbarisch", halb „idealistisch" in Erscheinung treten; es sind Russen, die sich der Konsequenzen ihres Tuns erst nachträglich bewusst werden und sich als unfähig erweisen, den angerichteten Schaden zu begrenzen oder daraus irgendwelche Lehren zu ziehen. Um so verständlicher ist es, dass in diesem ganzheitlichen Geschichtsdenken, das jeden Voluntarismus zu Gunsten reiner Fatalität (Geschichte als Eschatologie) oder gottgewollten Schicksals (Geschichte als unerforschliche Heilsgeschichte) abweist, kein Platz bleibt für jene „Lokomotiven", die, von Menschen erdacht und von Menschen gesteuert, den Geschichtsprozess durch ihre „revolutionäre" Schubkraft auf ein neues Gleis bringen, um ihn in völlig anderer Richtung voranzutreiben: Die russische Geschichte braucht keinerlei „künstlichen" Antrieb, da sie sich selbsttätig auslebt kraft der ihr innewohnenden „natürlichen" beziehungsweise „göttlichen" Energien.

54

In seinem lange Zeit vergessenen, heute wieder viel zitierten Buch über den *„Weg der geistigen Erneuerung"* Russlands bezeichnet – und feiert – der Philosoph Iwan Iljin das Volk und den Staat als die beiden lebendigen „Organismen", aus der die russische Geschichte ihre weltweit einzigartige, kaum fassbare Form gewinnt; er schreibt: „Das Volk ist eine lebendige Einheit (*živoe edinstvo*), zusammengehalten durch Tausende von lebendigen Fäden und in ununterbrochenem geistigem wie wirtschaftlichem Austausch sich befindend; es gleicht einem lebendigen Organismus, in dem alles mit allem in Beziehung steht und alles von allem anderen sich nährt. Das einzelne und private Leben entfaltet sich im tiefen Schoß des gesamten Volkslebens und der gemeinsamen Interessen." Und auch der Staat ist für Iljin keine rationale Organisation, sondern bildet zusammen mit dem Volk einen ganzheitlichen Organismus: „Der Staat ist, versteht man ihn richtig, kein Mechanismus der ‚Nötigung' und ‚gesellschaftlicher Konkurrenz', wie manche es sich vorstellen, sondern er ist ein Organismus geistiger Solidarität."[195] Wo das Organische dem Organisierten, das Gewachsene dem Gemachten vorgezogen wird, verliert sowohl die Evidenzformel $2 \times 2 = 4$ wie auch die Eisenbahnmetapher in Bezug auf den Geschichtsverlauf und dessen Lenkbarkeit ihre Geltung.

Dem sei beigefügt, dass auch zwei führende Geschichtsschreiber und Universitätsgelehrte Russlands, nämlich Sergej Solowjow im mittleren und Wassilij Kljutschewskij im ausgehenden 19. Jahrhundert, die Geschichte für etwas eher Naturhaftes denn Menschengemachtes hielten. – Bereits in seiner Dissertation von 1847 ist Solowjow nach umfangreichen Archivstudien zum Schluss gelangt, dass der Gang der russischen Geschichte als eine „natürliche Kette von Geschehnissen" zu betrachten sei, als „die natürliche Entwicklung einer Gesellschaft aus sich selbst heraus". Wenn Solowjow gleichwohl auf einem starken Staat besteht, so deshalb, weil nur dieser den ganzheitlichen, eigengesetzlich sich entwickelnden Geschichtsprozess garantieren könne – eine durchaus paradoxe Argumentation, soll der Staat doch, nach Solowjow, stark sein, diese Stärke aber nicht dafür einsetzen, um Geschichte zu gestalten, sondern um sicherzustellen, dass die Geschichte ihren „natürlichen", „organischen" Verlauf nehmen könne, ohne dass sie durch Übergriffe von außen (Kriege usw.) oder Eingriffe im Innern (Revolutionen usw.) von ihrem vorbestimmten Weg abgebracht werde.

Diesem organismischen Geschichtskonzept sollte nach Solowjow auch die Geschichtsschreibung angepasst sein; die Geschichte dürfe nicht in Episoden aufgelöst, nach Einzelpersonen oder Einzelereignissen abgefragt, kleinteilig untersucht und dargestellt werden. Statt dessen gelte es, alle erkennbaren historischen Phänomene und Probleme ganzheitlich aufzuarbeiten, sie einzubetten in eine zusammenhängende Entwicklungsgeschichte, deren sämtliche Elemente auf die selben „inneren Ursachen" zurückzuführen seien.[196]

Solowjows Nachfolger Wassilij Kljutschewskij, auch er Verfasser einer monumentalen „Russischen Geschichte", hat die Besonderheit der russischen Geschichtsentwicklung wie auch der russischen Geschichtsschreibung mit der ihm eigenen Prägnanz wie folgt charakterisiert: „Die Natur und das Schicksal haben den Großrussen gelenkt, indem sie ihm beibrachten, die gerade Straße auf Umwegen zu abzuschreiten ... Was kann man sich Krummeres und Gewundeneres denken als einen großrussischen Feldweg? ... Versuchen Sie ruhig geradeaus zu gehen: Sie werden bloß in die Irre gehen und wieder auf den gewundenen Pfad zurückkommen."[197] Zweimal zwei ergibt also auch hier, aller Evidenz zum Trotz, nicht vier, sondern – ganz selbstverständlich – fünf.

Die russische *Wegerfahrung* konterkariert demnach jede anders geartete *Wegvorstellung*, jeder Plan wird durch das praktische Tun (oder Lassen) außer Kraft gesetzt, der Weg scheint seinen eigenen Gang zu nehmen und sein jeweils eigenes Ziel hervorzubringen. Kljutschewskijs launige Bemerkung führt nicht zuletzt das „Lineal" Peters des Großen sowie die gewalthaften Petrinischen Reformen insgesamt *ad absurdum*, sie kann auch als implizite Absage an das lineare Fortschrittsdenken der linken („westlerischen") Intelligenz gelten und vollends an das Marx'sche „Eisenbahn"-Modell, das den Geschichtsverlauf als schnurgerade Gleisanlage imaginiert, auf der die schweren „Lokomotiven" der Revolution den trägen „Zug" der Geschichte in die „lichte Zukunft" des Kommunismus schleppen sollen.

55

Was Kljutschewskij mit wenigen unangestrengten Sätzen klarstellt: dass der russische Weg ein *Sonderweg* und als solcher stets ein *Umweg* sei, der letztlich in sich verschlauft bleibe und immer wieder auf sich selbst zurückführe, das ist in der russischen Historiographie, Geschichtsphilosophie und Publizistik des 19. Jahrhunderts ein kontrovers dikutierter Gemeinplatz, der namentlich bei den sogenannten Slawophilen und bei deren Adepten (Populisten, „Bodenständige" u. a. m.) seine Fürsprecher gefunden hat.[198] Linearität und Progressivität, Eingleisigkeit und Dialektik sind einem solchen Geschichtsverständnis durchweg fremd.

Der dezidierten Geraden, dem kürzesten Weg, den utilitären Prioritäten wird hier ein unberechenbarer, vom Fatum bestimmter Exkurs vorgezogen, der sich gleichsam naturhaft auswächst und immer erst retrospektiv als Weg erkennbar wird. Überhaupt wird der Geschichtsprozess in diesem Verständnis nicht eigentlich als ein abzuschreitender Weg oder ein zu befahrendes Gleis imaginiert, sondern eher als ein Feld, das kreuz und quer durchstreift werden muss und auch tatsächlich nur so zu erschließen ist.

Die organismische Geschichtsbetrachtung hat in Nikolaj Danilewskijs epochalem Werk über *„Russland und Europa"* (1871), das von einem Zeitgenossen als „Katechismus oder Kodex des Slawophilentums" bezeichnet wurde, um 1870 ihre ultimative Synthese gefunden.[199] Ultimativ nicht zuletzt deshalb, weil der Autor kein professioneller Historiker, sondern ein Natur- und Sozialwissenschaftler war, der das biologische Curriculum zwischen Geburt und Tod – Wachstums-, Blüte-, Verfallszeit – auf das „Leben" verschiedener Kulturtypen übertrug; bemerkenswert aber auch deshalb, weil Danilewskij mit seinem rational begründeten Geschichtsmodell (biologischer, geographischer Determinismus) die naturhafte Arationalität geschichtlicher Prozesse demonstrieren wollte, die sich wie das natürliche Leben nach dem immer gleichen Verlaufsschema vollziehen und gleichwohl weder gesteuert noch berechnet oder prognostiziert werden können. Ausdrücklich hat Danilewskij im Übrigen das Konzept des historischen und sozialen Fortschritts durch dasjenige des Wachstums ersetzt, das nicht bloß *eine* Entwicklungslinie kenne, sondern „in alle Richtungen" sich entfalte.

Als kritischer Rezipient von Danilewskijs Geschichtslehre hat Konstantin Leontjew in seiner Abhandlung über *„Byzantinismus und Slawentum"* (1875) die Vorstellung eines „organischen" Geschichtsverlaufs übernommen, aber auch vertieft und weiter entwickelt.[200] Statt von Fortschritt oder Prozess spricht Leontjew von Entwicklung, Entfaltung, Verbreitung, und wie Danilewskij gelangt er über sein biologistisches Geschichtsverständnis zu einem endzeitorientierten Fatalismus, der stets vom Einfachen zum Komplexen und durch die hohe Zeit der Blüte unweigerlich zum Verfall führt. Dieser Verlauf kann keine Gerade sein, er zeigt sich als eine zunächst aufsteigende, einem Gipfelpunkt zustrebende, dann wieder abfallende, schließlich sich verlierende Kurve und bildet also im Vergleich mit der linearen Direktverbindung von hier nach dort, von unten nach oben einen *Umweg*, eine – rational betrachtet – unnötige Abschweifung.

„Jede Nation, jede Gesellschaft hat ihre eigene Staatsform", schreibt Leontjew: „ Diese ist in ihrer Grundfeste unwandelbar bis zum geschichtlichen Grab, verändert sich jedoch, bald schneller, bald langsamer, im Einzelnen, und dies vom Anfang bis zum Ende. – Sie bildet sich nicht jäh und nicht bewusst von Beginn an heraus; sie ist sogleich verständlich; sie wird klar und gut erkennbar erst in jener mittleren Epoche größter Komplexität und höchster Einheit, worauf jeweils, früher oder später, die häufige Verderbnis dieser Form folgt und danach deren Verfall und Tod."[201] Das „Leben" von Volk und Staat – die Geschichte – wird auch hier begriffen als „organische" Entsprechung (oder Verlängerung) zur Biosphäre.

Bei Iwan Aksakow, einem slawophilen Zeitgenossen Leontjews, finden sich, fast wie in einem Lehrbuch, die passenden Stichworte dazu: Russland, so heißt es da unter anderem, sei „als Organismus eine gewaltige Festung", ein „lebendiger ganzheitlicher Leib", der russische Staat habe einen „freien natürlichen Bund mit der Erde" geschlossen und sei verankert in den „lebendigen Ursprüngen des Volksorganismus".

Peter dem Großen und mit ihm allen russischen Sympathisanten Westeuropas wirft Aksakow „Verachtung des Volks, des Volkstums, des Lebens [sic] und der Anrechte des lebendigen geschichtlichen Organismus" vor.[202] Geschichte erweist sich damit eher als ein naturhaftes denn ein geistiges Phänomen, sie ist eine „lebendige", ständig werdende und gleichzeitig vergehende Wirklichkeit, der auch der umsichtigste und kraftvollste Verstand nicht gewachsen ist. Das gilt ebenso für Russland insgesamt, das nicht begriffen, nicht ausgemessen werden könne, wie es in einem vielzitierten Gedicht von Fjodor Tjuttschew heißt – an das man, eben deshalb, *glauben* müsse.[203]

So unterschiedliche Autoren wie Odojewskij und Batjuschkow, Gogol und Pogodin, Dostojewskij und Strachow, Chomjakow und Tjuttschew (und manche andere dazu – bis hin zu Aleksandr Solshenizyn) teilen diese arationale, ja paradoxe Geschichtsauffassung, bei der sich Determinismus und Utopismus zu einem hoffnungsvollen Schicksalsglauben zusammenfinden. Das hegelianische Vertrauen in die Vernünftigkeit jeglichen historischen Geschehens haben auch jene russischen Geschichtsdenker nicht teilen können, die ansonsten – wie etwa Aleksandr Gerzen – zu Hegels eifrigsten Adepten gehörten.

Der Prämisse eines geschichtlichen Logos, einer gesetzmäßigen geschichtlichen Evolution, eines mithin vorgezeichneten geschichtlichen Wegs halten russische Historiker und Historiosophen gewöhnlich den alogischen Charakter der Geschichtsentwicklung entgegen, in der sie übereinstimmend den Triumph des produktiven Zufalls oder auch die tragische Eigengesetzlichkeit einer nicht einsehbaren Improvisation erkennen. Nicht vernünftige Evolution nach dem Prinzip 2 x 2 = 4 scheint die Geschichte zu bestimmen, sondern eine alogische „Revolution" (wörtlich verstanden als *Umlauf*, als in sich geschlossene, stets wiederkehrende Bewegung), die im Sinn von 2 x 2 = 5 als tragikomische Absurdität erfahren, aber auch als ganz normale Lebensbewegung akzeptiert wird, die es „realistisch" einzuschätzen gelte.[204]

56

Die Annahme solch einer „revolutionären", mithin rekurrenten, zyklischen oder spiraligen Geschichtsentwicklung hat manche russischen Historiker und Geschichtsphilosophen dazu geführt (oder verführt), die Geschichte nach *Analogien* abzusuchen und sie als eine Abfolge von immer wieder „gleichen" oder „ähnlichen" Revolutionsphasen darzustellen, wenn nicht gar zu erklären. Beispielhaft dafür sind, unter vielen anderen Werken, Nikolaj Berdjajews Reflexionen über den *„Sinn der Geschichte"*, Aleksandr Solshenizyns historische Romane oder, neuerdings, die groß angelegten kritischen Analysen der „geschichtlichen Erfahrung" Russlands von A. S. Achijeser.[205]

Gewiss am bündigsten hat Maksimilian Woloschin diese fatalistische Geschichtsauffassung mit dichterischen Mitteln veranschaulicht. Angesichts der bolschewistischen Machtergreifung und der Durchsetzung einer neuen Staatsideologie bezeichnet Woloschin Peter den Großen kurzerhand als den „ersten Bolschewiken" und vergleicht damit die gewalthaften Petrinischen Reformen mit der Oktoberrevolution. Die Eigengesetzlichkeit des Geschichtsverlaufs steht für ihn zweifelsfrei fest – der „Geist" der Geschichte ist ein höherer denn der des Menschen: „Es gibt den Geist der Geschichte – den gesichts- und gehörlosen, | Der ungeachtet unseres Wollens wirkt, | Der schon die Axt und das Denken Peters lenkte; | Der das bäuerliche Russland zum Überholen [des Westens] zwingt | Schon seit dreihundert Jahren, | Von den Gestaden der Ostsee bis nach Alaska. | Und eben dieser Geist führt nun die Bolschewiken | Wiederum auf den gleichen, dem Volk vertrauten Wegen. | Die Zukunft ist der ewige Traum der Wurzeln […]." Und indem er die Weite Russlands mit dem Geist seiner Geschichte zusammendenkt, findet er zur folgenden poetischen Formel: „Alles, was gewesen ist, wird sich erneut wiederholen, | Und erneut wird die Weite [des Landes] sich verdüstern […]."[206]

In der Außenansicht beziehungsweise in der Fremdbetrachtung stellt sich die russische Geschichte – wie auch Russland selbst – noch immer als etwas Besonderes, schwer Fassbares, den Standards und Methoden westeuropäischer Historiographie sich Entziehendes dar. Der Sonderweg, den die Apologeten eines „urtümlichen" oder „authentischen" Russland – wie es geworden ist und wohin es sich entwickeln soll – beanspruchen, scheint einer Bewegung, einer Bestimmung zu folgen, die westlichen Einschätzungen und Erwartungen oft zuwider läuft und deshalb auch auf dieser Seite als unberechenbar gilt. Die Tatsache, dass die euroamerikanische Sowjetologie und Kremlinologie den Zusammenbruch der UdSSR, mithin ein Ereignis von geopolitischen Dimensionen und welthistorischer Bedeutung, weder kurz- noch mittelfristig für möglich hielt und also auch nicht zu prognostizieren vermochte, unterstreicht diese Besonderheit.

Aus russischer Sicht und in russischem Selbstverständnis steht Russland als ein ganzheitlicher *Kulturraum* einer Vielzahl von national ausgeprägten europäischen *Zivilisationen* gegenüber, welch letztere – wie etwa Henry Thomas Buckle es für England gezeigt hat oder François Guizot für Frankreich – rational beschrieben und beurteilt werden können, während die russische Kultur sich solchem Zugang verschließt und nur immanent, aus sich selbst und von innen, verstanden werden kann. Hier manifestiert sich der fundamentale, wenn nicht fundamentalistische Mythos der russischen (geschichtlichen wie sozialen und kulturellen) Eigengesetzlichkeit, die weder durch die Petrinischen Reformen noch durch die Sowjetmacht hat gebrochen werden können und die eben nicht als Zivilisationsprozess – als messbarer Fortschritt – zu begreifen ist, sondern einzig als organische Entfaltung ureigener innerer Ressourcen (wie „Volk", „Glaube", „Herrschaft" u. a. m.), die gleichsam gegen den grundsätzlich „fremden", ja „feindlichen" Rest der Welt mobilisiert werden.

Fortschritt zielt hier also nicht über das Eigene hinaus zum Fremden, nicht über das Nationale zum Transnationalen (wie in Westeuropa), sondern vollzieht sich ausschließlich im Zusammenhang des Eigenen, Heimatlichen, das sich mit dem Anderen nicht gleichrangig verbinden, vielmehr das Andere in sich aufnehmen, es sich aneignen soll. Die russische „Allmenschlichkeit", wie sie von Dostojewskij mit imperialem Pathos postuliert wurde, hat mit „Brüderlichkeit" ebenso wenig zu tun wie die einstige sowjetische „Bruderhilfe" an die Volksdemokratien Mitteleuropas. Die Durchsetzung russischer „Allmenschlichkeit" bedeutet soviel wie die Russifizierung der Menschheit.

In irgendeiner „lichten Zukunft" soll der russische Sonderweg von der übrigen Welt als der einzig gangbare Heilsweg erkannt und akzeptiert werden. Doch vorerst besteht noch immer die Unvereinbarkeit zweier „Rechensysteme", von denen das eine die 4, das andere die 5 als das korrekte Resultat der Operation 2 x 2 ausgibt. Ein zeitgenössischer russischer Historiker stellt dazu fest: „Die Undurchdringlichkeit Russlands für den intellektuellen Diskurs des Westens erklärt sich für Viele ganz einfach: Russland ist kein organischer Bestandteil des Westens, wo dieser Diskurs sich herausgebildet hat. So wie es für Russland bisweilen schwierig ist, den Westen zu verstehen (ganz zu schweigen davon – der Westen zu sein), so ist es auch für den Westen schwierig, Russland zu verstehen, es sich vorzustellen in der Begrifflichkeit seiner eigenen wissenschaftlichen Rationalität."[207]

57

Die künstlerisch vollkommenste Ausgestaltung hat das russische historische Selbstverständnis in Lew Tolstojs großem Roman-Epos *„Krieg und Frieden"* gefunden. Hier werden das Zusammenspiel und die Wechselwirkungen zwischen organischem und geistigem Leben, Landschaft und Weltbild, Zufall und Notwendigkeit, Individuum und Volk, privatem und historischem Geschick bis in feinste Einzelheiten vergegenwärtigt, was bald auf der Ebene des hochkomplexen Plots geschieht, bald in Form von Kommentaren, die der Autor einigen seiner Protagonisten oder einem neutralen Erzähler in den Mund legt.

Das westliche und das russische Geschichtsverständnis werden von Tolstoj miteinander konfrontiert in Gestalt des kaltblütigen Strategen Napoleon und des nachdenklichen, vergesslichen, labilen, bisweilen fast idiotisch wirkenden Generalissimus Kutusow, die sich im Krieg als Oberbefehlshaber gegenüber stehen. An diesen beiden Hauptfiguren (die allerdings für die Romanhandlung nur marginale Bedeutung haben) exemplifiziert Tolstoj seine Überzeugung, wonach Geschichte weder geplant noch gemacht werden könne (was die Niederlage der französischen Armee und der Untergang des Kaisers belegen sollen), dass sie vielmehr – der verbreiteten russischen Auffassung entsprechend – ihren eigenen, oft unverständlichen Weg geht, unbeeinflusst vom Willen und Machtwort des Menschen.

Im Vergleich mit der Willenskraft und Geistesgröße Napoleons nimmt sich Michail Kutusows Kompetenz als Armeeführer bescheiden aus. Wenn dennoch Russland siegreich bleibt, so gerade deshalb, weil sein Oberbefehlshaber ein Meister der Unterlassung ist: Einerseits beherrscht er ganz selbstverständlich die Kunst des Abwartens, andererseits weiss er die jeweils gegebenen Umstände – Topographie, Wetter, Tageszeit usw. – optimal zu nutzen, ohne dafür besondere Dispositionen treffen und wertvolle Kräfte binden zu müssen. „Er wird nichts Eigenes hervorbringen. Er wird sich nichts ausdenken, wird nichts unternehmen", heißt es von Kutusow: „Doch er wird sich alles anhören, sich alles merken, alles an seinen Platz rücken, nichts Nützliches verhindern und nichts Schädliches zulassen. Er weiß, dass es etwas Stärkeres und Bedeutsameres gibt als seinen Willen – den unausweichlichen Gang der Dinge; und er kann sie erkennen, kann ihre Bedeutung verstehen, kann sich von diesen Dingen fernhalten, sich lossagen von seinem eigenen, auf Anderes gerichteten Willen."

Durch seine konsequente Nichteinmischung in die Eigenbewegung des Geschichtsprozesses stellt sich Kutusow gewissermaßen auf die Seite der Natur, vertraut eher auf die „Mutter-feuchte-Erde", den Gang der Gestirne und die Aura der russischen Volksseele als auf die Ratschläge seines Generalstabs: „Kutusows Verdienst bestand nicht in einem, wie man zu sagen pflegt, genialen strategischen Manöver, sondern einzig darin, dass er den Sinn des sich vollziehenden Geschehens begriff." Er handelt „ohne eigenen Antrieb" und „ohne Verstand", indem er dem Geschichtsprozess seinen natürlichen Lauf lässt. Den Krieg beobachtet er wie ein Naturschauspiel aufmerksam, ohne ihn in seinem „organischen" Selbstvollzug zu stören. Und ebenso wenig wie er vermag sein Gegner Napoleon, dessen umsichtige Planungsarbeit einen guten Teil seiner militärischen „Genialität" ausmacht, in den Gang der Dinge einzugreifen; seine Dispositive werden immer wieder durch Zufälle oder Fehlleistungen – und sei's auch bloß eine banale Schnupfenattacke während der Schlacht – zunichte gemacht, so dass auch er, nicht anders als der unbekümmert-joviale Kutusow, letztlich bloß ein „willenloses Werkzeug der geschichtlichen Vorgänge" war.

Ein Gleiches gilt, laut Tolstoj, für Peter den Großen, der von manchen Geschichtsschreibern als der Schöpfer und Wegweiser des modernen Russland gefeiert werde, der jedoch auch nur Handlanger unter dem Diktat eines höheren Willens gewesen sei. Die Geschichte folgt also keineswegs dem „Lineal" des Zaren, sie folgt auch nicht der Vernunftformel 2 x 2 = 4, sie ist eine für „den menschlichen Verstand unfassbare Bewegung von absoluter Kontinuität", eine „Summe unendlich kleiner Einzelteile", von denen jedes auf seine Weise am Weltprozess beteiligt ist, ohne dafür eingesetzt worden zu sein und meist auch ohne sich dessen überhaupt bewusst zu werden.

„Für ein historisches Ereignis gibt es keine Ursache und kann es keine geben außer der einzigen Ursache aller Ursachen", lässt Tolstoj seinen anonymen Erzähler und offenkundigen Gesinnungsgenossen dozieren: „Aber es gibt Gesetze, die die Ereignisse lenken. Zum Teil sind sie uns unbekannt, zum Teil können wir sie erfühlen. Die Erkenntnis dieser Gesetze ist aber erst dann möglich, wenn wir uns abgewöhnt haben, die Ursache geschichtlicher Ereignisse im Willen eines einzelnen Menschen zu suchen, ebenso wie das Erkennen der Planetenbewegungen erst dann möglich wurde, als sich die Menschen von der Vorstellung gelöst hatten, dass die Erde stillstehe."

Für Tolstoj steht überdies fest, dass nicht nur die „große" Geschichte solcher Eigengesetzlichkeit unterworfen ist, sondern auch die „kleine" Geschichte, die Lebensgeschichte jedes einzelnen Menschen – auch diese könne nicht geplant, kaum beeinflusst, nur gläubig akzeptiert und in Übereinstimmung mit dem unabänderlichen „Schicksal" allenfalls optimiert werden.

Im Roman ist es Pierre Besuchow, der dank seiner Begegnung mit einem analphabetischen Bauern am Rand des Kriegsgeschehens Einsicht in diese Zusammenhänge gewinnt. „Jedes seiner Worte und jede seiner Handlungen war die Kundgabe einer ihm unbekannten Heroik, und diese Kraft war sein Leben", glaubt Besuchow in Bezug auf den Bauern Platon – der Name ist wohl überdeutlich gewählt! – feststellen zu dürfen; und weiter: „Doch sein Leben, wie er es selber wahrnahm, hatte als einzelnes keinerlei Sinn. Sinn hatte es nur als Teil des Großen und Ganzen, das er stets um sich fühlte. Seine Worte und Handlungen brachen ebenso gleichmäßig, notwendig und unmittelbar aus ihm hervor, wie etwa der Duft einer Blume entströmt. Er vermochte weder den Wert noch die Bedeutung eines Einzelworts oder einer Einzelgeste zu begreifen."[208]

Durch die Analogiebildung zwischen „großer" und „kleiner" Geschichte, zwischen Historie und Lebenslauf macht Lew Tolstoj implizit klar, dass sich in beiden Fällen auch die Sinnfrage in gleicher Art und Weise stelle; der Sinn des Lebens ist vom Sinn der Geschichte nicht abzukoppeln, da beides, Universalgeschichte wie Einzelleben, dem selben undurchschaubaren Entwicklungsgesetz unterworfen und dadurch in eine gemeinsame Schicksalhaftigkeit eingebunden ist.

Als professioneller Historiker hat Michail Pogodin diesen Zusammenhang wie folgt auf den Punkt gebracht: „Jeder Mensch handelt für sich, nach seinem eigenen Plan, und was dabei herauskommt, ist eine allgemeine Handlung, ist die Verwirklichung eines anderen höheren Plans, und aus den rauhen, den feinen, den fauligen Fäden der Biographie ergibt sich das steinerne [sic] Gewebe der Geschichte."[209]

58

Vom Sinn des Lebens (*smysl žizni*) ist denn auch in der russischen philosophischen und religiösen Publizistik meistens im Zusammenhang mit der Frage nach dem Sinn der Geschichte die Rede, und der Weg der Geschichte wird als isomorph zum individuellen Lebensweg gedacht.[210] Namentlich Fjodor Dostojewskij hat diese Analogiebildung mit großem publizistischem Eifer vertreten, hat sie – über den Vergleich von Natur-, Landes- und Lebensgeschichte hinaus – auch auf das kreative Schaffen, das *Lebenswerk* des Menschen angewandt. So konnte er beispielsweise den Nationaldichter Aleksandr Puschkin quasi biologistisch als einen „heilen, ganzheitlichen Organismus" ausweisen, der restlos den Gesetzen der Natur unterworfen gewesen sei, sich selbst organisiert und entfaltet habe, von äußern Einflüssen lediglich angeregt und darauf sensibel reagierend, nicht jedoch von ihnen sich lenken lassend: „Die Außenwelt hat in ihm nur das aufgeweckt, was in der Tiefe seiner Seele bereits beschlossen war. Doch hat sich dieser Organismus entwickelt, und die Perioden dieser Entwicklung lassen sich benennen und bestimmen, eine jede hat ihren besonderen Charakter und zeigt das kontinuierliche Erwachsen einer Periode aus der anderen." Und ein Gleiches gilt wiederum für die Entstehung des Kunstwerks, von Kunst überhaupt.

Hauptsache sei, Dostojewskij unterstreicht es in einem Aufsatz von 1861, dass „das Schöpfertum – Hauptquell jeglicher Kunst – eine ganzheitliche, organische Eigenschaft der menschlichen Natur ist und schon deshalb ein Existenz- und Entwicklungsrecht hat, weil es dem menschlichen Geist unabdingbar zugehört". Jedoch, so heißt es weiter, „als etwas Ganzheitliches und Organisches entfaltet sich das Schöpfertum aus sich selbst, ist unabhängig und erfordert völlige Entwicklungsfreiheit; vor allem – es erfordert völlige Freiheit in seiner Entwicklung. Deswegen wäre jedwede ihm auferlegte Einengung und Unterordnung, jedwede Bestimmung von außen, jedwede ausschließliche Zielsetzung illegitim und unvernünftig."[211]

Wie ein lyrisch verdichtetes und didaktisch aufbereitetes Fazit des russischen organismischen Geschichtsdenkens nimmt sich ein spätes titelloses Gedicht von Konstantin Slutschewskij aus, in dem der Autor den Leser direkt anspricht, ihn gleichsam zu einem rhetorischen Experiment auffordert: Er möge sich an einen Baum wenden und versuchen, ihn vom Wachsen abzuhalten.

Interessant an diesem ungewöhnlichen Gedicht ist unter anderem die Tatsache, dass der Baum, Inbegriff und Symbol schlechthin für naturhaftes Wachstum, nicht mit naturfremden rationalen Geboten, sondern mit lauter Verboten konfrontiert wird, die ihn an seiner freien Entfaltung und seinen zyklisch wiederkehrenden Phasen des Aufblühens, Früchtetragens und Welkens hindern sollen: „Sagt zu einem Baum: hör auf zu wachsen, | Beleb dich nicht im Frühling mit jungem Laub, | Glitzere nicht mit den Diamanten des Taus an der Sonne | Und gib den Vögeln mit ihren lebendigen Liedern keinen Unterschlupf; || Du sollst nicht deine nährenden Wurzeln in die Erde senken, | Sie sollen sich in ihrer zarten Weiße nicht streiten mit dem ewigen Dunkel ... | Schau dir den Friedhof all der faulenden Strünke an, | Das dürre Fallholz mit den toten Blättern. || All dies ist einst wie du herangewachsen, | Wollte üppig sein und bunt und brachte reife Frucht, | Bot den Liedern der Vögel Raum, schaute nach den Blumen | Und war voller Glück und wartete auf Glück [sic]. || So stirb! Zu leben lohnt sich nicht! Denk daran und verblüh! | Der Baum jedoch, er wächst und erfüllt seine Bestimmung; | Warum sollten wir Menschen eine Grenze verletzen | Und unser Leben abbrechen, nur weil wir das Blühen nicht begehren?"[212]

Der Baum, als Welt-, als Lebensbaum gedacht, wird hier in reichlich vertrackter Rhetorik als *zeitliches* Modell für die irdische Existenz des Menschen präsentiert. Diese ist demzufolge, entsprechend den Vegetationsphasen und Jahreszeiten, an den Kreislauf der Natur angeschlossen, untersteht also einer Gesetzmäßigkeit, die durch individuelles Wollen nicht aufzuheben und kaum zu beeinflussen ist. Manche Autoren, Philosophen wie Dichter, haben diese Gesetzmäßigkeit als unerträgliches Fatum empfunden, haben sie, wie Fjodor Sologub, als Horrortraum zu bannen und von sich zu weisen versucht: „Ich hatte einen schrecklichen Taum, | Als wäre ich erneut | Zur Welt gekommen | Und hienieden aufgewachsen, || Und als wiederholte sich erneut | Der unnütze irdische Gang | Von der blauen Kindheit | Hin zum grauen Alter: || Ich weinte und ich lachte, | Ich spielte und war traurig, | Mein Bemühen war kraftlos, | Hilflos meine Suche ... || [...] || Und am Ende meines langen Wegs, | Begann ich zu sterben, – | Und vernehme das grausame Urteil: | ‚Steh auf und lebe erneut!'"[213]

Schicksalsergebenheit gilt mehr denn tätige Lebensgestaltung, und sich als „Schmied seines Glücks" zu fühlen oder die eigene Biographie als gradlinig aufsteigende Karriere zu planen, passt nicht zu dieser fatalistischen Grundeinstellung, wie sie in Iwan Gontscharows Romanfigur Oblomow (im Kontrast zum zielstrebigen und umtriebigen „Deutschen" Stolz) exemplarisch verkörpert und als typisch russisch ausgewiesen ist. Naturgemäß verbindet sich das zyklische Lebens- und Geschichtsverständnis mit der Vorstellung von der Wiederkehr des Gleichen – des Gleichen in jeweils modifizierter Form. Der Moment und die Erkenntnis dieser Wiederkehr ist immer auch ein Moment des Erinnerns, und das Erinnern an ein Gleiches in der Vergangenheit bildet die Basis für das Erleben der Gegenwart.

59

„Zurück ins Kinderzimmer!" Mit diesem eigentlich reaktionären Imperativ hat einst Jewgenij Trubezkoj, Geschichts- und Religionsphilosoph, die progressiven Zumutungen der Februarrevolution von 1917 zurückgewiesen. In dem persönlichen, ja bekenntnishaften Vorwort zu seinem Erinnerungsbuch *„Aus der Vergangenheit"* beschreibt Trubezkoj die damalige historische und geistige Situation Russlands im Zusammenhang mit seiner eigenen Lebenslage und reflektiert über den „Weg", der zurückgelegt und noch zurückzulegen ist.

Auffallend, vielleicht befremdlich, für das russische Existenz- und Geschichtsdenken aber charakteristisch ist die Tatsache, dass für den Blick in die Zukunft die Vergangenheitsperspektive gewählt wird – so wie, viel früher schon, Pjotr Tschaadajew die geschichtliche Unreife (die „Jugendlichkeit") Russlands als Garant für dessen Zukunft aufgefasst hat, erhofft Trubezkoj durch die Vergegenwärtigung des „Kinderzimmers" einen Zukunftsimpuls für sich und sein Land: „Ich habe bereits dreiundfünfzig Jahre meines Lebenswegs abgeschritten und weiß nicht, ob die ‚Reise' noch lange dauern wird, in jedem Fall aber – um vieles weniger lang als bisher. Doch in Augenblicken seelischer Erschöpfung drängt es mich bisweilen *qualvoll zurück ins Kinderzimmer*, wo es einstmals so hell, so gemütlich war und alles erfüllt von geliebten und liebenden Menschen.

So auch jetzt, in diesem Augenblick des 1. März 1917, da ich in Petrograd am Fenster eines Gasthofs sitze und bald das Gebell eines Geschützes höre über dem Dach, unter dem ich wohne, bald die ‚Hurra'-Schreie der revolutionären Menschenmasse, die auf der Straße erschallen.

Wir wissen nicht, wie lange die Reise Russlands noch dauern wird, *wann* wir ankommen und *wohin* wir fahren werden. Dieses Nichtwissen ist qualvoll. Was hat es denn mit der *Sehnsucht nach dem Kinderzimmer* auf sich, die ich verspüre? Ist es ein Anzeichen seelischer Schwäche? Nein. Das ist ein anderes, ein äußerst komplexes Gefühl." Der einem alten Fürstengeschlecht entstammende Jewgenij Trubezkoj fügt hinzu: „Ich weiss, dass vieles von dem, was ich erlebt habe, der verschwindenden, fast schon verschwundenen Welt des Adels angehört. Ich weiss auch, dass diese Welt abgelöst werden wird von einem anderen, neuen Russland. Doch gibt es auch Unvergängliches in jener Vergangenheit. Es gibt die unsterbliche Seele des Volks, die stets die gleiche ist, welche Gestalt auch immer sie annimmt."[214]

In einer lebensphilosophischen Reflexion, der Iwan Bunin in seinem großen autobiographischen Roman „*Leben Arsenjews*" ein eigenes Kapitel gewidmet hat, heißt es verallgemeinernd zum Gang des Lebens und damit auch zum Sinn des Lebens: „Was ist denn überhaupt mein Leben in dieser unbegreiflichen, ewigen und gigantischen Welt, die mich umgibt, in der Endlosigkeit von Vergangenem und Künftigem und zugleich auf irgendeinem [Landsitz wie] Baturino, in der Beschränktheit des mir bestimmten Raums und der mir bestimmten Zeit? Ich sah ein, dass das Leben (meins wie jedes) besteht aus dem Wechsel von Tagen und Nächten, Arbeit und Urlaub, Begegnungen und Gesprächen, von Vergnügungen und Unannehmlichkeiten, die man bisweilen Ereignisse nennt; es kommt zu planloser Anhäufung von Eindrücken, Bildern und Bildnissen, von denen nur der geringste Teil (ohne dass man weiss, wozu und wie) in uns erhalten bleibt; es gibt den unablässigen, keinen Moment uns verlassenden Strom unverbundener Gefühle und Gedanken, ungeordneter Erinnerungen an die Vergangenheit und dumpfer Mutmaßungen über die Zukunft [...]; eine Erwartung nicht nur von Glück und einer besondern Fülle davon, sondern von noch etwas, worin (falls es eintritt) das Wesentliche, der Sinn jäh zu Tage tritt. ‚Ihr reckt euch', heißt es in den Orakeln, ‚zu sehr in die Ferne ...' Und tatsächlich: insgeheim habe ich mich ganz in sie hinein gereckt. Wozu? Vielleicht eben um jenes Sinnes willen?"[215]

Der Sinn wird hier, anders als üblicherweise im europäischen Westen, in der Weite, in der Ferne gesucht, und nicht in der Höhe. Westliche Lebens- und Karriereplanung – *der progressive Weg nach oben mit stetigem Zuwachs an Besitz und Prestige* – ist dem russischen

Normalverbraucher weitgehend unbekannt, er folgt eher dem Zug in die unbekannte Weite, lässt sich eher vom Schicksal leiten, als dass er das Schicksal selbst in die Hand nähme. Er geht lieber das Risiko ein, dass sein Weg ihn in die Irre führt oder irgendwo, mehr zufällig als gewollt, an ein Ende gelangt, ohne dass er selbst sich ein Ziel gesetzt hätte und daran gescheitert wäre. Aber immer wird der Russe in Bezug auf seine Heimat sagen können, Russland sei dort, wo *er* sich jeweils befinde.

Alle russischen Wege scheinen gleichartig zu verlaufen – der Geschichtsweg wie der individuelle Lebensweg, das Netz der Verkehrswege wie dasjenige der philosophischen und künstlerischen Ideen.[216] Das hat nicht zuletzt damit zu tun, dass russisches Denken vorab als Lebensphilosophie, wenn nicht als Lebenshilfe praktiziert wird, dass ihr der Wirklichkeitsbezug (der auch das Göttliche in sich aufzunehmen vermag) wichtiger ist als die Dimension des Metaphysischen, dass ihr zentrales Interesse tatsächlich der Geschichte, der menschlichen Gemeinschaft und dem Sinn des Lebens gehört, und zwar vorzugsweise *sub specie finis historiae*.[217]

Die meisten Historiker der russischen Philosophie setzen die „Wege des Denkens" zu den „Wegen Russlands" in Analogie und rechtfertigen damit – gegenüber begrifflicher Definition und Argumentation – jenes metaphorische Sprechen über Russland und das Russentum, das für die meisten „autochthonen" (*samobytnye*) Autoren klaren Vorrang hat, das aber in anderen Kulturkreisen oft mit Befremden aufgenommen wird. Eben dies mag mit ein Grund dafür sein, dass die russische Philosophie niemals adäquate internationale Resonanz gefunden hat.

60

Der Schriftsteller und Naturphilosoph Michail Prischwin hat einst sein Leben und Schaffen als einen vegetativen Vorgang beschrieben und diesen Vorgang auch in ein Analogieverhältnis gebracht zum Leben des russischen Volks und zur Geschichte Russlands; er schreibt: „Ich wachse aus der Erde wie Kraut, ich blühe wie Kraut, man mäht mich hin, Pferde fressen mich, und ich ergrüne von neuem mit dem Frühling und blühe zum Peterstag. – Daran ist nichts zu ändern, und wirklich zerstört sein werde ich erst, wenn das russische Volk untergeht, doch es geht nicht unter, und womöglich nimmt es überhaupt erst seinen Anfang."[218]

Dieses weit verbreitete kollektive Selbstverständnis, das gleichermaßen auf kosmische und organische Zyklizität Bezug nimmt, jeden linear gedachten Fortschritt also zu Gunsten kreisläufiger Prozesse ausschließt, hat sich in der russischen Kultur über viele Jahrhunderte hin mit einer ganz besonderen Wegvorstellung verbunden – der Vorstellung vom *Weg des Korns*. Es handelt sich dabei um eine schon aus altägyptischen Riten und Texten, aus der Bibel und aus der antiken Dichtung bekannte Metaphernbildung für den ewigen Kreislauf der Natur, die in Russland intensiv rezipiert, produktiv fortentwickelt und spezifisch ausgeprägt wurde.

Bei Michail Lermontow (und nicht nur bei ihm) findet der Weg des Korns eine kosmologische Deutung, die Raum und Zeit in einem Punkt, einem einzigen Moment zusammenschließt und diesen als kontrahierte Ewigkeit begreift: „Es gibt ein Gefühl für die Wahrheit im Menschen, | Ein heiliges Korn der Ewigkeit: | Den grenzenlosen Raum, den Fluss der Zeit | Umgreift es in einem kurzen Augenblick."[219]

Zu bedenken ist aber im russischen Kulturzusammenhang doch eher die Verlagerung der Kornmetapher aus dem kosmologischen und theologischen Kontext in die Alltags- und Arbeitswelt der Menschen. Der Weg des Samenkorns, das sprießen, reifen und absterben muss, um wieder erstehen zu können, wird des öfteren konkretisiert als ein *Weg des Leids*, der dem Korn auferlegt ist, damit es – durch die Qualen des Dreschens, Worfelns, Mahlens, Knetens, Backens – zum Brot wird.[220] Gewiss ist auch hier der leidende Heiland als christliche Assoziation präsent, vorrangig bleibt aber die *realistische* Vorstellung der *konkreten* Leiden des *Korns*, die der bis ins frühe 20. Jahrhundert vorwiegend bäuerlichen Bevölkerung Russlands naturgemäß bekannt waren und die man eher auf die eigene Unterdrückung (Leibeigenschaft, Zwangsarbeit, Körperstrafen usw.) bezog denn auf theologische Konstrukte. Tatsächlich hat sich im messianischen Geschichtsdenken der russischen „Volkstümler" und „Bodenständigen" das Leidenscharisma Christi auf das martyrisierte Bauerntum (und späterhin auf das nunmehr „auserwählte" Proletariat) als einen neuen kollektiven Heiland verlagert. Der Leidensweg des Korns gewinnt in der russischen Kultur eine besondere, *sprachlich* beglaubigte und von jedermann nachvollziehbare Insistenz dadurch, dass für die Bedeutungen „Leid", „Qual" (*múka*) einerseits und „Mehl" (*muká*, für „gemahlenes Korn") andererseits buchstäblich – wenngleich in unterschiedlicher Betonung – dasselbe Wort verfügbar ist.

Die Vorstellung von lebendigem, fruchtbarem und zukunftsträchtigem „Menschenkorn", das durch unsägliche Qualen zum Heil gelangt, lag mithin nahe und wurde denn auch in der einschlägigen Publizistik und Belletristik immer wieder als Metapher für die bäuerliche Emanzipation beziehungsweise die proletarische Revolution genutzt. Noch in der frühen Sowjetlyrik ist der „Gesang der Ähren" auszumachen und gibt es zahlreiche Reverenzen an den „Sämann", den „Pflüger", den „Bruder-Landwirt", die dem Korn den Weg bereiten. Auch bei der literarischen Aufarbeitung des postrevolutionären Bürgerkriegs wurde oftmals das „Leid des Korns" als Analogie zum Opfergang der Roten Garden herangezogen – Welimir Chlebnikow, in dessen Werk die Kornmetapher oftmals wiederkehrt, hatte den Krieg schon früher als „Strohdrescherei" (*solomorezka*) bezeichnet, die Kriegsopfer als „Menschenmassengarbe, hingemäht von der Feuersense", während „die Zeit wie von einem Mühlstein zermalmt wird | Zu Mehl für das Brot" usf.: „Die Strohdrescherei des Krieges | Nimmt durch ein eisernes Gitter | Immer mehr | Und noch mehr Ähren | Mit den Samenkorntränen (*s zernami slez*) Großrusslands in sich auf." Die Leidenszeit des Krieges findet ihr Äquivalent in der „Erntezeit", die russisch ohnehin als „Leidenszeit" (*strada*) bezeichnet wird.[221]

Dass andererseits und außerdem die in Russland weit verbreitete organische beziehungsweise zyklische Geschichtsauffassung mit ihrer Unterscheidung von Reifungs-, Blüte-, Frucht- und Verfallsphasen per Analogie mit dem Weg des Korns übereinstimmt, ist offenkundig.[222] Die Biologie liefert das Modell: „Der Botaniker erkennt im Samenkorn die Frucht, in der Frucht das Samenkorn. Weder dem einen noch dem anderen gibt er den Vorzug, sondern betrachtet liebend das gesamte Leben der Pflanze."[223] In der russischen Literatur – die Volksdichtung eingeschlossen – wird der Weg des Korns meist als ein qualvoller Weg von der Natur zur Kultur, vom Getreide zum Brot vorgeführt, ein unablässig zurückzulegender Weg, der schon deshalb jedem Russen irgendwie vertraut vorkommt, weil er seit jeher, wie erwähnt, für „Qual" und „Mehl" das gleiche Wort verwendet.

Korn und Leid (1) – *S. 288 oben links* Erntefeld und Schlachtfeld – ein frühsowjetisches Agitationsplakat (anonym, 1919), das die Analogie von Feldarbeit (Sense) und Kriegsdienst (Gewehr) vor Augen führt; zu sehen ist ein bewaffneter Bauer beim Mähen, dahinter (links) eine Gruppe junger Männer, denen der Gebrauch einer Kanone beigebracht wird; noch weiter im Hintergrund (rechts) eine marschierende Abteilung neu bewaffneter Bauern, die in den Bürgerkrieg ziehen. Man beachte, dass als Schuhwerk auch hier die auf dem Land üblichen Bindeschuhe aus Bast getragen werden. Der Text lautet: „Die allgemeine militärische Ausbildung ist Voraussetzung für den Sieg. Genosse! Du musst mit der Flinte ebenso umgehen können wie mit der Sense!"; *oben rechts* Fortleben des Volksglaubens in der sowjetkommunistischen Arbeitsmoral. Auf dem Agitations-Plakat (anonym, 1919) werden einander gegenüber gestellt Arbeitseinsatz (oben mit der Eisenbahn als Symbol für Mechanisierung und Fortschritt, dem Proletarier an der Werkbank und gefüllten Getreidesäcken) und Trägheit (unten mit einem Nichtstuer vor leerem Teller). Der Text lautet: „Wenn gearbeitet wird, gibt es Mehl, wenn man dasitzt mit verschränkten Armen, gibt es nicht Mehl (*muká*), sondern Qual (*múka*)." Der Slogan gewinnt seine Prägnanz aus dem subtilen, nur im Russischen praktikablen Wortspiel mit der buchstäblichen Identität von Korn (Mehl) und Leid; *unten* Schlachtfeld und Feldarbeit: „Wir haben in Kämpfen gesiegt – Wir siegen in der Feldarbeit!" (Wiktor Korezkij, Plakat 1947).

Auch der slawophile Publizist Iwan Aksakow hat in zahlreichen Grundsatzerklärungen das russische Volkstum als die „organische Kraft" und als inneren Kern des russischen Staats bezeichnet. Dieser innere Kern sollte nach seinem Dafürhalten tatsächlich als das *Korn* des Imperiums zu dessen „Lebens- und Kraftquelle" werden: Das russische Volk wird kollektiv mit jenem Korn gleichgesetzt, das den Staat mit lebendiger Substanz erfüllt, wobei Aksakow die Leiden des Korns beziehungsweise des Volks implizit dadurch rechtfertigt, dass sie eben notwendig seien für die ständige Erneuerung und das Fortleben des Imperiums. Und mit kritischem Rückblick auf die von Peter dem Großen – wider das organische Wachstum – geschaffene „abstrakte, mechanische Einheit des Staats" fügt der Autor hinzu, dass „einzig die Unterfütterung mit der inneren organischen Kraft [des Volkstums] dem petrinischen Staatsmechanismus eine kraftvolle Bewegung verliehen hat und noch verleiht".[224]

Was hier etwas umständlich auseinandergesetzt und ideologisch verbrämt wird, lässt sich auch einfacher darstellen. Die Alltagswelt und das Alltagsverhalten eines „bodenständigen" russischen Bauern und damit eines Vertreters des staatstragenden „Volks-Korns" – Ossip Mandelstam hat dafür den Ausdruck „Menschenweizen" (*pšenica čelovečeskaja*) geprägt – bieten ein konkretes Bild dessen, was Aksakow am Schreibtisch als „lebendige" Symbiose von Staat und Volkstum imaginiert hat. „So gibt es denn beim Landwirt keinen Schritt, kein Verhalten, keinen Gedanken, welche nicht der Erde gelten würden. [...] Es ist ihm so vollkommen unmöglich, sich dem Joch ihrer Macht irgendwie zu entziehen, dass wenn man ihn fragt: ‚Was willst du, Gefängnis oder Rutenstrafe?' er immer vorzieht, ausgepeitscht zu werden, es also vorzieht, physische Qual zu erdulden, um nur gleich wieder frei zu sein, weil seine Herrin, die Erde, nicht warten kann: es muss gemäht werden – das Heu braucht es fürs Vieh, und das Vieh braucht es für die Erde. Und in dieser ständigen Abhängigkeit, bei diesem massenhaften Druck, unter dem der Mensch von sich aus sich nicht rühren kann, da liegt denn auch die ungewöhnliche *Leichtigkeit* des Daseins, derzufolge der Bauer S. sagen konnte: ‚Mich *liebt* die Mutterfeuchte-Erde'."

61

Von der Mutter Erde „geliebt" zu werden, heißt ihr unterworfen, ihr hörig zu sein. Der russische Bauer, ob leibeigen oder nicht, wird jedenfalls immer der Leibeigene der Erde sein, die ihn in die Pflicht nimmt und ihn gleichzeitig von jeglicher anderen Verantwortung befreit: „Ohne für irgend etwas *verantwortlich* zu sein, ohne irgend einen eigenen *Gedanken* zu fassen, lebt der Mensch im *Gehorchen* dahin, und dieser minütliche, sekündliche Gehorsam, umgesetzt in minütliche Arbeit, bildet denn auch sein *Leben*, das offensichtlich keinerlei Resultat erbringt (was erarbeitet wird, wird auch gegessen), das aber eben in sich selbst sein Resultat hat."[225]

Man erinnere sich, dass selbst Friedrich Engels zur Erklärung seiner Geschichtsauffassung die Kornmetapher heranzieht. Denn mit dem linear-progressiven Fortschrittsmodell des historischen Materialismus ist eine zyklische Epochenfolge nicht kompatibel, ganz abgesehen davon, dass sie revolutionäre Umbrüche nicht zulässt. Engels, der wie Marx stets auf die Revolutionen als „Lokomotiven" der Geschichte gesetzt hat, gelingt es, den Weg des Korns so zu begradigen, dass er dennoch zur Revolution führt.

Am Beispiel des Gerstenkorns exemplifiziert Engels seine Theorie von der „Negation der Negation"; er schreibt in seinem *„Anti-Dühring"*: „Billionen solcher Gerstenkörner werden vermahlen, verkocht und verbraut und dann verzehrt. Aber findet solch ein Gerstenkorn die für es normalen Bedingungen vor, fällt es auf günstigen Boden, so geht unter dem Einfluss der Wärme und der Feuchtigkeit eine eigene Veränderung mit ihm vor, es keimt: das Korn vergeht als solches, wird negiert, an seine Stelle tritt die aus ihm entstandene Pflanze, die Negation des Korn."[226] Und aus dieser Negation der Negation folgt die Affirmation: wieder Korn, in gleicher Art, aber in größerer Anzahl.

Das kann Engels nicht genügen. Die Wiederkehr des Gleichen in größerer Quantität muss zugleich einen Qualitätssprung mit sich bringen. Die Gerste – wie andere Getreidearten auch – hat sich über die Jahrhunderte nur unwesentlich und „äußerst langsam verändert". Es muss also von außen in den ewigen Kreislauf eingegriffen werden, die Natur braucht Nachhilfe von der Kultur. Da sich die Gerste solcher Nachhilfe weitgehend verschließt, muss Engels als zusätzliches Beispiel eine „bildsame Zierpflanze, z. B. eine Dahlie oder Orchidee" anführen, die sich leichter, effizienter, sichtbarer manipulieren und damit veredeln lässt.

Nicht das Tagwerk des Bauern, nur die in den Evolutionsprozess eingreifende „Kunst des Gärtners" kann bewirken, dass „nicht nur mehr Samen, sondern auch qualitativ verbesserter Samen" gewonnen wird, welcher der Pflanze zu rascher „Vervollkommung" verhilft. Evolutionäre Stagnation oder Rückläufigkeit sind somit ausgeschlossen, und permanenter Fortschritt („Vervollkommung") ist garantiert. Voraussetzung dafür ist genau das, was die organismische Geschichtsauffassung zurückweist – der „unnatürliche", „gewalthafte", ja „verbrecherische" Eingriff des Menschen in die eigengesetzliche Evolution von Natur und Geschichte. Dass Engels das Gerstenkorn zugunsten einer Zierpflanze aufgeben muss, um seine Evolutionstheorie (die eine *Revolutionstheorie* ist) zu illustrieren, passt freilich schlecht zu seinem kommunistischen Engagement und seinem antibürgerlichen Habitus.

62

Der Weg des Korns – metaphorisch begriffen – hat also mehrere Dimensionen. Als Leidensweg kann er auf die Passion und Auferstehung Christi bezogen werden, aber auch, vordergründiger, auf das menschliche Leben im irdischen Jammertal und speziell auf den bäuerlichen Jahreskalender, der die arbeitsintensive Erntezeit tatsächlich als eine Zeit des Leids (*strada* oder *stradnaja pora*) ausweist.

Die Dominanz der Erde im russischen religiösen Bewusstsein, ihre Verbindung mit einem mythischen Mutterbild, in dem Schoß und Grab, Eros und Thanatos, Natur und Heimat synthetisiert sind, hat bis heute in manchen Kultur- und Alltagsbereichen deutliche Spuren hinterlassen und ist – über die Sowjetzeit hinaus – namentlich in der Sprache wirksam geblieben, so zum Beispiel in den Begriffen „Mutter Heimat" (*rodina-mat*) und „Heimat Natur" (*prirodina*), die die heimatliche Erde semantisch mit „Geschlecht", „Geburt", „Sippe" verbinden, oder in zahlreichen Flüchen, die zum „Mutterfick" (*eb tvoju mat*) aufrufen, womit ursprünglich nicht die (eigene) Mutter gemeint war, sondern die Mutter Erde, die von manchen Bauern, wie bereits erwähnt, in seltsamen Ritualen tatsächlich begattet wurde – ein archaischer Brauch, der selbst die Große Sozialistische Oktoberrevolution überdauert hat (Abb. S. 61, 63).[227]

Dieser Brauch bildete die konkrete Grundlage für diverse historiosophische Spekulationen, die Russland bald mit dem Ewig-Weiblichen (oder auch dem Ewig-Weibischen) identifizieren, bald mit der göttlichen Jungfrau, die aus dem Westen ihren Bräutigam, aus dem Osten ihren Vergewaltiger erwartet. So kann auch die „Gottes-Mutter" (*bogomater'*) als „Gottes-Materie" (*bogomaterija*) in der Erde ihre stoffliche Entsprechung finden. Nikolaj Kljujew, bekannt für seine philosophische Naturlyrik, hat sich selbst in einem Gedicht mit dem Samenkorn identifiziert, das sich „in die Furchen | Der gierigen bräutlichen Erde" legt – eine kühne Wendung des Kornmotivs, das hier ausnahmsweise nicht mit existentieller Qual, sondern mit sexuellem Begehren in Beziehung gebracht wird.[228]

In der russischen Dicht- und Bildkunst ist der Leidensweg des Korns schon früh mit der Erfahrung des Kriegs assoziiert worden, mit einem Phänomen also auch, das – wie die Revolution – weithin als Triebkraft der Geschichtsentwicklung gilt. Im Krieg wird der „Menschenweizen", das „Korn" in seiner kollektiven Bedeutung, all den Qualen ausgesetzt, die der Transformationsprozess vom Getreide (*chlebá*) zum Brot (*chleb*) notwendigerweise mit sich bringt. Die erschlagenen oder zersäbelten Toten häufen sich auf dem Schlachtfeld wie das niedergemähte Korn, das zu Garben gebündelt und nacheinander zum Dreschplatz, zur Mühle, zur Backstube gebracht wird, um schließlich in Form von Brot verfügbar zu sein.

Die paradoxale Verknüpfung der Qualen des Korns mit den Wohltaten des Brots ist nicht zuletzt in die volkstümliche russische Rätseldichtung eingegangen. Es gibt in der Tat eine verhältnismäßig große Gruppe von Rätseln, deren Lösung auf „Brot" lautet. Alle diese Rätsel evozieren beim Ratenden die Vorstellung eines Martyriums, und manche von ihnen legen die zwar plausible, aber doch falsche Auflösung „Märtyrer" oder „Christus" nahe: „Mich schlägt, zerstückelt, | wälzt und schneidet man, | und ich erdulde alles – | vergelte es allen durch Gutes." In anderen Fällen ist die richtige Auflösung des Rätsels vom Korn und Brot leichter zu finden: „Mit Stöcken schlägt man mich [*dreschen*], | unter Steinen quetscht man mich [*mahlen*], | im Feuer bäckt man mich [*Teig*], | mit dem Messer schneidet man mich [*Brot*], | doch alle lieben mich."[229]

63

Das Motiv des vielfach leidenden Korns beziehungsweise Volks kommt bereits im altrussischen „*Igor-Lied*", einer Heldendichtung des ausgehenden 12. Jahrhunderts, prominent zur Geltung. Der anonyme Verfasser dieses großen Klagelieds, das keine positiven Helden kennt, schildert den unbedachten, in Niederlage und Gefangenschaft endenden Feldzug der Fürsten Igor und Wsewolod gegen das Steppenvolk der Polowzen. Die Begegnung der feindlichen Heere wird wie folgt beschrieben: „Von der Morgenfrüh zum Abend, vom Abend zum Licht fliegen die glühenden Pfeile, dröhnen die Säbel auf den Helmen, krachen die geschärften Speere im fremden Feld, mitten im Land der Polowzen. Die schwarze Erde unter den Hufen war mit Knochen besät, mit Blut getränkt: Leid kam über das russische Land."

Die motivische Parallele zwischen Tenne (Dreschvorgang) und Schlachtfeld (Kampfhandlung) deutet der Sänger an jener Stelle erstmals an, wo er den Großfürsten von Kijew, Swjatolaw (der 1183 gegen die polowzischen „Heiden" siegreich geblieben war), in Erinnerung bringt; die Beschwörung des furchtbaren Kriegsgeschehens klingt wie ein Echo auf die Bibelstelle *Isaja* 41,15: „Swjatoslaw, der dräuende Großfürst von Kijew, schlug zu wie ein Unwetter mit seinen mächtigen Heeren und geschärften Schwertern, drang vor auf die polowzische Erde, stampfte Hügel und Schluchten ein, rührte Flüsse und Seen auf, trocknete Ströme und Sümpfe aus […]."

Bei der nachfolgenden Vergegenwärtigung von Wseslaws grausamem Blutbad an der Nemiga kommt das Motiv vom leidenden Korn voll zur Entfaltung: „An der Nemiga streuen sie Köpfe wie Garben, sie dreschen mit stählernen Flegeln, auf der Tenne legen sie das Leben aus, wehen die Seele aus dem Leib. An der Nemiga waren die Ufer nicht übersät mit Gutem [d.h. Korn]: übersät waren sie mit den Knochen der russischen Söhne."[230] Die Parallelisierung von Korn und Knochen, lebendigem und totem „Menschenweizen" evoziert auf eindrückliche Weise den in sich verschlauften Weg des Korns, zu dem Blüte und Frucht ebenso gehören wie das Absterben und – die Auferstehung.

Dem entsprechend konnte Wjatscheslaw Iwanow, *poeta doctus* und Gelehrter, die russische „Mutter-feuchte-Erde" sinnreich als ein gigantisches „Wiegengrab" (*kolybel'nye mogily*) imaginieren.[231] Diese Vorstellung ist während Jahrhunderten nie verloren gegangen, gewann aber neue Aktualität in der Schreckenszeit des frühsowjetischen Bürgerkriegs und der damaligen Hungersnöte.

In jener Zeit entstand auch Ossip Mandelstams Mikroessay „*Menschenweizen*", in dem die Rede ist davon, dass „dieser Menschenweizen danach dürstet, zermahlen zu werden, in Mehl verwandelt, zu Brot gebacken" – alle Stationen des „Leidenswegs" sind hier verzeichnet, und der Bezug auf die christliche Kornsymbolik sowie auf das „*Igor-Lied*" liegt auf der Hand, wobei freilich klar bleibt, dass das Hauptinteresse des Autors dem „Brot" gilt, das als kulturelle Errungenschaft der Natur gleichsam abgerungen wird und das auch immer wieder neue Formen annimmt. Die Transformation des Korns in ein kulturelles Faktum hat Mandelstam an anderer Stelle als Beispiel dafür herangezogen, dass die russische Kultur aus griechischem Grund erwachsen sei: „Das Samenkorn des Todes ist, nachdem es auf den Boden von Hellas gefallen war, wundersam erblüht: unsere ganze Kultur ist aus diesem Samenkorn hervorgegangen, wir führen unsere Jahresrechnung seit dem Moment, da die hellenische Erde es empfangen hat."[232]

Korn und Leid (3) – *oben* Erntefeld, Schlachtfeld (*Die Mäher*, Gemälde von Grigorij Mjassojedow, 1887); *Mitte* Wiktor Wasnezow, *Nach der Schlacht Igors gegen die Kumanen* (Illustration zum „*Igor-Lied*", 1880); *unten* Dreschplatz auf freiem Feld – *Beim Dreschen* (Aquarell von Nikolaj Karasin, 1902).

64

Dem Weg des Korns hat nach der Revolution auch Wladislaw Chodassewitsch mehrere Gedichte gewidmet, von denen eines, *„Auf dem Weg des Korns"*, dem gleichnamigen Band von 1920 den Titel gab. Dieses eine, im Revolutionsjahr 1917 verfasste Gedicht hat programmatischen Charakter. Es bietet entgegen dem revolutionären Fortschrittsfanatismus und dessen linearer Geschichtsauffassung die archaische Symbolik des langsam wachsenden, aufblühenden, absterbenden und erneut keimenden Korns auf; fern der damals üblichen experimentellen Wortkunst und sie bewusst konterkarierend stimmt Chodassewitsch sein Gedicht auf einen hohen gravitätischen Ton und scheut sich auch keineswegs, obsolet gewordene Begriffe wie „Seele" oder „Weisheit" in die dichterische Rede zu integrieren: „Es schreitet der Sämann durch die ebenen Fluren. | Sein Vater wie sein Großvater hat die gleichen Wege abgeschritten. || Es blitzt in seiner Hand wie Gold ein Samenkorn, | Doch es muss fallen in die schwarze Erde. || Und dort, wo der blinde Wurm sich seinen Weg bahnt, | Wird es in vertrauter Zeit sterben und neu keimen. || So nimmt auch die Seele mein den Weg des Korns: | Sie steigt hinab ins Dunkel, stirbt – um wieder aufzuleben. || Und du, mein Land, und du, mein Volk, | Wirst sterben und von neuem leben, indem du dieses Jahr durchmisst, – || Denn eine und nur eine Weisheit ist uns gegeben: | Alles Lebendige hat den Weg des Korns zu gehen."[233]

Man sieht, wie der Dichter, ausgehend von der konkreten, seit Generationen gepflegten Landarbeit, den Zyklus der Vegetation vorführt, um sodann eine Analogie zu seinem eigenen Leben herzustellen, zur Geschichte Russlands und des Russentums und schließlich überhaupt zu „allem Lebendigen". Programmatisch ist das Gedicht nicht nur im Gegenzug zum bolschewistischen Fortschrittsdenken, es ist auch programmatisch, nun in positivem Verständnis, als Apologie der traditionellen russischen Geschichtsauffassung, für die das Naturhafte, Organische, Zyklische vorab bestimmend ist. Dazu sei angemerkt, dass Chodassewitsch im Schlussgedicht zu dem genannten Band (*„Brote"*, 1918) den Weg des Korns über den biologischen Zyklus hinaus in die kulturelle Sphäre verlängert, beginnend mit dem gemahlenen Korn (Mehl), fortfahrend mit dem angerührten und gewalkten Teig, endend sodann mit dem Backofen, der das künftige Brot aufnimmt.

Ein weiteres Textbeispiel aus der Bürgerkriegszeit um 1920 soll hier noch angeführt werden, weil es zeigt, in welcher Weise die überlieferte Kornmetaphorik in der Poesie der klassischen Moderne entfaltet wurde. Dass es zu solcher Entfaltung und Anreicherung überhaupt kam, ist nicht selbstverständlich, da der Weg des Korns nur mit einer konservativen Grundhaltung zusammenzudenken ist und nichts zu schaffen hat mit der damals verbreiteten revolutionärer Gesinnung.

Die Rede ist von Sergej Jessenins *„Lied vom Brot"*, das in acht Strophen zu je vier Versen gleichsam einen Kommentar sowie ein paar Exkurse zum Weg des Korns gibt. Jessenin, Kenner der bäuerlichen Alltagswelt, beginnt mit dem Fazit, indem er gleich eingangs zu verstehen gibt: „Das ist sie, die finstere Grausamkeit, | Worin der ganze Sinn menschlichen Leidens liegt!" Und es folgt ein erstes ungewöhnliches Bild: „Die Sichel kappt die schweren Ähren, | Wie man Schwänen den Hals abschneidet." Der Vergleich „Ähren"/"Schwäne" erweitert die althergebrachte Analogie zwischen Ernte und Passion, Pflanzenmord und Massenmord am Menschen auf das Tierreich: Tiere werden wie das reife Getreide auf dem Feld von denen hingemäht, die sich an ihnen gütlich tun und dank ihnen „weiterleben".

Der Symbolkreis vom Leiden des Korns beginnt in Russland mit dem Namenstag des Tennenheiligen (Ogumennik) zwischen Hochsommer und Frühherbst. „Unserem Feld ist seit alters bekannt | Das morgendliche Zittern des August. | Das Stroh ist zu Garben gebündelt, | Jede Garbe liegt wie eine gelbe Leiche. || Auf Wagen wie auf Katafalken | Fährt man sie in die Getreidedarre – in die Gruft. | [...] | Und dann bettet man sie sorgsam, ohne Bosheit | Kopf an Kopf auf die Erde | Und mit Dreschflegeln prügelt man | Die kleinen Knochen aus den hageren Körpern. || Keinem kommt es in den Sinn, | Dass auch Stroh etwas Leibliches ist! ... | Der zahnbewehrten Menschenfressermühle | Schiebt man jene Knochen in den Schlund zum Mahlen. || Und aus dem Mahlkorn, hat man es zum Teig gesäuert, | Bäckt man haufenweise köstliche Speisen ..."

Dieser Abschnitt des Leidenswegs ist bekannt, Jessenin fügt jedoch seine ungewöhnliche Beobachtung hinzu, wonach im Brot die ganze „Grobheit der Schnitter" als ein Saft konzentriert sei, der jenen, die vom „Strohfleisch" kosten, die Därme vergifte: „Und es pfeifen wie der Herbst durchs ganze Land | Der Scharlatan, der Mörder und der Übeltäter ... | Nur weil die Sichel die Ähren kappt | So wie man Schwänen den Hals abschneidet."[234] – Jessenins desolate Vision nimmt bildhaft vorweg, was einige Jahre danach in der sogenannten Kollektivierung oder Entkulakisierung der russischen Landwirtschaft gewaltsam durchgesetzt wird, nämlich die abermalige Enteignung des Bauerntums, die Verstaatlichung sämtlicher Agrarbetriebe, die Vernichtung großer Teile des Viehs, der Gebäude und auch der renitenten Landbevölkerung zu Gunsten forcierter Industrialisierung. Dieser dramatische Vorgang wurde von manchen Parteiliteraten wortreich belobigt, so auch – modellhaft und mustergültig – von Sergej Tretjakow, der 1930 einen großen „Feld-Herren"-Roman vorlegte, in dem die Kollektivierung und Mechanisierung der Landwirtschaft mit propagandistischem Enthusiasmus zur Darstellung kam (Abb. S. 297). Diverse Kapitelüberschriften seien hier angeführt, um die Stoßrichtung von Tretjakows aggressivem Schwanengesang auf das alte russische Dorf anzudeuten: „Die Weizenstadt", „Bauern ohne Bart", „Menschen in der Kommune", „Das Maschinengewehr", „Die Bäuerin marschiert", „Traktorschüler", „Korn und Kolben", „Kollektivistinnen", „Was braucht der Brigadier?" usw.

65

Die Überzeugung, dass Geschichte Schicksal, folglich weder mach- noch lenkbar sei; dass man den Sinn der Geschichte nicht verstehen, sondern bloß daran glauben könne; dass der Gang der Geschichte mithin nicht menschlichem Wissen und Wollen, vielmehr göttlicher Vorsehen gehorche; dass Krieg und Frieden im Geschichtsverlauf (wie Flut und Ebbe, wie Tod und Leben in der Natur) durch den zyklischen Ablauf des Weltprozesses bedingt seien; dass überhaupt jedwedes geschichtliche Geschehen „irrational" sei, nämlich „ein eigenes organisches, für uns vielleicht undurchschaubares Gewebe" und dass demnach die Geschichte „nicht von der Vernunft regiert" werden könne – diese persönliche Überzeugung und erfahrungsgestützte Einsicht hat Aleksandr Solshenizyn in seinem erzählerischen und publizistischen Werk, vorab im Romanzyklus „Das rote Rad" (1971– 1991), konsequent zur Geltung gebracht. Da er diesbezüglich sämtliche Vorurteile und Argumente, Vergleiche und Stereotypien, ja selbst die Vorstellung vom Leidensweg des Korns noch einmal aufgreift und in ein großes geschichtsphilosophisches Panorama integriert, lässt sich anhand seiner Texte die traditionelle, um nicht zu sagen: die konventionelle russische Sicht auf den Weg der Geschichte noch einmal zusammenfassen und zugleich deren ungewöhnliche Nachhaltigkeit belegen, die auch durch mehrere Revolutionen und sonstige Transformationsprozesse nicht gebrochen wurde.

Geschichte als „irrationales", als „undurchschaubares" Geschehen, das vernunftgebundenem Denken und Handeln zuwiderläuft, sich jedenfalls seiner Kontrolle entzieht – bei Solshenziyn, im Roman *„August Vierzehn"*, wird diese fatalistische Auffassung von dem alten „Sternenzähler" (oder „Sternkundigen") Warsonofjew gegenüber zwei anders denkenden Studenten folgendermaßen expliziert: „Die Geschichte *wächst wie ein lebendiger Baum*. Und die *Vernunft* ist für sie eine *Axt*, mit Vernunft werden Sie ihr *Wachstum* nicht fördern können. Oder, wenn Sie so wollen, die Geschichte ist ein *Fluss*, der seinen *eigenen Gesetzen* in Strömungen, Schleifen und Strudeln folgt. Aber da kommen die Neunmalklugen und erklären, er sei ein fauliger Teich und müsse in ein anderes, besseres Bett *umgeleitet* werden, es komme nur auf die richtige Stelle für den neuen Graben an. Aber ein Fluss, sein Strömen lässt sich nicht *unterbrechen*, nicht zerreißen, nicht um einen Zoll, sonst gibt's ihn nicht mehr. Und uns ruft man auf, ihn auf [einer Strecke von] tausend Sashen [ca. 2100 Meter] zu unterbrechen. Der *Zusammenhang* von Generationen, Institutionen, Traditionen, Sitten – das macht doch das Strömen aus."[235]

Der Krieg als „organische", zyklisch sich wiederholende Phase des Geschichtsverlaufs ist nach Solshenizyn den gleichen „irrationalen" Strömungsgesetzen unterworfen wie die Geschichte als solche. Die russischen Niederlagen im Ersten Weltkrieg (nicht anders als die Siege über Napoleon 1812 und über Hitler 1945) sind weder auf irgend jemandes Schuld noch auf irgend jemandes Verdienst zurückzuführen, sondern sind vom „Schicksal" so und nicht anders gewollt. „Und auch der Schatten der *Vorsehung* fiel auf die gleiche Befestigungslinie", heißt es bei Solshenizyn: „[…] genau an dieser Stelle sammelten sich im Jahre 1420 die vereinten slawischen Kräfte und schlugen […] den Deutschritterorden aufs Haupt. – Nach einem halben Jahrtausend *fügte es sich schicksalhaft*, dass Deutschland das Strafgericht vollstreckte."

Die Schicksalhaftigkeit der Geschichte ist also durch deren Zyklizität bedingt: „nach einem halben Jahrtausend" – „genau an dieser Stelle". Solshenizyn geht so weit, den Krieg als ein selbsttätiges Geschehen darzustellen, das im Wesentlichen „ohne den Oberbefehlshaber" abläuft, und er knüpft in seinem Roman explizit an Lew Tolstoj an, wenn er den russischen General Blagowestschenskij den „unvermeidlichen Verlauf" des Kriegsgeschehens kommentieren lässt und dabei ganze Passagen wörtlich aus *„Krieg und Frieden"* übernimmt: „Und er begriff genau wie [General] Kutusow bei Tolstoj [in *„Krieg und Frieden"*], dass man unter keinen Umständen irgend welche eigenen entscheidenden Anweisungen zu erteilen braucht; dass aus einem Gefecht, das gegen dessen [*sic*] eigenen Willen erzwungen wird, nichts anderes als Verwirrung entstehen kann; dass das Kriegsgeschehen ohnehin unabhängig verläuft, so wie es verlaufen muss, ohne mit dem übereinzustimmen, was Menschen sich ausdenken; dass es einen unvermeidlichen Lauf der Ereignisse gibt und dass jener Feldherr der beste ist, der darauf verzichtet, Einfluss auf diese Ereignisse zu nehmen. Sein ganzer langer Armeedienst hatte den General von der Richtigkeit der Ansicht Tolstojs überzeugt, man könne nichts Schlimmeres tun, als sich mit eigenen Entscheidungen vorzudrängen […]."

Der „Sternzähler" Warsonofjew wie auch der von der „Majestät des Himmels" eingenommene General Samsonow vertrauen auf eine höhere Macht als die der menschlichen Vernunft und menschlichen Willens, und ein Gleiches tut der russische General Artamo-

Korn und Leid (4) – *oben links* Das Schlachtfeld als Dreschboden (Darstellung des Tatarensturms von 1237/1238, nach einer illustrierten Abschrift der *"Erzählung vom Aufmarsch des Batyj gen Rjasan"*, 16. Jahrhundert); *oben rechts* Umschlagbild der deutschen Erstausgabe von Sergej Tretjakows Landwirtschaftsroman *"Feld-Herren"* (Berlin 1931, russische Erstausgabe u. d. T. *Vyzov*, Moskva 1930); *unten* Ein russischer Bauer erschlägt mit dem Dreschflegel eine Überzahl deutscher Angreifer (Karikatur von Kasimir Malewitsch, 1914).

Zwischen Himmel und Erde – S. 298 oben
Die Lokomotive der Revolution beherrscht den Raum (G. G. Nisskij, *Herbst. Signale,* Gemälde, 1932); *unten* Lebensweg als Provisorium und Utopie – Jurij Pimenow, *Hochzeit auf der Straße von morgen* (Gemälde, 1962); *S. 299 oben* Weg in die Zukunft – Weg nach oben (S. W. Rjangina, *Immer höher*, Gemälde, 1934); *unten* Auf Luftwegen – mit dem „Sputnik", dem ersten künstlichen Erdsatelliten, wurde 1957 die sowjetische Kosmonautik initiiert und damit auch die Utopie des russischen „Kosmismus" ansatzweise verwirklicht; hier *Sputnik 2* mit Hündin Lajka.

now, der sich allerdings nicht auf kosmische Konstellationen und Prozesse bezieht, sondern auf den archaischen tellurischen Symbolkreis vom Leidensweg des Korns.

Die von Aleksandr Solshenizyn ebenso diskret wie konsequent durchgeführte Entfaltung dieses Symbolzusammenhangs beginnt an unauffälliger Stelle mit einem Gespräch zwischen Artamonow und einigen Soldaten des Wyborger Regiments: „‚Nun, wie steht's Kinder? [fragt der General] Werden wir's schaffen?' – Die Soldaten brüllten, wiewohl nicht gleichzeitig und nicht wie aus einem Mund, sie würden es schaffen. – ‚Dann steht es also nicht schlecht um uns?' – Sie antworteten – nein, es stehe nicht schlecht. – ‚Euer Regiment war dabei, als Berlin genommen wurde! Dafür habt ihr doch die silbernen Trompeten bekommen! Du, zum Beispiel', fragte Artamonow einen breitschultrigen Soldaten, ‚wie heißt du?' – ‚Agafon, Exzellenz', antwortete dieser flink. – ‚Nach welchem Agafon? Wann ist dein Namenstag?' – Nach dem Tennenheiligen, Exzellenz!' Der Soldat ließ sich nicht verwirren. – ‚Du bist ein Dummkopf! Tennenheiliger! Was ist das für ein Tennenheiliger?' – ‚Klar, ist doch Herbstanfang, Exzellenz! Die Garben kommen vom Feld, und auf der Tenne geht die Arbeit los!'"

Dieses eigentümliche Gespräch wird unmittelbar vor Kampfbeginn geführt, so dass die Parallelität zwischen Kriegshandlung und Erntebeginn, zwischen dem Leidensweg der Soldaten und dem des Korns (der Garben) sofort einsichtig wird. Agafon, der auch liebevoll Agafonik genannt wurde, war ein bei der russischen Landbevölkerung populärer Heiliger, dessen Namenstag nach dem julianischen Kalender auf den 22. August und damit in die hohe Zeit der Getreideernte fiel; deshalb erhielt er denn auch als „Tennenheiliger" den Beinamen Ogumenik (von russ. *gumno*, „Tenne", „Dreschboden").

Der zentrale Bedeutungsdistrikt des weitreichenden Symbolkreises zwischen Korn und Brot bleibt in *„August Vierzehn"* auf den bildhaften Vergleich zwischen Tenne und Kriegsschauplatz beschränkt. Dieser Vergleich wird von Solshenizyn in die dramatische Schilderung des ersten russisch-deutschen Feuerwechsels einbezogen; dem Kampfgeschehen auf dem Schlachtfeld entspricht die Arbeit auf dem Dreschboden: „*Wie Ähren, die auf der Tenne* ausgebreitet sind, so warten, geduckt im Schützengraben, die Soldaten, dass ihre Körper zerschmettert werden [...]. *Gigantische Dreschflegel* sausten auf ihre Reihen nieder und *droschen das Korn* der Seelen heraus, für eine Verwendung, die ihnen unbekannt war – und den Opfern blieb nichts anderes übrig, als zu warten, bis es sie traf." Und später: „Die Schlacht war entschieden. Der Tag war entschieden. Das Wyborger Regiment stand also nicht mehr dort. Und alle seine Leiber und Köpfe waren umsonst gedroschen worden." Fazit: „Auch das ist eine Form des Lebens: das Leben unter dem Dreschflegel."

Die hier angeführten Belegstellen zum Leidensweg des Korns könnten um weitere ergänzt werden. Klar ist auch so, dass Solshenizyn das zyklische Ineinandergreifen von Leben und Tod, von Frieden und Krieg, von Aussaat und Ernte im Sinn hat, wenn er immer wieder – auch noch im Roman „*November Sechzehn*" (1984) oder im autobiographischen Essay „*Es geriet ein Korn zwischen die Mühlsteine*" (1998) – von der Geschichte als einem „organischen, für uns vielleicht undurchschaubaren Gewebe" spricht; mit Bezug auf die Helden – die russischen Märtyrer – vom August 1914 in den Eröffnungsschlachten des Ersten Weltkriegs schreibt er: „Die Grenze war gezogen: die anderen, Menschen wie wir, gehen zurück, sie werden hier herauskommen und heimkehren, doch wir – weder ihre Schuldner noch Verwandte oder Brüder – *wir werden hier sterben, damit sie weiterleben.*"

66

Die traditionellen, teilweise bis heute gültigen russischen Wegvorstellungen, wie sie durch die schöne Literatur und die Bildkunst, aber auch durch Philosophie und Geschichtsschreibung reichlich überliefert sind, ziehen der breiten, geraden, zielgerichteten Magistrale, die dem westlichen System-, Erfolgs- oder Fortschrittsdenken eher vertraut ist, durchweg den unscheinbaren, bisweilen sogar unsichtbaren, meist gewundenen und irgendwo in der weiten Ebene sich verlierenden Pfad vor, der mit zahlreichen anderen Pfaden dicht vernetzt ist und mit diesen zusammen eine allseits auszuschreitende Fläche bildet. Dem entspräche auch die paradoxale Aussage Nikolaj Gogols, wonach der russische Weg der russische Raum sei – immer wird der, der Russland bereist, auf dem russischen Weg sein, und immer wird dieser oftmals sich verzweigende, abseits der großen Magistralen verlaufende und meist in der Ferne sich verlierende Weg im Reisenden die Sehnsucht nach einer unbekannten Welt wachrufen, nach einem „gelobten Land", einem „Land der heiligen Wunder" oder, wo der ungeheure Raum in die Zeit umschlägt, nach einer „lichten Zukunft".

Da all diese erträumten Länder und Wunder unerreichbar bleiben (denn allzu oft nimmt der Weg in einem Sumpf sein vorzeitiges Ende, führt in die Wüste oder wird von einem Schneesturm zugeweht), schlägt die Sehnsucht nach ihnen nicht selten in eine finstere Endzeiterwartung um oder steigert sich zu einem revolutionären Fanatismus, der den Weg nur noch abbrechen und den Status der *tabula rasa* herstellen will, um gleichsam aus dem Stand in einem gewaltigen Sprung die „neue Welt" zu erreichen; doch dazu braucht es dann doch auch „neue Wege", die zuvor nie begangen, nur erdichtet oder ausgemalt wurden.

Im Aufgang zum 20. Jahrhundert hat Nikolaj Fjodorow, Begründer des russischen Kosmismus, wie so viele andere Patrioten und Phantasten die geographische Ausdehnung Russlands zum Garanten der kosmischen Heroik des russischen Geistes erklärt, mit dem Hinweis, dass der russische Raum dank seiner Weite und Tiefe das natürliche Glacis für den Übergang der Russen in den Weltraum bilden werde.[236] Nur so – auf Luftwegen – könne die „Heroik" (*podvig*) des russischen Volks zu adäquater und vollständiger Entfaltung kommen. Der erste Mensch, der den Weg in den Kosmos angetreten hat, war, ein halbes Jahrhundert danach, der Russe Jurij Gagarin.

Exkurs (2)
Raum und Weg in der russischen Naturdichtung

1

Reale russische Landschaften – Naturräume und die sie erschließenden Wege – sind als *pejzaži* („paysages") in die Dichtung ebenso spät eingegangen wie in die Bildkunst. Bis ins späte 18. Jahrhundert gab es keine „realistisch" zu nennende Vergegenwärtigung der einheimischen Natur *als solcher*, das heißt: der von religiösen, mythischen, historischen Komponenten unabhängigen Natur.

Die Vergegenwärtigung von Natur als Landschaft setzt einen festen Standort (statische Optik), einen synthetisierenden Panoramablick sowie eine integrale, also ungebrochene Wahrnehmungszeit voraus. Diese Voraussetzungen waren im Zeitraum zwischen dem 11. und 18. Jahrhundert nicht oder nur teilweise gegeben, haben sich aber – in Pilger- oder Kriegsberichten, in Annalen und erbaulichen Schriften, in Legenden und Märchen – allmählich komplettiert.

Landschaften sind in altrussischen Texten noch nicht in einen konkreten geographischen Kontext eingelassen, sie werden vielmehr in Szene gesetzt als Analogiebildungen zu biblischen beziehungsweise sakralen Örtlichkeiten oder als symbolträchtige Kulissen zu historischen und mythologischen Ereignissen (Feldzügen, Schlachten, Heiligenleben, Pilgerfahrten). In vielen Texten, so vorab im *„Igor-Lied"*, spielen Naturphänomene eine wichtigere Rolle als der natürliche Landschaftsraum selbst. Gewitter, Sturm, Wolkenflug, Sonnenfinsternis sind zeichen- oder gar vorzeichenhaft aufgeladen und vermögen mehr zu *bedeuten* als ein Fluss, ein Hügel, ein Wald. Oft bleibt die Natur auf elementare räumliche Komponenten beschränkt, etwa die Himmelsrichtungen, den Gegensatz Unten/Oben (Erde/Himmel, Ebene/Gebirge) oder vegetative und topographische Unterschiede wie Wald/Steppe, Wüste/Meer o. ä.

„Segne mich, Allerheiligstes Mütterchen Gottesgebärerin", heißt es in einer alten Beschwörungsformel, die vor Antritt jeder längeren Reise gesprochen wurde und die auch in verschiedene Heldenepen Eingang fand: „Gib deinem Knecht den Segen auf den Weg (*v put'-dorogu*), von Tür zu Tür, von Vorraum zu Vorraum, von Tor zu Tor; ich trete aus dem Tor, halte ein, verneige mich nach allen vier Seiten, am tiefsten aber nach Osten; vom Tor gibt es drei Pfade für mich: der erste Pfad führt in die dunklen Wälder, der zweite Pfad – aufs weite Feld, der dritte Pfad – zum blauen Meer, zum Osten der Sonne."[1] Als Himmelsrichtung wird lediglich der Osten genannt, wo die Sonne über dem fernen Meer aufgeht, während der Norden durch die „dunklen Wälder", der Süden durch das „weite Feld" charakterisiert ist.

Was auffällt, ist das Fehlen eines Pfads nach Westen. In manchen russischen Märchen kehrt diese abstrakte landschaftliche Konstellation wieder. Da ist beispielsweise die Rede von drei jungen Recken, die ausziehen, um drei vom Wind entführte Königstöchter aufzufinden und zurückzuholen: „Es machten sich die guten Kerle auf den Weg; sie sind einen Monat, einen zweiten, einen dritten unterwegs und erreichen die weite öde Steppe.

Hinter jener Steppe liegt ein verträumter Wald, und am Waldrand steht eine Hütte [...]."² Obwohl es auch hier keinerlei geographische Spezifizierungen gibt, ist der bloß angedeutete Naturraum durch den Übergang von der Steppe zum Wald als russischer Raum ausgewiesen. Die Hütte (*izbuška*) markiert als kulturelles Objekt und Heimstatt des Menschen diesen Übergang. Ebenso ungewiss wie die Dauer der Expedition bleibt die Herkunft der drei Recken, von denen nur gesagt wird, sie seien „auf dem Land" geboren und von der „Hauptstadt" zur Steppe aufgebrochen.

Ein zeitliches Kontinuum gibt es in derartigen Texten nicht. Geltung hat die mythische, vielfach relativierte Zeit (drei Tage *oder* drei Jahre), deren Diskontinuität sich in der sprunghaften Naturwahrnehmung konkretisierte – Landschaften werden unter verschiedenen Aspekten und zu verschiedenen Zeitpunkten ausschnittweise festgehalten und bruchstückartig zusammengesetzt; sie erweisen sich schon deshalb als fiktional, weil man für ihre Darbietung häufig die Vogelperspektive wählte, mithin einen gewissermaßen kartographischen, jedoch frei imaginierten Blick von oben.

Der Sänger und Seher Bojan schweift im „*Igor-Lied*" durch Baumwipfel, steigt zu den Wolken, schwebt über der Erde, „hin über Steppen, die Berge hinauf". Und Wseslaw bewegt sich in gewaltigen Sprüngen – rennend, reitend, kämpfend – zwischen Kijew, Belgorod, Nowgorod, von Dudutki bis zur Nemiga. Charakteristisch für solche vorliterarischen Landschaftsdarstellungen ist die additive Reihung von Ortsbezeichnungen und Tier- oder Pflanzennamen, die weder räumlich noch zeitlich zusammenpassen, mithin weit entfernt sind von einem kohärenten Panorama, die aber, jenseits irgendeines Realitätsbezugs, ein ganzheitlich synthetisiertes Naturbild evozieren.

Ein besonders aufschlussreiches Beispiel dafür ist die poetische „*Rede über das Verderben der russischen Erde*" aus der Zeit um 1250, einer der schönsten Texte der altrussischen Literatur überhaupt, lediglich 45 Zeilen umfassend, die allesamt Russland gewidmet sind, einerseits dem Lob seiner Natur und Kultur, andererseits der Klage über deren Zerstörung unter dem tatarisch-mongolischen Ansturm von 1237. Die kurze „*Rede*" besteht fast ausschließlich aus der Aufzählung von „Zierden" und „Wundern", die die Schönheit des Landes ausmachen (Quellen, Flüsse, Seen, Haine, Hügel, „große Städte, wunderbare Dörfer"), aber auch dessen ethnische Vielfalt und geographische Ausdehnung („vom Eismeer bis zu den Bulgaren, | von den Bulgaren bis zu den Burtassen, | von den Burtassen bis zu den Mordwinen ...."). Im dritten Teil wird – ebenfalls durch die Aufreihung von Namen – der Ruhm der russischen Herrscher vergegenwärtigt, und nur die letzten Zeilen beklagen, um so eindrucksvoller, den Untergang des „licht leuchtenden | mit Schmuck reich geschmückten | russischen Landes".³

Für dieses Verfahren additiver landschaftlicher, ethnischer und geschichtlicher Bestandsaufnahme finden sich Beispiele unterschiedlicher Art vorab in nichtliterarischen russischen Texten, die bis ins frühe 18. Jahrhundert eine allmählich zunehmende Autonomisierung und Ästhetisierung der Landschaft sowie gleichzeitig die schrittweise Individualisierung und Psychologisierung der Wahrnehmungsoptik erkennen lassen.⁴

2

Demgegenüber erweisen sich die Heldenepen (*byliny*), die bis in die Aufklärungszeit den populären Hauptbestand an altrussischen dichterischen Zeugnissen ausmachen und weit darüber hinaus mündlich wie schriftlich tradiert wurden, als äußerst stereotypes Textgenre. Weder das Natur- noch das Menschenbild und auch nicht die Funktion des (anonymen) Autors haben sich über die Jahrhunderte hin merklich ausdifferenziert. Die Konzeption von Zeit und Raum bleibt ebenso starr und konventionell wie die Aktionen der zumeist karikaturhaft überzeichneten Helden.

Die räumliche Ausdehnung der russischen Erde wird bisweilen bloß durch Benennung der Horizontalen („Weite" der Ländereien) und Vertikalen („Höhe" des Himmels, „Tiefe" des Meeres) angedeutet. Deutlich auf Russland, seine landschaftliche Weite und Ebenheit sind indes die häufig wiederkehrenden Hinweise auf die „weiten-weiten" Wege und das flache offene Feld bezogen, die von den Helden bewältigt werden müssen, bevor sie überhaupt zu ihren Taten schreiten können: „Aus fernster Ferne (*iz daleče-daleče*), aus freiem Feld (*iz-čista polja*) | Sind hier zwei kühne Kerle unterwegs [...] | Und reden miteinander und sagen: | ‚Wohin soll unsereiner denn nun fahren: | Sollen wir zur Stadt Susdal fahren oder nicht?'"[5]

So beginnt die Byline von Aljoscha Popowitsch und Tugarin. Sonderlich strebsam sind die Helden nicht, sie stellen sich stets die gleiche müde Frage – wohin sie fahren oder eben nicht fahren sollen: nach Kijew? Nach Tschernigow? Alles scheint eins zu sein, es geht nicht um Distanzen, sondern eher darum, dass jedes Ziel gleichermaßen weit entfernt ist. Jedesmal stehen mehrere Wege zur Wahl, alle gelten sie als schicksalhaft, führen ins Unheil, ins Glück, in den Tod – nur immer fort von *hier*. Und um das Schicksal gütig zu stimmen, verneigt man sich eben in *alle* Richtungen, so wie auch der größte der russischen Recken, Ilja Muromez, es regelmäßig tut, wenn er zu neuen Taten aufbricht.

Auch wenn in den Heldenepen immer wieder Städtenamen oder Gebietsbezeichnungen vorkommen, tragen sie nichts zur geographischen Präzisierung des Raums bei, sie fungieren eher als historische Koordinaten, sind namentlich mit Herrschern oder Kriegsereignissen, und nicht mit bestimmten beziehungsweise bestimmbaren Landschaften verbunden. Der russische Raum tritt hier zumeist nur als ein riesiger Kontinent in Erscheinung, der sich aus dem „gelben Sand" der Wüsten oder Steppen im Süden und aus finstern undurchdringlichen Wäldern im Norden zusammensetzt, umgeben vom stets blauen Meer, überwölbt vom gewaltigen Himmel, in den man sich gern vermittels eines Falken oder einer Wolke versetzt, um die Übersicht über ein Land zu gewinnen, das sonst – da Erhebungen weitgehend fehlen – nicht einzusehen ist.

Diese fliegerische Einbildungskraft hat sich in der russischen Literatur ohne größere Veränderungen von der Romantik über Gogol und Tjuttschew bis hin zu Ossip Mandelstam erhalten.[6] Erinnert sei nur an Konstantin Batjuschkows patriotisches Gedicht zur *„Überschreitung des Rheins"* am Jahr 1814, wo es u. a. heißt: „Die Stunde des Schicksals ist gekommen! Wir, die Söhne des Schnees, sind da, | Unter Moskaus Banner, mit der Freiheit und mit Getöse! ... | Sind hergekommen von den eisbedeckten Meeren, | Von den südlichen Strömen, den kaspischen Wogen, | Von den Wellen des Uleo und des Bajkal, | Von der Wolga, dem Don und dem Dnepr, | Aus unseres Peters Burg, | Von den Höhen des Kaukasus und des Ural! ..."[7] Bevor die Natur im frühen 19. Jahrhundert als eigentlich russische Landschaft mit nordischem oder südlichem, flächenhaftem oder gebirgigem, kargem oder üppigem Charakter in die Poesie einging und jahres- sowie tageszeitlich spezifiziert wurde, war sie bereits in viel allgemeinerer, bald mythischer, bald metaphorischer Ausprägung vorhanden.

Oft fiel die Natur, patriotisch vereinnahmt, mit Russland (mit der „russischen Erde", den „russischen Ländern" oder mit der „russischen Heimat") zusammen, oft auch wurde sie gleichgesetzt mit einem „mütterlichen Schoß", einem „vaterländischen Nest", einer „völkischen Wiege", einem „irdischen Paradies", einem „geistlichen Garten". Die russische Heimatdichtung bezieht sich entweder – bei eher politischer Ausrichtung – gesamthaft auf das Staatsgebiet (*rodina-strana*) oder – weit häufiger – auf die so genannte „kleine Heimat" (*malaja rodina; rodina-storona*), das heißt auf einen vertrauten Landstrich, in dem man geboren und aufgewachsen ist und demgegenüber die andern russischen Länder als „Ausland" gelten.

3

„Einem Jeden ist jenes Land am liebsten, wo man ihm die Nabelschnur abgetrennt hat", lautet ein volkstümliches russisches Sprichwort; oder: „Die eigene kleine Heimat (*storonuška*) ist auch dem Hunde lieb." Und: „Die eigene [russische] Heimat ist schöner als Moskau." Dazu die negative Variante: „Im fremden Gebiet ist auch der Frühling nicht schön." Doch selbst die eigene, engere Heimat bietet, weitgehend unabhängig davon, wo in Russland sie gelegen ist, immer wieder das gleiche Bild: ein ebenes, bis zum Horizont sich ausdehnendes Gelände – Feld, Steppe, Wald – unter einem hohen Himmel, dessen wechselnde Bewölkung den einzigen Kontrast zur Einförmigkeit der Landschaft bildet. Einen Sonderfall (der hier nicht abzuhandeln ist) stellen die urbanen Landschaften dar, die sich in der Poesie zu Städtebildern verdichten und die insgesamt weit mehr voneinander differieren – weil sie auch mehr Differenzpunkte aufweisen – als die ländlichen Provinzen. Insbesondere trifft dies auf die gegensätzliche Darstellung Petersburgs und Moskaus in der russischen Dichtung zu; hier kann von Eintönigkeit keine Rede sein – das bunte, hügelige, hölzerne, „weibliche" und „asiatische" Moskau wird geradezu programmatisch dem grauen, flachen, steinernen, „männlichen" und „europäischen" (oder antikischen) Petersburg gegenüber gestellt.[8]

Allgemein gilt, dass im russischen Kollektivbewusstsein – und nicht anders in der russischen Poesie – die große (nationale) Heimat nicht primär als ganzheitliches Staatsgebilde und einheitlicher Naturraum aufgefasst wird, vielmehr als ein Konglomerat von geographischen Großräumen (Norden, Süden) und vielen kleinen (regionalen, lokalen) Heimatgebieten. Das Nachbardorf hinter dem Fluss oder das Tal hinter dem nächsten Hügel wird von russischen Provinzbewohnern oft als ebenso fern und fremd empfunden wie Petersburg oder Paris. Lew Tolstoj glaubte in der natürlichen kleinformatigen Lebenswelt des russischen Bauern nicht nur dessen Heimat, sondern auch dessen konkretisierte Religion (Rückverbindung) zu erkennen, die ihm ein vollkommenes – vollkommen einfaches – Leben und einen ruhigen Tod ermögliche.[9]

Der Staats- und Geschichtsphilosoph Iwan Iljin hat einst unterstrichen, „dass die russische Dichtung seit jeher mit der russischen Natur verwachsen, verschmolzen gewesen" sei; dass sie bei ihr „Anschauung, Feinsinn, Aufrichtigkeit, Leidenschaftlichkeit und Rhythmus gelernt" habe und „dass dadurch die russische Dichtung selbst, wie auch die russische Seele, zu einem Analogon und Abbild der russischen Natur geworden" sei.[10] Allerdings konnte sich die Dichtung, anders als in Deutschland, in Italien oder im schweizerischen „Alpen- und Hirtenparadies", kaum an der Poetizität der Natur inspirieren – an kleinräumigen, leicht überschaubaren Landschaften, die lauschige Wäldchen, sanfte Hügel oder schroffe Gebirge in sich vereinigen.

Was Nikolaj Karamsin nach einer weitläufigen Runde durch Westeuropa in seinen fiktiven *„Briefen eines russischen Reisenden"* im ausgehenden 19. Jahrhundert enthusiastisch memorierte, waren nicht nur malerische Landschaften, sondern auch harmonische Lebensverhältnisse, wie sie kaum irgendwo in Russland anzutreffen waren. Namentlich die Schweiz hatte es ihm angetan, die er tatsächlich wie ein sorgsam ausgemaltes Landschaftsbild mit „wunderschönen Menschen, in Sonderheit Frauen" wahrnahm und gleichzeitig als einen Hort der „Freiheit", der „Wohlfahrt", der „Stille", des „Friedens", des „Glücks" – seine Begeisterung ging so weit, dass sie bei der zaristischen Zensur Verdacht erregte ...[11]

Wie die Malerei, so war auch die Dichtung in Russland stets mit einem weitläufigen und eintönigen Naturraum konfrontiert, der außer seiner ungeheuren Größe so gut wie nichts zu bieten hatte, das an sich schon „poetisch" gewesen wäre. Zum Idyll gab und gibt es in Russland keine reale landschaftliche Entsprechung, es sei denn in der strengen nordischen (meist finnischen) oder in der exotischen (meist kaukasischen) Variante – nur hier, an der Peripherie des Reichs, finden sich Nischen und Szenerien mit Quellen, duftenden Wiesen, schattigen Hainen, reißenden Bächen, Schluchten, Wasserfällen, Eisschollen, welche poetisch genug sind, um ungeschönt in die Dichtung einzugehen. Auch und gerade dort, wo die Natur wild und hart in Erscheinung tritt, kann sie ihre Schönheiten entfalten, Genuss bieten, zur Nachdenklichkeit anregen; so bei Konstantin Batjuschkow: „Genießen lässt sich auch die Wildnis der Wälder, | Freude kommt am Meeresufer auf, | Denn Harmonie ist auch im Gemurmel der Wogen, | Die in ihrem einsamen Anrennen zerschellen. | Meinen Nächsten liebe ich wohl, doch du, Mutter Natur, | Bist dem Herzen das Allerliebste! | Bei dir, Herrscherin, kann ich sogar vergessen, | Was ich in meiner Jugend war, | Und was ich geworden bin durch all die kalten Jahre. | Durch dich lebe ich auf in Gefühlen, – | Die auszudrücken die Seele der passenden Worte entbehrt, | Doch wie ich darüber schweigen könnte, weiß ich nicht."[12]

Das Idyllische, das Erhabene, das Spektakuläre (und das Schöne überhaupt) haben ihren Ort nicht im russischen Kern- oder Mutterland, sondern in der Marginalität jener nichtrussischen Grenzbereiche, die durch Annexion und Kolonisierung dem Imperium angegliedert wurden. Die schöne, die ursprüngliche, die interessante, die „poetische" Natur bleibt für die Russen auf wenige „fremde" Territorien innerhalb ihres eigenen Staatsgebiets beschränkt.

Als ein durch Kolonisierung beziehungsweise Eroberung – „auf nicht zu ermessenden skythischen Wegen" – stetig erweitertes „freies Feld" (*dikoe pole*) hat Maksimilian Woloschin das russische Territorium noch zu Beginn des 20. Jahrundets in manchen seiner elegischen Heimatgedichte beschrieben. „Blaue Räume, Nebel, | Steppengras und Wermutsträucher, auch Unkraut aller Art, | Die Weite der Erde und des Himmels Gestalt ... | Im freien Raum (*na vole*) hat sich das pontische Freie Feld | Ergossen und entfaltet [...]." Unter dem „hohen Firmament der Steppe" wurde allmählich die russische Erde eingesammelt und vereint: „Mit der Axt, mit der Sichel, mit dem Pflug | Drang man nach Norden zum Ural vor, | Griff man über die Wolga, den Don hinaus. | Die Ausbreitung war weiträumig und unzusammenhängend, | Man brannte nieder, rodete, zog Steuern ein ... | Nach Persien lenkte Rasin sein Segel, | Und Sibirien unterwarf Jermak."

In einer leidvollen *Beschwörungsrede über die russische Erde* hat Woloschin im Stil altrussischer Heldenepen den russischen Raum noch einmal in seiner unermesslichen Weite erstehen lassen, als dieser in den postrevolutionären Bürgerkriegswirren zu implodieren drohte: „Ich stelle mich mit dem Gesicht nach Osten, | Nach Westen mit dem

Rückgrat, | Schaue mich um nach allen vier Seiten, | Nach den sieben Meeren, | Nach den drei Ozeanen, | Nach den siebenundsiebzig Völkerschaften, | Nach den dreiunddreißig Herrschaftsgebieten, | Nach der gesamten Heiligrussischen Erde."[13]

4

Das Eigene indes – der scheinbar grenzenlose russische Raum – hebt sich vom Fremden ungut ab durch seine desolate Leere und Formlosigkeit, seine vegetative Ärmlichkeit und seine klimatische Rauheit. Alles in Russland sei „offen, wüstenhaft (*otkryto-pustynno*) und flach", heißt es halb ironisch, halb elegisch an einer Stelle bei Gogol, und Saltykow-Stschedrin schreibt von einer ganz „gewöhnlichen" russischen Straße, die sich als „stummer, blinder und tauber Raum" unabsehbar in die Weite dehnt.[14] Doch diese Defizite werden in patriotisch oder politisch intendierten Naturgedichten, welche Russland als imperiales Staatsgebilde feiern, konsequent ausgeblendet und ersetzt durch ideale landschaftliche Szenerien, in denen fruchtbare Felder und trutzige Gebirge vorherrschen.

Um derartige ideologische Texte geht es hier nun aber nicht; es geht um die dichterische Vergegenwärtigung Russlands als Naturraum insgesamt und um die Darbietung russischer Landschaftsräume im Einzelnen. Und da ist es schon auffallend, mit welcher Offenheit die landschaftliche Ödnis, ja Hässlichkeit Russlands im Gedicht festgehalten wird – keine andere Nationalliteratur bietet für solche Selbstentblößung und Selbstentmächtigung vergleichbare Beispiele.

„Ich wiederhole", heißt es in Saltykow-Stschedrins trostlosem Märchen von einem „*Abenteuer mit Kramolnikow*", der hier als unbedarfter russischer Normalverbraucher vorgeführt wird: „Er liebte sein Land zutiefst, liebte seine Armut, seine Nacktheit, seinen Unstern."[15] – Michail Lermontow verabschiedet das „schmutzige (*nemytaja*) Russland" als ein „Land der Sklaven, Land der Herren" und zieht sich, südwärts, zurück hinter den „Grat des Kaukasus", flieht also in eine heimatliche Fremde, die ihm gastlicher und auch ästhetisch akzeptabler scheint als das russische Kernland. Dieses vermag in ihm keinen Frohsinn zu wecken, hindert ihn aber auch nicht an seiner „seltsamen Liebe" zum „kalten Schweigen der Steppen", zu den „trostlosen Dörfern" und den ständig „besoffenen Bauern". – Bei Fjodor Tjuttschew sind es „diese ärmlichen Weiler, | Diese dürftige Natur", welche die Heimat ausmachen, das „vertraute Land der Duldsamkeit", das „Land des russischen Volkes", Russland in seiner „demütigen Nacktheit", gesegnete Heimstatt Christi, der die russische Erde abgeschritten hat „in Sklavengestalt". Jederzeit kann dieses kümmerliche Land der Russen sich in Rauch auflösen oder im Nebel verschwinden, derselbe Mond, der über dem „menschenleeren Land" wie über einem Grabe steht, zeigt sich auch über dem Genfersee, dort aber liegt unter ihm ein „wundervolles Land", das blüht und strahlt, während die „heimatliche Landschaft" von einer Riesenwolke verdüstert, von „finsterm Wald" beherrscht, vom Untergang bedroht ist: „Alles ist hier nackt und leer und unerfassbar | In stummer Einförmigkeit ... | Nur da und dort schimmern als Flecken | Die mit erstem Eis bedeckten Wasserlachen. || Keine Laute, keine Farben, keine Regung gibt es hier – | Das Leben hat sich zurückgezogen, hat sich dem Geschick ergeben, | Dem Vergessen der Ohnmacht, | Hier träumt der Mensch bloß noch sich selbst." Der Mensch – der Russe – kann nicht glauben, dass es Länder gibt, „wo vielfarbige Gebirge | In lasurnen Seen sich betrachten ..."[16]

5

Ein halbes Jahrhundert nach Lermontow, nach Tjuttschew entwirft Konstantin Balmont (und er steht damit keineswegs allein) ein nicht weniger düsteres lyrisches „*Heimatbild*", das in Stimmung und Ausstattung kaum eine Änderung, jedenfalls keinen Fortschritt zum Besseren oder auch bloß zu einer versöhnlicheren Sicht der Dinge erkennen lässt.

Auch hier fügt sich die russische Landschaft zu einem eintönigen Panorama, das von keinem Lichstrahl aufgehellt, von keinem menschlichen Wesen animiert wird. Alles ist und bleibt versunken in Düsternis, Trauer, Langeweile, Hoffnungslosigkeit, Zerfall. Ein ferner Vogelzug und das endlose Band einer Straße verweisen darauf, dass hier kein Aufenthalt, kein Heil sein kann, dass in die Ferne ziehen muss, wer überleben will. Der Himmel ist verhangen, „der trübe Tag schaut traurig drein", es ist weder hell noch dunkel, der „Seelenschmerz ist unendlich", er findet seine Konkretisierung in einem verfallenden Zaun, einem einsamen Wegpfosten, einer ärmlichen Hütte, die „unterm Joch von schwerem Herzeleid" ins Wanken gerät: „... und unwillkürlich zieht es einen in die Ferne." Eine Landschaft, die nicht Heimat sein kann, die zur Flucht anhält und nicht zum Verweilen.

In einem andern Gedicht – „*Der Sumpf*" – führt Balmont die russische Landschaft in „kaltem Halbdunkel" vor, „ohne einen Laut und ohne Feuerschein", „ohne Stürme, ohne Empfindungen"; alles liegt im Nebel, das Einzige, was in diesem „Reich des toten kraftlosen Schweigens" noch atmet, sind „giftige Blumen" und „schwarze Kröten", die „bisweilen hochtauchen aus den schmutzigen stehenden Wassern". – „Ich weiß, was es heißt, wie irr zu schluchzen, | Und in der Runde nur unfruchtbare Wüstenei zu sehen, | Was es heißt, im kalten Winter verzweifelt | Und vergeblich auf den Frühling zu warten." Selbst das Lied der Nachtigall wäre für den Dichter bloß eine Variation auf die monotone Grundmelodie des Schluchzens, doch letztlich zieht er das „ewige Schweigen der Schneeberge" dem „Gemurmel des Baches" vor.[17]

Russland steht „ewig" für Winter, für Kälte, für Einsamkeit, für Schmerz und Trauer. So hat auch Andrej Belyj, der um ein Weniges jüngere Zeitgenosse Balmonts, die russische Landschaft wahrgenommen. Unter dem Titel „*Verzweiflung*" ruft er Russland ohne Umschweife an: „Lass mich, o Heimat und Mutter, | In den feuchten, den leeren Raum (*razdol'e*), | Der du bist, schluchzen :–" Und in einem gleichzeitig entstandenen Weggedicht lässt er sein lyrisches Ich – einen Landstreicher – dem „weiten Band der Chaussee" folgen, das sich in die Ferne entrollt. Auch hier gibt es kein Verbleiben und kein Fortkommen, die Landschaft in der Runde ist in „geflügelte Dämmernis" getaucht und fügt sich zu einem unentrinnbaren „schicksalhaften Kreis". Der Wanderer bleibt schließlich, statt das Weite zu suchen, auf einem Haufen von Pflastersteinen sitzen und beobachtet nur noch, wie „die dunklen Schatten mit dem Muster | Der entschwindenden Tage verschmelzen".

Belyjs 1908 entstandenes „*Russland*"-Gedicht evoziert die weiten Felder und Ebenen einer „dürftigen Erde", an deren Horizont „zerzauste, ferne Schwaden", „in der Ferne zerzauste Dörfer" und ein „zerzauster Nebelstrom" hängen: „In den Räumen sind Räume verborgen. | Russland, wohin soll ich fliehen | Vor Hunger, Pest und Suff?" Es gibt keinen Ausweg – es sei denn der Tod: „Dort in der Ferne hat der Tod posaunt | In die Wälder, die Städte und Dörfer, | In die Felder meiner kümmerlichen Erde, | In die Räume der Hungerprovinzen." – Ein „*Heimat*"-Gedicht aus der gleichen Zeit lässt Belyj, nachdem er wiederum Nebel und Stürme, Kälte und Hunger benannt hat, mit der folgenden Strophe enden:

„Schicksalhaftes Land, zu Eis erstarrt, | Bist verdammt durch dein ehernes Los – | Mutter Russland, schlechte Heimat, | Wer hat dir so übel mitgespielt?"[18] Der trostlose Patriotismus, der diesen Versen ein ambivalentes Gepräge gibt, ist die genaue Entsprechung zur „kümmerlichen Erde", die allzu lange durch den institutionellen und ideologischen Prunk des Zarenreichs aus dem Bewusstsein der städtischen Bevölkerung verdrängt war.

Fast gleichzeitig mit Belyjs *„Gedichten über Russland"* ist Aleksandr Bloks großer *„Heimat"*-Zyklus entstanden, der ein nicht weniger erbärmliches Russland präsent macht, hier jedoch vorzugsweise in historischer Perspektive und geprägt von einer qualvoll unentschiedenen Hassliebe.

Blok kann das mütterlich imaginierte Russland als sein „Weib" anrufen, kann es verherrlichen in mancherlei mythischer Gestalt, und dennoch findet er – von „heilig" und von „rechtgläubig" einmal abgesehen – nur negative, zum Teil verächtliche Epitheta zur Charakterisierung seines „Hütten-" und „Steppenrussland": „jämmerlich", „fettarschig", „verängstigt", „ärmlich", „altertümlich". In Bloks *„Russland"*-Gedicht von 1908 heißt es: „Russland, bettelarmes Land, | Mir sind deine grauen Hütten, | Deine windverwehten Lieder – | Wie erste Liebestränen! || Bedauern kann ich dich nicht | Und sorgsam trage ich mein Kreuz ... | [...] | Was tut's? Eine Sorge mehr – | Um eine Träne reicher ist der Fluss, | Und du bleibst dir gleich – bist Wald und Feld, | Und zu den Brauen reicht das gemusterte Tuch ..."

Selbst in der Rolle eines Kriegsritters findet Bloks lyrisches Ich (*„Auf dem Schnepfenfeld"*) nicht in ein klares Verhältnis zu Russland – er durchstreift das Land, das von „epochalem Seelenschmerz" gezeichnet ist, das „hinter dem neblichten Fluss" in unerreichbarer Ferne zu liegen scheint: „Und auch ich in meiner epochalen Trauer, | Wie ein Wolf unter schütterem Mond, | Weiß nicht, was ich mit mir anfangen soll, | Wohin ich fliegen muss, dich zu erreichen!" Auch dieses zum Liebesobjekt gewordene Russland hat nur „kümmerliche rohe Erde" zu bieten, es ist ein nächtliches, ein altes Reich, von Blut getränkt, von Staub durchwirkt: „Von mächtigem Schmerz ergriffen | Irre ich mit meinem weißen Pferd umher ... | Und begegne freien Wolken | In nächtlicher dunstiger Höhe."

Bald schon wird die sehnsuchtsvolle Liebe zum russischen Mutterland, das sich unter gierigen „tatarischen Augen" dunkel vom Schwarzen bis zum Weißen Meer erstreckt, zu einem apokalyptischen Traumgebilde, das seinen, des Liebenden, „freien Geist" bedroht: „Mein Russland du, mein Leben, sollen wir uns gemeinsam abquälen? | Zar und Sibirien, Jermak und Kerker! | He, ist es nicht an der Zeit, sich zu trennen und zu bereuen ... | Was soll ein freies Herz mit deiner Finsternis?"[19] Die Verbindung hoher patriotischer Gefühle mit einer von Trauer, von Mitleid, bisweilen auch von Verachtung geprägten Einstellung zur Heimat ist nicht allein für Aleksandr Blok charakteristisch, sondern für die von Wjasemskij und Nekrassow eingespurte selbstkritische Russland-Dichtung insgesamt. Das Ungenügen am Staat, das Mitleid mit dem unaufgeklärten und geknechteten Volk findet seine Bestätigung in der „dürftigen Natur" des Imperiums.

6

Die topographischen, vegetativen und auch ästhetischen Defizite der russischen Landschaft sind erst beim Übergang von der naturseligen Romantik zum kritischen Realismus in die Dichtung eingegangen. Erst der realistische Zugang zur gesellschaftlichen, wirtschaftlichen, politischen Wirklichkeit Russlands hat im mittleren 19. Jahrhundert bei manchen Autoren auch die Wahrnehmung der natürlichen Umwelt geschärft und dazu beigetragen, dass der Illusionismus idyllischer oder erhabener Landschaftsdarstellung abgebaut wurde.

Dieser Illusionismus war im Wesentlichen aus der Panegyrik des 18. Jahrhunderts erwachsen, aus der Petersburg-Dichtung einerseits, aus der offiziellen oder halboffiziellen Staatsdichtung andererseits. Das russische Naturgedicht bleibt seit den 1840er Jahren zumeist befangen im Zwiespalt zwischen Heimatliebe und Staatskritik, die öde und düstere Landschaft scheint Russlands heroische Vergangenheit ebenso zu dementieren wie dessen lichte Zukunft, und mehr als dies – sie wirft ihre Schatten auf die russische Alltagswelt, verdunkelt das kollektive russische Selbstverständnis ebenso, wie sie den einzelnen russischen Menschen, gleich welchen sozialen Stands, in der Grisaille untergehen lässt.

Das vielgerühmte „humanistische Pathos" der klassischen russischen Literatur erweist sich bei näherem Hinsehen als eine geradezu Potjomkinsche geistesgeschichtliche Fiktion. Diese verkörpert sich in lauter negativen (und gleichwohl populären) Helden, deren Nichtigkeit mit der Ödnis ihrer natürlichen beziehungsweise landschaftlichen Umgebung durchaus harmoniert. Man denke – beispielshalber – an die parasitären Gutsherren bei Gogol, Turgenew, Gontscharow, an die korrupten und intriganten Bürokraten bei Saltykow-Stschedrin, an die verkommenen Kaufleute und Unternehmer bei Ostrowskij oder Mamin-Sibirjak, an die kriminellen Charaktere bei Dostojewskij, an die wüsten Kleriker bei Leskow, an die verbiesterten Bauern bei Bunin oder Gorkij ...

Angesichts dieser Galerie von ebenso niederträchtigen wie unproduktiven Repräsentanten des Russentums, die auch durch vereinzelte (eben *nicht* repräsentative) Lichtgestalten wie Dostojewskijs Fürst Myschkin oder Tolstojs Platon Karatajew kaum kompensiert werden, haben manche Beobachter die „russische Seele" – wie die russische Landschaft – als eine unansehnliche Leerstelle erkannt. „Nun, wenn sie [die russischen Schriftsteller] die Wahrheit sagen, dann gibt es Russland eigentlich schon nicht mehr", meint dazu Wassilij Rosanow, „es sei denn als eine einzige leere Stelle, die bloß noch von einem ‚klugen Nachbarvolk' erobert werden muss, wovon einst Smerdjakow in [Dostojewskijs Roman] ‚*Die Brüder Karamasow*' geträumt hat."[20]

7

Durch die Gründung der „nördlichen Hauptstadt" Sankt Petersburg (1703), die unter anderem als „Palmyra des Nordens", als „nördliches Rom" oder „nördliches Eden" besungen wurde, rückte allgemein – in Abkehr von der früheren, mehr süd- und steppenorientierten Volks- oder Heldendichtung – der Norden in den Blickpunkt des geographischen Interesses.

Russland wurde nun weitgehend als nördliches Land identifiziert, der Süden bildete dazu bloß einen peripheren, oftmals bloß historischen Gegensatz (Byzanz, Rom) und der Osten (das asiatische Russland) fand für lange Zeit kaum noch Beachtung. Auffallend ist die Tatsache, dass durch die Petrinische Europäisierung der Westen in der russischen Dichtung nicht aufgewertet, sondern eher verdrängt wurde, was wohl dadurch zu erklären ist, dass man zwar westlichen Vorbildern folgen, dabei aber einen eigenständigen Weg gehen und sich als „Norden" gegenüber dem „Westen" profilieren wollte.

Wo Russland gesamthaft angesprochen und in die Dichtung eingebracht wurde, stand stets das Kriterium seiner territorialen, mithin auch seiner nationalen Größe als positiver Wert im Vordergrund. Die Unermesslichkeit und Grenzenlosigkeit des Landes konnten ohne Rücksicht auf seine landschaftliche Monotonie, seine zivilisatorische Zurückgebliebenheit und seine sozialen Missstände als weltweit einzigartig gefeiert werden. Doch kann Größe als solche, wenn sie lediglich benannt, nicht aber konkretisiert und sinnlich erfahrbar gemacht wird, keine eigene poetische Qualität gewinnen. Vom 18. bis ins 20. Jahrhundert wird Russlands geographische Ausdehnung dichterisch denn auch eher dürftig durch die Aufzählung von Orts- oder Flussnamen vor Augen geführt, wobei – wie im Märchen oder im Heldenepos – die fiktive Vogelperspektive vorgegeben wird, die einen gewissermaßen kartographischen Überblick ermöglicht, dabei aber die Landschaft so weit in die Ferne rückt, dass deren Besonderheiten nicht mehr wahrzunehmen sind.

Im mittleren 18. Jahrhundert hat Michajlo Lomonossow das Zarenreich auf diese Weise ausgemessen und darüber hinaus die globale Reichweite seines Ruhms festgehalten: „Von den Iberern bis zu den kurilischen Gewässern, | Vom ewigen Eis bis zu den Strömen des Nils, | Durch alle Völker und Länder | Fließt Euer [der kaiserlichen Hoheiten] angenehmer Ruf | Und versüßt manche Zungen | Wie duftender Weihrauch." Damit ist – eher als Wunschgedanke denn als Realität – Russlands geopolitische Ausstrahlung gemeint, während an anderer Stelle die tatsächliche Ausdehnung des Staatsterritoriums (wiederum ohne Berücksichtigung landschaftlicher Gegebenheiten) durch diverse geographische Bezeichnungen skizziert wird: „[…] Wie frohgemut doch heute Russland ist! | Es rührt an die Wolken | Und sieht kein Ende seiner Macht; | Gesättigt von lautem Ruhm | Lagert es inmitten von Wiesen." Lomonossow nennt die Flüsse Wolga, Dnepr, Newa, Don, Lena, Ob und Jenissej, die den russischen Kontinent vernetzen und dessen Felder fruchtbar machen, und er sieht das Land – die Mutter Erde – als anthropomorphe Gestalt, die ihre „Beine ausstreckt | In die Steppe, wo eine langgestreckte Mauer | China von uns [von Russland] trennt", und die sich im Südwesten „mit dem Ellenbogen auf die Kaukasus stützt".[21]

Bei Antioch Kantemir, einem namhaften Zeitgenossen Lomonossows, wird die Größe des russländischen Imperiums auf „fast die Hälfte des Erdenkreises" anberaumt – „von Riga bis zum äußersten Kap Kamtschatkas misst es nicht weniger als 175 Grad."[22] Größe wird hier wie auch anderswo durch die Ausdehnung des Territoriums zwischen West und Ost glaubhaft gemacht, während der Nord-Süd-Bezug außer Betracht bleibt.

8

In einer versifizierten Epistel *„An die Verleumder Russlands"* versucht mehr als hundert Jahre später auch Aleksandr Puschkin, die territoriale und implizit die historische Größe des russischen Vielvölkerstaats durch eine simple Aufzählung von Ortsnamen glaubhaft zu machen: „Ob es unserer zu wenig gibt? Oder erstreckt sich nicht von Perm bis Tauris, | Von den kalten finnischen Felsen bis zur glühenden Kolchis, | Vom erschütterten Kreml | Bis zur Mauer des unverrückbaren China | Mit ihrem funkelnden Harnisch | Die russische Erde? …"[23] Nicht nur von der russischen – von der „slawischen Erde" insgesamt ist etwa gleichzeitig auch bei Fjodor Tjuttschew in einem langen Gedicht die Rede, wo es u. a. heißt: „Berge, Steppen und Gestade | Hat ein wundersamer Tag erhellt, | Von der Newa bis

Montenegro, | Von den Karpaten bis zum Ural. || Über Warschau tagt es, | Kijew tat die Augen auf, | Und mit dem goldhäuptigen Moskau | Ist Wyschegrad im Gespräch!"

Und ein knappes Jahrzehnt danach entsteht Tjuttschews exemplarisches Gedicht „*Die russische Geographie*", in dem sich Didaktik und Prophetie auf eigenartige Weise verbinden und das den Leser gleichsam zu einem *tour d'horizon* auf der Landkarte einlädt: „Moskau und Peters Stadt und die Stadt Konstantins – | Das sind die geheimen Kapitalen des russischen Reichs ... | Doch wo ist dessen Rand, wo liegen seine Grenzen – | Zum Norden hin, zum Osten, zum Süden und zum Westen? | Künftigen Zeiten wird das Schicksal sie entdecken ... | Sieben Binnenmeere und sieben große Flüsse ... | Vom Nil zur Newa, von Elba bis China, | Von der Wolga zum Euphrat, vom Ganges zur Donau ... | Das ist das Russenreich ... und es wird nicht vergehn in Ewigkeit, | Wie der [heilige] Geist es vorgesehen und Daniel es prophezeit hat."[24] – Die russische Geographie wird hier – typographisch unterstützt durch zahlreiche raumschaffende Markierungspunkte – zu einem Weltreich erweitert, sie soll nicht nur messianischen, sondern auch imperialen Erwartungen angepasst werden, der Landschaftsraum bleibt ausgeblendet zu Gunsten historischer Koordinaten (Moskau, Rom, Byzanz) und wird ersetzt durch ein weitläufiges Netz von Flüssen, die zugleich sein regionales Raster und seine vorbestimmte beziehungsweise angestrebte geopolitische Ausdehnung markieren.

Ganz ohne derartige onomastische Koordinaten kommt Iwan Nikitin aus, wenn er Russland – fast gleichzeitig mit Tjuttschew – in einem patriotischen Langgedicht in seiner territorialen und geschichtlichen Größe Revue passieren lässt. Nikitin bietet Himmel und Wolken, Flüsse und Meere, Steppen und Eiswüsten, Gewitter und Stürme auf, um sein Land, das er „rechtgläubige Heimat" und „Mutter-feuchte-Erde" nennt, als eine eigenständige, in kosmische Dimensionen ausgreifende Welt vorzuführen. Örtlichkeiten – Städte, Flüsse, Landschaften – werden nicht eigens genannt und auch nicht beschrieben, Russland selbst erscheint unter dem Namen der alten Kijewer Rus (*Rus*), ansonsten begnügt sich Nikitin, durchweg klischeehaft, mit allgemeinen Begriffen und nichtssagenden Epitheta (Himmel und Meer sind wie üblich „blau"), um den grenzenlosen russischen Raum zu umschreiben: „Unter dem großen Zelt | Der blauen Himmel erstreckt sich – | Ich sehe es – die grünliche | Ferne der Steppen. || Und an ihren Rändern, | Höher als die dunklen Wolken, | Stehen als Giganten | Die Ketten der Berge. || Durch die Steppen eilen | Die Flüsse zu den Meeren, | Und nach allen Seiten | Führen die Wege. || Ich blicke nach Süden: | Reife Fluren, | dichtes Ried, | Sie wiegen sich leise; || Wie ein Teppich | Breitet sich das Wiesengras, | Die Trauben in den Weingärten | Schwellen an. || Ich blicke nach Norden: | Dort, in öden Wüsteneien, | Wirbelt flink der Schnee | Wie weißer Flaum; | Es reckt die Brust | Das blaue Meer. | Und Berge von Eis | Ziehen über das Meer; | Und die Brunst der Himmel | Erleuchtet als heller Schein | Die Finsternis, | Die undurchdringliche ... || Das bist du, mein | Mächtiges Russland, | Meine rechtgläubige | Heimat! || Weit bist du, Russland, | Hast dich ausgebreitet | In herrscherlicher Schönheit | Über das Antlitz der Erde!"

Nikitin präsentiert Russland als ein „weites Feld (*čistoe pole*), | Wo kühner Freiheitsdrang | Seinen Auslauf findet". Alle positiven Qualitäten dieses ebenso mächtigen wie weitläufigen Imperiums haben mit seinem territorialen Raum zu tun, der unweigerlich zu globaler Ausdehnung tendiert. Dafür stehen Gegebenheiten und Eigenschaften wie „groß", „hoch", „weit", „Ferne", „Auslauf", „Kräfte", „Giganten" u. a. m. Demgegenüber wird der Mensch zur Ameise, schart sich zu einem wimmelnden Volk, das uneigennützig dem Vaterland zudient und es gegen alle Angriffe von außen schützt. Es erstaunt nicht, dass bei Nikitin der Westen ausschließlich als die Himmelsrichtung ausgewiesen wird, aus der „eine dunkle Wolke" – ungenannt: Napoleon – über Russland kam, um es zu erdrücken. Doch der Zar braucht bloß mit einem Wort das Volk zu mobilisieren, auch „Kinder, | Greise und Frauen", um die ungebetenen Gäste beim „blutigen Mahl" zu vernichten, die überlegene französische Armee nicht anders als einst die Tatarenhorden oder die Deutschritter. Russlands Ruhm besteht denn auch darin, jenes „blutige Mahl" immer wieder siegreich zu Ende gebracht zu haben: „Und in den hintersten Steppen, | Unter Schneewehen, | Legten sich die Gäste | Schlafen für immer." So kann Nikitin seine Heimat umdeuten in ein paradiesisches Reich, in dem Milch und Honig fließen und das weithin Ansehen genießt: „Über die grauen Meere, | Aus fernen Ländern | Fahren die Schiffe heran, | dich [Russland] zu ehren. || Und die Felder blühen, | Die Wälder rauschen, | Und in der Erde lagert | Haufenweise Gold."[25]

Auch in diesem engagierten und höchst populären Heimatgedicht aus dem Jahr 1851, das von Russlands katastrophaler Niederlage im Krimkrieg noch nichts zu ahnen scheint, übernimmt die durchweg unspezifische, als Panorama entfaltete Landschaft lediglich eine Kulissenfunktion, die den tatsächlichen russischen Naturraum auf ein paar wenige topographische Angaben reduziert – kalter Norden, warmer Süden, feindlicher Westen, Gebirgsketten am Rand des Staatsgebiets, endlose Steppen, Felder, Wälder.

9

Wiewohl Iwan Nikitin, entgegen aller Evidenz, ein positives Russlandbild vorgibt, fällt auf, wie oft in seinem vielstrophigen Gedicht finstere Wolken, bedrohliche Stürme, nächtliches Dunkel, öde Wüsten, eisige Kälte Erwähnung finden, lauter Einzelheiten, die durch ein paar wenige geschönte (südliche) Motive keineswegs aufgehoben werden und die eigentlich nicht in ein patriotisches Gedicht passen. Doch eben solche negative Qualitäten zeichnen das russische Naturgedicht des mittleren und späten 19. Jahrhunderts aus, besonders dort, wo es zur sozialkritischen Metapher wird – die eintönige oder „graue" Landschaft dominiert, Regen, Nebel und Schneetreiben, Kälte, Feuchtigkeit und Dreck sind rekurrent und bilden einen krassen Gegensatz zur minderheitlichen Adelspoesie (Afanassij Fet, Apollon Majkow, Aleksej Tolstoj) und deren lichtvoller Idyllik, die selbst den Nachthimmel sanft erstrahlen lässt im Mond- und Sternenschein.

Auch wenn es zu dieser Art von Poesie eine durchaus reale Entsprechung gab, nämlich die theatralisch in Szene gesetzten und entsprechend genutzten Gutshöfe des vermögenden Stadtadels, muss sie, da ihr Gegenstand stets eine Ausnahmeerscheinung geblieben ist, als idealistisch, ja als utopisch gelten.[26] Denn mit der Natur waren die adligen Gutsherren sowie deren Familien und Gesinde jeweils nur vorübergehend in der Sommerzeit konfrontiert, wenn sie aus ihren Stadtpalästen oder aus dem Ausland ihre Landgüter besuchten. Für kurze Zeit traten sie damit in eine theatralisierte Welt ein, in der sie sich anders kleideten und verhielten als in der üblichen städtischen Umgebung. Die Landhäuser waren oft in fremdländischem (etwa holländischem, chinesischem) Stil gebaut und entsprechend eingerichtet, die Gärten oder Parks wurden bald in strenger Ordnung, bald auf romantische Art (mit künstlichen Höhlen, Ruinen usw.) angelegt, und diesen äußeren Strukturen passte man nicht zuletzt auch die Lektüre, die Kunstgegenstände, die Hausmusik an (*siehe* Abb. S. 154ff.).

Den aber weithin vorherrschenden dunklen Kammerton markieren Verse wie diese (aus Puschkins „*Jewgenij Onegin*"): „Schau dir die Aussicht an: armselig aufgereihte Hütten, | Dahinter schwarze Erde, eine Ebene mit leichtem Gefälle, | Darüber ein dichtes Band von grauen Wolken." – „Am Himmel gräuliche Wolken, | Vor dem Dreschplatz Haufen von Stroh ..." – „Dreck, Nieselwetter, | Herbstlicher Wind, schütterer Schnee ..." Oder (aus „*Winterreise*"): „Durch Nebelwogen | Dringt der Mond, | Auf die tristen Waldwiesen | Gießt er trist sein Licht. | [...] | Ach, Nina, wie langweilig ist mein Weg, | Im Dösen ist der Kutscher verstummt, | Eintönig ist das Geläut, | Eingenebelt das Mondgesicht." – „Das Tal im Nebel, die Luft ist feucht, | Eine Wolke steht vor dem Himmel, | Die trübe Welt schaut gramvoll aus, | Und grämlich heult der Wind." (Nikolaj Ogarjow) – „Langweiliges Bild! | Wolken ohne Ende, | Regen strömt und strömt, | Pfützen vor dem Hauseingang ... || Die welke Eberesche | Unterm Fenster trieft; | Der Weiler in der Ferne | Ist wie ein gräulicher Punkt." (Aleksej Plestschejew) – „Unendlich monoton und kümmerlich | Sind all diese Weiden, Fluren und Wiesen, | All diese durchnässten verschlafenen Dohlen, | Die hoch auf dem Heustock hocken ..." (Nikolaj Nekrassow) – Die Landschaft ist bar alles Erhabenen und Erhebenden, das Bild, das sie bietet, wirkt im Gegenteil bedrückend und lässt weder private noch patriotische Hochgefühle aufkommen: „Der Geist stumpft ab, die Brust wird schwach, | Das Gefühl erstarrt in diesem Dunkel ..." (Jakow Polonskij)[27]

Die russische Erde erweist sich als so „kümmerlich" (*skudnyj*), die russische Landschaft als so „eintönig" (*unylyj*), dass sie auch der dichterischen Erschließung weitgehend entzogen bleibt. Da sie zu ihrer Darstellung kaum Stoff und wenig Varianten bietet, halten sich die Autoren im allgemeinen eher an – zumeist düstere – Stimmungen oder an meteorologische Phänomene wie Bewölkung, Regen, Gewitter, Schneefall, die das graue Gesamtbild zwar nicht bunter machen, ihm aber eine gewisse Dynamik verleihen, ohne freilich die Landschaft als solche adäquat zu erfassen.

Jewgenij Baratynskij und Fjodor Tjuttschew haben der eintönigen russischen Natur je besondere Dimensionen abgewinnen können, dieser durch ihre Erweiterung ins Kosmische und Metaphysische (der Himmel als Abgrund, die Nacht als apokalyptische Finsternis), jener durch ihre Psychologisierung (in Analogie zu innerer Leere, existentieller Einsamkeit), doch beide Autoren – sie gehören zu den herausragenden Naturdichtern russischer Sprache – sind weniger an der real gegebenen Landschaft interessiert als vielmehr an ihrer Brechung, mithin auch an ihrer Verfremdung durch das lyrische Ich (bei Baratynskij) beziehungsweise an ihrer abstrahierenden Erweiterung ins Allgemeine und Metaphorische (bei Tjuttschew).

Eine singuläre Sonderstellung nimmt in diesem Zusammenhang Fürst Pjotr Wjasemskij ein, der es sich in einem seiner Naturgedichte angelegen sein lässt, ein prachtvolles, nicht eben russisch wirkendes Landschaftspanorama zu entwerfen, das er dann aber, statt es zu belobigen, zum Anlass einer existentiellen Klage nimmt: „Ich brauche freie weite Luft, | Hier der Schatten im Gehölz, dort das ferne Firmament, | Das seinen lasurnen Brokat ausspannt, | Wiesen und Mahd, Hügel, ein tiefer Abgrund | Mit einem Pfad, der zur eiskalten Quelle führt, | Und Stille, und Süße eitler Zärtlichkeit, | Und Tag für Tag ein stetes Einerlei: | Ich bin des Lebens müde – will erstarren in der Kälte."[28] Die abrupte Wende im letzten Vers, der das Idyll unversehens in ein Jammertal verkehrt, ist ein genialischer Kunstgriff, der nicht nur Wjasemskijs eigenes ambivalentes Verhältnis zur Natur herausstellt, sondern auch das der russischen Poesie zur Landschaft.

Selbst dort, wo sich die Natur dem Dichter in ihrer Schönheit und in ihrem Reichtum offenbart, wird sie ihm zum Anlass tiefer Zerknirschung, so als wäre sie zu schön, um real zu sein.

10

Nur ein paar wenige Naturobjekte sind der typisch russischen Landschaft zuzuordnen. Dazu gehören die Felder, Steppen, Wüsten, Wälder, die ihre Weite und Flächenhaftigkeit ausmachen, die Flüsse, welche die unabsehbaren Ebenen mäandrisch durchmessen, der ungewöhnlich tief liegende Horizont und der entsprechend hohe Himmel, der in aller Regel den Großteil des Gesichtsfelds einnimmt.

Weit weniger typisch sind für die russische Landschaft Gebirge und Meere, weil diese nicht als deren integrale Bestandteile wahrgenommen werden, sondern als natürliche Grenzen des Staatsterritoriums. Das gilt selbst für den Ural, der sich als breites Rumpfgebirge zwischen der osteuropäischen und der westsibirischen Tiefebene über viele hundert Kilometer in nordsüdlicher Richtung vom Bajdarazkij-Golf bis zum kasachischen Tiefland wie ein Wall quer durch ganz Russland erstreckt und der denn auch als Grenze zwischen West und Ost, zwischen dem „europäischen" und dem „asiatischen" Russland gesehen wird, obwohl er sich an kaum einer Stelle über 1500 m erhebt. Der Kaukasus wiederum und der Altaj, die gewaltigen Gebirgszüge im Süden, sind der ebenen russischen Landschaft noch weiter entrückt – sie bilden nicht nur eine Grenze, sie gelten eigentlich als Fremdgebiet, als ethnische, religiöse, kulturelle Enklaven, die sich vegetativ und topographisch geradezu spektakulär vom überwiegend flachen Kernland abheben.

Doch eben diese fremden oder befremdlichen Grenzterritorien Russlands sind es, die der dichterischen (wie übrigens auch der bildnerischen) Aufarbeitung die attraktivsten Sujets darbieten, und tatsächlich ist es so, dass die südlichen Gebirgslandschaften spätestens seit ihrer gewaltsamen Annexion im 19. Jahrhundert für die russische Naturpoesie zu einer wichtigen Inspirationsquelle und gleichzeitig zu einer höchst attraktiven exotischen Alternative gegenüber den „grauen", „einförmigen", „langweiligen" Landschaften der nordwestlichen und zentralasiatischen Tiefebenen Russlands werden.

Beleg dafür sind, unter anderem, die sogenannten „südlichen Gedichte" Aleksandr Puschkins und Michail Lermontows, an die noch im 20. Jahrhundert u. a. Ossip Mandelstam, Sergej Jessenin und Boris Pasternak haben anknüpfen können. Die kontrastive Bevorzugung „südlicher Motive", eingelassen ins Fluidum betörender Farben und Düfte, war eine Möglichkeit, die ästhetischen Defizite der russischen Landschaft auszugleichen, ja vergessen zu machen;[29] die andere, weit häufiger und variabler genutzte Möglichkeit bestand darin, nach unterschiedlichsten Vorbildern oder Vorstellungen Ideallandschaften zu entwerfen, welche die „dürftige Erde" Russlands ausblenden, sie überstrahlen sollten.

So kann etwa Aleksandr Puschkin – ein Beispiel stehe hier für viele – sein großes Gedicht über das ländliche Russland mit einem geradezu triumphalen Auftakt versehen, der ein unscheinbares *„Dorf"* (so der Titel des Werks) als arkadisches Paradies erstehen lässt: „Dir gilt mein Gruß, du abgelegner Winkel, | Du Zuflucht der Ruhe, des Tuns und der Inspiration, | Wo sich der unsichtbare Strom meiner Tage ergießt | Im Schoß des Glücks und des Vergessens." In wundersamer Folge lässt Puschkin die Schönheiten des bäuerlichen Russland, idealisiert durch die gutsherrliche Optik, eine nach der andern in

Erscheinung treten – Wiesen und Haine, Fluren und Bäche, in der lichten Landschaft verstreute Häuschen und Mühlen ... – „erhabene Einsamkeit", die sich dann unversehens als ein Ort der Verdammnis und der Unterdrückung erweist, wo die Menschen, ob jung oder alt, *einer* großen „Hoftruppe von grausam missbrauchten Sklaven" angehören.

Zwar konterkariert Puschkin die landschaftliche Schönfärberei durch den abschließenden Hinweis auf die sozialen Missstände in jenem idyllischen „abgelegenen Winkel", doch die reale ärmliche Natur der flachen nordwestrussischen Landgebiete, um die es hier geht, lässt seine idealisierte Darstellung unberührt. Die Schönheit der heimatlichen russischen Landschaft ist bloße Inszenierung, ist gewollte positive Verfremdung, damit um so krasser das soziale Malaise sich davon abhebe.[30]

Von ähnlich gestellter Schönheit ist die russische Landschaft bei Puschkins jüngerem Zeitgenossen Aleksej Kolzow, mit dem Unterschied freilich, dass sich dieser nicht der gutsherrlichen, sondern der bäuerlichen Optik bedient und sein lyrisches Ich oft in der stolzen Gestalt eines Landwirts (der Herr und Knecht in einem sei) auftreten lässt. Der „abgelegene Winkel" ist hier ein Ort hochgemuter, ja heroischer Feldarbeit, Fluren und Wälder rauschen unentwegt, die „liebe Sonne" scheint, die Welt – die kleine, hiesige ebenso wie die große, ferne – ist in Ordnung und wird nur selten überschattet von einer schweren schwarzen Wolke, welche von Unwettern und noch schlimmerem Ungemach kündet. Das Idyll wird also auch hier, wiewohl nur ganz diskret, relativiert, die scheinbar heile bäuerliche Welt ist da und dort unschön verschattet. So heißt es in einem vielstrophigen volksliedartigen „*Ernte*"-Gedicht von Kolzow: „Der Tag ist aufgeflammt | Im Feuer der Sonne, | Der Nebel hat sich abgehoben | Höher als der Berge Scheitel; || Wo er sich verdichtet hat | Zu einer dunklen Wolke; | Die dunkle Wolke | Verfinstert sich, || Verfinstert sich, | Als würde sie nachdenklich, | Als entsinne sie sich | Ihrer Heimat ..."[31] Den zeitgeschichtlichen Hintergrund zu Kolzows heiteren Landschafts- und Landwirtschaftsgedichten bildete die düstere Wirklichkeit der nikolajitischen Reaktion; aus Zensurgründen konnten systemkritische Aussagen lediglich anspielungsweise riskiert werden, was oftmals – wie hier bei Kolzow – durch die Evokation bedrohlicher Naturereignisse geschah.

Anders als Puschkin, anders auch als Kolzow verfährt Michail Lermontow, wenn er in einem populären „*Heimat*"-Gedicht seine Bedenken und schlimmen Ahnungen einem hellen Landschaftsbild voranstellt, das auf der Folie düsterer Skepsis und „seltsamer Liebe" um so bunter aufscheint: „Doch liebe ich – wofür, ich weiß es selber nicht – | Das kalte Schweigen ihrer [der Heimat] Steppen, | Das Wogen ihrer uferlosen Wälder, | Die Schlaufen ihrer Flüsse, die wie Meere sind; | Gern holpere ich im leichten Wagen über einen Feldweg | Und begegne beiläufig, langsam mit dem Blick den Nachtschatten durchdringend | Und nach einem Nachtlager seufzend, | Den Lichtern der trostlosen Dörfer; | Ich liebe den Rauch der brandgerodeten Felder, | Den durch die Steppe wandernden Tross | Und auf dem Hügel inmitten gelber Fluren | Das blinkende Birkenpaar. | [...]."[32]

11

Noch eine Variante bietet Nikolaj Ogarjow, wenn er in einem kurzen Landschaftsgedicht „Mütterchen Wolga" anspricht, deren unaufhaltsamen kraftvollen Lauf er mit der russischen Geschichtsentwicklung vergleicht, um einerseits auszubrechen aus dem üblichen (zyklischen oder organismischen) Geschichtsverständnis und um anderseits einen unumkehrbaren progressiven Geschichtsbegriff auf metaphorischer Ebene einzuführen. Daraus ergibt sich weniger ein Landschafts- oder Heimatgedicht als vielmehr ein politisches Programm in lyrischer Verbrämung: „Mein Geburts- und Heimatland, | Groß sind deine Leiden, | Doch gibt es eine Macht, die unüberwindbar ist, | Und so sind wir voller Zuversicht. || Nie werden zarische Dekrete | Russlands jugendliche Kräfte brechen, – | Weder durch tatarische Gutsherren, | Noch durch deutsche Bürokraten. || Niemals wird Mütterchen Wolga, | Die ausgelassene, ihre Wogen rückwärts wälzen, | Und so wird auf glücklichem Pfad | Das freie Russland vorwärts stürmen!"[33]

Dieses progressive Geschichtsverständnis bleibt jedoch, in der Poesie wie in der Publizistik, auf die linke Intelligenz beschränkt und wird von der Mehrheit der Autoren zwischen 1850 (Krimkrieg) und 1917 (Revolution) nicht geteilt. Gerade im Hinblick auf die Natur und angesichts der jahreszeitlich sich verändernden Landschaft drängt sich eine zyklische Zeitvorstellung auf, die von der Wiederkehr des Gleichen geprägt ist. Solche Wiederkehr kann positiv als stetige Erneuerung begriffen werden, negativ als „reaktionäres" Treten am Ort.

Der Zyklus als historisches und lebensgeschichtliches Modell hat besonders um die Wende vom 19. zum 20. Jahrhundert die philosophische und dichterische Imagination beschäftigt – zahlreiche Beispiele dafür finden sich, als Motiv der Dekadenz, im poetischen Werk von Minskij, Mereshkowskij, Gippius, Blok, Sologub, Balmont. „Die Seligkeit liegt darin", heißt es bei Nikolaj Minskij, „dass es völlig gleichgültig ist, | Auf welchem Weg wir gehn ..." Oder bei Aleksandr Blok: „Das Leben ist ohne Anfang und Ende. | Auf uns alle lauert der Zufall."[34]

Doch solch künstliche Naturbilder, seien sie nun heroisch oder idyllisch, antikisch oder utopisch inszeniert, sind rein literarische, oft klischeehaft montierte Konstrukte ohne authentischen Bezug zu realen russischen Landschaften – authentisch ist in solchen Fällen bestenfalls der Bezug zur „russischen Idee", also eher das ideologische Engagement denn ein echtes Interesse an der Natur und deren landschaftlicher Gestalt. Im hier vorgegebenen Zusammenhang brauchen aber Gedichte dieser Art – obwohl sie die russische Naturpoesie insgesamt deutlich dominieren – nicht weiter berücksichtigt zu werden.[35]

Im Vorfeld der Oktoberrevolution von 1917 wird Welimir Chlebnikow Russland als einen „erweiterten Kontinent" charakterisieren, der permanent über seine eigenen Grenzen hinauswächst, und der Bauerndichter Nikolaj Kljujew vernimmt „vom Baikal bis zur warmen Krim" das Rauschen des russischen „Roggenozeans".[36] Doch auch hier scheint es kein Interesse an der russischen Landschaft in ihrer topographischen Gestalt und vegetativen Gliederung zu geben – vorrangig sind einerseits die geschichtliche und die kontinentale Größe Russlands, andererseits dessen geopolitische Perspektiven.

Gesamthaft fällt auf, wie gering das Interesse (oder die Fähigkeit) der meisten russischen Dichter ist, reale Landschaften darzubieten und sie mit regionalem Kolorit, passenden Requisiten, authentischer Flora und Fauna auszustatten. Es macht den Anschein, als hätte das Naturgedicht in Russland lediglich die bisher genannten Register zur Verfügung, nämlich die Stereotypie der idealen Park- oder Stadtlandschaft, die in krassem Gegensatz steht zur Leere, Kälte und Düsterkeit des russischen Naturraums; den politisch motivierten Aufzählvers, der geographische Koordinaten, und nicht landschaftliche Qualitäten benennt; schließlich den kruden Realismus, der die Trostlosigkeit der natürlichen Umwelt mit sozialer oder persönlicher Misere zusammendenkt und sie oft ins Apokalyptische steigert.

Die Blickschärfe und Detailtreue, wie man sie etwa in der deutschen Dichtung bei Albrecht von Haller, Johann Wolfgang von Goethe, Joseph von Eichendorff, Eduard Mörike, Annette von Droste Hülshoff, Rainer Maria Rilke oder Wilhelm Lehmann am Werk sehen kann, findet bei kaum einem russischen Autor eine Entsprechung. Wohl nur Afanassij Fet, der herausragende Goethe-Übersetzer und eigenständige Verskünstler, hat dem russischen Naturgedicht eine vergleichbare Tiefenschärfe und Wirkungskraft verliehen, freilich nicht in künstlerischer Auseinandersetzung mit der „dürftigen Erde" und der unansehnlichen ebenen Landschaft, sondern mit gepflegten Landgütern, Parkanlagen und Gärten, die er vorzugsweise bei silbernem Mondlicht oder unter glitzerndem Schnee darstellt, sowie mit dem ewig bewegten, stetig sich wandelnden Meer.

Von Fet gibt es ein kurzes unspektakuläres Gedicht, das ohne alle landschaftlichen Spezifika auskommt, ein Gedicht, das einzig durch Erwähnung der „Ebene" und eines „Schlittens" an Russland denken lässt, ansonsten aber eine Naturseligkeit, eine Innigkeit zur Sprache bringt beziehungsweise Sprache werden lässt, die nur mit *„Ein gleiches"* von Goethe und dessen kongenialer Übersetzung durch Lermontow zu vergleichen ist; in deutsche Prosa übertragen, bleibt vom Landschaftszauber kaum etwas übrig – übrig bleiben lediglich die in jeder Sprache benennbaren Komponenten des „wundersamen Bilds", das die Natur für Fet darbietet: „Wundersames Bild, | Wie bist du mir vertraut: | Weiße Ebene, | Voller Mond. || Das Licht der hohen Himmel, | Dazu der glitzernde Schnee | Und eines fernen Schlittens | Einsame Fahrt."[37]

12

Statt nun aber weitere Einzelbeispiele aus dem ungemein reichen Gesamtbestand russischer Naturgedichte[38] anzuführen und zu analysieren, soll hier bloß noch übersichtsweise auf einige repräsentative Besonderheiten dieses lyrischen Genres verwiesen werden, und zwar auf die am häufigsten vorkommenden *Naturobjekte* und *-phänomene*.[39]

Vorab ist zu sagen, dass *kulturelle* beziehunsweise *zivilisatorische* Requisiten in der russischen Landschaftspoesie eine durchweg untergeordnete Rolle spielen. Rekurrent sind die Bauernhütte (*izba*) sowie das Stadt- und das Landhaus (*dom, usad'ba*), das Dorf (*derevnja, selo*), die Kirche (*chram, cerkov*). Städte werden mit Ausnahme Moskaus, Petersburgs und Kijews kaum genannt, auch die Stadt als solche – im Gegensatz zum Dorf oder zum Land – findet kein nennenswertes Interesse.

Der geographische Raum erweist sich in der Dichtung entsprechend den physischen Realitäten als relativ schwach strukturiert. Städte als Koordinaten fehlen weitgehend; auch Regionen (landschaftliche wie administrative) werden kaum genannt, viel eher ist in unspezifischer Weise die Rede von Flachland, freiem Feld, weitem Raum oder von Vegetationszonen wie Schwarzerde, Steppe, Wald.

Weit mehr Interesse als die Landschaft oder die Region findet „die Erde", begriffen als Grund und Boden. Obwohl als die typische russische Landschaft das Flachland zu gelten hat, sind im Naturgedicht auch Berge und Felsen und Schluchten weithin präsent, dies allerdings vorzugsweise im Hinblick auf den Kaukasus und die Krim. Fast gänzlich fehlen Hügel, Haine, Seen, schmale und schnelle Bäche, Naturobjekte mithin, die in Mittel- und Westeuropa zur landschaftlichen Normalität gehören, während sie in Russland keine merkliche Präsenz haben und deshalb auch in der Dichtung wenig Beachtung finden, es sei denn als Versatzstücke idyllischer Phantasielandschaften oder als Realien in Reise- und Erinnerungsgedichten aus Italien, Frankreich, Deutschland.

Häufig kommen im russischen Landschaftsgedicht Gewässer vor, am häufigsten „das Meer" (*more, okean*) und fast so häufig Flüsse, doch diese wie jenes werden nur selten namentlich bezeichnet (Wolga, Don, Dnepr, Newa; Schwarzes Meer, Ostsee), Quellen und Wasserfälle (wie auch Brunnen als deren kulturelles Äquivalent) bleiben – in markantem Unterschied zur deutschen oder französischen Naturdichtung – Ausnahmeerscheinungen.

Umso prominenter sind hier aber der Sumpf, die Pfütze, die Schwemmwiese u. ä. m. vertreten. Die auffallende poetische Präsenz des Meers, das ja in Wirklichkeit – abgesehen vom Schwarzen Meer – nur in schwer zugänglichen und entsprechend dünn besiedelten Randgebieten des Imperiums überhaupt erreichbar ist, mag dadurch zu erklären sein, dass vielfach das ausgedehnte russische Flachland mit seinen endlosen wehenden Wäldern, Feldern und Steppen einem bewegten Meer zu gleichen scheint.

Typologisch steht mit weitem Abstand die öde, leere, trostlose, feuchte, kalte Landschaft im Vordergrund, sekundiert von gefährlichen, abschreckenden, Furcht einflössenden, unheimlichen (oder geheimnisvollen) Landschaften; diesem dominanten, fast ausschließlich negativ konnotierten Typus steht die ideale beziehungsweise ideologische Landschaft gegenüber, wie man sie aus religiösen, panegyrischen, patriotischen Dichtungen kennt. Dem Vorrang der eintönigen und düsteren Landschaft entspricht deren zeitliche Festlegung – Herbst und Winter sind die weitaus am häufigsten eingesetzten Jahreszeiten, nur selten wird das russische Naturgedicht auf den Sommer bezogen.

Bei den Tageszeiten gilt denn auch das Hauptinteresse dem Abend und der Nacht, während Morgen, Mittag oder Nachmittag im Rahmen des Landschaftsgedichts wenig Interesse wecken. Die Bevorzugung der dunklen Tages- und Jahreszeiten wird bestätigt dadurch, dass Sterne, Mond, Kometen insgesamt viel öfter genannt werden als die Sonne; bemerkenswert häufig (viel häufiger als der Himmel schlechthin) kommen Wolken, Nebel, Dunst, Rauch, Regen, Schnee und dramatische Luftbewegungen vor (Gewitter, Sturm- und Wirbelwinde, Schneetreiben).

Im Bereich der Pflanzenwelt dominieren klar die Bäume (allen voran die Birke, die Föhre, die Tanne), zusammen mit landwirtschaftlichen Kulturpflanzen (allgemein Getreide, primär Roggen), wohingegen Blumen – die Rose ausgenommen – kaum Interesse finden. Mit den gegensätzlichen Dominanten Baum und Feld (Ebene) wird auf den für die russische Landschaft vorrangigen Wechselbezug von Vertikale und Horizontale verwiesen. Oft korrespondiert der Baum, den Horizont durchbrechend, im Vertikalbezug mit der Wolke und bildet so die senkrechte Achse zum Horizont – ein Phänomen, das auch in der russischen Landschaftsmalerei seine Ausprägung gefunden hat.

13

Dass die hier angeführten landschaftlichen und vegetativen Dominanten von Epoche zu Epoche wie auch im Vergleich der jeweilgen Personalstile differieren oder sich verschieben können, bedarf keiner weiteren Erklärung. Jedoch sei zur Präzisierung hingewiesen auf einige repräsentative Naturdichter (seit dem 18. Jahrhundert) und auf deren regionale Präferenzen innerhalb Russlands. Diese waren in der Zeit vor Puschkin äußerst eingeschränkt, zumal im Vergleich mit dem internationalen geographischen Einzugsgebiet.

Für Michajlo Lomonossow, Aleksandr Sumarokow und Gawrila Dershawin, deren wegweisendes dichterisches Schaffen ins mittlere und späte 18. Jahrhundert fällt, waren einzig die großen Gebirgszüge (Ural, Kaukasus) von Interesse, die ausgedehnten russischen Tiefebenen und damit der Großteil des Staatsterritoriums blieben völlig ausgeblendet, so dass man hier mit einem durchaus inkongruenten poetischen Russlandbild konfrontiert ist, das sich ausschließlich bei Besonderheiten aufhält, das Typische, das Gewöhnliche jedoch unberücksichtigt lässt.

Bei Lomonossow werden außer den Gebirgen nur noch die Städte Petersburg („Petropolis") und Moskau sowie die Flüsse Dnepr, Don und Wolga in die poetische Landschaft einbezogen. Noch zurückhaltender ist Sumarokow, der zur geographischen Vergegenwärtigung Russlands lediglich ein paar größere Städte zwischen Petersburg, Moskau und Kijew namentlich erwähnt und außerdem auf die Halbinsel Krim und die Moldau verweist. Bei Dershawin bleibt Russland überhaupt auf die beiden Gebirgsriegel beschränkt, die das Gebiet zwischen Ural-Fluss und Bug eingrenzen; die periphere Hauptstadt Petersburg wird hier als Zentrum ausgewiesen, während umgekehrt das im europäischen Russland eingemittete Moskau nur noch marginal wahrgenommen wird.

Noch radikaler wird der russische Raum im frühen 19. Jahrhundert bei Jewgenij Baratynskij verknappt, der ansonsten China und Afrika, Britannien, Italien und Griechenland in seine dichterische Welt einbezieht – die geographischen Koordinaten seiner Heimat beschränken sich auf Finnland (seit 1809 unter zaristischer Verwaltung), das alte Moskau und das Schwarze Meer. Erst Aleksandr Puschkin, zu dessen dichterischer Welt auch der Nahe und Ferne Osten, der indische Subkontinent und Afrika gehören, entwickelt ein umfassendes Russlandbild, das das gesamte damalige Staatsgebiet von Polen, Ukraine und Bessarabien via Sibirien bis zum Pazifik umschließt, das Moskau und Petersburg, aber auch Nowgorod und Kasan, Poltawa und Odessa gleichermaßen mit einbezieht, das aber im Kaukasus (mit Kasbek, Arsrum, dem Terek-Fluss) und auf der Krim (mit Bachtschissaraj, Jursuf, Schwarzem Meer) eine besonders intensive kartographische Einfärbung gewinnt.

Demgegenüber greift Puschkins Zeitgenosse Michail Lermontow wieder auf die dichterische Karte des 18. Jahrhunderts zurück – bei ihm ist der russische Raum erneut durch den Ural und den Kaukasus eingegrenzt, bezieht aber auch Litauen und Kleinrussland mit ein. Der Kaukasus ist bei Lermontow regional besonders stark differenziert (Georgien, Dagestan, Tschetschenien, Tscherkessien) und tritt als Brücke zwischen Schwarzem und Kaspischem Meer in Erscheinung. Auffallend ist die völlige Absenz der Hauptstadt Petersburg und überhaupt die geringe Bedeutung russischer Städte, von denen einzig Moskau, Nowgorod und Poltawa nennenswerte Präsenz haben.

Auch Fjodor Tjuttschew begnügt sich als Dichter mit ein paar Teilstücken des europäischen Russland. Die von ihm evozierten kärglichen Landschaften werden geographisch nicht näher bestimmt, außer Polen, dem Ural und dem Kaukasus wird keine andere russische Region dichterisch vergegenwärtigt, Petersburg („Peters Burg") bleibt marginal, wichtiger sind für Tjuttschew die Städte Moskau, Kijew, Wilno, Warschau.

Ein ausgewogenes, alle Regionen und viele Städte berücksichtigendes Russlandbild entwirft in der Folge der „demokratische" Dichter Nikolaj Nekrassow, der nun deutlich über Puschkin hinausgeht und auch die Orenburger Steppe sowie das Altaj-Gebirge mit einbezieht. Für Nekrassow wird die Wolga gewissermaßen zum Rückgrat Russlands, ihr entlang lässt er zwischen Kostroma und Astrachan manche Station Revue passieren, darunter die Städte Nishnij und Kasan, und erstmals erschließt er des Näheren auch Sibirien mit dem Fluss Jenissej und mit Städten wie Tjumen, Irkutsk, Nertschinsk, Jakutsk.

14

In der Dichtung der russischen vor- und nachrevolutionären Moderne (Symbolismus, Futurismus) vollzieht sich eine auffällige optische Verschiebung nach Osten – Asien generell, Sibirien, der Ferne Osten rücken machtvoll ins Blickfeld, das Interesse am Kaukasus bleibt erhalten, während die westrussischen Regionen und vor allem die Städte (Petersburg und Moskau immer ausgenommen) deutlich zurücktreten. Im Zentrum steht nun die eurasisch geprägte russische Landschaft, vorab die Steppe, auf die sich Hoffnungen wie Ängste richten und die seit Wladimir Solowjows programmatischen Gedichten *„Ex oriente lux"* (1890) und *„Panmongolismus"* (1894) den klischeehaften lyrischen Patriotismus überblenden durch apokalyptische Visionen der hereinbrechenden gelben Gefahr. Beispielhaft dafür sind, nebst Belyjs einschlägiger Prosa und Iwanow-Rasumniks Publizistik, Dichtungen wie *„Kommende Hunnen"* (1905) von Walerij Brjussow oder *„Skythen"* (1918) von Aleksandr Blok.

„Von den malayischen Gewässern bis zum Altaj | Haben die Führer der östlichen Inseln | An der Mauer des erschlafften China | Die Heerscharen ihrer Armeen versammelt", heißt es bei Solowjow (*„Panmongolismus"*): „Wie Heuschrecken, unzählbar | Und unersättlich, bewehrt mit überirdischer Kraft | Kommen nach Norden diese Völkerschaften. || O Russland! vergiss deinen einstigen Ruhm: | Der Doppeladler ist zunichte gemacht, | Und den gelben Kindern zum Spass | Fallen die Fetzen deiner Fahnen anheim."[40] – Das ist nun aber schon kein Naturgedicht mehr, sondern spekulativ überhöhte politische Poesie, die sich bloß kartographisch, nicht aber landschaftlich an der Geographie orientiert.

Anders bei Brjussow, bei Blok. Beide haben ein eher bruchstückhaftes, dabei aber spezifisch orientalisch ausgeprägtes Russlandbild. Walerij Brjussow lässt das gesamte Territorium westlich des Ural außer Acht, Petersburg bleibt zugunsten Moskaus ausgespart, und auch andere russische Städte werden bei ihm kaum genannt. Der Schwerpunkt seiner Naturlyrik liegt wie bei manchen seiner Vorgänger im Kaukasus (Armenien, Schwarzes und Kaspisches Meer, die georgische Stadt Tiflis), wird aber ergänzt durch ein neues Interesse für Zentralasien (Pamir) und allgemein für Russlands östliche und fernöstliche Provinzen.

Noch selektiver verfährt Aleksandr Blok – hier spielt der Süden (mit Ausnahme des Schwarzen Meers und des Don-Flusses) überhaupt keine Rolle mehr, der Nordwesten ist lediglich durch die Städte Petersburg, Moskau, Warschau repräsentiert, Landschaften rücken erst vom Ural gegen Osten hin in den Blick. Auf Bloks poetischer Landkarte ist das europäische Russland auf der (auch historischen) Achse Kijew-Moskau-Petersburg eine Leerstelle, weder das südrussische Schwarzerdgebiet noch die ausgedehnten Wald- und Steppengebiete westlich des Ural oder der Kaukasus kommen bei ihm vor. Ganz ähnlich präsentiert sich auch Nikolaj Gumiljows Russlandbild, das fast ohne Städte und ganz ohne Flüsse auskommt. Auch hier scheint das Land aus lauter Lücken zu bestehen, Gumiljows Aufmerksamkeit gilt vorrangig den Meeren (nördliches Eismeer, Schwarzes und Kaspisches Meer) sowie Zentral- und Ostsibirien, das sich seinerseits wie eine kontinentale Meereslandschaft endlos ausdehnt.

Mit dem Akmeisten Gumiljow teilt der Futurist Welimir Chlebnikow das Interesse an Russlands großen Anstoß- und Binnenmeeren, doch entwirft er insgesamt ein homogenes Russlandbild, zu dem polnische, litauische, ukrainische, kaukasische, uralische, sibirische Regionen ebenso gehören wie die großen russischen Flussläufe (allen voran die Wolga, aber auch Dnepr, Don, Oka, Weichsel, Petschora, Irtysch, Ob, Amur) und das zentralasiatische Sajan-Gebirge. Die lange Liste der Städte führt bei Chlebnikow Moskau an, gefolgt von Kasan, Kostroma, Kaluga, Narwa, Poltawa u. a. m. – die Metropole Sankt Petersburg allerdings bleibt unerwähnt.

Bei Boris Pasternak sind Petersburg und Moskau gleichermaßen stark vertreten, der südwestliche Teil Russlands zwischen Wolga und Dnepr rückt hier deutlich ins Zentrum, während der hohe Norden wie auch der zentralasiatische Süden ausgespart bleiben. Die größten landschaftlichen Intensitäten erreicht Pasternak bei der lyrischen Darbietung kaukasischer Gebirgsregionen (Georgien, Dagestan), des Kama- und Uralgebiets sowie, in geringerem Maß, Sibiriens (Omsk, Tomsk). – Der Bauern- und Vagantendichter Sergej Jessenin deckt einen weitgehend vergleichbaren geografischen Einzugsbereich ab, erschließt jedoch zusätzlich die südlichen Steppengebiete (Kirgisien, Turkestan, Buchara, auch Persien). Mit Jessenin erreicht die russische Natur- beziehungsweise Landschaftspoesie eine Weitläufigkeit und zugleich eine Dichte, eine Buntheit, eine metaphorische Geladenheit, die erstmalig und einzigartig sind. Das Russland der Hütten und Kneipen, der Bauern und Proleten versinkt hier nicht in der üblichen Grisaille, sondern behält seine kräftige, wiewohl dunkle Farbigkeit auch dort, wo es – in der frühen Sowjetzeit – dem Untergang geweiht zu sein scheint.

Als Beispiel für Jessenins unvergleichliche Kunst, die Natur wie von selbst zum Sprechen zu bringen, statt sie bloß lyrisch zu evozieren oder patriotisch zu instrumentalisieren sei an dieser Stelle – ausnahmsweise in dichterischer Übertragung – eines seiner Herbstgedichte angeführt:

Im goldnen Wäldchen ist die helle Stimme
Der Birken abgebrochen, jäh verstummt,
Die Kraniche ziehn freudlos durch den Himmel –
Was tun sie nur mit ihrer Klage kund?

Und wer denn wäre zu beklagen? Jeder
Auf Erden kommt und geht, bleibt unbehaust.
Den Wanderer begleiten, raunend, Felder,
Der Mond dort überm Teich ist ihm voraus.

Allein steh ich auf öder Flur, verlassen,
Den Kranichzug entführt ein frischer Wind,
Die Jugendzeit war heiter, ausgelassen –
Dass jene Jahre längst vorüber sind,

Umsonst vertan – wem sollte ich es klagen?
Die Fliederblüte hält nicht ewig an.
Auch wo aus Gartenfeuern Lohen schlagen,
Gibt's keinen, der sich daran wärmen kann.

Noch scheint das Ebereschenholz zu qualmen,
Noch ist das gelbe Gras nicht abgewelkt,
Da lässt der Baum schon seine Blätter fallen,
So wie ich Wort um Wort entlasse in die Welt.

Und wenn die Zeit die weit verstreuten Wörter
Zu einem großen Abfallhaufen türmt ...
Dann sagt doch einfach, jene gern gehörte
Stimme im goldnen Wäldchen habe ausgedient.[41]

15

Als wichtigstes Kulturobjekt hat im russischen Landschaftsgedicht zweifellos der Weg zu gelten (als Landstraße, Hauptstraße, Chaussee, Allee, Prospekt, Weg, Pfad, auch als Wasserstraße, als Eisenbahnlinie u. a. m.) mit den dazu gehörenden Requisiten und Fahrzeugen. Das Weggedicht ist vom Landschaftsgedicht nicht zu trennen, oft werden Landschaften aus der bewegten Position des Reisenden inszeniert – des Wanderers, des Kutschen-, Schiffs- oder Eisenbahnpassagiers.

Die Art und Weise, vor allem aber die Geschwindigkeit der Fortbewegung sind für die Wahrnehmung der Landschaft bestimmend. Umgekehrt ist das Landschaftsgedicht nicht notwendigerweise auf eine mobile Beobachterposition und deren Verschiebung auf einer Wegstrecke angewiesen. Die Position des Beobachters kann auch fix sein und ist dann in der Regel erhöht (Hügel, Berg, Klippe), um die Über- und Rundsicht zu ermöglichen.

Häufiger begegnet aber in der russischen Naturpoesie das Weggedicht und damit auch die wechselnde Optik und Perspektive in Bezug auf den Landschaftsraum. In vielen Fällen wird durch den mehrfachen Perspektivenwechsel und die Dynamisierung der Beobachterposition eine Verunklärung der Raumverhältnisse bewirkt – die Landschaft erscheint gleichzeitig unter verschiedenen Gesichtspunkten, wird damit zu einem bewegten Ganzen, das Raum und Weg ineinander verschmelzen lässt.

„Auf herbstlichem Weg" (oder „Auf Herbstreise") heißt ein Gedicht von Wladimir Solowjow aus dem Jahr 1886, das diese Verschmelzung von Weg und Raum vor Augen führt und noch einmal den Blick öffnet für die Ärmlichkeit und Trostlosigkeit der russischen Landschaft: „Es verdämmert der Tag. Über der müden, verblichenen Erde | Hängen unbewegliche Wolken. | Unter dem Abschiedsputz von güldenem Laub | Schimmern Birken und Linden. | Zarte Sehnsuchtsträume haben die Seele erfasst, | Die endlose Ferne ist erstorben, | Und das befriedete Herz hat nicht | Den glanzvollen und lärmigen Frühling zu bedauern. | Und als hätte sich die Erde, zur Ruhe sich begebend, | Versenkt in ein Gebet ohne Worte, | Senkt sich vom Himmel herab ein unsichtbarer Schwarm | Von blassflügligen, sprachlosen Geistern."[42]

Weder ein Weg noch der Raum, den dieser Weg erschließen soll, ist hier auszumachen. Räumliche Anhaltspunkte gibt es kaum. Erde und Himmel bezeichnen nicht viel mehr als Unten und Oben, die Horizontale ist als „endlose Ferne" auch nur ganz allgemein umschrieben. Der Weg wird aber *zeitlich* imaginiert – der Tag (Abend) geht zur Neige wie das Jahr (Herbst). Eingedenk der Tatsache, dass der Weg unaufhaltsam und ohne konkretes Ziel in die Ferne führt (jahreszeitlich: in den Winter, lebensgeschichtlich: in den Tod), hat das „befriedete Herz" (des Wanderers) seiner verlorenen Jugend (dem „lärmigen Frühling") nicht nachzutrauern. Lebenszeit und Lebensweg sind dem Lebensraum vorgeordnet, den sie überhaupt erst entstehen lassen. Die landschaftliche Kulisse ist durch die Präsenz von Birken auf „müder, verblichener Erde" deutlich genug als russisch ausgewiesen. Trotz seiner faktographischen Dürftigkeit und räumlichen Unbestimmtheit kann Solowjows Gedicht als durchaus typisches russisches Naturgedicht gelten, typisch gerade auch deshalb, weil es die Landschaft in ihrer Armseligkeit bestehen lässt, sie aber gleichzeitig adelt, indem es sie zur Metapher des irdischen Jammertals schlechthin aufwertet.

Sehr viel greifbarer und vegetativ wie regional leichter bestimmbar ist die Landschaft in einem Natur- und Reisegedicht von Apollon Majkow aus dem mittleren 19. Jahrhundert. Majkow adelt die Landschaft nicht durch Sinnaufladung, sondern – ganz anders als der düstere Solowjow – durch offenkundige Idealisierung. Auch hier erschließt sich der Raum durch den Weg, der befahren wird, aber die Optik ist durch ein lyrisches Ich bestimmt, das seine Wahrnehmungen und Deutungen ins Gedicht einbringt. Unter dem schlichten, aufs Exemplarische zielenden Titel „*Landschaft*" wird dem Leser zunächst mitgeteilt, was der Weg – das Reisen – dem Sprecher bedeutet: „Ich schlendere gern, nicht wissend wohin, | Auf dem Weglein im Wald; | Man geht zwischen der doppelten tiefen Radspur, | Und der Weg nimmt kein Ende ..." – Der Wechsel vom Ich zum Man verallgemeinert die Aussage, bezieht den Leser ins Geschehen ein, holt ihn gewissermaßen in die Landschaft hinein, die sich nun dem Waldgänger erschließen soll: „In der Runde prangt der grüne Wald; | Schon überzieht der Herbst den Ahorn mit Röte, | Und der Tannenbann ist grün und schattig; | Der gelbe Espenwald schlägt nun Alarm; | Das Birkenlaub ist schon gefallen | Und breitet sich wie ein Teppich über den Weg ..."

Es folgen weitere Wahrnehmungsnotizen zur Waldflora, bevor auch hier der Herbst als Jahreszeit mit dem Abend als Tageszeit in Analogie gesetzt wird: „Schon legt der Sonne Strahl sich schräg ..." Doch keinerlei Düsternis oder Trübsinn macht sich breit, Majkow fügt noch eine Mühle und ein Fuhrwerk in die Landschaft ein, lässt einen alten Mann und ein Kleinkind (metaphorisch für Herbst/Frühling) auftreten als bewegtes Sinnbild für den Generationenwechsel und versieht das Gedicht mit einem Finale von fröhlichem Hundegebell.[43] Das bukolische Motivrepertoire wird voll durchgespielt und an keiner Stelle – wie etwa noch in Puschkins „*Dorf*" – problematisiert. Statt der „dürftigen Erde" wird ein farbenprächtiges Naturidyll von großem Artenreichtum vorgeführt, eine Landschaft, wie sie in der Malerei bei Iwan Schischkin zu finden wäre, die aber nichts zu schaffen hat mit der Realität der damaligen Lebens- und Arbeitswelt des russischen – noch immer der Leibeigenschaft unterworfenen – Bauerntums.

Differenzierter und selbstkritischer geht demgegenüber Aleksej Tolstoj vor, auch er ein Vertreter schöngeistiger und weltfremder Adelspoesie, ein Dichter der lichten, von politischen und sozialen Defiziten kaum eingetrübten Welt der Privilegierten. Und doch hat er sich – ähnlich wie Nekrassow, anders als Majkow oder Fet – nicht davon abhalten lassen, in den öden unfreundlichen Landschaften Russlands und im Ungemach von dessen bäuerlicher Bevölkerungsmehrheit *auch* die Verkommenheit und Zurückgebliebenheit seiner imperialen Heimat zu erkennen.

In einem seiner zahlreichen Naturgedichte nimmt Aleksej Tolstoj eine Reise zum Anlass für eine Heimatbesichtigung, auch bei ihm wird der Weg zum Medium der Raumerschließung und des landschaftlichen Arrangements. Im Eingang zu dem mehrstrophigen titellosen Gedicht präsentiert sich das lyrische Ich als ein nachdenklicher Passagier, der sich in einer Kutsche über holperige Pisten bewegt: „Ich sitze drin und schaue unterwegs | In den grauen und trüben Tag, | Auf das abfallende Ufer des Sees, | Hinüber zum fernen Rauch über den Dörfern." Dem Reisenden begegnen ein „abgerissener Jude", ein Flöte spielender Junge, er sieht eine baufällige Mühle, ein Fuhrwerk mit einem „geschundenen Pferdchen", eine Gruppe müßiger Bauern, um jäh zu erkennen, dass er dieser provinziellen Trostlosigkeit nicht zum ersten Mal ansichtig wird, dass es sie schon immer gegeben hat und auch immer geben wird, und so kehrt denn am Schluss, als Symbolgestalt der ewigen Wiederkehr des Gleichen und der Unmöglichkeit jedweden Fortschritts, auch der Jude wieder: „Mir kommt alles so bekannt vor, | Obwohl ich niemals hier gewesen bin: | […] | All dies ist bereits einmal dagewesen, | Nur hab ich es längst schon vergessen. | […] | Genau so trottete damals das Pferdchen | Und schleppte genau die gleichen Säcke, | […] | Und genau so schritt der bärtige Jude daher, | Und genau so rauschte das Wasser … "[44]

16

Die ausgeprägte Flächenhaftigkeit und die scheinbar endlose Ausdehnung des russischen Territoriums sind der hauptsächliche Grund dafür, dass das einheimische Naturgedicht nur ganz wenige konkrete Anhalts- und Orientierungspunkte für die Konstitution einer nationalen, mithin typisch russischen Landschaft hat finden können. Eine über Tausende von Kilometern gleichförmige, auch klimatisch und vegetativ nur schwach differenzierte landschaftliche Kulisse bietet naturgemäß keine Motive, die an sich schon – als Realien – poetischen Charakter beziehungsweise poetische Wirkung haben könnten.

Dominant sind Ödnis, Düsterkeit, Leere, Weite, Statik, Richtungs- und Grenzenlosigkeit. Von daher wird, noch einmal, verständlich, dass das russische Natur- und Landschaftsgedicht einerseits zur Idealisierung, andererseits zur Ideologisierung tendiert, aber auch dazu, konkrete Gegebenheiten zu missachten (oder zu verdrängen) zu Gunsten mythischer oder symbolischer Überblendungen – Russland (die russische Erde) als Braut, als Weib, als „feuchte Mutter", als Chaos oder Kosmos, als zivilisatorische Leerstelle, als unfruchtbarer Sumpf, als irdisches Paradies, als Gelobtes Land, als Drittes Rom, als eurasisches Imperium, als multinationales Superethnos u. a. m. Nur selten bleibt im russischen Landschaftsgedicht die Natur frei von derartigen Überlagerungen und Verfremdungen.

Was indes tatsächlich für all seine Spielarten als „typisch" gelten kann, ist der Vorrang des Wegs über den Raum, das heißt die Tatsache, dass im russischen Gedicht zumeist der als richtungs- und ziellos geltende Weg den Raum gleichsam entwirft und dann auch konstituiert. Nikolaj Gogol hat dazu das Modell geschaffen – die nomadischen Rundreisen und Zickzackfahrten Tschitschikows (in „*Tote Seelen*") lassen den ungeheuren russischen Raum überhaupt erst entstehen und führen gleichzeitig dazu, dass Raum und Weg ununterscheidbar in eins fallen.[45]

Aleksandr Blok, wortführend und beispielgebend für die Dichtung des russischen Symbolismus, hat in seinem umfangreichen Werk eine Vielzahl von Wegmetaphern verwendet, in denen das russische Wegdenken synthetisiert und in hochdifferenzierter Weise veranschaulicht wird. Häufig tritt er in der ersten Person Einzahl auf als Wanderer, Landstreicher, „finsterer Herumtreiber", „verspäteter" oder „ewiger" Nomade, dessen Weg „ohne Ziel", „schicksalhaft", „vergeblich" sei. Was den Wanderer umtreibt und wohin es ihn verschlägt, bleibt offen; genauer denn als vage Ferne oder hohes Licht ist sein Ziel nicht zu umschreiben: „Für mich gibt es nur einen Freund – im feuchten nächtlichen Nebel, | Den Weg in die Ferne."[46]

Schon in seinen frühesten Gedichten ist der Weg (das Gehen, Wandern, Schreiten, Schlendern, Streben, Suchen) in vielfacher Abwandlung präsent und wird es bleiben bis in die späten Jahre, bis zum apokalyptischen Marsch der „*Zwölf*" (1918) durch das von der Revolution aufgewühlte Petrograd. Gedichtfragmente aus den Jahren 1908 bis 1915: „hoffend, einen Weg zu finden"; „die eherne Wehmut des Reisens"; „unser Weg drang uns wie ein Pfeil alter Tatarenfreiheit in die Brust"; „und mein Weg ist weit"; „der lange Weg ist leicht"; „der eigene kümmerliche Rückweg", „der freie Weg"; „die lichte Nacht brachte [uns] von allen Wegen ab"; „dem eigenen wahren Wege folgend"; „ein Steppenpfad – ohne Ende, ohne Ausgang"; „die nächtlichen, die schicksalschweren Wege"; „vor uns – die Unbekanntheit des Wegs"; usw. Bloks Wege sind vielfach verzwegt, in sich selbst verschlauft, kaum wahrnehmbar, unabsehbar lang und breit, Scheidewege (*rasput'e*), Vielfachwege (*mnogoput'e*).

Unter dem Titel „*Herbstlicher Freiraum*" entlässt Blok – in deutlicher Anspielung auf Lermontow – sein lyrisches Ich auf einen „für alle Blicke offenen Weg", der in eine karge Naturszene führt. Die abweisende Landschaft ist von Stein und Lehm geprägt, die Herbstwinde wüten in „feuchten Senken", es ist von einem Friedhof, einem Kerker die Rede. In solcher Düsternis gewahrt der einsame Wanderer in weiter Ferne einen bunt gemusterten Ärmel, der ihm zu winken scheint. Wer aber ist es, der ihn in die unbekannte Ferne lockt? Der Wanderer lässt die Verlockung unbeachtet: „Nein, ich gehe meinen Weg, von niemandem gerufen, | Und die Erde sei mir leicht! | Ich will der Stimme des trunkenen Russland lauschen | Und rasten unterm Kneipendach. | […] | Ich werde weinen über dem Leid deiner Fluren, | *Werde lieben für immer deinen Raum* ... || Manche von uns Freien, Jungen, Arrivierten | Sterben, ohne je geliebt zu haben ... | *Gib Gastrecht in deinen unfassbaren Fernen!* | Wie sollte man leben und weinen ohne dich!"⁴⁷

Der Wanderer lässt sich also auch nicht von etwas bunt Gemustertem von seinem Weg abbringen, er geht weiter, von Kneipe zu Kneipe, durch die graue Landschaft, und je länger die Wanderschaft dauert, je länger der Weg sich hinzieht, desto mehr vermählt er sich dem Raum. Wer seinen Weg abschreitet, erobert gewaltfrei einen fremden Raum, der wiederum nichts anderes ist als die kosmische Erweiterung des abgeschrittenen und endlos abzuschreitenden Wegs. Dass der Wanderer – der Dichter – diesen unfassbar weiten und fernen und leeren Raum *lieben* kann und darin für immer *Gastrecht* haben möchte, entspricht wohl einer tiefen Todessehnsucht und ist ein Begehren, das als typisch russisch gelten kann. Der steinige Weg in die kalte abweisende Ferne ist der Weg in die ewige Heimat und ist gleichzeitig der einzige Weg zu sich – ins Ich.

Exkurs (3)
Raum und Weg in der russischen Landschaftsmalerei

1

Erst im mittleren 19. Jahrhundert – also bemerkenswert spät – wurde die heimatliche Landschaft zum Gegenstand russischer Bildkunst. Zwar gab es bereits seit 1757 an der Petersburger Akademie der Künste eine Klasse für Landschaftsmalerei, doch Landschaften wurden damals in Russland nicht nach der Natur, sondern nach Vorlagen westeuropäischer Künstler oder nach Lehrbüchern gemalt. Man malte Landschaften als Kulisse, mithin als Hintergrund für mythologische, biblische oder historische Szenen, die ihrerseits, im Mittelgrund des Bildes, heroisch oder idyllisch angelegt sein sollten und zu denen die im Vordergrund eigens aufgebauten Repoussoirs den Blick hinzulenken hatten.

Während vieler Jahrzehnte wurde in Russland weitgehend schematisch nach klassizistischen Vorstellungen beziehungsweise Vorschriften gearbeitet und auf die entsprechenden Ideale von Schönheit und Harmonie geachtet. Mit dem Werk von Fjodor Matwejew erreicht die klassizistische Landschaftsinszenierung ihre souveränste Entfaltung, aber auch jenen Punkt, da reale Landschaften die idealen Kulissen zu überblenden beginnen. Matwejew selbst setzte sich früh nach Italien ab und orientierte sich in der Folge ausschließlich – sei's im Museum, sei's vor der Natur – an mediterranen Landschaften, und damit eröffnete er eine neue, wiederum Jahrzehnte dauernde Phase russischer Malerei, die sich im Wesentlichen auf die „fremde", wenn nicht gar „exotische" Natur Italiens ausrichtete.

Die führenden russischen Paysagisten des „Goldenen Zeitalters" der Romantik verbrachten den Großteil ihres Lebens in Italien – so Silwester Stschedrin, Aleksandr Iwanow, Karl Brjullow – oder blieben, wie Aleksej Wenezianow und seine Schule, auch dann italienischen Vorbildern verhaftet, wenn sie sich Szenen und Gestalten der bäuerlichen russischen Alltagswelt zuwandten.

Mehr als einhundert Jahre dauerte die künstlerische Annäherung an die spezifisch russische Landschaft. Diese wurde gegen 1860 zögerlich entdeckt, dann aber in verhältnismäßig kurzer Zeit produktiv erschlossen, nachdem sich um 1870 rund ein Dutzend Künstler der mittleren und jungen Generation von der akademischen Malerei abgewandt und eine Genossenschaft gegründet hatten, die ihre Produktion juryfrei in eigens organisierten Wanderausstellungen vorzeigen und auch popularisieren wollte. Namentlich diese „Wanderer" (*peredvižniki*) waren es, die die akademischen Klischees und Formalien der Landschaftsmalerei aufbrachen, die also nicht mehr im Atelier, mit dem Rücken zur wirklichen Welt, Landschaften entwarfen und herrichteten, sondern tatsächlich Feld und Wald erwanderten, um den russischen Raum vor Ort zu studieren. Gleichwohl konnten auch sie sich von westeuropäischen Vorbildern nicht gänzlich frei machen – auch die dezidiert realistische, „vaterländisch" ausgestaltete Landschaftsmalerei der 1870er und 1880er Jahre war merklich beeinflusst von Künstlern wie Courbet und Corot, Calame oder den Brüdern Achenbach.

Bereits die erste Ausstellung der „Wanderer" (1871) war mit 22 derartigen Landschaftsgemälden (von insgesamt 46 Exponaten) bestückt, doch die Kunstkritik vermochte für dieses Sujet lange Zeit kein Interesse aufzubringen, weil sie die Darstellung der weiten einförmigen Natur Russlands für unergiebig, unästhetisch, unpatriotisch oder gar eskapistisch hielt. Was die akademiefernen Maler ins Bild setzten, sollte zugleich realistisch (Landschaft) und typisch (Heimat) sein, in zunehmendem Maß auch darauf angelegt, die Landschaft als Heimat psychologisch zu vertiefen und metaphysisch zu überhöhen, sie als russische Seelenlandschaft zu begreifen.

„Ihre Themen und Farben, sogar ihre Luft sind lobpreisender Ausdruck des Vertrauten", hat noch 1910 der Kunstschriftsteller Pawel Muratow mit Blick auf die Landschaftsbilder Isaak Lewitans anerkennend festgehalten: „Sie rufen in uns Tausende von Erinnerungen an Orte, Menschen und Ereignisse in unserem Leben wach. Inmitten dieser Felder, Wälder, Flüsse und sommerlichen Sonnenuntergänge spielte sich die Lebensgeschichte eines Jeden von uns ab."[1] – Nun bietet aber diese weite russische Natur keineswegs ein buntes und schon gar nicht ein abwechslungsreiches Schauspiel. Die Tatsache, dass sie so spät erst (und auch dann noch mit manchen Vorbehalten) zum künstlerischen Sujet geadelt wurde, hat sicherlich nicht bloß mit dem oft vermerkten kulturellen Entwicklungsrückstand Russlands gegenüber Westeuropa zu tun, sondern auch mit der schwachen Attraktivität der „typisch" russischen Landschaft – „Erde bis zum Horizont!" (*zemlja k gorizontu*) – für deren bildnerische Wiedergabe und Ausgestaltung. – Der symbolistsiche Dichter Iwan Konewskoj hat die typische russische Landschaft – gleichsam als Seelenpanorama – wie folgt charakterisiert: „Die russische Seele hat sich im freien Feld aufgetan […] – das weiße Licht des von Wolken umlagerten Tages, in dem es kaum Schatten gibt und wo der Horizont gleichsam in die Ebene eingezeichnet ist, und nicht in die Perspektive. – Mit Blick auf diese ebenmäßig und flach sich hinbreitende Welt schaut das russische Slawentum dem Geheimnis gleichsam ins Gesicht, geht schlicht und direkt auf es zu. Unmerklich fließt es mit deren ursprünglicher Nacktheit und Leere zusammen. Doch ist dieser graue helle Tag in seiner Schattenlosigkeit nicht einem lebendigen Leuchten um so näher, als vielmehr einem toten Abgrund. Darin liegt die Quelle der unfassbaren und ewigen russischen Langeweile (*skuka*)."[2]

Pittoreske Szenerien, idyllische oder erhabene Stimmungen sucht man hier vergeblich; entsprechende Motive (lauschige Haine, zerklüftete Gebirge, Gletscher, Wasserfälle u. ä.) fehlen oder kommen lediglich als exotisch wirkende Ausnahmen in russischen Randbieten vor. Die Ärmlichkeit der russischen Landschaft – ihre Offenheit und Flächenhaftigkeit, ihre Wüstenhaftigkeit und Leere (*otkryto-pustynno i rovno*) im „unumgreifbaren Raum" (*neob-jatnyj prostor*), kurz: ihren Mangel an optischen Anhaltspunkten, an Abwechslung, an Überraschung und Buntheit hat Nikolaj Gogol im grandiosen Finale seines Roman-Poems „*Tote Seelen*" *ex negativo* so hinreißend geschildert, dass die Ärmlichkeit selbst eine ästhetische Aura gewann.[3]

Die Empfehlung des patriotischen Publizisten Stepan Schewyrjow aus dem Jahr 1847, man möge doch die endlosen Horizonte und Ebenen *als solche* in ihrer „malerischen" Qualität erkennen, war ein weiterer Schritt zur künstlerischen Nobilitierung einer Landschaft, die sich „flach und flacher", „fern und ferner" dem schweifenden Blick des Betrachters darbot.[4]

Doch weder der Kolorismus noch der Formenbestand oder die räumliche Strukturierung des Landschaftsraums durch Licht und Schatten bieten dem klassisch ausgebildeten

Maler brauchbare Anhaltspunkte für die darstellerische Umsetzung dessen, was man euphemistisch „das Epos der gewaltigen Ebenen" und „das Drama der Wege und Kreuzwege" genannt hat[5], denn in der Tat stellt sich für den Künstler die schlichte, ebenso frustrierende wie provozierende Frage, welche malerischen Qualitäten endlos sich hinstreckende Ebenen und die darin angelegten, darin sich verlierenden Wege überhaupt haben können. So ist es denn auch nicht verwunderlich, dass in Russland die Anlage künstlicher (auch künstlerischer) Landschaften, malerischer Parks und Gärten sowie „englischer", „französischer", „deutscher" Landsitze inmitten der kargen Natur gang und gäbe war.

2

Welchen „Eindruck von der russischen Tiefebene" ein Reisender im ausgehenden 19. Jahrhundert haben mochte, hat Wassilij Kljutschewskij in der vierten Lektion zu seiner berühmten Vorlesung über *„Die russische Geschichte"* eindringlich beschrieben: „Er sieht flache wüstenhafte Felder, die sich, dem Meere ähnlich, am Horizont gleichsam krümmen, dazu vereinzelte Baumgruppen und dem Rand entlang einen schwarzen Pfad – und dieses Bild begleitet ihn vom Norden in den Süden, von Gouvernement zu Gouvernement, so als bewegte sich ein und der selbe Ort mit ihm über Hunderte von Wersten.[6] Alles zeichnet sich aus durch die Weichheit, die Unfassbarkeit der Konturen, durch die Unfühlbarkeit der Übergänge, durch die Schlichtheit, wenn nicht Schüchternheit der Töne und Farben, alles hinterlässt einen unbestimmten, ruhig-unklaren Eindruck. Eine Wohnstatt ist in diesen weiten Räumen nicht zu sehen, kein Laut zu hören in der Runde – und den Beobachter beschleicht ein unheimliches Gefühl von unerschütterlicher Ruhe, ewigem Schlaf, von Wüstenhaftigkeit und Einsamkeit, [ein Gefühl,] das Anlass gibt zu gegenstandslosem ödem Nachsinnen ohne einen klar fassbaren Gedanken."[7]

Mit dem erwähnten Kunstpublizisten Pawel Muratow wie auch mit dem Philosophen Nikolaj Berdjajew teilt Klutschewskij die Überzeugung, dass die geographischen Gegebenheiten Russlands sich notwendigerweise auf den „allgemeinen kulturellen Status des Volkes" auswirken und dass der russische Mensch dazu tendiert, „geographische Beobachtungen auf seine seelischen Stimmungen zu übertragen".[8]

Die nachfolgenden Beobachtungen und Überlegungen gehen, ungeachtet kunsthistorischer und stilkritischer Interessen, von der elementaren Frage aus, auf welche Weise – mit welchen darstellerischen Mitteln und symbolbildenden Verfahren – die russische Malerei die Landschaft als *russische* Landschaft kodiert, von der Frage auch, wie die öde Flächenhaftigkeit dieser kalten, kargen, teilnahmslosen Natur künstlerisch veranschaulicht wird und welches Verständnis, welche Deutungen die Landschaftsmalerei in Bezug auf den russischen Raum und die in ihm angelegten Wege vorzuzeigen hat.

Dazu werden hauptsächlich Bildbeispiele aus dem Zeitraum zwischen 1850 und 1950 herangezogen, einer Spanne, die vom kritischen bis zum sozialistischen Realismus reicht. Berücksichtigung finden naturgemäß nur solche Bildwerke, in denen russische Landschaft klar erkennbar ab- beziehungsweise nachgebildet ist – idealisierende und sonstwie verfremdende Ausarbeitungen, wie man sie aus der romantischen, symbolistischen, kubistischen Malerei kennt, bleiben hier außer Betracht.

Russische Landschaft – damit sei jene *typisch* oder *spezifisch* russische Landschaft gemeint, die *wesentlich* bestimmt ist von den endlos sich hinbreitenden Ebenen, die den europäischen Teil Russlands ebenso dominieren wie Westsibirien zwischen Ural und Jenissej – Ebenen, die alle Vegetationszonen zwischen Schwarzerde und Wüste umfassen, nicht zuletzt den weit reichenden Steppengürtel im mittleren Süden und die ausgedehnten Wald- und Tundraregionen im Norden Russlands. Die gewaltigen Gebirgszüge des Kaukasus, Zentralasiens und des fernen Ostens haben im russischen Bewusstsein eher marginalen, fast exotischen Charakter, sind als malerische Kulissen auch immer wieder Gegenstand der Landschaftsmalerei geworden, ohne indes als für Russland typisch oder spezifisch zu gelten.

Dies wiederum trifft jedoch auf manche weitläufigen Landstriche außerhalb des russischen Kerngebiets zu, so etwa auf das mehrheitlich von Baschkiren besiedelte Gebiet südwestlich des Ural, das – bloß ein Beispiel sei hier noch angeführt – vom Schriftsteller Dmitrij Mamin-Sibirjak mit ähnlichen Worten beschrieben wird wie, fast zu gleicher Zeit, die russische Musterlandschaft von Kljutschewskij: „... den Ufern [des Flusses Tschussowaja] entlang dehnt sich das bunte Tischtuch der Weiden, der Schwemmwiesen und vereinzelter Baumgruppen. Sehr selten nur guckt ein abgelegenes Dörfchen hervor, sehr selten blinkt in der Ferne eine Dorfkirche ... und wieder nichts als tiefer dumpfer (*gluchoj*) Raum über Dutzende und Hunderte von Wersten."[9]

3

Wie aber wäre dieser „tiefe dumpfe Raum", in dem das Auge nur „sehr selten" auf einen gegenständlichen Orientierungspunkt und noch seltener auf einen Menschen trifft, bildnerisch wiederzugeben? Sicherlich gibt es kein anderes landschaftliches Panorama, das für den Maler *weniger* attraktiv wäre als dieses: allseits ebenes Land, das sich kontinuierlich bis zum Horizont erstreckt, darin – einzeln oder im Verein lose verstreut und kaum sich abhebend vom eintönigen Fond – Behausungen, Bäume, menschliche Gestalten. Und über all dem wölbt sich ein unermesslicher, durch nichts verstellter Himmel, der (weil er direkt an die tief liegende Horizontlinie anschließt) eher lastend denn befreiend wirkt.

Tatsächlich präsentiert sich die flache russische Landschaft, wenn man von einer durchschnittlichen menschlichen Augenhöhe ausgeht, in so extremer Verkürzung, dass sie bloß als schmales Band wahrnehmbar ist, wogegen der Himmel als riesige Fläche den Großteil des Blickfelds einnimmt. In den meisten Fällen verläuft der Horizont im untern Drittel der Bildhöhe, vielfach wird er so weit nach unten verschoben, dass die Erde wie ein niedriges breites Podest den aufgetürmten Himmel zu tragen scheint.

Bei Lew Tolstoj, im Roman „*Krieg und Frieden*" (1868/1869), gibt es eine Szene, die als Apotheose des „russischen" Himmels gelten kann; der in der Schlacht verletzte, auf dem Rücken liegende Fürst Andrej Wolkonskij sieht über sich – als wär's ein ausgespanntes Leichentuch – das unergründliche, alles umschließende Firmament: „Über ihm war schon nichts mehr außer dem Himmel – ein hoher, nicht klarer, gleichwohl unermesslich hoher Himmel mit langsam über ihn hinwegziehenden grauen Wolken. ‚Wie langsam, wie ruhig und feierlich, ganz und gar nicht so wie mein Hasten', dachte Fürst Andrej, ‚nicht so, wie unser Hasten, Schreien und Raufen; überhaupt nicht so, wie der Franzose und der Artillerist mit hass- und angstverzerrten Gesichtern einander den Kanonenwischer entwanden – ganz anders bewegen sich die Wolken über diesen hohen, endlosen Himmel. Wie kommt es, dass ich diesen hohen Himmel nie zuvor gesehen habe? Und wie

Der russische Raum – Landschaftsbilder aus der Sammlung P. M. Tretjakow (Photographie Moskau 1898).

Flachland und Himmelsraum – oben links Iwan Schischkin, *Mittag* (Gemälde 1869); *oben rechts* Archip Kuindshi, *Der Norden* (Gemälde, 1879); *unten* Aleksej Sawrassow, *Sonnenuntergang überm Moor* (Gemälde, 1871).

bin ich glücklich, dass ich ihn endlich wahrgenommen habe. Ja! alles außer diesem endlosen Himmel ist nichtig, ist Trug. Außer ihm gibt es nichts und wieder nichts. Doch auch dies gibt es nicht, es gibt nichts außer der Stille, der Ruhe. Und dafür sei Gott Dank! ..."[10]

Um diese naturgegebene, durch die menschliche Augenhöhe bestimmte, optisch wie symbolisch allzu ungleiche Aufteilung von irdischer und himmlischer Sphäre zu relativieren, versetzen manche Maler ihren Augenpunkt künstlich nach oben, gleichsam in die Vogelperspektive, wodurch sie mehr Aufsicht gewinnen und damit auch die Möglichkeit, den Horizont anzuheben beziehungsweise im Bild das Verhältnis zwischen Erde und Himmel bis zu einem gewissen Grad auszugleichen – ein Verfahren, das auch, wie schon gezeigt wurde, für die russische Naturdichtung charakteristisch ist.

Dennoch steht in der Landschaftsmalerei – wie übrigens auch in der Photographie – vielfach ein ungewöhnlich großflächiger Himmel einem entsprechend schmalen perspektivischen Ausschnitt der unter ihm ausgebreiteten Erde gegenüber. Da zudem Objekte und Figuren, die in die Landschaft integriert sind, oft unter der Horizontlinie gehalten werden, kommt es kaum zu Überschneidungen zwischen irdischer und überirdischer Sphäre, so dass der Himmel, von der Erde völlig abgehoben, einen autonomen unerreichbaren Raum zu bilden scheint.

Dies gilt nicht zuletzt für die Reichshauptstadt Sankt Petersburg, deren Weichbild in unzähligen konventionellen Veduten und Panoramen festgehalten ist, die man aber, da sie sich im flachen Delta der Newa völlig ebenmäßig ausbreitet und von keiner Anhöhe eingesehen werden kann, oftmals zum Gegenstand von urbanen Landschaftsbildern gemacht hat – als endlose Ebene, aus der bloß ein paar winzige Turmspitzen, Kirchenkuppeln, Fabrikkamine oder Baukräne sich erheben und über deren tief liegendem Horizont der immer gleiche gewaltige Himmel sich aufbaut.

4

Im Unterschied zur westeuropäischen Landschaftsmalerei wie auch zur westeuropäischen Landschaft schlechthin, die nur ausnahmsweise den Horizont in größerer Ausdehnungsbreite erkennen lässt, ihn im wesentlichen hinter Hügeln, Gebirgen oder großen Gebäuden verschwinden lässt, hat der Horizont im russischen Landschaftsbild eine dominierende Präsenz – oft teilt er, in seiner ganzen Breite sichtbar, den Bildgrund in zwei Flächen beziehungsweise (auf der Darstellungsebene) in zwei illusionistische Räume auf, deren Ausdehnung und gegenseitiges Verhältnis ebenso variieren können wie ihre motivische oder koloristische Ausstattung.

Häufig ist die hälftige Aufteilung von Himmel und Erde, ein malerisches Dispositiv, das Harmonie wie auch Stagnation oder Übergänglichkeit veranschaulichen kann – der fast schattenlose Mittag oder die schwebende Dämmernis zwischen Tag und Nacht sind dafür die bevorzugten zeitlichen Entsprechungen.

Eine ländliche Mittagsszene solch abgeklärter, gänzlich auf Ausgleich angelegter, zugleich ins Idyllische und ins Ideale weisender Landschaftsdarstellung hat 1871 Baron Michail von Klodt, Gründungsmitglied der Malergenossenschaft der „Wanderer", vorgelegt. „*Beim Pflügen auf dem Feld*" heißt das berühmte, oft reproduzierte Bildwerk, das einen leicht bewölkten Himmel mit einem bis zum Horizont sich ausdehnenden frisch gepflügten Acker in ein sorgsam ausgewogenes Verhältnis bringt. Der Horizont verläuft

Flüsse wie Meere – oben Archip Kuindshi, *Der Dnepr morgens* (Gemälde, 1881); *unten* Isaak Lewitan, *Abend an der Wolga* (Gemälde, 1887-1888).

ungefähr auf halber Bildhöhe und ist links wie rechts am Bildrand von je einem lichten Waldstück begrenzt. Auf dem Acker zieht im Hintergrund der Bauer mit Pferd und Holzpflug von rechts nach links seine Furche, im Vordergrund steht, nach rechts gewandt, ebenfalls ein Pferd mit Pflug, von dem die Bäuerin sich jedoch in diesem Augenblick abwendet, um ein Dreigespann zu beobachten, das in der Ferne auf der Landstraße in einer Staubwolke vorüberbraust.

Mann und Frau, Tier und Mensch, Bodenständigkeit und Mobilität, Arbeit und Ruhe, Intimität der „kleinen Heimat" und Enormität des russischen Raums harmonieren hier auf geradezu paradiesische Weise. Im Unterschied zu vielen andern Landschaftsmalern

Zwischen Erde und Himmel (1) – *oben* Michail Klodt, *Große Landstraße im Herbst* (Gemälde, 1863); *unten* Iwan Schischkin, *Roggen* (Gemälde, 1878).

Zwischen Erde und Himmel (2) – *oben* Archip Kuindshi, *Mondnacht über dem Dnepr* (Gemälde, 1880); *unten* Aleksandr Litowtschenko, *Eisgang in Petersburg* (Gemälde, 1881) – auch die Stadtlandschaft ist vom Horizont dominiert, als Verbindungselemente zwischen Unten und Oben werden hier, nebst der Festungskirche Peter-und-Paul, erstmals auch Fabrikschlote eingesetzt.

Figuren in der Landschaft (1) – *oben* Baron Michail von Klodt, *Auf dem Acker* (Gemälde, 1872); *unten* Baron Michail von Klodt, *Auf gepflügtem Feld* (Gemälde, 1871).

Figuren in der Landschaft – oben Zum Vergleich die Photographie – Bearbeitung des steinigen Bodens mit Holzeggen (anonyme Aufnahme, um 1900); *unten* Pawel Basmanow, *Im Kolchos* (Aquarell, 1935).

Bäume und Bauten als bildnerische Scharnierstellen zwischen Unten und Oben (1)– *oben* Nikolaj Dubowskoj, *Schlittenweg* (Gemälde, 1900); *unten* Aleksej Sawrassow, *Die Saatkrähen sind zurückgekehrt* (Gemälde, 1871).

Bäume und Bauten als bildnerische Scharnierstellen zwischen Unten und Oben (2) – *oben* Isaak Lewitan, *Abendklang* (Gemälde, Fragment, 1892); *unten* Apollinarij Wasnezow, *Heimat* (Gemälde, 1886).

Aleksej Wenezianow, *Beim Pflügen. Frühling* (Gemälde, 1820er Jahre).

jener Zeit macht Michail von Klodt die menschlichen Gestalten – Bäuerin und Bauer – nicht unterhalb des Horizonts an der Erde fest, sondern richtet sie selbstbewusst auf, so dass sie mit Kopf und Schultern die Horizontlinie überragen und eben dadurch, innerhalb des Bildes, eine Verbindung schaffen zwischen Erd- und Himmelreich.

Diese Verbindung ist von Bedeutung nicht allein für die Bildaussage, sondern auch für die Bildkomposition. Die flache und weite russische Landschaft bietet darstellerisch kaum Probleme; problematisch ist sie gerade deshalb, weil sie so wenig variabel und also eigentlich langweilig ist. Stets werden im russischen Landschaftsbild zwei Flächen – den Himmel und die Erde darstellend – horizontal aufeinander treffen und so dessen Grundstruktur vorgeben. Um die beiden Malfelder nicht einfach als konträre oder komplementäre Flächen einander gegenüber zu stellen, sondern sie kompositorisch zu verzahnen, müssen Gegenstände und Figuren unterschiedlichster Art eingeführt werden, die im untern Bildteil (Erde) ihren Standort haben, sich jedoch über die Horizontlinie erheben und somit eine Verbindung zum obern Bildteil (Himmel) schaffen.

Häufig erscheinen in dieser Funktion naturgemäß Bäume, Gebäude oder menschliche Gestalten. Am vielfältigsten, zugleich am natürlichsten lässt sich als Verbindungselement zwischen Unten und Oben der Baum, die Baumgruppe, der Wald[11] einsetzen – leicht verbindet sich der Umriss von Laub- und Nadelbäumen mit der vielfach variablen Form von Wolken.

Wo eine entsprechende Mittlerfunktion durch Bauwerke übernommen wird, handelt es sich mehrheitlich um Kirchen, deren Türme in der Ebene über weite Distanz als verlässliche Orientierungspunkte sichtbar bleiben, die aber in russisch-orthodoxem Verständnis auch „das zum Himmel flammende Gebet", mithin wiederum eine Vertikalverbindung zwischen Unten und Oben symbolisieren (Abb. S. 240f.).

In zahlreichen russischen Landschaftsgemälden – beispielhaft bei Isaak Lewitan (*„Abendklang"*, Abb. S. 341*)* oder Wassilij Polenow (*„Moskauer Gehöft"*, Abb. S. 147) – wird diese religiöse Symbolik mit festlichem Ernst dargeboten. Nicht selten erscheint das kirchliche Zwiebeldach weit in den Bildhintergrund gerückt, wo es kaum noch sichtbar ist und nur um ein Weniges den Horizont überragt. In solchen Bildwerken werden die Leere und die Bedrohlichkeit des russischen Landschaftsraums diskret relativiert durch den minimalistischen Hinweis auf die religiöse Rückverbindung des Menschen zu einer höheren, raum- und zeitenthobenen Welt.

Zu beachten ist übrigens die Tatsache, dass die in Russland beziehungsweise in der russischen Natur am weitesten verbreitete menschliche Behausung, die einfache Bauernhütte (*izba*), in der Malerei fast durchweg der Natur zugeordnet und als integraler Bestandteil der Landschaft behandelt wird (vgl. Abb. S. 341 *unten*). Die Hütte – meist tief in ihre natürliche Umgebung geduckt – bleibt also eigentlich von der kulturellen und zivilisatorischen Lebenssphäre ausgeschlossen, sie wird dargestellt wie etwas organisch Gewachsenes, das dementsprechend auch ständig von Verfall bedroht ist und jedenfalls nicht als verlässlicher Fixpunkt in der weiten Landschaft gelten kann oder gar als aufragendes Verbindungselement zwischen Erdreich und Himmelsraum.

5

Als moderne technizistische Pendants zu Bäumen, Werstpfählen oder Kirchtürmen werden im späten 19. und frühen 20. Jahrhundert in gleicher, wenn auch symbolisch neu ausgerichteter Funktion Eisenbahn- oder Telegraphenmasten, Fabrikschlote und Baukräne in die Landschaftsmalerei eingeführt. Diese neuen Objekte fungieren nicht bloß als bildnerische Verbindungselemente zwischen Unten und Oben, sie stehen auch für Fortschritt und Modernität, übernehmen also den Vergangenheits- und Traditionsbezug, den zuvor Bäume und Kirchen visualisiert hatten.

Am häufigsten ist es aber doch der Mensch selbst, ist es die menschliche Gestalt, die gleichsam als bildnerische Parenthese die irdische Welt mit der himmlischen Sphäre kommunizieren lässt, indem sie den Bildhorizont übersteigt beziehungsweise sich mit ihm überschneidet. Je dezidierter der Mensch – ob Frau oder Mann – in der Landschaft auftritt, desto weiter lässt er die Erde hinter oder unter sich, desto machtvoller und selbstbewusster nimmt er die obere Sphäre für sich in Anspruch.

Man kennt diese Bildanlage von der Darstellung hoher Damen und Herren, namentlich von Herrscherbildnissen. Als Modell dafür kann, freilich in Anwendung auf idealisierte bäuerliche Gestalten, Aleksej Wenezianows allegorisches Gemälde *„Der Frühling"* (russ. *vesna*, weibl.) aus den 1820er Jahren gelten, das am Beispiel einer jungen Bäuerin die vollkommen ausgeglichene Teilhabe des Menschen an beiden Sphären anspielungsreich darstellt. Die Frau nimmt mit ihren Arbeitspferden frontal zum Betrachter die Bildmitte ein, und genau auf halber Körperhöhe erstreckt sich hinter ihr der schnurgerade

Bildnerische Klammer zwischen Unten und Oben – oben Narkis Bunin, *Weizenernte* (Gemälde, 1885); *unten* Isaak Lewitan, *Sommerabend* (Gemälde auf Karton, 1899-1900).

Horizont, so dass ihre leichte lichte Gestalt zwischen Erdanziehung und Auftrieb zu schweben scheint.

Diese Bildidee – die menschliche Gestalt als kommunizierendes Gefäß zwischen den irdischen Niederungen und dem leeren Himmelszelt – hat Narkis Bunin in einem subtilen Gemälde zum Erntedank 1885 dadurch präzisiert, dass er in der Bildmitte eine Bäuerin mit hoch erhobenen Armen, in denen sie ein Ährenbündel wiegt, den genau auf halber Bildhöhe liegenden Horizont überragen lässt – Arme und Bündel bilden eine Art Klammer oder Scharnier zwischen der Erde und dem fast wolkenlosen Himmel. Eine verblüffend ähnliche Bildlösung findet sich bei Isaak Lewitan in dem Gemälde „*Sommerabend*" (1899; Abb. S. 344 *unten*), nur dass hier – wie zumeist bei diesem Künstler – die Landschaft ohne menschliche Gestalten auskommt; als Klammer zwischen Unten und Oben fungiert ein frei stehendes Wagentor, das ebenso über den Horizont hinaus in den Himmel ragt wie die erhobenen Arme der zentralen Frauenfigur bei Bunin.

Wo der Mensch in ideologischer oder politischer Absicht als Opfer von Ausbeutung und Unterdrückung vorgeführt wird (in der russischen realistischen Malerei ein häufiges Motiv), bleibt er indes meist unter dem Horizont angesiedelt; wo er aber in sozialrevolutionärer Pose erscheint, richtet er sich auf und weist über den Horizont hinaus. Beispielhaft dafür ist die Darstellung der Wolgatreidler im gleichnamigen monumentalen Gemälde von Ilja Repin (1870–1873).

Die wie Zugpferde angeschirrten Treidler schleppen gemeinsam ein großes Lastschiff flussaufwärts; sie stapfen, tief vorgebeugt, auf dem flachen Flussufer Schritt für Schritt daher und sind dabei so ins Bild gesetzt, dass sie mit ihren gesenkten Köpfen den weiten Horizont überragen – ihre verschatteten Gesichter sind zwar von Anstrengung, ja Erschöpfung gezeichnet, aber sie gehören allesamt dem freien Raum des Himmels an, während Hände und Füsse weiter unten noch immer ihre entfremdete Schwerarbeit leisten.

Ein Jüngling in der Mitte der Treidlergruppe hält sich als einziger aufrecht, hebt den Blick in die Ferne gerichtet, bringt damit klar zum Ausdruck, dass er nicht als Erniedrigter und Beleidigter durchs Leben gehen, sondern irgendwann – schon bald – seinen eigenen Weg beschreiten wird (Abb. S. 346 *Mitte*).

Auch der „*Bauer unterwegs*" (ca.1895) von Sergej Korowin gehört in diesen Zusammenhang, das Bild eines Ausgebeuteten und Unterdrückten, der sich aufgerichtet hat, um seine eigenen Ziele zu verfolgen – es ist das prototypische Bild des künftigen Proletariers (Abb. S. 190). Demgegenüber zeigen Leonid Solomatkin und Pjotr Sokolow den geknechteten russischen „*Pflüger*" (1883 bzw. 1888), der mit seinem Pferd gleichsam unter den Horizont gedrückt wird und in vorgebeugter Haltung den riesigen Himmel zu tragen scheint, an dem er keinerlei Anteil hat. – Die Erde (unteres Bildfeld) steht in diesen wie in zahlreichen andern Fällen für die Vergangenheit, der Himmel (oberes Bildfeld) für die Zukunft, wodurch der jeweils dargestellte Landschaftsraum zusätzlich eine *zeitliche* Dimension erhält.

6

Zeitlich – das bedeutet in Bezug auf die mit entsprechendem Personal ausgestatteten Landschaftsbilder vorab *historisch*. Dieser Dimension bleiben jedoch jene (ebenfalls sehr zahlreichen) Bilder enthoben, die völlig menschenleere Landschaften darbieten. Hier

Figuren in der Landschaft (2) – *oben links* Leonid Solomatkin, *Bauer mit Pflug* (Gemälde, 1883); *Mitte* Ilja Repin, *Die Wolgaschlepper* (Gemälde, 1873); *unten* Pjotr Sokolow, *Pflüger* (Gemälde, 1888).

Isaak Lewitan, *Über der ewigen Ruhe* (Gemälde, 1894, zweite Fassung).

stellt sich unweigerlich die Empfindung ein, der dargestellte Naturraum sei von Geschichte und überhaupt von Zeit gänzlich losgelöst als ein Raum, wo ewige Ruhe, ewiger Stillstand herrscht.

Besonders eindringlich hat Isaak Lewitan einen derartigen Raum unter dem Titel „*Über der ewigen Ruhe*" (1894) ins Bild gesetzt, indem er den Horizont etwa auf halber Höhe ungebrochen, also ohne jede Überschneidung durchzieht, darüber einen dräuenden Himmel sich wölben und darunter einen breiten Strom fast unbewegt durch die unabsehbar weite Ebene sich winden lässt. Im Vordergrund steht auf einer stumpfen Landzunge als Repoussoir eine kleine Holzkirche, halb verdeckt von einer niedrigen Baumgruppe, hinter der, zum Betrachter hin, ein verwahrloster Friedhof sich über die Böschung zum Fluss erstreckt. Kein weiteres Gebäude, keinerlei Requisit, kein Tier, keine einzige menschliche Gestalt ist in dem grenzenlosen Raum zu sehen. Alles scheint ausgestorben zu sein hienieden, während in der Höhe gigantische graubraune Wolken das späte Tageslicht verfinstern: mit der Reglosigkeit der Erde kontrastiert die aufgewühlte Szenerie am Himmel.

In Iwan Schischkins „*Mittag*" (1869; Abb. S. 333) und Nikolaj Rerichs „*Wolkenschlacht*" (1912; Abb. S. 349) wird der Anteil der Erde am Bild nochmals um ein Vielfaches verringert, es bleibt bloß ein schmaler Streifen am untern Rand dafür übrig, wohingegen der dramatische Kampf der Wolken am Himmel die gesamte restliche Bildfläche beansprucht. Die Erweiterung und Dynamisierung der himmlischen Sphäre lässt die Landschaft zwar als Motiv und Kulisse zurücktreten, betont aber gleichzeitig deren Tiefe

Der Himmel als Szenerie – oben Grigorij Mjassojedow, *Reife Kornfelder* (Gemälde, 1892); *unten* Aleksandr Popow-Moskowskij, *Vor dem Gewitter* (Gemälde, 1861).

Der Himmel als Szenerie – oben Nikolaj Dubowskoj, *Ruhe nach dem Sturm* (Gemälde, 1890); *unten* Nikolaj Rerich, *Wolkenschlacht* (Gemälde, 1912).

und Breite, mithin eben jene Eigenschaften, die für sie als *russische* Landschaft besonders charakteristisch sind.

Charakteristisch für das *Bild* der russischen Landschaft ist gerade auch der stetig wiederkehrende Gegensatz zwischen einförmiger, kaum unterbrochener, meist monochromer Flächenhaftigkeit (Felder, Wälder, Wasser- und Schneeflächen) und der bunten Bewegtheit des Himmels, der entweder von voluminösen Wolkengebilden durchzogen oder mit vielfarbigen Schleiern (Regen im Gegenlicht, Nebel, Dunst) verhängt ist. Während die Erde im Vergleich zum Himmel gewöhnlich nur einen Bruchteil der Bildfläche beziehungsweise Bildhöhe einnimmt, übersteigt der Himmel die irdische Natur nicht nur an räumlicher Weite, sondern ebenso an Formen- und Farbenreichtum bei weitem.

Mag sein, dass darin die als typisch russisch geltende Neigung zu Schicksalsergebenheit und spekulativem (utopischem, apokalyptischem) Räsonieren ihren bildhaften, ja weltbildhaften Ausdruck findet – das Ideale, Absolute, Unendliche beansprucht das Interesse weit mehr, als die schlechte Alltäglichkeit des Diesseits es vermöchte und verdienen würde.

Von Grigorij Mjassojedow gibt es ein querformatiges Gemälde aus dem Jahr 1892, das im untern Drittel ein wogendes, in verschiedenen Gelbtönen gehaltenes Weizenfeld zeigt und über dem linear durchlaufenden Horizont einen hohen Himmel mit ornamental geschichtetem Gewölk. Im Vordergrund rechts führt von unten ein Feldweg ins Bild, der jedoch gleich bei der ersten Biegung im erntereifen Korn verschwindet. Im Mittelgrund des Bilds zeigt Mjassojedow ein im Getreide versunkenes, in die Natur gleichsam organisch eingeschlossenes Fuhrwerk und noch weiter hinten, fast schon unsichtbar unter die Horizontlinie geduckt und ebenfalls gänzlich in die Landschaft eingelassen, ein Dorf mit Kirchturm. Kein einziges Objekt aus der irdischen Sphäre überschneidet sich mit dem Horizont und schafft eine Verbindung zum Himmel. Dieser sinkt wie ein Vorhang auf die teppichartig sich ausbreitende Erde herab, von der im Hintergrund ein Vogel aufsteigt – einziges Element, das den beiden Welten gemeinsam ist.

Die Weite und Tiefe der flachen Landschaft wird gelegentlich dadurch unterstrichen, dass der Horizont völlig verwischt wird, wie man es vom Meer beziehungsweise von Marinebildern kennt. Irdische und himmlische Sphäre gehen – etwa bei Nebel, im Schneesturm – ununterscheidbar ineinander über und schaffen die Illusion eines richtungslos expandierenden Raums, der keinerlei fassbare Koordinaten, keinen festen Grund, keinen Weg und keine Bleibe mehr aufweist.

Darstellungen solcher Art kehren in der russischen Malerei oftmals wieder als Bilder der Stagnation, der Unbehaustheit, der Orientierungslosigkeit, der Verlorenheit. Beispielhaft dafür ist ein Werk, das Illarion Prjanischnikow 1871 in der ersten Kunstausstellung der „Wanderer" gezeigt hat (Abb. S. 354). Dargestellt ist eine von unten links ins Bild tretende Kolonne von Pferdeschlitten, die in weitem Bogen und perspektivisch rasch sich verkleinernd in die unabsehbare Ferne zieht. Der Horizont, der den Himmel auf der linken Bildseite mit der schmutzig grauen Erde verschmilzt, löst sich rechts in einer gewaltigen Nebelbank auf und fusioniert solcherart Unten und Oben, Rechts und Links, Erde und Himmel zu einem unheimlichen Raum, in dem es keine Orientierungsmöglichkeit, kein Fortkommen, keine Ankunft mehr gibt und wo jeder Schritt sich als ein Treten-am-Ort erweist.

Eine ähnliche Situation führt in dem Gemälde „*Winterliche Straße*" (1866; Abb. S. 354 *oben*) Lew Kamenew vor Augen; auch er zieht eine verschneite Piste von unten links ins Bild, in dessen Mitte ein Schlittengespann wie eingefroren verharrt. Der hier tiefer liegende Horizont scheint zu rauchen und geht in feinem Schneegestöber unmittelbar in den gleichfarbigen Himmel über; alles ist in ein gleiches undurchdringliches Grau gehüllt, der Weg verliert sich darin ebenso, wie im Hintergrund ein Dorf und ein Stück Wald darin versunken sind. – Bei Archip Kuindshi wiederum findet sich ein spätherbstlich ausstaffiertes Landschaftsbild (1872; Abb. S. 216 *oben*), auf dem sich ein breiter morastiger Scheideweg zum tiefen Horizont hin gabelt. Ein Fuhrwerk ist im Morast stecken geblieben, ist tatsächlich gestrandet wie ein Schiff, zwei dunkle menschliche Gestalten setzen ihren Weg zu Fuß fort. Vom nieselnden Regen ist der Horizont in seiner ganzen Breite verwischt, so dass es kaum noch einen Unterschied zwischen Erde und Himmel gibt. Der Landschaftsraum ist nach allen Seiten offen, der Himmel schließt sich fugenlos an die Erde an, aber es gibt keinen gangbaren Weg, um diesen grenzenlosen Raum zu erschließen. – Eine sentimentalistische Variante dieses Motivs bietet Wassilij Perows Darstellung eines Totentransports (*„Letztes Geleit"*, 1865; Abb. S. 355): Aus der Bildecke unten rechts bewegt sich ein Pferd mit Schlitten diagonal in die Fläche; der kleine Schlitten ist beladen mit einem Sarg, an den sich zwei Kinder klammern; eine Frau, die Witwe wohl, lenkt mit gesenktem Kopf das Gefährt in eine weitläufige Schneelandschaft mit verwischtem Horizont. Die Ebene, die wie eine schäumende Wasseroberfläche daliegt, scheint sich aufzulösen und unmittelbar sich zu vermengen mit den darüber hängenden Wolken.

Eine Generation danach wird Dawid Burljuk noch einmal – noch immer – dieselbe russische Raumerfahrung festhalten in einem großformatigen Gemälde (*„Feld"*, 1908; Abb. S. 356), das Oben und Unten gleichwertig zusammenschließt zu einer menschen- und gegenstandsleeren Landschaft, deren Horizont die gesamte Bildbreite durchmisst und damit wiederum auf die „unendlichen", mithin auch „unmenschlichen" Dimensionen des russischen Raums verweist.

8

Der Marinemaler Iwan Ajwasowskij war es, der das Gleichgewicht des Schreckens im russischen Landschaftsraum auf die See übertragen hat. Von ihm gibt es zahlreiche monumentale Bildwerke, auf denen das Meer – bald aufgewühlt, bald spiegelglatt – den Platz und die künstlerische Funktion wogender Felder oder sich hinbreitender Schneewehen übernimmt.

Auch in Ajwasowskijs monumentalen Seestücken fungiert der Horizont als strukturbildendes und bedeutungstragendes Bildelement, das den Himmel entweder vom Meer abhebt oder ihn damit verbindet. Grenzenlosigkeit und Leere des Raums kommen hier zu umso stärkerer Wirkung, als es überhaupt keine fixen Anhaltspunkte mehr gibt. Die See ist nichts anderes als eine Wasserwüste, und wer sich auf sie hinaus wagt, wird zu ihrem Spielball. In einer seiner Ansichten vom Schwarzen Meer (1898; Abb. S. 353 *unten*) teilt der Maler den Bildgrund in zwei annähernd gleich große Flächen auf, deren untere die bewegte Wasseroberfläche zeigt – sie bietet sich ihrerseits wie ein zugeschneites Hochgebirge dar – und deren obere, eine schwarze Wolkenbank, die im Begriff ist, sich im Sturm auf die Fluten zu senken. Während Wellen und Wolken als bewegte Elemente korrespondieren, werden sie koloristisch – unten Weiß und Silbergrau, oben Anthrazit bis Schwarz – in einen markanten Kontrast gebracht. In einem früheren, von 1881 datierten Bildwerk

Russische Seestücke (1) – *oben* Iwan Ajwasowskij, *Weltenschöpfung* (Gemälde, 1864); *unten* Iwan Ajwasowskij, *Sturm über dem Nordmeer* (Gemälde, 1865).

Russische Seestücke (2) – *oben* Iwan Ajwasowskij, *Über dem Schwarzen Meer braut sich ein Sturm zusammen* (Gemälde, 1881); *unten* Iwan Ajwasowskij, *Inmitten der Wogen* (Gemälde, 1898).

Die Winterlandschaft; das Schlittenmotiv – oben Lew Kamenew, *Winterliche Straße* (Gemälde, 1866); *unten* Illarion Prjanischnikow, *Leere Schlitten* (Gemälde, 1872).

Die Winterlandschaft; das Schlittenmotiv – Wassilij Perow, *Letztes Geleit* (Gemälde, 1865).

(Abb. S. 353 *oben*) stellt Ajwasowskij die Elemente umgekehrt einander gegenüber (oben die hellen dahinjagenden Wolken, unten die graugrünen bis tiefschwarzen Wogen). In beiden Fällen teilt der verwischte Horizont die beiden gegensätzlichen Bilddistrikte in zwei gleich große Felder auf, wodurch die entfesselten Elemente auf der Darstellungsebene stabilisiert und ihr ewiger Kampf in ein Patt übergeführt wird.

In den meisten andern Marinebildern Ajwasowskijs wird das Meer allerdings als aufgewühltes und bedrohliches Element veranschaulicht, das den Horizont weit hinter sich gelassen und längst überstiegen hat, ein gewissermaßen absolut gesetztes Element, das Stoff und Raum zugleich ist. Das Wasser vereinigt sich mit dem Sturm zu einer chaotischen, urzeitlich anmutenden Szene, die kein Oben und Unten, kein Rechts und Links mehr kennt. Der Mensch, falls er in solchen Bildern noch einen Platz hat, erscheint stets als der Bedrohte, Gejagte, dem Untergang Geweihte, bestenfalls als Randfigur, als *quantité négligeable*. Die aufgetürmten, genauer: die wie zu Türmen erstarrten Wassermassen gewinnen bisweilen Ähnlichkeit mit riesigen Wolken- oder Schneelandschaften, scheinen also selbst die Elemente Luft und Erde in ihrer Gewalt zu haben. Mit seinem monumentalen Bildwerk von der *„Weltenschöpfung"* (1864; Abb. S. 352 *oben*) verlässt Ajwasowskij den realistischen Darstellungsraum, Horizont und zentralperspektivischer Fluchtpunkt werden aufgegeben, das Bild hat allenfalls noch eine optische Mitte und führt eine chaoti-

Erde bis zum Horizont – oben Dawid Burljuk, *Feld* (Gemälde, 1908); *unten* Dawid Burljuk, *Morgen. Wind* (Gemälde, 1908).

sche Welt vor Augen, die noch keine Himmelsrichtungen, keinen strukturierten Raum kennt. Erstmals in der russischen Malerei wird hier dezidiert ein Schritt zum abstrakten, von der äußern Wirklichkeit „abgezogenen" Bild getan.

Die dramatisch inszenierten Seestücke von Ajwasowskij stehen zu den üblicherweise unbewegten, weit sich hinbreitenden Landschaften seiner künstlerischen Zeitgenossen in auffallendem Gegensatz, doch führen auch sie, deren Dramatik jeweils in einem einzigen kurzen Moment erstarrt zu sein scheint, den russischen Raum in seiner Unbegrenztheit und Unheimlichkeit vor – als einen Raum, der trotz seiner Ausdehnung als Kerker empfunden werden kann und der den Menschen unentwegt auf seine Wenigkeit, seine Verlorenheit zurückverweist. Die kontinentale Variante dazu findet sich in paradigmatischer

Gestaltung bei Isaak Lewitan, der auf einem seiner bekanntesten Landschaftsbilder („*Die Wladimirka*", 1892; Abb. S. 358) nichts anderes vor Augen führt, als die bis zum Horizont reichende, durch nichts unterbrochene russische Ebene, die unmittelbar in den trüben Himmel überzugehen scheint.

In der Bildmitte ist die „Wladimirka" zu sehen, jene unbefestigte Trasse, auf der üblicherweise die zu Verbannung und Lagerhaft Verurteilten zu Fuß aus Moskau nach Sibirien geführt wurden. Lewitan zeigt diese Trasse als einen schmalen steinigen Weg, von dem da und dort noch schmalere Seitenpfade abgehen und der geradeaus, perspektivisch allmählich sich verengend, in die unabsehbare Ferne führt. Im Mittelgrund sind, farblich und formal vollkommen in die Landschaft integriert, ein gedecktes Wegkreuz oder Heiligenbild sowie, kaum erkennbar am Wegrand verharrend, eine schwarze menschliche Figur dargestellt, die sich in dieser öden Natur wie ein vergessener oder verlorener, fast schon in die Erde versunkener Gegenstand ausnimmt. Nirgendwo wird die Nichtigkeit des Menschen im ungeheuren Raum des russischen Flachlands so eindringlich dargetan wie hier.

Dass das weite russische Land oft mit einem Ozean oder einem riesigen Archipel verglichen wird und dass man immer wieder vom „flüssigen" Kontinent, von den „fließenden" Grenzen Russlands hat sprechen können,[12] findet in der realistischen Landschaftsmalerei eine eindrückliche Bestätigung insofern, als hier die Erde – auch wenn es sich um Steppengebiet handelt – zumeist von Wasser durchwirkt und von großflächigen Pfützen überschwemmt ist; sie bietet ebenso wenig festen Grund und Halt wie der Wüstensand. Exemplarisch dafür sind die rekurrenten Landschaftsdarstellungen bei Tauwetter, Regen, Nebel, Darstellungen auch, auf denen die russische Erde durch träge, weit ausufernde Ströme mäandrisch durchzogen wird. Obwohl für die flache russische Landschaft Tundra und Tajga, Wald und Feld, Steppe und Wüste gleichermaßen „typisch" sein können, bleibt doch der weite Raum ihr hauptsächliches Charakteristikum, und dazu gehört im Weiteren die geläufige, vielfach überlieferte Vorstellung, dass diesem Raum ein fester Grund fehle, dass Wasser und Sand sein flüssiges Fundament bildeten (vgl. Abb. S. 52).

Die legendäre nordrussische „Kitesh-Stadt", die *unter Wasser* im See Swetlojar den Mongolensturm überdauert hat, wie auch die äußerst populär gewordene religiöse Konzeptualisierung Russlands als „Mutter-feuchte-Erde", auf die in anderem Zusammenhang bereits mehrfach hingewiesen wurde, bestätigen diese weit verbreitete Vorstellung. Selbst der russische Wald ist von Gewässern durchzogen und unterhöhlt, so jedenfalls stellt ihn Iwan Schischkin in mehreren Gemälden dar, die er mit so ungewöhnlichen Titeln wie „*Schiffshain*" (*Korabel'naja rošča*, 1898) oder „*Mastenwald*" (*Mačtovyj les*, 1872; Abb. S. 359) versehen hat, um metaphorisch eine Verbindung zwischen Wald und Meer herzustellen.

Von Andrej Rjabuschkin gibt es ein historisches Monumentalgemälde mit einer Moskauer Szene aus dem 17. Jahrhundert (Abb. S. 360). Gezeigt wird ein Straßenzug, der sich nach einem Gewitter in einen reißenden Strom verwandelt hat; die Passanten stehen knietief im Wasser, scheinen aber eher amüsiert denn irritiert zu sein. Sogar die Stadt Sankt Petersburg, seit 1713 Reichshauptstadt und als solche „die unrussischste aller russischen Städte", entspricht diesbezüglich dem einschlägigen Klischee – sie wurde im morastigen Mündungsgebiet der Newa größtenteils auf Pfählen errichtet und ließ ihrerseits den Mythos einer „auf nichts" gebauten und dereinst „in nichts" sich auflösenden Geisterstadt entstehen.[13] Zahlreich sind denn auch die bildnerischen Darstellungen einer von Dunst und Nebel verhängten, von Wasser unterspülten, oft auch überschwemmten Petersburger Stadtlandschaft. Es erstaunt nicht, dass diese Thematik mit besonderer Insi-

Der russische Weg – oben Isaak Lewitan, *Die Wladimirka* (Gemälde, 1892); *unten* Aleksej Sawrassow, *Mondnacht* (Gemälde, 1870).

Iwan Schischkin, *Mastenwald im Gouvernement Wjatka* (Gemälde, 1872).

stenz zu Beginn des 20. Jahrhunderts auch malerisch aufgearbeitet worden ist in einem intellektuellen Klima, das von eschatologischen und revolutionären Stimmungen gleichermaßen dominiert war.

So zeigt etwa Jewgenij Lansere (Eugène Lanceray) in einer großformatigen Arbeit auf Papier eine historisierende Stadtansicht, auf der sich Petersburg wie ein riesiges Floß über aufgewühlten Meeresfluten ausnimmt (Abb. S. 360), und Nikolaj Dubowskoj bietet eine zeitgenössische Ansicht dar, auf der Straßen und Kanäle unterschiedslos und ununterscheidbar ineinander verfließen – die Häuser stehen im Wasser, Fußgänger und Pferde waten durch die Straßen, die Gebäude nehmen sich aus wie eine gestrandete Flotte (Abb. S. 361).

9

Auch die russische Landschaftsmalerei – die romantische wie die realistische – hat sich dieses Konzept zu eigen gemacht, und zwar in einem Ausmaß, dass man tatsächlich den Eindruck gewinnen könnte, die Erde sei hier mit dem Element des Wassers durchweg intim vermengt, sei von Wasser ganz und gar durchdrungen oder weithin unterspült. Beim Abschreiten russischer Kunstmuseen, beim Durchblättern von Galerie- und Œuvrekatalogen stellt man jedenfalls fest, dass die Darstellung überschwemmter, durchspülter, zumindest durchnässter Erde den Großteil aller Landschaftsbilder ausmacht. Bestätigt wird diese Feststellung durch zahlreiche Reiseberichte des 18. bis 20. Jahrhunderts, in

Flüssiges Russland (1) – *oben* Wie auf einem Floß – Petersburg, unterspült; historisierende Darstellung von Jewgenij Lansere (Lanceray), links das Kollegiengebäude von Domenico Trezzini (Gemälde, 1902); *unten* Andrej Rjabuschkin, *Moskauer Straße an einem öffentlichen Feiertag im 17. Jahrhundert* (Gemälde, 1895).

denen gleichsam *unisono* Klage geführt wird über das Fehlen befestigter Straßen und den Mangel an befahrbaren Brücken angesichts der Tatsache, dass der über weite Strecken morastige oder sandige Erdgrund keinen tragenden Halt bietet und das Land durchzogen ist von seichten, sich langsam durch die Ebene windenden Flüssen.

Besonders eindrückliches Anschauungsmaterial bieten diesbezüglich die durchweg düsteren und feuchten Landschaften von Fjodor Wassiljew und Aleksej Sawrassow. – Wassiljews „*Schwemmwiese*" (1872; Abb. S. 362) zeigt unter hoch aufgetürmten Gewitterwolken und neben vereinzelten vom Wind gebeugten Bäumen einen weiten flachen

Flüssiges Russland (2) –
Nikolaj Dubowskoj,
In der Überschwemmung
(Gemälde, 1903).

Wiesengrund mit einem stehenden Tümpel, in dem der Himmel sich spiegelt. Die desolate, völlig menschenleere Örtlichkeit bietet sich als dämmerige Urszenerie dar, als ein Chaos, in dem die Elemente und auch Tag und Nacht noch nicht definitiv geschieden sind.

Von ähnlicher Monotonie ist Wassiljews Gemälde „*Tauwetter*" (1871; Abb. S. 363), auf dem sich ein aufgeweichter Schneepfad und das träge abfließende Gewässer eines nahen Tümpels kreuzen. Zwei Menschen, ein Erwachsener und ein Kind, stehen reglos im Matsch, sie beobachten die großen schwarzen Vögel, die im tauenden Schnee nach Futter suchen, und scheinen sich dabei zu überlegen, welche Richtung *sie* einschlagen sollten, um einen Lebensunterhalt zu finden. Auch hier sind die Elemente Erde, Wasser, Luft gleichwertig und untrennbar ineinander vermengt.

Etwas lichtvoller sind demgegenüber Sawrassows malerische Darbietung einer überschwemmten, von ein paar zerzausten Bäumen gesäumten Landstraße, die sich in unbestimmter Richtung zum Horizont hin windet (Abb. S. 363), und sein weitläufiges „*Roggenfeld*", das sich in der Ferne mit dem Himmel zu vereinigen scheint und das von einem gewundenen, teilweise unter Wasser stehenden Weg zerteilt wird, der auch ein

Flüssiges Russland (3) – *oben* Fjodor Wassiljew, *Schwemmwiese* (Gemälde, 1872; Fragment); *unten* Aleksej Sawrassow, *Roggenfeld* (Gemälde, 1881).

Flüssiges Russland (4) – *oben* Aleksej Sawrassow, *Feldweg* (Gemälde, 1873); *unten* Fjodor Wassiljew, *Tauwetter* (Gemälde, 1871; Fragment).

Bach sein könnte (Abb. S. 362). Keine menschliche Gestalt, kein landwirtschaftliches Gerät, kein Fahrzeug, keine Wegmarke ist zu sehen, wodurch der Eindruck erweckt wird, dass der gewaltige, alle Elemente umgreifende Raum der einzige, mithin auch wichtigste Gegenstand dieser Bildwerke sei. In vergleichbarer Weise hat Sawrassow eine Reihe weiterer, meist menschenleerer Landschaften gestaltet, darunter ein Steppenbild mit stehendem Wasser („*Steppe bei Tag*", 1852) und eine ferne „*Sicht auf den Kreml*" (1851) mit der Moskwa im Vordergrund: das alte russische Machtzentrum scheint im Wasser verankert zu sein und von ihm getragen zu werden.

Eine solche „Sicht" eröffnet sich ansonsten eher mit Blick auf die nördliche Hauptstadt Sankt Petersburg, die tatsächlich von Wasser unterspült und durchflossen ist. Die Malerei hat sich dieses Sujets jedoch kaum angenommen. Als „russisches Venedig" oder „russisches Amsterdam" ist Sankt Petersburg vorzugsweise von Zeichnern, Graphikern und Photographen thematisiert worden, wobei die völlig flach über das Newadelta sich ausbreitende Stadt mit dem gewaltigen Himmelsraum im Hintergrund ein ähnliches Image gewann wie die „typisch" russische Landschaft.

10

Im mittleren 20. Jahrhundert hat der Sowjetmaler Jurij Pimenow ein Wolkenbild („*Wolken*", 1949) ausgespart, an dessen unterem Rand gerade noch ein kurzes Stück des tief liegenden Horizonts sowie die angeschnittene Fahrerkabine und ein Teil der Ladefläche eines LKW zu sehen sind. Darüber jedoch baut sich ein blassblauer leicht bewölkter Himmel auf, der wohl gut $^9/_{10}$ der gesamten Bildfläche einnimmt; die Landschaft bleibt hier völlig ausgespart, der Lastwagen ist ohne Bodenhaftung und scheint zu fliegen, es ist, als wäre hier, im späten Stalinismus, alles irdische Ungemach überwunden und als hätte die „lichte Zukunft" fern aller diesseitigen Erschwernisse bereits begonnen.

Wenig später sollte die sowjetische Kosmonautik mit dem ersten künstlichen Satelliten, dem ersten Hund, dem ersten Menschen im All neue erdferne Wege erschließen und den Himmel tatsächlich zum Schauplatz menschlichen Tuns und Wollens machen. Die so gewonnene neue Übersicht wird die Erde als Objekt erstmals anschaulich werden lassen, sie gleichzeitig aber auch entrücken. Der gerade Horizont erweist sich aus solcher Aufsicht als ein Kreis. Eine Vorstufe dazu ist der gekrümmte Horizont, der – bisweilen fast zum Halbkreis gebogen – die Rundung der Erde und damit auch eine globale politische Zukunftsvision andeutet: Weltrevolution, Weltkommunismus, Weltstaat.

Die frühe Sowjetmalerei ist denn auch reich an Landschaftsbildern, die zugleich Weltbilder sein sollen und die den russischen Patriotismus kosmopolitisch überhöhen. Sergej Gerassimow hat zum ersten Jahrestag der bolschewistischen Revolution den neuen „*Herrn der Erde*" (1918; Abb. S. 365) als einen fahnenschwingenden Recken vorgeführt, der vor einem riesigen Himmel zwischen Landwirtschaft (Getreidegarben) und Industrie (Schaufeln und Rauchschwaden) den gerundeten Horizont des Planeten abschreitet. – Bei Konstantin Juon wird „*Ein neuer Planet*" (1921; Abb. S. 365) in die Nachbarschaft anderer Planeten versetzt und somit in die kosmische Dimension eingebracht, während Kusma Petrow-Wodkin mit dem „*Tod des Kommissars*" (1928; Abb. S. 366) aufzeigt, wie – und unter welchen Opfern – die Rotgardisten den runden grünen Planeten Erde auf eine bessere Zukunft hin befreien.

Welthorizont – *oben links* S. W. Gerassimow, *Herr der Erde* (Dekorationsentwurf zum 1. Jahrestag der Oktoberrevolution, 1918); *oben rechts* Jurij Pimenow, *Wolken* (Gemälde, ca. 1950); *unten* Konstantin Juon, *Ein neuer Planet* (Gemälde, 1921).

Kusma Petrow-Wodkin, *Tod eines Kommissars* (Gemälde, 1928); *unten* M. B. Grekow, *Gefechtswagen* (Gemälde, 1925).

Russland als eine ganze Welt – eine sowjetische Heldenfrau hält die mit UdSSR beschriftete Erdkugel an ihrer verlängerten Achse fest und weist mit dem linken Arm in die Zukunft; so wurde bei einer Parade auf dem Moskauer Roten Platz die Weltrevolution unter Führung Russlands symbolisiert (Photo Georgij Selma, 1931).

Die vollkommenste Verschmelzung des realistischen Heimatbilds mit dem transnationalen kommunistischen Weltbild ist dem Sowjetmaler und Propagandisten Mitrofan Grekow in einem Bildwerk von 1925 gelungen, das vor einem großen grauen Himmel und auf frisch abgeerntetem Feld eine rotgardistische Kavallerieabteilung in rasendem Angriffsritt vorführt, ein Bild, das am Beispiel einer Einzelepisode aus dem postrevolutionären Bürgerkrieg auch die von den Bolschewiki angestrebte Weltrevolution heraufzubeschwören vermag, und zwar eben dadurch, dass eine „typisch" russische Landschaft mit dem gebogenen Erdhorizont versehen wird (*„Gefechtswagen"*; Abb. S. 366). In all diesen Fällen ragen oder weisen die menschlichen Gestalten über den Horizont hinaus – in jenseitige Räume und künftige Zeiten. Die gewaltige Ausdehnung der russischen Erde wie auch die „allmenschliche" Mission des russischen Volks werden in derartigen Landschaftsdarstellungen auf geradezu didaktische Weise anschaulich gemacht.

11

Wie alle Sparten der Bildkunst ist auch die Landschaftsmalerei, wo und wann immer sie praktiziert wird, durch ihre eigene nationale oder regionale Tradition ebenso stark vorgeprägt wie durch den Einfluss fremder Meister und Schulen. Der Maler, der sich „vor der Natur" abarbeitet, tut selbst dann, wenn er Realist oder Naturalist ist, weit mehr, als dass

Russische Horizonte – oben Erik Bulatow, *Horizont* (Gemälde auf Leinwand, 1971-1972); *Mitte und unten* Performance *Aktionszeit* der Gruppe „Kollektive Handlungen" (1978); die Photos sind so aufgenommen oder bearbeitet worden, dass der Horizont gekrümmt erscheint und der Betrachter den Erdhorizont wahrzunehmen meint.

er bloß ein Abbild dessen erstellt, was er vor Augen hat. Schon die Wahl des Bildausschnitts, dann die Konfiguration der Landschaft insgesamt, ihre Funktion als eigenständige Szenerie oder als Kulisse, ihre Bestückung mit Objekten und menschlichen Gestalten, die Lichtführung, der Kolorismus – dies und manch Anderes wird keineswegs aus dem jeweiligen Moment entschieden und entwickelt, es ist, noch bevor ein Augenschein mit der Natur stattfindet, determiniert durch das, was der Maler zuvor an Landschaftsdarstellungen gesehen und was er allenfalls über Landschaftsmalerei gelesen hat.

Wie weitgehend die frühen russischen „Paysagisten" – Künstler wie Semjon und Silwestr Stschedrin, Fjodor Matwejew, Aleksej Wenezianow und Aleksandr Iwanow – von italienischer Kunst und Ästhetik sich haben beeinflussen lassen, wurde bereits angedeutet: so weitgehend nämlich, dass bei ihnen die heimatliche russische Landschaft entweder völlig außer Betracht blieb oder aber offensichtlich von italienischen Vorbildern überlagert und dadurch bis zur Unkenntlichkeit verfremdet wurde. Dass seit dem mittleren 19. Jahrhundert dann endlich die reale russische Landschaft trotz ihrer öden Flächenhaftigkeit und ihrem eintönigen Kolorismus zum Gegenstand bildnerischer Darstellung gemacht werden konnte, setzte die Erarbeitung einer eigenen Technik und Ästhetik der Landschaftsmalerei voraus, mithin auch die Abkehr von ausländischen Einflussquellen, die bestenfalls noch zur malerischen Darstellung von Wolken und Bäumen etwas beitragen konnten, nicht aber zur Vergegenwärtigung eines Landschaftstyps, zu dem es in Westeuropa kein Pendant gab und gibt. Wenn die russische Landschaftsmalerei gleichwohl keine international relevanten Errungenschaften aufzuweisen hat, so ist ihr doch zugute zu halten, dass es ihr zumindest gelungen ist, ihr bildnerisch unergiebiges Sujet – „die große russische Ebene" – für die Kunst produktiv zu machen.

III

Wege nach Russland

Überlegungen und Beispiele
zur russischen Nachahmungskultur

1

Die Bedeutung und Besonderheit einer Nationalkultur lässt sich vorab danach bemessen, inwieweit und mit welcher Nachhaltigkeit sie auf andere – benachbarte oder weiter entfernte Kulturbereiche – eingewirkt hat. Für das traditionelle russische Selbstverständnis, das seit jeher eine weltgeschichtliche und geopolitische Sonderstellung für das eigene Land beansprucht, gilt – und eben darin liegt seine Einzigartigkeit – das Gegenteil.

Denn nicht der Export eigener Kulturgüter und deren produktive Aufnahme im Ausland sind hier Gradmesser für die Qualität und Originalität nationaler Kulturleistungen, sondern umgekehrt der Import, die Übernahme fremder Güter – Werke, Konzepte, Techniken – als unabdingbare Voraussetzung für die eigene kulturelle Produktivität, die als eine primär rezeptive und synthetisierende Tätigkeit aufgefasst wird.

Es braucht gewiss nicht eigens unterstrichen zu werden, dass das Wechselspiel von Fremd-Rezeption und Eigen-Produktion für *alle* nationalen oder regionalen Kulturen wie auch für die Herausbildung von Epochenstilen konstitutiv ist. Dabei kommt es gleichermaßen auf das Verhältnis zwischen Eigenem und Fremdem wie auf die jeweiligen Selektionskriterien an.

Für Russland insgesamt gilt, dass hier das Fremde mehrheitlich unkritisch, oft sogar unbedacht übernommen und dem Eigenen eher übergestülpt als eingepasst wurde. Mit Bezugnahme auf Aleksandr Puschkins Tragödie „*Mozart und Salieri*" könnte man die russische Kultur versuchsweise als eine „Salieri"-Kultur bezeichnen, eine rekapitulierende Kultur also – dies in strikter Unterscheidung von den „mozartischen" Nationalkulturen Westeuropas, die den Anspruch erheben, originale, innovative, vorbildhafte, letztlich unverwechselbare Leistungen erbracht und wegweisende Diskurse begründet zu haben. Obwohl bei Puschkin das Neidmotiv (Neid des Nachahmers gegenüber dem „Originalgenie") von untergeordneter Bedeutung ist, ließe sich die russische „Salieri"-Kultur durchaus *auch* als eine spezifische Neidkultur beschreiben.[1]

Der späte Dostojewskij hat, in explizitem Rückgriff auf Puschkin, als die „wichtigste Eigenschaft" der russischen Nationalität deren friedfertige und hingebungsvolle Aufnahmefähigkeit herausgestellt und ist damit zum letzten namhaften Apologeten der vaterländischen Nachahmungskultur geworden – Nachahmung verstanden als liebende Anteilnahme, als Einschmelzung des Fremden ins Eigene, als Bereitschaft, sich befruchten zu lassen statt (wie es bei manchen europäischen und asiatischen Nationen der Fall ist) befruchtend oder gar gewalthaft auf andere Kulturen einwirken zu wollen.

In einer epochalen Rede vor zahlreichem Publikum fasste Dostojewskij 1880 am Beispiel Puschkins noch einmal die Thesen und Argumente zusammen, die er schon früher in verschiedenen seiner literarischen und publizistischen Werke bezüglich des Russentums vorgetragen hatte. Für Dostojewskij war Puschkin gleichermaßen ein nationaler und ein globaler Genius, und global sei er gewesen, weil er auf „allmenschliche", und das heißt auf *typisch rus-*

sische Art und Weise national gewesen ist. In Puschkins Werk hätten „sich die poetischen Bilder anderer Völker widerspiegelt und deren Genies verkörpert". Puschkin habe kraft seiner „allweltlichen Resonanzfähigkeit" (*vsemirnaja otzyvčivost*), die auch eine russisch nationale Eigenart sei, auf sämtliche Fremdimpulse zu reagieren, sie zu übernehmen, sie fruchtbar zu machen gewusst.

Puschkin erweist sich demnach nicht allein als der exemplarische Dichter russischer Sprache, sondern auch als der exemplarische Mensch russischer Nationalität. Denn russisch national zu sein, heißt für Dostojewskij immer auch „alleuropäisch und allweltlich" zu sein, ja er geht soweit, die Russen als die besten, die einzig wahren Europäer auszuweisen. „Ein wahrer Russe zu werden, ein ganzer Russe zu werden, bedeutet vielleicht nur (und das sei letztlich unterstrichen) zum Bruder aller Menschen zu werden, zu einem *Allmenschen* (*vsečelovek*), wenn Sie so wollen." Unentwegt wiederholt Dostojewskij seine Wortfindungen „Allweltlichkeit" und „Allmenschentum", um Puschkin auch als *Allgenie* ausrufen zu können: „Vermochte er doch fremde Genien als seine eigenen (*kak rodnye*) in seine Seele aufzunehmen." Und er kann es als militanter Nationalist gleichwohl nicht lassen, die Exklusivität von Puschkins Genie zu behaupten, das sämtliche „Shakespeares, Cervantes', Schillers" überrage: „Niemals vermochten auch die größten der europäischen Dichter mit solcher Kraft den Genius eines fremden, vielleicht mit ihnen benachbarten Volkes in sich zu verkörpern, seinen Geist, die ganze verborgene Tiefe dieses Geistes und die ganze Sehnsucht (*toska*) seiner Berufung, wie Puschkin es bewerkstelligt hat." Und gleich folgt noch eine Anschlussrüge: „Im Gegenteil, meistens haben die europäischen Dichter, wenn sie sich fremden Völkerschaften zuwandten, diese in ihre eigene Nationalität verwandelt und sie auf ihre eigene Art verstanden. Selbst Shakespeares Italiener sind doch fast reine Engländer." Demgegenüber nähmen die Russen – Dichter wie Normalverbraucher – alles Fremde „brüderlich" bei sich auf und ließen es unangetastet. Im Unterschied zu den europäischen Autoren seien sie in der Lage, das Fremde mit dem Eigenen zu versöhnen und es vollumfänglich einzugemeinden.[2]

Dank dieser Fähigkeit, meint Dostojewskij in Übereinstimmung mit den slawophilen und „bodenständigen" Patrioten, sei Russland allmählich, für den Westen fast unmerklich herangereift zu einer großen eigenständigen Kultur, die nunmehr berufen sei, das alte, durch zivilisatorische und künstlerische Höchstleistungen erschöpfte Europa abzulösen, ein „neues Wort" auszusprechen, das den Europäern den Weg weisen und neue Zuversicht geben werde.

2

Die russische Nachahmungskultur wird somit, zumindest als Projekt, umgedacht in eine wortführende, beispielgebende Kultur, die nicht mehr zu lernen, aber sehr viel zu lehren hat – eine Wunschvorstellung, die schon Pjotr Tschaadajew entwickelt hat und die viel später, unter westlichem Gesichtspunkt, in Oswald Spenglers Reflexionen über den *„Untergang des Abendlandes"* eingegangen ist, wo Russland – nunmehr bereits zur Sowjetunion geworden – mit vergleichbaren Argumenten die künftige Vorherrschaft über Europa und in der Welt zugesprochen wird.[3]

Die kulturelle Umrüstung Russlands von der Nachahmungs- auf die Vorbildfunktion hatte allerdings schon der romantische „Weisheitsfreund" und Literat Wladimir Odojewskij ins

Auge gefasst. In seinen philosophischen, stark zur Utopie neigenden Erzählungen, die unter dem Titel „*Russische Nächte*" äußerst populär geworden sind, verkündet er lapidar den Untergang des Westens und empfiehlt Russland als die neue kulturelle Führungsmacht in und für Europa. Dieses habe sein inneres Gleichgewicht und seine Ganzheitlichkeit definitiv eingebüßt, sei durch Fragmentierung und Spannungen aller Art geschwächt, sei dem Egoismus und Materialismus verfallen, habe seine organische Entwicklung durch eine Vielzahl von Regulativen und Gesetzen pervertiert, will heißen: dem Fortschritts- und Nützlichkeitsdenken unterworfen.

In dieser ultimativen Phase der Dekadenz werde der Westen nun, so beteuert Odojewskij, durch das jugendliche, reine, ganzheitliche, brüderliche Russland abgelöst und zugleich gerettet. Mit enthusiastischer Rhetorik beschwört er eine neue europäische Ordnung, die von Russland dominiert wäre. Russland werde Europa nicht mehr imitieren, vielmehr sich von Europa imitieren lassen. „Bei uns werdet ihr ein neues, bis zum heutigen Tag von euch noch nicht durchschautes Schauspiel sehen", verspricht Odojewskij den europäischen Völkern: „Ihr werdet ein geschichtliches Leben entdecken, das nicht aus dem Bruderkampf zwischen Staatsgewalt und Volk hervorgegangen ist, sondern frei und natürlich im Gefühl der Liebe sich entwickelt hat. Ihr werdet Gesetze vorfinden, die nicht im Aufruhr der Leidenschaften erdacht wurden, nicht zur Befriedigung augenblicklicher Bedürfnisse – sie wurden nicht von Fremden hereingetragen, sondern erwuchsen allmählich in Jahrhunderten aus dem Schoß der mütterlichen Erde."[4]

Russlands Naturhaftigkeit und Unverdorbenheit, seine organische Entwicklung und Einheit werden hier in Stellung gebracht gegen den in Rationalismus und Formalismus befangenen, „aufgeklärten" Westen, der nun seinerseits in Russland sein Vorbild erkennen, es nachahmen soll. Wladimir Odojewskijs Zukunftstraum – in den „*Russischen Nächten*" vorgetragen durch den Russen Wiktor (*victor* – den Sieger!) gegenüber Faust – hat sich im Verlauf des 19. Jahrhunderts zur messianischen Utopie verdichtet und ist in Dostojewskijs späten Romanen sowie in seiner Puschkin-Rede definitiv zur Welterlösungslehre ausgestaltet worden.

In Anknüpfung an das archaische, quasireligiöse Konzept der „Mutter-feuchte-Erde", auf das auch Odojewskij Bezug nimmt, hat man Russland bald mit einer Jungfrau verglichen, die ihren Bräutigam erwartet, bald mit einer Herumtreiberin, die immer wieder vergewaltigt, durch immer wieder andere Fremdeinflüsse „geschwängert" wird. So oder anders, ob freiwillig oder unfreiwillig dem Fremden sich öffnend – stets verbindet sich im russischen Selbstverständis die Hervorbringung des Eigenen mit der Vorstellung eines Inputs von außen, und jede Kulturleistung ist hier gleichbedeutend mit einem Opfergang, einer Selbstentmächtigung, einer hingebungsvollen Heldentat. „Die Weltanschauung des russischen Slawentums ist lebendig nur dadurch, dass sie sich als Hingabe an ein fremdes Leben empfindet und darüber das eigene vergisst", liest man dazu beim symbolistischen Dichterphilosophen Iwan Konewskoj.[5]

3

Wenn für den Westen der Pflug und der Schreibstift zu Symbolen kulturellen Wollens und Schaffens geworden sind, so ist es bei den Russen der weibliche Schoß oder der saugfähige Schwamm: Die Kulturleistung wird hier symbolisch als eine eher passive, auf Empfang und Bewahrung angelegte Haltung ausgewiesen.

Mit einer exemplarischen Dankesgeste hat einst der Dichter Boris Pasternak, der alle künstlerische Kreativität als einen geschenkten Fremderwerb auffasste, diesem Rezeptionsverständnis gegenüber Rainer Maria Rilke Ausdruck gegeben. Für ihn schrieb er als postume Widmung in die Buchausgabe seines *„Geleitbriefs"* in deutscher Sprache die folgenden, durchaus ungewöhnlichen Sätze: „Ich widme meine Erinnerungen nicht dem Andenken Rilkes. Im Gegenteil, ich habe sie von ihm als Geschenk erhalten." Das Buch gilt dem russischen Dichter nicht als eine originale Hervorbringung, es ist schon immer ein Gegebenes, hat als eine Gabe zu gelten, für die es eine Gegengabe nicht geben kann, es sei denn diese – man wuchert damit, man schreibt daran weiter.[6]

Nur am Rand sei hier vermerkt, dass ein älterer Zeitgenosse Pasternaks, der Buchwissenschaftler und Literaturpsychologe Nikolaj Rubakin, eine generelle Texttheorie entwickelt hat, die dem Akt des Lesens gegenüber dem auktorialen Akt des Schreibens klaren Vorrang gibt und damit also die Rezeption gegenüber der Produktion von Texten dezidiert aufwertet. Rubakin geht so weit, den geschriebenen Text für nichtig zu halten, solang er nicht gelesen worden sei – allein die Lektüre des Texts, und keineswegs der Text als solcher oder die Schreibleistung des Autors mache den „Inhalt" eines Buchs aus.[7]

Nicht zuletzt war (und ist) diese Haltung durch die scheinbar grenzenlose Weite des russischen Raums konditioniert, aber auch durch die multinationale Ausprägung des Russentums, zwei Gegebenheiten, welche die Unterscheidung von Eigenem und Fremdem an sich schon schwierig, fast unmöglich machen. Wassilij Rosanow hat diesen schlichten Sachverhalt ebenso schlicht in Worte gefasst: „Ist denn die ‚Sehnsucht nach dem Fremden' nicht tatsächlich das Produkt der übermäßigen Last unserer gigantischen [russischen] Erde und vollends der [europäischen] Zivilisation, die Last ‚von allem' – auf der kleinen Seele jedes Einzelnen. – ‚Ich ertrinke, Deutscher zu Hilfe!' – Ist doch ganz natürlich. Der ‚Ausländer' ist unser Protest, ist unser Seufzer, ist das ‚eigene Antlitz' in allem, was in der unermesslichen Rus sich erhalten will."[8] – In Iwan Bunins Kindheits- und Jugenderinnerungen findet sich dazu ein überaus eindrückliches, zwar rein privates, aber doch exemplarisches Zeugnis. „Ich wurde geboren und wuchs auf", berichtet Bunin, „in einer völlig offenen Ebene (*sovsem v čistom pole*), die ein europäischer Mensch sich nicht einmal vorstellen kann. Ein gewaltiger Raum (*velikij prostor*) ohne jegliche Hindernisse und Grenzen umgab mich: Wo nur endete unser Landgut und begann jene grenzenlose Ebene, mit der es verschmolz? Denn tatsächlich konnte ich nur die Ebene und den Himmel sehen."[9]

Nicht einmal die Zugehörigkeit zu einem bestimmten Erdteil oder einer Himmelsrichtung steht für Russland zweifelsfrei fest. Aus westlicher Sicht wird das Land meist dem Osten (und sei's auch bloß der Osten Europas) zugeordnet, gelegentlich auch – im Hinblick auf das Petrinische Imperium – dem Norden, doch in seinem Selbstverständnis sieht sich Russland entweder gleich als ein Weltteil („ein Sechstel der Erde") oder es begreift sich, zumindest in kultureller Hinsicht, als einen Teil Europas, viel eher jedoch als einen „halbasiatischen" beziehungsweise „eurasischen" Staat, als ein gigantisches geographisches Zwittergebilde oder, um Nikolaj Berdjajews Neologismus nochmals zu verwenden, als einen erdumgreifenden „Ost-Westen" (*velikij Vostoko-Zapad*).[10]

In all diesen Begriffen und Konzepten ist das Fremde innerhalb des Eigenen immer schon präsent. Wenn Berdjajew Russland als einen östlichen Westen beschreibt, so ist dies zumindest in territorialer Hinsicht berechtigt; denn das Zarenreich umfasste in seiner Spätzeit (um 1900) ungefähr 22,4 Mio km², davon entfielen rund 5,5 Mio km² auf dessen „europäischen" Teil (wozu damals auch der Kaukasus und das Asowsche Meer mit seinen Inseln gezählt wurden). Das räumliche Übergewicht Zentralasiens und des fernen Ostens innerhalb des russländischen Staatsgebiets ist evident (Abb. S. 20). Ebenso evident ist andererseits die Tatsache, dass der russische Kulturraum in umgekehrt proportionalem Verhältnis aus westlichen Quellen alimentiert worden ist, so dass diesbezüglich die Bezeichnung „West-Osten" (Russland als ein überwiegend westlich geprägter, d. h. *verwestlichter* Osten) sicherlich passender wäre.

Dennoch braucht man keineswegs bei einem dialektischen Entweder-Oder zu bleiben, wie es im großen Disput zwischen Slawophilen und Westlern oder auch in Nikolaj Danilewskijs separatistischer Kulturtypologie (*„Russland und Europa"*, 1869) der Fall war. Man kann mit gleicher Berechtigung, obzwar aus andern Gründen, auf die Ambiguität des Sowohl-als-auch verweisen und Russlands Stellung zwischen Ost und West als Brückenfunktion bestimmen (Pjotr Tschaadajew) oder sie mit einer Karawanserei vergleichen (Aleksandr Herzen), wo intensiver Waren- und Ideentausch praktiziert wird. Das Verhältnis zwischen den beiden großen Kulturräumen – hier das westliche Europa, dort der russländische Osten – wäre demnach als ein kontinuierliches aufzufassen, das wohl graduelle Unterschiede, nicht jedoch einander ausschließende Gegensätze aufweist; ein Verhältnis, das in erster Linie und auf beiden Seiten durch den Stellenwert bestimmt ist, der den vorhandenen Dominanten wie auch den Differenzen zuerkannt wird.

Gemeinschaftssinn oder Toleranz oder Autoritätsgläubigkeit oder Verantwortungsbewusstsein oder eben Nachahmung – all dies und vieles andere mehr ist da wie dort (für die jeweilige nationale Kultur wie für die kollektive Mentalität) relevant, ist es jedoch in unterschiedlichem Ausmaß und wird auch durchaus unterschiedlich bewertet. So gilt Nachahmung bei den westlichen Kulturnationen mehrheitlich – Ausnahmen sind die Renaissance, der Klassizismus, die Postmoderne – als ein minderes, wenn nicht verwerfliches Tun, während sie in Russland als eine Kunstfertigkeit eigener Art hohes Ansehen genießt, oft sogar der Kunst schlechthin gleichgesetzt wird.

Von daher erklärt sich denn auch die, nach westlichen Wertvorstellungen, befremdliche Tatsache, dass in Russland die Leistungen „fremder" Künstler oder Wissenschaftler anstandslos als *eigene* nationale Errungenschaften vereinnahmt und behauptet werden. – Eine russische Stimme aus dem mittleren 19. Jahrhundert, die des Kulturhistorikers Iwan Golowin, lässt sich dazu selbstkritisch wie folgt vernehmen: „Fremde Muster mehr oder weniger genau zu kopieren, ist weit leichter, als die Stimme der Vergangenheit zu Rate zu ziehen und eigenen Schöpfergeist zum Hervorbringen neuer Einrichtungen zu entwickeln. So wurde bei uns [in Russland] stets verfahren, und nicht nur die Untertanen, auch die Regierung huldigte dieser Anschauungsweise. Von oben herab bis nach unten hin stellt Russland ein Mosaikgebilde fremder Einrichtungen dar, die bei uns mehr oder weniger rasch sich akklimatisierten."[11]

4

Im Kleinen zeigt sich diese Tendenz darin, dass dichterischen Übersetzungen aus westlichen Literaturen häufig der Status von Originalen zuerkannt wird und dass infolgedessen zahllose Autoren, von Puschkin und Shukowskij bis hin zu Mandelstam und Pasternak, ihre Nachdichtungen unter eigenem Namen haben erscheinen lassen – eine Übersetzung

Russländische Völkerschaften – hier und im Folgenden vorgestellt in drei Gruppen mit ihren jeweiligen traditionellen Trachten.

„nach" dem Autor XY oder „aus" der Autorin YZ kann solcherart als ausgewiesene „Nachahmung" (*podražanie*) oder als „Replik" (*otklik*) zu einem integralen Bestandteil der russischen Nationalliteratur werden.

In der westeuropäischen literarischen Kultur wird der Unterschied zwischen Originaldichtung und Nachdichtung gemeinhin sehr viel stärker markiert, doch auch hier gibt es – als Ausnahmen – gewisse Gegenbeispiele, so etwa Johann Wolfgang von Goethes Eindeutschungen persischer Vorlagen im *„West-östlichen Divan"* (1819) oder Friedrich Rück-

ÜBERLEGUNGEN UND BEISPIELE ZUR RUSSISCHEN NACHAHMUNGSKULTUR

erts Übertragungen aus dem Arabischen und aus andern Sprachen, die meist unter seinem Namen erschienen sind und seinem Werk zugerechnet werden. Der Unterschied zwischen der russischen Nationalkultur und den Kulturen Westeuropas sollte also nicht an Eigenheiten oder Leistungen festgemacht werden, welche für die jeweilige Kultur (und von ihr) als spezifisch, mithin als einmalig und einzigartig reklamiert werden, sondern an der unterschiedlichen Wertung beziehungsweise Dominanz, die ihnen im eigenen Kulturraum zukommt. Was die russische von den westeuropäischen Kulturen unterscheidet, sind also nicht primär ihre (angeblich autochthonen) Eigenschaften, vielmehr ist es deren Rangordnung.[12]

So klar und entschieden sich dies sagen lässt – in der realen Auseinandersetzung der Kulturen, bei ihrem Wettstreit oder gar bei ihrem gewalthaften Zusammenprall gelten bekanntlich andere Kriterien. Der sachliche Vergleich wird dann meistens vermieden, Argumente werden durch Behauptungen ersetzt, der religiös, politisch oder ideologisch determinierte Diskurs verdunkelt und verfälscht die Faktenlage. In allen Kulturen gibt es dafür Beispiele zuhauf, und gerade Russland (die Sowjetunion mit einbezogen) bietet dazu reiches Anschauungsmaterial, denn nicht umsonst sind hier der Nachahmungskünstler Salieri und der Vortäuschungskünstler Potjomkin *sprichwörtlich* geworden.[13]

Und der Russe selbst? Wer ist ein typisch russischer Mensch, was macht den Bürger Russlands typischerweise aus? Welches sind seine ethnischen, seine mentalen Charakteristika? Und lassen sich diese in einem Robotbild vereinheitlichen? Bekanntlich ist Russland ein Vielvölkerstaat, der sich – seit seiner imperialen Expansion nach dem Fernen Osten – aus rund 160 Völkerschaften zusammensetzt, in dem weit über hundert Sprachen gesprochen und diverse Religionen, diverse kulturelle Traditionen gepflegt werden. Wer einen Bewohner Russlands als „Russen" bezeichnet, benennt damit lediglich seine Staatsangehörigkeit, nicht aber seine ethnische Herkunft oder Zugehörigkeit. Der Nachfolgestaat der Sowjetunion nennt sich folgerichtig „Russländische Föderation" – die ethnischen Russen (*russkie*) bilden zwar den politisch und kulturell dominanten Bevölkerungsteil, sind aber dennoch nur *eins* von zahlreichen russländischen (*rossijskie*) Völkern.

Heute wie vor hundert Jahren ist Russland nur etwa zur Hälfte von russischstämmigen Bürgern bewohnt; bei allen übrigen Staatsangehörigen handelt es sich mithin nicht um Russen, vielmehr um russifizierte Tataren, Ukrainer, Georgier, Baschkiren, Kalmücken, Nenzen, Orotschen, übrigens auch Polen, Finnen oder Deutsche, die aus unterschiedlichen Gründen, zumeist aber als Folge der innern Kolonisierung und imperialer Annexionen im russischen Reich angesiedelt, als russische Bürger registriert und schließlich als Russen assimiliert wurden. Dafür genügte das Bekenntnis zur christlichen Orthodoxie (*pravoslavie*) und die Bestätigung, dass man der russischen Sprache mächtig war.

5

Die Durchlässigkeit für Fremdimporte unterschiedlichster Art, die Fähigkeit, einerseits das Fremde durch die Vermählung mit dem Eigenen als gleichwertig zu integrieren, andererseits das Eigene durch Untermischung mit dem Fremden in eine neue Form zu bringen und damit aufzuwerten, macht also die prekäre Originalität der russischen Kultur aus. Prekär nicht zuletzt deshalb, weil die Rezeption fremder Kulturwerte und Zivilisationsleistungen stets im Kontext eines mehr oder minder rigiden Freund-Feind-Schemas stattgefunden hat.

Freunde hatte Russland im Verlauf seiner Geschichtsentwicklung kaum, Feinde indes, zu allen Zeiten, in beliebiger Zahl. Nun liegt es keineswegs auf der Hand, dass eine Nation sich diesen oder jenen Feind zum Vorbild nimmt, seine Überlegenheit freiwillig anerkennt und bei ihm umfangreiche Anleihen macht, wie es bei Russland verschiedentlich der Fall war. Das russische Rezeptions- und Imitationsparadox geht allerdings noch weiter: Die Nachahmung wurde jeweils dort am intensivsten praktiziert, wo der Feind, etwa nach einer Kriegsniederlage, am schwächsten und Russland zumindest militärisch klar überlegen war – in aller Regel ist es bekanntlich umgekehrt, nämlich so, dass der Sieger dem Besiegten *seine* Kultur, *seine* Gesetze, *seine* Administration, manchmal auch *seine* Sprache aufzwingt. Die bleibende kulturelle Prägung der Germanen und Gallier durch die überlegenen Römer ist ein naheliegendes Beispiel dafür.

Anders bei den Russen. Dort gewann der tatarische Kultureinfluss seine stärkste und bleibende Wirkung erst dann, als unter Iwan IV. (dem Schrecklichen) im mittleren 16.

Jahrhundert die Chanate Kasan und Astrachan erobert und zusammen mit dem nördlichen Kaukasus ins Moskowitische Reich integriert worden waren. Und auch der Sieg im Vaterländischen Krieg gegen Napoleon hatte keineswegs die Folge, dass nun in Frankreich russische Kultur zum Vorbild wurde, vielmehr bewirkte er, dass man sich in Russland umso mehr an französischer Philosophie und Literatur orientierte, mithin an der Geisteswelt der eben erst besiegten, aber weiterhin bewunderten *grande nation*.

Die junge russische Intelligenz las damals, soviel sei hier vorweggenommen, die Gründungstexte der französischen Aufklärung und beschäftigte sich mit der Revolution von 1789, und dies entgegen dem offiziellen Trend, Russlands patriotisches Pontential auf seine „eigenen Wurzeln" und einen eigenen historischen Weg zu verweisen. Die Wiederentdeckung und Aufarbeitung russischer „Altertümer" aller Art – Chroniken, Epen, Kirchen- und Volksliteratur, Sakralarchitektur, Ikonenmalerei – sollten das Heilige Russland neu ins Bewusstsein bringen und den Import fortschrittlicher, wenn nicht gar umstürzlerischer Ideen aus dem Westen konterkarieren. Etwas anders bieten sich die Rezeptionsbedingungen für die Westkultur zur Zeit Peters des Großen dar.

Russland war eine aufstrebende Großmacht mit allerdings enormen zivilisatorischen Defiziten. Als erster Zar hatte Peter Westeuropa bereist, war fasziniert von dessen technischen und wissenschaftlichen Errungenschaften, die er in der Folge für sein rückständiges Land – eher für den Staat als für das Volk – nutzbar machte, ohne freilich die zarische Autokratie einschränken oder ein retrogrades Institut wie die Leibeigenschaft der Bauern aufheben zu wollen. Peter dachte nicht an eine Perestrojka der russischen Gesellschaft, sein gewalthaft durchgesetztes „Westernisierungs"-Programm beschränkte sich auf das Militärwesen, die Administration, die Lebensformen und die Wertehaltung des Adels, die Gründung und den Bau der neuen Reichshauptstadt Sankt Petersburg, die seinen Namen trug und durch das Prädikat „heilig" (*sanctus*) auf das alte Rom zurück bezogen wurde, während die fremdsprachige Bezeichnung der Stadt als „Burg" auf die privilegierten Beziehungen des Zaren zur deutschen Kultur und zu Holland verweisen sollte. Die der Hauptstadt vorgelagerte Meeresfestung erhielt den ebenfalls deutschen Namen Schlüsselburg, wodurch Peters Wille, für Russland die Schlüsselgewalt über die Ostsee zu gewinnen, provokativ unterstrichen wurde. Doch für die Mehrheit der russischen Untertanen blieben sowohl die Bezeichnung der neuen Stadt wie die der neuen Festung für lange Zeit unverständliche, kaum aussprechbare *Fremdwörter*.

Die Öffnung Russlands – oder wenigstens seiner Hauptstadt – zum Westen hin war nicht so sehr durch Sympathie, vielmehr durch Zweckdenken motiviert und sollte (als „Pseudomorphose" im Spenglerschen Verständnis) auf die Einholphase befristet bleiben. Wäre der Zweck – die politische und zivilisatorische Gleichstellung mit Westeuropa – dereinst erreicht, würde man, um die Überholphase einzuleiten, die Öffnung rückgängig machen, sich von westlichen Vorbildern wieder abkehren und vorwiegend eigene Ressourcen nutzen. Andererseits ist festzuhalten, dass die angestrebte Öffnung, die durch unzählige Dekrete und Regulative abgesichert werden sollte, in der russischen Bevölkerung eher als Einengung empfunden wurde, als eine unnötige, ja widernatürliche Disziplinierung der russischen Mentalität. Aleksandr Kikin, tatkräftiger Mitarbeiter und späterer Gegner Peters I., hat 1718 unter Folter gegenüber dem Zaren ausgesagt: „Herr, der russische Geist liebt die Weite (*prostor*), aber unter deinem Regime ist es ihm zu eng!"[14]

Denn nicht zuletzt musste Peter den geschlossenen Widerstand der orthodoxen Kirche gegen die andersgläubigen, will heißen „gottlosen" westlichen Länder berücksichtigen, der von der unaufgeklärten russischen Bevölkerungsmehrheit vorbehaltslos mitgetragen wurde.[15] Hinter allem, was von den „gottlosen" Katholiken oder Protestanten kam, vermutete man eine fundamentale Bedrohung für das traditionelle russische Leben und den traditionellen russischen Glauben. Die Vermutung hatte unter traditionell russischem Gesichtspunkt durchaus ihre Richtigkeit, und dass sie überhaupt zum Tragen kam, bestätigt eindrücklicher als alles Andere nicht nur die zivilisatorische, sondern ebenso die kulturelle Zurückgebliebenheit Russlands gegenüber Westeuropa.

6

Diese Zurückgebliebenheit wurde auch nicht durch den erfolgreichen Abschluss des Nordischen Kriegs in Peters letzten Herrschaftsjahren wettgemacht: Der Sieg über den mächtigen Nachbarn Schweden, der damals über eine der modernsten und schlagkräftigsten Armeen Europas verfügte, hatte wiederum keinen russischen Kulturtransfer ins Lager des Verlierers zur Folge, sondern schien den Zaren in seinen Sympathien für den fortschrittlichen protestantischen Norden eher noch zu bestärken. Auch in diesem Fall erwies sich Russland in der Rolle des Siegers nicht als Lehrmeister, es begnügte sich damit, beim militärisch unterlegenen, zivilisatorisch jedoch überlegenen Gegner *in die Lehre* zu gehen.

„Bei uns (sagte man damals) gab es früher nichts als Barbarei", schreibt der slawophile Publizist Iwan Kirejewskij in seinem berühmten Brieftraktat *„Über den Charakter der Aufklärung Europas und über dessen Verhältnis zur Aufklärung Russlands"* von 1852: „Unsere Bildung beginnt mit dem Moment, da wir Europa, das uns hinsichtlich der geistigen Entwicklung endlos voraus war, nachzuahmen begannen. Dort blühten die Wissenschaften, als es sie bei uns noch gar nicht gab; und dort tragen sie Früchte, während sie bei uns erst zu knospen beginnen. Deshalb sind dort [in Europa] die Lehrer, wir bleiben Schüler; übrigens – so fügte man gewöhnlich selbstzufrieden hinzu – recht gewitzte Schüler, die so rasch übernehmen (*perenimat*), dass sie wahrscheinlich schon bald ihre Lehrer überholen."

Das Petrinische Programm vom Einholen und Überholen des Westens, ein Programm, das sich viel später auch Iossif Stalin zueigen gemacht hat, wird hier von einem Gegner des forcierten Kulturtransfers noch einmal evoziert und gleich auch mit einem längeren Passus aus einer Rede, die Peter der Große 1714 in Riga anlässlich einer Schiffstaufe gehalten hat, in jenem Jahr also, da die russische Flotte ihren ersten Sieg über die Schweden und damit einen wichtigen Teilerfolg im Nordischen Krieg errang. „Wer hätte es sich denken können, Brüder, wer hätte vor 30 Jahren denken können, dass ihr Russen mit mir hier an der Ostsee Schiffe bauen und in deutscher Kleidung feiern würdet? Die Historiker (fügte er hinzu) orten den alten Sitz der Wissenschaften in Griechenland; von dort gingen sie hinüber nach Italien und verbreiteten sich über alle Länder Europas. Doch die Unbildung (Peter gebrauchte das deutsche Wort *die Unart*) unserer Ahnen hinderte sie daran, weiter als bis Polen vorzudringen, wiewohl zuvor auch die Polen in gleicher Finsternis verharrten wie anfänglich die Deutschen allesamt und in der unsereiner bis heute weiterlebt, und nur dank der unendlichen Bemühungen ihrer Herrscher vermochten sie schließlich die Augen zu öffnen und sich europäisches Wissen sowie Kunst und Lebensart anzueignen."[16]

7

Die Frage, was denn nun an dieser Kultur *typisch* sei, welche dominierenden *Konstanten* das kulturelle System Russlands hervorgebracht habe oder was der Selbstidentifikation beziehungsweise der Mentalität der Bevölkerungsmehrheit markante und dauerhafte Referenzpunkte biete, ist schwer auf den Begriff zu bringen[17], fügt sich aber umso leichter in einschlägige Klischeevorstellungen. Von solchen Klischeevorstellungen sind russische Selbsteinschätzungen ebenso stark geprägt wie die zahllosen Fremdurteile, die in die westliche Russlandliteratur eingegangen sind und vielfach – durch Jahrhunderte – bis heute überdauert haben. Dazu kommt, dass die Selbsteinschätzung der Russen oft auf Fremdurteile Bezug nimmt oder von diesen bestimmt wird. Die russische Nachahmungskultur ist so ausgeprägt, dass sie den Anschein, der von außen auf sie projiziert wird, als ihr eigentliches Sein begreift: Das Fremdverständnis erweist sich als die wesentliche Quelle des russischen Selbstverständnisses.

Einer der klügsten Analytiker dieses ambivalenten Selbstverständnisses war im mittleren 19. Jahrhundert der Historiker und Philosoph Konstantin Kawelin; in seinen Reflexionen über den Gang der russischen Geschichte bestimmte er Russlands Kultur als das Ergebnis eines langwierigen Prozesses des „Einsaugens", des „Einspeisens" fremder Ideen, was dazu geführt habe, dass Russland und das Russentum grundsätzlich „sich selber mit fremden Augen zu betrachten pflegen".[18] Das wiederum setzt einen Positionswechsel voraus, setzt voraus, dass der Russe sich in das Fremde und den Fremden versetzt, um durch dessen Optik seine eigene Position zu bestimmen. Die traditionell ausgeprägten Mentalitäts- und Kulturdifferenzen zwischen Westeuropa und Russland wären, so betrachtet, nichts anderes als wechselseitige Spiegeleffekte – Russland glaubt seine Eigenart im Spiegel des kulturellen Westens zu erblicken und macht sich die Spiegelung auch tatsächlich zueigen; der hoch zivilisierte europäische Westen wiederum vermag im fremden Land der Russen immer nur sein eigenes, bald barbarisches, bald dekadentes Zerrbild zu erkennen: Resultat jahrhundertelanger Missverständnisse auf Grund von idealisierenden beziehungsweise diffamierenden wechselseitigen Projektionen.

Dass mithin im mehrheitlichen, auch von der intellektuellen Elite weitgehend mitgetragenen kulturellen Selbstverständnis Russlands nicht das Eigene, sondern das Fremde als „typisch" zu gelten hat (jenes Fremde, das man „verstehend", „einfühlend", „liebend" sich zueigen macht), leuchtet naturgemäß nicht ohne Weiteres ein, soll deshalb im Folgenden anhand diverser Beispiele aus unterschiedlichen Kulturbereichen aufgezeigt und erläutert werden. Dabei gilt das Interesse weniger dem Phänomen sowie der Geschichte der russischen Nachahmungskultur insgesamt – ein umfassender Beispielkatalog und die stark divergierenden Selbst- und Fremdkommentare dazu könnten Bände füllen – als vielmehr solchen Kulturimporten, die für Russland beziehungsweise für das Russentum konstitutiv und dadurch in hohem Maß auch repräsentativ geworden sind.

Manches, was zu einem Bestandteil der deutschen, französischen, polnischen oder auch – und vor allem – der nordamerikanischen Kultur geworden ist, geht auf Fremdimporte und deren Aneignung zurück, ohne jedoch, wie in Russland üblich, für die jeweilige Nationalkultur typisch, charakteristisch, unverwechselbar geworden zu sein. Besonders bemerkenswert (weil europaweit singulär) ist die Tatsache, dass diese staats- und mentalitätsbildenden Importe nicht von außen aufgezwungen, sondern von Russland selbst gewünscht und angeregt wurden – alle psychohistorischen Schlüsselszenen der russischen

Geschichtsentwicklung haben sich unter starker, bisweilen bestimmender Fremdeinwirkung vollzogen.

Das gilt vorab schon für die Urszene der Staatsgründung durch die Waräger (9. Jahrhundert), sodann für die Übernahme der Staatsreligion aus Byzanz (10. Jahrhundert), die mentalitätsmäßige und administrative Disziplinierung durch die *Goldene Horde* der Mongolen (13.–15. Jahrhundert), die erste *Europäisierung* des Landes unter Iwan III. (15. Jahrhundert), die großen *Reformen* unter Peter I. und dessen Nachfolgern (17.–19. Jahrhundert), schließlich die *Sowjetisierung* Russlands nach der Oktoberrevolution und dem Bürgerkrieg (1917–1921) sowie der „Umbau" (*perestrojka*) der kommunistischen UdSSR in die demokratische Russländische Föderation (1991). Anzumerken und zu berücksichtigen ist, dass Russland im Verlauf seiner tausendjährigen Geschichte keine der großen Wendezeiten der europäischen Kulturentwicklung mitvollzogen hat – weder den Feudalismus noch die Stadtkultur des Mittelalters, weder die Renaissance noch die Reformation, weder die Kolonialzeit noch den Aufstieg und die Machtergreifung des Bürgertums.

8

Dass die russische Staatsbildung mit einem formellen Gesuch um Fremdherrschaft begann, also eigentlich mit einem *Verzicht* auf eine autonome Staatsmacht und Staatsorganisation, ist weithin einzigartig und hat seit dem 18. Jahrhundert, als man die altrussischen Chroniken aufzuarbeiten begann, Anlass zu kontroversen Disputen gegeben, die bis heute nicht beigelegt sind und in Russland weiterhin die Gemüter eines breiten Publikums erregen.

Der erste Bericht über die sogenannte Berufung der Waräger (schwedische Wikinger, nach ihrer uppländischen Heimat Roslag oder nach ihrem finnischen Ethnonym Ruotsi als *Rus* bezeichnet) findet sich in der von 1113 datierten Primärchronik der russischen Annalistik, die der gelehrte Kijewer Mönch Nestor als *„Berichte aus dem Verlauf der Jahre"* zur frühen russischen Geschichte verfasst, teilweise auch aus älteren Vorlagen übernommen hat und die unter dem Jahr 862 den vielzitierten Berufungstext enthalten.[19] Dort ist die Rede von den um den Ladoga- und Ilmensee ansässigen slawisch-finnischen Völkerschaften der Tschuden, Kriwitschen, Wessen und Slowenen, die „über sich selbst herrschten" und sich in gegenseitiger Feindschaft aufrieben (Abb., S. 386, *oben*). „Kein Recht waltete unter ihnen", heißt es dazu in Nestors Chronik: „Stamm wütete gegen Stamm, und sie führten Krieg miteinander. Und da sagten sie sich: Lasst uns einen Fürsten suchen, der über uns herrschen und uns gesetzlich richten soll. Und sie fuhren über das Meer zu den Warägern, zu den Rus [...] und sagten zu ihnen: Unser Land ist groß und fruchtbar, doch gibt es keine Ordnung daselbst. *Kommt her, seid unsere Fürsten und herrscht über uns.* Und da machten sich drei Brüder [Rjurik, Sineus, Truvor] mit ihren Sippen auf und nahmen alle Rus mit, und so kamen sie zu den Slowenen, und der älteste [der Brüder], Rjurik, wurde Fürst zu Nowgorod."[20]

Den wichtigen Handelsweg von Skandinavien via Kijew bis nach Byzanz – die Wolchow-Dnepr-Wasserstraße (*put' iz varjag v greki*) – hatten die Waräger schon früher erschlossen, sie kontrollierten und nutzten die Verbindung eigenständig, waren also mit den örtlichen und ethnischen Verhältnissen bei den Slawen vertraut, als sie zu deren Versöhnung und Regentschaft gerufen wurden. Zunächst residierten die Brüder, die sich

Oben Die Siedlungsgebiete der Slawen vor der russischen Staatsgründung. – Unten Russlands erster Herrscher – der Normanne Rjurik (ganz links im Bild, auf dem Nowgoroder Thron), von mehreren Slawenstämmen 862 als Regent berufen, ist in verschiedenen Chroniken als Staatsgründer Russlands und Stammvater der Rjurikiden-Dynastie ausgewiesen (hier eine Darstellung aus der *„Rasdziwill-Chronik"*, Ende 15. Jahrhundert); Rjurik herrschte zuerst in Ladoga, dann in Nowgorod.

nicht etwa mit Mediation und Administration begnügten, sondern auch handfeste Macht- und Wirtschaftsinteressen verfolgten, als Triumvirat in Aldeigjuborg am Ladogasee, in Belosersk zwischen Onegasee und Rybinsk sowie in Isborsk bei Pskow am Peipussee. Diese kleinräumige Herrschaftskonstellation wurde zur Grundlage des Kijewer Fürstentums.

Denn Rjurik (eigentlich Roerek), der seine beiden Brüder überlebte und nach deren Tod den Regierungssitz in die Stadt Nowgorod verlegte, begründete in der Folge die großfürstliche Kijewer Dynastie der Rjurikiden (*rjurikoviči*), auf die sich sämtliche russischen Fürsten und Zaren beriefen, bis sie 1598 mit Fjodor I. erlosch. Unter Rjuriks Nachfolger Oleg wurden die warägischen Herrschaften um Nowgorod und im Dneprgebiet vereint und 882 in die neue Residenzstadt Kijew übergeführt. Die Kijewer Rus, aus der später das Moskauer Reich und das Petrinische Imperium hervorgehen sollten, war mithin ursprünglich, auch seinem Namen nach, ein Wikinger- beziehungsweise Normannenstaat, und die Russen erhielten und behielten einen Namen, der bis heute an ihre warägische Herkunft erinnert.[21]

Dass eine Staatsgründung durch herbeigerufene fremde Fürsten und Heerführer vollzogen wird, ist ein seltener, vielleicht einzigartiger Fall, da Staaten gemeinhin gewalthaft durch Eroberung, Selbstbehauptung, Kolonisierung geschaffen werden. Die russische Geschichtsschreibung hat sich dieses Skandalons auf zweierlei Art angenommen – einerseits durch Verdrängung oder Leugnung des nachweislichen Sachverhalts, andererseits durch dessen positive Umdeutung, mit dem Hinweis auf den mütterlichen, empfangenden Charakter des Russentums, dem jeder Gedanke an Eroberung und Unterdrückung fremd sei.

Solcherart hat der Philosoph und Publizist Wassilij Rosanow, im Nachgang zur slawophilen Historiographie des mittleren 19. Jahrhunderts, den Ursprung des russischen Staatswesens aus dem Geist der Brüderlichkeit als einen gewaltlosen politischen Triumph gefeiert. In einem meisterlichen, kurz vor seinem Tod entstandenen Essay, den man als sein patriotisches Credo auffassen kann, schreibt Rosanow: „Man kann nicht umhin, den zutiefst schönen Sinn dieses ‚Beginns der alten Rus' zu vermerken: stets und in allen [nationalen] Geschichten dienten als Erstimpulse zur Bildung einer eigenen bürgerlichen Ordnung und überhaupt von so etwas wie einem ‚Staat', einer ‚Staatsmacht' ausnahmslos kriegerische Absichten von mehr oder minder räuberischer Art. Wie ‚greift man an' oder auf welche Weise ‚verteidigt man sich' – dies war der Beweggrund für die Entstehung von ‚Herrschaften', ‚Staaten', ‚Reichen'. ‚Der kühnste und schlaueste Räuber', der ‚Ataman' unter den Raubgesellen wurde denn auch zum ‚Fürsten', zum ‚König', zum ‚Kaiser'. Das beste Beispiel dafür ist *Rom*, überhaupt das Musterbeispiel für die Anfänge staatlicher Strukturen, […] für den Lauf der Geschichte. Wahrhaftig schön war demgegenüber der ‚Anfang der alten Rus', ein wolkenloser, sturmfreier, geräuschloser Anfang. ‚Als die liebe Sonne aufging, bemerkte ihn keiner', und ‚als die Sonne aufgegangen war, hatte bereits der Tag begonnen' – so war das mit dem Anfang der Geschichte."

An anderer Stelle präzisiert Rosanow, dass den „weibischen Russen" das „männliche Element" der Normannen (und allgemein der westeuropäischen Völker) stets gefehlt habe; statt dessen hätten sie ihre „weibliche Qualität" kultiviert, „das Nachgeben, die Weichheit", eine Qualität, die sich als eine große „Kraft der Überwältigung, der Inbesitznahme" erwiesen habe: „Nein, der Mann ‚beherrscht' die Frau nicht; das scheint bloß so. In Wahrheit ‚beherrscht die Frau den Mann' und verschlingt ihn fast." Was für Frau und

Mann gilt, hat nach Rosanow auch für Russland und Europa zu gelten: „Äußerlich und ursprünglich – ‚die Unterwerfung der Russen', doch danach vollzieht sich eine *tiefere Unterwerfung* der Beherrscher, und es kommt zu ihrer Ansaugung, ihrem Aufsaugen."[22]

Das Hauptinteresse der warägischen Fremdherrschaft im Raum zwischen Nowgorod und Kijew war die Einigung der slawischen Völkerschaften in einem integralen Staatswesen, dazu kamen warägische Handels- und Sicherheitsinteressen sowie die Notwendigkeit, sich selbst wie auch die Rus vor äußern Feinden, insbesondere vor Übergriffen aus der großen Steppe zu schützen. Als „Normannentheorie" ist der Bericht über die russische Staatsgründung seit dem mittleren 18. Jahrhundert in den historischen Diskurs eingegangen.[23] Obwohl die Stichhaltigkeit der Theorie schon damals erwiesen war, erhob sich dagegen von Anfang an nachhaltiger Widerstand aus nationalistischen Kreisen.

9

Zu den Wortführern der „antinormannischen" Patrioten, die sich mit der fremden Herkunft und Herrschaft der Warägerfürsten in Russland nicht abfinden mochten, gehörte der russische Naturforscher, Dichter und Künstler Michail (Michajlo) Lomonossow. Ihm missfiel der Wortlaut der Nestorschen Chronik ebenso wie die Tatsache, dass es deutsche Gelehrte waren, die sich in Russland als Erste für die „Normannentheorie" stark machten, und für ihn war es gewissermaßen Ehrensache, die russische Staatsgründung wie auch die Berichterstattung darüber seinen Landsleuten beziehungsweise Volksgenossen vorzubehalten.[24] Naturgemäß hat sich späterhin der Konflikt zwischen Legende und Wirklichkeit, zwischen Ideologie und Wissenschaft immer dann verschärft, wenn Russland von außen unter Druck kam, zuletzt in den beiden Weltkriegen des 20. Jahrhunderts.

Die normannische Genealogie der frühen russischen Fürsten und deren matrimoniale Verbindungen mit skandinavischen Königshäusern sind weitgehend erforscht und lassen sich zweifelsfrei belegen; ihre Bestätigung finden sie nicht zuletzt in zahlreichen Eigennamen, die man als typisch russisch kennt, die aber germanischen Ursprungs sind – so beispielsweise Oleg (von Helgi), Olga (Helga), Igor (Ingwar bzw. Ingvarr), Irina (Ingigerd); der Kijewer Fürst Mstislaw Wladimirowitsch (Monomach) war auch unter seinem germanischen Namen Harald bekannt.[25]

Es geht hier jedoch nicht um die Konsistenz oder Nichtkonsistenz der „Normannentheorie", zu der Hunderte von Publikationen unterschiedlichster Art (und stets im ideologischen Spannungsfeld von *pro* und *contra*) vorliegen, sondern um die Tatsache, dass ihr Gegenstand – die Berufung einer Fremdherrschaft anstelle eigenständiger Staatsgründung – seit nunmehr 250 Jahren kontrovers diskutiert und als Topos der russischen Geschichtsschreibung völlig gegensätzlich ausgelegt wird. Im Wesentlichen ist die „Normannentheorie", wie erwähnt, in patriotischen Kreisen überwiegend skeptisch aufgenommen oder auch brüsk zurückgewiesen worden, während ihr die aufgeklärte Intelligenz positiv gegenüberstand, da sie in den normannischen „Russen" die Initiatoren von Russlands Anschluss an Europa erkannten. Diese fremdländischen „Russen" gehörten allerdings, als Staatsgründer und spätere Fürsten oder Heerführer, mehrheitlich der Führungsschicht an, waren also nicht repräsentativ für die russische Bevölkerung beziehungsweise das Russentum schlechthin. Repräsentativ – oder typisch – sind sie lediglich dafür, dass sie als Fremde den Russen zu ihrer Eigenheit verholfen haben – zu einer eigenen

Nationalität, einem eigenen Staatswesen, einer eigenen Dynastie, sogar zu einem eigenen Namen.

Dabei wäre das „Eigene" in Anführungsstriche zu setzen, da es nicht als autochthon gelten kann, sondern als etwas Fremdes, *Angeeignetes* gesehen werden muss. Wenn das zaristische Russland noch 1904, im Seekrieg gegen Japan, einen Kreuzer mit dem Namen „Der Waräger" (*Varjag*) einsetzte, so ist dies als Versuch zu werten, die alten schwedischen Wikinger (*rus*) patriotisch zu vereinnahmen beziehungsweise die gewesenen Rus oder Rusen als die gewordenen Russen auszuweisen.

„Man darf getrost behaupten", hält schon Pjotr Tschaadajew in seinem *„Historischen Traktat über Russland"* aus dem Jahr 1843 fest: „Es gibt kein zweites Volk, dessen Geschichte mit einem derart erstaunlichen Akt von Verzicht und Vernunft eröffnet würde. Gleich zu Beginn seines Daseins vertraut das russische Volk seine Geschicke einem benachbarten, klügeren Stamm, dem Ahnherrn jenes berühmten Herrschergeschlechts [der Rjurikiden] an, unter dessen Schutz und Schirm ihm beschieden sein wird, so ungeheure Bedeutung zu erlangen. Keine Gewalt von Seiten des neuen Herrschers, kein schmachvoller Zwang gegen das Volk, das sich aus freien Stücken [...] der erwählten Hoheit zu Füßen wirft. Von da an bilden Volk und Fürstengeschlecht eine Famlie, und nie wird man in diesem Familienroman in Fortsetzung auch nur den kleinsten Zwist zwischen Fürst und Volk entdecken: unwandelbarer kindlicher Gehorsam, unwandelbare elterliche Sorge der Regenten um das Gemeinwohl." Hier werden, nicht ohne Ironie, die Herbeirufung der Fremdherrschaft und die Selbstentmächtigung Russlands als ein vernunftbestimmter Akt ausgewiesen, durch den schließlich auch die zarische Autokratie gerechtfertigt wäre.

Ein Jahrzehnt zuvor hatte Tschaadajew in seinem *„Ersten philosophischen Brief"* Russlands Willens- und Produktionsschwäche, seine Gedächtnis- und Planlosigkeit einer fundamentalen Kritik unterzogen und dazu angemerkt: „Da wir stets nur fertige Gedanken empfangen, bilden sich in unserem Gehirn keine jener unauslöschlichen Furchen, welche eine allmähliche Entwicklung sonst den Geistern eingräbt und welche deren Kraft ausmachen. Wir wachsen, aber wir reifen nicht; wir bewegen uns voran, aber tun's auf einer schiefen, zu keinem Ziel führenden Bahn. Wir sind Kindern gleich, denen man selbständiges Denken nicht beigebracht hat; in der Periode der Reife erweist es sich dann, dass sie nichts Eigenes zu bieten haben; ihr ganzes Wissen befindet sich auf der Oberfläche ihres Daseins, ihre Seele außerhalb ihrer selbst. Eben dies ist bei uns der Fall." Und Tschaadajews Schluss: „Das ist die natürliche Folge *einer gänzlich auf Entlehnung und Nachahmung beruhenden Kultur.*"[26]

Selbst unter den slawophilen russischen Nationalisten gab es Befürworter der „Normannentheorie". Da die Theorie wissenschaftlich nicht mehr abzuweisen war, wurde versucht, sie zumindest in patriotischem Sinn und Interesse neu zu interpretieren. So gab man etwa zu bedenken, die Warägerherrschaft sei für Russland schicksalhaft gewesen und habe dem Volk Gelegenheit gegeben, sich in Duldsamkeit und Leidensfähigkeit zu üben; abgesehen davon sei die gewaltlose russische Staatsentstehung ein weltgeschichtlich singuläres Phänomen, das denn auch den heroischen geschichtlichen Sonderweg des Landes einspure. Dass der russische Staat, anders als die übrigen Staaten Europas, nicht auf Grund von Feindschaft, Krieg, Eroberung entstanden sei, sondern durch freiwilligen Machtverzicht und Duldung fremder Autorität, beglaubige seine Einzigartigkeit und begründe den Kollektivcharakter seiner Bevölkerung.

Tatsächlich ist die Herbeirufung und Duldung fremder Autorität – über die warägische Genealogie der Rjurikiden hinaus – bis zum Ende des Zarenreichs für Russland bestimmend geblieben. Bekanntlich wurde auch das Haus der Romanow, das von 1613 bis 1917 an der Macht war, in bedeutendem Umfang, vor allem auf weiblicher Linie, durch Ausländer alimentiert – durch Deutsche, Dänen, Engländer.

Unter der Zarin Anna (Iwanowna), Tochter des Herzogs Karl Leopold von Mecklenburg-Schwerin und selbst Herzogin von Kurland, regierte 1730 bis 1740 faktisch deren Favorit Ernst Johann von Bühren, in Russland Biron genannt, und mit Peter III. und der späteren Katharina II. kam 1761 ein deutscher Prinz (Karl Peter Ulrich von Holstein-Gottorp), ein Jahr danach dessen deutsche Frau (Prinzessin Sophie Friederike Auguste von Anhalt-Zerbst) auf den Zarenthron. In der Folge rekrutierten sich die russischen Großfürsten und Zaren wie auch deren Gattinnen ausschließlich aus Deutschland und Dänemark, waren demnach genealogisch mit dem Russentum nicht mehr verbunden[27] – was aber selbst bei militanten Patrioten auf keinerlei Widerstand stieß.

Mehr als jede statistische Darstellung des Ausländeranteils am Haus der Romanow, mehr auch als deren offizieller Stammbaum vermag eine – als authentisch beglaubigte – Anekdote aus den 1870er Jahren die Überfremdung der russischen Herrscherfamilie darzutun. Demnach soll der angesehene Historiker Sergej Solowjow auf die Frage nach dem „russischen Blut" des damaligen Zaren Alexander II. (der sich selbst als „reinblütigen Russen" ausgab) zwei Gläser – das eine halbvoll mit Rotwein, das andere halbvoll mit Wasser – auf den Tisch gestellt und den Sachverhalt wie folgt expliziert haben: „Der Rotwein, sagte er, stelle das russische Blut dar, das Wasser – das deutsche. Der Russe Peter I. verheiratete sich mit der Deutschen Jekaterina I. – und der Historiker leerte das halbvolle Glas mit Rotwein ins halbgefüllte Wasserglas. Ihre Tochter Anna, so fuhr Solowjow fort, heiratete einen deutschen Herzog von Holstein – und der Historiker goss die Hälfte des mit Rotwein und Wasser gefüllten Glases weg, um es mit Wasser nachzufüllen. Diese Operation wiederholte er mit Hinweis auf die Ehen Peters III. mit der Deutschen Katharina (Jekaterina) II., Pauls (Pawel) I. mit der Deutschen Marija Fjodorowna, Alexanders (Aleksandr) II. mit der Deutschen Marija Aleksandrowna … Und im Endergebnis blieb im Glas fast vollkommen reines Wasser übrig. – Da sieht man, sagte der Historiker und hob das Glas, wieviel russisches Blut der russische Thronfolger in sich hat!"[28]

Der genealogische Bezug des Zarenhauses zu Westeuropa wurde zusätzlich und wesentlich ergänzt durch die Heranziehung ausländischer Experten aller Art, durch politische Berater und Staatsfunktionäre, nicht zuletzt (und besonders effizient) durch Präzeptoren aus Westeuropa, die den zarischen Thronanwärtern wie dem hochadligen Nachwuchs generell zur Seite gestellt wurden. Wie nachhaltig Peter der Große durch seinen Genfer Erzieher François Lefort oder Alexander I. durch den aus dem schweizerischen Waadtland stammenden Republikaner Frédéric César de la Harpe (de Laharpe) beeinflusst wurde, ist aus zahlreichen Geschichtswerken bekannt.

Die meisten russischen Herrscher des 18./19. Jahrhunderts waren mit russischen Realien wenig vertraut, bedienten sich eher der französischen, deutschen, englischen Sprache als der russischen, mussten sich zwar, um herrschaftsfähig zu sein, russisch-orthodox taufen lassen, betrachteten Russland kaum als ihre Heimat, viel eher als Pfründe für sich selbst, für ihre Familie, den Hof, den Hochadel – faktisch war der Staat, in Person des

Zaren, mehr der Besitzer denn der Beschützer der leibeigenen Bevölkerungsmehrheit, der gigantischen Territorien und Bodenschätze eines „Heimatlands", das über weite Spannen seiner Geschichte von fremden Vätern und Müttern in oft befremdlicher Weise regiert wurde.

Das Gespenst der Fremdherrschaft – von vielen gefürchtet, von andern herbeigewünscht – ist in Russland auch im 20. Jahrhundert noch umgegangen. Engagierte Patrioten wie Aleksandr Solshenizyn, Wadim Koshinow, Aleksandr Panarin oder Igor Schafarewitsch haben kritisch, wenn nicht demagogisch darauf hingewiesen, dass ein Großteil der bolschewistischen Führung aus Nichtrussen – meist baltischer oder jüdischer Herkunft – sich zusammensetzte; dass Lenin (Wladimir Uljanow) via seine Mutter „deutscher" und väterlicherseits „asiatischer" Herkunft war, dass schließlich Stalin (Iossif Dshugaschwili) als Georgier mit dem Russentum schon gar nichts zu schaffen hatte. Auch dass Wladimir Putin, Russlands jüngster Präsident, in Gesprächen oder in der Presse oft als „der Deutsche" bezeichnet wird, mag in diesem weit zurückreichenden Zusammenhang von Interesse sein.

11

Eine weitere, rund anderthalb Jahrhunderte auf die Warägerberufung folgende Gründungsszene der russischen Geschichts- und Kulturentwicklung war die offizielle Übernahme des Christentums als Staatsreligion im Jahr 988 unter dem Kijewer Großfürsten Wladimir I. (dem Heiligen, auch dem Großen). Zu diesem folgenreichen Staatsakt gibt es diverse legendäre Berichte, die aber alle darin übereinstimmen, dass das christliche Bekenntnis von Wladimir für die Kijewer Rus eigens – sei's aus politischen, dynastischen oder andern Gründen – ausgewählt und von Byzanz übernommen wurde.

Aus Nestors Chronik ist zu erfahren, dass Wladimir auf der Suche nach einer adäquaten Staatsreligion Experten berufen, aber auch Abgesandte auf Reisen geschickt habe, die sich über den Islam (bei den Wolgabulgaren), das Judentum (in Chasarien) und das Christentum (in Byzanz) kundig machen und ihm über deren Glaubensleben, Rituale, Lehren, Gesetze, Überlieferungen berichten sollten. Nach ihrer Rückkehr empfahlen diese Botschafter dem heidnischen Fürsten die Übernahme des Christentums nach byzantinischem Ritus mit folgender Begründung: „Wir wussten nicht, ob wir [beim Gottesdienst in Byzanz] im Himmel waren oder auf Erden. Denn auf Erden gibt es solche Schönheit nicht, und ihr, der Griechen, Gottesdienst ist besser als der in allen andern Ländern."[29]

Bemerkenswert ist hier zweierlei. Erstens die Tatsache, dass ein regierender Fürst – entgegen dem sonst üblichen Prinzip *cuius regio eius religio* – die Staatsreligion aus einem fremden Kulturbereich übernimmt und sich ihr (in diesem Fall durch die Taufe) unterwirft; zweitens, dass die fremde Religion, gemäß Nestor, nicht aus dogmatischen oder politischen, sondern aus ästhetischen Gründen gewählt wird. Auch dazu gibt es naturgemäß eine ebenso reiche wie kontroverse Forschungsliteratur.[30]

Den altrussischen Annalen sind unterschiedliche, im Kern aber übereinstimmende Versionen zum Anlass und zu den Folgen der Christianisierung des Kijewer Großfürstentums zu entnehmen, doch geht es in diesem Zusammenhang wiederum nicht um die historische Richtigkeit der Quellen und Kommentare, vielmehr um das ungewöhnliche Phänomen der freiwilligen Religionsübernahme, das noch ungewöhnlicher wird dadurch, dass es in diesem Fall weder politische noch andersgläubige (heidnische) Gegner der Christianisierung in merklicher Zahl gegeben hat und dass unter der toleranten Kijewer Orthodoxie die heidnischen Bevölkerungsteile ihre Glaubenspraxis noch lange beibehalten und allmählich in einen „Zwieglauben" (*dvoeverie*), ein religiöses Gemenge von heidnischen und christlichen Elementen, überführen konnten.

„Und so wurde denn", schrieb dazu im mittleren 19. Jahrhundert Pjotr Tschaadajew, „ohne Kampf und ohne Verkündigung der christliche Glaube bei uns ausgesät, es genügte allein der Wille des Herrschers, auf dass sämtliche Herzen sich den neuen Begriffen zuneigten. [...] Zugegebenermaßen hat die Geschichte des menschlichen Geistes nichts Lehrreicheres zu bieten als jenes Bild, welches die ersten Jahre unseres geistigen Lebens darbieten, besonders wenn man sich vergegenwärtigt, unter welchen Umständen das Christentum zu uns gelangte. [...] Doch item, der christliche Glaube erbrachte in keinem Land der Erde so erstaunliche Früchte wie in Russland und war nie so machtvoll, so segensreich wie zu jener Zeit, da er über unserem Vaterland erstrahlte!"[31] Wie bei der Staatsgründung, so galt demnach offenkundig auch für die Institutionalisierung der Staatsreligion das Prinzip vernünftiger Auswahl und friedfertiger Übernahme, und nicht die ansonsten übliche Behauptung und Durchsetzung des Glaubens mit Feuer und Schwert.

Mit der Religion und deren kirchlicher Verfassung gelangten auch theologische und ideologische Texte in die Kijewer Rus, dazu die Idee der „symphonischen" Verbindung von christlicher Kirche und christlichem Staat, das Ritual der kirchlichen Krönung des weltlichen Herrschers, die Mosaik- und Freskentechnik, die Juwelier- und Emailkunst, die monumentale Sakralarchitektur und vor allem das byzantinische Heiligenbild, die Ikone (russ. *ikona, obraz*), die allenthalben für das russische Bildwerk schlechthin gehalten wird.

Indes fungiert die Ikone als Kultbild generell in der ostkirchlichen Glaubenswelt, zu der *vor* Russland und neben Serbien, Bulgarien, Moldawien sowie der Walachei an erster Stelle Byzanz gehört. Von dort her wurden Ikonen seit dem 10. Jahrhundert massenhaft nach Kijew exportiert, um die neue christliche Staatskirche mit Gottes- und Heiligenbildern auszustatten. Allerdings erhielt die Ikonenmalerei in Russland eine besonders vielfältige Ausgestaltung, brachte einen eigenen herstellungstechnischen, ikonographischen wie auch bildtheologischen Kanon hervor und trat seit dem frühen 15. Jahrhundert mit großen Namen – Feofan (Theophanes) Grek, Andrej Rubljow und dem Meister Dionissij – machtvoll aus der Anonymität klösterlicher Bildmanufaktur heraus. Als eine typisch russische Kulturleistung kann sie gleichwohl nicht betrachtet werden.[32]

Die russische Orthodoxie wie das frühe russische Kunstschaffen sind durch und durch byzantinisch geprägt und werden dennoch als nationale Errungenschaften beansprucht. Der Historiker Sergej Platonow stellt klar: „Solcherart entstanden in der Kijewer Rus zusammen mit der neuen Glaubenslehre neue Machtstrukturen, eine neue Aufklärung, neue Gesetze und Gerichte, neue Grundbesitzer mit neuen Gewohnheiten. Da die Rus den Glauben aus Byzanz übernommen hat, behielt alles Neue, das mit dem Glauben herüberkam, byzantinischen Charakter und diente als Medium für den byzantinischen Einfluss in Russland."[33] Noch während langer Zeit nach Russlands Christianisierung blieb das gesamte Kunstschaffen im Kijewer Fürstentum nicht nur unter byzantinischem Einfluss, sondern unmittelbar in byzantinischer Hand. Griechische Baumeister errichteten, über Generationen hin, die ersten russischen Kirchen in Stein, und deren Ausstattung – Heiligenbilder, Ikonostase, Fresken, Mosaiken, Kultobjekte – wurde von Künstlern und

Geistliche und geistige Zuträger – oben Die „Slawenapostel" Kirill (auch: Konstantin) und Methodios „übersetzen Bücher in die slawische Sprache" – die aus Griechenland stammenden Geistlichen sind im mittleren 9. Jahrhundert als Schöpfer des ersten slawischen Alphabets (*glagolica*), als Übersetzer zahlreicher geistlicher Schriften (aus dem Griechischen ins Altslawische) sowie als christliche Prediger (auf der Krim, in Chasarien) für die späteren Russen zu hoch geachteten Kulturhelden geworden („*Radziwill-Chronik*", Ende 15. Jahrhundert); *unten* Maksim Grek (1470-1556), eigentl. Michail Triwolis, aus Albanien stammender Grieche, wirkte ab 1518 als Theologe, Philosoph und Übersetzer in Moskau. Hier eine Zeichnung aus einer handschriftlichen Edition seiner Schriften (Ende 16. Jahrhundert).

Handwerkern aus Byzanz besorgt. Nur sehr allmählich wurden die byzantinische Technik und Ästhetik an russische Traditionen angepasst und durch solche auch modifiziert. Eine erkennbare russische Eigenständigkeit wurde erst gegen Ende der tatarischen Okkupation erreicht, die Sakralkunst – Architektur wie Ikonenmalerei – behielten aber definitiv ihre byzantinische Prägung.

Doch militante russische Nationalisten haben sich dadurch nicht anfechten lassen; sie haben die Übernahme des byzantinischen Erbes durch das „Heilige Russland" als Auftrag begriffen und sahen das Reich nach dem Untergang Ostroms 1453 als ein neues, ein „Drittes Rom", das auch das letzte sein und Russlands christliche Führungsrolle weltweit bestätigen sollte.[34] Dass das Zarenreich seine diesbezügliche Spitzenposition ohne eigene Prioritätsansprüche – etwa als „Erstes Kijew" oder „Erstes Moskau" –, sondern eben als „Drittes Rom" zu behaupten versuchte, lässt wiederum erkennen, wie stark diese Kultur auf Nachträglichkeit fixiert ist und wie gering sie, generell, den Wert von Eigenständigkeit, Erstmaligkeit oder Originalität veranschlagt, obwohl in Phasen des grassierenden Nationalismus die Fremdeinflüsse gelegentlich heruntergespielt oder gar geleugnet werden und statt dessen auf die Priorität eigener Kulturleistungen verwiesen wird.

Der konservative Kulturphilosoph Konstantin Leontjew, Zeit- und Gesinnungsgenosse Dostojewskijs, hat den Byzantinismus immer wieder als integralen Bestandteil der russischen religiösen, politischen und künstlerischen Kultur, mithin als ein typisch russisches Phänomen beschrieben und belobigt: „Byzantinische Ideen und Gefühle haben die halbwilde [Kijewer] Rus zu einem Körper verfestigt. [...] Byzantinischer Geist, byzantinische Prinzipien und Einflüsse haben den gesamten großrussischen gesellschaftlichen Organismus zutiefst durchdrungen wie das komplexe Gewebe eines Nervensystems. [...] Der Byzantinismus hat uns organisiert, das System byzantinischer Ideen hat unsere Größe begründet im Verein mit unsern patriarchalen schlichten Anfängen, mit unserm anfänglich noch alten [sic] und groben slawischen Material."[35]

12

Der Wege nach Russland sind viele, und sie wurden auch, über Jahrhunderte hin, offen gehalten, genutzt für geistige wie materielle Importe. Über diese Wege und den Input von außen hat Russland seine nationale Substanz, darüber hinaus seinen geschichtlichen Sonderstatus gewonnen. Russlands Ganzheit ist vereinheitlichte Vielheit, ist ein staatliches, ethnisches und vollends kulturelles Konstrukt aus vorwiegend fremden Versatzstücken, zusammengehalten und zentral administriert durch den autokratischen oder totalitären Willen seiner Herrscher.

Unter diesem Gesichtspunkt fällt die Einschätzung des sogenannten „Taren-" oder „Mongolenjochs" schwer, jener vom mittleren 13. bis ins späte 15. Jahrhundert dauernden asiatischen Fremdherrschaft, durch die Russland in politischer und mentaler Hinsicht nachhaltig geprägt wurde. „Um sich zu einem Fürstentum zusammenzuschließen, brauchte Russland die Waräger", konstatierte einst der russische Exilpolitiker und Publizist Aleksandr Gerzen: „Um ein Staat zu werden, brauchte es die Mongolen."[36] Auch zu dieser dritten großen Wende- und Gründungsszene der russischen Geschichts- und Kulturentwicklung existiert eine unübersehbare Fülle von Quellenmaterial und Sekundärliteratur, der die gegensätzlichsten Beurteilungen zu entnehmen sind.

Die historiographisch gefestigte Bezeichnung der Tatarenherrschaft als „Joch" macht deutlich, dass die langwierige Okkupation durch die Goldene Horde gemeinhin als repressiv eingestuft wird – was problemlos nachvollziehbar ist, haben doch die tatarischen Reiterarmeen auf ihren Vorstößen nach Westen ganze Landstriche verwüstet, weite Bevölkerungsteile massakriert und zahlreiche Städte zerstört, darunter Rjasan, Wladimir-Susdal, Moskau, Tschernigow sowie die großfürstliche Hauptstadt Kijew, die zugleich das geistliche Zentrum Russlands war.

Der Ansturm der mongolischen Horden und deren Durchmarsch durch die russischen Fürstentümer (ab 1237; Abb. S. 297, *oben links*) dauerte nach diversen Vorgefechten mehrere Jahre und kam schließlich auf der Höhe Ungarn-Mähren-Schlesien zum Stehen. Der kommandierende Chan Batu (russisch *Batyj*) zog sich 1242 in die Mongolei zurück. Die auf seine Eroberungszüge folgende tataro-mongolische Fremdherrschaft bietet insofern ein ambivalentes Bild, als die Eroberer in den russischen Ländern danach kaum noch präsent waren, auch keinen eigenen Regenten einsetzten, sondern eine weitreichende Schirmherrschaft mit administrativen Verordnungen, Tributforderungen und Loyalitätsansprüchen, deren Gewährleistung sie den unterworfenen, jedoch weiterhin regierenden Fürsten abverlangten beziehungsweise zugestanden, ohne im übrigen deren christliche Staatsreligion und Kirchenorganisation anzutasten.

Während der langen Dominanz der Goldenen Horde, die am mittleren und südlichen Wolgalauf ihre Bastionen hatte, überwog die Kollaborationsbereitschaft der russischen Teilfürsten deren Widerstandsbereitschaft, es kam zu Heiratsbeziehungen wie auch zu Verschwörungen zwischen russischen und tatarischen Herrscherfamilien. Die zahlreichen innerrussischen Fürstenfehden brachten während der ungewöhnlich langen Okkupationszeit mehr Unheil über die russischen Länder als die Herrschaft der Goldenen Horde, die von machtbewussten und willfährigen Fürsten gleichsam als Schützenhilfe für eigene militärische Unternehmungen oder zur Niederwerfung regionaler Widerstandsbewegungen angefordert wurden. Die von den Besatzern angerichteten Verheerungen beschränkten sich im Wesentlichen auf ihre initialen Eroberungszüge (1237–1240) und gelegentliche Strafaktionen; danach zogen sich die Reiterhorden jeweils ins südliche Wolgagebiet zurück. Die Tataren übten ihre Herrschaft von dorther eher mit administrativem als mit militärischem Druck aus. Bleibende Indizien dafür sind diverse Grundbegriffe tatarischer Herkunft, die sich in der russischen Sprache bis heute erhalten haben – darunter so wichtige Wörter wie *den'ga* (Geld; heute *den'gi*), *tamožnja* (Zoll) oder *kaznačej* (Kassenwart).

Die Macht in den besetzten russischen Städten und Ländern wurde von Stellvertretern durchgesetzt und gesichert, tatarische Beamte führten die erste russische Volkszählung durch und erarbeiteten ein komplexes Verwaltungs-, Bewirtschaftungs- und Steuersystem. Zwei prominente russische Herrschergestalten, Großfürst Jaroslaw von Wladimir und sein heilig gesprochener Sohn Alexander (gen. Aleksandr Newskij), machten sich das „Joch" zu Nutzen, unterhielten enge Kontakte zur Goldenen Horde und den mongolischen Herrscherfamilien, mit denen sie eine tiefe Abneigung gegen die westliche Zivilisation und das Interesse an der Errichtung einer eigenständigen eurasischen Großmacht verband.

gen nicht nur beim russisch-orthodoxen Klerus, sondern generell bei der russischen Bevölkerung auf teilweise erbitterte Ablehnung stießen. Beim Einzug der ausländischen Prinzessin am 12. November 1472 in Moskau wurde demonstrativ ein „lateinisches" und nicht ein russisches Kreuz vorangetragen, was in kirchlichen Kreisen Moskaus erheblichen Unmut hervorrief. Sofja, die nach den Erwartungen des Vatikans eine Annäherung der Ostkirche an Rom erwirken sollte, wandte sich indes bald und vorbehaltslos ihrem ursprünglichen „byzantinischen" Glauben zu.

Unter Iwan III. haben ausländische Spezialisten russische Münzen geprägt und eigens für die russische Armee Kanonen hergestellt (Abb. S. 401, *unten links*); es wurden italienische, deutsche, polnische, livländische Meister herbeigerufen, um die russische Festungsarchitektur und die Ausrüstung des Heeres zu modernisieren, um speziell den Bergbau, die Metallverarbeitung, das Juwelierwesen und den Außenhandel voranzutreiben; die ersten Druckwerke in kirchenslawischer Sprache und kyrillischer Schrift (Gebets- und Liturgiebücher, Hymnen und Lehrtexte) wurden vom deutschen Setzer Schweitpold Fiol erstellt.[41] Iwans Spitzendiplomat war der Grieche Georgios Trachaniotes. Wenn die ideologisch engagierte großrussische Geschichtsschreibung der Slawophilen, Eurasier oder Marxisten-Leninisten darauf hinweist, dass zu jener Zeit ausländische Spezialisten und Arbeitskräfte auch in höher entwickelte Länder Europas gerufen worden seien, etwa nach Schweden und sogar nach England, so ist dies zwar korrekt, lässt aber wiederum die Tatsache unberücksichtigt, dass im damaligen Moskauer Reich wie im späteren Petrinischen Imperium und selbst in der Sowjetunion gerade dort *Ausländer* herangezogen wurden, wo es um die Schaffung *nationaler* Werte, Symbole, Bauten, Institutionen ging.

15

Die meisten noch heute im Kreml vorhandenen Prunk-, Verteidigungs- und Sakralbauten aus jener Epoche wurden im Auftrag des Zaren von den „Frjasins" (russisch *Frjazin*, als Eigenschaftswort *frjažskij*) – so wurden die „Franken", das heißt die Italiener, später auch die Franzosen und die Fremden schlechthin genannt[42] – entworfen und errichtet, von eigens rekrutierten Spezialisten, die denn auch eine Reihe von Ingenieurs- und Konstruktionstechniken sowie Dekorationselementen mitbrachten, die für Russland völlig neu waren, dort jedoch rasch übernommen und in verschiedenen Anwendungsbereichen eingesetzt wurden (Fassadengliederungen, Dekorationselemente, Zinnen- und Schießscharten usw.). Der Moskauer Kreml sollte nun als symbolisches architektonischen Ensemble das Moskauer Reich insgesamt repräsentieren. Der zentrale Kathedralenplatz (*sobornaja ploščad'*; Abb. S. 403) diente als Bühne für die großen Staatszeremonien und wurde bis zum Ende des Zarenreichs – als längst Sankt Petersburg die Hauptstadt Russlands war – für die offiziellen Krönungsfeierlichkeiten genutzt.

Für diplomatische Empfänge, Beratungen, Verhandlungen diente der sogenannte Facetten-Palast (*Granovitaja palata*), den der Zar durch die italienischen Meisterarchitekten Pietro Antonio Solari und Marco Ruffo in den Jahren 1487 bis 1491 errichten ließ. Der streng strukturierte, harmonisch proportionierte Palazzo, in dem nebst andern repräsentativen Räumen auch der Thronsaal untergebracht war, nimmt sich in der russischen Umgebung tatsächlich fremd aus, wirkt aber keineswegs dominant, sondern hat in seiner Schlichtheit integralen Anteil am Ensemble der übrigen Kremlbauten. Solari und Ruffo

Der „italienische" Kreml (1) – die italienischen „Frjasins" unter Iwan III.; *oben links* Vollendung der Erzengel-Kathedrale durch Alevisio Novi gen. Alewis Nowyj (1508), nach einer Miniatur aus der zweiten Hälfte des 16. Jahrhunderts; *oben rechts* Errichtung der Festungsmauer im „italienischen" Kreml unter der Leitung von Pietro Antonio Solari, 1485-1516 (Bilderchronik des 16. Jahrhunderts); *unten links* Russische Kanone, gegossen nach Entwurf und Herstellungstechnik von Pawlin Frjasin um 1488; *unten rechts* Herstellung und Montage der Großen Glocke im Kreml (Miniaturen aus einer Bilderchronik des 16. Jahrhunderts).

zeichneten außerdem für den Neubau der mehr als zwei Kilometer langen und rund zwanzig Meter hohen Kremlmauer verantwortlich, die zwischen 1485 und 1499 nach lombardischen Vorbildern in rotem Ziegelstein errichtet, mit Wehrtürmen und neuartigem Dekor versehen wurde.

Auch die monumentale Entschlafungs- beziehungsweise Himmelfahrt- oder Gottesmutter-Kathedrale (*Uspenskij sobor*), die für die Krönung der Zaren und die Weihung der russischen Patriarchen benötigt wurde, ist das Werk eines italienischen Architekten. Der aus Bologna stammende Aristotele Fioravanti (auch Fieravanti) degli Uberti vollendete das Bauwerk innerhalb weniger Jahre (1475 bis 1479), nachdem zuvor einheimische Architekten an einem eigenen Projekt gescheitert waren.[43] – Fioravanti, die herausragende Künstlergestalt der Moskauer „Frjasin"-Zeit, stand Iwan III. nicht nur als Baumeister zur Verfügung, er diente ihm ebenso kompetent und erfolgreich als Waffentechniker, Glockengießer und Spezialist für Münzprägung.

Als Fürsten- und Zarengruft diente der Neubau der Erzengel-Michael-Kathedrale (*Archangel'skij sobor*), die bald nach Iwans Tod vom Venezianer Aloisio (auch Alevisio) Lamberti da Montagna, in Russland kurz Alewis der Neue (*Aleviz Novyj*) genannt, zwischen 1505 und 1508 errichtet wurde, wodurch auch dieser zugereiste „Frjasin" wesentlichen Anteil gewann an der Ausgestaltung der wichtigsten Kremlanlage des großrussischen Reichs. – Das gilt ebenso für Alewis den Alten (*Aleviz Staryj*), einen Maurermeister aus dem Piemont, der ab 1494 die Erbauung des großfürstlichen Kremlpalasts leitete, und für Bon Frjasin, einen Angehörigen des lombardischen Ruffoclans, der für den Bau eines mächtigen freistehenden Turms verantwortlich zeichnete, den sogenannten Iwan Welikij (Iwan der Große, 1505–1508), der 1532 von einem andern Frjasin, Petrok Malyj, durch einen riesigen Glockenstuhl erweitert wurde.[44]

16

Noch einmal sei unterstrichen: Nicht allein die Tatsache, dass unter Iwan III. – wie später unter Peter I. und noch im ausgehenden 19. Jahrhundert – so viele bedeutende Werke der russischen Architektur und auch anderer Künste von ausländischen Meistern geschaffen wurden, ist bemerkenswert; bemerkenswert bleibt in erster Linie, dass man gerade dort, wo nationales Prestige und staatliche Symbolik im Vordergrund standen, vorzugsweise fremde Ressourcen eingesetzt hat, die in der Folge stilbildend wurden und das einheimische Schaffen weitgehend überlagerten, es in den Bereich der Folklore verwiesen und somit die Kluft zwischen Volkskunst und Hochkunst größer und größer werden ließen.

Dem russischen Selbstverständnis scheint es, wie aus manchen Zeugnissen hervorgeht, genügt zu haben, dass die fremden Formen- und Ideenimporte sich mit dem in Russland vorhandenen Material irgendwie, wenn auch bloß an der Oberfläche, im Dekorativen verbanden. Selbst das angeblich russischste aller russischen Bauwerke, die im Auftrag Iwans IV. errichtete Basileos-Kathedrale (*Vasilij Blažennyj*) auf dem Roten Platz in Moskau, ist bloß dem Anschein nach typisch russisch. Der spektakuläre Bau wurde von zwei ansonsten wenig bekannten russischen Architekten (Barma, Posnik) um 1560 ausgeführt, wobei in diesem Fall aber offenkundig nicht westeuropäische, sondern orientalische Vorbilder maßgeblich waren – dafür spricht (außer den Turmbauten und deren Bedachungen) vor allem der ungewöhnliche Kolorismus des mächtigen vielgliedrigen Baukörpers,

ÜBERLEGUNGEN UND BEISPIELE ZUR RUSSISCHEN NACHAHMUNGSKULTUR 403

Der „italienische" Kreml in Moskau (2) – *oben* Kremlpanorama vom Moskwaufer – im Hintergrund links der Kremlpalast von Konstantin Thon (1839-1849), vorne rechts der freistehende Glockenturm Iwan Welikij, in der Mitte die Entschlafungs- und die Erzengel-Kathedrale.
Unten Im Bild links der Facettenpalast mit dem Thronsaal (1487-1491) von Marco Ruffo und Pietro Antonio Solari, rechts die Entschlafungs-Kathedrale von Aristotele Fioravanti (1475-1479), hier in einer Darstellung vom Krönungstag des Zaren Nikolaus I. (1825).

Der „italienische" Kreml in Moskau (3) – *Seite 404 oben* Die Entschlafungs- bzw. Himmelfahrt-der-Gottesmutter-Kathedrale im Moskauer Kreml – Krönungskirche der russischen Zaren und Imperatoren, 1475 bis1479 errichtet durch den Italiener Aristotele Fioravanti; *S. 404 unten links* Glokkenturm Iwan Welikij, an dessen Fuß (rechts) die beschädigte „Zaren-Glocke"; im Hintergrund links die Entschlafungs-Kathedrale und der Facettenpalast (Gemälde von Eduard Gärtner, 1839); *S. 404 unten rechts* Die Erzengel-Michael-Kathedrale im Moskauer Kreml – 1505 bis 1508 als großfürstliche Grabeskirche errichtet vom Mailänder Baumeister Aloisio (auch: Alevisio) gen. Alewis Nowyj. – *Oben* Orientalische Prägung – die Wassilij-Blashennyj- bzw. Basileos-Kathedrale (1555-1560) in Moskau lässt deutlich asiatische Bau- und Dekorationsformen erkennen, wie sie in Russland nach der Eroberung der Tatarenchanate Astrachan und Kasan (1552) durch Iwan IV. und die so erreichte Öffnung des asiatischen Raums merklich häufiger wurden. Um einen Zentralraum sind acht selbständige Kuppelkirchen als Simultanräume kreisartig angeordnet; die Regularität des Grundrisses kontrastiert mit der verwirrend inkohärenten Außenansicht.

der nach allen Seiten, selbst nach oben auszuwuchern scheint und dessen Außenansicht den Grund- und Aufriss des Gebäudes kaum ahnen lässt. Auch der prominenteste der Kremltürme, der viel später gebaute sogenannte Erlöserturm (*Spasskie vorota*), der den Zugang zur heutigen Präsidialverwaltung eröffnet, wurde – ab 1624 – von einem Nichtrussen, dem Engländer Christopher Galloway, in seine definitive Form gebracht.

Man stelle sich – dem gegenüber – vor, der Vatikanpalast, das Schloss von Versailles oder irgendein deutscher Fürstenhof wäre mit russischer Hilfe, von russischen Meistern errichtet worden, und man wird, diese Vorstellung verwerfend, zugeben müssen, dass das russische kulturelle und nationale Selbstverständnis tatsächlich einen Sonderfall darstellt. Gewiss sind Architekten, Künstler, Musiker, Wissenschaftler auch innerhalb Europas grenzüberschreitend tätig gewesen, aber sie haben die Grenzen nicht deshalb überschritten, weil sie gerufen oder geschickt wurden, um diesem oder jenem Land als *fremde* Importeure zu einer jeweils eigenen *nationalen* Kultur zu verhelfen, sondern um im Ausland, konfrontiert mit einer andern eigenständigen Kulturwelt, neue Herausforderungen zu suchen, das eigene Denken und Schaffen an fremder gleichrangiger Leistung zu messen.

Nur selten hat ein Lebensweg unter *dieser* Voraussetzung aus Westeuropa nach Russland geführt; nach Russland wurde man aus Westeuropa *geholt*, um dort – oft für sehr viel Geld und weitgehend gesicherten Ruhm – seinen *Meister* zu zeigen. Man fuhr nach Russland, um zu lehren, nicht um zu lernen; denn zu lernen gab es für Ausländer in Russland – außer dem, was das Leben zu lehren vermag – *so gut wie nichts*. Dies war denn auch der Grund dafür, dass Iwan III. das ausländische Personal für seine diversen Um- und Neubauprojekte nur mit großer Mühe zu rekrutieren vermochte.[45]

17

Wie problematisch dieser kulturgeschichtliche Sonderfall für das russische Selbstverständnis ist, wird allein schon daraus ersichtlich, dass er seit dem 18. Jahrhundert bis heute stets von neuem zu publizistischen und auch zu wissenschaftlichen Debatten Anlass gibt. An ihm haben sich Nationalisten und Kosmopoliten jeglicher Schattierung gegenseitig abgearbeitet, er ist im 19. Jahrhundert zum Kernproblem der Auseinandersetzung zwischen konservativen und liberalen, slawophilen und westlerischen, reaktionären und revolutionären Kräften geworden, und er ist es geblieben bis in die postsowjetische Zeit, die den „russischen Hauptzwist" (Blecher/Ljubarskij) wieder belebt und polemisch verschärft hat. Je länger desto weniger scheint Klarheit darüber zu bestehen, ob der „russische Weg" nach Westen in ein „gemeinsames europäisches Haus" führen soll oder eher in den asiatischen Osten, und ebenso unklar ist die „eurasische" (oder turanische) Option, die den russischen Weg mit dem russischen Raum identifiziert, als einen Zwischenraum, der weder Europa noch Asien angehört, der aber beide, Asien wie Europa, unter dem Namen Russland als unauflösliche Mischkultur in sich vereint.[46]

Wie unterschiedlich, ja gegensätzlich der massive westliche Kulturimport im neu geschaffenen Moskauer Staat bis in die jüngste Zeit eingeschätzt wird, zeigt exemplarisch der Vergleich zwischen zwei autoritativen kunstgeschichtlichen Epochendarstellungen aus dem frühen 20. Jahrhundert. Während der liberale, europafreundliche Kulturhistoriker Pawel Miljukow Russlands Kunstentwicklung seit ihren Anfängen von Fremdeinflüssen dominiert sieht und die Italianisierung Moskaus unter Iwan III. positiv hervorhebt, besteht Igor Grabar, Verfasser einer mehrbändigen, für das russisch-nationale Kunstverständnis grundlegenden *„Geschichte der russischen Kunst"*, nachdrücklich darauf, dass der damalige „frjasinische" (also italienische und auch allgemein ausländische) Einfluss auf die Kremlarchitektur minimal gewesen sei und sich auf dekorative Elemente beschränkt habe, eine Behauptung, die Grabar schlicht damit begründet, dass „Andersgläubige" wie Fioravanti und dessen Landsleute gar nicht in der Lage gewesen seien, der russischen Sakralarchitektur ihren Stempel aufzudrücken.[47]

18

Was Iwan III. als Inszenator und Herr (*gosudar*) des „italienischen Kreml" in Moskau erreicht hat – die (vorest einseitige) Öffnung des großrussischen Reichs zum Westen hin –, ist erst zweihundert Jahre danach von Peter dem Großen wieder aufgegriffen und zielstrebig fortgeführt werden.

Peter ist also nicht unvermittelt und auch nicht als Erster zu dem historischen Protagonisten geworden, der Russlands „Fenster nach Europa"[48] aufstieß und damit die systematische Modernisierung des Landes in Gang brachte. Auch war er nicht der Erste, der durch umfassende – materielle wie intellektuelle – Westimporte die Aufrüstung des Zarenreichs zu einer europäischen Großmacht anstrebte. All dies hatte vor ihm schon Iwan III. erwogen und ausprobiert. Die Europäisierung Russlands durch Peter den Großen kann deshalb nicht als eine geschichtliche Gründungsszene gelten, zu berücksichtigen ist jedoch, dass sie als solche in weiten Bevölkerungskreisen wahrgenommen wurde und so auch ins kollektive Bewusstsein, in die politische Mythologie sowie in die Geschichtsschreibung eingegangen ist.[49]

Im Unterschied zu Iwan III. (und selbst zu Iwan dem Schrecklichen) ist es Peter dem Großen gelungen, seine Epoche und sein politisches Werk dauerhaft mit seinem Namen zu verbinden – die Petrinische Zeit, die Petrinischen Reformen, das Petrinische Russland: Damit ist jedesmal die von Peter gewalthaft erwirkte *Europäisierung* des Landes gemeint, die der deutsche Kulturologe Oswald Spengler einprägsam als „Pseudomorphose" charakterisiert hat.[50] Aus diesem vielfach beschriebenen und kontradiktorisch bewerteten Modernisierungsprozess ist Russland – nunmehr offiziell als „Imperium" bezeichnet – stark verändert hervorgegangen.

Die kurzfristigen, oft gewalthaften Radikalreformen wurden gegen den Widerstand der Bevölkerungsmehrheit, der orthodoxen Kirche, teilweise auch des Adels durchgesetzt und bewirkten eine tief greifende kulturelle Zerschichtung des Landes, das in der Folge in zwei unterschiedlichen, sich kaum noch überschneidenden Weltbildern fortlebte und das aufgespalten war in eine minderheitliche, weitgehend verwestlichte Hochkultur einerseits, eine breit abgestützte, archaisch oder primitiv wirkende Volkskultur andererseits, die sich in der Wahrnehmung der europäisierten Intelligenz (soweit es eine solche Wahrnehmung überhaupt noch gab) geradezu exotisch ausnahm.

Viel später, fast zwei Jahrhunderte nach Peter dem Großen, hat Lenin diese ungewöhnliche soziokulturelle Konstellation „zweier Kulturen" schlagwortartig als einen Antagonismus zwischen der elitären „Kultur der Ausbeuter" und der missachteten, wenn nicht unterdrückten „Kultur der Ausgebeuteten" dargestellt.[51] Man könnte auch sagen, dass die russische, zumeist adlige Elite (deren Alltagssprache im 18. und 19. Jahrhundert oft das Deutsche, das Französische, kaum aber das Russische war) durch die Petrinische Europäisierung von ihrer eigenen nationalen Kultur abgetrennt wurde und eine „Pseudokultur" hervorgebracht hat, die schließlich für die russische Kultur insgesamt *typisch* oder *repräsentativ* geworden ist.[52]

Über Peter den Großen, seine Person, sein Werk, seine Wirkung, seine Bedeutung ist mehr geschrieben (und auch gedichtet) worden als über irgendeine andere Persönlichkeit der russischen Geschichte;[53] seine zahlreichen Reformen und Reformprojekte, die eine staunenswerte Horizontbreite zwischen Orthographie, Hüttenwesen und Staatsführung abdeckten, sind gut dokumentiert, und sie machen deutlich, wie weitgehend der Zar, der sich – neu für Russland – mit Blick zurück nach Rom offiziell als „Imperator" bezeichnen ließ, auf europäische Vorbilder fixiert war, aber auch, mit welcher Rücksichtslosigkeit er in russische Traditionen und Sitten eingriff und selbst in die Glaubens- und Alltagswelt der Bürger, die er grundsätzlich (Adel und Klerus inbegriffen) nur als *Untertanen* oder als *Manövriermasse* zu sehen vermochte.

Eben dies ist der eigentliche Grund für das Scheitern des Petrinischen Reformwerks: dass es per Dekret von oben nach unten durchgeführt wurde; dass es dafür in der Bevölkerung und selbst beim Adel keine breitere Trägerschaft gab; dass es ein äußerliches Innovationsprojekt ohne den notwendigen innern Transformationsprozess war; dass die Europäisierung letztlich auf deren gewalthafte Durchsetzung beschränkt blieb, substantiell und qualitativ aber keine dauerhaften (keine dauerhaft *positiven*) Konsequenzen hatte. Selbst der hohe prozentuale Anteil von Analphabeten an der russischen Gesamtbevölkerung wurde durch die Reformen nicht gesenkt, sondern wuchs, im Gegenteil, noch einmal sprunghaft an. Auch in andern Bereichen des öffentlichen und privaten Lebens hatte Peters Fortschrittsideologie merkliche Rückschritte zur Folge.

All diese Dinge hier noch einmal zu benennen, erübrigt sich, da auch im Fall der Petrinischen Reformen speziell auf das Phänomen des Kulturimports und der Nachahmung geachtet werden soll in Bereichen, die für das russische Selbstverständnis wie auch für die russische Selbstdarstellung relevant sind. Dies gilt mithin *nicht* für die Übernahme von technischem Know-how (Schiffsbau, Kanalbau, Militärwesen, Verwaltungstechnik usw.), von wissenschaftlichen Erkenntnissen oder künstlerischen Errungenschaften, die Peter der Große während seiner langen Regierungszeit forciert hat; es gilt auch nicht für die Übernahme des julianischen Kalenders, des germanischen Weihnachtsbaums, der preußischen Armeeuniform, des ungarischen Kriegsrufs „Hurra!" (*ura!*), der westlichen Gepflogenheit der Bartrasur und Anderes mehr, sehr wohl jedoch für die Vereinnahmung politischer und sozialer Institutionen sowie deren symbolischer Repräsentation.

Diese Repräsentation konkretisiert sich vorab im Städtebau und in der architektonischen Gestaltung offizieller Gebäude sowie in der politischen und administrativen Nomenklatur. Letztere hat Peter der Große vorzugsweise aus dem Deutschen und Niederländischen übernommen, um die Europäisierung von Staat und Gesellschaft auch terminologisch zu beglaubigen. Dass er den seit Iwan IV. bestehenden Herrschertitel „Zar" (*car'*) durch „Imperator" ersetzte und sich lateinisch als „Pater patriae" bezeichnete, kam damals einer provokanten Verfremdung gleich und wurde als ebenso künstlich empfunden wie der Name der neuen Reichshauptstadt Sankt Petersburg (*Sankt-Piter-Burch*, später *Sankt Peterburg*), der als lateinisch-niederländische beziehungsweise lateinisch-deutsche Mischform völlig fremd wirken musste und für russische Zungen kaum auszusprechen war.

Ein Gleiches trifft für die sogenannte „Rangtafel" zu (*Tabel' o rangach*, dekretiert 1722, gültig bis 1917), die Peter ebenfalls unter deutschem Titel einführte, um die russische Adelsgesellschaft als Dienstadel neu zu strukturieren und im Übrigen generell die militärische, zivile und kirchliche Hierarchie nach Rängen, Klassen, Titeln rasterartig zu ordnen.[54] Die mit der „Rangtafel" neu eingeführten Titel waren – die kirchlichen Würdenträger ausgenommen – mehrheitlich aus dem Deutschen entlehnt und sollten den russischen Beamten und Militärs auch tatsächlich deutschen Ordnungssinn auferlegen. Der höchste der vierzehn zivilen Ränge in der russischen Verwaltung war der des „Kanzlers" (russisch als *kancler* eingemeindet), die meisten andern Ränge erhielten ihre Titel via das Deutsche aus dem Lateinischen (Sekretär, Assessor, Registrator).

Fast ausschließlich deutsch wurden die Angehörigen von Armee und Flotte, Bergwesen und Hofadel betitelt, so etwa der General-Feldmarschall, der Stabs-Rittmeister, der Kapitän-Leutnant, der Ober-Berghauptmann, der Hüttenverwalter (russisch *gittenferval'ter*!), der Zeremonienmeister (*ceremonijmejster*), der Stallmeister (*ober-štalmejster*) und sogar

Petersburg als europäische Metropole (1) – *oben* Sankt Piter Burch – Fenster nach Europa. Drei Elemente beziehungsweise Sphären werden in diesem frühen Weichbild zusammengeführt – Wasser, Erde, Luft, wodurch das russische Imperium als Kontinental- und Seemacht ausgewiesen ist, über der, umgeben von einer Engelschar, der Doppeladler schwebt (Fragment aus einem Panorama von A. F. Subow, 1716-1717); *unten links* Offizielles Bildnis Peters I., gestochen von C. A. Wortmann (1704); der Zar wird hier bereits als „der Große" bezeichnet und ist mit dem Titel eines „Imperators und Autokraten" versehen; über der lateinischen Inschrift auf dem Sockel ist der Doppeladler als Staatssymbol angebracht, versehen mit dem Wahrzeichen Moskaus und ergänzt durch eine Krone; *unten rechts* Peter I. – postumes Mosaikportrait von Michail Lomonossow (1754).

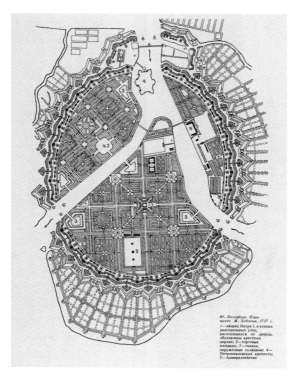

Petersburg als europäische Metropole (2) – *oben* Sankt Petersburg – geometrisierte Stadtanlage, konzipiert vom französischen Architekten Jean Baptiste Alexandre Le Blond (1717); *unten* Schematischer Plan für die neue Stadtanlage von Domenico Trezzini (1714-1715) – 1) Wassilij-Insel; 2) Peter-und-Pauls-Festung; 3) Admiralität; 4) Aleksandr-Newskij-Kloster; 5) Festung Nijenschanz; 6) „regularisierte Vororte" auf dem rechten und linken Newaufer; 7) Prospekt zwischen Admiralität und Aleksandr-Newskij-Kloster (später: Newskij-Prospekt). *Seite 411 oben* Plan Sankt Petersburg 1730er Jahre. *S. 411 unten links* Pietro Trezzini und M. G. Semzow, *Projekt* der Spaso-Preobrashenskij-Kathedrale (1743-1754); *S. 411 unten rechts* Kathedrale der Peter-und-Pauls-Festung, entworfen und ab 1712 errichtet von Domenico Trezzini (Agenturbild 1910er Jahre).

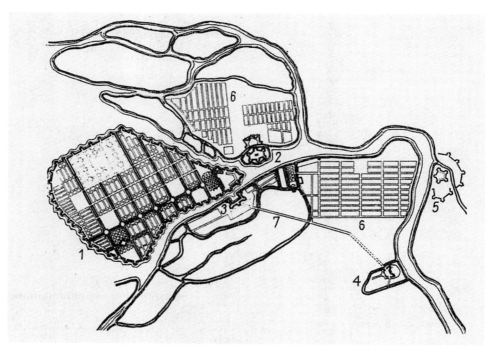

ÜBERLEGUNGEN UND BEISPIELE ZUR RUSSISCHEN NACHAHMUNGSKULTUR

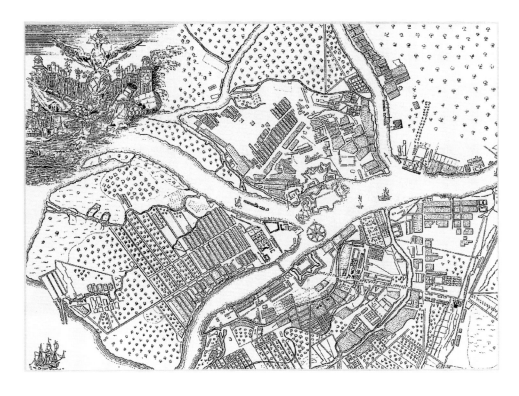

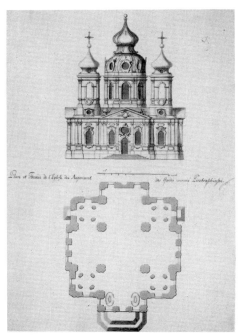

Petersburg als europäische Metropole (3) – Petersburger Perspektiven – *oben* Die große Arkade im Armeestabs-Gebäude mit Blick auf die Alexander-Säule und den Winterpalast (Projekt Carlo Rossi, 1820er Jahre); *unten* Kanäle und Prospekte bestimmen die Geometrie der Stadtanlage. Der „Wintergraben" mit der „Raffaels-Loggia" von Giacomo Quarenghi (1783-1787).

Petersburg als europäische Metropole (4) – die Isaaks-Kathedrale in Petersburg – projektiert und errichtet von Auguste R. de Montferrand (1818-1858).

der Mundschenk (*ober-šenk*) – man kann sich leicht vorstellen, welches Befremden diese ausländischen Titel (oder auch Begriffe wie *audijenz-kamera* für „Empfangsraum", *kunstkamera* für „Museum") bei der russischen Bevölkerung ausgelöst haben, die sich in der Tat wie unter einer Fremdherrschaft vorkommen musste.

19

Befremdlich, ja geradezu phantastisch wirkte auf Peters Zeitgenossen auch dessen ehrgeizigstes und symbolträchtigstes Werk – Sankt Petersburg, die von ihm 1703 begründete und unter seiner Aufsicht von ausländischen Architekten entworfene, danach innerhalb eines Jahrzehnts mehrheitlich von russischen Zwangsarbeitern erbaute „nördliche Metropole", die in der Folge ab 1713 bis 1918 Landeshauptstadt blieb, ohne ihre Befremdlichkeit und Phantastik je wieder einzubüßen. Russland musste, um seinen zivilisatorischen Rückstand einzuholen, nach Europa gejagt werden, und umgekehrt musste Europa nach Russland kommen, um mit seinem Know-how zur Modernisierung des Imperiums beizutragen. Die russische Poesie und Belletristik von Puschkin bis Anna Achmatowa, aber auch zahllose Volkslegenden und Anekdoten bezeugen den Kunst- beziehungsweise Künstlichkeitscharakter Petersburg auf höchst eindrückliche Weise.

Wie die Petrinische „Rangtafel", so ist auch die Stadt Sankt Petersburg nach einem vorbestimmten rigiden Raster errichtet worden, der das sumpfige Bauland im Newadelta gleichsam geometrisieren und dadurch die Überlegenheit menschlichen Wissens und Wollens gegenüber der unwirtlichen Natur verdeutlichen sollte. Die Bauprojekte des Franzosen Jean Baptiste Alexandre Leblond und des Tessiners Domenico Trezzini sowie die frühen Stadtpläne Petersburgs belegen diesen Sachverhalt.⁵⁵ Mit der Errichtung und dem Ausbau der neuen Hauptstadt, die Peter sein „Paradies" (*paradiz*) nannte und die man gern als „Palmyra des Nordens" bezeichnete, verbinden sich zwischen 1700 und 1900 die Namen zahlloser ausländischer Baumeister, Ingenieure und Handwerker, darunter so bekannte Fachleute wie John (Ian) Perry, Niccolò Michetti, Johann Gottfried Schädel, N. F. Härbel (kurz Gerbel genannt), Bartolomeo Francesco Rastrelli, A. R. Montferrand, Carlo Rossi, Giacomo Quarenghi, Giovanni Maria Fontana, Gaetano Chiaveri, Georg Friedrich Velten oder Andreas Schlüter, der ab 1713 als Petersburger Generalbaumeister – russisch *ober-bau-direktor* – amtierte und auf den die Pläne für das erste russische Museum, die Kunstkammer, zurückgehen sowie der Entwurf für die dreistrahlige Stadtanlage (*Patte d'Oie*) südlich der Newa. Erst im späteren 18. Jahrhundert traten in Petersburg vermehrt auch einheimische Meister mit eigenständigen Arbeiten in Erscheinung, während die russische Architektur des 19. Jahrhunderts wiederum deutlich von Ausländern, namentlich Deutschen dominiert war.⁵⁶

Schon ein halbes Jahrhundert nach Baubeginn, 1752, konnte der Dichter Wassilij Trediakowskij in einem Preisgedicht das „prächtige Petersburg" als ein neues, von Menschenhand errichtetes „Paradies" belobigen, „begründet von Peter unserem Zaren, | Erbaut zum Nutzen aller und zu Russlands Zierde", ein begehbares Monument, für die Zukunft geschaffen: „Ihr werdet sehn, Nachkommen, die ihr in dieser Stadt | Aus aller Herren Ländern dicht zusammenströmt, | Die ihr alle schauen werdet und euch wundern über alles | Und sagen werdet: dies Paradies erstand, wo Ödnis war und Leere!" – nunmehr zu vergleichen mit den schönsten und ruhmvollsten Städten Europas: Rom, Venedig, Amsterdam, London, Paris.⁵⁷

Lange Zeit gehörten der Hinweis auf die wundersame Erschaffung Petersburgs aus unwirtlichem Niemandsland sowie der Vergleich der jüngsten aller europäischen Kapitalen mit der Stadt des Hl. Petrus, mit dem antiken Palmyra oder den Gärten der Semiramis zum guten Ton der russischen Hofdichtung. Noch Aleksandr Puschkin (*„Der eherne Reiter"*, 1833) konnte solcherart in den hochgemuten Lobgesang auf „Peters Schöpfung" und deren „strenge Wohlgestalt" einstimmen: „[…] und die junge Stadt, | Zierde und Wunder der nordischen Länder, | Erstand aus dem Dunkel der Wälder, aus sumpfigem Grund | – in voller Pracht und großem Stolz; | Wo einst der finnische Fischer, | Der trauervolle Stiefsohn der Natur, | Allein am flachen Ufer saß | Und sein altes Fangnetz warf | In die unbekannten Fluten, dortselbst | Drängen sich nun an belebtem Ufer | Die wohlgestalten Blöcke | Von Palästen und Türmen; Schiffe | Aus aller Welt streben massenhaft | Zu den reichen Anlegestellen; | Die Newa hat sich in Granit gekleidet, || Brücken wölben sich über die Gewässer; | Mit dunkelgrünen Gärten | Sind die Inseln überzogen; | Und vor der jüngeren Hauptstadt | Ist das alte Moskau verblasst | Wie vor einer neuen Zarin | Eine purpurtragende Witwe."⁵⁸

Auch als dieser hohe Ton – mit Gogol, dann mit Grigorjew und Majkow, Nekrassow und Dostojewskij – allmählich auf das Niveau der Volkssprache heruntermoderiert, ironisch verfremdet, sarkastisch verschärft und schließlich (bei Blok, Belyj, Mandelstam, Georgij Iwanow) tragisch umgestimmt wurde, blieben die genannten Konstanten erhalten: Der Gründungsmythos verkehrte sich dabei in die apokalyptische Vision vom Untergang Petersburgs und der Wiederherstellung der ursprünglichen Ödnis, während das pathetisch antikisierende Stadtlob mehr und mehr dem kritischen Vergleich Petersburgs mit Sodom oder Babylon, mit der Hölle, mit einem Theater, einem Bordell, einer Kaserne, einem Armenhaus, einem Friedhof oder gar (bei Mandelstam) mit einem einzigen gigantischen Sarg weichen sollte. Ebenso ausgeprägt wie die Belobigung Petersburgs ist in der Dichtung des 19. Jahrhunderts dessen Verfluchung. „Adieu, du kalte Stadt, Stadt ohne Leidenschaft", so heißt es in einer versifizierten Adresse von Apollon Grigorjew an die auf menschlichen Knochen errichtete Reichshauptstadt: „Grandiose Stadt der Sklaven, leb wohl [...]. | Europa gleich zu sein, sich mit ihm zu messen, | Murmelst du, wie ein Araber seine Sure, | Ach, scher dich zum Teufel, ja, Verdammte du! ..."[59]

In einer historischen Novelle über die Gründung Petersburgs denunzierte noch Boris Pilnjak „das ‚Paradies' Peters" als eine „furchtbare Stadt auf todbringenden Sümpfen mit todbringenden Nebeln und brandigen Fieberkrankheiten", wobei er einen alten Gottesnarren den Stadtgründer wie folgt beschreiben lässt: „Der Zar hält eine Pfeife zwischen den Zähnen *wie ein überseeischer* (*zamorskij*) *Maat*, ist gekleidet *wie ein Teutscher*, besoffen wie ein Büttel, schimpft und flucht unflätig *wie ein Tatar* – der Za-ar! ... Grachf! ... Vernimm denn dies: unser Zar ist *unterschoben, ist ein Teutscher* –"[60] Hier wird, zweihundert Jahre nach der Stadtgründung, in prägnanter Raffung noch einmal das Generalthema intoniert, das die einschlägige russische Belletristik und Publizistik zuvor schon höchst variantenreich entfaltet hat – Petersburg als fremdartiges, „deutsch-tatarisches", mit der „russischen Seele" unverträgliches Phantasie- und Kunstkonstrukt, als etwas Aufgepfropftes, Aufgezwungenes, Unnatürliches, wenn nicht Perverses, das der „organischen" Geschichtsentwicklung Russlands ebenso unversöhnlich zuwiderläuft wie dem „ganzheitlichen" oder „gemeinschaftlichen" russischen Selbstverständnis.

20

Die Fremdartigkeit und die unverbundene Vielfalt Petersburgs werden naturgemäß besonders augenfällig im Hinblick auf das architektonische Erscheinungsbild der Stadt, das – wie ausländische Besucher und russische Patrioten immer wieder betont haben – „nichts Überraschendes biete, *nichts Nationales*", das vielmehr „eine einzige lächerliche Karikatur einiger europäischer Hauptstädte sei". In Dostojewskijs „*Petersburger Chronik*" von 1847 heißt es dazu (mit impliziter Anspielung auf einen zeitgenössischen Reisebericht des französischen Marquis Astolphe de Custine): „Griechische Architektur, römische Architektur, byzantinische Architektur, holländische Architektur, gotische Architektur, Rokoko-Architektur, die jüngste italienische Architektur und unsere orthodoxe Architektur – das alles sei, sagt der Reisende, auf urkomische Weise *zusammengewürfelt* (*sbito i skomkano*), so dass es letztlich kein einziges wirklich schönes Gebäude gibt!"[61]

Solch gesichts- und geschichtsloser Stilpluralismus war in Petersburg nur deshalb möglich, weil die Stadt gleichsam aus dem Nichts geschaffen wurde, ihre ausländischen Erbauer folglich keine Rücksicht nehmen mussten auf bereits bestehende Bausubstanz. Künstlichkeit und Theatralität konnten deshalb so deutlich hervortreten, weil hier innerhalb eines Jahrhunderts nebeneinander Hunderte von repräsentativen Bauwerken in allen möglichen Epochenstilen – von der ägyptischen und griechischen Antike bis hin zum Klassizismus und Rokoko – errichtet wurden, um staatlichen wie privaten Interessen zu entsprechen. Bemerkenswert ist, dass selbst ein konservativer, betont europakritischer Autor wie Fjodor Dostojewskij die kompilative architektonische Szenerie Petersburgs keineswegs nur als Abklatsch westlicher Vorbilder, sondern als durchaus eigenständige Hervorbringung zu würdigen wusste.

Was der gebildete Reisegast aus Frankreich als stillos und störend empfindet, verteidigt Dostojewskij in der Folge als die eigentliche Authentizität der Stadt; er notiert: „Petersburg ist anders. Hier sieht, fühlt, spürt man auf Schritt und Tritt ein zeitgenössisches Moment und auch die Idee eines wahrhaftigen Moments. Mit Verlaub: in gewisser Hinsicht ist hier alles Chaos, alles ein Durcheinander; manches mag Stoff für den Karikaturisten sein; jedoch ist alles voller Leben und Bewegung. Petersburg ist gleichermaßen Haupt und Herz Russlands. Wir hatten ja mit der Architektur der Stadt begonnen. Selbst deren ganze Charaktervielfalt (*raznocharakternost*) bezeugt die Einheitlichkeit des Gedankens und der Bewegung. Diese Gebäudereihe in holländischem Stil erinnert an die Zeit Peters des Großen. Jenes Gebäude nach dem Geschmack Rastrellis erinnert an die Katharinische Zeit, ein anderes – in griechischem und römischem Stil – an spätere Zeiten, doch alles zusammen erinnert an die Geschichte des europäischen Lebens Petersburgs und ganz Russlands. Und bis heute ist Petersburg voller Staub und Schutt; noch immer wird die Stadt erschaffen, ist sie im Enstehen; ihre Zukunft liegt noch in der Idee; doch diese Idee gehört Peter I., sie verkörpert sich, sie wächst und fasst Wurzel mit jedem Tag, und dies nicht bloß im Petersburger Sumpf, sondern in ganz Russland, das einzig und allein von Petersburg lebt."[62]

Die Kompilation des Fremden, des Unrussischen, so viel kann man Fjodor Dostojewskijs Kommentar entnehmen, fügt sich in der Summe dann doch wieder zu einem Ganzen, das durchaus russisch geprägt ist. Der oftmals mit kritischem Impetus berufene Nachahmungscharakter russischer Kulturleistungen wird hier ins Positive gewendet – Dostojewskij nimmt damit seine viel späteren Thesen zur „allweltlichen", „allmenschlichen" Resonanzfähigkeit der russischen Seele vorweg, deren unbeschränkte Einfühlungs- und Aneignungskraft jedweden imitativen Akt als eigenständige Leistung beglaubigt.

Noch im „*Tagebuch eines Schriftstellers*" von 1873 rühmt Dostojewskij das Russentum dafür, dass es „die Genien anderer Nationen in seine Seele aufzunehmen" vermag, „*ohne irgendwelche Unterschiede zu machen*". Und wiederum mit Blick auf Petersburgs architektonisches Weichbild kommt er zu dem paradoxalen Schluss, dass für den Russen eben das Imitative auch das Kreative sei: „Überhaupt ist die Architektur von ganz Petersburg äußerst *charaktervoll* und *originell* und hat mich schon immer verblüfft, – gerade dadurch, dass sie die ganze *Charakterlosigkeit* und Unpersönlichkeit dieser Stadt ausdrückt, vom Beginn ihres Bestehens an."

Charakterlos und eben deshalb typisch für Petersburg sind die großen repräsentativen Stadtpaläste (von Dostojewskij ironisch „Palazzi" genannt), in deren Fassaden „sich die ganze Charakterlosigkeit der Idee, die ganze Negativität des Wesens der Petersburger Periode von Anfang bis Ende widerspiegelt": „In diesem Sinn gibt es keine andere Stadt wie diese; in architektonischem Sinn ist sie eine Widerspiegelung sämtlicher Architekturen in der Welt, sämtlicher Perioden und Moden; alles ist kontinuierlich entliehen und auf besondere Weise (*po-svoemu*) verunstaltet worden. Aus diesen Bauten kann man, wie aus Büchern, sämtliche Zuflüsse sämtlicher Ideen und Ideechen ersehen, welche allmählich oder plötzlich aus Europa zu uns her geflogen sind und die uns langsam überwältigt und gefangen haben." Die Authentizität Petersburgs besteht für Dostojewskij demnach in der Falschheit, der Uneigentlichkeit und Eitelkeit seiner imitativen und kompilativen Architekturszene, doch gibt es – wie er in einem einzigen Satz seiner Skizze festhält – auch noch ein paar wenige Zeugnisse „echter", d. h. echt *russischer* Authentizität: „Charaktervoll im positiven Sinn und ganz eigen sind hier einzig diese rottenden Holzhäuschen, die selbst an den glanzvollsten Straßen an der Seite gigantischer Bauten stehen geblieben sind und die jäh unseren Blick frappieren wie ein Haufen Brennholz neben einem Marmorpalazzo."[63]

Eine vergleichbare Position hatte Nikolaj Gogol bereits 1833/1834 in seinen kaum beachteten Notizen „*Über die Architektur unserer heutigen Zeit*" ganz nebenbei markiert, dort und damals allerdings ohne expliziten Bezug auf Petersburg. Gogol verwahrt sich gegen die Vorherrschaft eines jeweils „einzigen Stils", der einer ganzen Epoche den Stempel aufzudrücken vermöchte, und er plädiert statt dessen für einen stilistischen Pluralismus, der „mehrere Stilrichtungen in sich vereint": „Soll sich doch in einer und der selben Straße düstere Gotik neben den mit üppigem Zierat beladenen Baustil und den monumentalen ägyptischen oder den von harmonischer Ausgeglichenheit bestimmten griechischen reihen. Möge sie doch alle bei einander den betrachtenden Blicken darbieten: die leicht gewölbte milchige Kuppel ebenso wie die von religiösem Geist geprägte nicht enden wollende Spitze, die orientalische Mitra, das italienische flache Dach, den geschwungenen flämischen Giebel, die vierkantige Pyramide, die runde Säule, den kantigen Obelisken." Architektonische Kreativität ist für Gogol nichts anderes als die Fähigkeit, unterschiedlichste Stilformen und Versatzstücke zu kompilieren: „Der schöpferische Architekt muss ein tiefes Wissen um sämtliche Formen der Baukunst haben. Er sollte vor allem nicht den Geschmack jener Völker geringschätzen, denen wir im Bereich der Künste üblicherweise mit Verachtung begegnen. *Er muss nach allen Seiten offen sein, muss all die zahllosen Abwandlungen studieren und in sich aufnehmen.*"[64]

Wie ein fernes Echo auf Gogols Vision einer synthetisierenden Baukunst, die sich nicht durch Originalität, sondern umgekehrt durch die Übernahme und Verknüpfung diverser, auch gegensätzlicher Stilformationen auszeichnet, nimmt man die Reflexionen zur Kenntnis, die der Maler und Kunsthistoriker Aleksandr Benua 1902 dem *„Pittoresken Petersburg"* gewidmet hat, als auch in Russland das Wagnersche Konzept des Gesamtkunstwerks zur Diskussion stand und die symbolistische Dichtung sich einer Poetik verschrieb, die mehr auf Übertragung, auf Nachbildung, auf Adaptation denn auf Originalität angelegt war – Übertragung musikalischer Qualitäten auf die Sprachkunst, „schöpferische" Aneignung fremdsprachiger Texte, Vermengung literarischer Genres (Lyrik/Drama, Erzählung/Essay) u. a. m. Wiederum also mit Bezug auf die „grandiose und schöne Stadt" im Norden Russlands heißt es, dem entsprechend, bei Benua: „Die Art der Häuser, der Kirchen und Paläste, die Ausmaße der Straßen, der Plan – alles war gänzlich *eigenständig*. Alle Bestandteile waren natürlich *entlehnt*: die Säulen, Ziergiebel, Pilaster und später die klassizistischen Basreliefs, Attiken und Vasen wurden in Frankreich, Italien und Deutschland geborgt. Dennoch wurde dies alles derart *eigenständig* gestaltet, dass schließlich etwas Prächtiges und gänzlich *Eigenartiges* entstand."[65]

Das „fremdartige", „künstliche", „phantastische" Petersburg wird hier als vertraute Lebenswelt vorgeführt, die von weit her „entlehnten" und souverän arrangierten Einzelteile fügen sich zu einer neuen, durchaus „eigenartigen", „eigenständigen" Ganzheit, die äußerlich völlig „unrussisch" wirkt. Die kulturelle „Eigenart" und „Eigenständigkeit" Russlands erweist sich – und erschöpft sich auch – in ihrer konsequenten *Zitathaftigkeit*, die Originalität russischer Kulturleistungen ist weniger durch Originale, vielmehr durch originell aufbereitete Imitate und Kompilate belegt.

21

Die glanzvolle, zwischen Rationalität und Phantastik ständig changierende Künstlichkeit Petersburgs bildet den denkbar schärfsten Kontrast zur Natürlichkeit und Gemütlichkeit, zur bergenden und nährenden „Mütterlichkeit" Moskaus. Die alte und die neue, die

Petersburg vs. Moskau (1) – *oben* Moskauer Stadtplan (1606 bis 1611) – hundert Jahre danach folgt der Gegenentwurf Peters I., der das „runde", „mütterliche", „hölzerne", „bunte" Moskau ablösen soll durch ein lineares, „männliches", „steinernes", „graues" Petersburgs als neue Hauptstadt; *unten* Das „hölzerne" Moskau – Darstellung eines Straßenzugs nach Adam Olearius (1656).

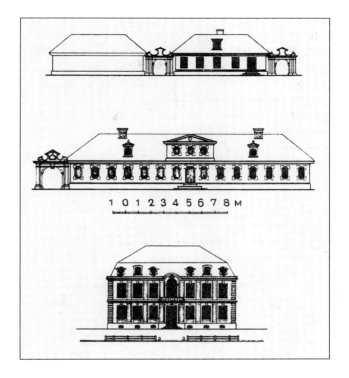

Petersburg vs. Moskau (2) – *oben* Domenico Trezzinis Projektzeichnungen (1714) für standardisierte Wohnbauten in Petersburg (oben für „Gemeine", in der Mitte für Normalbürger, unten für Wohlhabende); *unten* Reguläres Petersburg – Häuserzug am Newskij Prospekt mit Ladenschildern ausländischer Anbieter (aus einem Panorama von Wassilij Sadownikow, 1830er Jahre).

„natürliche" (gewachsene) und die „künstliche" (erdachte) Hauptstadt stehen denn auch exemplarisch für den Gegensatz von Natur und Kultur, Eigen und Fremd, Mitte und Rand, Ost und West, Volk und Staat, Sein und Schein, in der Literatur werden sie nach so unterschiedlichen Kriterien wie Weiblich/Männlich, Synthetisch/Analytisch, Geschichtsträchtig/Geschichtslos, Bunt/Grau, Rund/Linear, Herz/Kopf unterschieden, und in Bezug auf den jeweiligen städtischen Charakter bekommt Moskau auch schon mal die Rolle des Don Quijote, Petersburg die des Hamlet zugewiesen.

„Aus russischer Erde ist Moskau erwachsen und von russischer Erde ist es umgeben, und nicht von einem sumpfigen Friedhof mit Aufschüttungen statt Gräbern, mit Gräbern statt Aufschüttungen", heißt es in einem kritischen Versuch von Dmitrij Mereshkowskij: „Moskau ist selbst erwachsen – Petersburg wurde gezüchtet, der Erde entrissen oder gar einfach ‚erfunden'."[66] Der bis heute fortgeführte interurbane Dialog zwischen Moskau und Petersburg ist nichts anderes als eine Kreuzung von zwei monologischen Diskursen, die eher auf Selbstbehauptung und Abgrenzung denn auf Übereinkunft oder Versöhnung angelegt sind. Durch diese kontroverse innere Zwiesprache ist Russland unausweichlich mit sich selbst ins Gespräch gekommen und hat daraus immer wieder neue Erkenntnisse gewonnen.

„Petersburg hat keine Seele – dafür gab es keine historische Notwendigkeit", konstatierte noch in der frühen Sowjetzeit der Philologe und Kulturpublizist Boris Eichenbaum: „Gerade seine Seelenlosigkeit macht Petersburg so faszinierend – es ist die Stadt des Intellekts, der Fiktion, die so leicht die Gestalt eines steinernen Gespenstes annehmen konnte. [...] Moskau wirkt malerisch, wohingegen Petersburg bloß Skizze, Kontur und Schema ist."[67] Die Skizzen- und Schemenhaftigkeit Petersburgs, sein rasterartiger Grundriss, seine gespenstische Kulissenhaftigkeit – all dies trug dazu bei, dass man die Stadt als etwas vernünftig und zielbewusst Geplantes, zugleich aber auch als eine unheimliche, wenn nicht bedrohliche Phantasmagorie wahrnehmen konnte. Gogol: „Alles Trug, alles Phantasterei, alles nicht das, was es zu sein scheint!" Dostojewskij: „Die unwirklichste und ausgeklügeltste aller Städte." Und endlich, im Vorfeld der Revolution, Andrej Belyj: „Petersburg! Petersburg! Auch mich hast du, ein fallender Nebel, verfolgt als müßiges Hirnspiel: du bist ein unbarmherziger Quälgeist; du bist ein ruheloses Trugbild ..."[68]

Das Phantastische bestand (zumal mit Blick aus Moskau und also in traditioneller russischer Optik) vorab darin, dass Petersburgs Stadtbild wie auch sein soziales Gefüge und seine Geisteswelt aus lauter disparaten Versatzstücken sich zusammensetzte, deren Gesamtheit im vorgegebenen geographischen und geschichtlichen Kontext geradezu exotisch oder eben phantastisch, auch unheimlich wirken musste – die junge Reichshauptstadt als das erste Potjomkinsche Dorf Russlands, doch diesmal nicht aus putzigen Bauernhäuschen bestehend, sondern aus pompösen Fassaden nach dem Vorbild europäischer Großstädte! „Sankt Petersburg" – so kann man verallgemeinernd und doch zutreffend sagen – ist die Bezeichnung, unter der Europa, vorab Deutschland in Russland definitiv Einzug gehalten hat und welche den ambivalenten Zauber der Stadt auch auf lautlicher Ebene fühlbar macht.[69]

„Ich wusste nicht –", so liest man in einem poetischen Sendschreiben Wilhelm Küchelbeckers an Aleksandr Puschkin (1833): „War's wirklich, war's ein Traum, | Was prunkvoll meinen Blicken da erschien. | Begeistert suchte ich die Pracht zu fassen – | Ich vermocht es nicht; ein jedes Haus | Kam mir schon fast so vor wie ein Palast, | Die Straßen waren breit wie sonst nur Plätze, | Die Schneider und die Schuster waren Fürsten | Und jeder Offizier ein General ..." – Nikolaj Gogol glaubte in der „Residenz Russlands" die Stein gewordene

Personifizierung eines „gewandten Europäers", genauer: eines „Menschen von peinlicher Akkuratesse", mithin einen „echten Deutschen" zu erkennen; er fand Petersburg „ganz in kleine Stücke zersplittert" und zersiedelt in zahllose „Läden und Kaufhäuser".

Alles hier war fremd und all die fremden Teilstücke – die unterschiedlichsten ethnischen, gesellschaftlichen, religiösen Ingredienzien – koexistierten weitgehend unverbunden: „Es ist schwer, die allgemeine Physiognomie von Petersburg zu schildern. Es hat etwas, das an eine *amerikanische* Kolonie in *Europa* erinnert – ebenso wenig ursprüngliche (d. h. russische) Nationalität und ebenso viel *fremdländische* Mischlinge, die sich noch nicht zu einer festen Masse zusammengefügt haben. So viele *verschiedene Nationen* sich hier zusammen finden, ebenso viele Gesellschaftsschichten gibt es hier [...], Aristokraten, Beamte im Dienst, Handwerker, Engländer, Deutsche, Kaufleute – sie alle bilden Kreise, die sich nur ganz selten mit einander vereinigen, gewöhnlich aber für sich leben und sich unterhalten, ohne dass einer vom andern etwas weiß."[70]

22

Petersburg als die „europäischste" Stadt Russlands – Schmelztiegel so mancher Nationalitäten und nationaler Epochenstile – wäre demnach zugleich eine authentisch *russische* Stadt. Schon Aleksandr Gerzen, dem eine der produktivsten Anaysen des Phänomens zu verdanken ist, hat betont: „Über Russlands Gegenwart sprechen, heißt über Petersburg sprechen, über diese in jeder Hinsicht geschichtslose Stadt, über eine Stadt der Gegenwart, über eine Stadt, die als einzige auf dem Niveau heutiger nationaler (*svoezemnye*) Bedürfnisse und Erfordernisse lebt und funktioniert auf dem gigantischen Teil unseres Planeten, der Russland genannt wird."[71] Das eigentlich Russische an dieser Stadt ist, wie die bisherige Betrachtung gezeigt hat, die Verknüpfung aller möglichen und beliebig vielen Fremdelemente zu einer gesamteuropäischen, alle historischen Epochen umfassenden Ideen- und Formenkompilation, die in ihrer programmatischen Stillosigkeit eine eigene Physiognomie entwickelt hat und deren überzeitliche und transnationale Charakteristika – hervorgegangen aus dem ingeniösen Spiel mit Zitaten und Allusionen, Kopien und Klischees, Remakes und Übertragungen – vieles von dem vorwegnehmen sollten, was erst die sogenannte Postmoderne mit ihrem multikulturellen Aneignungs- und Umsetzungsbegehren als globalen Epochenstil realisiert hat.

Die Reformtätigkeit Peters des Großen und deren bleibende Folgen hat Pjotr Tschaadajew, nach rund einhundertfünfzig Jahren fortlaufender Europäisierung, in seiner „*Apologie eines Wahnsinnigen*" kurz und einprägsam bilanziert. Dabei verwies er nicht nur auf Leistungen und Errungenschaften Peters und seiner Zeit, sondern auch darauf, was der „Europäisierung", mithin dem Fortschritt geopfert wurde. Der Zar habe „dem alten Russland abgeschworen", habe seinem Volk die Früchte der europäischen Zivilisation versprochen, freilich um den hohen Preis, alles Eigene zugunsten des Fremden aufzugeben.

Tschaadajew lässt den Imperator in fingierter direkter Rede zu Wort kommen: „Seht ihr dort jene Zivilisation, die Frucht so vieler Mühen – all diese Wissenschaften und Künste, die von so vielen Generationen so viele Anstrengungen verlangt haben! All das gehört euch unter der Bedingung, dass ihr euch lossagt von euern Vorurteilen, dass ihr nicht eifersüchtig an eurer barbarischen Vergangenheit festhält und euch der Jahrhunderte eurer Unwissenheit rühmt, dass ihr vielmehr und in Sonderheit euren Ehrgeiz darauf richtet, euch die von den [europäischen] Völkern geschaffenen Werke anzueignen (*usvoe-*

nie trudov), die Reichtümer, die der menschliche Geist in allen Breitengraden der Erdkugel errungen hat." Und wie haben die Russen auf dieses Versprechen, das auch eine Herausforderung war, reagiert? Tschaadajew antwortet stellvertretend: „Wir haben aus westlichen Büchern gelernt, die Namen der Dinge buchstabierend auszusprechen. Unsere eigene Geschichte hat uns eines der westlichen Länder beigebracht;[72] wir haben die westliche Literatur zur Gänze übersetzt, haben sie auswendig gelernt, haben uns mit ihren Lumpen wichtig gemacht und schätzten uns glücklich, dem Westen ähnlich zu sein, waren stolz, wenn er herablassend sich dazu verstand, uns zu den Seinen zu zählen."

Tschaadajews subtile Ironie täuscht nicht darüber hinweg, dass hier in zweierlei Hinsicht Kritik geübt wird. Einerseits wird bemängelt, man habe bloß auf den Westen gestarrt und nichts anderes getan, „als die von dort herüberkommenden Strömungen aufzunehmen" und sich „davon zu ernähren" – selbst „die Sitten, die Kleidung, die Sprache des Westens" habe man sich aufdrängen lassen. Andererseits seien die Russen – gemeint ist immer die Minderheit der Adligen und Gebildeten – allzu gern bereit gewesen, alles Eigene, Eigenartige über Bord zu werfen, um des importierten Fremdguts habhaft zu werden.[73] Dies entsprach auch dem Willen des Zaren, und es bewirkte tatsächlich für sehr lange Zeit die gänzliche Trennung der russischen Zivilisation von ihrem eigenen nationalen Erbe, die Trennung zwischen Adelskultur und Volkskultur, die Entfremdung zwischen Staat und Volk. Eine für das Verständnis *beider* Kulturen langfristig spürbare Folge davon war, dass fortan die Adelskultur mit Kultur schlechthin gleichgesetzt und die Volkskultur entsprechend abgewertet wurde, was nicht ohne Einfluss auf deren Erforschung und Bewahrung bleiben konnte.

Der Genfer Philosoph Jean-Jacques Rousseau (Landsmann von François Lefort, dem Freund und Berater Peters des Großen) hat diesen Sachverhalt in seinem grundlegenden Werk über den „*Gesellschaftsvertrag*" ebenso lakonisch wie luzide festgehalten mit den Worten: „Die Russen werden niemals wirklich gesittet (*policés*) sein, weil sie es zu früh sein mussten. Peter der Große hatte Nachahmungstalent (*génie imitatif*); er hatte nicht das wahrhaftige Talent, jenes, das erschafft und alles aus nichts macht. Einiges von dem, was er machte, war gut, das meiste aber fehl am Platz. Er hat gesehen, dass sein Volk unzivilisiert (*barbare*) war, er hat überhaupt nicht gesehen, dass es für die die Zivilisation (*la police*) noch nicht reif war; er hat es zivilisieren wollen, statt es erst einmal kampferprobt zu machen. Er wollte vorab *Deutsche und Engländer aus ihnen machen, statt damit zu beginnen, Russen zu schaffen*; er hat seine Untertanen daran gehindert, jemals das zu werden, was sie hätten werden können, indem er ihnen einredete, sie seien, was sie nicht sind."[74]

23

In die Epoche Peters des Großen fällt – nebst dem eigentlichen Reformwerk – eine Reihe von kulturhistorischen Premieren, die in erster Linie für die Entwicklung der darstellenden Künste, der Musik sowie der Dichtung in Russland bestimmend gewesen sind. Und auch im Hinblick darauf ist festzustellen, dass die entscheidenden Erstimpulse zu der jeweils nachfolgenden Entwicklung stets von ausländischen Vorbildern beziehungsweise von eingereisten Künstlern ausgegangen sind.

Die Geschichte des russischen höfischen Theaters begann formell und offiziell 1672 mit den Auftritten einer deutschen Wandertruppe unter dem aus Merseburg stammenden Pastor Johann Gottfried Gregori in Moskau. Gregori wurde als Mitglied der deutschen

Gemeinde vom Zarenhof eigens rekrutiert, um eine „Komödie zu verfertigen" nach dem Stoff des alttestamentlichen Buchs Esther. Der Deutsche schaffte es, in wenigen Monate ein entsprechendes Stück zu schreiben, ein Ensemble zu verpflichten, die Schauspieler zu trainieren, mit ihnen zu proben und die Komödie in Preobrashenskoje, der damaligen Sommerresidenz des Zaren, auf die eigens errichtete Bühne zu bringen. Der Erfolg dieser Truppe, die nachmals vorzugsweise musikalische Komödien nach biblischen und mythologischen Vorlagen zur Aufführung brachte, war beim breiten Publikum wie am Zarenhof gleichermaßen fulminant und vermittelte, erstmals in Russland, ein Verständnis von Theater als Kunst, und nicht bloß als kirchliches Ritual oder volkstümliches Amüsement.

Bereits 1701 ließ Peter der Große auf dem Moskauer Roten Platz einen Holzbau für allgemein zugängliche Theatervorstellungen errichten und Stücke von Calderón und Molière sowie von deutschen Autoren aufführen; ein deutscher Pädagoge hatte den Auftrag, junge Russen – zumeist Leibeigene – als Schauspieler und Theatermacher auszubilden, was diese allerdings nur widerstrebend, oftmals erst unter Anwendung der Rutenstrafe akzeptieren mochten. Als Schrittmacher wirkten die aus Deutschland stammenden Theaterleute J. Kunst und O. Fürst (in Moskau) sowie J. Mann (in Petersburg), die aber wegen mangelnder Situations- und Sprachkenntnisse keinen breiteren Publikumszuspruch fanden und jeweils schon nach wenigen Jahren ihr Engagement in Russland aufgeben mussten. Bis 1882 verfügte der russische Staat über ein „Theatermonopol", was nicht nur der Zensur Tür und Tor öffnete, sondern auch auf die Spielplangestaltung sich auswirkte.[75]

Vergleichbares geschah, allerdings erst nach Peters Tod, im Bereich der Musik, als um 1735 der italienische Komponist Francesco Araya und eine große Operntruppe nach Russland kamen, die schon bald durch deutsche Musiker verstärkt wurden und die das Publikum erstmals mit professioneller weltlicher Musik bekannt machten. Aber selbst die viel ältere geistliche Musikkultur Russlands wurde damals radikal erneuert und durch Baldassare Galuppi, der 1765 bis 1768 in Russland tätig war, stark italianisiert, was bis in die innersten Kreise des ansonsten äußerst konservativen und europaskeptischen Klerus auf Zuspruch stieß und sich deshalb auch längerfristig durchsetzen konnte.

Auf welch unbedarftem, ja „miserablem" Stand die musikalische Kultur Russlands noch im beginnenden 18. Jahrhundert verharrte, hat Puschkin in einer historischen Skizze ironisch dargetan.[76] Es brauchte ein gutes Jahrhundert, bis die russische Musik ihre imitative, primär auf virtuose Unterhaltung angelegte Initialphase absolviert hatte und in Michail Glinka den Begründer einer nationalen Schule fand, welche die dominanten ausländische Einflüsse zu einer quasirussischen Synthese bündelte – mit Rückgriff auf das einheimische Volkslied, auf italienische Techniken des Operngesangs, auf deutsche Gepflogenheiten der Orchestrierung usw.

Ähnliches wie für die Theater- und Musikentwicklung gilt, wenn auch nicht in gleichermaßen ausgeprägter Form, für die künstlerische Literatur. Die frühesten „belletristischen" Autoren Russlands – Trediakowskij, Sumarokow, Lomonossow – traten erst nach Peters I. Tod in Erscheinung und schufen eine literarische Kultur, welche vorab als eine *Institution* europäischen Zuschnitts Bestand haben sollte. Weder ein literarisches Leben gab es damals in Russland noch den Typus des Berufsliteraten, der einen bestimmten sozialen Status für sich hätte beanspruchen können. Die neuen russischen Autoren mussten infolgedessen nicht nur auf westliche literaturtheoretische Modelle Bezug nehmen, sie mussten auch den Typus des westlichen Literaten sowie dessen Verhaltensweisen und auktoriales Selbstverständnis in Russland heimisch machen. So hat Wassilij Trediakowskij diverse (französische,

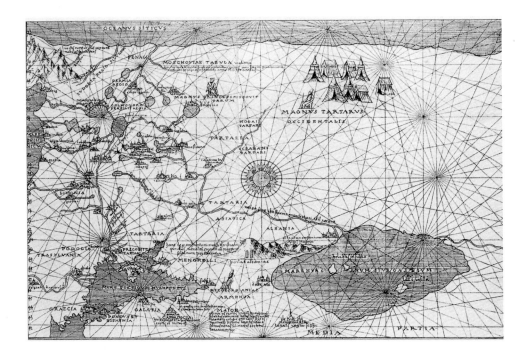

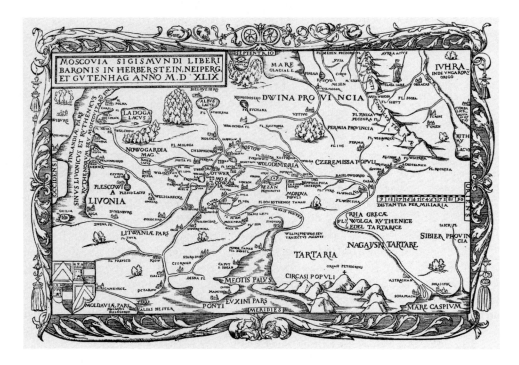

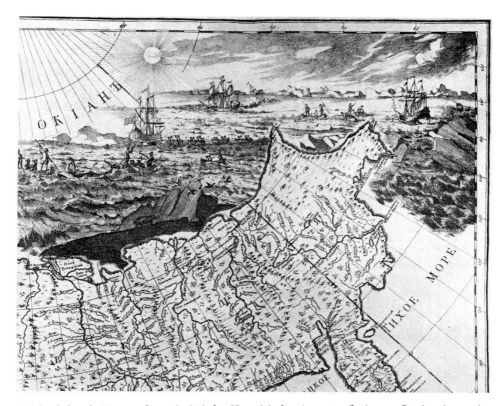

Russlands fremde Kartographen – S. 424 oben Karte Moskowiens, angefertigt von Battista Agnese in Venedig (1525); *unten* Das Schwarze und das Kaspische Meer, das Einzugsgebiet der „Tataren" erstreckt sich hier noch vom südlichsten Russland bis weit in den Nordosten des Kontinents (dargestellt durch ein Zeltlager, das allerdings als „westlich" ausgewiesen wird: „Magnus Tartarus occidentalis"); *S. 424 unten* Moskowien in der Darstellung Sigismunds von Herberstein (1549); *oben* Russlands Expansion nach Asien – in russischem Auftrag erreicht der dänische Forschungsreisende Vitus Jonassen Bering um 1728 den Pazifik und entdeckt die Meerenge (später: Bering-Straße) zum nordamerikanischen Kontinent (Kartenausschnitt).

deutsche) Rollen auktorialer Selbstdarstellung durchprobiert und sich überdies durch westliche Vorbilder zu einer „russischen" Poetik anregen lassen, während Sumarokow es darauf abgesehen hatte, ein „russischer" Voltaire oder Boileau zu werden.[77]

24

Auf die Petrinischen Reformbemühungen ist auch die Tatsache zurückzuführen, dass die russischen Geistes- und Naturwissenschaften ausschließlich von westeuropäischen – vorab deutschen, französischen, schweizerischen – Gelehrten diverser Disziplinen begründet und zumeist im Rahmen der Petersburger Akademie der Wissenschaften konsolidiert wurden, als deren erster Präsident Robert Laurenz („Lawrentij") Blumentrost, Leibmedi-

Kartographie Russlands – oben A. Ch. Wortmann, *Allegorie der Geographie Russlands* (Frontispiz zum „*Atlas des Allrussischen Imperiums*" von I. K. Kirillow, 1731); *unten* O. Elliger, Vignette zur „*Generalkarte des Russländischen Imperiums*" (1734).

cus des Zaren und vielseitiger Gelehrter, amtierte. Von 111 gewählten Akademiemitgliedern waren im 18. Jahrhundert deren 67 deutscher Herkunft, darunter so herausragende, in ihren Fachbereichen diskursbegründende Forscher wie Peter Simon Pallas (Naturgeschichte), Johann Eberhard Fischer (Sprach-, Geschichtswissenschaft), Kaspar Friedrich Wolf (Biologie), Johann Georg von Gmelin (botanische Feldforschung und Klassifizierung) oder der Ethnograph Johann Gottlieb („Iwan Iwanowitsch") Georgi, der in einem mehrbändigen, russisch und deutsch abgefassten Werk erstmals sämtliche russländischen Völkerschaften sowie deren Sitten, Bräuche, Glaubensformen, Kleidung, Wohnstätten usw. systematisch darstellte und zudem mit ersten Regionalstudien über das Bajkal-Gebiet hervortrat.

Die einschlägige Forschungsliteratur zum fremdländischen Anteil an der frühen russischen Wissenschaftsentwicklung ist äußerst umfangreich, braucht hier aber nicht eigens berücksichtigt zu werden, da im vorliegenden Problemzusammenhang – das sei hier deutlich wiederholt – nicht generell nach russisch-westeuropäischen Kulturbeziehungen gefragt wird, sondern im Speziellen gezeigt werden soll, dass Fremdeinflüsse in Russland gerade dort besonders virulent waren, wo es um die Initiierung eigenständiger russischer Entwicklungen ging oder um die Konstituierung des russischen kulturellen Selbstverständnisses durch Werke der Kunst, der Literatur, der Wissenschaft, der Philosophie.

Relevant wären diesbezüglich also Hinweise darauf, dass die russische Geschichte und Folklore, die Geographie und Kartographie Russlands, die einheimische Flora und Fauna, die russische Sprache sowie zahlreiche nichtslawische Landessprachen des multiethnischen Imperiums *in erster Instanz* von Ausländern erforscht, teilweise überhaupt erst entdeckt wurden. Geradezu symbolhaft für die Spiegelnatur der russischen Selbsterfassung ist die Tatsache, dass die geographische und kartographische Darstellung des Landes, mithin die Visualisierung seiner physischen Eigenart anfänglich durch ausländische Spezialisten bewerkstelligt wurde.

Der früheste bekannte Versuch einer kartographischen Aufzeichnung des russischen Territoriums (1525) geht auf den Venezianer Battista Agnese zurück, der das Land jedoch nie bereist und sich lediglich auf Berichte und Beschreibungen gestützt hat. Aufgrund persönlichen Augenscheins und anhand eigener Befragungen hat hingegen der österreichische Diplomat Siegmund von Herberstein im mittleren 16. Jahrhundert eine zwar fehlerhafte, für die spätere russische Kartographie dennoch vorbildliche Landeskarte vorgelegt, auf der erstmals die Gebirgszüge des Ural und des Kaukasus als natürliche Grenzen eingezeichnet sind. Von 1555 ist die Russlandkarte „*Moscovia*" datiert, die der Deutsche Anton Wied schon 1542 nach längerer Kooperation mit dem Drucker Sebastian Münster in Danzig erarbeitet hat und die nachfolgend für lange Zeit zur wichtigsten Orientierungshilfe für westliche Russlandreisende wurde. Die ersten proportional korrekten geographischen Karten Russlands wurden 1612 in Amsterdam und 1614 in Deutschland erstellt, und die erste wissenschaftliche Expedition zur Erforschung Sibiriens führte im Auftrag Peters I. der deutsche Naturwissenschaftler Daniel Gottlieb Messerschmidt durch, während der Däne Vitus Bering um 1733 mit einer großen Expedition in den Fernen Osten betraut wurde, die Russland den Weg zum amerikanischen Kontinent eröffnete.[78]

Von hohem, ja exemplarischem Interesse ist die Gestalt des bereits früher erwähnten Michail Lomonossow, der in Russland als ein „Universalgenie" *sui generis* verehrt wird und der in der Tat als ein verspäteter russischer Renaissancemensch gelten kann. Lomonossow, Professor der Chemie an der Akademie der Wissenschaften zu Sankt Petersburg und Mitbegründer der Moskauer Universität, hat im mittleren 18. Jahrhundert auf mancherlei wissenschaftlichen und künstlerischen Gebieten Herausragendes geleistet, er hat Mathematik und Physik für die Chemie nutzbar gemacht, hat sich als Meteorologe, Geograph und Historiker hervorgetan, hat Grundlegendes zur Grammatik und Stilistik des Russischen sowie zur Poetik beigetragen, hat Oden, Prunkreden, Lehrgedichte, Tragödien verfasst, hat Mosaiken geschaffen (Abb. S. 409, *unten rechts*) und in Russland das erste chemische Laboratorium und die erste Glasfabrik eingerichtet. Doch all diese Aktivitäten und deren Auswirkungen beruhten auf fremden Impulsen, waren des Ergebnis einer allseitigen Rezeptionsleistung, die über bloße Nachahmung weit hinausging und dennoch keine Gründungsereignisse erbrachte, wie man sie den „Originalgenies" oder „Diskursbegründern" zuerkennt.[79]

25

Solches gilt auch für die russische philosophische Kultur. Aleksandr Radistschew, erst Günstling, dann Gegner Katharinas II., hält zwar die Position des ersten nichtkirchlichen Philosophen Russlands, hat auch tatsächlich bis ins frühe 20. Jahrhundert das russische „westlerische" Denken merklich beeinflusst, wird bis heute als eine Lichtgestalt des russischen Geisteslebens respektiert und gilt als Schulbuchautor, ohne indessen einen einzigen eigenständigen Text verfasst zu haben.

Auch Radistschew ist zu einem typisch russischen Autor geworden, indem er auf intelligente Weise und in eingängiger Form (nach dem Vorbild Laurence Sternes) lauter fremde Texte kompiliert, sie auf russische Zustände beziehungsweise Missstände aus- und eingerichtet hat. Die wenigen philosophisch relevanten Schriften Radistschews setzen sich zusammen aus Zitaten, Paraphrasen und Variationen, aus Anspielungen oder Verballhornungen, die – zumeist verkappt – auf Werke von Rousseau, Mably, Helvétius, Holbach, Montesquieu, Voltaire, Diderot, Herder, Leibniz u. a. m. zurückgehen und die bestenfalls in stilistischer Hinsicht eigene Ansätze erkennen lassen. Auch in diesem Fall ergibt sich, dass ein russischer Autor, dem sowohl Pionier- wie Klassikerstatus zuerkannt werden, in seiner Heimat Hervorragendes und Bleibendes geleistet hat, dass diese Leistung jedoch auf die geschickte Nachahmung und Adaption von ausländischen Vorlagen beschränkt bleibt. Radistschew selbst war sich darüber durchaus im klaren; für ihn stand fest, dass es zweierlei Arten von menschlicher Produktivität gibt, eine rezeptive und eine innovative: „Die einen nehmen alles auf, was ihnen zugetragen wird und arbeiten sich am fremden Werk ab; die anderen nehmen, wenn sie ihre natürlichen Kräfte durch das Lernen gestärkt haben, Abstand von den geebneten Wegen und betreten unbekannte und ungebahnte."[80]

„Wenn wir an Radistschews Werk hohe Anforderungen stellen, erweist es sich als unter jeder Kritik", meint Gustav Schpet (Späth) in seiner *„Entwicklungsskizze der russischen Philosophie"*: „ – als ein Schülerreferat über vier-fünf gelesene Bücher."[81] – Mag sein, dass dieses vernichtende Urteil (das im übrigen Radistschews vielgerühmte persönlichen Verdienste nicht schmälert) zu rigide ausgefallen ist; doch tatsächlich wäre es – kehrt man die Rezeptionsperspektive um – schwer vorstellbar, dass jemals ein westeuropäischer Philosoph sich auf Radistschew bezogen und von ihm irgendwelche Anstöße übernommen hätte. In Russland indessen bleibt er ein vielzitierter Schulbuchklassiker, auf den sich die postsowjetischen Liberalen ebenso gern beziehen wie einstmals die Sowjetkommunisten, die in ihm einen direkten Vorläufer des Leninismus zu erkennen glaubten.[82]

An dieser Stelle bietet sich – wiederum als ein Exempel, das für viele stehen kann – Katharina die Große zum Vergleich an. Die aus dem deutschen Kleinfürstentum Anhalt-Zerbst stammende Zarin hat in ihrer langjährigen Regierungszeit (1762–1796) immer auch Zeit gefunden, über ihr Tun und ihre Projekte zu reflektieren und die Früchte ihres Nachdenkens – oder auch nur ihrer Lektüren – schriftlich auszubreiten. Nebst zahlreichen andern, zum Teil auch literarischen und autobiographischen Texten hat Katharina zwei umfangreiche „Instruktionen" ganz unterschiedlicher Art verfasst. Zum einen war dies der sogenannte *„Nakaz"* von 1765, ein Verfassungsentwurf für Russland, der zugleich eine Rechtfertigung der absoluten Monarchie sein sollte.

Die zunächst französisch niedergeschriebene, 1767 definitiv ausformulierte und 1768 erstmals (französisch-deutsch) im Druck erschienene *„Instruction für die zu Verfertigung des Entwurfs zu einem neuen Gesetz-Buche verordnete Commission"* war ein groß angelegter,

Herr mein Gott! vernimm mich, gieb mir Verstand, dein Volk zu richten, nach deinem heiligen Gesetze und nach der Wahrheit!

Seigneur mon Dieu! sois attentif à ma voix, & donne moi de l'intelligence pour juger ton peuple selon ta sainte Loi & selon la justice.

Katharina die Große als Staatslehrerin – *oben* Titelvignette zu „*Ihrer Kayserlichen Majestät Instruction*" (1770). Die allegorische Darstellung macht deutlich, dass die Zarin sich von Gesetz und Recht leiten lassen will, und sie zeigt den Gegensatz zwischen dem „wilden" Russland (unwegsames Berggelände, rechts) und dem „zivilisierten" (Allee in die Zukunft, links); *unten* Französischer Geist – die von Katharina II. erworbene Bibliothek Voltaires in der Neuen Ermitage (Aquarell von K. A. Uchtomskij, 1859).

letztlich nicht umsetzbarer Versuch, eine verfassungsmäßige Grundlage für den real existierenden russischen Absolutismus sowie für die Verwaltung und die Justiz des Zarenreichs zu schaffen. Die beiden Kernaussagen der „*Instruction*" lauten, Russland sei „eine *europäische* Macht", und als Regierungsform für ein Land dieser Ausdehnung komme nur eine zentralistische *Autokratie* in Frage. „Europäisch" und „autokratisch" auf einen Nenner zu bringen, war schon damals, zwanzig Jahre vor der Französischen Revolution, nicht mehr ganz selbstverständlich, aber die Rechtfertigung der Autokratie durch die enorme territoriale Größe des Landes hatte sich Katharina nicht selbst einfallen lassen, sie hatte sie von Charles Baron de Montesquieu referenzlos übernommen, so wie die meisten andern der 526 Paragraphen ihrer „*Instruction*" nicht genannten westlichen Quellen entstammten (Beccaria, Diderot, Locke u. a. m.). – So lag denn ein Verfassungsprojekt für das russische Imperium vor, kompiliert von einer deutschen „Fremdherrscherin" und ideell alimentiert von lauter europäischen Gelehrten – auch dies eine Konstellation, wie sie wohl in keinem andern Staat Europas nachzuweisen ist.[83]

26

Bei der zweiten großen „Instruktion" Katharinas handelt es sich um einen noch wenig bekannten Traktat, den sie um 1780 für ihren damals dreijährigen Enkel Aleksandr Pawlowitsch, den späteren Zaren Alexander I., „mit eigener Hand" in russischer Sprache geschrieben beziehungsweise abgeschrieben hat. Unter dem trauten Titel „*Großmutters Fibel*" sind insgesamt 211 Paragraphen zu einem Merk- und Benimmbuch zusammengefasst, das einerseits dem jungen Großfürsten (der damals noch gar nicht lesen konnte), andererseits seinen Erziehern das rechtschaffene Leben und Streben eines aufgeklärten Verantwortungsträgers vor Augen führen sollte.[84] Die in der „*Fibel*" verzeichneten Regeln und Ratschläge – eine bunte Mischung von Lehrformeln, Aphorismen, Zitaten sowie kurzen, prägnant formulierten Aufsätzen – sind gleichermaßen auf die charakterliche, die geistige und die körperliche Ertüchtigung Aleksandrs angelegt, für den die Zarin eigenhändig auch Leibwäsche und Spielzeug anfertigte.

Von der Stoa bis hin zu John Locke bietet „*Großmutters Fibel*" eine reiche Auswahl von pädagogischen Lehrmeinungen, deren Umsetzung nach Katharinas Dafürhalten ein „neues Menschengeschlecht" werde entstehen lassen. Weder der moralische Rigorismus, noch das vehemente Eintreten der Zarin für die Grundprinzipien der europäischen Aufklärung können aber die Tatsache vergessen machen, dass unter ihrem Regime die Leibeigenschaft verschärft, die Adelsprivilegien erweitert, Folter und Todesstrafe breit angewandt, Hofintrigen und Favoritenpolitik hemmungslos betrieben wurden – all dies in krassem Gegensatz zu dem, was Katharina bei aufgeklärten westeuropäischen Autoren hat lesen können und bedenkenlos auch abgeschrieben hat.

Zu den von ihr in beiden „Instruktionen" plagiierten Verfassern gehört an vorderer Stelle der zeitgenössische italienische Jurist Cesare Beccaria, der in seinen weithin beachteten Schriften zur Kriminalpolitik scharfsinnig gegen eben jene staatlichen und polizeilichen Missbräuche argumentiert hat, die im damaligen Russland zur Tagesordnung gehörten – wohl fanden seine Worte ihren Weg auf höchster Ebene nach Russland, doch blieben sie wirkungslos, da auch in diesem Fall auf den ausländischen Ideenimport keine entsprechende Vermittlung in breitere Gesellschaftskreise und keine Maßnahmen in der Praxis folgten.

Am eindrücklichsten hat Katharina die Große selbst das russische kulturelle Selbstverständnis und dessen Bezug zum Fremden bildhaft in Worte gefasst, als sie von sich selbst sagte: „Mein Vorbild ist – die Biene, die, von Pflanze zu Pflanze fliegend, Honig [sic] für ihren Stock sammelt, und mein Ziel bleibt immer das, was Nutzen bringt."[85] Die persönliche Devise der Zarin, die ein Siegel mit der Darstellung von Bienen und einem Bienenstock verwendete, kann auch für die eklektischen Europäisierungsbemühungen Peters des Großen und generell für das russische kulturelle Selbstverständnis stehen.

Den Bienenvergleich hatte übrigens viel früher schon Basilius von Caesarea verwendet, als er für eine selektive Aneignung der heidnischen Antike durch das christliche Europa plädierte und betonte, es sollte, nach dem Vorbild der Bienen, mit Bedacht nur das gesammelt und übernommen werden, „was für das eigene Werk von Interesse ist". Für Katharina die Große wie einst für Basilius ist der angestrebte Kulturtransfer – der Weg der Biene von den Blüten zu den Waben und die Verarbeitung von Blütenstaub zu Honig – eine Einbahnstraße, kann daher nicht als *Wechselbeziehung* gesehen werden, sondern bleibt auf das Nehmen, das Anverwandeln beschränkt.[86]

27

Für Peter den Ersten – Katharina die Zweite – diese Widmung ließ Katharina II. in lateinischer Sprache („Petro Primo – Catharina Secunda") auf dem viele Tonnen schweren Sockel eines monumentalen Reiterstandbilds anbringen, mit dem sie Peter I. als ihren Vorgänger und als ihr Vorbild ehren wollte. Das Standbild – 1782 nach langwieriger Entstehungszeit auf dem Petersburger Senatsplatz enthüllt – ist nicht nur zum zentralen Memorial für den großen Zaren geworden, sondern auch zur künstlerischen Verkörperung des modernen, von Peter europäisierten russischen Staats.[87] Als „Eherner Reiter" ist das Monument zum Symbol der Petrinischen Europäisierung, der Aufklärung und generell des Fortschritts geworden; die russische Literatur zwischen Puschkin und Belyj hat daraus eines ihrer zentralen historiosophischen Motive gewonnen.

Das äußerst populäre, wiewohl bis heute umstrittene, vielfach in Anekdoten und politische Legenden eingegangene Denkmal zeigt Peter den Großen mit vorgerecktem, in die Zukunft, also nach Europa gerichtetem Arm auf einem sich bäumenden, sprungbereiten Pferd. Den Auftrag für Entwurf und Ausführung der Monumentalplastik vergab Katharina die Große persönlich an den französischen Kleinkünstler Etienne-Maurice Falconet, der ihr von Denis Diderot empfohlen worden war; russische Anwärter standen für das anspruchsvolle Werk nicht zur Verfügung, dessen nachmalige Entstehung von vielen Querelen begleitet war, was unter anderm dazu führte, dass Falconet Russland vorzeitig verließ und die Gestaltung des riesigen Zarenhaupts seiner Assistentin Marie-Anne Collot überließ.[88] (vgl. Abb. S. 82)

Noch im Jahr der Fertigstellung des Reiterstandbilds hat der dissidente Denker Aleksandr Radistschew in einem fiktiven (erst 1790 privat und anonym gedruckten) „*Brief an einen Freund*" die symbolische postume Gabe Katharinas an Peter einer kritischen Betrachtung unterzogen, in der mit viel rhetorischem Geschick die im Denkmal verkörperten Qualitäten des Zaren kontrastiv zu den Opfern dargetan werden, die dem russischen Volk aus den Europäisierungsmaßnahmen erwachsen sind. Unter anderem schreibt Radistschew: „Die Statue stellt einen kraftvollen Reiter dar, welcher auf einem feurigen Pferd einem stei-

len Berg zustrebt, dessen Gipfel er bereits erreicht hat, nachdem er eine Schlange zertreten hat, die auf seinem Weg lag und mit ihrem Stachel [sic] den raschen Ritt des Pferdes und seines Reiters aufzuhalten versuchte. Das gesamte Pferdegeschirr besteht bloß aus schlichtem Zaumzeug, einem Stück Fell mit Bauchriemen an Stelle des Sattels. Der Reiter hat keine Steigbügel, trägt einen Halbrock mit Gurt und eine Purpurschärpe, sein Haupt ist mit Lorbeer gekrönt, seine rechte Hand vorgestreckt. Daraus lässt sich die Absicht des Bildhauers recht gut erkennen. […] Der steile Fels bedeutet die Hindernisse, welche Peter [zu bewältigen] hatte, als er seine Pläne in die Tat umsetzte; die Schlange auf dem Weg ist die Tücke und Bosheit derer, die wegen der Einführung seiner Neuerungen sein Ende herbeiwünschten; die altertümliche Kleidung, das Tierfell sowie die ganze einfache Aufmachung von Pferd und Reiter bedeuten die primitiven und groben Manieren sowie die Unaufgeklärtheit, welche Peter im Volke vorfand und die er umzugestalten trachtete; das lorbeerbekränzte Haupt zeigt, dass er ein Sieger war, ehe er zum Gesetzgeber wurde; das mannhafte und kraftvolle Äußere steht für den Reformator; der ausgestreckte Arm, von Diderot als Schutz und Schirm bezeichnet, sowie der heitere Blick sprechen für die innere Selbstsicherheit dessen, der sein Ziel erreicht hat, und der vorgestreckte Arm macht klar, dass hier ein Mann sämtliche seinem Streben zuwiderlaufenden Übel bezwungen hat […]."[89]

28

War das 18. Jahrhundert die insgesamt aktivste und produktivste Epoche der russischen Nachahmungskultur, so fand diese im 19. Jahrhundert ihre nachhaltigste Unterstützung und Rechtfertigung – von Slawophilen wie von Westlern wurde die Nachahmung, mit jeweils unterschiedlichen Argumenten, als die wesentliche Kulturleistung des Russentums gefeiert; man adelte die Imitation als die höchste Form russischer Produktivität.[90]

Naturgemäß waren die deutschen „Fremd"-Herrscher Russlands und mit ihnen ein Großteil des russischen Hochadels immer auch bemüht, unterschiedlichste Fremdelemente aus Küche, Mode und Kunst einzuführen und möglichst zahlreiche Familienmitglieder und Bekannte aus den deutschen Ländern nachzuziehen; viele von diesen Preussen, Württembergern, Westfalen, Kurländern, Livländern, Deutschbalten oder Dänen stiegen denn auch in höchste Regierungs-, Verwaltungs- und Lehrfunktionen auf. – Eine gebildete russische Dame adeliger Herkunft hat die russischen Wechselbeziehungen mit Westeuropa um 1857 – auf Französisch – als bloße Maskerade beschrieben und kommentiert: „Sobald der Russe besiegt ist durch die Verführungen jener fremdländischen Kurtisane, die man zu Unrecht *Zivilisation* nennt, sobald er den kurz geschnittenen Frack und die gelben Handschuhe überzieht, sobald sein Bart, wie die Haare des Samson, der Schere der neuen Dalilah zum Opfer fällt, verändert sich sein ganzer Charakter. […] Er vermag

---

S. 432 Zukunftweisend – *oben* „Der eherne Reiter", das Denkmals Peters I. (enthüllt 1782) von Etienne Maurice Falconet, dahinter die Isaaks-Kathedrale (geweiht 1858) von Auguste R. Montferrand (Agenturbild 1910er Jahre); *unten links* Wladimir Uljanow (Lenin) weist – über seinen Tod hinaus – in die lichte Zukunft des Kommunismus (Plakat, 1924); *unten rechts* Lenins Anreise („Skulptur des Akademiemitglieds Stschuko", o. J.); die Darstellung des Revolutionsführers mit ausgestrecktem Arm auf dem Panzerwagen ist eine offenkundige Referenz auf Falconets Reiterstandbild für Peter den Großen.

Neorussische Baukunst (1) – *oben* Historisches Museum in Moskau (erbaut von William gen. „Wladimir" Sherwood, Entwurf in Aquarell und Tinte auf Papier, 1875); *unten* Projekt für den russischen Pavillon einer internationalen Ausstellung von Léon gen. „Leontij" Benua (1888).

Neorussische Baukunst (2) – Erlöser-Kirche in Moskau (erbaut von Konstantin Thon, 1839-1889, nach dem Vorbild von Aristotele Fioravantis Entschlafungs-Kathedrale im Kreml; zeitgenössische Photographie).

sich so vollständig mit den Nationen zu identifizieren, die er nachahmt, dass er selbst nicht mehr erkennen kann, was ihm zu eigen ist und was er anderweitig geborgt hat."[91]

Architekten europäischer Herkunft bestimmten bis ins frühe 20. Jahrhundert zunehmend auch das Moskauer Stadtbild und bereicherten es durch eine Reihe repräsentativer Gebäude. Besonders prominenten und dauerhaften Anteil daran hatte die Schweizer Baumeister-Familie Gilardi (auch Gigliardi), die nach dem Brand Moskaus 1812 mit dem Wiederaufbau der alten russischen Metropole beauftragt wurde, um diese nach einem neuen Masterplan in modernisierter Gestalt erstehen zu lassen.[92] Der Franzose O. I. Bowe (eigentl. Beauvais) wurde mit dem Neubau des Großen Theaters (*Bol'šoj Teatr*, 1821–24) in Moskau beauftragt, nachdem 1805 das vom Engländer M. G. Medoks (eigentl. Maddox) konzipierte frühere Gebäude abgebrannt war. Nach Entwürfen Wladimir Scherwuds (d.i. William Sherwood) entstand von 1875 bis 1883 das Russische Historische Museum – der zentrale Hort des nationalen Selbstverständnisses! – in rotem Backstein am Roten Platz. Mehrere staatliche Großaufträge erhielt der deutschstämmige Architekt K. A. Ton (Konstantin Thon), der unter anderm den Großen Kremlpalast (1838–1849) und – als überdimensioniertes Remake von Aristotele Fioravantis Entschlafungs-Kathedrale im Kreml – die Moskauer Auferstehungskirche (1839–83) entwarf.

Ganz allgemein fällt auf, dass der im mittleren und späten 19. Jahrhundert offiziell privilegierte national- oder neorussische Baustil großenteils durch Architekten ausländischer Herkunft hochgehalten wurde, deren Eklektizismus weithin – von den Bauherren wie vom breiten Publikum – für typisch russisch gehalten wurde. Auch die ersten russischen Bahnhöfe, Museen und Jugendstilvillen waren in der Hauptsache das Werk deutscher Baumeister und Ingenieure, die unter anderem die Backsteinarchitektur sowie Glas- und Stahlkonstruktionen nach Russland brachten.[93]

Inkunabeln der russischen vaterländischen Malerei, erarbeitet aus westlichen Quellen. *Oben* Karl Brjullow, *Der letzte Tag Pompejis* (Gemälde, 1830-1833); *unten* Aleksandr Iwanow, *Christi Erscheinen vor dem Volk* (Gemälde, 1837-1857).

Entsprechendes gilt für die russische Malerei, die bis zur Wende ins 20. Jahrhundert – auch in ihren sozialkritischen und patriotischen Ausprägungen – über ihre in jeder Phase deutlich durchscheinenden westlichen Vorbilder nicht hinausgelangt ist. Als „typisch russisch" mag man, unter diesem Gesichtspunkt, den Fall des Historien- und Portraitmalers Karl Brjullow (Brüllow) einschätzen, der einen Großteil seines Lebens in Italien verbrachte und dort nach dem Vorbild Raffaels und Poussins sein bekanntestes Werk schuf, ein Monumentalgemälde zur ganz und gar unrussischen Thematik des *„Letzten Tages von Pompeji"* (1830–1833), mit dem er sich damals Weltruhm erwarb und das noch heute zu den Inkunabeln der vaterländischen russischen Kunst gezählt wird.[94] Brjullow galt schon zu Lebzeiten als Genie, war Träger der Großen Goldmedaille der Akademie der Künste, sein Bestreben war's, ein russischer Raffael zu werden (dessen *„Schule von Athen"* er in Rom während vier Jahren peinlich genau kopierte) und den Neoklassizismus mit der romantischen Malerei zu verschmelzen; mehr als einen hochbegabten Adepten seiner Vorläufer und Zeitgenossen Pierre-Narcisse Guérin, Jacques-Louis David, Eugène Delacroix kann man in ihm allerdings nicht erkennen.

Eine geradezu sakrale Aura umgibt den Maler Aleksandr Iwanow, der ebenfalls in Rom gelebt und gearbeitet hat und dessen Name mit einem gewaltigen Panoramagemälde des Titels *„Christi Erscheinen vor dem Volk"* (1837–1857) verbunden bleibt. Auch Iwanow gilt noch heute als ein herausragender Klassiker nationaler russischer Malerei, der „keinem einzigen Gipfel der Weltkunst nachsteht"[95], obwohl – oder weil – gerade sein Hauptwerk durch und durch von fremden Vorbildern imprägniert ist, vorab von Friedrich Overbecks biblischen Bildfindungen sowie von der berühmten Monographie *„Das Leben Jesu"* (I-II, 1835–1836) des protestantischen Theologen David Friedrich Strauss. Dem westlichen Betrachter des Iwanowschen Gemäldes wird jedenfalls nicht so leicht einsichtig, was an dieser Wüstenlandschaft, an der antikisch arrangierten Volksszene und der stereotypen Erscheinung Christi so „russisch" anmuten könnte, wie man es von einem „nationalen Meisterwerk" erwarten würde.

29

Der schon mehrfach zitierte Historiker Sergej Solowjow stand nicht an, die Überfremdung der staatstragenden Schicht Russlands als ein „Germanenjoch" zu bezeichnen, das noch schwerer zu tragen sei als das einstige „Tatarenjoch", und Wassilij Kljutschewskij, Solowjows Nachfolger als russischer Generalhistoriker, hielt verachtungsvoll fest, die Deutschen hätten sich „wie Kehricht aus einem löchrigen Sack" über ganz Russland verstreut – ein Verdikt, das allerdings konterkariert wird durch die ebenso bekannte (und ebenfalls authentische) Anekdote, wonach der russische General Aleksej Jermolow, Sieger gegen Napoleon in der Schlacht von Borodino, sich vom Zaren Alexander I. statt eines Ordens die „Beförderung zum Deutschen" erbeten hat ...[96]

Dem ist erklärend beizufügen, dass der „Deutsche" in Russland gemeinhin für den „Ausländer", den „Fremden" stand – seine Bezeichnung als *nemec* bezog und bezieht sich nicht speziell auf die deutsche Herkunft oder Staatszugehörigkeit, sondern bedeutet viel allgemeiner einen aus dem Westen kommenden Zuzüger, der eine *unverständliche Sprache* spricht, ist also etwa gleichbedeutend mit dem „Barbaren" (griechisch *barbarós*). So war auch das berühmte „deutsche Dorf" (*nemeckaja sloboda*) bei Moskau seit dem späten 17.

Jahrhundert eine internationale Ausländersiedlung, zu deren Bewohnern außer deutschen Einwanderern auch Engländer, Schotten, Schweizer, Polen gehörten.[97] Die „deutschen Russen" waren in aller Regel sozial und kulturell schwach integriert, die meisten von ihnen – auch hohe Beamte und Militärs gehörten dazu – sprachen kein Russisch oder sprachen es schlecht. Dennoch hatten sie über weite Bereiche des öffentlichen Lebens „das Sagen", sie trugen russische Titel und Orden, waren aber mit der russischen Wirklichkeit außerhalb der von ihnen geleiteten Institutionen kaum vertraut. Trotz ihrer mangelnden Integration bildeten sie einen Teil der russischen Gesellschaft und wirkten bestimmend auf diese ein. Dazu kamen die „russischen Deutschen" – Herzen hielt sie für die schlimmsten unter den „Ausländern" –, jene Russen mithin, welche sich nach deutschem Vorbild verhielten und letztlich „deutscher als die Deutschen" sein wollten, eine Spezies, die besonders in der russischen Armee und Verwaltung ihr Betätigungsfeld fand.

Noch unter dem stark nationalistisch ausgerichteten Polizei- und Militärregime zur Zeit Nikolaus' I. waren es großenteils Ausländer, die als Spitzenfunktionäre Russlands Innen- und Außenpolitik bestimmten. Dazu gehörten – zwei besonders prominente Beispiele mögen hier als Beleg genügen – Karl (Wassiljewitsch) Graf von Nesselrode, der (ohne des Russischen mächtig zu sein) als Außenminister und Staatskanzler während über zwanzig Jahren die Interessen des Zarenreichs vertrat, oder Alexander Graf von Benckendorff, der als Chef der sogenannten III. Abteilung (Geheimpolizei) unter Nikolaus I. zum einflussreichsten Staatsbeamten Russlands avancierte. Man kann also feststellen, dass zu den Stützen des reaktionären nikolaitischen Russland namhafte aus dem Westen stammende Funktionäre gehörten[98], zunehmend aber auch russische Persönlichkeiten mit ausschließlich in Westeuropa erworbener Ausbildung – die einen wie die andern waren mit der russischen Wirklichkeit, falls überhaupt, nur oberflächlich vertraut und administrierten den Staat, sieht man von der Ausnahmeerscheinung des „Befreierzaren" Alexander II. ab, auf der Linie eines gewollt unaufgeklärten Absolutismus, der mit Zensur und repressiver Bildungspolitik jeglicher Modernisierung entgegenwirkte und den alten Glauben gegen das neue, vorab das naturwissenschaftliche Wissen hoch zu halten versuchte.

Dabei gab sich der offizielle großrussische Chauvinismus vorzugsweise eine „westlerische" Fassade – man trug westliche Kleidung und folgte auch sonst westlichen Moden, man sprach und schrieb oft besser Französisch oder Deutsch oder Englisch denn Russisch, was selbstredend nicht für die bäuerliche Bevölkerungsmehrheit galt, aber doch für die Angehörigen des Adels, der Intelligenz, der Bürokratie, der Armee. – Die sprachliche beziehungsweise fremdsprachige Demarkationslinie zwischen Ober- und Unterschicht hat Lew Tolstoj in seinem Epochen- und Familienroman *„Krieg und Frieden"*, der zahlreiche französische Dialogpassagen enthält, exemplarisch herausgearbeitet – ein Lehrstück zur Sprachsoziologie Russlands im „Goldenen Zeitalter".[99]

Ein prominentes Beispiel für die asymmetrische Zweisprachigkeit der damaligen russischen Elite ist der hochgebildete Graf Sergej Uwarow, langjähriger Berater und Vertrauter des Zaren Nikolaus I., der zwischen 1832 und 1834 als Minister für Volksaufklärung *in französischer Sprache* eine reaktionäre, auf Autokratie, Orthodoxie und Volkstum basierende Staatsdoktrin ausarbeitete, die bis zur Machtergreifung der Bolschewiki in Kraft bleiben sollte – eine patriotische Standortsbestimmung in fremdsprachigem Idiom. Ein Gleiches gilt noch ein halbes Jahrhundert später für Wladimir Solowjows *„Russische Idee"*, ein weltoffenes politisches Manifest, das die Uwarowsche Doktrin scharf konterkarierte, das aber wie jene *französisch* abgefasst war und zuerst – 1888 – in Paris erschien.[100]

Die Tatsache, dass hier grundlegende politische Theoriebildungen mit klar ausgeprägtem nationalem Interesse in einer *Fremdsprache* entwickelt und niedergelegt wurden, dürfte europaweit einzigartig sein und ist zugleich typisch für die Abhängigkeit und Selbstentfremdung des russischen Denkens gegenüber Westeuropa. Bemerkenswert ist nicht zuletzt, dass noch im 19. Jahrhundert, als die Universitäten größtenteils mit einheimischen Lehrkräften besetzt waren und auch Nichtadelige Zugang zu höherer Ausbildung hatten, die grundlegenden Untersuchungen zur sozialen und mentalen Verfassung des Russentums, zur Situation und Problematik der Landwirtschaft, zur Evolution des russischen Romans und selbst zum Bestand der „lebenden großrussischen Sprache" von ausländischen oder fremdstämmigen Autoren vorgelegt wurden.[101]

30

Dem Rang, dem Einfluss, der geschichtlichen Bedeutung ausländischer *Militärs*, welche Russlands Armeen in den Kriegen gegen die Türken, die Litauer, die Polen, die Schweden, die Franzosen, die Deutschen, in führender Stellung kommandiert haben, müsste eine eigene ausführliche Abhandlung gewidmet werden. Es ist davon auszugehen, dass kein anderes Land in seinen Eroberungs- und Verteidigungskriegen über so lange Zeit so viele Ausländer im Generals- und Admiralsrang in seinen Diensten hatte wie das Zarenreich – Patrick Gordon, François (gen. Franz) Lefort, Burchard Christoph Münnich (Minich), Victor-F. de Broglie, Peter (gen. Pjotr) Christian von Wittgenstein, Alexander Friedrich von Württemberg und viele andere gehören zur illustren Reihe dieser Kommandeure, die einst für Russland gekämpft haben, und dies nicht selten gegen die Armeen ihrer Heimatstaaten.[102]

Besonders auffällig ist die Präsenz ausländischer Militärs in der russischen Armeeführung während des sogenannten Vaterländischen Kriegs gegen Napoleon (1812), an dem unter andern Prinz Eugen von Württemberg, Friedrich (Fjodor) Geismar, Paul (Pawel) Grabbe sowie – als prominenter „Gegner" in den eigenen Reihen – der Franzose Michel Barclay de Tolly aktiv beteiligt waren: unvorstellbar, dass ein russischer Offizier mit Napoleon im Krieg gegen Russland nach Moskau gezogen wäre.

Anzumerken ist in diesem Fall, dass ein Zar, der durch den siegreichen Krieg mit Napoleon in die Geschichte einging, über den Gegner weit besser informiert war als über sein eigenes Reich, dass er über mehr französische Bildung verfügte als über russische Erfahrung; und besonders: dass er als Sieger, der 1815 über die Champs Elysées in Paris einzog, die Besiegten in geistiger Hinsicht nicht zu dominieren vermochte, dass vielmehr die Besiegten es waren – die französischen Intellektuellen von Joseph de Maistre bis hin zu Charles Fourier –, die durch ihr politisches und philosophisches Denken Russlands Geisteswelt über den Krieg hinaus für Jahrzehnte produktiv beeinflussten, derweil die russische Philosophie sich weitgehend damit begnügte, das fremde Gedankengut zu übernehmen, und keine Anstalten machte, den Westen mit eigenen Ideen und Konzepten zu konfrontieren.[103]

Selbst ein weit verbreitetes, eher defensiv denn polemisch verwendetes Schlagwort wie das vom „faulen Westen" (*gniloj zapad*), mit dem die slawophilen Patrioten *ex negativo* die geistige Machtübernahme Russlands in Europa anzukündigen pflegten, war eine Anleihe aus westlicher Quelle.[104] Wenn westliche Offiziere in der russischen Armee gegen Preußen oder Frankreich kämpften – weshalb sollten nicht auch geistige Waffen *aus* dem Westen *gegen* den Westen eingesetzt werden?

31

Die sogenannte „autochthone" russische Philosophie des 18. und vor allem des 19./20. Jahrhunderts, die weitgehend identisch ist mit der messianischen Ideologie der slawophilen Rechten, erweist sich als „originell" wiederum dadurch, dass sie ganz und gar auf den Import geistiger Güter aus Europa, vorab aus der deutschen Romantik gesetzt hat, Importgüter, die in der Folge willkürlich adaptiert, oft auch falsch verstanden oder unkritisch auf spezifisch russische Fragestellungen angewandt wurden.

Noch 1830 hatte Iwan Kirejewskij Klage darüber geführt, dass es eine eigenständige russische Philosophie nicht gebe, und er musste zugestehen, dass eine solche nur dann geschaffen werden könne, wenn sie sich aus europäischen Quellen speise, namentlich aus der zeitgenössischen deutschen Philosophie, deren damalige Rezeption Kirejewskij – offenbar ohne sich des Widerspruchs bewusst zu sein – als unabdingbare Prämisse für die Entstehung einer autochthonen russischen Nationalphilosophie begrüsste. „Das Leben der Europäischen Aufklärung des 19. Jahrhunderts nahm auf Russland nicht den gleichen Einfluss, den es auf andere Staaten Europas ausübte. Die Wandlungen und die Entwicklung dieses Lebens kamen bei uns in der Denkart einiger gebildeter Menschen zum Ausdruck, sie widerspiegelten sich in gewissen Schattierungen unserer Literatur, doch tiefer drangen sie nicht ein. So etwas wie eine chinesische Mauer steht zwischen Russland und Europa, und nur durch einige wenige Öffnungen lässt sie die Luft des aufgeklärten Westens zu uns dringen; die Mauer, in die der große Peter mit einem Hieb seiner starken Hand eine breite Tür geöffnet hat; die Mauer, welche Katharina lange Zeit zu zerstören trachtete, welche auch tagtäglich immer mehr zerstört wird und gleichwohl weiterhin hoch und störend sich erhebt."[105]

Dennoch war Kirejewskij, seinem Respekt vor Europa zum Trotz, der Überzeugung, dass die westliche philosophische Kultur bereits ausgedient habe; dass es weltweit nur noch zwei Quellgründe innovativen Philosophierens gebe – die USA und Russland –; dass aber die USA, wegen ihrer Abhängigkeit von der Philosophie Englands, zur Erneuerung weit weniger in der Lage wäre als das jugendliche, noch unverbrauchte Russland: „ – die ganze Hoffnung Europas", so verallgemeinert Kirejewskij in seinem Fazit, „ist auf Russland zu übertragen."[106]

Das Fremde wird hier explizit als Voraussetzung für die Entstehung des Eigenen, das Eigene als Amalgam des Fremden ausgewiesen. In solchem Verständnis konnte der Dichter Konstantin Batjuschkow in Übereinstimmung mit seinen Generationsgenossen – zu denen auch Puschkin gehörte – das Fremde (*čužoe*) als seinen geheimen Schatz (*sokrovišče*) bezeichnen, der ihm zeitlebens als Quelle der Information und Inspiration diente.[107] Nochmals hundert Jahre später musste der russische Husserlianer Gustav Schpet (eigentlich: Späth) konstatieren, in der Philosophie Russlands gebe es keine „lebendigen schöpferischen Kräfte", keine „Befähigung zu wissenschaftlichem Asketismus und Selbstentsagung": „Es verwundert nicht, dass auf solchem Boden eine blasse, schlaffe, gebrechliche Philosophie herangewachsen ist." Doch wie Kirejewskij kann sich auch Schpet eine Selbstheilung der nationalen russischen Philosophie allein durch die „Selbstversenkung [der russischen Denker] in die europäische philosophische Reflexion" vorstellen. „Die russische Philosophie", so bemängelt er, „ist vorwiegend Philosophiererei (*filosofstvovanie*). Deshalb sind ihre Themen nur selten originell, selbst ihr Tonfall ist vorgegeben."[108]

32

Keinem der slawophilen Denker ist vorzuwerfen, er habe seine Quellen verheimlicht. Selbst diese autochthonen Nationalisten – Fürst Wladimir Odojewskij ebenso wie Stepan Schewyrjow, die Brüder Kirejewskij ebenso wie Aleksej Chomjakow, der slawophile Clan der Aksakows ebenso wie der „bodenständige" Fjodor Dostojewskij oder der kompromisslose Europakritiker Konstantin Leontjew – waren, so gut wie ausschließlich, verkappte „Westler", hatten mehrheitlich in Europa studiert, waren von der westlichen Zivilisation, die sie zu Gunsten eines russischen Sonderwegs verwerfen mussten, zutiefst beeindruckt und bemühten sich, in eingestandener Hassliebe, *alles* von dort Kommende in sein Gegenteil zu verkehren, um es entweder zur eigenen Rechtfertigung einzusetzen oder es als Munition gegen den Absender zu verwenden.[109] Als Vermittler des „Fremden" ins „Eigene" fungierten damals zahlreiche ausländische, meist deutsche Hauslehrer und Gouvernanten, die bei slawophil disponierten Familien für die Kindererziehung zuständig waren und somit direkt auf die Geisteswelt eines Teils des russischen Adels einwirken konnten.

Man kann es ein typisch russisches Paradox nennen oder auch einen typischen Fall von russischer Janusköpfigkeit, dass die slawophilen Patrioten über den Westen mehrheitlich besser informiert waren als ihre „westlerischen" Gegner.

Das frappierendste Fallbeispiel dafür liefert der slawophile Kulturologe und Naturforscher Nikolaj Danilewskij, für den die „Europäisiererei" (*evropejničan'e*) der russischen „Westler" eine geradezu kriminelle Verirrung darstellte – obwohl er selbst einst als engagierter Anhänger des Fourierismus aufgetreten war – und der in seinem vieldiskutierten Werk über *„Russland und Europa"* die großrussische Suprematie gegenüber den alteuropäischen Nationen in naturwissenschaftlicher Begrifflichkeit zu begründen versuchte. Als Vorlage für seine kulturtypologische Theoriebildung, die zugleich eine antieuropäische Streitschrift sein sollte, diente ihm eine Abhandlung des deutschen Gelehrten Heinrich Rückert, den er, nebst vielen andern ausländischen Autoritäten, als hauptsächlichen Ideenlieferanten benutzte, um nicht zu sagen: ausbeutete.

Ein Buch, konzipiert als patriotisches Manifest, das in neoslawophilen Kreisen Russlands heute erneut hoch geschätzt und oft zitiert wird, erweist sich somit als ein Kompilat aus Fremdtexten, die durchweg jener europäischen wissenschaftlichen Kultur entstammen, deren Untergang Danilewskij wortreich prognostizierte und die er durch Russland abgelöst sehen wollte.[110] Auch stand er nicht an, die „slawische Idee" als die höchste Idee überhaupt zu postulieren – höher als die Freiheit, die Aufklärung und sogar die Wissenschaft.[111]

33

Die permanente Provokation slawophilen Denkens waren die Gestalt und das Werk Peters des Großen. An ihm, der seinem Land Respekt in Europa verschafft, es aber auch seiner urtümlichen Eigenart beraubt hatte, schieden sich die Geister. In slawophiler beziehungsweise russisch-nationaler Optik präsentierte sich die Geschichte Russlands als eine lang andauernde archaische, integrale, unverfälschte „Periode instinktiver und exklusiver Volkskultur", welche erst unter Peter durch eine „Periode der Nachahmung" abgelöst wurde, die nun ihrerseits unabwendbar zu einer neuen, wiederum ganz und gar eigenartigen Kulturepoche führen müsse. Nur die alte Rus – das „heilige" vorpetrinische Russland – könne dem neuen russländischen Imperium Grund und Halt bieten, meinte Iwan Aksakow mit dem rügenden Zusatz, die von Peter dem Großen durchgesetzten Reform- und Fortschritte hätten „zeitweilig das Innenleben des Volksorganismus lahmgelegt" und es müsse nunmehr, zweihundert Jahre danach, „der Welt gezeigt werden, dass die alte Rus lebt und existiert, dass die äußeren Anzeichen von Schwäche und Zerfall Anzeichen unserer inneren Wiedergeburt sind."[112]

Aleksej Chomjakow, ein militanter Slawophiler, der in den Moskauer Salons mit bäuerlicher Haartracht und im Bauernkittel aufzutreten pflegte, um seine Verwurzelung im russischen Volk zu demonstrieren, verherrlichte Europa – in einem Gedicht von 1834 – gleichwohl als „das Land der heiligen Wunder" und lieferte damit seinen „westlerischen" Gegnern wider Willen ein nachmals weithin verwendetes geflügeltes Wort. Chomjakow rechtfertigte den „Charme" (*obajanie*) der russischen Nachahmungskultur mit dem Hinweis auf das „schülerhafte Zutrauen" Russlands zum europäischen Westen, von dem nun eben „ohne Auslese alles übernommen, alles wiederholt, alles nachgeahmt" werde.[113]

Iwan Kirejewskij, der die russische Kultur nur in striktem Gegensatz zur europäischen Zivilisation für zukunftsträchtig halten mochte, scheute sich gleichwohl nicht, in Moskau eine Zeitschrift des Titels *„Der Europäer"* (*Evropeec*, 1832) herauszugeben, zu deren Mitarbeitern in erster Linie die Vertreter einer neuen *russischen* Idee gehörten und die er mit der Forderung nach einer eigenständigen, religiös fundierten „Aufklärung" für Russland eröffnete – eigenständig insofern, als sich darin „das Leben der europäischen Aufklärung *spiegeln*" sollte, „denn, da wir nicht genugsam über Elemente für die innere [d. h. eigene] Entfaltung der Bildung verfügen, woher sollten wir sie nehmen, wenn nicht aus Europa?"[114] – Von Jurij Samarin wiederum, dem großen slawophilen Gelehrten, weiß man, dass er Russisch erst im Alter von sieben, acht Jahren als „Fremdsprache" gelernt hat. Auch er gehört zu jenen Patrioten, die sich das Rüstzeug zur Rechtfertigung und Verteidigung der „russischen Idee" im viel gescholtenen „faulen Westen" geholt haben, von dessen bevorstehendem Untergang sie ebenso überzeugt waren wie von der lichten Zukunft Russlands, das Europa – nach dessen Beerbung! – ablösen sollte. Derartige Ungereimtheiten waren gerade unter den slawophilen Führungskräften gang und gäbe, und man kann daraus pauschal schließen, dass die russozentrischen Slawophilen durchweg über eine solide europäische Bildung verfügten.

Und umgekehrt – auch dies gehört zu den west-östlichen Spiegelungen – ermangelten gerade die „westlerischen" Denker, die sich für den Anschluss Russlands an die europäische Zivilisation stark machten und die Slawophilen als kurzsichtige Chauvinisten denunzierten, dieses Bildungsguts am meisten. Während etwa Aleksej Chomjakow, der orthodoxe Patriot, griechische, englische oder deutsche philosophische Schriften im Original studierte, musste sich Wissarion Belinskij, ein früher Wortführer der sogenannten „Westler" (*zapadniki*), Hegel und Fourier von Freunden erst übersetzen (und erklären) lassen, weil ihm für deren Verständnis sowohl die sprachliche wie die philosophische Kompetenz fehlten.

Gerade Belinskij, der als Autodidakt begann und zu einem epochalen Meinungsführer wurde, ohne jemals mehr als eben Meinungen zu verbreiten, kann als individueller Prototyp der russischen Nachahmungskultur gelten. Jurij Samarin, Zeitgenosse und slawophiler Gegenspieler Belinskijs, sprach diesem die Fähigkeit ab, überhaupt „er selbst" zu sein und „nach freier Eingebung zu schreiben"; stets sei er „unter dem Einfluss fremden Denkens" geblieben, ohne sich dieses auch tatsächlich aneignen zu können.[115]

So oder anders – die russische philosophische Kultur blieb bis ins ausgehende 19. Jahrhundert ein weitgehend provinzielles Phänomen, verharrte (ob „westlerisch" oder „slawophil") in penibler Abhängigkeit von europäischen Vorbildern und Einflussquellen, eine Feststellung, die selbst für die führenden Denker Russlands zu gelten hat – von Radistschew über Tschaadajew und Belinskij bis hin zu Katkow, Gerzen, Plechanow, von denen keiner, trotz enormer Wirkung in und auf Russland, für das philosophische Denken in Westeuropa in irgendeiner Weise relevant geworden ist, indem er es beeinflusst, bereichert, erneuert hätte.

Solche Wirkung blieb einerseits der schönen Literatur vorbehalten, die mit Autoren wie Fjodor Dostojewskij oder Lew Tolstoj ihr philosophisches Potenzial international fruchtbar zu machen vermochte, andererseits dem Anarchismus (Bakunin, Kropotkin), der seine Wirkung freilich eher durch die Tat als durch das Wort, eher durch das persönliche Beispiel als durch den geschriebenen Text entfaltete.

Man hat die Große Sozialistische Oktoberrevolution und die Installierung der UdSSR abzuwarten, um erneut festzustellen, dass es in entscheidendem Ausmaß der Ideenimport aus Westeuropa war, der – diesmal unter der Ägide des Marxismus – eines der größten Wende- beziehungsweise Gründungsereignisse der gesamten russischen Geschichtsentwicklung ermöglichte und auch die nachfolgenden Jahrzehnte der Sowjetherrschaft zutiefst markierte.

Aleksandr Gerzen, brillanter Publizist und skeptischer „Westler", hat diese Entwicklung tatkräftig unterstützt. Für ihn war der russische Imitationskomplex vorab dadurch gerechtfertigt, dass Russland im Licht westlichen Wissens und im Vergleich mit den zivilisatorischen Errungenschaften Europas den Horror seiner eigenen Befindlichkeit besser erkennen und dann erst adäquat darauf reagieren könne. Wie sein slawophiler Rivale Iwan Kirejewskij hoffte auch Gerzen darauf, dass die westliche „Aufklärung" das russische Unwissen erhellen und eine Tür in die Zukunft eröffnen würde; er freilich dachte wie die meisten „Westler" eher an eine Revolution denn bloß an einen geistigen Wandel. Tatsache bleibt, dass sämtliche revolutionären Postulate aus dem Westen nach Russland importiert und dort auch angewandt wurden.[116]

Während der russische Input in der euroamerikanischen Philosophie auf wenige Spurenelemente beschränkt bleibt, sind westliche Einflüsse im russischen philosophischen Denken allgegenwärtig, und man mag sich mit Gustav Schpet tatsächlich fragen, ob es außerhalb und unabhängig von diesen Einflüssen eine (oder die) russische Philosophie überhaupt gegeben hat. Eine Übersichtsdarstellung zur russischen Philosophiegeschichte, die Ernst Radlow 1898 für den autoritativen russischen Brockhaus verfasst hat, besteht im Wesentlichen aus der Aufzählung westlicher Quellen und Autoren, die für das russische Denken bestimmend geworden sind.[117] In einem kritischen Essay über *„Das schöpferische Selbstbewusstsein"* des Russentums verfällt auch Michail Gerschenson ins Aufzählen fremder Namen und bedauert die Dominanz der Nachahmung gegenüber der „nationalen Eigenständigkeit": „Schellingianismus, Hegelianismus, Saint-Simonismus, Fourierismus, Positivismus, Marxismus, Nietzscheanismus, Neokantianismus, Mach, Avenarius, Anarchismus – jede Etappe ein ausländischer Name. Unser Bewusstsein hat für sich selbst mehrheitlich keinen eigenen Lebenswerte ausgearbeitet und sie fortwährend umgewertet, wie es im Westen der Fall war; deshalb gab es bei uns auch keinerlei eigene, nationale Evolution des

Denkens; in unsinnigem, wiewohl heiligem Wahrheitsdurst haben wir einfach das aufgegriffen, was das westliche Denkens jeweils für sich hervorgebracht hatte, und haben uns an dieser Gabe gütlich getan, bis ein neueres, noch besseres Geschenk eintraf."[118] – Eine gewisse Eigenständigkeit scheint die nationale Philosophie Russlands einzig im Grenzbereich zur Theologie und, wie bereits erwähnt, in der Exklave der schönen Literatur erreicht zu haben.

34

Eine neue Blütezeit west-östlichen Kulturtransfers, zugleich aber auch der erstmalige ernsthafte Versuch, die beiden auseinander gedrifteten Kulturen Russlands – Hochkultur und Volkskultur – produktiv zusammenzuführen, fallen in das sogenannte „silberne Zeitalter" der Jahre 1895 bis 1925, das insgesamt für die russische Moderne steht und das gekennzeichnet ist durch den „großen Bruch" zwischen Dekadenz und Revolution, Tradition und Neuerertum, aber auch zwischen Inhalt und Form des künstlerischen Werks, und der um 1913 seine stärkste Ausprägung gefunden hat.[119]

Die damals führenden, meist rasch einander ablösenden „Kunstismen" lassen allein durch ihre fremdartigen Bezeichnungen – Symbolismus, Dekadentismus, Akmeismus, Adamismus, Klarismus, Kubofuturismus, Neoprimitivismus, Suprematismus, Konstruktivismus – erkennen, dass sie entweder aus entsprechenden westeuropäischen Strömungen hergeleitet oder in Anknüpfung daran entwickelt wurden. Nur gerade zwei der damals neu entstandenen Kunstrichtungen – die „Strahlenkunst" (*lučizm*) und die „Dingkunst" (*veščizm*) – tragen eigene, ursprünglich russische Namen, die zuvor in Westeuropa noch *nicht* bekannt waren. Generell lässt sich sagen, dass die künstlerische Moderne Russlands einerseits als ein letzter Höhepunkt der russischen Nachahmungskultur gelten kann, dass sie andererseits – besonders in ihrer zweiten, postsymbolistischen Phase – den Anschluss an die verdrängte Volkskultur sowie an die Kulturen Asiens gesucht und so zu einer neuen Art von Authentizität oder „Russizität" (*russkost*) gefunden hat.

Der frühe russische Modernismus (Symbolismus, „Welt der Kunst") der dem „großen Bruch" unmittelbar vorausging und oft als eine künstlerische und intellektuelle „Renaissance" rubriziert wird, erbrachte insgesamt eine grandiose Synthetisierung all dessen, was an Eigenem wie an Fremdem damals beizubringen und zu vermengen war – es war die kürzeste, zugleich die intensivste und ergiebigste Imitationsepoche in der russischen Kulturgeschichte, eine Rezeptions- und Fusionsleistung, die sich nun nicht mehr auf eine bestimmte, räumlich und zeitlich festlegbare Quelle beschränkte, sondern tatsächlich alle Kulturen und Epochen einbezog: die griechisch-römische Antike ebenso wie das europäische Mittelalter und die italienische Renaissance, die gegensätzlichen Stilformationen von Klassizismus und Romantik ebenso wie den französischen Symbolismus, den englischen Präraffaelitismus, den deutschen Jugendstil, die Kulturen Indiens, Chinas, Japans. Unter diesem „allweltlichen" Gesichtspunkt konnte Pawel Florenskij seinen Zeitgenossen Wjatscheslaw Iwanow, der damals als Dichterphilosoph hohes Ansehen genoss, eben dafür belobigen, dass er die Fremdanleihe zu seinem Schaffensprinzip gemacht habe: „W. Iwanow verfügte bei geringerer Genialität über ein größeres Talent. Er wusste von außen in das Griechentum einzudringen und es zu seiner eigenen Errungenschaft (*dostojanie*) zu machen."[120]

Erstmals in der russischen Kulturentwicklung wurden nun *gleichzeitig* und *gleichrangig* Elemente aus westlichen *und* östlichen Einzugsgebieten synthetisiert, abgesehen davon,

Neorussischer Eklektizismus – oben links Mark Antokolskij, *Jaroslaw der Weise* (Fayence, 1889); *oben rechts* Iwan Bilibin, *Illustration zu einem russischen Volksmärchen* (Edition Goznak, Sankt Petersburg 1903); *unten* Michail Wrubel, *Die Schwanenprinzessin* (Gemälde, 1900).

dass auch sämtliche Künste – Dichtung, Musik, Theater, Architektur, Malerei – in diese Synthese einbezogen wurden. Große Präsenz hatten damals in Russland, ungeachtet ihrer wechselseitigen Differenzen, Richard Wagner und Claude Debussy; Gabriele d'Annunzio und Dante Gabriel Rossetti; Félix Vallotton und Odilon Redon; Friedrich Nietzsche, Henri Bergson und Otto Weininger; Whitman und Wilde; Zola und Gautier; Leconte de Lisle und Mallarmé; Kierkegaard, Strindberg und Ibsen sowie, mit einiger Verzögerung und besonderer Strahlkraft, Goethe, Kant, Schopenhauer.[121] Diesen Referenzfiguren steht eine starke Phalanx von russischen Künstlern gegenüber, die aus der Vereinnahmung solch disparater Fremdquellen eine wiederum eigene Welt geschaffen haben und deren kompilative Zitathaftigkeit ihren einzigartigen Rang wie auch ihre Unverwechselbarkeit ausmacht.

Belegt ist dies durch Namen wie – zum Beispiel – Brjussow, Mereshkowskij, Annenskij, Belyj, Blok, Kusmin, Wjatscheslaw Iwanow oder Ossip Mandelstam in der Dichtung, Wrubel, Petrow-Wodkin und Borissow-Mussatow, Bakst, Somow oder Benua in der Bildkunst, Wera Kommissarshewskaja, Sergej Djagilew (Serge Diaghilev) und Wsewolod Meierhold im Theater, Skrjabin, Tscherepnin, Lurje in der Musik, Schestow, Rosanow, Florenskij, Wladimir Ern und die Brüder Trubezkoj in der Philosophie.

Im Gegenzug zu den Prioritäts- und Innovationspostulaten der frühsowjetischen künstlerischen Avantgarde hat Ossip Mandelstam in einem poetologischen Essay („*Sturm und Drang*") darauf hingewiesen, dass die „eigentlich schöpferischen Epochen" in der literarischen Kultur Russlands „nicht Epochen der Erfindung (*izobretenija*), sondern der Nachahmung (*podražanija*)" gewesen seien, und in einer gleichzeitig verfassten Schrift mit dem Titel „*Menschenweizen*" plädierte er generell für die Abschaffung des Konzepts der „Nationalkultur" zu Gunsten eines ganzheitlichen europäischen Kulturverständnisses: „Der Weg aus dem nationalen Zerfall, vom Zustand des einzelnen Korns im Sack bis hin zur universalen Einheit, zur Internationale führt für uns über die Wiedergeburt des europäischen Bewusstseins, die Wiederherstellung des Europäertums als unserer großen Nationalität."[122]

Bei aller „Dekadenz" und trotz weit ausholendem Kosmopolitismus gab es um 1900 auch manche Versuche, unter Einbezug der einheimischen Folklore eine „neorussische" (oft als „pseudorussisch" geschmähte) Nationalkunst zu begründen. Künstler wie Wasnezow, Bilibin oder Kustodijew haben in unterschiedlicher Weise und mit unterschiedlichem Erfolg aus dem Fundus der Folklore geschöpft, nachdem zuvor schon Mäzene wie die Fürstin Marija Tenischewa oder der Eisenbahnmagnat Sawwa Mamontow deren Wiederentdeckung tatkräftig gefördert hatten. Rainer Maria Rilke, der sich um 1899/1900 zweimal in Russland aufhielt und sich vor Ort konsequent wie ein russischer Bauer kleidete, glaubte in dieser Synthese von Hoch- und Volkskunst den Ansatz zu einer russischen Weltkunst zu erkennen: „Damals schien mir, als wäre es auch in der Tat die jüngste Stufe in der Entwickelung russischer Kunst, die mit zunehmender Nationalität sich nicht verengt, ja die vielleicht imstande sein wird, das höchste und allgemeinste Menschliche auszusprechen, wenn sie alles Fremde und Zufällige, alles Unrussische ganz vergessen haben wird."[123]

Beispielhaft für die synkretistische Zusammenführung internationaler Avantgardekunst und nationaler Volkskunst vor dem Ersten Weltkrieg ist die von Michail Larionow in Moskau organisierte Ausstellung von volkstümlichen Einblattdrucken und Werken der Votiv- und Amateurmalerei.[124] Den transkulturellen Eklektizismus der symbolistischen „Dekadenten" und „Weltkünstler" konterkarierte kurz vor dem Ersten Weltkrieg die Avantgarde der Kubo- und Egofuturisten, der Suprematisten und „Strahlenkünstler", die nunmehr den radikalen Bruch mit der Vergangenheit, mit jeglichem Akademismus, mit Aleksandr Puschkin ebenso wie mit Fjodor Dostojewskij, mit Pjotr Tschajkowskij und Ilja Repin forderte.[125] Dazu passt Wassilij Rosanows provokante Feststellung, wonach nicht die Universitäten, sondern die „gütigen ungebildeten Ammen den *wahrhaftigen* russischen Menschen herangebildet" hätten[126] – auch hier wird „beim Volk" ein Nullpunkt gesucht, von dem her ein neues Denken und Schaffen, wenn nicht gar ein neues Leben hätte initiiert werden können.

35

Von entscheidender Bedeutung im vorliegenden Problemzusammenhang ist nun die Tatsache, dass die avantgardistischen Kunstschaffenden Russlands damals vom Podest der Hochkunst herabgestiegen sind, um im Verein mit der einheimischen Volkskunst einen neuen „Primitivismus" und – erklärtermaßen, wenn auch nicht immer konsequent – die Abschaffung der Kunst schlechthin durchzusetzen. Der futuristische Komponist Artur Lurje ist damals mit einem Manifest des Titels *„Wir und der Westen"* hervorgetreten, worin er dem europäischen Westen jegliche künstlerische Erneuerungsfähigkeit absprach und für Russland den asiatischen Osten zum Vorbild erklärte. Damit wurde die russische Nachahmungskultur nicht verabschiedet, sondern lediglich von West auf Ost umgepolt, so wie gleichzeitig – mit Unterstützung der Neoprimitivisten – die künstlerische Priorität von der Hoch- zur Volkskunst verschoben wurde.

Nach Lurjes und seiner Gesinnungsgenossen Dafürhalten hat der russische Geist mit dem europäischen grundsätzlich nichts zu schaffen, so dass der jahrhundertelange Prozess der Europäisierung nur als eine permanente zivilisatorische Vergewaltigung begriffen werden kann. Lurje beschreibt diesen Prozess wie folgt: „Der ‚Drang nach Westen' durchzieht sämtliche Perioden der nachpetrinischen Epoche und ist das Resultat des uns von Peter [dem Großen] auferlegten Erbes. Obwohl die russische Kunst in ihren kraftvollsten Phasen und in Gestalt ihrer genialen Repräsentanten, ja sogar in den Phasen gewaltsamer Unterwerfung dem westlichen Geist fremd und entgegengesetzt war, kommt es nun erst in der jüngsten Epochenformation zum tatsächlichen inneren Bruch mit dem Westen und zu einer Rückwendung zu den eigenen Ufern ..."[127]

Zum ersten Mal in der russischen Kulturentwicklung gelang es russischen Plastikern (wie Tatlin, Gabo u. a. m.), Malern (wie Kandinskij, Malewitsch u. a. m.), Architekten (wie Wesnin, Melnikow u. a. m.), Dichtern (wie Majakowskij, Chlebnikow u. a. m.), Komponisten (wie Strawinskij, Prokofjew u. a. m.) sich an die Spitze der Weltkunst zu setzen und dort auch anerkannt zu werden. Die produktive Energie dazu gewannen sie aus dem Zugriff auf die „primitive" russische Folklore, die zuvor während Jahrhunderten von der europäisierten Hoch- und Hofkunst vollständig verdrängt und allenfalls von ethnographischem Interesse war. Den Bruch zwischen den beiden disparaten Kulturen hat auf exemplarische Weise Lew Tolstoj, Adliger und Großschriftsteller, zu überwinden versucht, indem er sich, nach seiner „Wiedergeburt" um 1881, von der Hochkunst abwandte, seine eigenen Meisterwerke verwarf, 1891 auf sämtliche Autorenrechte verzichtete und sich als „Graf im Bauernkittel" der Volkskunst zuwandte, die er nicht nur propagierte, sondern in seinen späten Jahren auch durch populärliterarische und erbauliche Werke zu bereichern hoffte.[128]

Russische Avantgardekunst – S. 448 oben links
Aleksandra Ekster, *Konstruktives Stillleben* (Gemälde, 1920-1921); *S. 448 oben rechts* Iwan Kljun, *Vorübereilende Landschaft* (Öl, Metall, Porzellan, Schnur auf Sperrholz, 1913); *S. 448 unten* „Strahlenkunst" – neben dem Suprematismus und der Tatlinschen Objektkunst die dritte, um 1913 entstandene originär russische Kunstkonzeption der europäischen Moderne; die russische Bezeichnung der „Strahlenkunst" (*lučizm*) wurde als *rayonisme* ins Französische übernommen (Michail Larionow, *Strahlenkunst*, Gemälde auf Sperrholz, 1912-1913). *Links* Wladimir Tatlin, *Konterrelief* (Eisen, Kupfer, Holz, Seil, 1915; remake 1925).

36

Dass der Rückgriff auf die Folklore immer auch einen Zugang zum „authentischen" (*samobytnyj*) alten Russland eröffne, galt weithin als ausgemacht, obwohl man schon damals wissen konnte, wie frei etwa Märchenmotive, oft denkbar fern von ihren Quellen, zwischen unterschiedlichen Kulturen grenzüberschreitend sich bewegen. Das gilt auch für die sogenannte Matrjoschka, ein populäres Spielzeug und Dekorationsobjekt, das allgemein für „authentisch" russisch gehalten wird und bis heute zu den beliebtesten Souvenirs russischer Provenienz gehört.

Die Matrjoschka ist eine hohle, als Bauernmädchen bunt bemalte Puppe, in der immer noch eine Puppe sitzt, bis hin zur kleinsten, die als Kernstück nicht mehr auszuhöhlen ist. Zur Matrjoschka liefert die Google'sche Suchmaschine im Internet mehrere hundert Infopositionen, zumeist Angebote aus der Spielzeug- oder Antiquitätenbranche, und durchweg wird betont, dass es sich bei dieser Mehrfachpuppe um *das* russische Dingsymbol schlechthin handle. Tatsächlich aber ist dieses entsprechend vermarktete Objekt nicht der russischen folkloristischen Tradition zuzuordnen, vielmehr ist es eine verhältnismäßig junge Fremderwerbung, deren Herkunft heute völlig vergessen, wohl aber exakt belegbar ist.

Die ersten Matrjoschki wurden in der Künstlerkolonie Abramzewo, einer Gründung des Mäzens Sawwa Mamontow, unweit von Moskau um 1890 nach dem Vorbild *japanischer* Hohlfiguren angefertigt. Die Figuren stammten von der Insel Honshu und stellten den rundlichen buddhistischen Mönch Fukuruma dar, in dessen Wanst mehrere, immer kleiner werdende Figürchen – Abbilder seiner selbst – eingelassen waren.

Auffallend ist, dass die Hohlpuppe in Russland zwar als Objekt übernommen, jedoch konsequent als *weibliche* Figur ausgestaltet wurde. Die Bezeichnung Matrjoschka (*matreška*) verweist etymologisch auf Mutter (russ. *mat', mater'*, als weiblicher Vorname

Von Fukuruma zur Matrjoschka – Der buddhistische Mönch und Gelehrte Fukurokuju wurde in Japan als zerlegbare Puppe dargestellt (*oben*) – unter der Bezeichnung Fukuruma wurde diese Puppe um ca. 1890 zum Vorbild der russischen Matrjoschka, von der die Abbildung (*unten*) eine der frühesten Anfertigungen zeigt (aus den Ateliers für Kunsthandwerk in Abramzewo).

Matrëna, zu Matrone), auf Mütterlichkeit, als Symbolgegenstand steht sie für Russland generell, *Rus', Rossija*, das schon immer als gigantischer mütterlicher Weltinnenraum oder volkstümlich als „Mutter-feuchte-Erde" (*mat'-zemlja-syra*) imaginiert wurde.

Erst nachdem die Prototypen der Matrjoschka-Puppen um 1900 in Paris anlässlich der Weltausstellung als eine Neuheit des *russischen* Kunsthandwerks bekannt gemacht und sogar mit einer Medaille ausgezeichnet worden waren, begann in Russland selbst – vorab in der Klosterstadt Sergijew Possad sowie in Nishnij Nowgorod an der oberen Wolga – die handwerkliche und bald auch die industrielle Massenproduktion, die auch während der Sowjetzeit nie eingestellt wurde und die noch heute in großer Variationsbreite fortgeführt wird.[129]

Als ebenso typisch und authentisch russisch gelten gemeinhin die Zwiebeltürme, genauer: jene zwiebelförmigen, oft vergoldeten Turmaufsätze (*lukovica*, von russ. *luk*, „Zwiebel"), mit denen die Mehrheit der russischen Kirchenbauten seit dem 16. Jahrhundert versehen ist. Dieses in allen Landesteilen Russlands, vor allem aber im Westen und Norden, auch bei sakralen Holzbauten tausendfach eingesetzte Versatzstück orthodoxer Architektur wurde ursprünglich, so will es die heute überwiegende Lehrmeinung, aus dem Repertoire der islamischen Baukunst Zentralasiens übernommen und durch Elemente byzantinischer Sakralarchitektur ergänzt.[130]

Der zwiebelförmige Turmaufsatz, der zuerst im nordrussischen Holzkirchenbau und später in ganz Russland verwendet wurde, verdankt seine Verbreitung und Beliebtheit nicht allein seinen ästhetischen Qualitäten, sondern auch funktionalen Vorteilen und theologischer Symbolkraft – in erster Linie hatte und hat das Zwiebeldach den praktischen Vorteil, dass Schnee optimal abrutschen kann. Deshalb wurde es denn auch zuerst im russischen Norden adaptiert. Die Zwiebelform der oft vergoldeten Dachaufsätze vergegenwärtigten darüber hinaus das zum Himmel brennende Gebet der Gläubigen und damit auch die religiöse Bindung zum Jenseits. – Auf die östliche Herkunft des Zwiebelturms (oder Zwiebeldachs) verweist im übrigen dessen populäre russische Bezeichnung als *makovka* (von russ. *mak,* Mohn), wodurch diese Turmbedachung mit einer Mohnkapsel assoziiert wird.

37

Der avantgardistische Neoprimitivismus (der nicht allein von der gleichnamigen Künstlergruppe praktiziert wurde, sondern auch von den russischen Futuristen, Expressionisten, Suprematisten, „Strahlenkünstlern") bezog sich explizit auf Gegenstände, Ornamente, Melodien, Handwerke, Sprechweisen und Redensarten aus der archaischen bäuerlichen oder kirchlichen Lebenswelt. Wichtiger als das klassische Erbe, das sie „vom Dampfer der Gegenwart" werfen wollten[131], waren für sie – beispielsweise – das Volkslied, die Sprache der Gauner und Sektierer, die Giebel- und Fensterverzierungen alter Bauernhütten, die Ornamentik bäuerlicher Textilien, auch die Machart und Motivik der Ikone, die erst dadurch überhaupt vom Kult- zum Kunstobjekt mutierte.

Kasimir Malewitsch, als Begründer des Suprematismus eine Leitfigur der russischen künstlerischen Moderne, hat diesen Rückbezug auf die Volks- und Alltagskultur in seinen autobiographischen Notizen eindrücklich festgehalten: „Ich habe mir die ganze Linie von der großen Ikonenkunst bis zu den Pferdchen und Hähnen der angemalten Wände, zu den Spinnrocken und den Trachten ganz genau als eine Linie der Bauernkunst vorgestellt.

Typisch russisch? – *oben* Evolution und Ausformung der Zwiebelhaube (nach einer Bildtafel aus Pawel Miljukows *Skizzen zur Geschichte der russischen Kultur,* Paris 1931); *unten* Die Zwiebelhaube als malerisches Motiv – Konstantin Juon, *Kuppeln und Schwalben* (Gemälde, 1921).

Genau so habe ich mir auch jene andere Linie der Kunst vorgestellt, die ich als die Kunst von Menschen einer höheren Schicht, von Aristokraten und Palästen bezeichnet habe. Das war schon die antike Kunst. Die Renaissance. Das ‚Wanderertum' [d. i. die Vereinigung der ambulanten Ausstellungsmacher im letzten Drittel des 19. Jahrhunderts] rechnete ich der Mittelschicht der Gesellschaft zu, der Intelligenz und der revolutionär gestimmten Schicht. Auch diese ganze Linie hielt ich für eine hohe [Kunst], doch schien es mir, die Renaissance und die Kunst der Antike seien eine Kunst um der Schönheit willen, und im ‚Wanderertum' sah ich eine Kunst der Propaganda und der Entlarvung der Macht und des Alltagslebens. Weiter ging ich weder auf dem Weg der Antike noch dem der Renaissance oder des ‚Wanderertums'. Ich blieb auf der Seite der Bauernkunst und begann meine Bilder in primitivem Geist zu malen."[132]

Die Bolschewiki haben den de-konstruktiven Impuls der Avantgarde nach 1917 übernommen und für ihr Konzept einer neuen „proletarischen Kultur" (Proletkult) zu nutzen versucht, sind damit aber gescheitert, weil das Proletariat eher auf Kitsch denn auf Kunst ansprach und ohnehin andere als kulturelle Primärinteressen hatte. In der Folge haben die neuen Machthaber, die fulminante Kunstrevolution desavouierend, erneut auf die realistische Malerei und Belletristik der russischen Klassik zurückgegriffen. Mit dem 1934 für alle Künste als die „einzige schöpferische Methode" dekretierten Sozialistischen Realismus sollte der Antagonismus zwischen den „zwei Kulturen" Russlands, der Ausbeuterkultur und der Kultur der Ausgebeuteten, definitiv aufgehoben und zugleich eine neue Staatskunst geschaffen werden.

Die Theoriebildung des Sozialistischen Realismus war nicht zuletzt eine Zensurvorgabe; denn künftighin sollte in allen Kunstbereichen ein dreifaches Postulat Geltung haben: die Künste mussten 1) „parteilich" sein, d. h. mit den Prinzipien der KPdSU übereinstimmen; sie mussten 2) „volkstümlich", d. h. „allgemein verständlich" sein; und sie hatten 3) „die Wirklichkeit in ihrer revolutionären Entwicklung", d. h. in ihrem Soll-Zustand zu widerspiegeln.[133] Was diesen Forderungen nicht zu entsprechen vermochte, konnte nicht als Kunst gelten und blieb von Veröffentlichung und Öffentlichkeit ausgeschlossen. Für ein halbes Jahrhundert blieb danach auch der westöstliche Kulturtransfer unterbrochen, die gesamte Westkunst – Literatur, Malerei, Theater – galt je nach Diskussionszusammenhang als „bürgerlich", „reaktionär", „dekadent", „formalistisch", „elitär", „unverständlich" und konnte deshalb in der UdSSR nicht verbreitet werden.

Umgekehrt versuchte das Sowjetregime seine stereotype, in keiner Weise entwicklungsfähige Kunstproduktion – ein Gemisch aus purgiertem „Erbe" und einheimischer Folklore – auch im Ausland propagandistisch einzusetzen, was nach dem Zweiten Weltkrieg in den kommunistischen Staaten Osteuropas und teilweise auch in der sogenannten Dritten Welt mit erheblicher Druckanwendung gelang, nicht aber im westlichen Europa, wo der Sozialistische Realismus weder als Theoriegebilde noch in seiner künstlerischen Praxis zu überzeugen vermochte. So wie das Zarenreich nach dem Sieg über Napoleon im Vaterländischen Krieg von 1812 den Europäern kein neues Wort zu sagen, keine kulturellen Errungenschaften anzubieten hatte, war die siegreiche, zur Weltmacht gewordene UdSSR nach dem Zweiten Weltkrieg nicht in der Lage, attraktive kulturelle Güter in den Westen zu exportieren. Da das Land jedoch, anders als unter Alexander I., aus ideologischen Gründen auch den Kulturimport aus Westeuropa und den USA unterband, verblieb es, seinem Weltmachtstatus zum Trotz, hinter einem eigens installierten Eisernen Vorhang mit seinen kulturellen Hervorbringungen weitgehend allein.

38

Als einziges Exportgut überhaupt hat sich zu Sowjetzeiten der *Marxismus* in seiner leninistischen Lesart bewährt. Was die westliche linke Intelligenz aus der UdSSR übermittelt bekam und phasenweise mit enthusiastischem „Engagement" rezipierte, war ja nichts anderes als ein ideologischer Restbestand dessen, was im letzten Drittel des 19. Jahrhunderts in umgekehrter Richtung nach Russland gelangt war und nur dort auch tatsächlich – obwohl theoretisch gesehen die Voraussetzungen dafür fehlten – in die Wirklichkeit umgesetzt wurde. Von dorther richtete sich nun das angeblich „neue Wort" an die alte westliche Welt, die darin eigentlich bloß sich selbst erkennen konnte und dennoch während Jahrzehnten „Moskau" für dessen Autor und Absender hielt.[134]

Auch in diesem Fall hat man es demnach mit einem doppelten Spiegeleffekt zu tun, der naturgemäß nichts anderes als ein Nulleffekt sein konnte – nicht weil die Rückübermittelung des Marxismus nach Westeuropa ineffizient gewesen wäre, vielmehr darum, weil die exportierte Sowjetideologie eben doch keine genuin russische Theoriebildung war, sondern geistiges Fremdgut, das nun in erneuerter, man könnte auch sagen: in verfälschter Form an den einstigen Absender zurückgeschickt wurde. Die Sowjetführung trieb diese Umkehrung zumindest theoretisch so weit, dass sie ernsthaft erwog, den kommunistischen Vielvölkerstaat als „europäische Sowjetrepublik" (Bucharin) oder unter der Bezeichnung „Vereinigte Staaten von Europa" (Trozkij) zu konstituieren und so den Anspruch Russlands auf Weltherrschaft zu unterstreichen.

Erstmalig und beispiellos in der Kulturgeschichte Russlands war die ideologische Instrumentalisierung des Wissenschaftsbetriebs, vorab die gewalthafte Durchsetzung von eigens konzipierten, faktisch unhaltbaren Theoriebildungen wie jener von Lyssenko (Biogenetik), Fritsche (Literaturwissenschaft), Pokrowskij (Geschichtsschreibung) oder Marr (Linguistik), mit denen die einschlägige „bourgeoise" Forschung überboten und verdrängt werden sollte.[135]

Trotz weitgehender Abschottung gegen außen – die Relativitätstheorie, die Psychoanalyse und die Kybernetik, der Surrealismus, der Existenzialismus und der Strukturalismus waren in der UdSSR lange Zeit tabu – blieben Lenin wie Stalin (und auch noch Nikita Chrustschow) auf den westlichen Klassenfeind fixiert, den sie, wie einst Peter der Große, eingestandenermaßen „einholen und überholen" (*dognat' i peregnat*) wollten, was jedoch wiederum nur mit Hilfe des Westens gelingen konnte.

Die sowjetrussischen Westbeziehungen gerieten dadurch in eine Ambivalenz und gewannen eine Komplexität, die es zu Peters I. oder Katharinas II. Zeiten nicht gab, da der Kulturimport aus Europa damals zur offiziell deklarierten Politik gehörte. Unter den Sowjets waren solche Importe verpönt, unter Stalin gar verboten, da der „bourgeoise Westen" gleichbedeutend war mit „Kapitalismus" und dieser mit „Ausbeutung", so dass „Kosmopolitismus" als staatsfeindliche „Kriecherei vor dem Westen" inkriminiert werden konnte, während man gleichzeitig westliches Know-how und westliche Produkte auf geheimen Wegen in die UdSSR einführte, um sie dortselbst produktiv nachzuahmen. Solcherart sollte der Klassenfeind allmählich „eingeholt", schließlich „überholt" und um seine Vormachtstellung gebracht werden. Parteitreue Sowjetbürger rechneten es sich in den 1930er, 1940er Jahren zur Ehre an, ihre männlichen Nachkommen zur Unterstützung der ostwestlichen Aufholjagd und der Sowjetpropaganda mit Vornamen wie Marlen (Kontamination aus Marx-Lenin) oder eben Dognat (wörtlich „Einholer") und Peregnat („Überholer") zu versehen.

Dass noch unter Nikita Chrustschow im Kremlareal mit ausländischem Personal und Material ein neuer Kongresspalast gebaut wurde, erinnert an die Entstehung des „italienischen Kreml" im 15. Jahrhundert und macht deutlich, wie weit der Sowjetstaat – trotz seiner Erfolge im Weltall – davon entfernt war, den Westen technologisch und wirtschaftlich eingeholt zu haben.[136] Das Festhalten am Prinzip des Ein- und Überholens hat die Sowjetmacht (und hatte auch schon Peter den Großen) vergessen lassen, dass jedwede, auch die perfekte Nachahmung notwendigerweise hinter dem Nachgeahmten zurückbleibt und keinesfalls die Qualität des Originals erreichen kann.

39

Als 1991 mit dem Zusammenbruch der Sowjetunion auch der Eiserne Vorhang und andere Schranken zwischen Ost- und Westeuropa fast geräuschlos und in rascher Folge fielen, stand die neue Russländische Föderation wiederum an einem historischen Wendepunkt. Der „Zusammenbruch" der kommunistischen Weltmacht wurde mehrheitlich als ein Phänomen der Schwäche und des Scheiterns wahrgenommen, eine starke innerrussische Minderheit jedoch, die sich nun aus Altkommunisten und Neonationalisten rekrutierte, war – und ist – der festen Überzeugung, dass die UdSSR nicht systembedingt zusammengebrochen, sondern einer internationalen Verschwörung zum Opfer gefallen ist. Die russischen Westbeziehungen standen damit unter zweierlei Vorzeichen. Die neuen „Westler" – damals „Liberale", „Demokraten", „Radikalreformer" genannt – stellten die Schwächen und Defizite Russlands heraus und forderten zu deren Behebung den Import euroamerikanischen Know-hows.

Dank Glasnost konnte dieser Transfer, vor allem im Wirtschafts- und Kulturbereich, für einige Jahre einschränkungsfrei praktiziert werden, die großen Reformprojekte, darunter auch die neue Staatsverfassung, wurden von westlichen Experten ausgearbeitet und bewirkten, obwohl sie weitgehend erfolglos blieben, eine erstaunlich rasche „Westernisierung" (*vesternizacija*), die weit mehr als Amerikanisierung denn als Europäisierung zu sehen ist und deren oberflächliche Breitenwirkung – Stichwort: „McDonaldisierung" – mit zunehmender politischer und sozialer Misere auch zunehmenden Widerstand nationalistischer wie kirchlicher Kreise hervorrief. Aus diesem Widerstand ist inzwischen eine diffuse neoslawophile Bewegung erwachsen, welche links- und rechtsextreme Positionen gleichermaßen einschließt, die politische und ideologische Mitte aber offen lässt.

Nach jahrzehntelanger Sowjetherrschaft und weitgehend eingefrorenen Westbeziehungen eröffnete die Wende von 1989/1991 unversehens die Möglichkeit, zuvor Verbotenes, Verpasstes, Verdrängtes nachzuholen. Die Möglichkeit wurde reichlich und nicht eben selektiv genutzt. Die russische Nachahmungskultur bewies ihre fortdauernde Vitalität, und sie stieß im Westen auf eine noch viel vitalere, bereits international vernetzte Nachahmungskultur – die Kultur der Postmoderne.

In der ehemaligen UdSSR galt die heute „klassisch" genannte Moderne – im Kunstbereich ebenso wie in der Physik, der Psychologie, der Philosophie – als obsolet und mit dem Marxismus-Leninismus nicht vereinbar; in offizieller Sprachregelung wurde sie als „volksfremd" oder schlicht als „antisowjetisch" eingestuft und blieb deshalb der Publizität und Diskussion weitgehend entzogen. Mit der Einführung einer „neuen Offenheit" durch

Michail Gorbatschow, vollends mit dem Kollaps des Sowjetsystems sind die alten Verdikte hinfällig geworden, und in bemerkenswert kurzer Zeit hat man denn auch manche diesbezügliche Versäumnisse nachgeholt und auch manche Fehlurteile richtiggestellt.

Am intensivsten verlief allerdings die Rezeption der postmodernen Weltanschauung und Ästhetik, die in ihrem schrankenlosen Synkretismus mit der ehemaligen sowjetischen Staatsideologie am allerwenigsten korrespondierte, die aber offenkundig der traditionellen russischen Nachahmungskultur optimal entsprach und somit eine produktive Rückverbindung zur vorsowjetischen Vergangenheit ermöglichte. So hat denn die Postmoderne in Russland eine breite, weitgehend unkritische Aufnahme gefunden und ist – vorab im literarischen, philosophischen und bildkünstlerischen Bereich – zum dominanten kulturellen Paradigma geworden. Die diesbezügliche russische Sekundärliteratur ist längst unüberschaubar geworden; sie umfasst nebst monographischen Gesamtdarstellungen und Einzelstudien bereits auch enzyklopädische Nachschlagewerke und sogar Schulbücher zur „Kultur", zur „Philosophie", zur „Politik" der Postmoderne.

Da Russland gegenüber Westeuropa schon immer in Verzug war und infolgedessen während Jahrhunderten nur *ex post* agieren konnte, übernahm es mit besonderer Leichtigkeit sekundäre Epochenstile wie den Klassizismus oder den Jugendstil (*Art nouveau*), die sich explizit auf frühere Stilformationen bezogen. Kein Wunder also, wenn sich russische Befürworter und Verächter des Postmodernismus heute zumindest darin einig sind, dass dessen Postulate in Russland – vorab in dessen „zweiter" Hauptstadt Petersburg – schon immer erfüllt oder jedenfalls vorgeprägt gewesen seien. Denn Hauptanliegen künstlerischer Produktion wie auch philosophischen Denkens war in Russland nicht Originalität, sondern Universalität, und diese war (und ist) durch Imitation oder Adaptation weit eher zu erreichen als durch den einsamen und einmaligen Geniestreich. Nicht sich selbst sein, heißt die Devise, sondern mehr sein, als man ist.

Zur Eigenart des russischen Postmodernismus gehört die Tatsache, dass seine Wegbereiter und Wortführer – Pelewin, Prigow, Sorokin, Dowlatow, Wenjamin und Wiktor Jerofejew in der Literatur, Pjatigorskij, Jampolskij, Podoroga, Epstein oder Igor Smirnow in der Philosophie – größtenteils aus dem ehemaligen sowjetischen „Untergrund" beziehungsweise aus exilrussischen Dissidentenkreisen hervorgegangen sind. Von daher wird verständlich, dass sich die russländische Postmoderne nicht primär an der historischen Moderne, vielmehr am näher liegenden sowjetischen „Erbe" abarbeitet. Dieses wird nun, nachdem es während Jahrzehnten der staatlich verwalteten Hochkultur zugehörte, versatzstückweise als Kitschrelikt von der postmodernen Szene rezipiert, mithin ironisch, oft auch parodistisch heruntermoderiert auf das Niveau einer neuen Populärkultur.

Die postmoderne Denkbewegung und Produktionsgeste ist bekanntlich auf die Vereinnahmung des Andern – eines beliebigen Andern – ausgerichtet, und als ein Anderes bot sich im postsowjetischen Russland nicht zuletzt das zur Vereinnahmung an, was der euroamerikanische Westen insgesamt an Hoch- und an Massenkultur anzubieten hat. Postmodernes Denken und Schaffen wird auch von russischen Autoren im Sinn eines kulturell anerkannten Pluralismus der Stile begriffen. Keine bestimmte künstlerische Methode ist, wie vormals unter dem Diktat des sozialistischen Realismus, vorgegeben; der stilistische, motivische und gattungsmäßige Synkretismus selbst – man könnte auch sagen: die programmatische Stillosigkeit – wird nun zum Programm, und das mehr oder minder ingeniöse Spiel mit Zitaten und Allusionen, Kopien und Klischees, Remakes und Rewritings tritt an die Stelle individueller Kreativität.

40

Die unmittelbare, geradezu enthusiastische und höchst produktive Übernahme der künstlerischen und alltagskulturellen Postmoderne in und durch Russland ist selbst ein postmodernes Phänomen, das somit seiner globalen Ausweitung um einen großen Schritt näher gekommen ist. Diese „vereinnahmende" These hat wohl als Erster der Kulturologe Michail Epstein zum Gegenstand einer Buchpublikation gemacht. Den traditionalistischen Kritikern des Postmodernismus hält er – mit geschicktem Rückgriff eben auf die russische kulturelle Tradition! – entgegen, dass postmodernes Dichten und Denken dem Russentum nicht nur *nicht* widerspreche, ihm vielmehr zu tiefst „verwandt", ja „seit jeher für sie vorgesehen" gewesen sei. Epstein besteht darauf, dass es in Russland schon immer ein angeblich typisch postmodernes Phänomen wie die „Simulakrisierung" gegeben habe, und als Beispiel dafür nennt er die legendär gewordenen „Potjomkinschen Dörfer" aus dem Zeitalter Katharinas der Großen (ein Beispiel, das man durch beliebig viele andere ergänzen könnte). Schon lange vor der Postmoderne sei die russische Kultur im Wesentlichen „zitathaft" gewesen – Beispiel: die totale Zitathaftigkeit aller offiziellen Diskurse (der politischen wie der wissenschaftlichen und literarischen) im ehemaligen Sowjetstaat; seit langem kenne man in Russland auch das postmoderne Verfahren der „Dekonstruktion" – die Exegese von angeblich bedeutungsschweren, in Wirklichkeit bedeutungsleeren Texten; und schließlich habe die westliche Postmoderne in der postsowjetischen Glasnost ihre „höchste Vollendung gefunden", da erst damals die Wirklichkeit tatsächlich reduziert worden sei auf ein schieres „Spiel von Signifikanten".[137]

Die Zitathaftigkeit beschränkt sich jedoch keineswegs auf dieses zirkuläre Spiel zwischen Signifikanten und Signifikaten, sie konkretisiert sich – viel deutlicher noch – im jahrhundertelangen Umgang des Russentums mit dem Fremden, besonders mit der Andersheit Westeuropas, die für Russland in doppelter Hinsicht zum Spiegel geworden ist; einmal dadurch, dass sie dem Zarenreich wie dem Sowjetstaat deren eigene Defizite gegenüber dem Fremden bewusst machte, zweitens dadurch, dass sie als das Andere Russlands gleichzeitig dessen eigenen Soll-Zustand darstellte und folglich auch stets ein Objekt der Ablehnung *und* des Begehrens gewesen ist, etwas Fremdes, das gleichermaßen gehasst und geliebt werden musste, um mit dem Eigenen verschmelzen zu können.

Dass die russisch-europäischen Beziehungen während Jahrhunderten eine Einbahnstraße geblieben und nur in wenigen Ausnahmefällen auch für den Westen zu einem Interesse geworden sind, hat sicherlich mit der lange währenden Rückständigkeit Russlands gegenüber Europa und später auch gegenüber Amerika zu tun. Vielleicht aber liegt der russischen Nachahmungskultur, die man mit E. M. Cioran als „geniales Parasitentum" bezeichnen könnte[138], auch bloß die allgemeine Einsicht zu Grunde, dass ohne Imitation keine Innovation möglich ist und dass es viele Salieris braucht, damit ein Mozart erwachsen kann; und auch Mozart war ja nicht bloß ein göttlich inspiriertes Originalgenie, sondern *wie alle Autoren ein Nachfolger*, der sich an seinen Vorläufern und Vorbildern *abgearbeitet*, daraus allerdings besonders produktive Lehren und besonders eigenmächtige Konsequenzen gezogen hat.

41

Es ergibt sich mithin das bemerkenswert Fazit, dass so gut wie nichts von dem, was hierzulande gemeinhin als „typisch", „authentisch" oder „traditonell" russisch gilt und was – ebenso erstaunlich – auch russischerseits für *typisch*, für zutiefst *eigen* gehalten wird, tatsächlich russischen Ursprungs oder eine russische Eigenentwicklung ist.

Dass *nicht das Eigene, sondern das Fremde* im russischen kulturellen Selbstverständnis die entscheidende Rolle spielt, dafür bietet Aleksandr Puschkin, wie schon im Eingang zu diesem Kapitel dargelegt wurde, das glanzvollste und bei allem Glanz auch das überzeugendste Beispiel. Wie weitgehend sich der „Allmensch" Puschkin als National- und Volksdichter hat etablieren können, zeigt sich unter anderem darin, dass manche Charakterisierung, die es von ihm gibt, in Russland zum geflügelten Wort geworden ist: „Puschkin ist unser Alles: Puschkin ist der Repräsentant all unseres *Seelischen, Besonderen*." (Apollon Grigorjew). – „Ein Russe auf einem Entwicklungsstand, wie er vielleicht in zweihundert Jahren auftreten wird." (Nikolaj Gogol) – „Russlands erste Liebe." (Fjodor Tjuttschew). „Puschkin ist unsere Sonne." (Konstantin Balmont) – Und schließlich: „Puschkin ist der goldene Schnitt der russischen Literatur." (Andrej Sinjawskij).[139]

Puschkins Vorfahren stammten aus Äthiopien, lebten seit der Zeit Peters des Großen in Russland, der Dichter war, seine zahlreichen Portraits zeigen es, noch immer leicht als ein „Schwarzer", ein „Mohr" zu erkennen (was man zu sagen und zu schreiben sich nicht scheute – weder zu seinen Lebzeiten, noch im Jahrhundertverlauf danach), und sein Werk ist zu einer in der russischen Literatur ansonsten beispiellosen Synthese antiker und westeuropäischer Einflussquellen geraten, deren Erforschung eine reichhaltige Sekundärliteratur hervorgebracht hat.[140] (Abb. S. 460) – Puschkins Hauptwerk, der Versroman „*Jewgenij Onegin*", enstanden 1825 bis 1833, erweist sich als ein monumentales, von einem unverwechselbaren Rhythmus zusammengehaltenes Textarrangement, das zu großen Teilen aus geborgten Fremdelementen besteht. Dennoch hat man das Werk als eine „Enzyklopädie des *russischen* Lebens" bezeichnen können. Nichts an seiner formalen Gestalt kann als typisch russisch gelten, aber alles ist durch Puschkins eigenmächtigen Zugriff typisch russisch *geworden* und hat als ein ganz und gar *eigenartiges* künstlerisches Gebilde bis heute überdauert.

Puschkin selbst hat in einem Essay von 1824 nüchtern festgehalten, dass das gesamte russische Wissen, die gesamte russische Begrifflichkeit aus „fremdländischen Büchern" geschöpft seien, dass die Russen (gemeint ist die Minderheit der *gebildeten* Russen) sich daran gewöhnt hätten, in „fremder Sprache" zu denken und dass „Gelehrsamkeit, Politik und Philosophie sich noch immer nicht auf Russisch artikuliert" hätten.[141] Wechselseitige Einflussnahmen gehören zur Normalität der gesamteuropäischen Literaturentwicklung, beruhten aber in Bezug auf Russland bis ins späte 19. Jahrhundert (Dostojewskij, Tolstoj, Tschechow) nicht auf Austausch, sondern auf Einfuhr. Dazu kommt, dass einheimische Autoren selbst in der Blütezeit der großen russischen Prosa, die man als „klassisch" zu bezeichnen pflegt und die auch außerhalb Russlands auf beträchtliches Interesse gestoßen ist, in weiteren Leserkreisen keineswegs populär gewesen sind. Populär waren indes ausländische Belletristen wie Eugène Sue, Walter Scott und vor allem der „russische Dumas" E. A. Salins de Tournemire, dessen vielbändiges Werk im mittleren 19. Jahrhundert zu den Bestsellern gehörte.

Puschkin ist eben deshalb ein bemerkenswertes Fallbeispiel für die Transformation des Fremden ins Eigene, weil er als der kanonisierte Genius Russlands weder persönlich noch künstlerisch ein *authentisch* russischer Autor war, sehr wohl aber ein *typisch* russischer, und dies gerade deshalb, weil er *weniger* Russe als *vielmehr* Kosmopolit war, ein Autor eben, der seine individuelle und nationale Eigenart überhaupt erst und überhaupt nur aus dem Rückgriff auf das Fremde zu entwickeln vermochte.

Mit der „Allweltlichkeit" dieses herausragenden russischen Klassikers kontrastiert auf geradezu befremdliche Weise die Tatsache, dass er – obwohl von europäischem Geist durch und durch imprägniert – in Europa niemals seiner wahren nationalen und künstlerischen Bedeutung entsprechend rezipiert worden ist. Das hat sich bis heute kaum geändert. Warum? Ein (im Ausland lebender) russischer Beobachter gibt dafür folgende Erklärung: „Ungeachtet der Tatsache, dass Puschkin oftmals übersetzt worden ist, macht es doch den Anschein, als hätten wir ihn der europäischen Kultur aufgedrängt. Sämtliche Übersetzungen vermitteln von ihm einen derart banalen Eindruck, dass man den Russen nur einfach ‚aufs Wort' glauben muss, dass er unser größter Dichter ist; dass er der Erste und Einzige gewesen ist, der in unserer Dichtung das Grundprinzip aller Kunst – die ideale Harmonie – verwirklicht hat."[142]

Oftmals übersetzt und doch niemals so intensiv rezipiert, dass man von Beeinflussung reden könnte – dies gilt, weit über Puschkin hinaus, für die russische Literatur insgesamt, die auch durch ihre stärksten Autoren zu keinem Zeitpunkt nachhaltig auf die Literaturen Westeuropas eingewirkt haben, während selbst die vermeintlich „russischsten" aller russischen Schriftsteller, Publizisten und Philosophen – darunter auch Dostojewskij und Lew Tolstoj – vorab aus westlichen Quellen geschöpft haben.

Schon als Schüler hat man Puschkin, der fließend Französisch sprach und der zeitlebens vorzugsweise in französischer Sprache korrespondierte, den „Franzosen" genannt; später wurde sein Stil vom berühmten Literaten Prosper Mérimée als „ganz und gar französisch" belobigt.[143] Dazu passt das Motto, das der Autor dem *„Tagebuch eines Reisenden"* von Iwan Dmitrijew entnommen und seiner unvollendeten, autobiographisch grundierten Erzählung *„Der Mohr Peters des Großen"* mitgegeben hat: „Endlich angekommen in Paris, | Lebe ich auf, statt bloß zu atmen."[144] Marina Zwetajewa wiederum, die mit Puschkin seit früher Kindheit vertraut war und ihm späterhin als Dichterin zutiefst verpflichtet blieb, ihn sogar ins Französische übersetzte, hat ihn, die große nationale Identifikationsfigur, vorab als „Neger" belobigt, als einen russischen Afrikaner, der gegensätzliche Rassen und Kulturen in sich vereinigt habe und somit zu einem allmenschlichen Genius geworden sei.

In ihrem hochpoetischen Essay *„Mein Puschkin"* schreibt die Zwetajewa unter anderem: „Das Denkmal Puschkins ist ein Denkmal schwarzen Bluts, das sich in weißes ergießt, ein Denkmal des Blutzusammenflusses, so wie es den Zusammenfluss von Flüssen gibt, ein lebendes Denkmal des Blutzusammenflusses und der Vereinigung nationaler Seelen – die einander sehr fern und eigentlich gar nicht vereinbar sind."[145] Nie zuvor, nie danach ist Puschkins übernationales Russentums so radikal auf den Punkt gebracht worden wie in diesem Gedenktext der Zwetajewa.

Die Entstehung der russischen Imitations- oder Sekundärkultur hat sicherlich und vorrangig damit zu tun, dass Russland nicht nur mit Blick von außen, sondern auch in seinem Selbstverständnis gegenüber dem Westen durchweg im Rückstand war. „Im russischen Bewusstsein galt Europa stets als *ein Land* [sic] *der gelösten Probleme*", schreibt Pjotr Suwtschinskij in einem programmatischen Aufsatz über den *„Neuen Westen"*: „Während sich Russland krampfhaft an Ort und Stelle abmühte, schien es, als würde der

Der „Nationaldichter" Aleksandr Puschkin – *links* Bildnis des Dichters als Knabe (Zeichnung von E. I. Heitmann, 1822); *rechts* Bildnis von Orest Kiprenskij (Öl, 1827).

Westen, leicht und einfach dem Leben folgend, problemlos von Erfolg zu Erfolg eilen und schmerzlos die Wirrungen des Lebens lösen. Es ist Sache der historischen Synchronologie festzustellen, inwieweit eine derartige Einschätzung Europas in Bezug auf Russland zu verschiedenen Zeiten der tatsächlichen Lage der Dinge entsprach. Wesentlich ist, dass jener Mythos existierte und dass Russland wie Europa von ihm lebten."[146]

Diese Feststellung wird bestätigt dadurch, dass Russland bei Europa oft auch dann noch Anleihen gemacht hat, wenn es auf Nachahmung eigentlich nicht mehr angewiesen und auf diesem oder jenem Gebiet so weit fortgeschritten war, dass der Westen es hätte nachahmen können – ein Phänomen, das zuletzt nach der Wende von 1989/1991 zu beobachten war, als der russische Markt und die russische Gesellschaft, wie übrigens auch die künstlerische Intelligenz, aus dem Westen kritiklos *alles* übernahm, mithin auch solches, was in Russland als gleichwertiges Eigenprodukt bereits vorhanden war. Doch auch damals wurde das Eigene als ein vermeintlich minderwertiges Anderes wahrgenommen, während man im Fremdimport – vom Hamburger bis zum Maserati – ein grundsätzlich hochwertiges Gut erkannte, das sofort angeeignet, *zu eigen gemacht* werden musste. Das folgende historische Fallbeispiel mag dies noch einmal verdeutlichen. „Sehen wir uns einmal die Geschichte der ältesten Fabrik Russlands an – die Waffenfabrik in Tula. Sie existierte bereits vor Peter I. und sah aus wie ein Dorf. Die Facharbeiter waren in Häusern, in Hütten beschäftigt. Auf der einen Straßenseite wurden die Abzugshähne für die Waffen hergestellt, auf der anderen die Gewehrläufe. Als einmal zufällig ein Musterstück des besten europäischen Gewehrs nach Tula gelangte, stellten die Männer in ihren Küchen [*sic*] schon nach einer Woche *eine ebensolche, sogar noch bessere* Waffe her."[147] Damit wird das irrige Vorurteil perpetuiert, Russland müsse, um sich in Europa zu behaupten, dem Westen nacheifern, mit ihm gleichziehen, ihn übertrumpfen – ein Vorurteil, das sich von Peter dem Großen bis zu Stalin und Chruschtschow als Programm gehalten und die Einsicht verdunkelt hat, dass Europa ja nicht auf den Input und Reimport von noch so ingeniösen Remakes angewiesen ist, vielmehr darauf, dass seine Mitgliedstaaten ihr je Eigenes zur Differenzierung und Bereicherung der gesamteuropäischen Kultur beitragen. Erst wenn sich die Russen in Europa mit russischen Eigenleistungen durchsetzen, werden sie ihrerseits Europäer geworden sein.

Für die sekundäre Kreativität der russischen Nachahmungskultur sind Offenheit, Interesse, Empfänglichkeit die wesentlichen Voraussetzungen, die Bereitschaft und Fähigkeit, auf das „eigene kulturelle Antlitz" zu verzichten, „sich zu verlieren in einem andern kulturellen Raum": „Echter russischer Geist erduldet die westlichen Probleme und Verführungen. Schöpferisch setzt er die Erfahrung westlicher Niederlagen und Hochflüge um, er trägt mit sich durch die langen Jahrhunderte seines Schöpfertums die ganze ‚europäische Sehnsucht' (wie Dostojewskij sagte)."[148] Der Philosoph Pawel Florenskij geht so weit, jegliches „mein" und „dein" bezüglich kultureller Werte und Errungenschaften zu verwerfen, also Kunst, Literatur, Musik als Allgemeingut zu erklären und folgerichtig anzumerken, die ideale (weil „objektivste") Schaffensweise sei das – Zitieren.[149]

Die Integration und Akkulturation des Fremden, und mehr als dies: des *höher* entwickelten Fremden ist eine Stärke der russischen Kultur und sollte keinesfalls, wie es oft geschieht, als bloße Imitation abgewertet werden. Imitation ist in jedem Fall *mehr* als *bloße* Imitation. Imitation bereichert das Imitat um den Akt des Imitierens, die Energie, die dafür investiert wird. In qualitativer Hinsicht ist Imitation allerdings ein Verlust, oft auch ein Verfälschungseffekt. Wenn unter Peter I. der städtische Adel per Dekret nach europäischem Vorbild eingekleidet wurde und unter Katharina II. französische Moden sich einbürgerten, war dies nur äußerlich ein Europäisierungsschritt, jedoch einer, der die innere Fremdheit und die qualitativen zivilisatorischen Unterschiede zwischen Russland und dem Westen zusätzlich vertiefte. Imitation ist eine Produktionsform allenfalls insofern, als sie eine vorgegebene Qualität zumindest quantitativ mehrt.

Zu bedenken ist, dass nicht nur das Geben, als Einflussnahme oder Fremdeinwirkung, eine kulturelle Leistung ist, sondern auch die Fähigkeit des Nehmens, die Bereitschaft, das Eigene dem Fremden zu öffnen und das Fremde den eigenen Möglichkeiten anzupassen, es den eigenen Bedürfnissen nutzbar zu machen, es in neuem kulturellem Kontext expandieren zu lassen. Das typisch Russische tritt in solchem Verständnis als eine Synthetisierung des Fremden in Erscheinung, das sich, entsprechend angepasst und umgedeutet, eher *à la russe* denn schlichtweg *russisch* zu erkennen gibt. Stets sind Russlands Wege Umwege gewesen; über Umwege kam das Russentum zu sich selbst.

Auch das Nehmen muss gelernt sein, zumindest muss es dafür eine Grunddisposition geben. In Russland ist eine derartige Grunddisposition zweifellos vorhanden, und die transkulturelle Rezeption geht einher mit einem hohen Maß an zugleich vereinnahmender und verwandelnder Kreativität – bis hin zur radikalen Umdeutung oder Neubewertung bestimmter Sachverhalte. Eben dafür ist die formale und funktionale Neubestimmung der japanischen Mönchspuppe als russische Matrjoschka gerade so beispielhaft wie die Verformung des Hegelschen und Marx'schen Denkens zur sowjetischen Staatsideologie. Im russischen Selbstverständnis gilt das Nehmen, das *Nachahmen als eine Kunst*, die einen besonders flexiblen, nämlich hingebungsvollen, anpassungsfähigen, integrationsbereiten Charakter voraussetzt – im Idealfall jene Mentalität, die Dostojewskij als „Allmenschlichkeit" belobigt hat. Allein diese typisch russische „Allmenschlichkeit", meinte er, wäre geeignet, unsre heillos zerfallene Welt noch einmal zu einen und ihr mit einem „neuen Wort" die Zukunft zu weisen.

mit allen natürlichen, für die ‚Geschichte' unabdingbaren Ressourcen versorgt, deren Quantität nicht unbegrenzt ist." Und mit Bezug auf die frühen, durchweg ungehört gebliebenen Warnungen eines Lew Tolstoj oder Anton Tschechow vor der rücksichtslosen Ausbeutung der heimatlichen Natur heißt es weiter: „Vielleicht waren gerade sie es, die die Idee der Sohnesliebe und des Respekts vor der Natur als originalen russischen Beitrag in den Fundus des europäischen intellektuellen Bewusstseins eingebracht haben?"

5 S. D. Domnikov, *Mat'-zemlja i Car'-gorod* (Mutter-Erde und Kaiser-Stadt), Moskva 2002, S. 408.
6 Georgij Gačev, *Russkaja duma* (Die russische Denkart), Moskva 1991, S. 142; vgl. (im Kontrast zu Gačevs eher spekulativen Ausführungen und Interpretationen) die knappe Problemskizze von D. A. Bleskin, *Geografičeskaja sreda* (Das geographische Umfeld), Moskva 2002, mit besonderer Berücksichtigung des geographischen Einflusses auf den „Charakter des russländischen Geschichtsprozesses" und die „Herausbildung der Wirtschaftsstruktur" Russlands im 18./19. Jahrhundert.
7 N. I. Cimbaev, „Do gorizonta – zemlja!" (Bis zum Horizont – Erde!), in: *Voprosy filosofii*, 1997, I, S. 39.
8 Joseph Brodsky, „To Urania" (1981; englisch vom Autor), in: J. B., *To Urania*, New York 1988, S. 70.
9 Vgl. dazu u.a. die materialreichen Ausführungen zu den „naturgegebenen Prämissen der sozialen Organisation Russlands" bei Ju. V. Olejnikov, *Prirodnyj faktor bytija rossijskogo sociuma* (Der Naturfaktor des russländischen Gesellschaftswesens), Moskva 2003, Kap. 5; zur sozialen Struktur und wirtschaftlichen Funktion der Bauerngemeinde siehe unten, Exkurs (1), §§ 1–3.
10 Siehe zur „Mentalität der Land- und Stadtbevölkerung" Russlands die grundlegenden, durch reiches Fakten- und Beispielmaterial gestützten Ausführungen bei B. N. Mironov, *Social'naja istorija Rossii* (Sozialgeschichte Russlands), I, S.-Peterburg 1999, S. 327–345; vgl. allgemein zur russischen Volksmentalität die philosophischen Überlegungen von N. O. Losskij, *Charakter russkogo naroda* (Der Charakter des russischen Volkes), Frankfurt a. M. 1957.
11 Vladimir F. Odoevskij, *Russkie noči* (Russische Nächte, 1844), Epilog.
12 Nikolaj Nadeždin, „Evropeizm i narodnost', v otnošenii k russkoj slovesnosti" (Europäertum und Volkstum in ihrer Beziehung zum russischen Schrifttum), in: *Teleskop*, 1836 (hier zit. nach N. D. Arutjunova, I. B. Levontina (ed.), *Jazyki prostranstv*, Moskva 2000, S. 345, Anm. 1.
13 Nikolaj Berdjaev, *Sud'ba Rossii* (Russlands Schicksal), Moskva 1990, S. 65.
14 Zur Landeskunde der UdSSR (mit besonderer Berücksichtigung der geographischen Verhältnisse und Besonderheiten) siehe u. a. Adolf Karger, *Sowjetunion*, Frankfurt a. M. 1978; W. H. Parker, *An Historical Geography of Russia*, London 1968. Zur historischen Geographie Russlands vgl. V. Z. Drobižev (u. a.), *Istoričeskaja geografija SSSR*, Moskva 1973; zur Kulturgeographie I. L. Belen'kij, *Rol' geografičeskogo faktora v otečestvennom istoričeskom processe* (Die Rolle des geographischen Faktors im vaterländischen Geschichtsprozess), Moskva 2000.
15 Hans von Eckardt, *Russland*, Leipzig 1930, S. 380; die deutschsprachige dokumentarische Russlandliteratur des 19./20. Jahrhunderts bietet ein reichhaltiges Angebot von Reise- und Forschungsberichten. Als ein besonders ergiebiges, detailliert

ausgearbeitetes, höchst anschaulich geschriebenes Werk, das den europäischen wie den asiatischen Teil Russlands auf Grund langjährigen persönlichen Augenscheins behandelt, sei beispielshalber die zweibändige Darstellung von H. von Lankenau und L. von der Oelnitz genannt (*Das heutige Russland*, I-II, Leipzig 1881; mit zahlreichen Abb.), dem viele aufschlussreiche Beobachtungen zur Geologie, Meteorologie, Vegetation, Landwirtschaft, Ethnographie, Folklore sowie zu Sitten, Bräuchen, Alltags- und Arbeitswelt bei verschiedenen russländischen Völkerschaften zu entnehmen sind. Noch immer lesenswert und anregend ist die „geographische Betrachtung von Volk, Staat und Kultur", die Alfred Hettner dem europäischen Russland gewidmet hat (*Russland*, 2. erweiterte Auflage, Leipzig/Berlin 1916); in Hettners Darstellung gewinnt der geographische Faktor für die russische Geschichtsentwicklung wie auch für die Wirtschaft, die Wissenschaften, die Mentalität, sogar für den klassischen russischen Roman wegweisende und formbildende Bedeutung.

16 Vgl. Elmar Holenstein, „Rossija – ein Europa-transzendierendes Land", in: E. H., *Kulturphilosophische Perspektiven*, Frankfurt a. M. 1998, S. 209–229.
17 Walter Benjamin, *Moskauer Tagebuch*, Frankfurt a.M. 1980, S. 76.
18 Vgl. dazu die sowjetologische Analyse von Alain Besançon, *Umgang mit Sowjetrussen*, Frankfurt a.M. 1977; (hier:) S. 65.
19 N. A. Soboleva, *Rossijskaja gosudarstvennaja simvolika* (Die russländische Staatssymbolik), Moskva 2003, S. 94f.
20 E. M. Cioran, *Geschichte und Utopie*, Stuttgart 1979, S. 43f.
21 Afanasij Fet, „Iz derevni" (Vom Lande, 1867), in: A. F., *Žizn' Stepanovki ili Liričeskoe chozjajstvo* (Das Leben der Stepanowka oder Lyrische Wirtschaft), Moskva 2001, S. 266.
22 V. O. Klučevskij, *Kurs russkoj istorii*, I, Moskva 1987, S. 86. – Das Ödland der großen russischen Steppe haben nach der Oktoberrevolution von 1917 die Ideologen des Eurasianismus (Savickij, Trubeckoj, Vernadskij u. a.) als das Kernland der russischen kulturellen Identitätsbildung in Anspruch genommen. Vgl. dazu u. a. das dokumentarische Sammelwerk *Rossija meždu Evropoj i Aziej* (Russland zwischen Europa und Asien), Moskva 1993, sowie den enzyklopädischen Artikel „Eurasianism" (mit zahlreichen Literaturhinweisen) in: *Ideas in Russia*, I, Warszawa 1999, S. 171ff.
23 Anton Čechov, *Step'* (Die Steppe, 1888).
24 Ivan Turgenev, „Kas'jan s Krasivoj Meči" (Kassjan aus Krassiwaja Metsch) aus dem Prosaband *Zapiski ochotnika* (Aufzeichnungen eines Jägers, 1852).
25 Aleksej Remizov, *Vzvichrennaja Rus'* (Aufgewühltes Russland), Paris 1927, S. 32.
26 Siehe *oben*, Anm. 21; vgl. v. a. Petr Savickij, *Kontinent Evrazija* (Der Kontinent Eurasien), Moskva 1997 (gesammelte Schriften zur eurasianischen Theoriebildung).
27 Tat'jana Goričeva (u. a.), „Russkij chronotop" (Der russische Chronotop), in: T. G. (u.a.), *Užas real'nogo*, Sankt-Peterburg 2003; S. 8–9.
28 Carsten Goehrke, „Die geographischen Gegebenheiten Russlands in ihrem historischen Beziehungsgeflecht", in: *Handbuch der Geschichte Russlands*, I, Stuttgart 1976, S. 35.
29 Pjotr Tschaadajew (Pierre Tchaadaev), „Apologie d'un fou" (verfasst um 1837, französischer Erstdruck 1862), hier übersetzt und zitiert nach Petr Čaadaev, *Stat'i i*

pis'ma, Moskva 1987, S. 139. In der französischen Originalausgabe (siehe *unten* Anm. 30) *fehlt* eben dieser wesentliche Satz.
30 Pierre Tchaadaev, *Lettres philosophiques*, Paris 1970, S. 55.
31 A. a.O., S. 211.
32 Vgl. dazu u. a. Fjodor M. Dostojewskijs Puschkin-Rede von 1880 und die daraus erwachsene Debatte um Russlands weltpolitische Mission; die Rede ist in Dostojewskijs *Dnevnik pisatelja* (Tagebuch eines Schriftstellers, Augustheft 1880) eingegangen; siehe dazu *unten*, Teil III, §§ 41.
33 Siehe dazu u. a. B. B. Rodoman, „Uroki geografii" (Lektionen in Geographie), *Voprosy filosofii*, 1990, IV, S. 36–47; D. N. Zamjatin, „Vlast' prostranstva" (Die Macht des Raums), *Voprosy filosofii*, 2001, IX, S. 144–153.
34 Zum russischen Kollektivbewusstsein generell (Häuslichkeit und Familiarität, Gemeinschaftssinn, Klassenbewusstsein, Patriotismus, Kollektivismus, globaler Imperialismus) siehe Ronald Hingley, *The Russian Mind*, London 1977, Kap. III.; vgl. die Textsammlung zum kollektivistischen russischen Selbstverständnis (mit Beiträgen von Chomjakow über Rosanow und Florenskij bis zu Wjatscheslaw Iwanow) in: L. E. Šapošnikov, *Filosofija sobornosti* (Philosophie der Konziliarität), Sankt-Peterburg 1996.
35 Ivan S. Turgenev, „*Ja šel sredi vysokich gor ...* " (Ich schritt inmitten hoher Berge ..., 1878); der Text gehört zu Turgenews „Neuen Prosagedichten".
36 Diese universalistische Terminologie wurde unter dem autoritären Regime von Nikolaus II. aus der deutschen philosophischen Rhetorik übernommen, um die offizielle Staats- und Großmachtdoktrin zu rechtfertigen. Maßgeblich war an diesem Begriffstransfer ab ca. 1840 der patriotische Publizist und Universitätslehrer S. P. Schewyrjow beteiligt; vgl. dazu A. M. Peskov, „U istokov filosofstvovanija v Rossii: Russkaja ideja S. P. Ševyreva" (An den Quellen des Philosophierens in Russland: S. P Schewyrjows russische Idee), in: *Novoe literaturnoe obozrenie*, VII, 1994, S. 121–139.
37 Fedor Dostoevskij, *Mysli, vyskazivanija i aforizmy* (Gedanken, Aussagen und Aphorismen), Paris 1975, S. 73, 23.
38 Solowjows diesbezügliches Hauptwerk sind seine *Čtenija o bogočelovečestve* (Lektionen über das Gottmenschentum, 1878–1881).
39 Zum Ideal der „All-Einheit" im russischen Denken des 19./20. Jahrhunderts siehe u.a. I. V. Kondakov, *Vvedenie v istoriju russkoj kul'tury* (Einführung in die Geschichte der russischen Kultur), Moskva 1997, S. 497–514; speziell zum „Thema der All-Einheit in der Philosophie Wladimir Solowjows" vgl. u. a. N. F. Utkina, „Tema vseedinstva v filosofii Vl. Solov'eva", in: *Voprosy filosofii*, 1989, VI, S. 59–75. Vgl. auch zum Konzept der „Konziliarität" (*sobornost*) Evert van der Zweerde, „„Sobornost' als Gesellschaftsideal bei Vladimir Solov'ev und Pavel Florenskij", in: *Pavel Florenskij – Tradition und Moderne*, hrsg. von Norbert Franz u.a., Bern/Frankfurt a. M. 2001, S. 225–246.
40 Vgl. dazu die an Pawel Florenskij, Nikolaj Fjodorow und Welimir Chlebnikow orientierten Überlegungen von Leonid Geller zum Synthetismus als Paradigma der russischen Kultur, in: L. G., *Slovo mera mira* (Das Wort als Maß der Welt), Moskva 1994, S. 198–220; die „kosmistische" Perspektive der russischen Kulturentwicklung kam im Modernismus des beginnenden 20. Jahrhunderts zu ihrem Höhepunkt – der von Chlebnikow gewählte Kunstname „Welimir" (wörtlich: *Weltbeherrscher*) ver-

deutlicht sowohl den synthetisierenden und harmonisierenden wie auch den imperialen Ansatz der russischen „Allmenschlichkeit".

41 Vjačeslav Ivanov, „O russkoj idee" (Über die russische Idee, 1909), in: V. I., *Po zvezdam*, S.-Peterburg 1909, S. 320f.
42 Petr B. Struve, „Rossija" (Russland, 1922), in: P. B. S., *Patriotica*, Moskva, 1997, S. 409.
43 I. P. Smirnov, „Nacional'naja myslitel'naja tradicija", in: *Istorija mysli* (Istoriografija), Moskva 2002, S. 124f.
44 Fedor Tjutčev, „*Ėti bednye selen'ja …* " („Diese ärmlichen Weiler …", 1855).
45 Fedor Tjutčev, „*Umom Rossiju ne ponjat'...* " („Mit dem Verstand...", 1866).
46 Zu den vielfältigen persönlichen Beziehungen Tjuttschews zu Europa und zur Ausprägung seines europakritischen Denkens siehe u. a. das Katalogwerk *F. I. Tjutčev: Rossija i Evropa* (Russland und Europa), Moskva 2003; mit zahlreichen Text- und Bilddokumenten. Vgl. die deutschsprachige Schriftenauswahl von F. T., *Russland und der Westen* (Politische Aufsätze), Berlin 1992.
47 F. M. Dostoevskij, „Rjad statej o russkoj literature" (Eine Reihe von Aufsätzen über russische Literatur, 1861), hier übersetzt und zitiert nach F. M., *Polnoe sobranie sočinenij*, XVIII, Leningrad 1978, S. 41.
48 Zitat (ohne Beleg) bei Miša Verbickij, „Russkoe koleso" (Das russische Rad), in: *Ex Libris* (Nezavisimaja gazeta), 2004–02–25, S. 5.
49 *Inoe* (Ein Anderes), I-IV, Moskva 1995.
50 Matvej Malyj, *Kak sdelat' Rossiju normal'noj stranoj* (Wie man aus Russland ein normales Land macht), Moskva 2000, S. 8.
51 Fedor Tjutčev, *Russkaja geografija* (Russische Geographie, entstanden 1848–1849, Erstdruck postum 1886); vgl. V. L. Cymburskij, „Tjutčev kak geopolitik" (Tjuttschew als Geopolitiker), in: *Obščestvennye nauki i sovremennost'*, VI, 1995.
52 Nikolaj Gumilev, „Zabludivšijsja tramvaj" (Die verirrte Straßenbahn, 1921), in: N. G., *Stichotvorenija i poèmy*, Leningrad 1988, S. 331f.
53 Siehe dazu weiter *unten*, § 18.
54 „Gimn Rossii" (Russlands Hymne), in: N. A. Soboleva, *Rossijskaja gosudarstvennaja simvolika*, Moskva 2003, S. 189; zur Entstehungsgeschichte der Hymne (Text) siehe Irina Sandomirskaja, *Kniga o rodine* (Buch über die Heimat), Wien 2001, S. 28f.
55 E. F. Šmurlo, *Vvedenie v russkuju istoriju* (Einführung in die russische Geschichte), Praga 1924, S. 117; dort auch das nicht belegte Zitat von Ivan E. Zabelin aus *Istorija russkoj žizni* (Geschichte des russischen Lebens), I-II, Moskva 1876/1879.
56 Michail Saltykov-Ščedrin, *Istorija odnogo goroda* (Geschichte einer Stadt), Moskva 1969, S. 190f.
57 Gleb Uspenskij, *Vlast' zemli* (Die Macht der Erde, 1882), hier übersetzt nach G. U., *Sočinenija*, II, Moskva 1988, S. 110f.
58 Gleb Uspenskij, a. a. O., II, S. 107; „*Ne znaeš', gde najdeš'*" („Man weiß nicht, wo man fündig wird", 1888), a.a.O., S. 407.
59 Iwan Iljin, *Wesen und Eigenart der russischen Kultur*, Affoltern 1944, S. 20.
60 A. N. Radiščev, *Putešestvie iz Peterburga v Moskvu* (Reise von Petersburg nach Moskau, 1790), o. O. 1949, S. 44.
61 Michail Ėpštejn, „Ljubov' prostranstva" (Liebe zum Raum), in: M. Ė., *Bog detalej*, Moskva 1998, S. 14.

62 Nikolaj Gogol, *Taras Bul'ba* (Tarass Bulba, 1835/1842).
63 Michail E. Saltykov-Ščedrin, *Gospoda Golovlevy* (Die Herren Golowljow, 1880).
64 Anton Čechov, *Step'* (Die Steppe, 1888).
65 Natal'ja Ajrapetova, „Samobytnyj mir, iduščij vo vse storony ..." (Eine autochthone Welt ...), *Literaturnaja gazeta*, 2003, XXX, S. 3; Ryszard Kapuściński, *Imperium* (Sowjetische Streifzüge), Frankfurt a.M. 1993, S. 45–48.
66 Vgl. L. N. Gumilev, *Ėtnogenez i biosfera zemli* (Ethnogenese und Biosphäre der Erde), Moskva 1993, S. 103ff.
67 Grigorij Pomeranc in einem Diskussionsbeitrag zum Klub Diskurs 2001, zit. nach Leonid Blecher, Georgij Ljubarskij (Hrsg.), *Glavnyj russkij spor* (Der russische Hauptzwist), Moskva 2003, S. 220.
68 Roman Jakobson, „Über die heutigen Voraussetzungen der russischen Slavistik" (1929), in: R.J., *Semiotik*, Frankfurt a.M. 1988, S. 50–69.
69 Ivan S. Aksakov, „V čem sila Rossii?" (Worin liegt Russlands Kraft?, 1863) in: I. S. A., *Otčego nelegko živetsja v Rossii?*, Moskva 2002, S. 223.
70 Ivan S. Aksakov, „Gde organičeskaja sila Rossii?" (Wo liegt Russlands organische Kraft?), in: I. S. A., *a. a. O.*, S. 260f.
71 Ivan Kireevskij, „O charaktere prosveščenija Evropy i o ego otnošenii k prosveščeniju Rossii" (Über den Charakter der europäischen Aufklärung und deren Beziehung zur Aufklärung Russlands, 1852), in: I. K., *Izbrannye stat'i*, Moskva 1984, S. 222; Vladimir Korolenko, *Dnevnik, pis'ma* (Tagebuch, Briefe; 1917–1921), Moskva 2001, (zit.) S. 520.
72 Andrej Belyj, *Peterburg* (1913/1914, 1916, 1922), Moskva 1981, S. 9.
73 Siehe dazu Georgij P. Fedotov, *Stichi duchovnye* (Geistliche Verse, 1935), Moskva 1991.
74 A. S. Chomjakov, „Cerkov' odna" (Die Einheit der Kirche, 1864), in: A. S. Ch., *Sočinenija*, II, Moskva 1994, S. 7, 23.
75 Andrej Stoljarov, „Russkij mir" (Die Russische Welt), in: *Neva*, III, 2004, S. 151–166; Zitat übersetzt nach S. 166.
76 Vladimir F. Odoevskij, *Russkie noči* (Russische Nächte, 1844); Epilog (die angeführte Textstelle findet sich in einer Fußnote des Autors). Vissarion Belinskij hier übersetzt und zitiert nach Vasilij Zen'kovskij, *Russkie mysliteli i Evropa* (Russische Denker und Europa), 2. Aufl., Paris 1955, S. 39.
77 Nikolaj Berdjaev, *Sud'ba Rossii* (Russlands Schicksal), Moskva 1918, S. 9.
78 Die kaum noch gebräuchliche substantivische Bezeichnung *rossijanin*, Pl. *rossijane*, gilt nicht als Synonym zu *russkij*, sondern bezeichnet in engerem Verständnis einen Staatsbürger Russlands, könnte also auch auf einen „russischen Usbeken" o. ä. angewandt werden; dagegen ist „der Russische" ein *eigentlicher* Russe, ein Russe „seiner Herkunft nach". – Ein zeitgenössischer russischer Kulturologe (I. V. Kondakov, *Vvedenie v istoriju russkoj kul'tury*, Moskva 1997, S. 47f.) glaubt diese terminologische Ausnahmeregelung dadurch erklären zu können, dass die Russen oder eben „die Russischen" – im Unterschied zu allen andern russländischen Völkern – sich nicht bloß als ein Volk, sondern als „russische" Angehörige einer höheren Ordnung, d. h. als „russische *Menschen*" verstehen.
79 Vgl. Jeffrey Brooks, *When Russia Learned to Read*, Princeton N.J. 1984, S. 54f.
80 Maksim Gor'kij, „Žaloby" (Klagen, 1911), hier übersetzt und zitiert nach Vladimir Piskunov, *Tema o Rossii* (Russland als Thema), Moskva 1983, S. 320.

81 V. A. Tiškov, „Čto est' Rossija?" (Was ist Russland?), in: *Voprosy filosofii*, 1995, II, S. 11; vgl. dazu die einschlägigen Überlegungen von Vjačeslav Rybakov, „Ja – russkij, čto dal'še?" (Ich bin Russe – was weiter?), in: *Neva*, 2004, XI, S. 197–213.

82 Vgl. z.B. Vadim Kožinov, *O russkom nacional'nom soznanii* (Über das russische Nationalbewusstsein), Moskva 2002, S. 248ff.

83 Zit. nach Lev Pirogov, „Ènciklopedija federal'noj žizni" (Enzyklopädie des föderalen Lebens), in: *Ex Libris*, 13.XI.2003, S. 2.

84 Zum „kolonisierten Sozium" des russländischen Vielvölkerstaats siehe u.a. die zivilisationsgeschichtliche Darstellung von Ju. V. Olejnikov, *Prirodnyj faktor bytija rossijskogo sociuma* (Der Naturfaktor des russländischen Gesellschaftswesens), Moskva 2003, Kap. III; vgl. in deutscher Sprache Andreas Kappeler, *Russland als Vielvölkerreich* (Entstehung Geschichte Zerfall), München 1992..

85 Osip Mandelstam, „Petr Čaadaev" (Pjotr Tschaadajew, 1915), in: O. M., *Sobranie sočinenij*, I, Moskva 1993, S. 200.

86 Wladimir Weidlé, *Russland* (Weg und Abweg), Stuttgart 1956, S. 208ff.

87 Fedor Stepun, „Mysli o Rossii" (Gedanken über Russland, 1926), in: *Russkaja filosofija sobstvennosti XVIII-XX vv.*, S.-Peterburg 1993, S. 335; zur religiösen Bedeutung der „Mutter feuchte Erde" siehe u. a. Igor Smolitsch, „Die Verehrung der Gottesmutter in der russischen Frömmigkeit und Volksreligiosität", in: *Kyrios*, 1940/1941, III-IV, S. 194–213.

88 Zitiert nach einer Sammlung aktueller philosophischer Gespräche, die unter dem Titel „Horror des Realen" erschienen sind (*Užas real'nogo*, Sankt-Peterburg 2003, S. 50).

89 Vgl. E. S. Jakovleva, „O ,širote' prostranstva nositelej russkogo jazyka" (Über die ,Weite' des Raums bei russischen Sprachträgern), in: E. S. J., *Fragmenty russkoj jazykovoj kartiny mira*, Moskva 1994, S. 29ff.

90 Vgl. dazu Andrej Sinjawskij, *Iwan der Dumme* (Vom russischen Volksglauben), Frankfurt a.M. 1990, S. 103ff.

91 Zit. bei N. S. Arsen'ev, *Iz russkoj kul'turnoj i tvorčeskoj tradicii* (Aus der russischen Kultur- und Schaffenstradition), London 1992, S. 167.

92 Zum Konzept des russischen Raums im *Igor-Lied* siehe die materialreichen Ausführungen bei A. N. Robinson, *Literatura drevnej Rusi v literaturnom processe srednevekov'ja XI-XIII vv.* (Die Literatur Altrusslands im literarischen Prozess des Mittelalters vom 11.–13. Jahrhundert), Moskva 1980, S. 219–241; generell zum poetischen Raum des *Igor-Lieds*, zu faktischen und fiktiven Örtlichkeiten, zu Territorien, Flussläufen und Grenzen, zur Konzeption der diesseitigen und der jenseitigen Welt siehe Boris Gasparov, *Poètika ,Slova o polku Igoreve* (Die Poetik des *Igor-Lieds*), WSA-Sonderband XII, Wien 1984, S. 139–152.

93 *Das Igor-Lied*, Prosaübersetzung u. d. T. „Das Lied von der Heerfahrt Igors", in: *Altrussische Dichtung aus dem 11. – 18. Jahrhundert*, Leipzig, 1971, S. 69f.

94 Dmitrij Lichačev, *Razdum'ja o Rossii* (Meditationen über Russland), S.-Peterburg 1999, S. 233.

95 Aleksandr Puškin, *Putešestvie v Arzrum vo vremja pochoda 1829 goda* (Reise nach Arsrum während des Feldzugs im Jahre 1829, Erstdruck 1836).

96 Pierre Tchaadaev (Petr Čaadaev), *Lettres philosophiques*, Paris 1970, S. 49; es handelt sich um den ersten philosophischen Brief Tschaadajews (1836). Kursiv von mir, *Vf.*

97 Nikolaj Gogol', „Svetloe voskresen'e" („Ostersonntag", Schlussstück der *Ausgewählten Stellen aus dem Briefwechsel mit Freunden,*1847), in: N. G., *Duchovnaja proza*, Moskva 1992, S. 277f.
98 S. M. Solov'ev, *Obščedostupnye čtenija o russkoj istorii* (Allgemein zugängliche Vorlesungen zur russischen Geschichte, 1874), Moskva 1992, S. 59 (zit.), 193.
99 V. O. Klučevskij, *O russkoj istorii* (Über die russische Geschichte, 1904), Moskva 1993, S. 15; Neuausgabe des vielzitierten *Kurs russkoj istorii* (Cursus der russischen Geschichte, I/2, 1904). Kursiv von mir, *Vf.*
100 Boris Pasternak, *Doktor Živago* (Doktor Shiwago, Erstdruck italienisch 1957); Teil I, Kap. 7. – Der Dichter Iwan Konewskoj hat Russland im Aufgang zum 20. Jahrhundert noch einmal, ebenso kurz wie bündig, als fluktuierendes Riesenreich charakterisiert: „In Russland sind alle Siedlungen weithin verstreut: die Häuser – in weitem Umkreis, als wären sie auseinander geflossen, die Straßen – Flüssen ähnlich, die Plätze – Wüsten ähnlich. Die Fließkraft [*sila razlivnaja*] ist sichtbar. Selbst in den Städten gibt es keinerlei Ballung. Alles befindet sich irgendwie in Auflösung [*rassevšeesja*]." (Hier übersetzt und zitiert nach Vittorio Strada, „Chronotop Rossii" [Russlands Chronotop], in: *Imperija prostranstva*, Moskva 2003, S. 8 (Vorwort). Allgemein zum Phänomen des „kontinentalen Insulanertums" (*ostrovitjanstvo*) siehe das Sammelwerk *Imperija prostranstva* (Das Imperium des Raums), Moskva 2003, S. 670ff.
101 Karl Stählin, *Geschichte Russlands*, I, Graz 1923, S. 18.
102 Zur Geographie und Spezifik der russischen Transportwege (Flüsse, Straßen) siehe u. a. die neuere Darstellung von D. A. Bleskov, *Geografičeskaja sreda* (Das geographische Umfeld), Moskva 2002, S. 66f, 79ff.
103 Nikolaj Berdjaev, *Sud'ba Rossii* (Russlands Schicksal), Moskva 1918, S. 22.
104 Siehe dazu u. a. die Forschungsergebnisse der postsowjetischen „Social-Natural History", die in der gleichnamigen, von Edvard S. Kul'pin herausgegebenen Schriftenreihe des Instituts für Orientalistik der Russländischen Akademie der Wissenschaften greifbar sind („Socioestestvennaja istorija", Iff., Moskva 1993ff.) Vgl. auch I. L. Belen'kij, *Rol' geografičeskogo faktora v otečestvennom istoričeskom processe* (Die Rolle des geographischen Faktors im vaterländischen Geschichtsprozess), Moskva 2000; Susi K. Frank/Igor' P. Smirnov (Hrsg.), „Zeit-Räume (Neue Tendenzen in der historischen Kulturforschung aus der Perspektive der Slavistik)", *Wiener Slawistischer Almanach*, Bd. 49, Wien 2002, S. 5–383.
105 Ėduard S. Kul'pin, *Rus' meždu Zapadom i Vostokom* (Russland zwischen West und Ost), Moskva 2001, S. 26–30.
106 Nikolaj Danilevskij, *Rossija i Evropa* (Russland und Europa, 1869; überarbeitete und ergänzte Zweitauflage 1871), Moskva 1991; Kap. XVII.
107 Nikolaj Berdjaev, *Sud'ba Rossii* (Russlands Schicksal), Moskva 1918, S. 63f.
108 N. B., *a. a. O.*, S. 17f.
109 Vgl. unter vielen andern diesbezüglichen Publikationen das bemerkenswert selbstkritische Lehrbuch von I. N. Ionov, *Rossijskaja civilizacija* (Die russländische Zivilisation), Moskva 1998, S. 308ff.; speziell zum Phänomen der „organischen russischen Passivität" siehe Nikolaj Berdjaev, *a. a. O.*, S. 13ff.; Lev P. Karsavin, *Vostok, Zapad i russkaja ideja* (Der Osten, der Westen und die russische Idee), Peterburg 1922.

110 Andrej Sinjavskij, *127 pisem o ljubvi* (127 Briefe über die Liebe), I, Moskva 2004, S. 350. – Der typisch westliche (bourgeoise) Aktivismus und Karrierismus wird russischerseits oft als eine „Krankheit", ein schwerwiegendes menschliches Gebrechen diagnostiziert", so – in polemischer Zuspitzung – bei Nikolaj Berdjajew, der das europäische Bürger- bzw. Kleinbürgertum in manchen seiner Werke mit ähnlicher Verachtung abfertigt wie einst Dostojewskij in seinen *Zimnie zapiski o letnich vpečatlenijach* (Winternotizen über Sommereindrücke, 1863).

111 I. N. Ionov, *Rossijskaja civilizacija* (Russländische Zivilisation), Moskva 1998, S. 14.

112 Nikolaj Berdjaev, *Sud'ba Rossii* (Russlands Schicksal), Moskva 1918, S. 13; vgl. (für die postsowjetische Transformationszeit) Felix Philipp Ingold, „In Extremis (Kulturwandel in Russland)", in: *Transit*, XVII (Sommer 1999), S. 136–152.

113 Vasilij Ključevskij, „Tetrad' s aforizmami" (Heft mit Aphorismen, 1891), in: *Tajny istorii,* Moskva 1994, S. 154.

114 Simon Frank, *Die russische Weltanschauung*, Berlin-Charlottenburg 1926, S. 28f.

115 Siehe dazu die Ausführungen und Beispiele bei Andrej Sinjawskij, *Iwan der Dumme* (Vom russischen Volksglauben), Frankfurt a. M. 1990, S. 198ff.

116 A. S., *a. a. O.*, S. 64.

117 Zu den unterschiedlichen, oft gegensätzlichen geopolitischen und historiosophischen Ausdeutungen des russischen „Raums" (als Leere, kulturelle Nullstelle, Hort der Barbaren, aber auch als eigengesetzlicher Macht- und Expansionsraum) siehe u. a. Susi K. Frank, „Raum und Ökonomie (Zwei Kernelemente der russischen Geokulturosophie)", in: *Wiener Slawistischer Almanach*, Sonderband LIV, Wien 2001, S. 427–445.

118 Siehe Ju. V. Olejnikov, *Prirodnyj faktor bytija rossijskogo sociuma* (Der Naturfaktor im russländischen Gesellschaftswesen), Moskva 2003, S. 45.

119 Zum „Mutter-Syndrom" in der russischen Volkskultur liegen zahlreiche neuere Abhandlungen vor; siehe u. a. Adele Marie Barker, *The Mother Syndrome in the Russian Folk Imagination*, Columbus, Ohio 1986; Elena Hellberg-Hirn, *Soil and Soul* (The Symbolic World of Russianness), Aldershot/Singapore/Sydney etc. 1997, Kap. VI.

120 Vgl. dazu Dmitrij S. Lichačev, „O nacional'nom charaktere russkich" (Über den Nationalcharakter der Russen), in: *Voprosy filosofii*, 1990, IV, S. 3–6. Lichatschow hat sich nach dem Zusammenbruch der UdSSR als maßgeblicher Wortführer eines neuen großrussischen Patriotismus hervorgetan; seine diesbezüglichen Schriften sind zusammengefasst in dem Band D. L., *Razdum'ja o Rossii* (Meditationen über Russland), S.-Peterburg 1999.

121 Nikolaj Berdjaev, *Sud'ba Rossii* (Russlands Schicksal), Moskva 1918, S. 5, 22, 27, 41.

122 Georgij Gačev, *Nacional'nye obrazy mira* (Nationale Weltbilder), Moskva 1999, S. 339.

123 Ivan Gončarov, *Obryv* (Die Schlucht, 1869), Teil V, Kap. XXV.

124 Siehe zur Mythologie der Mutter-Erde die grundlegende Abhandlung von Georgij Fedotov, „Mat'-zemlja" (Mutter-Erde, 1935), in: G. F., *Sud'ba i grechi Rossi,* II, Sankt-Peterburg 1992, S. 66–82; vgl. *oben*, Anm. 118. – Zur symbolischen Analogiebildung zwischen Gottesgebärerin (*bogorodica*) und „Mutter Erde" siehe den materialreichen Aufsatz von Igor Smolitsch, „Die Verehrung der Gottesmutter in der russischen Frömmigkeit und Volksreligiosität", in: *Kyros*, 1940/1941, III-IV, S. 194–

213; hier findet sich u.a. der Hinweis (S. 212) auf ein altes bäuerliches Sprichwort, das den Vergleich von der Mutter Gottes über die Mutter Erde weiterzieht bis – ganz allgemein – zur Frau als Mutter: „Die erste Mutter ist die heilige Mutter Gottes. Die zweite Mutter ist die feuchte Erde. Die dritte Mutter ist die Frau, die den Schmerz [der Geburt] erlitt." – Siehe außerdem die Monographie von S. D. Domnikov über Russland als traditionale Gesellschaft (*Mat'-Zemlja i Car'-Gorod*, Moskva 2002, Kap. II, IV, XIII); außerdem: Joanna Hubbs, *Mother Russia* (The Feminine Myth in Russian Culture), Bloomington/Indianapolis 1988; G. D.Gačev, *Russkaja duma* (Die russische Denkart), Moskva 1991, S. 145ff.; V. Rjabov, *Matuška-Rus'* (Mütterchen Russland), Moskva 2001. Zur Verbindung von Mutter- und Heimatkult im russischen Nationalbewusstsein siehe die psychoanalytische Abhandlung von Daniel Rancour-Laferriere, *Russian Nationalism from an Interdisciplinary Perspective* (Imagining Russia), Lewiston NY 2000, part I, §§ 5–6.

125 N. A. Nekrasov, „Komu na Rusi žit' chorošo" (Wer gut lebt im Russenland, entstanden 1863–1877; unvollendet).

126 N. A. Nekrasov, „Rus'" (Russland), eines der letzten Stücke aus dem unvollendeten Zyklus *Komu na Rusi žit' chorošo* (siehe vorherige Anm.).

127 *Golubinaja Kniga* (Taubenbuch), Moskva 1991, S. 37.

128 Vgl. dazu u. a. die Lexikonartikel zum Stichwort „Russländische Zivilisation", in: *Rossijskaja civilizacija* (Ènciklopedičeskij slovar'), Moskva 2001, S. 490–498; mit Bibliographie.

129 Vgl. dazu u. a. die einführenden Kapitel (mit zahlreichen Textbeispielen und -belegen) bei I. V. Kondakov, *Vvedenie v istoriju russkoj kul'tury* (Einführung in die russische Kulturgeschichte), Moskva 1997. Siehe auch die Ausführungen und Thesen zur politischen Biographie Russlands („Über mentale Grundlegungen, Bilder und Handlungen") bei V. K. Egorov, *Filosofija kul'tury Rossii*, Moskva 2002, S. 602ff.

130 G. D. Gačev, *S Tolstym vstreča čerez vek* (Treffen mit Tolstoj nach einem Jahrhundert), Moskva 1999, S. 31ff.; vgl. Gatschews Ausführungen über „Landwirtschaft als Liebe" und „Eros des Wirtschaftens" in seinem kosmosophischen Versuch über die nationalen Weltbilder Eurasiens in: G. D. G., *Nacional'nye obrazy mira* (Nationale Weltbilder), Moskva 1999, S. 351–356.

131 Georgij Gačev, „Nacional'nye obrazy mira" (Nationale Weltbilder), in: *Voprosy literatury*, 1987, X, S. 163f.

132 D. N. Mamin-Sibirjak, *Privalovy milliony* (Die Priwalowschen Millionen, 1883), Teil I, Kap. 9, Teil II, Kap. 4; *kursiv* von mir, *Vf.*

133 Zum Dualismus von Geschlecht (*rod*) und Erde (*zemlja*) im russischen Heimat- und Totenkult siehe die Ausführungen bei S. D. Domnikov, *Mat'-zemlja i Car'-gorod* (Mutter-Erde und Kaiser-Stadt), Moskva 2002, S. 88f.

134 Georgij Gačev, *Nacional'nye obrazy mira* (Nationale Weltbilder), Moskva 1988, S. 379.

135 Irina Sandomirskaja, *Kniga o rodine* (Buch über die Heimat), Wien 2001, S. 7ff.

136 I. S., *a. a. O.*, S. 21.

137 E. M. Cioran, *Geschichte und Utopie*, Stuttgart 1979, S. 39.

138 Man vergleiche dazu den einschlägigen Textband (mit Kommentaren und Aufgaben) von T. V. Taktašova u. a., *Zagadočnaja russkaja duša* (Die rätselhafte russische Seele), Moskva 2006; dazu die historiosophische Abhandlung von A. M. Peskov,

Russkaja ideja i russkaja duša (Die russische Idee und die russische Seele), Moskva 2007. Siehe auch die mit aufschlussreichen Fallbeispielen und Vergleichen (v. a. mit den USA) dotierte Studie zu heutigen russischen Verhaltensstereotypien und -traditionen von A. V. Sergeeva, *Russkie* (Die Russen), Moskva 2004. Die Umfrageergebnisse zur „Anatomie der russischen Seele" (Titel aus der Moskauer Tageszeitung *Izvestija*) werden hier zitiert nach Alexander N. Domrin, „Ten Years Later: Society, ‚Civil Society', and the Russian State", in: *The Russian Review*, LXII, April 2003, S. 193–211; *a. a. O.* finden sich weitere, durchweg übereinstimmende Ergebnisse soziologischer Untersuchungen zum aktuellen russischen Selbstverständnis.

139 Georgij Gačev, *Nacional'nye obrazy mira* (Nationale Weltbilder), Moskva 1988, S. 141.

140 Siehe dazu u. a. T. V. Bulygina, A. D. Šmelev, *Jazykovaja konceptualizacija mira* (Die sprachliche Konzeptualisierung der Welt), Moskva 1997; A. D. Šmelev, *Russkaja jazykovaja model' mira* (Das russischsprachige Weltmodell), Moskva 2002; Irina Sandomirskaja, *Kniga o rodine* (Buch über die Heimat), Wien 2001; Anna Vežbickaja (Więrzbicka), *Jazyk Kul'tura Poznanie* (Sprache Kultur Erkenntnis), Moskva 1996; dies., *Ponimanie kul'tur čerez posredstvo ključevych slov* (Das Verständnis von Kulturen vermittels Schlüsselwörtern), Moskva 2001; dies., *Sopostavlenie kul'tur čerez postredstvo leksiki i pragmatiki* (Kulturvergleich vermittels Lexik und Pragmatik), Moskva 2001.

141 Zur Herausbildung der russischsprachigen „Konzeptosphäre" und allgemein zur sprachlichen Konzeptualisierung von Weltbildern siehe u.a. Dmitrij S. Lichačev, „Konceptosfera russkogo jazyka", in: D. S. L., *Razdum'ja o Rossii*, S.-Peterburg 1999, S. 493–505; T. V. Bulygina, A. D. Šmelev, *Jazykovaja konceptualizacija mira* (Die sprachliche Konzeptualisierung der Welt), Moskva 1997; Anna Vežbickaja (Więrzbicka), *Jazyk Kul'tura Poznanie* (Sprache Kultur Erkenntnis), Moskva 1996; A. D. Šmelev, *Russkaja jazykovaja model' mira* (Das russischsprachige Weltmodell), Moskva 2002; vgl. auch L. V. Savel'eva, *Russkoe slovo* (Das russische Wort), Sankt-Peterburg 2000.

142 Ivan S. Turgenev, „Russkij jazyk" (Die russische Sprache, 1882), in: I. S. T., *Sobranie sočinenij*, X, Moskva 1962, S. 45; der hier vollständig wiedergegebene Mikroessay entstammt Turgenews später Textsammlung *Senilia*.

143 Einen der letzten großen Versuche, den „russischen Charakter" nach seinen wichtigsten, d. h. eigenständigsten Komponenten typologisch aufzuarbeiten, hat Aleksandr Solschenizyn in seinem Traktat über „Russland im Einsturz" unternommen (A. S., *Rossija v obvale*, Moskva 1998, §§ 28–30).

144 Anna Vežbickaja (Więrzbicka), „Russkij jazyk" (Die russische Sprache), in: A. V., *Jazyk Kul'tura Poznanie*, Moskva 1996, S. 33–88; hier S. 37.

145 D. S. Lichačev, *Razdum'ja o Rossii* (Meditationen über Russland), S.-Peterburg 1999, S. 510.

146 Lev Tolstoj, *Polnoe sobranie chudožestvennych proizvedenij* (Vollständige Sammlung der künstlerischen Werke), X, Moskva/Leningrad 1930, S. 50–59.

147 Vgl. dazu die faktenreiche Darstellung der traditionellen (bäuerlichen) russischen Wirtschaftsethik bei B. N. Mironov, *Social'naja istorija Rossii* (Sozialgeschichte Russlands), II, S.-Peterburg 1999, S. 304–317.

148 Vgl. dazu u. a. Kljutschewskijs klassischen „Cursus der russischen Geschichte" (Vorlesung XVII), wo der „kurze Sommer" als Grund für die „übermäßige kurzfristige Kraftanstrengung" des russischen Bauern angeführt und unterstrichen wird, dass

„wohl nirgendwo in Europa eine derartige Unerfahrenheit mit ausgewogener – maßvoller und gemessener – beständiger Arbeit wie in Großrussland" zu beobachten sei (Neuausgabe Vasilij O. Ključevskij, *O russkoj istorii*, Moskva 1993). Das Spezifikum der über Jahrhunderte fast unverändert gebliebenen russischen Landarbeit mit ihrem rekurrenten Wechsel zwischen kurzfristiger Intensität im Sommer und ihrer lang andauernden Minimalisierung für die restliche Jahreszeit ist noch heute Gegenstand wirtschaftshistorischer Kontroversen und wird außer auf klimatische Gegebenheiten auch auf die besondere Struktur des traditionellen Bauern- und Kirchenkalenders (Feier-, Fasten-, Markt- u.a. Freitage) zurückgeführt, so etwa bei B. N. Mironov, *a. a. O.*; vgl. dazu die kritisch-resümierenden Hinweise zur Forschungslage bei Ju. V. Olejnikov, *Prirodnyj faktor bytija rossijskogo sociuma* (Der Naturfaktor im russländischen Gesellschaftswesen), Moskva 2003, Kap. IV.

149 Pierre Tchaadaev (Petr Čaadaev), *Lettres philosophiques*, Paris 1970, S. 204, 211; kursiv von mir, *Vf.*

150 K. D. Kavelin, hier übersetzt und zitiert nach B. N. Mironov, *Social'naja istorija Rossii* (Sozialgeschichte Russlands), I, S.-Peterburg 1999, S. 331; vgl. zur Mentalität des russischen Bauerntums u. a. D. Moon, *Russian Peasants and Tsarist Legislation on the Eve of Reform*, London &c. 1992, S. 165–218.

151 Carsten Goehrke, *Russischer Alltag*, II, Zürich 2003, S. 60–62.

152 D. N. Mamin-Sibirjak, *Privalovy milliony* (Die Priwalowschen Millionen, 1883), Teil III, Kap. 4; kursiv von mir, *Vf.*

153 Ilja Muromez (Il'ja Muromec) ist der weithin populär gewordene Hauptheld diverser Versepen und Märchen, die entsprechend oft – auch in neurussischer Fassung – ediert worden sind; für die vorliegende Arbeit wurden folgende Quellen benutzt: B. N. Putilov, *Byliny* (Bylinen), Leningrad 1957; A. N. Afanas'ev, *Narodnyja russkija skazki i legendy* (Russische Volksmärchen und -legenden), I-II, Berlin 1922. Zur Gestalt, zum Namen, zur mythologischen Bedeutung des Ilja Muromez siehe die knappe Darstellung von V. V. Ivanov, V. N. Toporov, „I. M.", in: *Slavjanskaja mifologija*, Moskva 1995, S. 206–210. Die patriotische Vereinnahmung des Ilja Muromez, im mittleren 19. Jahrhundert entscheidend vorgeprägt vom Folkloristen Orest Miller, ist exemplarisch belegt bei Ivan Il'in, „Suščnost' i svoeobrazie russkoj kul'tury" (Wesen und Eigenart der russischen Kultur, 1944; Erstdruck deutsch), jetzt in: *Samosoznanie Rossii* (Filosofskie refleksii), II, Moskva 2000, S. 192ff.

154 Das *Igor-Lied* sowie die entsprechenden Kriegsberichte der *Hypatius-* und der *Laurentiuschronik* sind in deutscher Prosafassung abgedruckt und kommentiert bei Ludolf Müller (Hrsg.), *Das Igor-Lied*, Tübingen 1974. – Auch in den Chroniken, die rund zweihundert Jahre nach dem *Igor-Lied* abgefasst wurden, präsentiert sich der Hauptheld nicht als kampftüchtiger Recke, sondern als ein grüblerischer Fürst von durchaus trauriger Gestalt; der Schilderung seiner Flucht wird mehr Platz eingeräumt als dem Kampfgeschehen, seine sträfliche Niederlage wird nicht ihm als Heerführer angelastet, sondern als gottgewollter Schicksalsschlag ausgewiesen. Siehe zur altrussischen Heldendichtung insgesamt u. a. V. Ja. Propp, *Russkij geroičeskij ėpos* (Das russische Heldenepos), Moskva 1958. – Dass der Einzelne gemeinhin nicht an seiner Leistung und an seinem Erfolg gemessen, sondern als Medium eines höheren Willens, mithin meist als Leidender gesehen wird, entspricht generell dem russischen Menschenbild, wie es noch im 19. Jahrhundert, namentlich von Fjodor Dos-

tojewskij, mit Nachdruck vertreten wurde. In der Gestalt des Fürsten Myschkin (*Idiot*, 1868) wird dieses ambivalente Menschenbild exemplarisch konkretisiert und mit dem Bild des – „im Namen des Vaters" – leidenden Christus überblendet. Die russische Literatur von Puschkin bis Solshenizyn bietet eine umfangreiche Galerie solcher Antihelden, die sich eher durch Verzichtleistungen, masochistischen Leidenswillen oder Todessehnsucht auszeichnen denn durch positiven Heroismus.

155 N. A. Nekrasov, „Komu na Rusi žiť chorošo" (Wer gut lebt im Russenland, 1866–1874), in: N. A. N., *Polnoe sobranie stichotvorenij*, II/2, Moskva- Leningrad 1937, S. 557.

156 Vgl. dazu u. a. D. A. Bleskin, *Geografičeskaja sreda* (Das geographische Umfeld), Moskva 2002, S. 40f., 60f., 63f., 69f.

157 I. E. Zabelin, *Dnevniki/Zapisnye knižki* (Tagebücher/Notizbücher), Moskva 2001, S. 280.

158 Hier zitiert nach Serge A. Zenkovsky, *Aus dem alten Russland* (Epen, Chroniken und Geschichten), München 1968, S. 13; vgl. dazu die Kommentare bei Dmitrij Tschižewskij, *Geschichte der altrussischen Literatur* (Kiever Epoche), Frankfurt a. M. 1948, Teil II, § G.

159 Georgij Gačev, *Nacional'nye obrazy mira* (Evrazija), Moskva 1999, S. 344f.

160 V. F. Šapovalov, *Rossievedenie* (Russlandkunde), Moskva 2001, S. 244.

161 N. O. Losskij, *Charakter russkogo naroda* (Der russische Volkscharakter), Frankfurt a. M. 1957, S. 46.

162 Aleksandr Terechov, *Krysoboj* (Rattenschlacht, 2000); dass Terechov das russische Improvisations- und Basteltalent – als Gegenkraft zu planmäßiger und zielgerichteter Arbeit – in seinem Roman am Beispiel eines Architekten abhandelt, liegt von der Thematik her zwar auf der Hand, könnte aber auch ein Hinweis auf Gontscharows *Oblomow* als Quelle sein.

163 Mündliche Äußerung Tschaadajews gegenüber Aleksandr Gerzen, zitiert in: Aleksandr Gercen, *Byloe i dumy* (Gewesenes und Gedachtes, 1852–1868), definitive Fassung in Buchform, Teil IV, Kap. 30; auch wenn Gerzen die russische Arbeitsmoral und die Unfähigkeit vieler Russen, ein angefangenes Werk zum Abschluss zu bringen, verschiedentlich herb kritisierte, hat doch auch er selbst, der diverse literarische Projekte unvollendet ließ, mehr als ein Beispiel für jene „Unfähigkeit" gegeben.

164 Feliks Razumovskij, „Krizis bespočvennosti" (Krise der Bodenlosigkeit), in: *Literaturnaja gazeta*, 2004, II, S. 12.

165 Vgl. dazu u. a. den runden Tisch zur „Russländischen Mentalität", den die Zeitschrift *Voprosy filosofii* (1994, I, S. 25–53) ausgerichtet und dokumentiert hat; siehe hier v. a. den Beitrag von I. K. Pantin über die nationale Mentalität und die Geschichtsentwicklung Russlands.

166 G. G. Špet, „Očerk razvitija russkoj filosofii" (Entwicklungsskizze der russischen Philosophie), in: G. G. Š., *Sočinenija* (Werke), Moskva 1989, S. 53.

167 Matvej Malyj, *Kak sdelat' Rossiju normal'noj stranoj* (Wie macht man aus Russland ein normales Land), Moskva 2000, S. 33f.

168 Vasilij Rozanov, „Naš 'Antoša Čechonte'" (Unser ‚Antoscha Tschechonte'), in: V. R., *Sočinenija*, Moskva 1990, S. 421–424.

169 Nikolaj Berdjaev, *Sud'ba Rossii* (Russlands Schicksal), Moskva 1918, S. 62ff.; vgl. N. B., *Die russische Idee*, Sankt Augustin 1983, S. 30f. Zum russischen Nationalcharak-

ter siehe neuerdings auch (u. a.) D. S. Lichačev, „O nacional'nom charaktere russkich", in: D. S. L., *Ob intelligencii*, S.-Peterburg 1997, S. 368ff.
170 Vgl. dazu eine neuere, mit Berdjajew weitgehend (auch weitgehend *unkritisch*) übereinstimmende Untersuchung zum „Problem der nationalen Psychologie" von A. V. Prochorenko, *Vse v imeni tvoem, Rossija* (Alles liegt in deinem Namen, Russland), Sankt-Peterburg 2003, S. 88–108.
171 Siehe zum Phänomen des Umbruchs bzw. der Spaltung bzw. der Entkanonisierung im russischen Literatur- bzw. Kulturprozess Jurij Tynjanov, *Archaisty i novatory* (Archaisten und Neuerer), Leningrad 1929 („Das literarische Faktum"); Jurij Lotman, *Kul'tura i vzryv* (Kultur und Ausbruch), Moskva 1992; A. S. Achiezer, *Rossija* (Russland: Kritik der geschichtlichen Erfahrung), I-III, Moskva 1991 u. a. m.
172 Vgl. dazu v. a. die einschlägigen Arbeiten von Anna Więrzbicka (*Jazyk Kul'tura Poznanie*, Moskva 1996; *Ponimanie kul'tur čerez posredstvo ključevych slov*, Moskva 2001) und A. D. Šmelev (*Russkaja jazykovaja model' mira*, Moskva 2002).
173 S. V. Maksimov, *Po russkoj zemle* (Unterwegs auf russischer Erde), Moskva 1989, S. 130f.; an dieser Stelle wird Bezug genommen auf eine Reportage über die Uralkosaken.
174 Afanasij Fet, *Žizn' Stepanovki ili Liričeskoe chozjastvo* (Das Leben der Stepanowka oder Lyrische Wirtschaft, 1862–1871), Moskva 2001, S. 266.
175 Aus einem Brief Anton Tschechows an Dmitrij Grigorowitsch (5. II. 1888), in: Anton Čechov, *Sobranie* sočinenij, XI, Moskva 1963, S. 184; kursiv von mir, *Vf.*
176 Wladimir Weidlé, *Russland*, Stuttgart 1956, S. 30; vgl. dazu die linguistischen Ausführungen zu den „Raumkomponenten der 'russischen Seele'" in: A. D. Šmelev, *Russkaja jazykovaja model' mira*, Moskva 2002, S. 69ff.
177 Ivan Zabelin, *Istorija russkoj žizni* (Geschichte des russischen Alltagslebens), I-II, Moskva 1876, 1879; hier übersetzt und zitiert nach E. F. Šmurlo, *Vvedenie v russkuju istoriju* (Einführung in die russische Geschichte), Praha 1924, S. 117f.; kursiv von mir, *Vf.*
178 Vgl. zum Begriff und zur Vorstellung des großen russischen Landschaftsraums als „reines", also *freies* Feld die Anmerkungen D. S. Lichačev (*Razdum'ja o Rossii*, S.-Peterburg 1999, S. 511f.)
179 T. B. Ščepanskaja, *Kul'tura dorogi v russkoj miforitual'noj tradicii XIX-XX vv.* (Die Reisekultur in der russischen mythorituellen Tradition des 19./20. Jahrhunderts), Moskva 2003, S. 33.
180 Michail Ėpštejn, „Ljubov' prostranstva" (Die Liebe zum Raum), in: M. Ė., *Bog detalej*, Moskva 1998, S. 16.
181 Vasilij Rozanov, „Uedinennoe" (Vereinzeltes, 1912), in: V. R., *O sebe i žizni svoej*, Moskva 1990, S. 125.
182 Ivan Gončarov, *Oblomov* (1859), Teil I, Kap. 9.
183 Siehe I. B. Levontina/A. D. Šmelev, „Rodnye prostory" (Vertraute Weiten), in: *Logičeskij analiz jazyka*, Moskva 2000, S. 339f.; hier auch die Zitate von Gontscharow, Tschechow, Pasternak. Generell zur sprachlichen Fundierung des russischen Weltbilds siehe I. Levontina / A. Šmelev / A. Zaliznjak, „Schlüsselkonzepte des russischen sprachlichen Weltbilds", in: Katrin Berwanger/Peter Kosta (Hrsg.), *Stereotyp und Geschichtsmythos in Kunst und Sprache*, Frankfurt a. M., Berlin/Bern etc. 2005.
184 Fedor Dostoevskij, *Prestuplenie i nakazanie* (Verbrechen und Strafe, 1866), VI/5.

185 Vgl. dazu – unter vielen andern einschlägigen Dokumenten – die Aufzeichnungen von Fedor (Fjodor) Stepun aus der ländlichen russischen Provinz in der frühen Sowjetzeit (F. S., *Das Antlitz Russlands und das Gesicht der Revolution*, München 1961, S. 424–467). Interessant ist, dass Stepun (a.a.O., S. 426) die Widersprüchlichkeit der „russischen Seele" nicht als Zerrissenheit wahrnimmt, sondern als Garant ihrer „Einheit und Ganzheit", ihrer „Stabilität im Leben".

186 Dmitrij Galkovskij, „Beskonečnyj tupik" (Die endlose Sackgasse), in: *Kontinent*, LXXXI, Moskva/Paris o.J., S. 229, 302, 233 (zit. in dieser Reihenfolge).

187 Siehe dazu u. a. die generalisierende TV-Kritik von Ljudmila Wlodowa („Večnyj zov' russkoj duši" [Der ewige Ruf der russischen Seele], in: *Literaturnaja gazeta*, 2003, XLII, Bl. 10). – Zur Wiederentdeckung und zum Fortbestand der „russischen Seele" in ihrer tradierten, klischeehaft verfestigten Eigenart nach dem Ende der Sowjetunion siehe u. a. die detaillierten Erfahrungsberichte der US-Amerikanerin Dale Pesmen (Anm. 195) und des Russlanddeutschen Eduard Bernhard (E. B., „O širote duši" [Über der Breite der Seele], in: *Mosty*, I, 2004, S. 268–277).

188 Vgl. zu *bespredel* die Worterklärung sowie diverse Anwendungsbeispiele in *Tolkovyj slovar' russkogo jazyka konca XX v.* (Erklärendes Wörterbuch der russischen Sprache zum Ende des 20. Jahrhunderts), Sankt-Peterburg 1998, S. 83f.

189 Zur kulturologischen Relevanz der russischen „Offenheitsbreite" siehe u. a. Vladimir N. Toporovs Einführung zu *Pis'ma i zametki N. S. Trubeckogo* (Briefe und Notizen von N. S. Trubeckoj), Moskva 2002, S. iii-iv.

190 Vladimir Korolenko, *Dnevnik, pis'ma* (Tagebuch, Briefe; 1917–1921), Moskva 2001, S. 521.

191 Georgij Gačev, *Russkaja duma* (Die russische Denkart), Moskva 1991, S. 142; 152f.

192 Siehe zum russischen Selbstverständnis u. a. die folgenden Text- und Dokumentensammlungen: *Russland* (Selbstbezichtigungen und Bezichtigungen), hrsg. von Harry Harvest, Zürich 1949; *Russland ist mit dem Verstand nicht zu begreifen* (Selbstbildnisse der russischen Seele), hrsg. von Godehard Schramm, Rosenheim 1989; *Imperija prostranstva* (Das Imperium des Raums), hrsg. von D. N. Zamjatin und A. N. Zamjatin, Moskva 2003; *Iz russkoj dumy* (Aus russischem Denken), hrsg. von G. Gačev, I-II, Moskva 1995; *Mnenija russkich o sebe* (Meinungen der Russen über sich selbst), hrsg. von K. A. Skal'kovskij, Moskva 2001; *Iz russkoj mysli o Rossii* (Aus dem russischen Denken über Russland), hrsg. Von I. T. Janin, Kaliningrad 2002. Vgl. die schon mehrfach angeführten späten Essays von Dmitrij S. Lichačev, *Razdum'ja o Rossii*, S.-Peterburg 1999; das kulturologische Lexikon *The Russian Mentality* (Ideas in Russia), hrsg. von Andrzej Lazari, Katowice 1995; die einschlägige Broschüre von Reinhard Lauer, *Die russische Seele,* Göttingen 1997; die gesammelten russologischen Aufsätze von Vadim Kožinov, *O russkom nacional'nom soznanii* (Über das russische Nationalbewusstsein), Moskva 2002. Etc. – Zur sprachlichen Verfassung bzw. zur rhetorischen Inszenierung der „russischen Seele" siehe die Abhandlung von T. V. Bulygina, A. D. Šmelev, „Leksičeskij sostav russkogo jazyka kak otraženie ‚russkoj duši'" (Der Wortbestand der russischen Sprache als Widerspiegelung der ‚russischen Seele'"), in: T. V. B., A. D, Š., *Jazykovaja konceptualizacija mira*, Moskva 1997, S. 481–495; zur sprachlichen Konzeptualisierung der Seele (*duša*) generell vgl. Ju. S. Stepanov, *Konstanty* (Konstanten), Moskva 1997, S. 569–573.

193 Boris N. Mironov, *Social'naja istorija Rossii* (Sozialgeschichte Russlands), I, S.-Petersburg 1999, S. 59.
194 V. N. Demin, „Russkaja duša i ee kosmičeskaja predopredelennost'" (Die russische Seele und ihre kosmische Vorbestimmtheit), in: *Russkaja ideja, slavjanskij kosmizm i stancija ‚Mir'*, Kaluga 2000, S. 134.
195 Zitiert bei Dale Pesmen, *Russia and Soul*, Ithaca/London 2000, S. 128.
196 Die einschlägige Literatur zur Renaissance der „russischen Seele" nach dem Zusammenbruch der UdSSR ist längst unüberschaubar geworden; insbesondere die postsowjetische Kulturologie hat sich dieser Thematik angenommen und hält sie auch auf Schulbuchebene präsent. Initiiert wurde dieses Interesse noch zur Sowjetzeit durch Dmitrij Lichačev, dessen „Notizen über das Russische" (*Zametki o russkom*, Moskva 1981) inzwischen mehrfach nachgedruckt und vielfach nachgeahmt wurden. Zur Wiederkehr und Transformation der „russischen Seele" in der Russländischen Föderation siehe die aufschlussreichen Reportagen und Reflexionen von Dale Pesmen (*Russia and Soul*, Ithaca/London 2000); vgl. die konservative Innenansicht von Pavel Tulaev (*K ponumaniju russkogo*, Moskva 1994), sowie die „Russische Ethnopolitologie" von E. S. Troickij (*Russkaja ėtnopolitologija*, I, Moskva 2001). Siehe auch *oben*, Anm. 192 (weitere Literaturangaben).
197 Fedor Dostoevskij, *Dnevnik pisatelja* (Tagebuch eines Schriftstellers, 1873); Beitrag über „Russische Charakterzüge".
198 Georgij Fedotov, „Russkij čelovek" (Der russische Mensch, 1938), in: G. F., *Novyj Grad*, New York 1952, S. 70f.
199 Anna Sokolova, „Solženicyn kak zerkalo rossijskoj demokratičeskoj revoljucii" (Solshenizyn als Spiegel der russländischen demokratischen Revolution), in: *Literaturnaja gazeta*, XXXXVII, Moskva 2003, S. 2.
200 Hier übersetzt und zitiert nach Vasilij V. Rozanov, „O Dostoevskom" (Über Dostojewskij), in: V. V. R., *Sočinenija*, Moskva 1990, S. 181.
201 Übersetzt und zitiert nach Vissarion Belinskij, *Sobranie sočinenij* (Sammlung der Werke), IX, Moskva 1982, S. 53.
202 Lev Tolstoj, *Živoj trup* (Der lebende Leichnam, entstanden um 1900, uraufgeführt 1911).
203 Weitere Beispiele und Hinweise siehe bei Ju. V. Olejnikov, *Prirodnyj faktor bytija rossijskogo sociuma* (Der Naturfaktor des russländischen Gesellschaftswesens), Moskva 2003, S. 186ff.
204 D. S. Lichačev, *Zametki o russkom* (Notizen über das Russische), Moskva 1981, S. 8.
205 Vgl. dazu die Systematik und das Beispielmaterial bei Ju. S. Stepanov, *Konstanty* (Konstanten), Moskva 1997, S. 152ff. („sein", „existieren"), S. 313f. („Wille", „ich will").
206 Afanasij Fet, „Zametki o vol'nonaemnom trude" (Bemerkungen zur Lohnarbeit, 1861/1862), in: A. F., *Žizn' Stepanovki ili Liričeskoe chozjastvo*, Moskva 2001, S. 77.
207 Georgij Fedotov, „Rossija i svoboda" (Russland und die Freiheit, 1945), in: G. F., *Sud'ba i grechi Rossii* , II, Moskva 1992, S. 286.
208 Zitiert bei T. B. Ščepanskaja, *Kul'tura dorogi v russkoj miforitual'noj tradicii XIX-XX vv.* (Kultur des Reisens in der russischen mythorituellen Tradition des 19.–20. Jahrhunderts), Moskva 2003, S. 37.
209 Ivan Turgenev, *Dym* (Rauch, 1867), Kap. V.

210 Vgl. dazu die aufschlussreichen Notizen von Anton Tschechow über das Selbstverständnis der Verbannten auf der Strafinsel Sachalin (in: A. P. Čechov, *Sobranie sočinenij*, X, Moskva 1963, S. 71, 94).
211 Zitiert (ohne Quellenangabe) bei D. Oreškin, „Geografija ducha i prostranstvo Rossii" (Geographie des Geistes und der Raum Russlands) in: T. V. Bulygina, A. D. Šmelev, *Jazykovaja konceptualizacija mira*, Moskva 1997, S. 487; siehe zum russischen Freiheitsbegriff (linguistisch, kulturologisch) u. a. auch V. F. Šapovalov, *Rossievedenie* (Russlandkunde), Moskva 2001, S. 109ff.
212 Lev Anninskij, „Ja byl sovetskij čelovek…" (Ich war ein Sowjetmensch…), in: *Literaturnaja gazeta*, XXIII-XIV, Moskva 2003, S. 5.
213 Zitiert nach V. N. Piskunov, *Tema o Rossii* (Russland als Thema), Moskva 1983, S. 288.
214 Zur Funktion und Bedeutung des „Schicksals" (*sud'ba*) im russischen Volks- und Selbstbewusstsein siehe u. a. die Ausführungen bei V. K. Egorov, *Filosofija kul'tury Rossii* (Kulturphilosophie Russlands), Moskva 2002, S. 305–336.
215 Vgl. dazu u. a. die Ansätze bei A. D. Šmelev, *Russkaja jazykovaja model' mira* (Das russischsprachige Weltmodell), Moskva 2002, S. 209–212; dort auch weitere Literaturangaben.
216 Unter psychoanalytischem Gesichtspunkt und mit entsprechendem Begriffsapparat erläutert Daniel Rancour-Laferriere die russische Schicksalsergebenheit als Signum einer masochistischen Leidenskultur (*The Slave Soul of Russia*, New York/London 1995, S. 69ff.); vgl. auch die soziolinguistische Untersuchung zum russischen Schicksalsbegriff von A. D. Šmelev, *Russkaja jazykovaja model' mira* (Das russischsprachige Weltmodell), Moskva 2002, S. 209–211.
217 Georgij Fedotov, „Rossija i svoboda" (Russland und die Freiheit), in: G. F., *Sud'ba i grechi Rossii*, II, Sankt-Peterburg 1992, S. 286.
218 D. S. Lichačev, *Razdum'ja o Rossii* (Meditationen über Russland), S.-Peterburg 1999, S. 510.
219 Fazil' Iskander, hier übersetzt und zitiert nach A. D. Šmelev, „Udal'" (Verwegenheit), in: A. D. Š., *Russkaja jazykovaja model' mira*, Moskva 2002, S. 93.
220 I. E. Zabelin, *Dnevniki / Zapisnye knižki* (Tagebücher/Notizbücher), Moskva 2001, S. 288.; dass Zabelin persönliche Freiheit bzw. individuelles Selbstbewusstsein mit Naturkatastrophen in Zusammenhang bringt, hat insofern seine Richtigkeit, als in Russland solche Katastrophen („Unbilden"), zu denen nicht zuletzt die „großen Hungersnöte", die „großen Brände" u. ä. gehörten, weithin mit staunenswerter Duldsamkeit dem „Schicksal" (*dolja, sud'ba*) zugeschrieben wurden, als dessen Spielball der Einzelne nichts auszurichten hatte und mithin auch nicht gehalten war, sich *persönlich* zu engagieren und in den unabänderlichen (von der Natur, von Gott bestimmten) Lauf der Dinge einzugreifen. Der russische Schicksalsglaube und seine sprachlichen Ausdrucksformen bedürften, gerade auch mit Rücksicht auf die Unermesslichkeit des Naturraums, einer gesonderten Darstellung.
221 Das „Neboss" (*nebos'*, von russ. *ne bojsja*, „[hab] keine Angst") ist eine negativ gefasste Entsprechung zum „Awoss" (*avos*) mit der Bedeutung von „nicht wahr", „nicht doch", „doch nicht", „schon", „wohl" u. ä. m. (*nebos' spraviš'sja*, „du wirst es schon schaffen"; *nebos', est' chočeš'*, „du hast wohl Hunger"). Übrigens sind *avos'* und *nebos'* (als Substantive) im Russischen männlich.

222 Vgl. Anna Vežbickaja, *Jazyk Kul'tura Poznanie* (Sprache Kultur Erkenntnis), Moskva 1996, S. 76–79; L. V. Savel'eva, *Russkoe slovo* (Das russische Wort), Sankt-Peterburg 2000, S. 150f.
223 Siehe dazu die soziologischen Erörterungen (mit zahlreichen Fallbeispielen und Umfrageergebnissen) bei A. V. Sergeeva, *Russkie: Stereotipy povedenija, tradicii, mental'nost'* (Die Russen: Stereotypien, Traditionen, Mentalität), Moskva 2004, S. 141–158.
224 Fedor Stepun, „Mysli o Rossii" (Gedanken über Russland, 1926), in: *Russkaja filosofija sobstvennosti XVIII-XX vv.*, S.-Peterburg 1993, S. 335.
225 Fedor Tjutčev, *Ėti bednye selen'ja* (Diese ärmlichen Weiler, 1855).
226 Oswald Spengler, *Der Untergang des Abendlandes*, I, München 1973, S. 259, Anm. 3; vgl. *a. a. O.*, II, S. 921.
227 Viktor Šklovskij, „‚Vdrug' Dostoevskogo" (Dostojewskijs ‚Plötzlich'), in: V. Š., *Ėnergija zabluždenija*, Moskva 1981, S. 279.
228 Anton Čechov, *Step'* (Die Steppe, 1888), Kap. IV.; kursiv von mir, *Vf.* – V. N. Toporov hat bei Dostojewskij und Belyj Hunderte von Textstellen eruiert, an denen das Wort „plötzlich" – hier allerdings meist zur Bezeichnung psychischer Irritationen – vorkommt (V. N. T., *Mif Ritual Simvol Obraz*, Moskva 1995, S. 214ff.); das Beispielmaterial macht deutlich, dass Plötzlichkeit in städtischer Umgebung völlig anders erfahren wird als in der freien Natur. Das Unerwartete, *plötzlich* sich Manifestierende bezeichnet hier keinen panischen Moment, löst keinen heiligen Schrecken aus – der Mensch selbst ist der Ort und Anlass des Geschehens, er selbst erkennt sich *plötzlich* – im Spiegel, im Traum o. ä. – als ein Anderer bzw. als einen Anderen.
229 Aleksandr Gercen, „Kaprizy (Novye variacii)" (Capricen [Neue Varianten], 1846), in: A. G., *Sočinenija*, IV, S.-Peterburg 1905, S. 375.
230 Ivan Turgenev, *Rudin* (Rudin, erschienen 1856), Kap. II, III; *Otcy i deti* (Väter und Kinder, entstanden 1860–1861, Erstdruck 1862), Kap. IX.
231 Fedor Dostoevskij, *Zapiski iz podpol'ja* (Aufzeichnungen aus dem Untergrund, 1864), Teil I, Kap. 9.
232 Brief F. M. Dostojewskijs an I. S. Aksakow vom 3. Dezember 1880, in F. M. D., *Polnoe sobranie sočinenij*, XXX/1, Leningrad 1988, S. 232.
233 Fedor Tjutčev, „Umom Rossiju ne ponjat' ..." (Mit dem Verstand ist Russland nicht zu fassen ...", entstanden am 28. November 1866).
234 Lev Tolstoj, *Vojna i mir* (Krieg und Frieden, Urfassung 1866), Teil VII, Kap. 1.
235 Zitiert (nach Schestow) bei Lesley Chamberlain, *Motherland: A philosophical History of Russia*, London 2005, S. 131, Anm. 36.
236 Vasilij V. Rozanov, *Opavšie list'ja* (Gefallene Blätter, I, 1913), in: V. V. R., *O sebe i žizni svoej*, Moskva 1990, S. 167; allgemein zur Rezeption und Verbreitung des Evidenztopos in Russland vgl. Wolfgang Gesemann, „2 x 2 (Ein Topos)", in: *Die Welt der Slaven*, 1973, Jg. XVIII, S. 152–162.
237 Aleksandr Blok, „Na pole Kulikovom" (1908), Teile I; IV. – Siehe dazu die ausführliche Erörterung von Bloks Russlandbild allgemein und des *Kulikovo*-Zyklus im besondern bei Georgij Fedotov, *Sud'ba i grechi*, I, Sankt-Peterburg 1991, S. 102–122.
238 Übersetzt und zitiert nach L. V. Savel'eva, *Russkoe slovo* (Das russische Wort), Sankt-Peterburg 2000, S. 149.

239 Michail Ėpštejn assoziiert das Phänomen des russischen Seelenschmerzes (*toska*) mit Langeweile (*skuka*), melancholischer Misslaunigkeit und Weltschmerz (*chandra*); siehe dazu „Russkaja chandra" (Russischer Weltschmerz), in: M. Ė., *Bog detalej*, Moskva 1998, S. 17–24.
240 Ivan Bunin, *Zapustenie* (Ödnis, 1903).
241 Nikolaj Gogol', *Mertvye duši* (Tote Seelen, Erstdruck 1842), Kap. XI.
242 Zu den „singulären russischen Konzepten" von *toska* und *udal'* siehe u. a. T. V. Bulygina, A. D. Šmelev, *Jazykovaja konceptualizacija mira* (Die sprachliche Konzeptualisierung der Welt), Moskva 1997, S. 489f.; zu *toska* und den partiellen Synonymen dazu (*grust', pečal', tuga, gore* u. a. m.) vgl. die Hinweise und Beispiele bei Ju. S. Stepanov, *Konstanty* (Konstanten), Moskva 1997, S. 670–694. Zur russischen Melancholie (*chandra*) allgemein siehe Michail Ėpštejn, *Bog detalej*, Moskva 1998, S. 17–24.
243 Afanasij Fet, *Žizn' Stepanovki ili Liričeskoe chozjajstvo* (Das Leben der Stepanowka oder Lyrische Wirtschaft), Moskva 2001, S. 96ff.; dort weitere Beispielverse und -strophen.
244 Vgl. dazu die Ausführungen und Textbeispiele (aus Dostojewskijs Prosatexten) bei V. N. Toporov, „O strukture romana Dostoevskogo v svjazi s archaičnymi schemami mifologičeskogo myšlenija" (Zur Romanstruktur bei Dostojewskij im Zusammenhang mit den archaischen Schemata mythologischen Denkens), in: V. N. T., *Mif Ritual Simvol Obraz* (Mythos Ritual Symbol Bild), Moskva 1995, S. 211ff.
245 Evgraf Kruze, „Otgadaj, moja rodnaja ..." (Musik von A. L. Gurilev, 1850), in: *Pesni russkich poėtov*, II, Leningrad 1988, S. 357.
246 D. N. Mamin-Sibirjak, *Privalovy milliony* (Die Priwalowschen Millionen, 1883), Teil II, Kap. 16; kursiv von mir, *Vf.*
247 Ivan Turgenev, *Pevcy* (Die Sänger, 1850); *Les i step'* (Wald und Steppe, 1852). Beide Erzählungen wurden aufgenommen in den Band *Zapiski ochotnika* (Aufzeichnungen eines Jägers, 1852).
248 Nikolaj Gogol', „O malorossijkich pesnjach" (Über die kleinrussischen Lieder, 1834), in: N. G., *Arabeski* (1835); etwa gleichzeitig mit Gogol hat der Folklorist Aleksandr Terestschenko in seinem mehrbändigen Werk zur Alltagskultur des russischen Volkes (1848) dem Lied – besonders dem kleinrussischen und dem der Kosaken – eine mit manchen Textbeispielen angereicherte Abhandlung gewidmet (Aleksandr Tereščenko, *Byt russkago naroda*, I, [Neudruck] 1997, S. 56–83).
249 Nikolaj Gogol', *Mertvye duši* (Tote Seelen, 1842), Kap. XI.
250 N. G., „V čem že nakonec suščestvo russkoj poėzii i v čem ee osobennost'" (Worin letztendlich das Wesen der russischen Dichtung besteht und worin ihre Besonderheit, 1845/1846), Teil XXXI der *Ausgewählten Stellen aus Nikolaj Gogols Briefwechsel mit Freunden* (1847), hier übersetzt und zitiert nach: N. G., *Duchovnaja proza*, Moskva 1992, S. 265.
251 M. Ju. Lermontov, *Polnoe sobranie sočinenij* (Sämtliche Werke), I, Moskva/Leningrad 1936, S. 26; 286.
252 Ivan Turgenev, *Pevcy* (Die Sänger, 1850); siehe oben, Anm. 247.
253 Anton Čechov, *Step'* (Die Steppe, 1888), Kap. II.
254 N. A. Nekrasov, *Komu na Rusi žit' chorošo* (Wer in Russland glücklich lebt, entstanden 1863–1877); es handelt sich um ein großangelegtes vielteiliges Poem, das unvollendet blieb; kursiv von mir, *Vf.*

255 A. A. Blok, „Krušenie gumanizma" (Zusammenbruch des Humanismus, 1919), in: A. A. B., *Sobranie sočinenij*, VI, Moskva/Leningrad 1962, S. 114f.
256 A. A. Blok, „Rossija" (Russland, 1908).
257 Zitiert bei Arsenij Gulyga, *Russkaja ideja* (Die russische Idee), Moskva 1995, S. 23.
258 Boris V. Asaf'ev, *Izbrannye stat'i* (Ausgewählte Aufsätze), II, Moskva 1952, S. 14f.
259 Marina Cvetaeva, *Moj Puškin* (Mein Puschkin), Moskva 1981, S. 62.
260 Marina Cvetaeva, „Rodina" (Heimat), in: M. C., *Izbrannye proizvedenija*, Moskva/Leningrad 1965, S. 297; das Gedicht wurde 1932 im Exil geschrieben. Ausdrücklich dem „Heimweh" hat die Zwetajewa 1934 ein mehrstrophiges Gedicht („Toska po rodine!..", *a.a.O.*, S. 304f.) gewidmet. *Toska* im engeren Sinn (als Sehnen *nach* etwas Verlorenem oder Erträumtem) wie auch im weiteren Sinn (als melancholische Befindlichkeit) gehört zu den großen Themen russischer Poesie, was durch beliebig viele Textbeispiele zu belegen wäre.
261 Maxim Gorki, *Vom russischen Bauern*, Berlin 1922, S. 6; deutsche Originalausgabe.
262 N. A. Dobroljubov, „Čto takoe oblomovščina?" (Was ist Oblomowismus?, 1859), in: N. A. D., *Izbrannye literaturno-kritičeskie stat'i*, Moskva 1970, S. 35–69; vgl. dazu die detaillierten Anmerkungen und Kommentare zur Text- und Wirkungsgeschichte *a. a. O.*, S. 570ff.
263 Textauszüge nach A. G. Cejtlin, *I. A. Gončarov*, Moskva 1950, S. 32, 118, 217, 111; vgl. Sergej Miller, „Gončarov" (in: *Mosty*, I, 2003, S. 278–310), der u. a. darauf hinweist, dass Gontscharow, seinem trägen Charakter und seiner trödlerischen Lebensführung zum Trotz, als Schriftsteller immer wieder auch Phasen höchster Konzentration, Anstrengung und Produktivität kannte – gerade dieser Wechsel von lang anhaltender Passivität und kurzfristiger Arbeitswut scheint ein „typisch russisches" Phänomen zu sein.
264 Eine gut begründete, philosophisch perspektivierte Rechtfertigung des „Oblomowismus" als typisch russische Lebenshaltung findet sich bei N. O. Losskij, *Charakter russkogo naroda* (Der Charakter des russischen Volkes), Frankfurt a. M. 1957, Kap. III.; siehe außerdem die geistes- und mentalitätshistorischen Abhandlungen zum „Oblomowismus" generell, zur Typologie Oblomows im Besonderen in der „Geschichte der russischen Intelligenz" (1903–1910) von D. N. Ovsjaniko-Kulikovskij (partieller Nachdruck in: D. N. O.-K., *Literaturno-kritičeskie raboty*, II, Moskva 1989, Teil I, Kap. XI-XII). Vgl. auch die Monographie zur „Mythologie der Muße" (mit besonderer Berücksichtigung der russischen Stadt- und Adelskultur) von N. A. Chrenov, *Mifologija dosuga*, Moskva 1998.
265 A. S. Puschkin, hier zitiert und übersetzt nach A. G. Tartakovskij, „My lenivy i neljubopytny" (Wir sind faul und desinteressiert), in: A. G. T., *Russkaja memuaristika i istoričeskoe soznanie XIX veka*, Moskva 1997, S. 109.
266 Afanasij Fet, *Žizn' Stepanovki ili Liričeskoe chozjajstvo* (Das Leben der Stepanowka oder Lyrische Wirtschaft), Moskva 2001, S. 267. – Fet spricht hier (S. 304f.) von „hilfloser Langeweile und Apathie", die offenkundig ebenso unproduktiv war wie das scheinbar „entgegengesetzte Ideal der städtischen Rastlosigkeit und der Jagd nach allen möglichen Gespenstern".
267 Anton Čechov, *Dom s mezaninom* (Das Haus mit dem Mezzanin, 1895/1896).
268 Innokentij Annenskij, „Gončarov i ego Oblomov" (Gontscharow und sein Oblomow, 1892), in: I. A., *Knigi otraženija*, Moskva 1979, S. 264ff.

269 D. N. Ovsjaniko-Kulikovskij, *Literaturno-kritičeskie raboty*, II, Moskva 1989, S. 250f.
270 Kazimir Malevič, *Len' kak dejstvitel'naja istina čelovečestva* (Die Muße als reale Wahrheit des Menschentums, 1921), Moskva 1994; vgl. dazu die Abhandlung (der die im Text angeführten Zitate entnommen sind) von Felix Philipp Ingold, „Kunst und Ökonomie (Zur Begründung der suprematistischen Ästhetik bei Kazimir Malevič", in: *Wiener Slawistischer Almanach*, Bd. IV, 1979, S. 153–194.
271 Léopold Sédar Senghor, „L'Afrique et l'Europe – deux mondes complémentaires" (1955), in: L. S. S., *Nation et voie africaine du socialisme*, Paris 1971, S. 148–158.
272 Vasilij Rozanov, „Psichologija russkago raskola" (Die Psychologie des russischen Schismas), in: V. R., *Religija i kul'tura*, S.-Peterburg 1899, S. 23.
273 Maksim Gor'kij, „Dve duši" (Zwei Seelen, 1915); hier übersetzt und zitiert nach Vladimir Piskunov, *Tema o Rossii* (Russland als Thema), Moskva 1983, S. 319.
274 Maxim Gor'kij, „Nesvoevremennye mysli" (Unzeitgemäße Gedanken, 1918), in: M. G., *Kniga o russkich ljudjach*, Moskva 2000, S. 529.
275 Nikolaj Bucharin (*Izvestija*, 21.01.1936), hier übersetzt nach V. F. Šapovalov, *Rossievedenie* (Russlandkunde), Moskva 2001, S. 246.
276 Georgij Fedotov, „Revoljucija idet" (Die Revolution kommt, 1929), in: G. F., *Sud'ba i grechi*, I, Sankt-Peterburg 1991, S. 131.
277 Dmitrij Galkovskij, „Beskonečnyj tupik" (Die endlose Sackgasse), in: *Kontinent*, LXXXI, Moskva/Paris o.J., S. 278.
278 Nikolaj Berdjaev, *Sud'ba Rossii* (Russlands Schicksal), Moskva 1918, S. 14f.; allgemein zur „Frage nach dem ‚russischen Müßiggang'" siehe V. F. Šapovalov, *Rossievedenie* (Russlandkunde), Moskva 2001, S. 243–248.
279 Alle Zitate nach Marina Cvetaeva, *Pis'ma k Natal'e Gajdukevič* (Briefe an Natalia Haidukiewicz), Moskva 2002.
280 Michail Ėpštejn, *Bog detalej*, Moskva 1998, S. 24.

Exkurs (1)
Heim und Heimat

1 Vgl. dazu den gängigen Begriff „Haus-Land" bzw. „Land-als-Haus" (*dom-strana*) für „ganz Russland" (*vsja Rossija*); die Vorstellung „ganz Russlands" als gemütliches Eigenheim konkretisiert sich noch in der Bezeichnung „Unser Haus Russland" (*Naš dom Rossija*), unter der ab Mai 1995 eine bedeutende regierungsnahe Zentrumspartei aufgetreten ist, oder im Titel „Das Russische Haus" (*Russkij dom*) für eine postsowjetische patriotische Zeitschrift. – Zum heutigen russischen Raumverständnis (mit besonderer Berücksichtigung der Regionen) siehe u. a. Nadežda Zamjatina, „Novye obrazy prostranstva Rossii" (Neue Raumbilder Russlands), in: *Otečestvennye zapiski*, 2002, VI, S. 212–212 (mit reichem Beispielmaterial aus der russländischen Presse und aus offiziellen Verlautbarungen); dazu die theoretische Abhandlung von Aleksandr Filippov, „Geterotopologija rodnych prostorov" (Die Heterotopologie heimatlicher Räume), in: a. a. O., S. 48–62.
2 N. Zograbjan, „Trojka, četverka pljus pulemet" (Drei- und Viergespann plus Maschinengewehr), in: *Rostov oficial'nyj*, 2001, Nr. 57, Bl. 16.

3   Ivan Bunin, *Antonovskie jabloki* (Die Antonsäpfel, 1900).
4   Aleksandr Puškin, *Besy* (Die Teufel, 1830).
5   Zum russischen Landschaftsraum „als Quelle von Gefahren und Ungemach" siehe Anna Zaliznjak (u.a.), „Široka strana moja rodnaja" (Weit ist mein Heimatland), in: *Otečestvennye zapiski*, 2002, VI, S. 177f.; hier auch das Zitat von Turgenew.
6   Als Motto zitiert bei Ėduard Nadtočij, „Razvivaja Tamerlana" (Tamerlan weiterdenkend), in: *Otečestvennye zapiski*, 2002, VI, S. 159.
7   Schalom Asch, *Petersburg* (Roman), Berlin/Wien/Leipzig 1931, S. 227.
8   Zur Bauerngemeinde als Lebenswelt und Institution sowie allgemein zum russischen Gemeinschafts- und Korporationsdenken im 17./19. Jahrhundert siehe u. a. B. N. Mironov, *Social'naja istorija Rossii perioda imperii* (Sozialgeschichte Russlands in der imperialen Periode), I, S.-Peterburg 1999, Kap. VII (Bauerngemeinden, Stadtgemeinden, Adelskorporationen); Carsten Goehrke, *Russischer Alltag*, II, Zürich 2003, S. 47ff.; 218–283.
9   Ju. V. Olejnikov, *Prirodnyj faktor bytija rossijskogo sociuma* (Der Naturfaktor im russländischen Gesellschaftswesens), Moskva 2003, S. 184.
10 Siehe dazu u. a. die sprachgeschichtlich abgestützten Begriffsbestimmungen (mit zahlreichen Textbeispielen) bei Jurij Stepanov, *Konstanty* (Konstanten), Moskva [2., erg. Aufl.] 2001, S. 86ff., S. 127ff., 806ff.; zur philosophischen, religiösen, mythologischen Fundierung der „Gemeinschaftlichkeit" (*sobornost*) siehe u. a. die Textsammlung von L. E. Šapošnikov, *Filosofija sobornosti* (Philosophie der Konziliarität), Sankt-Peterburg 1996.
11 Pavel Florenskij, „Itogi" (Fazit), Erstdruck in: *Ėstetičeskie cennosti v sisteme kul'tury* (Ästhetische Werte im Kultursystem), Moskva 1986, S. 122–132.
12 Zitat (und Übersetzung) nach *Letopis' russkoj filosofii 862–2002* (Annalen der russischen Philosophie), Sankt-Peterburg 2003, S. 328f.
13 Zitiert bei L. I. Blecher/G. Ju. Ljubarskij, „Obščinnost' i kollektivizm" (Gemeinschaftlichkeit und Kollektivismus), in: dies., *Glavnyj russkij spor*, Moskva 2003, S. 136f.; vgl. auch *Semejnye uzy: Modeli dlja sborki* (Familienbande: Modelle der Gruppenkonstitution), Moskva 2004; es handelt sich um eine groß angelegte Sammlung von Einzelstudien zur Funktion familiärer, wirtschaftlicher, politischer, ideologischer u. a. Gemeinschaften im postsowjetischen Russland.
14 Anton Čechov, „Ostrov Sachalin" (Die Insel Sachalin, Erstdruck 1893–1895); Kap. III.
15 Zum Phänomen der häuslichen Geborgenheit und des „eigenen Winkels" (*svoj ugolok*) siehe die enzyklopädischen und linguistischen Notizen (mit Textbeispielen und Bilddokumenten) bei Ju. S. Stepanov, *Konstanty* (Konstanten), Moskva 1997, S. 694ff.; berücksichtigt werden das bäuerliche wie auch das bürgerliche und adelige Intérieur.
16 Das „Motiv des ‚bergenden Raums' [*prijut*] in der Kunst des späten 19. und frühen 20. Jahrhunderts" behandelt Gleb G. Pospelov in seiner Aufsatzsammlung zur „Russischen Kunst des 19. Jahrhunderts" (*Russkoe iskusstvo XIX veka*, Moskva 1997, Kap. VII).
17 Eine Werkausgabe von G. S. Baten'kov liegt bislang nicht vor; seine Gedichte und Aufzeichnungen sind nur zum geringen Teil und oft an entlegenem Ort veröffentlicht worden. Zum „Phänomen Batenkow" (Fenomen Baten'kova) siehe die Ab-

handlung von Vladimir N. Toporov, „Ob individual'nych obrazach prostranstva" (Über individuelle Raumbilder), in: V. N. T., *Mif, ritual, simvol, obraz* (Issledovanija v oblasti mifopoėtičeskogo), Moskva 1995, S. 446–475; dort auch umfangreiche Angaben zur Primär- und Sekundärliteratur.

18 Gavriil Baten'kov, „*Ne znaju, skol'ko dolgich let* ... " („Ich weiß nicht, wieviele lange Jahre ..."; entstanden in der Kerkerhaft zwischen 1825 und den 1840er Jahren).

19 Aleksandr Bogdanov, *Dorožka* (Der Pfad, 1907).

20 Nikolaj Berdjaev, *Samopoznanie* (Selbsterkenntnis), Paris 1949, Kap. V. – Vgl. Wera Figners Aufzeichnungen und Erinnerungen aus langjähriger Kerkerhaft (*Nacht über Russland*, Berlin 1985; Teil II u. d. T. „20 Jahre in Kasematten", dazu historische Dokumente).

21 Andrej Sinjavskij, *127 pisem o ljubvi* (127 Briefe über die Liebe), I, Moskva 2004, S. 68.

22 A. S., *a. a. O.*, II, S. 528.

23 *A. a. O.*, III, S. 131; vgl. dazu Joseph Brodsky, „The Writer in Prison", in: *New York Times Book Review,* October 1996, S. 24f..

24 Ivan Aksakov, *Brodjaga* (Der Landstreicher, 1846–1850); mit aufschlussreichen Kommentaren und Dokumenten abgedruckt in: I. A., *Stichotvorenija i poėmy*, Leningrad 1960.

25 Nikolaj Gogol', „Vybrannye mesta iz perepiski s druz'jami" (Ausgewählte Stellen aus dem Briefwechsel mit Freunden, 1847), in: N. G., *Duchovnaja proza*, Moskva 1992, S. 219, 268.

26 V. G. Korolenko, *Istorija moego sovremennika* (Geschichte meines Zeitgenossen, 1905–1921), Moskva 1965, S. 117.

27 Fedor Stepun, *Das Antlitz Russlands und das Gesicht der Revolution* (Aus meinem Leben 1884–1922), München 1961, S. 150.

28 Vgl. u. a. den detailreichen, dabei höchst anschaulichen Bericht über eine Eisenbahnreise von Moskau nach Wolgograd bei Knut Ebeling, *Moskauer Tagebuch*, Wien 2001, S. 93ff.

29 Vladimir Solouchin, *Vladimirskie proselki* (Feldwege bei Wladimir, 1957).

30 Petr Eršov, *Konek-Gorbunok* (Das bucklichte Pferdchen, 1834).

31 Sergej Esenin, „*Ustal ja* ... " (Bin's müde ..., 1915–1916); dazu diverse gleichartige Texte.

32 Hier zitiert und übersetzt nach Vasilij Rozanov, *O sebe i žizni svoej* (Über mich selbst und mein Leben), Moskva 1990, S. 647.

33 Vasilij Rozanov, „Ėmbriony" (Embryonen, 1899), in: V. R., *Religija, filosofija, kul'tura*, Moskva 1992, S. 225.

34 Vasilij Rozanov, „Opavšie list'ja" (Abgefallene Blätter, I, 1913), in: V. R., *O sebe i žizni svoej*, Moskva 1990, S. 182, 173.

35 Zur Bedeutung des Bären in der russischen Folklore siehe (u. a.) V. V. Ivanov / V. N. Toporov, *Slavjanskie jazykovye modelirujuščie semiotičeskie sistemy* (Slawische sprachliche modellierende semiotische Systeme), Moskva 1965, S. 160f.; M. N. Sokolov, „Medved'" (Der Bär), in: *Mify narodov mira*, II, Moskva 1982, S. 128ff.; vgl. Werner Philipp, „Auf den Spuren des russischen Bären", in: *Aus dreißig Jahren Osteuropa-Forschung*, Berlin 1984, S. 183–193 (hier der Hinweis auf die frühsten westeuropäischen Belege zur Metaphernbildung des „russischen Bären" bei William Shakespea-

re, wo allerdings – in *Henry V* und *Macbeth* – der Bär nicht für Russland, sondern das Russische für das besonders Wilde, Aggressive und Primitive steht); zum typologischen Vergleich von Bärentum und Russentum siehe Michail Ėpštejn, *Bog detalej* (Der Gott der Details), Moskva 1998, S. 31–36.

36 Siehe dazu (mit zahlreichen weiteren Umfrageergebnissen) Michael Fleischer, „Russische, polnische und deutsche Kollektivsymbolik", in: *Im Zeichen-Raum*, herausgegeben von Anne Hartmann, Christoph Veldhues, o. O., 1998, S. 65–106; hier S. 97, 99.

37 Siehe einführend zur Mythologie des Hauses am Beispiel der russischen Bauernhütte L. S. Lavrent'eva / Ju. I. Smirnov, *Kul'tura russkogo naroda* (Die Kultur des russischen Volkes), Sankt-Peterburg 2004; behandelt werden u. a. die kosmische und anthropologische Struktur der Bauernhütte, die Symbolik von Herd und Ofen, Bedeutung und Funktion der Hausgeister (mit zahlreichen Abb., Literaturverzeichnis); generell zur Symbolik der Behausung und des Interieurs in der russischen Kultur siehe Georgij Gačev, *Nacional'nye obrazy mira* (Nationale Weltbilder), Moskva 1999; S. 11–21. – Zur architektonischen Typologie der Bauernhütte siehe die historisch-analytische Studie von Basile H. Kerblay, *L'Isba russe d'hier et d'aujourd'hui*, Lausanne 1973; vgl. zum Innenraum und zur traditionellen Einrichtung der Bauernwohnung (Möbel, Gerätschaften, Dekor etc.) das enzyklopädische Sammelwerk *Russkaja izba*, S.-Peterburg 2004; zur architektonischen Struktur und wirtschaftlichen Funktion von „Haus, Hof und Wirtschaftsgebäude" siehe u. a. I. I. Šangina, *Russkij tradicionnyj byt* (Traditionelle russische Alltagskultur), Sankt-Peterburg 2003, S. 13–144 (mit zahlreichen Abb.). Vgl. die präzise semiotische Analyse des russischen Haus-Mythos bei V. V. Ivanov / V. N. Toporov, *Slavjanskie jazykovye modelirujuščie semiotičeskie sistemy*, Moskva 1965, S. 168ff.; zur kosmischen Symbolik der Bauernhütte siehe S. D. Domnikov, *Mat'-zemlja i Car'-gorod* (Mutter-Erde und Kaiser-Stadt), Moskva 2002, S. 159–167. Siehe auch die historische Darstellung der russischen – bäuerlichen, gutsherrlichen, städtischen – Wohnkultur von Leonard V. Tydman, *Izba Dom Dvorec* (Bauernhütte Haus Palast), Moskva 2000. Zu Heim und Heimat als literarischem Motiv siehe T. I. Radomskaja, *Dom i otečestvo v russkoj klassičeskoj literature pervoj treti XIXv.* (Haus und Vaterland in der russischen klassischen Literatur des ersten Drittels des 19. Jahrhunderts), Moskva 2006.

38 Als Varianten zur bäuerlichen Blockbauhütte wären u. a. zu nennen die Lehmhütte (*mazanka*, v. a. in Südrussland), die Erdhütte (*zemljanka*, eingelassen in den Erdgrund, verbreitet in Zentralrussland), die Kate (*chata*, lehmverputzt oder aus Lehm gebaut, verbreitet in West-, Südrussland), generell die kleine, ärmliche Hütte (*chižina;* auch *izbuška*). Strukturelle Varianten sind zwei-, drei-, fünfteilige Hütten nebst solchen, die lediglich aus einem Raum bestehen; Hütten in unterschiedlicher Kombination mit Speicher, Stall, Werkstatt, Bad; Hütten mit unterschiedlicher Bedachung usf.

39 Übersetzt und zitiert nach Aleksandr Vodolagin, „Večnoe kočev'e" (Ewiges Nomadentum), in: A. V. (u. a.), *Četvertaja pečat'* (Ėskizy k fenomenologii russkogo ducha), Tver' 1993, S. 83.

40 V. O. Ključevskij, *Russkaja istorija* (Russische Geschichte), I, Moskva 2005, S. 55.

41 Wilhelm (William) Coxe, *Reise durch Polen, Russland, Schweden und Dänemark*, I-III, Zürich 1785–1792; hier zitiert nach Carsten Goehrke, *Russischer Alltag*, II,

Zürich 2003, S. 23f., 143; *a. a. O.* auch (S. 23–60; 178–289) erläuternde Hinweise auf die Lebens- und Wohnverhältnisse im bäuerlichen Alltag Russlands im 18./19. Jahrhundert.

42 A. N. Radiščev, *Putešestvie iz Peterburga v Moskvu* (Reise von Petersburg nach Moskau, 1790), Kap. „Peški" (Peschki).

43 N. I. Kostomarov, „Očerk domašnej žizni i nravov velikorusskogo naroda v XVI i XVII stoletijach" (Skizze des häuslichen Lebens und der Sitten des großrussischen Volkes im 16. und 17. Jahrhundert), in: ders. [und] I. E. Zabelin, *O žizni, byte i nravach russkogo naroda*, Moskva 1996, S. 94–98. – Zwar beziehen sich Kostomarows Beobachtungen auf die Zeit vor 1700, doch ihre Geltung hat sich darüber hinaus bis ins 19. Jahrhundert bewahrt. – Generell zur „Kultur des Reisens" in Russland siehe die materialreiche Studie von T. B. Ščepanskaja, *Kul'tura dorogi v russkoj miforitual'noj tradicii XIX-XX vv.* (Die Kultur des Reisens in der russischen mythorituellen Tradition des 19./20. Jahrhunderts), Moskva 2003; vgl. v. a. Kap. I/1 über „Haus und Weg".

44 Schon im 19. Jahrhundert ist die russische Lebens- und Geisteswelt *ganzheitlich*, d. h. als ein in sich geschlossenes, sich selbst regulierendes System unterschiedlichster *Korrespondenzen* aufgearbeitet worden; ein bemerkenswertes Beispiel dafür – und zugleich die umfangreichste Arbeit dieser Art – ist das enzyklopädische Werk von Aleksandr Tereštschenko zur „Alltagswelt des russischen Volkes" (I-VII, 1847–1848), das in revidierter Neuausgabe greifbar ist (A. V. Tereščenko, *Byt russkogo naroda*, I-IV, Moskva 1997; der erste Teilband hat generell das russische Volkstum und speziell die bäuerliche Wohnkultur zum Gegenstand). Für eine zeitgenössische Darstellung vgl. L. V. Belovinskij, *Izba i choromy* (Bauernhütte und Wohnhäuser), Moskva 2002.

45 I. S. Turgenew an Gustave Flaubert, hier zitiert und übersetzt nach D. S. Lichačev, *Razdum'ja o Rossii* (Meditationen über Russland), S.-Peterburg 1999, S. 512.

46 Ivan Gončarov, [Vorwort des Autors zu:] „Na rodine" (In der Heimat), in: *Polnoe sobranie sočinenij I. A. Gončarova*, XII, S.-Peterburg 1899, S. 45.

47 Ivan Bunin, *Žizn' Arsen'eva* (Leben Arsenjews, 1927/1933), Buch II, Kap. 18.

48 Nikolaj Arsen'ev, *Iz russkoj kul'turnoj i tvorčeskoj tradicii* (Aus der russischen Kultur- und Schaffenstradition), London 1992, S. 57ff., 111ff.; zum Phänomen der intellektuellen und religiösen Gemeinschaftlichkeit (*sobornost'*) vgl. *a. a. O.*, S. 66ff.

49 Nikolaj Karamzin, *O ljubvi k otečestvu i narodnoj gordosti* (Über Vaterlandsliebe und Nationalstolz, 1802); zum Konzept der „zwei Kulturen" hat Lenin in diversen Verlautbarungen (u. a. über Lew Tolstoj, die nationale Frage, die proletarische Kultur usw.) Stellung bezogen. – Als Produkt einer „pastoralen" bzw. „arkadischen" Landschaftsauffassung, die gänzlich durch westliche Vorbilder geprägt war, stellt Christopher Ely die russische Landhauskultur dar (*This Meager Nature,* DeKalb, Illinois 2002, S. 27–58). Zur Geschichte des Herrenhauses und des Bauernhofs im Zarenreich siehe u. a. die vergleichende Studie von Ju. A. Tichonov, *Dvorjanskaja usad'ba i krest'janskij dvor v Rossii 17 i 18 vv.* (Adelsgut und Bauernhof im Russland des 17. und 18. Jahrhunderts), S.-Peterburg 2005.

50 Carsten Goehrke, *Russischer Alltag,* II, Zürich 2003, S. 120. – Geschichte und Kultur des russischen Landhauses (*usad'ba*), in der Sowjetzeit aus ideologischen Gründen weitgehend vernachlässigt, gehören heute zu den bevorzugten Themenbereichen der

russistischen kulturologischen Forschung; vgl. dazu u. a. die Schriftenreihe *Russkaja usad'ba* (Das russische Landhaus), Iff., Moskva 1994ff., sowie das Sammelwerk *Mir russkoj usad'by* (Die Welt des russischen Landhauses), Moskva 1995; außerdem: E. Smiljanskaja, *Dvorjanskoe gnezdo serediny XVIII veka* (Das Adelsnest im mittleren 18. Jahrhundert), Moskva 1998; Vasilij Ščukin, *Mif dvorjanskogo gnezda* (Der Mythos vom Adelsnest), Kraków 1998; Stephen Lovell, *Summerfolk (A History of the Dacha, 1710–2000)*, Ithaca 2003; A. Nizovskij, *Usad'by Rossii* (Die Landhäuser Russlands), Moskva 2005. Zur Geschichte der russischen Landschaftspflege und Gartenarchitektur, die mit der Kultur der *usad'ba* eng verbunden ist, siehe D. S. Lichačev, *Poėzija sadov* (Poesie der Gärten), Leningrad 1982, Teile I, III, VI (mit Abb.); dazu ders., „Sad i kul'tura Rossii" (Der Garten und die Kultur Russlands), in: D. S. Lichačev, *Russkoe iskusstvo ot drevnosti do avangarda* (Die russische Kunst vom Altertum bis zur Avantgarde), Moskva 1992, S. 301–330 (mit zahlreichen Abb.). Zur sozialen und kulturellen Spezifik der russischen Provinz insgesamt siehe das Sonderheft „Provincija", in: *Russian Literature* (Special Issue), 2003, II/III; vgl. Michail Epštejn, „Provincija" (Die Provinz), in: M. Ė., *Bog detalej*, Moskva 1998, S. 24–31. – Von den zahlreichen Erinnerungsschriften zum gutsherrlichen Landleben im vorrevolutionären Russland seien hier – nach Afanasij Fets *Žizn' Stepanovki ili Liričeskoe chozjastvo* (Das Leben der Stepanowka oder Lyrische Wirtschaft, 1862–1871; Moskva 2001) und A. N. Ėngel'gardts Briefen vom Lande (*Iz derevni: 12 pisem 1872–1882*, Moskva 1987) – lediglich zwei besonders bemerkenswerte Beispiele für die Zeit um 1900 genannt: Fedor Stepun, *Das Antlitz Russlands und das Gesicht der Revolution* (Aus meinem Leben 1884–1922), München 1961, S. 7–32; Vladimir Nabokov, *Erinnerung, sprich*, Reinbek 1991, Kap. I-VI (das Buch ist ab 1947 in verschiedenen englischen Teilstücken und Fassungen erschienen, 1954 auch russisch u. d. T. *Drugie berega*, 1966 erstmals englisch in Buchform u. d. T. *Speak, Memory*). – Als Bilddokumentation siehe Aleksandr Frolov, *Usad'by Podmoskov'ja* (Landsitze im Moskauer Gebiet), Moskva 2003. – Wie sehr das russische Land- und Herrenhaus als Hort familiärer Geborgenheit und kultureller Exklusivität geschätzt, bisweilen geradezu mythologisiert wurde, ist eindrücklich belegt durch eine umfangreiche Sammlung von Usadba-Gedichten, die E. P. Žukova vorgelegt hat u. d. T. *Sel'skaja usad'ba v russkoj poėzii XVIII – načala XIX v.* (Das Landhaus in der russischen Poesie des 18. und beginnenden 19. Jahrhunderts), Moskva 2005. – Die Errichtung von Landhäusern oder ganzen Landhaussiedlungen hat im postsowjetischen Russland sehr rasch einen ökologisch bedenklichen Umfang angenommen und große Naturschäden angerichtet; siehe dazu die kritische Bestandsaufnahme von Boris Rodoman, „Velikoe prizemlenie" (Die große Landnahme), in: *Otečestvennye zapiski*, 2002, VI, S. 404ff.; mit historischen Abb.

51 Ivan Bunin, *Antonovskie jabloki* (Die Antonsäpfel, 1900), Kap. II.; in einer „Autobiographischen Notiz" von 1915 verweist Bunin (*Polnoe sobranie sočinenij*, VI, Petrograd 1915, S. 329) auf sein ständiges Schwanken zwischen Wandertrieb (*žažda stranstvovat'*) und Häuslichkeitsbedürfnis – stets habe er den Sommer auf dem familiären Landsitz verbracht, jedoch „fast die gesamte übrige Zeit widmeten wir fremden Ländern".

52 Vladimir Nabokov, *Erinnerung, sprich* (Gesammelte Werke, XXII), Reinbek 1991, S. 91f.; das südlich von St. Petersburg gelegene Landgut der Familie Nabokow, ein

besonders eindrückliches Beispiel der russischen Usadba-Kultur, ist in Wort und Bild dokumentiert bei Aleksandr Semočkin, *Ten' russkoj vetki* (Der Schatten des russischen Zweigs), Sankt-Peterburg 1999. – Der gutsherrliche Landsitz hat sich im Lauf des 19. Jahrhunderts, v. a. nach der Aufhebung der Leibeigenschaft (1861), allmählich zur Datscha (*dača*) gewandelt, einer Art Weekendhaus, und wurde, auch in der Sowjetzeit, für immer breiter werdende städtische Bevölkerungskreise erschwinglich. Die Datscha ist so etwas wie ein heruntergekommenes oder „proletarsiertes" Herrenhaus ohne jeden Exklusivitätsanspruch; oft wird sie, wie die frühere Bauernhütte, im *Do-it-yourself*-Verfahren errichtet, ist eher notdürftig eingerichtet, dient meist nicht nur der Erholung, sondern hat auch eine wichtige sozialökonomische Funktion als private Versorgungsdomäne (mit Gemüsegarten, Obstbäumen u. a. m.). Siehe dazu u. a. Tat'jana Nefedova, *Sel'skaja Rossija na pereput'e* (Das ländliche Russland am Scheideweg), Moskva 2003.

53 Zitiert und übersetzt nach einem Inserat im Moskauer Wochenmagazin *Ėkspert*, Nr. 1923, 2005, S. 39.
54 Michail Lermontov, *Moj dom* (Mein Haus, entstanden 1830–1831).
55 Michail Lermontov, *Rodina* (Heimat, Erstdruck 1841).
56 Michail Lermontov, „*Vychožu odin ja na dorogu …*" (Alleine mache ich mich auf den Weg, Erstdruck 1843).

II
Der russische Weg

1 Vgl. *Grammatika sovremennogo russkogo literaturnogo jazyka* (Grammatik der zeitgenössischen russischen Literatursprache), Moskva 1970, S. 345ff.; zu den russischen Bewegungsverben und ihrer praktischen Anwendung siehe außerdem die systematische, mit vielen Beispielen dotierte Darstellung in *Kompendium lingvističeskich znanij* (Kompendium linguistischen Wissens), Berlin 1992, S. 87ff.
2 Siehe dazu – speziell im Hinblick auf die Haus- und Wegmetaphorik – die Arbeiten von George Lakoff (*Leben in Metaphern*, Heidelberg [3. Aufl.] 1998; zur Symbolik des Wegs in der russischen Volkskultur vgl. T. B. Ščepanskaja, *Kul'tura dorogi v russkoj miforitual'noj tradicii XIX-XXvv.* (Die Kultur des Reisens in der russischen mythorituellen Tradition des 19./20. Jahrhunderts), Moskva 2003, S. 8–13, 25–30.
3 So hat etwa Aleksandr Puschkin in einem frühen Gedicht (*Derevnja*, 1819) die schlichten Schönheiten des Dorfs („Schutzraum der Geruhsamkeit, der Werke und der Inspiration", „Schoß des Glücks und des Vergessens") mit seinem Lebensweg zusammengedacht („der unsichtbare Strom meiner Tage"), um einen Kontrast zu schaffen gegenüber der Stadt: „Ich habe den lasterhaften Hort der Circen, | Die rauschenden Feste, Vergnügungen und Irrungen eingetauscht | Gegen das friedliche Rauschen des Laubwalds, gegen die Stille der Felder, | Gegen den freien Müssiggang, den Freund der Nachdenklichkeit." – Dazu passt, ein Jahrhundert später, eine Bemerkung Nikolaj Fjodorows aus der „*Philosophie des gemeinsamen Tuns*" (Filosofija obščego dela, II, Moskva 1913, S. 4), die den Weg aus der Stadt und den Weg in die Stadt als gegenläufige Bewegung von Heil und Unheil ausweist: „Mit einem Wort, die Wege der Seligkeit, die Wege zum Gottesreich führen weg vom eitlen Stadtleben des

Handels und der Industrie, weg von der hoffärtigen höheren Gesellschaft zur ländlichen Schlichtheit und Demut, und dadurch zur Vereinigung. […]Umgekehrt führen die Wege ins irdische Reich, die Wege der Kümmernis in die entgegengesetzte Richtung, von den Dörfern in die Städte, von den Rändern zu den Zentren, uneingedenk der gerechten, vernunftbetonten Drohung: ‚Wehe den Städten' – wehe den alten Städten (Kapernaum und Chorasan, früher schon Teira und Sodom und Gomorrah, Ninivee und Babylon, wehe sogar Jerusalem!), und hundertfach weher als weh den heutigen Städten für die Vermehrung von Sünde und Elend und für die fehlende Reue!"

4   Boris Pasternak, *Doktor Živago* (Doktor Shiwago, 1957), Teil VII, § 1.
5   V. F. Šapovalov, *Rossievedenie* (Russlandkunde), Moskva 2001, S. 248ff.; hier auch das Zitat von Kljutschewskij.
6   Sergej M. Solov'ev, „Načala russkoj zemli" (Ursprünge der russischen Erde), in: *Sočinenija Sergeja Michajloviča Solov'eva*, S.-Peterburg 1882, S. 27, 33; zum Verhältnis des Russentums und des russischen Staats zu den nomadisierenden Steppenvölkern zwischen dem 14. und 18. Jahrhundert vgl. neuerdings V. Kargalov, *Rus' i kočevniki* (Altrussland und die Nomaden), Moskva 2004.
7   Hier zitiert und übersetzt nach der Fassung von A. N. Afanas'ev, *Narodnyja russkija skazki i legendy* (Russische Volksmärchen und Legenden), II, Berlin 1922, S. 175, 177.
8   Vgl. dazu u. a. die Überlegungen und Beispiele zum russischen Märchen und Volksglauben bei Andrej Sinjawskij, *Iwan der Dumme*, Frankfurt a.M. 1990, S. 79ff., 103ff.; Aleksandr Afanas'ev hier zitiert nach Vladimir Propp, *Die historischen Wurzeln des Zaubermärchens*, München/Wien 1987, S. 359.
9   Ivan Bunin, *Žizn' Arsen'eva* (Leben Arsen'evs, 1927/1933), Buch I, Kap. 7; Buch V, Kap. 4.
10 Zu Zar Iwans des Schrecklichen (Ioann IV Vasil'evič) „Weggang" aus Moskau und zur nachfolgenden Entstehung des Gewaltregimes der Opritschnina (Opričnina) siehe neben vielen andern Darstellungen die kritische Analyse der Ereignisse und des politischen Systems bei Michel Heller, *Histoire de la Russie et de son Empire*, Paris 1997, Kap. 10.
11 Zur Ambivalenz von Wandertrieb und Sesshaftigkeit im russischen Kollektivbewusstsein siehe u. a. die einschlägigen Essays von Andrej Sinjawskij in: A. S., *Iwan der Dumme (Vom russischen Volksglauben)*, Frankfurt a.M. 1990, Teil I, Kap. 10; Teil III, Kap. 9. Vgl. Georgij Gačev, *Nacional'nye obrazy mira* (Nationale Weltbilder), Moskva 1999; diese insgesamt wenig kohärente Untersuchung gewinnt ihren Wert v. a. daraus, dass der Vf. die Weltbilder verschiedener eurasischer Völkerschaften (Kasachen, Kirgisen, Georgier, nebst Russen) vergleichend darstellt und durch zahlreiche Beispiele aus Folklore und Literatur belegt. Siehe zu den Antinomien und zur Chronotopie des russischen kulturellen Raums den resümierenden Forschungsbericht (mit Hinweisen v. a. auf Bachtin und Fedotow) bei I. V. Kondakov, *Vvedenie v istoriju russkoj kul'tury* (Einführung in die russische Kulturgeschichte), Moskva 1997, Kap. II. – Vgl. die enzyklopädische Darstellung (mit diversen Abbildungen) zum Stichwort „Streuner und Vertriebene" bei Jurij Stepanov, *Konstanty (Slovar' russkoj kul'tury)*, 2., erg. Aufl., Moskva 2001, S. 181ff. – Zum Phänomen des russischen Nomadentums hat Harry Harvest zahlreiche „Selbstbezichtigungen und Bezichti-

gungen" als Teil einer Phänomenologie des Russentums zusammengetragen (*Maßloses Russland,* Zürich 1949). Von Dostojewskij liest man hier: „Das Vagabundieren ist eine krankhafte Angelegenheit, unsere nationale Angelegenheit, etwas, das uns von Europa unterscheidet, eine Angewohnheit, die sich später in eine krankhafte Leidenschaft verwandelt und sehr oft schon in der frühesten Kindheit keimt." Von Turgenew: „Man fühlt sich [als Russe] nur dort wohl, wo man nicht ist." Von Rosanow: „Landstreicher, ewiger Landstreicher, immer und überall Landstreicher." Von Gorkij: „Da haben sich nun die Menschen in dem großen, weiten Land verstreut, und je deutlicher sie dessen ungeheure Größe erkennen, desto kleiner kommen sie sich selber vor. Ziellos irren sie auf den tausend und abertausend Werst langen Wegen umher, verlieren sich darauf förmlich ..." (*a.a.O.,* S. 455, 462f.).

12 Sergej M. Solov'ev, „Načala russkoj zemli" (Ursprünge der russischen Erde), in: *Sočinenija Sergeja Michajloviča Solov'eva,* S.-Peterburg 1882, S. 32.
13 D. N. Mamin-Sibirjak, „Vertel" (Der Spieß, 1897).
14 Zur Typologie des Wanderers in der russischen Alltagskultur siehe die detaillierte Abhandlung von T. B. Ščepanskaja, *Kul'tura dorogi v russkoj miforitual'noj tradicii XIX-XXvv.* (Die Kultur des Reisens in der russischen mythorituellen Tradition des 19./20. Jahrhunderts), Moskva 2003, Teil II (Der Reisende); Teil III, Kap. 11 (Gottes- und Wanderleute). Allgemein zum „wandernden Russland" und zum „Wanderertum" (*brodjažestvo*) im 19. Jahrhundert siehe die Berichte des Folkloristen und Schriftstellers Sergej Maksimov, *Po russkoj zemle* (Durch russisches Land, 1875–1888), Moskva 1989.
15 Siehe dazu die Überlegungen von Jurij Lotman über Struktur und Funktion des geographischen Raums in mittelalterlichen und modernen, religiösen und literarischen Texten („Simvoličeskie prostranstva", in: Ju. L., *Semiosfera,* Sankt-Peterburg 2000, S. 297–335).
16 Michail Lermontov, *Tuči* (Wolken, 1840).
17 Ivan Turgenev, *„Dolgie, belye tuči plyvut ..."* (Längliche weiße Wolken schwimmen ..., 1841).
18 Kondratij Ryleev, *A. A. Bestuževu* (An A. A. Bestushew, 1824).
19 Apollon Majkov, *Pejzaž* (Landschaft, 1853).
20 Aleksej Apuchtin, *Dorožnaja duma* (Reisegedanken, 1865/1866).
21 Übersetzt und zitiert nach dem editorischen Kommentar zu Ivan Aksakov, *Stichotvorenija i poėmy* (Gedichte und Poeme), Leningrad 1960, S. 286f.; kursiv von mir, *Vf.*
22 Ivan Aksakov, *Brodjaga* (Der Landstreicher, 1852), Kap. „Šosse" (Die Landstraße), § 1.
23 Vladimir Giljarovskij, *Moi skitanija* (Meine Wanderschaften), Moskva 1928; im Untertitel wird das Buch als „Bericht über ein Landstreicherleben" bezeichnet.
24 Maxim Gorki, *Vom russischen Bauern,* Berlin 1922, S. 4f.; kein Übersetzervermerk, Original nicht eruiert. – Der von Gorkij (wie schon von Dostojewskij und später von den Eurasiern) stark hervorgehobene nomadische bzw. asiatische Bewegungs- und Erschließungsdrang des Russentums wird von diversen Autoren mit durchaus valablen Argumenten in Frage gestellt, z.T. auch polemisch verworfen, so etwa von Iwan Solonewitsch, der als eigentlichen und prägenden Lebensraum der Russen nicht die Steppe, sondern den Wald, folglich auch nicht den Weg, sondern das Heim

heraustellt (Ivan Solonevič, *Narodnaja monarchija* [Volksmonarchie], Buenos-Aires 1973; sowie spätere Ausgaben).
25 Übersetzt und zitiert nach V. Piskunov, *Tema o Rossii* (Russland als Thema), Moskva 1983, 256f
26 Hier übersetzt und zitiert nach Dmitrij Maksimov, *Poėzija i proza Al. Bloka* (Poesie und Prosa Al. Bloks), Leningrad 1975, S. 24.
27 Rainer Maria Rilke, *Pesnja* (Lied, 1900), hier in der Übersetzung aus dem Russischen von mir, *Vf.*; vgl. Felix Philipp Ingold, „Wunschland und Wahlheimat (Rainer Maria Rilkes Begegnung mit Russland und seine russischsprachigen Gedichte)", in: *Wiener Arbeiten zur Literatur*, Bd XX, 2005, S. 231–235.
28 Vgl. dazu u. a. das Sammelwerk *Slavjane i kočevoj mir* (Die Slawen und die Welt der Nomaden), insbesondere Kap. VII („Über Nomadentum und Landwirtschaft"), Moskva 2001.
29 S. M. Solov'ev, *Čtenija i rasskazy po istorii Rossii* (Vorlesungen und Erzählungen zur Geschichte Russlands), Moskva 1989, S. 249f., 358f.
30 Die Forschungsliteratur zum Kosakentum ist äußerst umfangreich; an dieser Stelle genügt jedoch der Hinweis auf dessen enzyklopädische Gesamtdarstellung von L. I. Futorjanskij in: *Otečestvennaja istorija*, II, Moskva 1996, Sp. 452ff., sowie auf das Sammelwerk *Problemy istorii kazačestva* (Probleme der Geschichte des Kosakentums), Volgograd 1995.
31 Boris Tschitscherin (Čičerin) hier übersetzt nach Boris Paramonov, *Sled* (Spur), Moskva 2001, S. 89.
32 Diesbezügliche Hinweise finden sich in zahlreichen mythologischen und volkskundlichen Lexika; die Pilger-, Abenteuer- und Reiseliteratur bildet in vielen Nationalliteraturen eine eigene weitläufige Domäne, die forschungsmäßig so gut dokumentiert ist, dass es einschlägiger Literaturangaben hier nicht bedarf. Der weite Geltungsbereich der Wegsymbolik ist u. a. dokumentiert im Sammelwerk *Symbolik von Weg und Reise*, Bern/Frankfurt a. M. 1992.
33 Ivan Il'in, *O grjaduščej Rossii* (Vom künftigen Russland), Moskva 1993, S. 321.
34 Vladimir Kantor, *Russkaja klassika ili Bytie Rossii* (Die russische Klassik oder Das Wesen Russlands), Moskva 2005, S. 61.
35 Pierre Tchaadaev, *Lettres philosophiques* (verfasst 1828–1829, erster Teilabdruck 1836, erste vollständige Ausgabe in russischer Sprache 1936), hier zitiert nach dem kommentierten Neudruck der französisch geschriebenen Originalbriefe (Paris 1970, S. 56).
36 Siehe dazu u. a. die Ausführungen und Beispieltexte bei Andrej Sinjawskij, *Iwan der Dumme*, Frankfurt a.M. 1990, Teil III, Kap. 8 („Geistliche Gesänge von der Flucht aus dieser Welt").
37 Nikolaj Berdjaev, *Sud'ba Rossii* (Russlands Schicksal), Moskva 1918, S. 12f.
38 Unpublizierter Nachruf zu Tolstojs Tod (1910), Erstdruck u. d. T. „Pered grobom Tolstogo" (An Tolstojs Sarg), in: V.V. Rozanov, *Zagadki russkoj provokacii* (Rätsel einer russischen Provokation), Moskva 2005, S. 394.
39 Nikolaj Strachov, *Sočinenija gr. L. N. Tolstogo* (Die Werke des Grafen L. N. Tolstoj), S.-Peterburg 1864, Teil II.; hier übersetzt und zitiert nach (Sammelwerk:) *Naš devjatnadcatyj vek*, II, Moskva 1995, S. 346.
40 Archiepiskop Ioann (Šachovskoj), „Simvolika uchoda" (Die Symbolik des Weggangs), in: I. Š., *K istorii russkoj intelligencii* (Revoljucija Tolstogo), New York o. J.,

S. 198f.; zur Alltagsmythologie des Weggangs und zu den volkstümlichen Riten des Abschieds in der russischen Kultur siehe T. B. Ščepanskaja, *Kul'tura dorogi v russkoj miforitual'noj tradicii XIX-XXvv.* (Die Kultur des Reisens in der russischen mythorituellen Tradition des 19./20. Jahrhunderts), Moskva 2003, Teil I, Kap. 2–3 (Riten des Weggangs).

41 „Bog – èto vychod. V polnoj černote, / V prostranstve bez dorog." Hier zitiert nach Grigorij Pomeranc, *Otkrytost' bezdne* (Öffnung zum Abgrund), Moskva 1990, S. 18.

42 L. N. Tolstoj, „Jurodivyj" (Der Christusnarr), in: L. N. T., *Detstvo* (Kindheit, 1852), Kap. V.

43 Tolstojs „Weggang" ist verschiedentlich rekonstruiert und gewürdigt worden; siehe u. a. den psychologischen Versuch von Vladislav Chodasevič „Uchod Tolstogo" (Tolstojs Weggang, 1928), in: V. C., *Literaturnye stat'i i vospominanija,* New York 1954, S. 135–150; ein aus zeitgenössischen Dokumenten erarbeiteter Bericht findet sich bei Viktor Schklowski [Šklovskij], *Lew Tolstoj,* Berlin 1981, S. 814–835; der russisch-französische Historiker und Schriftsteller Henry Troyat hat Tolstojs Leben in einer umfangreichen Romanchronik als eine einzige kontinuierliche Fluchtbewegung beschrieben (*Tolstoj oder Die Flucht in die Wahrheit,* Wien 1966). Siehe neuerdings zum „Weggang" als Lebens- und Erzählthema bei Lew Tolstoj die Arbeit von R. Kazari (Casari), „Uchod v provinciju: put' k ‚vole i privol'ju'?" (Der Weggang in die Provinz: ein Weg ‚in die Freiheit und ins Freie'?), in: L. O. Zajonc (Hrsg.), *Geopanorama russkoj kul'tury* (Geopanorama der russischen Kultur), Moskva 2004, S. 533–543.

44 Tagebuchnotiz vom 9. März 1879; diverse Ausgaben russisch und deutsch.

45 Zur Rezeption des Sektierertums in der Literatur der russischen Moderne siehe Jurij Ivask, „Russian Modernist Poets and the Mystic Sectarians", in: George Gibian (u.a., Hrsg.), *Russian Modernism* (Culture and the Avant-Garde, 1900–1930), Ithaca/London 1976, S. 85–106; Aleksandr Ètkind, *Chlyst: Sekty, literatura i revoljucija* (Der Chlyst: Sekten, Literatur und Revolution), Moskva 1998. – Generell zum russischen Sektenwesen und zu spezifischen sektiererischen Praktiken und Ritualen siehe das Buch von V. V. Rozanov, *Apokalipsičeskaja sekta* (Eine apokalyptische Sekte), S.-Peterburg 1914.

46 Maksimilian Vološin, „*Kak nekij junoša v skitan'jach bez vozvrata* ... " („Wie ein Jüngling auf Wanderungen ohne Wiederkehr ...", 1913); M. V., *Doblest' poèta* (Heldenmut des Dichters, 1925).

47 Zum „Gottesnarrentum" und zu den „Irrfahrten" von Wenedikt Jerofejews Icherzähler siehe die Ausführungen bei Svetlana Geisser, *Venedikt Erofeev* (‚Moskva-Petuški' ili ‚The Rest is Silence'), Bern/Frankfurt a.M. 1989, S. 116–121; 182–189; siehe auch, zum „Gottesnarrentum" bei Andrej Platonow, die Studie von E. P. Men'šikova, „Tragičeskij paradoks jurodstva, ili Karnaval'nyj grotesk Andreja Platonova" (Das tragische Paradoxon des Gottesnarrentums, oder Andrej Platonows karnevaleske Groteske), in: *Voprosy filosofii,* 2004, I, S. 111–132.

48 Sergej Esenin, „*Ustal ja* ... " („Müde bin ich ...", 1915–1916).

49 Zitate nach Aleksandr M. Pančenko, „Lachen als Schau-Spiel" (Smech kak zrelišče), in: D. S. Lichačev/A. M. Pančenko, *Die Lachwelt des alten Russland,* München 1991, S. 85–170; vgl. A. M. Pančenko, „Jurodivye na Rusi" (Gottesnarren in Altrussland), in: A. M. P., *Russkaja istorija i kul'tura,* Sankt-Peterburg 1999, S. 392–407; siehe auch

59 Boris Pasternak, *Doktor Živago* (Doktor Shiwago, 1957), Teil VII, § 9.
60 Zur antisemitischen Dämonisierung des jüdischen Wandertriebs siehe u. a. Irina Sandomirskaja, *Kniga o rodine* (Buch über die Heimat), Wien 2001, S. 93ff.
61 Lev Tolstoj, *Otec Sergij* (Vater Sergij, 1890–1898), Kap. VII.
62 Worte des frühen russischen Wallfahrers Daniil (Anfang 12. Jahrhundert), hier übersetzt nach „Chožděnie igumena Daniila" (Die Wallfahrt des Abts Daniil), in: *Pamjatniki literatury Drevnej Rusi (XIIv.)*, Moskva 1980, S. 25.
63 Vgl. die Ausgabe *Chožděnie za tri morja Afanasija Nikitina, 1466–1472gg.* (Der Gang Afanassij Nikitins über drei Meere, 1466–1472), Moskva 1960; illustrierte Edition mit Übersetzung in Neurussisch, Englisch und Hindi. – Aufschlussreich ist die Tatsache, dass auch Nikitin, der als Kaufmann rationale Geschäftsinteressen und klare Reisepläne hatte, zwischen seiner Heimatstadt Twer, dem Kaspischen Meer und dem indischen Subkontinent immer wieder vom Weg abkam, sich in diverse Abenteuer verwickeln ließ, in Gefangenschaft geriet und erst nach weitläufigen Umwegen sein Ziel erreichte. So wie er immer wieder von seiner Reiseroute abkam, wich er auch in ethischer bzw. religiöser Hinsicht verschiedentlich vom „rechten Weg" ab, was er am Ende seines Berichts bitter beklagt: „Nach vielem Nachdenken erfasste mich Trauer und ich sagte zu mir: weh mir Verdammtem. Ich bin vom rechten Weg abgekommen und weiß nicht, wohin ich gehen werde."
64 Nikolaj Leskov, *Na kraju sveta* (Am Ende der Welt, 1875), § 3; die volkstümliche Vorstellung des unerkannt durch Russland wandernden Heilands hat Fjodor Tjuttschew in einem religiös-patriotischen Gedicht (Fedor Tjutčev, *Ėti bednye selen'ja …*, 1857) wie folgt vergegenwärtigt: „Gebückt unter seiner Kreuzeslast, | Hat dich, [russische] Heimaterde, | In Sklavengestalt der Herr des Himmels | Abgeschritten, dir den Segen gebend."
65 Zitat (nicht belegt) bei Aleksandr Vodolagin, „Večnoe kočev'e" (Ewige Wanderschaft), in: A. V. (u. a.), *Četvertaja pečat'*, Tver' 1993, S. 83f.
66 Ivan Bunin, *Pri doroge* (An der Straße, 1913), §§ 2, 6.
67 Zur Imagination „ferner Ländereien" in der russischen literarischen und religiösen Folklore siehe die materialreiche Abhandlung von K. V. Čistov, *Russkie narodnye social'no-utopičeskie legendy* (Russische sozial-utopische Volkslegenden), Moskva 1967, Kap. II. Allgemein zum Phänomen des russischen Vagantentums sowie zu dessen kultureller und historischer Bedeutung siehe die Problemskizze von I. P. Smirnov, „Stranničestvo i skital'čestvo v russkoj kul'ture" (Landstreicherei und Wanderschaft in der russischen Kultur), in: *Zvezda*, 2005, V, S. 205–212.
68 Zum populistisch-revolutionären „Gang ins Volk" siehe u. a. die zeitgenössische Darstellung (1877) bei Sir Donald Mackenzie Wallace, „Sozialistische Propaganda, revolutionäre Agitation und Terrorismus", in: D. M. W., *Russland*, II, 4. deutsche Aufl., Würzburg 1906, Kap. 35; vgl. dazu den Erlebnisbericht des adligen „Volkstümlers" V. K. Debogorij-Mokrievič (Wladimir Debogory-Mokriewitsch, *Erinnerungen eines Nihilisten*, Stuttgart [2. Aufl.] 1906; seit 1894 bis 1930 diverse russische Ausgaben); zusammenfassend: R. Filippov, *Pervyj ėtap 'choždenija v narod'* (Die erste Etappe des ‚Gangs ins Volk', 1873–1874), Petrozavodsk 1960; zur Übernahme traditioneller Wander- und Pilgergewohnheiten durch die revolutionäre Intelligenz siehe die Studie von V. Bogučarskij, *Aktivnoe narodničestvo semidesjatych godov* (Aktiver Populismus der siebziger Jahre), Moskva 1912.

69 Nikolaj Karamzin, *Pis'ma russkogo putešestvennika* (Briefe eines russischen Reisenden, 1791/1801); hier zitiert nach der von Karamsin selbst durchgesehenen und autorisierten Übersetzung von Johann Richter, Ausgabe Wien/Berlin/Leipzig/München 1922, S. 16; der entsprechende Brief ist datiert vom 31. Mai 1789.
70 *Der Jüngling* (Podrostok, Erstdruck 1875), Teil III, Kap. 7, §§ 2–3.
71 Zu Dostojewskijs politischem Denken siehe (nur in deutscher Sprache) die Textsammlung *Politische Schriften* (München 1917); vgl. u. a. Josef Bohatec, *Der Imperualismusgedanke und die Lebensphilosophie Dostojewskijs*, Graz/Köln 1951; Thomas Garrigue Masaryk, *The Spirit of Russia*, London 1976, Teil I, Kap. 3–11; Nikolaj Berdjaev, *Mirosozercanie Dostoevskogo* (Die Weltanschauung Dostojewskijs), Nachdruck Paris 1968, Kap. VI-VIII; Andrzej Walicki, *The Slawophile Controvery*, Oxford 1975, Teil IV.
72 Fedor Dostoevskij, *Podrostok* (Der Jüngling, 1875), Teil III, §§ 2–3.
73 Fedor Dostoevskij, *Zimnie zapiski o letnich vpečatlenijach* (Winterliche Aufzeichnungen über sommerliche Eindrücke, 1863), Kap. II.
74 Vgl. dazu u. a. das Kapitel „Wir sind in Europa nur Strolche" in F. M. Dostoevskij, *Dnevnik pisatelja* (Tagebuch eines Schriftstellers), 1877, Januar, Kap. II, § 2.
75 Brief vom 22. Juni / 4. Juli 1868 aus Vevey von F. M. Dostojewskij an A. N. Majkow.
76 Vasilij Rozanov, *Mimoletnoe* (Ephemeres, 1915), Moskva 1994, S. 146.
77 Siehe allgemein zur russischen Reiseerzählung im 19. Jahrhundert die literarhistorische Abhandlung von T. Roboli, „Literatura ‚putešestvij'" (Reiseliteratur), in: *Russkaja proza*, Leningrad 1926, S. 42–73; zu den Wandermodellen der russischen Romantik (Kjuchelbeker, Puschkin, Weltman) siehe Holt Meyer, *Romantische Orientierung*, München 1995; vgl. zur Typologie und Rezeption der Karamsinschen Reiseerzählung bei Gontscharow die umsichtige Einzelstudie von E. A. Krasnoščekova, „*Fregat ‚Pallada'*: ‚Putešestvie' kak žanr" (*Die Fregatte Pallas*: Der ‚Reisebericht' als Gattung), in: *Russkaja literatura*, 1992, IV, S. 12–31; auf eine andere Tradition russischer Reiseliteratur – von Puschkin zu Mandelstam – verweist Andrew Wachtel, „Voyages of Escape, Voyages of Discovery (Transformations of the Travelogue", in: Boris Gasparov (u. a.), *Cultural Mythologies of Russian Modernism*, Berkeley/Los Angeles/Oxford 1992, S. 128–149.
78 Siehe u. a. die Anthologie *Russkaja literaturnaja utopija* (Die russische literarische Utopie), Moskva 1986; vgl. Leonid Heller/Michel Niqueux, *Geschichte der Utopie in Russland*, Ostfildern 2003.
79 Aleksandr Blok, *Sobranie sočinenij*, III, Moskva/Leningrad 1960, S. 249; vgl. dazu das Gedicht „Rossija" (Russland, 1908), *a.a.O.*, S. 254f.
80 S. M. Solov'ev, „Vzgljad na istoriju ustanovlenija gosudarstvennogo porjadka v Rossii do Petra Velikogo" (Blick auf die Entstehungsgeschichte der Staatsordnung in Russland vor Peter dem Großen), in: S. M. S., *Izbrannye trudy*, Moskva 1983, S. 28; vgl. dazu N. I. Cimbaev, *Sergej Solov'ev*, Moskva 1990, S. 259–267.
81 Siehe I. O. Knjaz'kij, *Vizantija i kočevniki južnorusskich stepej* (Byzanz und die Nomaden der südrussischen Steppen), S.-Peterburg 2003; Lev Gumilev, *Drevnjaja Rus' i Velikaja step'* (Altrussland und die Große Steppe), Moskva 1989.
82 Siehe dazu u. a. Ivan P. Minaev, *Russkie vostokovedy i putešestvenniki* (Russische Orientalisten und Reisende), Moskva 1967.
83 Zur territorialen Entwicklung Russlands generell siehe die Gesamtdarstellung bei V. Z. Drobižev (u. a.), *Istoričeskaja geografija SSSR* (Historische Geographie der

UdSSR), Moskva 1973; Andreas Kappeler, *Russland als Vielvölkerreich* (Entstehung, Geschichte, Zerfall), München (2., durchgesehene Aufl.) 1993; zur Eroberungs- und Annexionspolitik in Zentralasien und im fernen Osten vgl. Otto Hoetzsch, *Russland in Asien* (Geschichte einer Expansion), Stuttgart 1966; A. Remnev, *Rossija Dal'nego Vostoka: Imperskaja geografija vlasti XIX – načala XX vekov* (Das Russland des Fernen Ostens: Imperialgeographie der Macht im 19. und beginnenden 20. Jahrhundert), Omsk 2004; siehe außerdem den geographisch perspektivierten Abriss der russischen Geschichtsentwicklung von N. I. Cimbaev, „Do gorizonta – zemlja! K ponimaniju istorii Rossii" (Erde bis zum Horizont! Zum Verständnis der Geschichte Russlands), in: *Voprosy filosofii*, 1997, I, S. 18–42; hier auch das Zitat von Walujew (Petr Valuev).

84 Georgij Florovskij, *Puti russkogo bogoslovija* (Wege der russischen Theologie), Paris 1937, S. 459ff., 500ff.

85 Wiatscheslaw Iwanow [Vjačeslav Ivanov], *Die russische Idee*, Tübingen 1930, S. 25; für diese erste deutsche Ausgabe hat der Autor seinen Text eigens überarbeitet und ergänzt.

86 Nikolaj Berdjaev, *Sud'ba Rossii* (Russlands Schicksal), Moskva 1918, S. 12f., 23.

87 Pierre Tchaadaev, *Lettres philosophiques, adressées à une dame*, Paris 1970, S. 45ff.; hier zitiert nach Peter Tschaadajew, *Apologie eines Wahnsinnigen*, Leipzig 1992, S. 9–13. – Vgl. Susi K. Frank, „Raum und Ökonomie (Zwei Kernelemente der russischen Geokulturosophie)", in: *Wiener Slawistischer Almanach*, Sonderband 54, Wien 2001, S. 427–445.

88 Zitate (übersetzt) nach Boris Paramonov, „Čičerin, liberal'nyj konservator" (Tschitscherin als Liberal- Konservativer, in: B. P., *Sled*, Moskva 2001, S. 88f, 112f.

89 Siehe dazu (resümierend) I. V. Kondakov, *Vvedenie v istoriju russkoj kul'tury* (Einführung in die russische Kulturgeschichte), Moskva 1997, S. 51ff.

90 Die wenig beachtete Textstelle findet sich in Nikolaj Gogols *Ausgewählten Stellen aus dem Briefwechsel mit Freunden* (Vybrannye mesta iz perepiski s druz'jami; zensierter Erstdruck 1847); hier zitiert nach N. V. G., *Duchovnaja proza*, Moskva 1992, S. 135.

91 Zitat aus den Memoiren von Louis Philippe Comte de Ségur (*Mémoires*, III) nach Valentin Gitermann, *Geschichte Russlands*, II, Zürich 1945, S. 475. Die Aufzeichnung bezieht sich auf den Winter 1786/1787, hätte aber auch noch hundert Jahre später ihre Richtigkeit.

92 Reiches Fakten- und Zahlenmaterial zu den russischen Wasserwegen (*vodnye puti*) findet sich im enzyklopädischen Handbuch *Rossija* (Russland), Sankt-Peterburg 1898, S. 344ff.; vgl. auch die einschlägigen Abschnitte bei V. Z. Drobižev (u.a.), *Istoričeskaja geografija SSSR* (Historische Geographie der UdSSR), Moskva 1973.

93 Sir Donald Mackenzie Wallace, *Russia*, I-II, London 1877; hier zitiert nach der deutschen Ausgabe letzter Hand (4., vollständig umgearbeitete und stark ergänzte Auflage) *Russland*, I, Würzburg 1906, S. 17.

94 N. I. Kostomarov, „Očerk domašnej žizni i nravov velikorusskogo naroda v XVI i XVII stoletijach" (Skizze des häuslichen Lebens und der Sitten des großrussischen Volkes im 16. und 17. Jahrhundert), in: ders. [und] I. E. Zabelin, *O žizni, byte i nravach russkogo naroda*, Moskva 1996, S. 179, 244.

95 M. N. Tichomirov, *Rossija v XVI stoletii* (Russland im 16. Jahrhundert), Moskva 1962, S. 67; der angeführte Hinweis bezieht sich auf das mittlere 20. Jahrhundert.

96 A. V. Dulov, *Geografičeskaja sreda i istorija Rossii* (Geographische Umwelt und Geschichte Russlands), Moskva 1983, S. 243; allgemein zur Geschichte und Eigenart des russischen Verkehrswesens siehe Paul Milukow [Pavel Miljukov], *Skizzen russischer Kulturgeschichte*, I, Leipzig 1898, S. 78ff.; zur russischen Verkehrssituation und Verkehrsplanung im 18. Jahrhundert vgl. L. M. Marasinova, „Puti i sredstva soobščenija" (Verkehrswege und Verkehrsmittel), in: *Očerki russkoj kul'tury XVIII veka*, I, Moskva 1985, S. 257–284; mit Abb.

97 Zur Geschichte und Problematik des russischen Straßenbaus siehe u. a. A. V. Dulov, *a. a. O.*, S. 116ff.; vgl. V. Z. Drobižev (u. a.), *Istoričeskaja geografija SSSR* (Historische Geographie der UdSSR), Moskva 1973, I/2, § 4, II/§ 10, III/14, § 3.

98 Vgl. dazu Wassilij Rosanow/Friedrich Gorenstein, *Abschied von der Wolga*, Berlin 1992; die Texte sind von 1907 (Rosanow) bzw. 1988 (Gorenstein) datiert.

99 Anton Čechov, „Iz Sibiri" (Aus Sibirien, 1890), in: A. Č., *Sobranie sočinenij*, X, Moskva 1963, S. 38.

100 Aleksandr Puškin, *Evgenij Onegin* (Jewgenij Onegin, entstanden 1823–1831), Strophen XXXI-XXXV.

101 Ivan Gončarov, „Na rodine" (In der Heimat), in: *Polnoe sobranie sočinenij I. A. Gončarova*, XII, S.-Peterburg 1899, S. 48ff.

102 V. A. Sollogub, *Tarantas* (Der Reisewagen, 1845), Moskva 1955, S. 44ff.

103 Anton Čechov, *Step'* (Die Steppe, 1888), Kap. IV.

104 Anton Čechov, *Sobranie sočinenij* (Gesammelte Werke), X, Moskva 1963, S. 30–35. – Speziell zum Sträflings- bzw. Sibirientrakt siehe die historische Darstellung bei E. K. Sergeev, *Vladimirka: Doroga-pamjatnik Rossii* (Die Wladimirka: Gedenkweg Russlands), Moskva 2004.

105 Fedor Stepun, *Das Antlitz Russlands und das Gesicht der Revolution* (Aus meinem Leben 1884–1922), München 1961, S. 23.

106 Bor[is] Pil'njak, *Krasnoe derevo* (Mahagoni), Berlin [1929], S. 68f.

107 „Consular Information Sheet", in: *www.travel.state.gov/russia.html* (May 05, Washington DC 2004).

108 Eugen Voss, *Warum sind die Russen so?* (Fakten und Gedanken zu einer Ethnopsychologie), Stuttgart 2004, S. 9.

109 Übersetzt und zitiert nach T. B. Ščepanskaja, *Kul'tura dorogi v russkoj miforitual'noj tradicii XIX-XXvv.* (Die Kultur des Reisens in der russischen mythorituellen Tradition des 19./20. Jahrhunderts), Moskva 2003, S. 37; zahlreiche weitere (historische wie zeitgenössische) Fallbeispiele zur russischen „Unwegsamkeit" finden sich *oben* in Teil I dieser Monographie.

110 Dokumentiert bei Ja. N. Sen'kin, *Ferdinand, ili novyj Radiščev* (Ferdinand oder Der neue Radistschew), Moskva 2005, S.115ff.; hier finden sich auch weitere aufschlussreiche Hinweise und Belege zum postsowjetischen Zustand der provinziellen Lebenswelt sowie zur Mentalität des Russentums; siehe dazu den Bildband (Photodokumentation) zur Alltagswelt des postsowjetischen Dorfes von Anastasija Chorošilova, *Bežin Lug*, Moskva 2005.

111 Vgl. u. a. die detaillierte Reportage (mit Abb.) von Peter Winkler, „Das leise Sterben der russischen Dörfer", in: *Neue Zürcher Zeitung*, Nr. 289, 2005, Bl. 5.

112 Allgemein zur traditionellen russischen Alltagskultur siehe u. a. die illustrierten Handbücher *Russkij tradicionnyj byt* (Das traditionelle russische Alltagsleben),

Sankt-Peterburg 2003; *Ėnciklopedičeskij slovar' rossijskoj žizni i istorii* (Enzyklopädisches Wörterbuch des russländischen Lebens und der Geschichte), Moskva 2003. Zahlreiche ältere Werke dieser Art liegen in Neu- und Nachdrucken vor.

113 Ein kleines Inventar von russischen Trojka-Gedichten und Trojka-Liedern hat Iraklij Andronikow zusammengestellt u. d. T. „Četyrnadcat' russkich ‚troek'" (Vierzehn russische ‚Trojki'), in: *Literaturnaja gazeta,* 1975, I, Bl. 7.

114 Hier zitiert und übersetzt nach der Textauswahl bei Iraklij Andronikov, a.a.O., Bl. 7, sowie nach der Anthologie *Derevenskie rifmy* (Ländliche Reime), Moskva 2001. Dazu je einzeln: Petr Vjazemskij, *Dorožnaja duma* (Gedanken unterwegs, 1830, 1833, 1841) – drei unterschiedliche Gedichte unter gleichem Titel – sowie *Ešče trojka* (Noch eine Trojka, 1834) und zweimal, wieder unter gleichem Titel, *Trojka* (Trojka, 1834, 1866); bei Wjasemskij finden sich Weg-, Reise-, Trojka- und selbst Eisenbahngedichte in bemerkenswerter Häufigkeit. – Ivan Aksakov, „Šosse" (Die Landstraße), Fragment aus dem Poem „Brodjaga" (Der Landstreicher, 1859), in: I. A., *Stichotvorenija i poėmy,* Leningrad 1960, S. 283.

115 Ivan Bunin, *Žizn' Arsen'eva* (Leben Arsenjews, erste vollständige Fassung 1952), Buch V, Kap. 23.

116 Dass die Trojka auch in den weiten Ebenen Zentralsibiriens ein häufiges Reise- und Transportmittel war, ist den „Reisebriefen" (Pis'ma s dorogi, 1888) von Gleb Uspenskij zu entnehmen, der auch detailliert über die Fahrtechniken, die Besonderheiten der Pferdefütterung u. ä. m. berichtet; vgl. G. U., *Sočinenija* (Werke), II, Moskva 1988, S. 384–392. Uspenskij hebt besonders den Kontrast zwischen hoher Fahrgeschwindigkeit und Eintönigkeit der Landschaft hervor: „Die gewaltige einförmige Fläche, die uns umgibt, kann den Blick nicht erfreuen. Wie eine Griffeltafel – schwarz, düster, trocken, glatt – sind der Erdboden und die Erdfarbe dieser gewaltigen Fläche. Die Räder des Fuhrwerks hinterlassen auf dieser Griffeltafel eben solche Spuren wie ein richtiger Griffel. […] Selbst die rasende sibirische Fahrweise, die in der Baraba-Tiefebene [Barabinskaja nizmennost'] dank der tafelglatten Straße ihren Kulminationspunkt erreicht, selbst sie vermag es nicht, mit der ihr eigenen Geschwindigkeit den langweiligen Eindruck der langweiligen Steppenfarben auszugleichen, auch wenn sie einen mit Blitzesschnelle immer wieder in eine neue Situation der natürlichen Umgebung versetzt."

117 Aleksandr Puškin, „Telega žizni" (Lebenswagen, 1823); Aleksandr Blok, „Rossija" (Russland, 1908).

118 S. T. Aksakov, „Detskie gody Bagrova-vnuka" (Die Kinderjahre des Bagrow-Enkels, 1858), in: S. T. A., *Sobranie sočinenij,* I, Moskva 1909, S. 510.

119 Nikolaj Gogol', *Vybrannye mesta iz perepiski s druz'jami* (Ausgewählten Stellen aus dem Briefwechsel mit Freunden, Erstdruck 1847); das Zitat entstammt dem Kapitel „Nužno ljubit' Rossiju" (Man muss Russland lieben), hier übersetzt nach N. V. G., *Duchovnaja proza,* Moskva 1992, S. 135.

121 Nikolaj Gogol', *Mertvye duši* (Tote Seelen, 1842); Buch II, Kap. 3 (postum).

122 Kursivierung in diesem Abschnitt von mir, *Vf.* – Als letzte Apotheose der Trojka kann eine Szene aus Dmitrij Mamin-Sibirjaks großem Roman *Privalovskie milliony* (Priwalows Millionen, 1883) gelten, einem krass ausgemalten Sittenbild aus der Zeit des Goldrausches im Ural. Der Autor scheint hier sämtliche Trojka-Motive von Puschkin über Gogol bis Nekrassow noch einmal zu synthetisieren. Vorgeführt wird

(symbolhaft für das kapitalistische Russland) ein riesiger, höchst luxuriös ausgestatteter Trojka-Schlitten, der gut ein Dutzend Passagiere aufnehmen kann und der – erstmalig in der russischen Literatur – von einer Frau gelenkt wird, was wiederum anknüpft an die archaische Vorstellung Russlands als „Mutter-feuchte-Erde" und an die weibliche Determinierung des russischen Kollektivbewusstseins. Die entsprechende Szene findet sich in Teil V, §11 des Romans und liest sich dort wie folgt: „,Ich will selbst kutschieren!' rief Jekaterina Iwanowna. ,Bartschuk, die Zügel!' – Die junge Frau setzte sich auf den Bock, nahm die Zügel in die Hand, und das Gefährt flog nur so aus der Stadt hinaus. Eine wilde Wettfahrt hub an, doch Bartschuks Trojka war nicht einzuholen: die Pferde waren erste Wahl. Die andern Schlitten blieben bald zurück und trieben an den Abhängen wie Boote im Sturm. Die Nacht war voller Sterne, doch diese begannen schon zu verblassen, und der Himmel überzog sich mit dem schmutzigweißen Dunkel der Vormorgendämmerung. Der unter den Pferdehufen aufliegende Schnee übersprühte alle mit grauem Gestöber, so dass der blaue Pelz Jekaterina Iwanowas völlig weiß wurde. Die Zobelmütze auf ihrem Kopf verwandelte sich ebenfalls in einen Schneeklumpen, doch darunter lächelte herausfordernd ihr rosig blühendes Mädchengesicht, ihre Augen brannten fiebrig, wie zwei Sterne im Dunkel. Die Frischluft erfrischte Priwalow durchaus nicht, ganz im Gegenteil: er wurde vollends besoffen und sah alles vor seinen Augen dahinjagen – Schneewehen, Abhänge, einen Wald, die Fratze Lepeschkins, die geduckte Falkengestalt Bartschuks und die in Wellen unter der Zobelmütze hervorquellenden Goldhaare Jekaterina Iwanowas. Vorwärts!.. auf dass einem der Atem verging und die Funken aus den Augen schossen ... Jetzt ergriff Bartschuk selbst die Zügel, brüllte mit nicht mehr menschlicher Stimme auf, und alles in der Runde verschwand im Schneegestöber, das ins Gesicht schnitt und die Augen blendete. Die Pferde waren nicht mehr zu erkennen, der Schlitten fuhr wie von selbst in die Schneeweite hinein, als wäre er ein von mächtiger Hand abgeschossener Pfeil." *Wie von selbst* und *wie im Flug* – das sind die stets wiederkehrenden Charakteristika der rasenden Trojka-Fahrt, die sich menschlichem Willen und menschlicher Lenkung letztlich entzieht und eigentlich nur als Schicksalsfügung hingenommen werden kann. Der Schneesturm, der jede Sicht nimmt und jede Lenkung verunmöglicht, ist – als höhere Gewalt – die naturhafte Fügung dazu. Die Weglosigkeit, bedingt durch die Ununterscheidbarkeit von Rechts und Links, Vorn und Hinten, Oben und Unten, bewirkt, dass der Weg sich im Raum auflöst und seinerseits räumliche Qualität annimmt. Bei Lew Tolstoj, in *Krieg und Frieden* (Vojna i mir, 1863–1869, Teil VII, Kap. 10), wird ebenfalls eine Trojka-Fahrt im Schnee beschrieben, und auch da geht das Ortsgefühl verloren, man verliert die Richtung, Bekanntes erscheint verfremdet, alles wird neu wahrgenommen: „Wir fahren doch weiß Gott wo, wir erleben weiß Gott was, aber was wir erleben, ist ganz neu und zauberhaft." Am Ende solcher Ausfahrten stehen zumeist die Katastrophe, die Trennung, der Verlust, bestenfalls die Einsicht, das man im Kreis herum gefahren ist (wie bei Gogol und auch bei Mamin-Sibirjak): statt Fortschritt – die ewige Wiederkehr des Gleichen.

123 Zu Tschitschikows Itinerar in *Tote Seelen* siehe die scharfsinnige Analyse von Jerzy Faryno, „Struktura poezdki Čičikova" (Die Struktur von Tschitschikows Reise), in: *Russian Literature*, VII, 1979, S. 611–624; zum Thema „Gogol und Russland (Das Russenland aus herrlicher Ferne)" vgl. die Monographie von D. N. Ovsjaniko-Kuli-

kovskij, „N. V. Gogol'" (1902), nachgedruckt in: ders., *Literaturno-kritičeskie raboty*, I, Moskva 1989, S. 281–317; für eine neuere Deutung der Russland-Thematik bzw. des Trojka-Motivs im Hinblick auf die „russische Idee" siehe Michail Vajskopf, *Sjužet Gogolja* (Gogols Motiv), o. O. 1993, S. 405–429.

124 Alle Zitate nach Nikolaj Gogol', *Mertvye duši* (Tote Seelen, 1842), Buch I, Kap. 11; kursiv von mir, *Vf.*

125 Anton Čechov, „Iz Sibiri" (Aus Sibirien, 1890), in: A. Č., *Sobranie sočinenij*, X, Moskva 1963, S. 11f.

126 Aleksandr Blok, „Narod i intelligencija" (Volk und Intelligenz, 1908), in: A. B., *Sobranie sočinenij*, V, Moskva-Leningrad 1962, S. 327f.

127 Nikolaj Leskov, *Očarovannyj strannik* (1873); die Zitate, hier neu übersetzt, entstammen den Kap. I, VII, IX, XIX, XX.

128 Lev Tolstoj, *Otec Sergij* (Vater Sergij, 1890–1898); Zitat, neu übersetzt, aus Kap. VIII. – Wenige Jahre vor *Otec Sergij* entstand Tolstojs große Erzählung *Mnogo li čeloveku zemli nužno* (Braucht der Mensch viel Erde, 1886), dessen Hauptheld, ein strebsamer junger Bauer, durch Fleiß und geschicktes Geschäftsgebaren seinen Landbesitz konsequent erweitert und sich schließlich auf Wanderschaft begibt, um in ferneren Gegenden zusätzliche Ländereien zu erwerben. In einem Baschkirendorf nimmt er mit Hilfe eines Übersetzers Verhandlungen auf, man einigt sich darüber, dass er, Pachom, zu einem vorgegebenen Preis soviel Erde zu Besitz erhält, wie er im Lauf eines Tags zu Fuß umschreiten kann. Der umtriebige Russe schreitet mächtig aus, um möglichst viel Terrain zu gewinnen, überanstrengt sich dabei jedoch so sehr, dass er am Ziel seines Gewaltmarsches unter dem Gekicher der Baschkiren tot zusammenbricht. Bemerkenswert ist hier, dass eine zielgerichtete und gewinnorientierte Wanderschaft vorgeführt wird, deren Ausgangs- und Zielpunkt identisch sind, deren Weg aber unbekannt ist; bemerkenswert auch, dass Tolstoj einen willensstarken Menschen, und nicht einen unbedarften Landstreicher auf Wanderschaft schickt, um dann doch deutlich zu machen, dass die Reise in jedem Fall gleich endet, nämlich mit dem Tod. Der Fatalismus transzendiert letztlich alles, gleichgültig, ob der Mensch sich ihm überantwortet oder ihn durch Geschäftigkeit und Zielstrebigkeit zu überlisten trachtet.

129 Aleksej Chomjakov, „Raskajavšejsja Rossii" (Dem reumütigen Russland, 1859); an anderer Stelle hat Chomjakow Russlands Zukunftsentwicklung imaginiert als einen einzigen kollektiven Akt des Heroismus: „[...] wir werden kühn und unfehlbar voranschreiten [podvigat'sja vpered]." („O starom i novom" [Von Altem und Neuem], entstanden 1838–1839, Erstdruck 1861), in: A. Ch., *Sočinenija*, I, Moskva 1994, S. 470).

130 Zitiert und übersetzt nach D. S. Lichačev, *Zametki o russkom* (Notizen über das Russische), Moskva 1984, S. 11; vgl. zu den Begriffen *podvig, podvižničestvo* u. ä. die soziolinguistischen Darlegungen bei L. V. Savel'eva, *Russkoe slovo* (Das russische Wort), Sankt-Peterburg 2000, S. 137f.

131 S. N. Bulgakov, *Geroizm i podvižničestvo* (Heroismus und Heroik), Moskva 1992, S. 150f.

132 Bei Dostojewskij wird der philiströse Spießer „westlicher" Provenienz als Gegenfigur zum russischen Menschen schlechthin und zum duldsamen, frommen, erdverbundenen Bauern im Besonderen vorgeführt; zahlreiche Belege dafür finden sich in sei-

ner Korrespondenz, im späten *Tagebuch eines Schriftstellers* (Dnevnik pisatelja, 1873-ff.), vorab jedoch in den *Winterlichen Aufzeichnungen über sommerliche Eindrücke* (Zimnie zametki o letnich vpečatlenijach, 1863). – Leontjews Robotbild des bourgeoisen Spießers findet sich, polemisch überhöht, in dem großen Essay *Der Durchschnittseuropäer als Ideal und Armatur globaler Zerstörung* (Srednij evropeec kak ideal i orudie vsemirnogo razrušenija, entstanden 1872–1884).

133 Innokentij Annenskij, „Chudožestvennyj idealizm Gogolja" (Der künstlerische Idealismus Gogols, 1902), in: I. A., *Knigi otraženija*, Moskva 1979, S. 222f.; vgl. 269ff.

134 Vladimir Nabokov, „Philister und Philistertum", in: V. N., *Die Kunst des Lesens* (Meisterwerke der russischen Literatur), Frankfurt a.M. 1984, S. 411f.; siehe auch (zum Phänomen des „gemeinen" Russen und der *pošlost'* am Beispiel von Gogols *Toten Seelen*) V. N., *Nikolay Gogol* (1944), London 1973, Kap. III. – Vgl. Arkadij Nebol'sin, „Poėzija pošlosti" (Poesie des Trivialen), in: *Novyj žurnal*, Nr. 101, 1970, S. 97–106 (zu I. F. Annenskijs Konzept der *pošlost'* und deren Thematisierung in der Poesie); zur Aktualität und Funktion von *pošlost'* im heutigen Russland siehe die Diskussionsbeiträge „Demoničeskaja priroda pošlosti" (Die dämonische Natur des Trivialen), in: *Literaturnaja gazeta*, Nr. 24, 1998, Bl. 10; Michail Ėpštejn, „Russkaja kul'tura na rasput'e" (Die russische Kultur am Scheideweg), in: *Zvezda*, 1999, I, S. 216ff., wo *pošlost'* als „wichtige Kategorie der russischen Kultur" ausgewiesen wird.

135 A. S. Puškin, *Evgenij Onegin* (Jewgenij Onegin, erschienen 1825–1833), Teil VII, § 28.

136 A. K. Tolstoj, hier übersetzt und zitiert nach L. V. Savel'eva, *Russkoe slovo* (Das russische Wort), Sankt-Peterburg 2000, S. 149.

137 I. A. Gončarov, „Maj mesjac v Peterburge" (Ein Mai in Petersburg), in: I. A. G., *Polnoe sobranie sočinenij*, XII, S.-Peterburg 1899, S. 282.

138 Hier zitiert nach Iwan Gontscharow, *Briefe von einer Weltreise*, München 1965, S. 340ff.; Gontscharows Reisebriefe, von denen manche in den belletristischen Bericht *Die Fregatte Pallas* (Fregat Pallada, 1855–1857) eingearbeitet wurden, sind erst 1935 im Druck erschienen („Putevye pis'ma I. A. Gončarova iz krugosvetnogo plavanija", in: *Literaturnoe nasledstvo*, XXII-XIV, Moskva 1935).

139 Hier übersetzt nach der Ausgabe Venedikt Erofeev, *Ostav'te moju dušu v pokoe* (Lasst meine Seele in Frieden), Moskva 1995, S. 130.

140 Boris Pasternak, „Vse sbylos'" (Alles hat sich erfüllt, 1958), S. 125.

141 Petr A. Vjazemskij, *Russkij Bog* (Der russische Gott, 1828); *Russkie proselki* (Russische Wege, 1841).

142 Hier übersetzt und zitiert nach I. S. Aksakov, *Otčego tak nelegko živetsja v Rossii?* (Weshalb ist es so schwer, in Russland zu leben?), Moskva 2002, S. 128f.

143 Das organismische Verständnis von Geschichte und Gesellschaft ist in der russischen (d. h. russophilen, russozentrischen) Historiographie und Geschichtsphilosophie von Karamsin über Chomjakow und Leontjew bis hin zu Iwan Iljin und Aleksandr Solschenizyn weit verbreitet und kann generell als ein Charakteristikum russischen Selbstverständnisses gelten. Hinweise und Beispiele dazu siehe u. a. bei Lev Šapošnikov, *Očerki russkoj istoriosofii XIX-XX vv.* (Skizzen zur russischen Historiosophie des 19./20. Jahrhunderts), Nižnij Novgorod 2002; vgl. weiter unten die Überlegungen zur Korn-Symbolik („Weg des Korns").

144 Hier zitiert und übersetzt nach der Anthologie *Naš XIX vek* (Unser 19. Jahrhundert), II, Moskva 1995, S. 193f.
145 Zitate (Sprichwörter) übersetzt und zitiert nach der thematisch gegliederten Sammlung von V. I. Zimin und A. S. Spirin, *Poslovicy i pogovorki russkogo naroda* (Sprichwörter und Redensarten des russischen Volkes*)*, Moskva 1996, S. 494ff.
146 Aleksandr Blok in einem Brief an seine Mutter (28. April 1908), hier übersetzt und zitiert nach der Werkausgabe A. B., *Sobranie sočinenij,* VIII, Moskva-Leningrad 1962, S. 239.
147 Boris Pasternak, „Doroga" (Der Weg, 1957).
148 Zur Gründungs- und Baugeschichte, zur politischen, wirtschaftlichen und kulturologischen Bedeutung Petersburgs liegen zahlreiche Veröffentlichungen vor, von denen hier nur ein paar wenige genannt seien: M. I. Pyljaev, *Staryj Peterburg* (Das alte Petersburg), S.-Peterburg 1889 (Reprint Moskva 1991); I. I. Lisaevič, *Domeniko Trezini* (Domenico Trezzini), Leningrad 1986; S. P. Zavarichin, *Javlenie Sankt-Piter-Burcha* (Der Auftritt von Sankt-Piter-Burch), Sankt-Peterburg 1996; Wladimir Berelowitsch/Olga Medvedkova, *Histoire de Saint-Pétersbourg*, Paris 1996; Ju. N. Bespjatych (red.), *Fenomen Peterburga* (Das Phänomen Petersburgs), Sankt-Peterburg 2000; E. V. Anisimov, *Junyj grad* (Die jugendliche Stadt), S.-Peterburg 2003. Zur Stadtkultur und Mythenbildung Petersburg vgl. die Arbeiten von Nikolaj Anciferov, *Duša Peterburga* (Die Seele Petersburgs, 1922); *Peterburg Dostoevskogo* (Dostojewskijs Petersburg, 1923); *Byl' i mif Peterburga* (Petersburgs wahre Geschichte und Mythos, 1924), alle drei Bände neuerdings als Reprint (mit Begleitheft), Moskva 1991; vgl. dazu die deutsche Ausgabe: Nikolai Anziferow, *Die Seele Petersburgs*, München 2003. Noch immer grundlegend zur Petersburger Mythenbildung ist die Monographie von Ettore Lo Gatto, *Il mito di Pietroburgo,* Milano 1960; als Einführung in den literarischen „Petersburger Text" vgl. u. a. Ju. M. Lotman, „Simvolika Peterburga i problemy semiotiki goroda" (Die Symbolik Petersburgs und Probleme einer Stadtsemiotik), in: Ju. M. L., *Izbrannye* stat'i, II, Tallinn 1992, S. 9–21; V. N. Toporov, „Peterburg i ‚Peterburgskij tekst russkoj literatury'" (Petersburg und der ‚Petersburger Text der russischen Literatur'), in: V. N. T., *Mif, ritual, simvol, obraz,* Moskva 1995, S. 259–367; ders., „Peterburgskie teksty i peterburgskie mify" (Petersburger Texte und Petersburger Mythen), in: ders., *a.a.O.,* S. 368–399. Vgl. zur historischen und kulturologischen Wechselbeziehung zwischen den beiden russischen Hauptstädten sowie zwischen Russland und Europa die Textsammlung *Moskva-Peterburg: Pro et contra* (Moskau-Petersburg: Pro et contra), Sankt-Peterburg 2000. – Zu Petersburg als einem Realsymbol der petrinischen „Pseudomorphose" siehe die zusätzlichen Hinweise in diesem Band, *unten,* Teil III, §§ 20–22.
149 Aleksandr Benua, „Živopisnyj Peterburg" (Malerisches Petersburg), in: *Mir iskusstva*, 1902, V, S. 1–5; hier zitiert nach der Anthologie *Petersburger Träume*, München 1992, S. 134f.
150 Andrej Belyj, *Peterburg* (Petersburg, Erstdruck 1913–1914), Prolog; Kap. I.
151 Zur Petrinischen Rangtafel und deren Anwendung (bis ins mittlere 19. Jahrhundert) siehe u. a. Jurij Stepanov, *Konstanty (Slovar' russkoj kul'tury)*, 2. Aufl., Moskva 2001, S. 743–749.
152 Aleksandr Puškin, *Mednyj vsadnik* (Der eherne Reiter, Erstdruck 1837), „Einleitung"; in eckigen Klammern vier Verse, die in der Druckfassung fehlen (hier über-

setzt nach A. S. P., *Polnoe sobranie sočinenij*, II, Moskva-Leningrad 1936, S. 600). Vgl. zu St. Petersburg als „militärische Kapitale" Russlands das reich illustrierte und ausführlich kommentierte Katalogwerk *Paris – Saint-Pétersbourg (1800–1830)*, Paris/Moscou 2003.

153 Zur Konzeption, Funktion und Architektur des Newskij Prospekt siehe u. a. I. N. Božerjanov, *Nevskij prospekt*, S.-Peterburg 1903; Ettore Lo Gatto, „La ‚Prospettiva della Neva'", in: E. L. G., *Il mito di Pietroburgo*, Milano 1960, S. 130–151; vgl. den detaillierten Architekturführer von B. M. Kirikov (u. a.), *Nevskij prospekt*, Moskva 2004; mit zahlreichen Abb. Zu den Petersburger Prospekten allgemein (anhand des Stadtplans der Akademie der Wissenschaften von 1753, mit Veduten von Michail Machajew) siehe Andrej Krasnov, „Sozdanie ‚Znatnejšich prospektov' Peterburga 1753 goda i vzaimosvjaz' obrazov stolicy v literature i iskusstve pervoj poloviny XVIII veka" (Die Schaffung der ‚Vornehmsten Prospekte' Petersburgs von 1753 und die Wechselbeziehung der Hauptstadtbilder in der Literatur und Kunst der ersten Hälfte des 18. Jahrhunderts), in: *Neva*, 2003, V, S. 253–263; zur historischen Axonometrie Petersburgs siehe die Untersuchung von Gleb Lebedev und Vera Vitjazeva, „Peterburgskoe trechluč'e istoričeskich putej Rossii" (Die Petersburger Dreistrahligkeit der geschichtlichen Wege Russlands), in: *Otečestvennye zapiski*, 2002, VI, S. 222–241; speziell zur Petersburger Bahnhofsarchitektur siehe A. I. Frolov, *Vokzaly Sankt-Peterburga* (Die Bahnhöfe von Sankt Petersburg), S.-Peterburg 2003.

154 Osip Mandel'štam, *Admiraltejstvo* (Die Admiralität, 1913).

155 Boris Pil'njak, *Sankt-Piter-Burch* (Sankt-Piter-Burch, 1921).

156 Nikolaj Gogol', *Peterburgskie zapiski 1836 goda* (Petersburger Aufzeichnungen aus dem Jahr 1836, erschienen 1837).

157 Aleksej Gastev, *Pačka orderov* (Ein Packen von Ordern, 1921), Ostheim 1999; zweisprachige Ausgabe Russisch/Deutsch; generell zur städtebaulichen Geometrisierung in der Revolutionsarchitektur 1789/1917 siehe die vergleichende Abhandlung von Adolf Max Vogt, *Revolutionsarchitektur*, Köln 1974.

158 Siehe zur Entwicklung des russischen Verkehrswesens (mit Berücksichtigung des frühen Eisenbahnbaus) Paul Milukow [Pavel Miljukov], *Skizzen russischer Kulturgeschichte*, I, Leipzig 1898, Kap. II, § 3; detaillierte Fakten und Zahlen zur Geschichte des russischen vorrevolutionären Eisenbahnwesens finden sich u. a. in *Ėnciklopedičeskij slovar' Rossija* (Enzyklopädisches Wörterbuch Russland, 1898), Nachdruck S.-Peterburg 1991, S. 355ff.; zur Planung, Bautechnik, Finanzierung der ersten russischen Eisenbahnlinien siehe die umfangreichen Textbeiträge, Statistiken und Abbildungen in: *Ėnciklopedičeskij slovar'* (Enzyklopädie Brockhaus/Efron), XI/a, S.-Peterburg 1894, S. 772–832; vgl. in deutscher Sprache Gregor I. Kupczanko, *Russland in Zahlen*, Leipzig 1902, S. 109ff., 145ff.; speziell zur Pionierzeit des russischen Eisenbahnwesens siehe Richard M. Haywood, *Russia enters the Railway Age, 1842–1855*, New York 1998; dazu die historische Gesamtdarstellung *Istorija železnodorožnogo transporta Rossii i Sovetskogo Sojuza* (Geschichte des Eisenbahnverkehrs in Russland und der Sowjetunion), I-II, S.-Peterburg/Moskva 1994, 1997. Allgemein zur verkehrs- und nachrichtentechnischen Erschließung des russischen Imperiums im 19. Jahrhundert (mit weiteren Literaturhinweisen zur Eisenbahngeschichte) siehe Frithjof Benjamin Schenk, „Imperiale Raumerschließung (Die Beherrschung der russischen Weite)", in: *Osteuropa*, 2005, III, S. 33–45.

159 Donald M. Wallace, *Russland*, I, Würzburg 1906, S. 3.
160 Die Anekdoten um Nikolaj I. und den „linearen" Entwurf der Eisenbahnstrecke zwischen Petersburg und Moskau gehen vermutlich auf Peter den Großen zurück, der im frühen 18. Jahrhundert den Bau einer schnurgeraden Landstraße (*prjamaja trassa*) zwischen den beiden Metropolen befahl, ein Unterfangen, das damals aus diversen Gründen scheiterte – nicht nur waren zahlreiche Sumpf- und Waldgebiete zu durchqueren, es gelang auch nicht, einen halt- und fahrbaren Straßenbelag herzustellen: die verwendeten Holzplanken hielten weder den Fuhrwerken noch den Widrigkeiten des Wetters stand. Vgl. dazu L. M. Marasinova, „Puti i sredstva soobščenija" (Verkehrswege und Verkehrsmittel), in: *Očerki russkoj kul'tury XVIII veka*, I, Moskva 1985, S. 270ff.
161 Zur Krise der russischen Eisenbahnen im Zeitalter ihres Aufschwungs siehe die materialreiche Abhandlung von O. N. Eljutin, „Zolotoj vek' železnodorožnogo stroitel'stva v Rossii i ego posledstvija" (Das ‚Goldene Zeitalter' des Eisenbahnbaus in Russland und dessen Konsequenzen), in: *Voprosy istorii*, 2004, II, S. 47–57.
162 Zitiert bei Jurij Lotman, *Roman A. S. Puškina ‚Evgenij Onegin'* (A. S. Puschkins Roman ‚Jewgenij Onegin'), Leningrad 1980, S. 106.
163 Anton Tschechow hat die demokratisierende und entsprechend nivellierende Einwirkung der Eisenbahn auf die russische Klassengesellschaft satirisch so krass dargestellt, dass der damit verbundene „Fortschritt" höchst zweifelhaft erscheinen musste; in der Erzählung *V vagone* (Im Waggon, 1881) gibt er einem damaligen Bahnreisenden das Wort: „Ich gehe in meinen Waggon Nr. 224 […]: Finsternis, Geschnarche, Tabak- und Fuselgeruch, es riecht nach russischem Geist. Neben mir schnarcht ein rothaariger *Untersuchungsrichter*, der von Rjasan nach Kijew unterwegs ist ... Zwei-drei Schritte vom Untersuchungsrichter entfernt döst *eine kleine Hübsche* ... Ein *Bauer*, mit Strohhut, schnauft, ächzt, wendet sich von einer Seite auf die andere, weiß nicht, wo er seine langen Beine hintun soll ... *Jemand* in der Ecke isst und schmatzt dabei so laut, dass alle es hören können ... Unter den Sitzbänken schläft *das Volk* den Schlaf der Gerechten. Die Tür quietscht. Zwei runzlige *alte Weiber* mit Felleisen auf dem Rücken kommen herein ..." Kursiv von mir, *Vf.*
164 Vissarion Belinskij, *Polnoe sobranie sočinenij* (Vollständige Sammlung der Werke), IX, Moskva 1955, S. 432; kursiv von mir, *Vf.*
165 Vasilij Rozanov, „Evropejskaja kul'tura i naše k nej otnošenie" (Die europäische Kultur und unser Verhältnis zu ihr, 1891), in: V. R., *Sočinenija*, Moskva 1990, S. 151.
166 Aleksandr Blok, *Vozmezdie* (Vergeltung, 1919), Teil I.
167 Nikolaj Dobroljubov, *V prusskom vagone* (Im preussischen Waggon, 1860).
168 Evgenij Boratynskij [sic], *Poslednij poèt* (Der letzte Dichter, 1833–1834).
169 Nach den Moskauer Erinnerungen von B. N. Tschitscherin (Čičerin) aus den 1840-er Jahren zitiert bei M. S. Al'tman, „‚Železnaja doroga' v tvorčestve L. N. Tolstogo" (Die ‚Eisenbahn' im Schaffen L. N. Tolstojs), in: *Slavia*, Jg. XXXIV, 1965, S. 259.
170 Zur Eisenbahnthematik in der russischen Belletristik siehe (nebst M. S. Al'tman, *a.a.O.*) u. a. Wolfgang Gesemann, „Zur Rezeption der Eisenbahn durch die russische Literatur", in: *Slavistische Studien zum IV. Internationalen Slavistenkongress in Prag 1968*, München 1968, S. 349–371; Gary R. Jahn, „The Image of the Railway in *Anna Karenina*", in: *SEEJ*, 1981, II, S. 1–10; Stephen L. Baehr, „The Troika and the Train (Dialogues Between Tradition und Technology in Nineteenth-Century Russian Lite-

rature)", in: *Issues in Russian Literature Before 1917*, Columbus 1989, S. 85–106; S. A. Fomičev, „Železnaja doroga v romane B. Pasternaka *Doktor Živago*" (Die Eisenbahn in B. Pasternaks Roman *Doktor Shiwago*), in: *Russkaja literatura*, 2001, II, S. 56–62.

171 Michail Pogodin, *Politische Briefe aus Russland*, Leipzig 1860, S. 196f. (hier zitiert nach Wolfgang Gesemann, *a.a.O.*, S. 365); kursiv von mir, *Vf.* Bei dieser Briefsammlung handelt es sich um eine frühe Ausgabe in deutscher (anonymer) Übersetzung, die Texte aus den Jahren zwischen 1838 und den ausgehenden 1850er Jahren zusammenführt.

172 Aleksej Chomjakov, *Pis'mo v Peterburg po povodu železnoj dorogi* (Brief nach Petersburg in Sachen Eisenbahn, 1845), zitiert bei Wolfgang Gesemann, *a. a. O.*, S. 363f. Im Unterschied zum Slawophilen Chomjakow und dessen Forderung nach einem unmittelbaren sprunghaften Übergang vom Feldweg zur Eisenbahn hat der Westler Aleksandr Gerzen mit Bezug auf den technischen Fortschritt für eine allmähliche Entwicklung plädiert: „Europa ist von seinen üblen Feldwegen übergegangen zu guten Landestraßen, und von diesen zu den Eisenbahnen. Bei uns [in Russland] sind die Verkehrswege auch heute noch in übelstem Zustand – sollten wir also vorab nicht Landstraßen bauen und danach erst die Eisenbahnen?" (Aleksandr Gercen, „Russkie nemcy i nemeckie russkie" [Russische Deutsche und deutsche Russen], in: A. G., *O socializme*, Moskva 1974, S. 490. Dass Chomjakow als „organismischer" Denker für den sprunghaften Fortschritt plädiert, ist ebenso bemerkenswert wie das Beharren des „revolutionären" Denkers Gercen auf kontinuierlicher Entwicklung.

173 Fedor M. Glinka, „Dve dorogi" (Zwei Wege, ca. 1850).

174 Fedor Dostoevskij, *Idiot* (Idiot, entstanden 1867–1869, als Buch erstmals 1874), Teil II, Kap. 8; Teil III, Kap. 4.

175 Zitate übersetzt nach M. S. Al'tman, „,Železnaja doroga' v tvorčestve L. N. Tolstogo" (Die ‚Eisenbahn' im Schaffen L. N. Tolstojs), in: *Slavia*, Jg. XXXIV, 1965, S. 258f.; hier finden sich zusätzliche Textbelege zu Lew Tolstojs (wie auch Fjodor Dostojewskijs) literarischer und publizistischer Reaktion auf das zeitgenössische „Eisenbahnfieber" in Russland ; vgl. Thomas Garrigue Masaryk, *The Spirit of Russia,* III, London 1967, S. 64f., 77, 133, 149.

176 Konstantin Leont'ev, „Vizantizm i slavjanstvo" (Byzantinismus und Slawentum, 1875), in: K. L., *Izbrannoe*, Moskva 1993, S. 95.

177 Dmitrij Mamin-Sibirjak, „V gluši" (Im Niemandsland, 1896), § 3, in: D. M.-S., *Sobranie sočinenij*, X, Moskva 1958, S. 107.

178 Nikolaj Nekrasov, „Železnaja doroga" (Die Eisenbahn, 1864), in: N. N., *Polnoe sobranie stichotvorenij*, II/2, Moskva-Leningrad 1937, S. 96–100.

179 Petr A. Vjazemskij, „Petr Alekseevič" (Pjotr Aleksejewitsch, 1867), in: P. A. V., *Izbrannye stichotvorenija*, Moskva-Leningrad 1935, S. 346–351; „Russkie proselki" (Russische Landwege, 1841), *a.a.O.*, S. 231f.

180 Anton Čechov, *Nesčast'e* (Unglück, 1886).

181 A. N. Apuchtin, „V vagone" (Im Waggon, 1858), „Proselok" (Feldweg, 1858), „S kur'erskim poezdom" (Mit dem Schnellzug, 1870er Jahre), in: *Sočinenija A. N. Apuchtina*, [7.Aufl.], S.-Peterburg 1912, S. 33, S. 47f., S.123–126.

182 Aleksandr Blok, *Na železnoj doroge* (Mit der Eisenbahn, 1910).

183 Andrej Belyj, *Na rel'sach* (Auf Geleisen, 1908); *Iz okna vagona* (Aus dem Waggonfenster, 1908); *Telegrafist* (Der Telegraphist, 1906–1908); *V vagone* (Im Waggon, 1905);

Stancija (Bahnstation, 1908). Alle diese Gedichte gehören zum Zyklus *Stichi o Rossii* (Gedichte über Russland) aus dem Band *Pepel* (Asche, 1909).

184 Ivan Bunin, *V poezde* (Im Zug, 1893); ders., *Na rasput'e* (Am Scheideweg, 1900).

185 Fedor Stepun, *Das Antlitz Russlands und das Gesicht der Revolution* (Aus meinem Leben, 1884–1922), München 1961, S. 150f.; zur Banalisierung der Eisenbahnreise in Russland und zur Vereinnahmung der Reisewaggons als fahrende „Hütte" oder „Stube" durch die Passagiere siehe u. a. den ausführlichen Reisebericht von Albert Thomas über eine langwierige Fahrt mit der Transsibirischen Eisenbahn um 1898 (*Le Transsibérien*, [Neuausgabe] Paris 2005). Dass die Eisenbahn in Russland noch heute nicht bloß als Verkehrsmittel, sondern als fahrendes Heim benutzt wird, in dem man sich tatsächlich „wie zu Hause" einrichtet, beobachten ausländische Reisende mit einer Mischung aus Neugier und Abscheu (vgl. u. a. Knut Ebeling, *Moskauer Tagebuch*, Wien 2001).

186 Ivan Bunin, *Novaja doroga* (Die neue Bahn, 1901).

187 Das Marx-Zitat (*MEW*, VII, S. 85) findet sich, kursiv gedruckt und damit als Slogan hervorgehoben, in einer Abhandlung über „Die Klassenkämpfe in Frankreich" aus dem Jahr 1850. – Zur politischen Metaphernlogik allgemein und zur Eisenbahn als Revolutionsmetapher im Besondern siehe Ulrich Erckenbrecht, *Die Unweisheit des Westens*, Göttingen 1998, S. 126–148; hier auch zahlreiche Hinweise zur Interpretation und Transformation der Marx'schen Metaphernbildung.

188 Zitiert nach Vladimir Piskunov, *Tema o Rossii* (Russland als Thema), Moskva 1983, S. 175.

189 Siehe dazu das reich illustrierte Sammelwerk *Art décoratif soviétique 1917–1937*, Paris 1989; darin das Kapitel „Agit-Prop" mit dem Beitrag von I. Bibikova über Propagandazüge und -schiffe. Vgl. auch die knappe Übersichtsdarstellung zur Funktion und Ausstattung von „Agitzügen", „Agitschiffen", „Agitautos" usw. in der Kulturrevolution bei S. O. Chan-Magomedov, *Pionery sovetskogo dizajna* (Die Pioniere des Sowjetdesigns), Moskva 1995, S. 131ff.; mit Abb. Als bislang umfangreichste Dokumentation zum propagandistischen Einsatz der Eisenbahn zur Zeit des Bürgerkriegs siehe das Sammelwerk *Agitmassovoe iskusstvo Sovetskoj Rossii* (Die Massenagitationskunst Sowjetrusslands, 1918–1922), I-II, Moskva 2002. Vgl. zum Motiv der Eisenbahn im Sowjetfilm der 1920er und 1930er Jahre Sabine Haensgen, „Visualisierung der Bewegung (Zirkulation in einem Land)", in: Inke Arns u. a. (Hrsg.), *Kinetographien*, Bielefeld 2004, S. 475–500.

190 Vladimir Narbut, „Železnaja doroga" (Die Eisenbahn, ca. 1930), Erstdruck in: V. N., *Stichotvorenija*, Moskva 1990, S. 324–326.

191 Boris Pasternak, *Doktor Živago* (Doktor Shiwago, entstanden 1945–1955; erschienen 1957), siehe zur Eisenbahnthematik v. a. Teil V („Abschied vom Alten"), Teil VII („Unterwegs"), Teil XIII, Kap. 2, Teil XVI, Kap. 4; siehe zur Symbolik der Eisenbahnreise in Pasternaks Lyrik die Textbeispiele und Kommentare bei Jerzy Faryno, *Poètika Pasternaka* (Pasternaks Poetik), Wien 1989, S. 302ff. (Exkurs im Anmerkungsteil).

192 Kn. Petr Vjazemskij, *Molitvennye dumy* (Gedanken beim Gebet, 1821).

193 Siehe dazu die entsprechenden Ausführungen und Reflexionen bei Nikolaj Berdjajew, u. a. in: N. B., *Sud'ba Rossii* (Russlands Schicksal, 1918), Moskva 1990; *Smysl istorii* (Der Sinn der Geschichte, 1923), Moskva 1990; *Russkaja ideja* (Die russische Idee, 1946), Moskva 1990.

194 Michail Osorgin, „Rossija" (Russland, 1924), Neudruck in: *Literaturnaja gazeta*, 31.10.1990, Nr. 44, Bl. 6. – Nicht einen Wald, aber doch einen während Generationen gehegten Kirschgarten, der zugleich symbolisch für Russland steht, macht Anton Tschechow in seinem gleichnamigen Schauspiel (*Višnevyj sad*, 1903) zum Sinnbild des geschichtlich Gewordenen, das dem Fortschritt zum Opfer fällt; die Bäume werden gefällt, damit an deren Stelle etwas Anderes, Neues entstehen kann, wie unbestimmt oder irrelevant dieses Neue auch sein mag. Tschechows implizite Kritik gilt einem Fortschrittsdenken, das sich mit dem „Neuen" um dessen „Neuheit" willen zufrieden gibt.

195 Ivan Il'in, *Put' duchovnogo obnovlenija* (Weg der geistigen Erneuerung, Erstdruck Beograd 1937), hier übersetzt und zitiert nach dem Reader von Igor' Janin, *Iz russkoj mysli o Rossii*, Kaliningrad 2002, S. 131, 133.

196 Sergej Solowjows historiographisches Werk aus den Jahren 1847 bis 1879 liegt neuerdings in einer 18bändigen Ausgabe – mit 3 Supplementbänden – vor (S. S., *Sočinenija*, I-XVIII/1–3, Moskva 1988–1998); seine *profession de foi* als Geschichtsschreiber findet sich im ersten Band der „Geschichte Russlands seit den ältesten Zeiten" (*Istorija Rossii s drevnejšich vremen*), mit dem auch die neue Werkausgabe beginnt. Vgl. zu Solowjows Geschichtsauffassung N. I. Cimbaev, *Sergej Solov'ev*, Moskva 1990; u. a. m.

197 Vasilij Ključevskij, *Sočinenija* (Werkausgabe), I, Moskva 1990, S. 317.

198 Vgl. zum neuzeitlichen russischen Geschichtsdenken (noch immer grundlegend:) Pavel Miljukov, *Glavnye tečenija russkoj istoričeskoj mysli* (Hauptströmungen des russischen Geschichtsdenkens, 1897), Neudruck Moskva 2006; dazu das Sammelwerk von Ju. V. Stennik (Hrsg.), *Literatura i istorija* (Literatur und Geschichte), I-II, S.-Peterburg 1997 (darin u. a. der Beitrag von K. G. Jusupov über die russische „Philosophie und Ästhetik der Geschichte" im 19. Jahrhundert); Lev Šapošnikov, *Očerki russkoj istoriosofii XIX – XX vv.* (Grundriss der russischen Historiosophie im 19./20. Jahrhundert), Nižnij Novgorod 2002.

199 Nikolaj Danilevskij, *Rossija i Evropa* (Russland und Europa, entstanden 1864–1868), erste Buchausgabe 1871; während der gesamten Sowjetzeit wurde das Werk nicht wieder nachgedruckt.

200 Konstantin Leont'ev, *Vizantizm i slavjanstvo* (Byzantinismus und Slawentum, 1875); Neudruck (u. a.) in: K. L., *Vostok, Rossija i Slavjanstvo* (Der Osten, Russland und das Slawentum), Moskva 1996, S. 94–155.

201 Konstantin Leont'ev, *a.a.O.*, S. 132.

202 Vgl. die politischen und historischen Abhandlungen von Iwan Aksakow in: I. A., *Otčego tak nelegko živetsja v Rossii?* (Weshalb ist es so schwer, in Russland zu leben?), Moskva 2002; hier S. 306.

203 Fedor Tjutčev, *„Umom Rossiju ne ponjat'..."* (Mit dem Verstand ist Russland nicht zu fassen ..., 1866).

204 Siehe dazu u. a. V. V. Zen'kovskij, „Der Geist der Utopie im russischen Denken", in: *Orient und Occident*, XVI, 1934, S. 23–31; vgl. neuerdings die kritischen Reflexionen zum Phänomen der Wiederkehr des Gleichen in der russischen Geschichte bzw. im russischen geschichtsbewusstsein bei Jakov Gordin, *Dorogi, kotorye my vybiraem, ili Beg po krugu* (Wege, die wir wählen, oder Der Kreislauf), S.-Peterburg 2006, mit Beispielen aus der Politik (von Peter I. bis zu Boris Jelzin), dem Militärwesen (von Minich bis Jasow) und der Wirtschaft (von Speranskij bis Gajdar); zur Geschichte

des russischen Geschichtsdenkens siehe die Übersichtsdarstellung von Pavel Miljukov, *Glavnye tečenija russkoj istoričeskoj mysli* (Hauptströmungen des russischen historischen Denkens, 1897), Moskva 2006; Einzelstudien zur Geschichtsauffassung bei I. W. Kirejewskij, W. N. Karpow, T. N. Granowkij, A. I. Gerzen, G. W. Plechanow, L. A. Tichomirow u. a. m. finden sich, herausgegeben von A. W. Malinow, im Sammelwerk *Figury istorii, ili ‚Obščie mesta' istoriografii* (Figuren der Geschichte oder ‚Gemeinplätze' der Geschichtsschreibung), Sankt-Peterburg 2005.

205 Nikolaj Berdjaev, *Smyl istorii* (Der Sinn der Geschichte, 1923), diverse Neudrucke; A. S. Achiezer, *Rossija: Kritika istoričeskogo opyta* (Russland: Kritik der historischen Erfahrung), I, Novosibirsk 1997.

206 Maksimilian Vološin, *Rossija* (Russland, 1925); *Rus'!* (Russland! 1920), Teil III aus dem Zyklus *Dikoe pole* (Freies Feld).

207 V. M. Mežuev, „Rossijskaja civilizacija – utopija ili real'nost'?" (Die russländische Zivilisation – Utopie oder Wirklichkeit?), in: *Postindustrial'nyj mir i Rossija*, Moskva 2001, S. 587.

208 Lev Tolstoj, *Vojna i mir* (Krieg und Frieden, entstanden ab 1863, Vorabdruck 1868/1869), hier übersetzt und zitiert nach der Buchfassung Teil X, Kap. 19; Teil XI, Kap. 1; Teil XII, Kap. 13; Teil XIII, Kap. 1.

209 M. P. Pogodin, „Istoričeskie aforizmy" (Historische Aphorismen, 1836), in: *Tajny istorii*, Moskva 1994, S. 49. – Das zyklische (naturhafte, auch mythische) Zeitverständnis geht von der analogen Wiederkehr historischer beziehungsweise biographischer Ereignisse aus, die wie Tages- oder Jahreszeiten eine „Kreisbewegung mit jeweils unterschiedlichem Zeitmaßstab" beschreiben. Dieses Zeitverständnis lässt sich auch in Westeuropa vielfach dokumentieren, doch bleibt es dort im Wesentlichen auf biologische und kosmische Vorgänge beschränkt und hebt sich von der Linearität der Geschichte ab. (Siehe dazu Boris A. Uspenskij, *Semiotik der Geschichte*, Wien 1991, S. 26ff.) – Wie weitgehend und selbstverständlich in der russischen Kultur das zyklische Zeitbewusstsein von der Natur auf die Geschichte übertragen wird, zeigt sich deutlich auch darin, wie dieses Bewusstsein in der russischen Sprache zum Ausdruck kommt; vgl. dazu u. a. E. S. Jakovleva, *Fragmenty russkoj jazykovoj kartiny mira* (Fragmente zum russischen sprachlichen Weltbild), Moskva 1994; Kap. II, 1.4, 3.1–5 und 4.1–5. – Der organisch-zyklischen Geschichts- und Lebensauffassung entspricht u. a. die bemerkenswerte Tatsache, dass im Russischen das Wort für „Zeit" (*vremja*) etymologisch mit den Verben „drehen" (*vertet'*) und „umkehren" (*voz-vraščat'-sja*) verwandt ist. Via diese Etymologie verbinden sich auch das „Lebensalter" (*vozrast*) sowie das russische Längenmaß „Werst" (*versta*) mit der zyklischen Zeit.

210 Der Weg als *Lebensweg* gewinnt in der Literatur des russischen Symbolismus klaren Vorrang vor dem Weg der Geschichte. Entsprechende Motive verbinden sich denn auch (v. a. bei Andrej Belyj, Aleksandr Blok, Walerij Brjussow, Aleksandr Dobroljubow) vorzugsweise mit dem erzählerischen oder lyrischen Ich und nicht wie im Geschichtsdenken mit einem kollektiven Subjekt. Gewöhnlich macht sich dieses Ich allein auf den Weg, streift allein durch die Welt, hat kein bestimmtes Ziel, lässt sich einfach gehen und findet sich oft dort wieder, von wo es ausgegangen ist. Gängig ist die Identifizierung des sprechenden Ich mit einem streunenden Barbaren, einem zivilisationsmüden Einzelgänger, dem verlorenen Sohn oder dem ewigen Juden. Man ist „einsam unterwegs" in einer „Wüste ohne Ziel", auf einem „Weg ohne Rich-

tung". Siehe dazu die grundlegende Abhandlung von D. E. Maksimov, „Ideja puti v poėtičeskom soznanii A. Bloka", in: D. E. M., *Poėzija i proza Al. Bloka*, Leningrad 1975, S. 6–143; vgl. Aage Hansen-Löve, „Weg und Ziel (Zum System der Bewegungen im russischen Symbolismus der Jahrundertwende)", in: *Wiener Slawistischer Almanach*, XXIII, 1989, S. 151–174.

211 F. M. Dostoevskij, „G. –ov i vopros ob iskusstve" (Herr –ow und das Problem der Kunst, 1861), hier übersetzt und zitiert nach F. M. D., *Ob iskusstve*, Moskva 1973, S. 56f.

212 Konstantin K. Slučevskij, „*Skažite derevu*" (Sagt zu einem Baum, 1890); der Autor hat dieses Gedicht (zu dem es auch eine frühere Fassung gibt) mit dem Hinweis versehen, es stamme „aus dem Leben", ohne freilich zu unterscheiden, ob damit das Leben der Natur oder sein eigener Lebensgang gemeint ist.

213 Fedor Sologub, „*Mne strašnyj son prisnilsja ...*" (Ich hatte einen schrecklichen Traum ..., 1885).

214 Kn. Evgenij Trubeckoj, *Iz prošlago* (Aus der Vergangenheit), Sofija 1921, S. 5; kursiv von mir, *Vf.*

215 Ivan Bunin, *Žizn' Arsen'eva* (Leben Arsenjews, 1927/1933), Buch IV, Kap. 5.

216 Siehe dazu die Überlegungen und Zitate bei B. N. Ljubimov, „Russkie idei i russkie puti" (Russische Ideen und russische Wege), in: B. N. L., *Dejstvo i dejstvie*, I, Moskva 1997, S. 103ff.; der „russische Weg" wird nicht als vorbestimmte Route, sondern prozessual als eigendynamische Fortbewegung – als ein „Umherirren" (*bluždanie*) – begriffen.

217 Vgl. zur Frage nach dem Sinn des Lebens die Anthologie *Smysl žizni* (Der Sinn des Lebens), Moskva 1994; mit Texten diverser philosophischer Autoren aus dem frühen 20. Jahrhundert, darunter umfangreiche Auszüge aus den einschlägigen (und gleichnamigen) Werken von Jewgenij Trubezkoj (Evgenij Trubeckoj, *Smysl žizni*, 1918) und Semjon Frank (Semen Frank, *Smysl žizni*, 1925). Zur Tradition des Geschichts- und Endzeitdenkens in Russland siehe u. a. V. P. Šestakov, *Ėschatologija i utopija* (Eschatologie und Utopie), Moskva 1995. – Zur Entwicklung und Spezifik des russischen Geschichtsdenkens siehe u. a. die Textsammlung *Očerki russkoj filosofii istorii* (Skizzen russischer Geschichtsphilosophie), Moskva 1996, sowie die Monographie von A. V. Malinov, *Filosofija istorii v Rossii* (Geschichtsphilosophie in Russland), Sankt-Peterburg 2001.

218 Michail Prischwin, hier übersetzt und zitiert nach Aleksej Varlamov, „K 130-letiju M. M. Prišvina" (Zum 130. Geburtstag von M. M. Prischwin), in: *Literaturnaja gazeta*, 5./11.02.2003.

219 Michail Ju. Lermontov, „Moj dom" (Mein Haus, 1830–1831), Strophe 3.

220 Allgemein zur Geschichte und zur Symbolik des Brots siehe u. a. Heinrich Eduard Jacob, *6000 Jahre Brot*, Hamburg 1954; Belege und Beispiele aus dem russischen Kulturbereich, der diesbezüglich manches zu bieten hätte, sucht man hier allerdings vergeblich. Vgl. für den russischen Kulturbereich die philologischen, mythologischen und folkloristischen Hinweise bei Jurij Stepanov, *Konstanty (Slovar' russkoj kul'tury)*, 2. Aufl., Moskva 2001, S. 284–291; mit Abb.

221 Zitate (aus verschiedenen Dichtungen Velimir Chlebnikovs) nach V. C., *Sobranie sočinenij* (Gesammelte Werke), I, Nachdruck München 1968, S. 274, 294; *a. a. O.*, IV, S. 58. – Zum messianischen Leidenscharisma Russlands als Grundlage des bol-

schewistischen Proletarierkults siehe Emanuel Sarkisyanz, *Russland und der Messianismus des Orients*, Tübingen 1955, S. 121ff.
222 Zum bäuerlichen Kalenderjahr und zum mythischen Zeitverständnis des russischen Landwirts siehe u. a. S. D. Domnikov, *Mat'-Zemlja i Car'-Gorod* (Mutter-Erde und Kaiser-Stadt), Moskva 2002, S. 104ff.
223 M. P. Pogodin, „Ističeskie aforizmy" (Historische Aphorismen), in: *Tajny istorii*, Moskva 1994, S. 42.
224 I. S. Aksakov, „Gde organičeskaja sila Rossii?" (Wo liegt Russlands organische Kraft?), in: I. S. A., *Otčego tak nelegko živetsja v Rossii?*, Moskva 2002, S. 261.
225 Gleb I. Uspenskij, „Vlast' zemli" (Die Macht der Erde, 1882), in: G. I. U., *Sočinenija*, II, Moskva 1988, S. 110f.
226 Friedrich Engels, „Herrn Eugen Dühring's Umwälzung der Wissenschaft" (1877–1878), in: *MEW*, XX, S. 126f.; zur ideologischen Einvernahme der Kornmetapher im Nationalbolschewismus vgl. Michail Agurskij, *Ideologija nacional'-bol'ševizma* (Die Ideologie des Nationalbolschewismus), Paris 1980, S. 24ff., 38f., 55ff.
227 Auf die erotischen und sexuellen Komponenten der russischen Landbewirtschaftung hat mehrfach der Kulturologe Georgij Gatschew hingewiesen, u. a. in: G. G., *Russkaja duma* (Die russische Denkart), Moskva 1991, S. 145ff.; G. G., *S Tolstym vstreča čerez vek* (Ein Treffen mit Tolstoj ein Jahrhundert danach), Moskva 1999, S. 32–46; vgl. Joanna Hubbs, *Mother Russia* (The Feminine Myth in Russian Culture), Bloomington/Indianapolis 1988; V. Rjabov, *Matuška-Rus'* (Mütterchen Russland), Moskva 2001. – Zur Widerspiegelung der bäuerlichen Arbeits- und Vorstellungswelt in der russischen Volksdichtung siehe u. a. die Textsammlung *Poèzija krest'janskich prazdnikov* (Poesie der Bauernfeste), Leningrad 1970.
228 Nikolaj Kljuev, „Zurna na zyrjanskoj svad'be" (Hochzeitslied, ca. 1921–1922), Erstdruck in: N. K., *Sočinenija*, II, München 1969, S. 152.
229 Beispiele von *Brot*-Rätseln aus der folkloristischen Textsammlung von Vera V. Mitrofanova, *Zagadki* (Rätsel), Leningrad 1968.
230 Zitate aus dem „*Igor-Lied*" hier übersetzt nach der altrussischen Fassung in: *Slovo o polku Igoreve* (Das Igor-Lied), Leningrad 1952, S. 53ff.; zur Kornmetaphorik im *Igor-Lied* siehe Boris Gasparov, *Poètika ‚Slova o polku Igoreve'* (Die Poetik des *Igor-Lieds*), Wien 1984, S. 28ff., 141ff., 195ff., 200ff.
231 Vjačeslav Ivanov, *Čelovek* (Der Mensch, 1939), Teil IV/3 („Vas, kolybel'nye mogily …").
232 Osip Mandel'štam, „Pšenica čelovečeskaja" (Menschenweizen, 1922), in: O. M., *Sobranie sočinenij*, II, Moskva 1993, S. 248ff.; O. M., „Puškin i Skrjabin" (Puschkin und Skrjabin, entstanden um 1915), Erstdruck 1964), in: O. M., *Sobranie sočinenij*, II, New York 1966, S. 360.
233 Vladislav Chodasevič, „Putem zerna" (Auf dem Weg des Korns, entstanden 1917), Titel- und Eingangsgedicht zum gleichnamigen Band von 1920.
234 Sergej Esenin, „Pesn' o chlebe" (Lied vom Brot, 1921), Strophen 1–5, 8.
235 Aleksandr Solženicyn, *Avgust Četyrnadcatogo* (August Vierzehn, Erstdruck 1971); bei diesem Band handelt es sich um den ersten „Knoten" des Romanzyklus *Das rote Rad* (Krasnoe koleso), der 1991 abgeschlossen beziehungsweise vom Autor aufgegeben wurde. Kursivdruck in den nachfolgenden Zitaten von mir, *Vf.*
236 Nikolaj F. Fedorov, *Sobranie sočinenij* (Gesammelte Werke), I, Moskva 1995, S. 254.

Exkurs (2)
Raum und Weg in der russischen Naturdichtung

1 Übersetzt und zitiert nach *Velikorusskie zaklinanija* (Großrussische Beschwörungsformeln), S.-Peterburg 1994, S. 103.
2 Das Märchen von „Sorka, Wetschorka und Polunotschka", hier übersetzt und zitiert nach der Sammlung von A. N. Afanas'ev, *Narodnyja russkija skazki i legendy* (Russische Volksmärchen und -legenden), I, Berlin 1922, S. 269.
3 Siehe zur „Rede über das Verderben der russischen Erde" (Text und Kommentar) Ju. K. Begunov, *Pamjatnik russkoj literatury XIII veka 'Slovo o pogibeli russkoj zemli'* (Die ‚Rede über das Verderben der russischen Erde' als Denkmal der russischen Literatur des 13. Jahrhunderts), Moskva/Leningrad 1965; vgl. dazu u. a. Alexandre Soloviev, „Die Dichtung vom Untergang Russlands", in: *Die Welt der Slaven*, 1964, III, S. 225–245.
4 Vgl. dazu das materialreiche Sammelwerk *Drevnerusskaja literatura: Izobraženie prirody i čeloveka* (Altrussische Literatur: Darstellung der Natur und des Menschen), Moskva 1995.
5 „Aleša Popovič i Tugarin" (Aljoscha Popowitsch und Tugarin), hier übersetzt und zitiert nach der Textsammlung von B. N. Putilov, *Byliny*, Leningrad 1957, S. 97.
6 Siehe dazu die Ausführungen zum *Igor-Lied*, S. 48 ff., *oben*.
7 Konstantin Batjuškov, *Perechod čerez Rejn* (Überschreitung des Rheins, 1816–1817).
8 Siehe u. a. die folgenden Anthologien zum poetischen Moskauer und Petersburger Text: *Moskva – Peterburg: Pro et contra*, Sankt-Peterburg 2000; *Moskva v proizvedenijach russkich pisatelej* (Moskau in den Werken russischer Schriftsteller), Moskva 1947; *Peterburg, Petrograd, Leningrad,* Leningrad 1975; *Peterburg v russkoj poèzii* (Petersburg in der russischen Dichtung), Leningrad 1988; zum Thema Land und Landschaft in der russischen Poesie vgl. u. a. die Textsammlungen *Obraz strany: Prostranstva Rossii* (Das Bild des Landes: Russlands Räume), Moskva 1994; *Derevenskie rifmy* (Ländliche Reime), Moskva 2001.
9 Allgemein zur religiösen Bedeutung und philosophischen Betrachtung der russischen Landschaft siehe Nikolaj Alekseev, „Priroda i čelovek v filosofskich vozzrenijach russkoj literatury" (Natur und Mensch in den philosophischen Anschauungen der russischen Literatur), in: *Grani*, 1959, kn. 42, S. 187–204. – Wenig verbreitet ist in der russischen Poesie die in Westeuropa rekurrente Metaphernbildung vom Buch der Natur, von der Landschaft als Text, der zu entziffern, zu übersetzen, zu deuten wäre.
10 Ivan Il'in, „Rossija v russkoj poèzii" (Russland in der russischen Poesie, 1935), in: I. I., *Sobranie sočinenij*, VI/2, Moskva 1996, S. 223.
11 Nikolaj Karamzin, *Pis'ma russkogo putešestvennika* (Briefe eines russischen Reisenden, 1790/1801).
12 Konstantin Batjuškov, *„Est' naslaždenie ..."* („Genießen lässt sich ...", 1819).
13 Maksimilian Vološin, *Dikoe Pole* (Freies Feld, 1922); *Zaklinanie o russkoj zemle* (Beschwörungsrede über die russische Erde, 1919); weitere Heimat- und Landschaftsgedichte von Woloschin finden sich in der patriotischen Textsammlung *Puti Rossii* (Die Wege Russlands), Paris 1969.
14 Nikolaj Gogol', *Mertvye duši* (Tote Seelen, 1842), Kap. XI; Michail Saltykov-Ščedrin, *Priključenie s Kramol'nikovym* (Das Abenteuer mit Kramolnikow, 1885).

15 Michail Saltykov-Ščedrin, *a.a.O.*
16 Michail Lermontov, „*Proščaj, nemytaja Rossija ...*" (Leb wohl, du schmutziges Russland ..., 1840); M. L., *Rodina* (Heimat, 1841). Fedor Tjutčev, „*Ėti bednye selen'ja ...*" (Diese ärmlichen Weiler ..., 1855); F. T., *Na vozvratnom puti* (Auf dem Weg zurück, 1859).
17 Konstantin Bal'mont, *Rodnaja kartina* (Heimatbild, 1892); *Boloto* (Der Sumpf, ca. 1893); „*Ja znaju, čto značit ...*" (Ich weiß, was es heißt ..., ca. 1893).
18 Andrej Belyj, *Otčajan'e* (Verzweiflung, 1908); *Šosse* (Chaussee, 1904); *Rus'* (Russland, 1908); *Rodina* (Heimat, 1908).
19 Aleksandr Blok, *Rodina* (Heimat, 1907–1916); dazu gehören u. a. die Gedichtfolge *Na pole Kulikovom* (Auf dem Schnepfenfeld, 1908) sowie das bekannte, in zwei Fassungen überlieferte Einzelgedicht *Rossija* (Russland, 1908).
20 Wassilij Rosanow in einem Zeitungsartikel (*Novoe vremja*, 5.1.1911), hier übersetzt und zitiert nach einem Beitrag im Sammelwerk *Osvoboždenie ot dogm* (Befreiung von Dogmen), I, Moskva 1997, S. 279.
21 Michajlo (Michail) Lomonosov, *Oda* (Ode, 1745), Strophe XVIII; *Oda* (Ode, 1748), Strophen XVI, XVII.
22 Das Zitat entstammt einem jener „historischen Kommentare", die Antioch Kantemir manchen seiner Werke beizugeben pflegte; hier übersetzt nach O. A. Lavrenova, *Geografičeskoe prostranstvo v russkoj poėzii XVIII – načala XX vv.*(Der geographische Raum in der russischen Dichtung vom 18. bis zum beginnenden 20. Jahrhundert), Moskva 1998, S. 31.
23 Aleksandr Puškin, *Klevetnikam Rossii* (An die Verleumder Russlands, 1831).
24 Fedor Tjutčev, *K Ganke* (An Hanka, 1841); *Russkaja geografija* (Die russische Geographie, entstanden Ende 1840er Jahre, Erstdruck 1886).
25 Ivan Nikitin, *Rus'* (Russland, 1851); in einem etwas früher entstandenen Gedicht (*Pole*, 1849) imaginiert Nikitin seine russische Heimat als ein grenzenloses „Feld", das „mit dem Himmel zu einer dunkelblauen Fläche verschmilzt" – das Feld, bestrichen vom Wind, wird mit einem wogenden Meer verglichen, und beide gerinnen zum Bild einer gigantischen „feuchten" Mutter, die weibliche und männliche Qualitäen gleichermaßen in sich vereint: „Den Herzen und Sinnen [eröffnet sich] Freiheit. | Hier ist meine Mutter, mein Freund und mein Präzeptor – die Natur. | Und das Leben scheint mir in der Zukunft heller, | Wenn sie [die Natur] mich, das Kleinkind, | An ihre mächtige und breite Brust nimmt | Und einen Teil ihrer Kraft mir in die Seele gießt."
26 Vgl. V. Prozerskij, „Priroda kak otkrytyj tekst" (Die Natur als offener Text) in: *Silentium*, II, S.-Peterburg 1992, S. 107–116.
27 Zur „trostlosen Landschaft" (*unylyj pejzaž*) siehe Michail Ėpštejn, *Priroda, mir, tajnik vselennoj...* (Natur, Welt, Zuflucht des Alls), Moskva 1990, S. 148ff.; hier finden sich auch die auszugsweise angeführten Zitate.
28 Petr Vjazemskij, „*Mne nužny vozduch vol'nyj i širokij ...*" („Ich brauche freie weite Luft ...", 1864).
29 Man vgl. die oftmalige Anrufung, ja Beschwörung des „gesegneten Südens" bei Fjodor Tjuttschew, in dessen Natur- und Landschaftsdichtung der Kontrast zwischen dem strengen Norden und dem „goldenen, hellen Süden" rekurrent ist.
30 Aleksandr Puškin, *Derevnja* (Das Dorf, 1819; hier auch zu übersetzen als „Auf dem Land").

31 Aleksej Kol'cov, *Urožaj* (Ernte, 1835).
32 Michail Lermontov, *Rodina* (Heimat, 1841).
33 Nikolaj Ogarev, „*Storona moja rodimaja …*" („Mein Geburts- und Heimatland …", 1858); „storona" bezeichnet hier die „kleine", regionale Heimat im Unterschied zum Vaterland als der „großen", nationalen Heimat.
34 Nikolaj Minskij, *Dva puti* (Zwei Wege, 1901); Aleksandr Blok, *Vozmezdie* (Vergeltung, 1910–1921).
35 Zum umfangreichen Corpus des russischen Naturgedichts (Geschichte, Motive, Typologie, Epochen- und Personalstile) siehe Michail Ėpštejn, *a.a.O.*, Teile II-IV.
36 Diese und weitere Textbeispiele finden sich bei O. A. Lavrenova, *Geografičeskoe prostranstvo v russkoj poėzii XVIII – načala XX vv.*(Der geographische Raum in der russischen Dichtung vom 18. bis zum beginnenden 20. Jahrhundert), Moskva 1998, Kap. II.
37 Afanasij Fet, „*Čudnaja kartina …*" („Wundersames Bild …", 1842).
38 Zur russischen Naturpoesie von der Romantik bis zur Gegenwart siehe u. a. die Anthologie von V. Ivanov und V. Maksimov *Derevenskie rifmy: Stichi russkich poėtov o derevne* (Ländliche Reime: Verse russischer Dichter über das Land), Moskva 2001.
39 Die nachfolgenden Hinweise stützen sich im Wesentlichen auf die Studien von O. A. Lavrenova, *a.a.O.*, Teil II/1-2, sowie auf die umfangreichen statistischen Erhebungen bei Michail Ėpštejn, *a.a.O.*, S. 284ff.
40 Vladimir Solov'ev, *Panmongolizm* (Panmongolismus, 1894).
41 Sergej Esenin, „*Otgovorila rošča zolotaja …*" (Im goldnen Wäldchen …", 1924); Versübersetzung von mir, *Vf.*
42 Vladimir Solov'ev, *Osennej dorogoj* (Auf herbstlichem Weg, 1886).
43 Apollon Majkov, *Pejzaž* (Landschaft, 1853).
44 Aleksej Tolstoj, „*Po greble nerovnoj …*" („Auf unebenem Damm …", 1840er Jahre); in einem andern, etwas später entstandenen Gedicht mit dem unromantischen Titel *Sträflinge* (Kolodniki, ca. 1854) nimmt Tolstoj den langen Weg eines Konvois von Verurteilten, die zu Fuß unterwegs in die Verbannung sind, zum Anlass, die Weite und Freiheit der russischen Landschaft zu feiern – dies in eindrücklichem Kontrast zu den streng überwachten, mit Fußeisen versehenen Sträflingen. Die weitläufige Landschaft wird hier allerdings bloß durch die Nennung von „freien Steppen" (in der Mehrzahl) angedeutet sowie durch den „weiten Freiraum der Wolga", den die Gefangenen auf ihrem Marsch besingen. – Tolstoj scheut sich im Übrigen nicht, in seinem Langgedicht *Ioann Damaskin* (Johannes von Damaskus, Kap. II, 1858) den Titelhelden als Bettelmönch auftreten und durch ihn nicht nur die freie Natur lobpreisen zu lassen, sondern auch „den einsamen Pfad", auf dem er das Land durchwandert. Dieses Land hat jedoch nichts mit Russland zu tun, seine landschaftliche Kulisse (mit Wäldern, Fluren, Tälern, Gebirgen, Gewässern usw.) bleibt weitgehend neutral – eine Standardlandschaft, wo unter „blauen Himmeln" Freiheit herrscht.
45 Siehe dazu die Ausführungen und Beispiele *oben*, S. 231f.; vgl. *a.a.O.* (Anm. 117).
46 Aleksandr Blok, *Ante lucem* (Ante lucem, § 19, 1899).
47 Aleksandr Blok, *Osennjaja volja* (Herbstlicher Freiraum, 1905); kursiv von mir, *Vf.*

Exkurs (3)
Raum und Weg in der russischen Landschaftsmalerei

1 Pavel Muratov, „*Pejzaž* v russkoj živopisi" (Die Landschaft in der russischen Malerei), in: *Apollon*, 1910, IV, S. 13; hier zitiert und übersetzt nach Elizabeth Valkenier, *Russian Realist Art* (The State and Society), Ann Arbor 1977, S. 79. Zu den Anfängen und zur Entwicklung der russischen Landschaftsmalerei siehe u. a. B. V. Asaf'ev (d. i. Igor' Glebov), „Priroda – lirika russkogo pejzaža" (Die Natur – Lyrik der russischen Landschaft), in: B. V. A., *Russkaja živopis'* (Mysli i dumy), Leningrad/Moskva 1966, S. 186–214; Aleksej Fedorov-Davydov, *Russkoe i sovetskoe iskusstvo* (Russische und sowjetische Kunst), Moskva 1975 – mit einer summarischen Bestandsaufnahme der russischen Landschaftsmalerei im 19./20. Jahrhundert sowie diversen Einzelstudien zum Landschaftsbild bei Silwestr Stschedrin, Ilja Repin, Isaak Lewitan, Arkadij Rylow u. a.; M. V. Alpatov, „Iz istorii russkogo pejzaža" (Aus der Geschichte der russischen Landschaftsmalerei), in: M. V. A., *Ètjudy po istorii russkogo iskusstva*, II, Moskva 1967, S. 147–152 (mit Hinweisen auf das Wegmotiv); Elizabeth Valkenier, *a.a.O.*, S. 76–79; G. G. Pospelov, „Tema Rossii v iskusstve XIX – načala XX v." (Russland als Thema der Kunst im 19. und frühen 20. Jahrhundert), in: G. G. P., *Russkoe iskusstvo načala XX veka* (Sud'ba i oblik Rossii), Moskva 2000, S. 3–22; Ekaterina Degot', „Prostranstvennye kody ‚russkosti' v iskusstve XIX veka" (Die räumlichen Kodierungen des ‚Russischen' in der Kunst des 19. Jahrhunderts), in: *Otečestvennye zapiski*, 2002, VI, S. 187–195; Christopher Ely, *This Meager Nature* (Landscape and National Identity in Imperial Russia), DeKalb, Illinois 2002, Kap. V-VI; I. I. Grigor'jan, *Pejzaž v russkoj živopisi* (Die Landschaft in der russischen Malerei), Moskva 2004; einen kunsthistorischen Gesamtüberblick mit umfangreichem Bildmaterial gibt Vitalij Manin, *Russkij pejzaž* (Russische Landschaft), Moskva 2000; auf die westlichen Einflussquellen verweist im besondern D. V. Sarab'janov, *Rossija i zapad* (Russland und der Westen), Moskva/Milano 2003, S. 179–194; eine Übersichtsdarstellung zur russischen Landschaftsmalerei im 18. und frühen 19. Jahrhundert bietet A. Fedorov-Davydov, *Russkij pejzaž* (Russische Landschaft), Moskva 2005; für die zweite Hälfte des 19. Jahrhunderts siehe den Aufsatz (mit aufschlussreichen Querverweisen auf die zeitgenössische Erzählliteratur) von Galina S. Tchourak (Čurak), „Terre russe (Le paysage en peinture et en littérature)", in: *L'Art russe en quête d'identité*, (Katalogwerk:) Musée d'Orsay, Paris 2005, S. 51–66.

2 Ivan Konevskoj, „Dve narodnye stichii" (Zwei Volkselemente), in: I. K., *Mečty i dumy*, S.-Peterburg 1900, S. 117.

3 Nikolaj Gogol', *Mertvye duši* (Tote Seelen, 1841), Teil I, Kap. 11.

4 Stepan Ševyrev, *Poezdka v Kirillo-Belozerskij monastyr'* [...] *v 1847 godu* (Reise zum Kirillo-Beloserskij-Kloster [...] im Jahre 1847), I-II, Moskva 1850; hier zitiert nach Christopher Ely, *This Meager Nature*, DeKalb, Illinois 2002, S. 119f.

5 B. V. Asaf'ev, „Priroda – lirika russkogo pejzaža" (Die Natur – Lyrik der russischen Landschaft), in: B. V. A., *Russkaja živopis'* (Mysli i dumy), Leningrad/Moskva 1966, S. 202.

6 Eine russische Werst (*versta*) entspricht 1,06 km.

7 V. O. Klučevskij, *Russkaja istorija*, I, Moskva 2005, S. 55.

8   V. O. Ključevskij, *a. a. O.*, S. 55. – Zu Berdjajews Konzept einer „Geographie der russischen Seele" siehe *oben*, Teil I, § 21.
9   D. N. Mamin-Sibirjak, „Vol'nyj čelovek Jaška" (Jaschka, ein ungebundener Mensch, 1893), hier übersetzt und zitiert nach D. N. M.-S., *Povesti, rasskazy, očerki*, Moskva 1975, S. 285.
10 L. N. Tolstoj, *Vojna i mir* (Krieg und Frieden), Band I, Teil iii, § 16.
11 Zur „typisch" russischen Landschaft gehört naturgemäß der Wald, von dem weite Teile Nordwestrusslands und Sibiriens noch heute dicht bestanden sind. Durch den Wald wird die russische Raumerfahrung allerdings nicht wesentlich erweitert. Die Wälder stehen größtenteils in flachen Landstrichen, so dass sie sich in der Vogelperspektive wie große bewegte Wasserflächen darbieten. Diese Perspektive blieb jedoch dem Wandermaler des 19. Jahrhunderts verschlossen, entsprechende bildnerische Darstellungen fehlen weitgehend. Der Wald konnte nur frontal betreten und betrachtet werden – als undurchdringliches Dickicht oder als eine Art von Säulenhalle, Kathedrale o. ä. Naturgemäß ist auf Waldbildern der Horizont nicht sichtbar, die Raumstruktur wird primär durch die Vertikalität der Stämme bestimmt. Trotz ihrer gewaltigen Ausdehnung werden die russischen Wälder nicht als Freiräume mit offenen Grenzen erlebt, vielmehr als naturgegebene Intérieurs, die als Zuflucht oder Jagdgrund dienen können, die aber auch zahlreiche Gefahren und, im Volksglauben, Dämonen aller Art bergen. In Russland, wo dem Wald als Kollektivsymbol für völkische oder soziale Gemeinschaft große Bedeutung zukommt, gibt es gleichwohl nur wenige Maler, die ihn als Sujet gepflegt haben. Herausragend ist das bildnerische Werk Iwan Schischkins, das größtenteils aus Waldlandschaften besteht. Diese Arbeiten zeigen aber – wie auch jene anderer Künstler – lediglich einen Aspekt russischer Landschaft (vgl. die Abb.-Folge bei Vitalij Manin, *Russkij pejzaž*, Moskva 2001, S. 236ff.) und nicht deren besondere Räumlichkeit. Schischkin hätte seine Bilder genau so gut im Bayerischen Wald oder im Berner Oberland malen können. Dennoch gehört sein künstlerisch unbedarftes Werk zum Kernbestand russischer Heimatmalerei.
12 Zur „Flüssigkeit" des russischen Territoriums und zu dessen „fließenden" Grenzen siehe die Ausführungen *oben*, Teil I, § 18.
13 Zum schicksalsbestimmten Untergang Petersburgs gibt es seit dessen Gründungs- und frühester Bauzeit eine Vielzahl von literarischen, philosophischen und theologischen Texten; diverse Beispiele dafür (aus dem 19./20. Jahrhundert) finden sich in der Anthologie *Moskva – Peterburg: Pro et contra* (Moskau und Petersburg: Pro et contra), Sankt-Peterburg 2000.

III
Wege nach Russland

1   Aleksandr Puškin, *Mocart i Sal'eri* (Mozart und Salieri, 1830); der Vergleich der russischen „Nachahmungskultur" mit dem Kunstkonzept des Salierismus mag, allgemein gefasst, durchaus haltbar und einsichtig sein, stimmt jedoch mit Puschkins Darstellung insofern nicht überein, als dort der Salierismus als analytisches, ja „algebraisches" Verfahren ausgewiesen wird – was auf Russlands rezeptives Kulturver-

Očerki russkoj kul'tury XIX veka, IV, Moskva 2003, S. 439–456. Zum Phämomen der Potjomkinschen Dörfer siehe die Abhandlung von A. M. Pančenko, „Potemkinskie derevni' kak kul'turnyj mif" (Potjomkinsche Dörfer als Kulturmythos), in: *Iz istorii russkoj kul'tury*, IV, Moskva 1996, S. 685–700. Siehe auch die reichhaltige Festschrift für Andrej N. Sacharow *Rossija i mirovaja civilizacija* (Russland und die Weltzivilisation), Moskva 2000; mit Beiträgen u. a. über die kulturellen Nachwirkungen des Tatarenjochs, die Reform- und Europäisierungsprojekte Peters I. und Katharinas II., das Vorbild Roms für die russische Staatssymbolik im 18./19. Jahrhundert, Dostojewskijs Puschkin-Rede im russischen „Ideenkampf" um 1880, das eurasische Konzept der russischen Geschichtsentwicklung.

14 Übersetzt und zitiert nach Vjačeslav Košelev, *Aleksej Stepanovič Chomjakov*, Moskva 2000, S. 384.

15 Zur Unrechts- und Gewaltherrschaft Peters des Großen, dessen Aufklärungspathos über seine eigenen konkreten Reformprojekte nicht hinausging und dessen Kehrseite der asiatisch anmutende Despotismus war, mit dem er die russische Bevölkerungsmehrheit, die Kirche und auch seine eigene Familie drangsalierte, gibt es einen umfangreichen Bestand an Dokumenten und Sekundärliteratur; siehe zusammenfassend Ol'ga Čajkovskaja, „Kto on, ‚Mednyj vsadnik'?" (Wer ist er, der Eherne Reiter?), I-II, in: *Literaturnaja gazeta*, 2001, XXXXVII und IL.

16 Ivan Kireevskij, „O charaktere prosveščenija Evropy i o ego otnošenii k prosveščeniju Rossii" (Über den Charakter der Aufklärung Europas und über sein Verhältnis zur Aufklärung Russlands, 1852), in: *Polnoe sobranie sočinenij I. V. Kireevskago v dvuch tomach*, I, Moskva 1911, S. 175; Kirejewskij zitiert Peter den Großen ohne Quellengabe.

17 Einen ebenso bemerkenswerten wie diskutablen Versuch, die russische Mentalität begriffsgeschichtlich aufzuarbeiten, hat neuerdings der Semiotiker Jurij Stepanov unternommen in seinem groß angelegten Werk *Konstanty* (Konstanten: Wörterbuch der russischen Kultur), 2. Aufl., Moskva 2001. Zahlreiche einschlägige Publikationen sind im übrigen aus der zeitgenössischen russischen Kulturologie hervorgegangen, die mehrheitlich neoslawophile Positionen vertritt und sich dadurch entsprechendem Ideologieverdacht aussetzt.

18 Konstantin Kavelin, „Mysli i zametki o russkoj istorii" (Gedanken und Bemerkungen zur russischen Geschichte, 1866), in: K. K., *Naš umstvennyj stroj*, Moskva 1989, S. 171ff.

19 *Ce povesti vremjannych let otkudu est' pošla Russkaja zemlja kto v Kieve nača pervee knjažiti i otkudu Russkaja zemlja stala est'* (Berichte aus dem Verlauf der Jahre woher die Russische Erde kam und wer in Kijew zuerst herrschte und woher die Russische Erde ward, 1113). Als Erster hat im Auftrag der Petersburger Akademie der Wissenschaften der deutsche Historiker Gerhard Friedrich Müller (russ. *Miller*) die Ursprünge des russischen Staatswesens anhand von Nestors Chronik erforscht; 1767 erfolgte die Erstveröffentlichung der Chronik, 1802 legte der deutsche Historiker und Paläograph August Ludwig von Schlözer die erste wissenschaftliche Edition vor. Zum Wirken und zur Wirkung Müllers und Schlözers in Russland siehe u. a. die Würdigung des liberalen „westlerischen" Historikers Pawel Miljukow in: P. M., *Glavnye tečenija russkoj istoričeskoj mysli* (Hauptströmungen des russischen Geschichtsdenkens, 1897), Neudruck Moskva 2006, Teil II, Kap. 3; speziell zur rus-

sischen Staatsgründung in der Geschichtsschreibung des 18. Jahrhunderts siehe Wladimir Berelowitch, „Les origines de la Russie dans l'historiographie russe au XVIII siècle", in: *Annales*, 2003, I, S. 63–84. – In seinen Essayband *Arabeski* (Arabesken, 1835) hat Nikolaj Gogol einen von 1832 datierten Beitrag über „Schlözer, Müller und Herder" aufgenommen, jedoch ohne deren Forschungen und Überlegungen zur Geschichte Russlands auch nur zu erwähnen.

20 Übersetzung des Zitats von mir, *Vf.* – Die Nestor-Chronik ist u. d. T. *Povest' vremennych let* erstmals 1767 in Petersburg ediert worden und liegt seither in zahlreichen Nach- und Neudrucken vor; August Ludwig von Schlözer hat das umfangreiche Werk 1802–1805 u. d. T. *Nestor (Russische Annalen in ihrer slavonischen Grundsprache)* vierbändig in Göttingen herausgegeben.

21 Etymologisch gehen die Namen *russkie* (für „Russen") und *Rus'* (für „Russland") auf die germanischen Bezeichnungen für die Waräger oder Normannen zurück, die sich selbst schon immer „Russen" nannten; außer der Fremdherrschaft übernahmen die Russen mithin auch ihren Staats- und Volksnamen. Siehe dazu die zahlreichen Belege und Kommentare zur Etymologie und Semantik der Begriffe *Rus', Rossija, russkij, rossijanin* bei Ju. S. Stepanov, *Konstanty* (Konstanten), 2. Aufl., Moskva 2001, S. 151ff.

22 Vasilij Rozanov, „S veršiny tysjačeletnej piramidy" (Vom Gipfel der tausendjährigen Pyramide, 1918), in: V. R., *Sočinenija*, Moskva 1990, S. 448f.; V. R., „Vozle ‚russkoj idei'" (Nebst der ‚russischen Idee', 1914), *a. a. O.*, S. 327. Zahlreiche ähnliche Stellen ließen sich bei Rosanow zusätzlich zusammentragen. – Eine ins Positive gewendete Deutung der Normannenberufung, wiewohl ohne Bezugnahme auf die russischen Mutter- und Erdmythen, hat vor Rosanow schon der Philosoph Wladimir Solowjow unterbreitet, als er 1888 in einem Aufsatz zur „Nationalen Frage in Russland" (*Sočinenija*, I, Moskva 1989, S. 285) schrieb: „Da sie [die urslawischen Stämme] bei sich zu Hause keinerlei Elemente von Einheit und Ordnung sahen, beschlossen sie, diese von außen anzufordern, und sie scheuten sich nicht, sich einer fremden Macht unterzuordnen. Scheinbar haben sich diese Menschen, indem sie eine fremde Macht bestellten, von ihrer eigenen Heimaterde losgesagt und sie verraten – in Tat und Wahrheit haben sie [auf diese Weise] Russland geschaffen und die russische Geschichte begonnen."

23 Zur Entstehung und Geschichte der „Normannentheorie" siehe neuerdings den Forschungsbericht von Vjačeslav Fomin, *Varjagi i varjažskaja Rus'* (Die Waräger und das warägische Russland), Moskva 2005.

24 Zu den zeitgenössischen wissenschaftlichen Querelen um die Forschungstätigkeit der deutschen Gelehrten Bayer, Müller und Schlözer in Russland siehe die ausgleichenden Darlegungen von Michail Kojalovič, *Istorija russkogo samosoznanija* (Geschichte des russischen Selbstbewusstseins, 1884), 4. Aufl., Minsk 1997, Kap. V.

25 Lomonossows eigene Forschungen zur Frühgeschichte Russlands sind dargelegt in dem unlängst nachgedruckten Band *Drevnjaja rossijskaja istorija ot načala rossijskogo naroda do končiny velikogo knjazja Jaroslava Pervogo, ili do 1054 goda, sočinennaja Michajlom Lomonosovym, statskim sovetnikom, professorom chimii i členom Sankt-Peterburgskoj imperatorskoj i korolevskoj Švedskoj akademii nauk* (Die alte russländische Geschichte vom Beginn des russländischen Volkes bis zum Tode des Großfürsten Jaroslaw des Ersten, oder bis zum Jahre 1054, verfasst von Michajlo Lomonossow,

Staatsrat, Professor der Chemie und Mitglied der kaiserlichen Sankt Petersburger sowie der königlichen Schwedischen Akademie der Wissenschaften, Ausgabe 1847), Reprint Archangel'sk 2006. Siehe auch die Abhandlung von G. S. Lebedev, „,Skandovizantija' i ‚slavotjurkika' kak koordinaty russkogo nacional'nogo samosoznanija" (‚Scandobyzanz' und ‚Slavotürkentum' als Koordinaten des russischen nationalen Selbstbewusstseins), in: *Kanun*, II, Sankt-Peterburg 1996, S. 55–92; vgl. G. S. L., *Épocha vikingov v Severnoj Evrope i na Rusi* (Die Epoche der Wikinger in Nordeuropa und in der Rus), Moskva 2005; dazu F. B. Uspenskij, „Put' iz varjag v greki: Granica, doroga, napravlenie v predstavlenii drevnich skandinavov" (Der Weg von den Warägern zu den Griechen: Grenze, Weg, Richtung in der Vorstellung der alten Skandinavier), in: *Prostranstvo Pamjat' Mysl'*, Moskva 2000, S. 80–86. Die Literatur zu dieser Thematik ist außerordentlich reichhaltig und kann hier nur punktuell berücksichtigt werden. Eine konzise Übersicht zur Vor- und Frühgeschichte des russischen Staatswesens findet sich bei Richard Pipes, *Russland vor der Revolution*, München 1977, Teil I, Kap. 2. Zum Anteil westlicher Forschung an der Historiographie Russlands siehe M. A. Alpatov, *Russkaja istoričeskaja mysl' i zapadnaja Evropa* (Das russische historische Denken und Westeuropa), Moskva 1985; zum internationalen Forschungsstand bezüglich der „Normannentheorie" siehe das Sammelwerk *Slavjane i Rus'* (Die Slawen und die Rus), Kiev 1990, S. 108ff.

26 Petr Čaadaev, „Otryvok iz istoričeskogo rassuždenija o Rossii" (Auszug aus einer historischen Reflexion über Russland, ca. 1828–1830), in: P. Č., *Stat'i pis'ma*, Moskva 1987, S. 312; das zweite Zitat entstammt Tschaadajews Erstem philosophischem Brief (1836), *a. a. O.*, S. 38f.; kursiv von mir, *Vf.*. – In seiner *Apologie eines Irren* (Erstdruck französisch, 1862) verschärft Tschaadajew seine Kritik an der russischen Nachahmungskultur, wobei er freilich nicht die Qualität des Nachgeahmten, vielmehr die Qualität der Nachahmung im Visier hat – „mit einem auf den Westen starrenden Blick" habe Russland, seit Peter I., nichts anderes getan, als Europa oberflächlich zu imitieren, „die Namen der Dinge in den Büchern des Westens zu buchstabieren", und selbst die Quellen der vaterländischen Geschichte hätten von „deutschen Gelehrten" entdeckt, herausgegeben und kommentiert werden müssen (*a. a. O.*, S. 135f., 141). Tschaadajew bezieht sich hier implizit auf die historischen Pionierwerke von Gerhard Friedrich Müller (*Sammlung russischer Geschichte*, I-IX, 1733–1764) und August Ludwig von Schlözer (*Probe russischer Annalen*, 1768).

27 Zur Genealogie des Zarenhauses im 19. Jahrhundert siehe Ju. A. Kuz'min, *Rossijskaja imperatorskaja familija* (Die russische Herrscherfamilie, 1797–1917), S.-Peterburg 2005. Vgl. zu den internationalen Vernetzungen des Zarenhofs V. Fedorčenko, *Rossijskij Imperatorskij Dom i evropejskie monarchii* (Das russländische Herrscherhaus und die europäischen Monarchien), Moskva 2006.

28 Die Anekdote mit der „Blutprobe" von Solowjow wurde erstmals 1903 als „ein Scherz des russischen Lebens" schriftlich rapportiert; Russlands letzter Zar, Nikolaus II., soll demnach einen russischen Blutanteil von $1/_{128}$ aufgewiesen haben. Zitate nach *Kul'turologičeskie zapiski* (Kulturologische Notate), VII, 2002, S. 66f.

29 Vgl. *oben*, Anm. 19.

30 Vgl. dazu die detaillierten Forschungsberichte von W. Ja. Petruchin und W. M. Shiwow (Živov) im Sammelwerk *Iz istorii russkoj kul'tury* (Aus der Geschichte der russischen Kultur), I, Moskva 2000.

31 Übersetzt und zitiert nach Petr Čaadaev, *Stat'i i pis'ma* (Aufsätze und Briefe), Moskva 1987, S. 208f

32 Aus der umfänglichen Forschungsliteratur zu den russisch-byzantinischen (politischen, kirchlichen, kulturellen) Beziehungen, die man kaum als *Wechselbeziehungen* bezeichnen kann, da sie praktisch ausschließlich von Byzanz ausgingen und von dorther auch alimentiert wurden, sei hier lediglich ein kurzer, dabei höchst gehaltvoller und anregender Beitrag von Jurij Lotman zum „Problem des byzantinischen Einflusses auf die russische Kultur in typologischer Ausleuchtung" (Problema vizantijskogo vlijanija na russkuju kul'turu v tipologičeskom osveščenii) erwähnt, abgedruckt in: Ju. L., *Izbrannye stat'i*, I, Tallinn 1992, S. 121–128; die Thematik wird notwendigerweise in allen Gesamtdarstellungen zur russischen Geschichte abgehandelt, vor allem aber in Werken zur Literatur, Architektur und Kunst Altrusslands.

33 S. F. Platonov, *Učebnik russkoj istorii* (Lehrbuch der russischen Geschichte, 1909/1910), Moskva 1992, S. 40.

34 Zur oftmals abgehandelten moskowitischen Ideologie des Dritten Rom siehe neuerdings N. S. Sinicyna, *Tretij Rim* (Das Dritte Rom), Moskva 1998; A. N. Sacharov, *Drevnjaja Rus' na putjach k ‚Tret'emu Rimu'* (Altrussland auf Wegen zum Dritten Rom), Moskva 2006; vgl. dazu die aufschlussreiche Einzelstudie von Jurij Lotman/ Boris Uspenskij, „Otzvuki koncepcii ‚Moskva – Tretij Rim' v ideologii Petra Pervogo" (Nachklänge der Konzeption ‚Moskau als dem Dritten Rom' in der Ideologie Peters des Großen), in: Ju. L., *Izbrannye stat'i* (Ausgewählte Aufsätze), III, Tallinn 1999, S. 201–212.

35 Konstantin Leont'ev, *Vizantizm i slavjanstvo* (Der Byzantismus und das Slawentum, 1875), Moskva 1993, S. 34–40; das unvollendet gebliebene Werk entstand vor dem zeitgeschichtlichen Hintergrund der Balkankriege.

36 Aleksandr Gercen, *Byloe i dumy* (Gewesenes und Gedachtes, 1845–1870), Kap. XXX; Gerzen setzt sich in diesem Kapitel („Nicht die Unsrigen") auch generell mit der russischen bzw. slawischen Nachahmungskultur auseinander: „Der rezeptive Charakter der Slawen, ihre *Weibhaftigkeit* (ženstvennost'), ihr Mangel an Selbständigkeit sowie ihre große Fähigkeit der Aneignung und des Plastizismus (*sic*) machen sie vorab zu einem Volk, das andere Völker braucht, sie können sich selbst nicht gänzlich genügen. […] Angeregt durch andere, gehen sie bis zu den äußersten Konsequenzen; es gibt kein Volk, das sich das Denken anderer Völker tiefer und vollständiger angeeignet hätte [als das russische] und das gleichwohl es selbst geblieben ist." – Zur kulturgeschichtlichen und staatsbildenden Bedeutung des Tataren- bzw. Mongolensturms siehe neuerdings das Sammelwerk *Rossija v civilizacionnoj strukture evrazijskogo kontinenta* (Russland in der Zivilisationsstruktur des eurasischen Kontinents), herausgegeben von A. O. Čubar'jan in der Schriftenreihe „Civilizations", vol. VI, Moskva 2004; È. S. Kul'pin, *Zolotaja orda: Problemy genezisa Rossijskogo gosudarstva* (Die Goldene Horde: Probleme der russländischen Staatsgenese), 2. Aufl., Moskva 2006.

37 Zum Tataren- bzw. Mongolenjoch siehe u. a. George Vernadsky, *The Mongols and Russia*, New Haven 1953; Donald Ostrowski, *Muscovy and the Mongols (Cross-Cultural Influences on the Steppe Frontier)*, Cambridge 1998; vgl. die kritische Würdigung des Fürsten Aleksandr Newskij, Verteidiger und Retter Nowgorods vor dem Mongolensturm, durch Gerhard Friedrich Müller, „Leben des heiligen Alexandri Newsky, aus Russischen ungedruckten Nachrichten zusammen getragen, und mit

ditionen), Moskva 1990, Kap. IV.; auch sei verwiesen auf zusammenfassende Darstellungen zur Kultur-, Kunst-, Architekturgeschichte Russlands, die der Petrinischen Epoche in jedem Fall ein obligates Kapitel widmen. – Zur Präsenz der Ausländer (Deutsche, Franzosen, Engländer) in der nordischen Hauptstadt siehe die knapp zusammenfassende Darstellung bei A. N. Česnokova, *Inostrancy v Peterburge* (Ausländer in Petersburg), S.-Peterburg 2001; speziell zu den Franzosen vgl. das Sammelwerk *Francija i francuzy v Sankt-Peterburge XVIII – XXvv.* (Frankreich und die Franzosen in Sankt Petersburg vom 18. zum 20. Jahrhundert), S.-Peterburg 2005. Zum Mythos und Image Sankt Petersburgs *außerhalb* Russlands siehe das umfangreiche Sammelwerk *Obraz Peterburga v mirovoj kul'ture* (Das Bild Petersburgs in der Weltkultur), Sankt-Peterburg 2003.

57 Zur Symbolik und Metaphorik Petersburgs in der russischen Dichtung des 18. Jahrhunderts siehe Riccardo Nicolosi, *Die Petersburg-Panegyrik*, Frankfurt a. M. 2002; hier auch der Hinweis auf Trediakowskij (*a.a.O.*, S. 57f.). Vgl. die Detailuntersuchungen im Sammelwerk *Peterburgskaja tema i ‚peterburgskij tekst' v russkoj literature XVIII-XX vekov* (Das Petersburger Thema und der ‚Petersburger Text' in der russischen Literatur des 18. bis 20. Jahrhunderts), S.-Peterburg 2002.

58 Aleksandr Puškin, *Mednyj vsadnik* (Der eherne Reiter, 1833), „Einleitung".

59 Apollon Grigor'ev, *Proščanie s Peterburgom* (Abschied von Petersburg, 1846).

60 Boris Pil'njak, *Ego Veličestvo Kneeb Piter Komandor* (Seine Majestät Kneeb Pieter Kommandor, 1919), Berlin 1922, S. 14; kursiv von mir, *Vf.*; vgl. vom selben Autor die Prosaskizze *Sankt-Piter-Burch* (Berlin 1922), in der besonders auf die Linearität der Prospekte und die Geometrisierung der Stadtanlage Bezug genommen wird.

61 Fedor Dostoevskij, *Peterburgskaja letopis'* (Petersburger Chronik, Juni 1847), hier übersetzt nach F. D., *Polnoe sobranie sočinenij*, XVIII, Leningrad 1978, S. 24; kursiv von mir, *Vf.*

62 A. a. O., S. 26.

63 Fedor Dostoevskij, „Malen'kie kartinki" (Kleine Bildchen), in: F. M., *a. a. O.*, XXI, Leningrad 1980, S. 105f.; kursiv von mir, *Vf.* – Bei dem Text handelt es sich um Kapitel XIII des „Tagebuchs eines Schriftstellers" (*Dnevnik pisatelja*, 1873).

64 Nikolaj Gogol', *Arabeski* (Arabesken, 1835); hier das Kapitel „Über die Architektur in unserer heutigen Zeit" (1834); kursiv von mir, *Vf.*

65 Aleksandr Benua (Benois), „Živopisnyj Peterburg" (Pittoreskes Petersburg), in: *Mir iskusstva*, 1902, V, S. 1–5; hier zitiert nach der Anthologie *Petersburger Träume*, München 1992, S. 136.

66 Dmitrij Merežkovskij, *Zimnie radugi* (Winterliche Regenbögen, 1908); hier übersetzt und zitiert nach dem Neudruck D. M., *Akropol'*, Moskva 1991, S. 224; eine neuere Untersuchung zur literarischen Phänomenologie Moskaus bestätigt Mereshkowskijs Kurzcharakteristik des Stadt: „Vor allem darin [manifestiert sich Moskau als Raum], dass es organisch, synthetisch und selbstgenügsam ist; es bildet eine natürlich gewachsene ganzheitliche Welt, etwas fast *Naturhaftes* und *Mütterliches*. […] Moskau ist organisch und ist insofern echt, ist alltagsweltlich, Petersburg ist ‚künstlich', erdacht und ‚ausgeklügelt', irreal, phantomhaft, und bedenkt man es bis zum logischen Ende, so ist Moskau lebendig-wärmend, Petersburg aber eisig-tot; Moskau ist Leben, Petersburg – Tod." (V. N. Toporov, *Mif. Ritual. Simvol. Obraz*, Moskva 1995, S. 484f.)

67 Boris Ėjchenbaum, „Duša Moskvy", in: *Sovremennoe slovo*, Nr. 3242, 1917, Bl. 2; nachgedruckt in B. Ė., *Moj vremennik*, Leningrad 1929.

68 Die Zitate entstammen der Textsammlung von Wolfgang Lange, *Petersburger Träume*, München 1992; dort finden sich, kompetent ausgewählt, auch zahlreiche andere Texte zur Geschichte und Kultur Petersburgs. Vgl. in russischer Sprache die Anthologie *Moskva-Peterburg: Pro et contra*, Sankt-Peterburg 2000, die mit einem umfangreichen Textangebot die ideologischen Debatten um „Russland" (Moskau) und „Europa" (Petersburg) dokumentiert.

69 Siehe neuerdings die materialreichen Potsdamer Kongressakten vom September 2003, erschienen u. d. T. *Sankt Petersburg – „der akkurate Deutsche"* (Deutsche und Deutsches in der anderen russischen Hauptstadt), Frankfurt a. M. etc. 2006.

70 Vil'gel'm Kjuchel'beker, *Sirota* (Die Waise, 1833), Widmungsgedicht an Aleksandr Puschkin; Nikolaj Gogol', *Nevskij prospekt* (Der Newskij-Prospekt, 1835); kursiv von mir, *Vf.*

71 A. I. Gercen, „Moskva i Peterburg" (Moskau und Petersburg, 1842; Erstdruck 1857), hier übersetzt und zitiert nach der Textsammlung *Moskva-Peterburg: Pro et contra*, Sankt-Peterburg 2000, S. 177.

72 Gemeint ist Deutschland (Anspielung auf die Erforschung russischer Altertümer durch August Ludwig von Schlözer, Gerhard Friedrich Müller u. a.); vgl. *oben*, Anm. 19, 24, 37, 53.

73 Petr Čaadaev, „Apologija sumasšedšego" (Apologie eines Irren, Erstdruck französisch 1862, russisch 1906), in: P. Ja. Č., *Polnoe sobranie sočinenij i izbrannye pis'ma*, I, Moskva 1991, S. 525f.

74 Übersetzt und zitiert nach Jean-Jacques Rousseau, *Du contrat social* (Œuvres complètes, III), Paris 1964, S. 386; kursiv von mir, *Vf.*

75 Zu den Anfängen des Theaters in Russland siehe u. a. E. N. Opočkin, *Russkij teatr, ego načalo i razvitie* (Das russische Theater, sein Beginn und seine Entwicklung), 2. Aufl., Moskva 2006; vgl. Erich Franz Sommer, „Die Deutschen und das russische Theater", in: Manfred Hellmann (u. a.), *Tausend Jahre Nachbarschaft (Russland und die Deutschen)*, München 1988, 240–263.

76 Aleksandr Puškin, *Arap Petra Velikogo* (Der Mohr Peters des Großen, 1827–1828).

77 Zu den vielfältigen Westeinflüssen auf die russische Literatur des 18. Jahrhunderts siehe u. a. Joachim Klein, *Puti kul'turnogo importa* (Wege des Kulturimports), Moskva 2005; allgemein zur interkulturellen Vernetzung nationaler Literatursysteme und speziell zur Vorbildhaftigkeit der deutschen Dichtung und Dichtungstheorie in Russland siehe P. N. Berkov, *Problemy istoričeskogo razvitija literatur* (Probleme der historischen Literaturentwicklung), Leningrad 1981.

78 Eine detaillierte Übersicht über Ursprünge und Entwicklung der Kartographie Russlands findet sich im Länderbericht *Rossija* (Russland) des „Enzyklopädischen Wörterbuchs" von Brockhaus und Efron (S.-Peterburg 1898, S. 6ff., 791–800); vgl. allgemein zum Einfluss der europäischen Wissenschaftskultur auf Russland das Sammelwerk *Razvitie estestvoznanija v Rossii* (Die Entwicklung der Naturforschung in Russland), I, Moskva 1977, S. 7–136; V. I. Vernadskij, *Trudy po istorii nauki v Rossii* (Arbeiten zur Wissenschaftsgeschichte in Russland), Moskva 1988; mit Einzelkapiteln über „Peter den Großen als Initiator wissenschaftlicher Arbeit in Russland", über wissenschaftliche Expeditionen nach Sibirien und dem Fernen

Osten sowie über die wissenschaftliche Kartographierung des Russländischen Imperiums. Allgemein zur „Diffusion europäischer Innovationen in Russland" vom 18. bis ins 20. Jahrhundert siehe E. V. Alekseeva, *Diffuzija evropejskich innovacij v Rossii*, Moskva 2007.

79 Zu Lomonossows wissenschaftlichen Aktivitäten und seinem Wirken an der Petersburger Akademie der Wissenschaften siehe u. a. die ausführlichen Darlegungen bei P. P. Pekarskij, *Istorija Imperatorskoj Akademii Nauk v Peterburge* (Geschichte der Kaiserlichen Akademie der Wissenschaften in Petersburg), II, S.-Peterburg 1873, S. 259–892; mit einer biographischen Abhandlung. Als Dichter und Dichtungstheoretiker wird Lomonossow gewürdigt bei Ilya Z. Serman, *Mikhail Lomonosov*, Jerusalem 1988.

80 A. N. Radistschew, „Žitie Fedora Vasil'eviča Ušakova" (Das Leben des Fjodor Wassiljewitsch Uschakow, Erstdruck 1789), hier zitiert – aus Teil I – nach A. N. R., *Izbrannye filosofskie sočinenija*, o. O. 1949, S. 230.

81 Gustav Špet, „Očerk razvitija russkoj filosofii" (Entwicklungsskizze der russischen Philosophie, I), in: G. Š., *Sočinenija*, Moskva 1989, S. 52.

82 Zu Radistschew liegen diverse marxistisch inspirierte (russische) Monographien vor; vgl. jedoch die neueren Darstellungen von Jesse V. Clardy, *The Philosophical Ideas of A. Radishchev*, New York 1964; Allen McConnel, *A Russian Philosophe* (Alexander Radishchev), The Hague 1964.

83 Katharinas *Instruction* erschien ab 1768 mehrfach in kurzen Abständen, in unterschiedlichen Fassungen und Verlagen unter dem Paralleltitel *Instruction De Sa Majesté Impériale Catherine II Pour La Commission Chargée De Dresser Le Projet D'Un Nouveau Code De Loix / Ihrer Kayserlichen Majestät Instruction für die zu Verfertigung des Entwurfs zu einem neuen Gesetz-Buche verordnete Commission*. – Die komplette Textfassung (französisch-deutsch-russisch-lateinisch) wurde 1770 von der Kaiserlichen Akademie der Wissenschaften in Sankt Petersburg vorgelegt; ein Reprint der Ausgabe Riga 1768 erfolgte 1970 in Frankfurt a. M. Eine kritische Würdigung der Instruktion hat Aleksandr Radistschew um 1801/1802 u. d. T. *O zakonopoloženii* (Über Gesetzgebung) verfasst; der Erstdruck erfolgte 1916.

84 „Großmutters Fibel" von Katharina II. ist unlängst als vollständiger Erstdruck mit zahlreichen faksimilierten Textseiten erschienen u.d.T. *Babuškina azbuka velikomu knjazju Aleksandru Pavloviču*, Moskva 2004.

85 Katharinas II. Bienenvergleich entstammt einem ihrer ersten Briefe an Voltaire; hier übersetzt nach dem russischen Wortlaut bei Vasilij Vančugov, *Ženščiny v filosofii* (Frauen in der Philosophie), Moskva 1996, S. 127. – Ab 1759 erschien in Petersburg, redigiert von Aleksandr Sumarokow, die erste (sehr kurzlebige) literarische Zeitschrift Russlands unter dem Titel *Trudoljubivaja pčela* (Die arbeitsame Biene).

86 Peter Burke, *Kultureller Austausch*, Frankfurt a. M. 2000, S. 18.

87 Siehe dazu die Ausführungen von Vera Proskurina, „Peterburgskij mif i politika monumentov" (Der Mythos von Petersburg und die Denkmalpolitik), in: *Novoe literaturnoe obozrenie*, 2005, II, S. 103–131.

88 Zu Etienne-Maurice Falconets Berufung nach Russland und zu seiner langjährigen Arbeit in Sankt Petersburg siehe die Monographie von A. Kaganovič, *Mednyj vsadnik: Istorija sozdanija monumenta* (Der Eherne Reiter: Die Entstehungsgeschichte des Denkmals), Leningrad 1975; siehe auch M. I. Pyljaev, *Staryj Peterburg* (Das alte

Petersburg), S.-Peterburg 1889, Kap. XII; vgl. dazu den von Louis Réau edierten Schriftwechsel zwischen Katharina II. und Falconet in: *Correspondance de Falconet avec Catherine II (1767–1778)*, Paris 1921.

89 Aleksandr Radiščev, „Pis'mo drugu" (Brief an einen Freund, 1782), in: A. R., *Izbrannye filosofskie sočinenija*, o. O. 1949, S. 202f.

90 Vgl. Leonid Blecher/Georgij Ljubarskij, *Glavnyj russkij spor* (Der russische Hauptzwist), Moskva 2003, Kap. VI (zum Zusammenwirken von „Entwicklungssprung", „Fortschritt" und „Nachahmung" in der Modernisierungsgeschichte Russlands). – Insgesamt zur Petersburger Kultur des Katharinischen Zeitalters (Architektur, Kunsthandwerk, Malerei, Skulptur, Buchkunst u. a. m.) siehe das reich illustrierte Katalogwerk *St. Petersburg um 1800*, Essen 1990.

91 Mme E. de Bagréeff-Speransky, *Les pèlerins russes à Jérusalem*, I, Bruxelles/Leipzig 1857, S. 45f.

92 Domenico Gilardi, Sohn und Assistent von Giovanni Battista Gilardi, zeichnete u. a. als Erbauer der neuen Moskauer Universität (1817–1819) sowie diverser Moskauer Stadtpaläste (Lunin, Gagarin, Rasumowskij). Zum Wirken des Tessiner Architektenclans Gilardi in Russland siehe das Katalogbuch *Dal mito al progetto*, Lugano 2003, S. 629–663; mit Abb.

93 Heinrich Heidebrecht, „Deutsche Präsenz in der Petersburger Architektur", in: *Sankt Petersburg (der ‚akkurate Deutsche')*, Frankfurt a. M. 2006, S. 307–324.

94 Siehe V. Porudominskij, „Karl Brjullow v Italii" (K. B. in Italien), in: *Panorama iskusstv*, LXXVII, Moskva 1978, S. 110ff., mit Abb.

95 So – unter vielen andern – Wladimir Petrow-Stromskij in seinem Übersichtswerk über „Tausend Jahre russischer Kunst" (*Tysjača let russkogo iskusstva*, Moskva 1999, S. 215).

96 Fallbeispiele und Zitate nach *Kul'turologičeskie zapiski* (Kulturologische Notate), VII, 2002, S. 67f.

97 Zur Geschichte und Bedeutung des „deutschen Dorfes" bzw. der „deutschen Vorstadt" (*nemeckaja sloboda*) in Moskau, das u. a. für Peter I. zum Modell europäischen Tuns und Trachtens wurde, siehe das Sammelwerk *Deutsche Sloboda in Moskau* (Verkörperte Geschichte), Moskva 2005; allgemein zur „Zeit der Deutschen" in Russland vgl. (nebst vielen andern Darstellungen) Karl Stählin, *Geschichte Russlands*, II, Berlin 1930, S. 219–292. Zur Integration deutscher Einwanderer in Russland seit dem 18. Jahrhundert siehe u. a. Erik Amburger, *Deutsche in Staat, Wirtschaft und Gesellschaft Russlands*, Wiesbaden 1986. Allgemein zur Bedeutung Deutschlands und der Deutschen für die russische Geschichts- und Kulturentwicklung siehe das illustrierte Sammelwerk von Alfred Eisfeld und Manfred Hellmann (Hrsg.), *Tausend Jahre Nachbarschaft (Russland und die Deutschen)*, München 1988; mit Beiträgen zu den Bereichen Geschichte, Kultur, Wirtschaft. Vgl. die mehrbändige Aufsatzsammlung *Deutsche und Deutschland aus russischer Sicht*, I-IV, München 1988–2006. Zum deutschen Anteil an der Petersburger Stadtkultur (Baukunst, Gesundheits-, Schul-, Verlags- und Pressewesen, Wissenschaftsbetrieb usw.) siehe das Sammelwerk von Norbert Franz und Ljuba Kirjuchina (Hrsg.), *Sankt Petersburg – ‚der akkurate Deutsche'*, Frankfurt a. M. 2006. Allgemein zur „Europäisierung des russischen Hofs" im 18. Jh. siehe die faktenreiche Darstellung von O. G. Ageeva, *Evropeizacija russkogo dvora*, Moskva 2006.

98 In keinem Land Westeuropas war der Ausländeranteil im Regierungsapparat, in der Verwaltung und Armee so hoch wie in Russland – im Schnitt belief er sich zwischen 1700 und 1917 auf rund 40%, bei der Post waren es (noch um 1880) 62%, im Außenministerium 47%, im Innenministerium 27%, in der Armeeführung 42%, im Kriegsministerium 46%, im Bildungsministerium 28%. Vgl. dazu u. a. Erik Amburger, *Geschichte der Behördenorganisation Russlands von Peter dem Großen bis 1917*, Leiden 1966.

99 Zum Gebrauch des Französischen in der russischen Literatur (und unter russischen Literaten) im 19. Jahrhundert siehe u. a. Jurij Lotman, „Russkaja literatura na francuzskom jazyke" (Russische Literatur in französischer Sprache), in: Ju. L., *Izbrannye stat'i*, II, Tallinn 1992, S. 350–380. Allgemein zur Rezeption französischer Kulturwerte und -werke in Russland siehe Roman Jakobson, „Der russische Frankreich-Mythus" (1931), in: R. J., *Semiotik*, Frankfurt a. M. 1988, S. 315ff.

100 Zu Sergej S. Uwarow siehe u. a. S. V. Utechin, „Die offizielle Staatsideologie und ihre Gegenkräfte", in: S. V. U., *Geschichte der politischen Ideen in Russland*, Stuttgart/Berlin/Köln/Mainz 1966; Kap. IV. Ausgewählte Schriften von Uwarow liegen in französischer Sprache vor u. d. T. *Études de philologie et de critique*, Saint-Pétersbourg 1843. – Wladimir Solowjows *Russische Idee* (L'idée russe) erschien 1911, ins Russische übersetzt von G. A. Ratschinskij (Račinskij), als Broschüre bei einem Moskauer Verlag.

101 Vgl. u. a. die kritische Bestandsaufnahme russischer Zustände unter Nikolaus I. von Astolphe Marquis de Custine, *La Russie en 1839* (1843), ein Buch, das in Russland mit öffentlicher Empörung als Zerrspiegel zurückgewiesen und dennoch während langer Zeit als faktenreiches Quellenwerk benutzt wurde – kein russischer Autor jener Epoche, auch nicht Pjotr Tschaadajew, hat mit vergleichbarem Scharfblick Russlands damalige Befindlichkeit analysiert. Eine Generation nach dem Marquis de Custine hat ein anderer Franzose, Anatole Leroy-Beaulieu (*L'Empire des tsars et les Russes*, I-II, 1881–1882), das Zarenreich und das Russentum auf Grund eigener Beobachtungen und Forschungen vor Ort detailliert beschrieben; auch dieses erfolgreiche Werk, in dem Geschichtsschreibung, Essay und Reportage sich zu einem aufschlussreichen Sachbuch verbinden, ist für das russische Publikum zu einem Spiegel und damit zu einem Medium der Selbsterkenntnis geworden; vgl. v. a. Teil III zum russischen „Temperament und Nationalcharakter". – Die grundlegende Darstellung der „inneren Zustände" und insbesondere der Landwirtschaft Russlands im mittleren 19. Jahrhundert ist dem deutschen Freiherrn August von Haxthausen zu verdanken, der sich 1843/1844 als Agrarverfassungsspezialist im Zarenreich aufgehalten und bald danach ein dreibändiges Werk vorgelegt hat (*Studien über die inneren Zustände, das Volksleben und insbesondere die ländlichen Einrichtungen Russlands*, I-III, 1847–1852), das als erste Untersuchung zum archaischen russischen „Gemeindeprinzip" gelten kann und das noch heute, gerade in Russland, als verlässliches Referenzwerk geschätzt wird. – In der Person des französischen Publizisten Eugène-Melchior Vicomte de Vogüé hat der russische Roman des 19. Jahrhunderts nicht nur in Westeuropa, sondern auch in Russland selbst einen höchst einflussreichen Interpreten gefunden (*Le Roman russe*, 1888), der nicht zuletzt dem Mythos der „russischen Seele" neuen Auftrieb gab. – Alle hier erwähnten Werke sind verhältnismäßig bald nach ihrem Erscheinen auch in Russland publiziert worden und haben dort,

trotz ihres kritischen Potenzials, nachhaltigen Einfluss gewonnen. – Als Sammler russischer Volksmärchen, Sprichwörter und Redensarten hat sich Wladimir Dahl, Sohn eines dänischen Einwanderers, bleibende Verdienste um die wissenschaftliche Aufarbeitung der sprachlichen Folklore erarbeitet; fundamental und singulär ist sein *Tolkovyj slovar' živogo velikorusskogo jazyka* (Erklärendes Wörterbuch der lebenden großrussischen Sprache, I-IV, 1861–1867), das später in der revidierten und ergänzten Fassung des polnischen Linguisten Jan Baudouin de Courtenay zu einem Meisterstück moderner Lexikographie wurde (4. Aufl., 1912–1914).

102 Vgl. dazu die ausgewählten Biographien ausländischer Militärs in russischen Diensten bei A. V. Šišov, *Znamenitye inostrancy na službe Rossii* (Namhafte Ausländer im Dienst für Russland), Moskva 2001; mit weiterführendem Literaturverzeichnis.

103 Von besonderem Interesse sind in diesem Zusammenhang die Person und das Wirken des französischen Philosophen Joseph de Maistre, der sich von 1802 bis 1821 als Diplomat und scharfsinniger Beobachter der russischen Szene in Petersburg – also gleichsam hinter der feindlichen Front des Vaterländischen Kriegs – aufgehalten hat; siehe dazu Bastien Miquel, *Joseph de Maistre* (Un philosophe à la cour du Tsar), Paris 2000.

104 Die Rede vom „faulen Westen" wurde in Russland, wie Pjotr Struwe in einer wenig bekannten Veröffentlichung des Russischen Wissenschaftlichen Instituts in Belgrad (1940) gezeigt hat, durch den einflussreichen patriotischen Publizisten Stepan Schewyrjow (Ševyrev) initiiert, der das Schlagwort 1841 stillschweigend, wiewohl offenkundig von Philarète Chasles übernommen und erfolgreich in Russland lanciert hat. Zur antiwestlichen Rhetorik der Slawophilen siehe u. a. Prot. Vasilij Zen'kovskij, *Russkie mysliteli i Evropa* (Die russischen Denker und Europa), Paris 1955, Kap. I, III; hier auch (ohne bibliographische Referenz) der Hinweis auf Struwe. Allgemein zum „Bild des Westens in der Lehre der russischen Slawophilen" siehe u. a. Marina Glazkova, „The Image of the West in the Teaching of Russian Slavophiles", in: László Kontler (Hrsg.), *Pride and Prejudice*, Budapest 1995, S. 11–28.

105 Ivan Kireevskij, „Devjatnadcatyj vek" (Das neunzehnte Jahrhundert, 1832), in: I. K., *Polnoe sobranie sočinenij*, I, Moskva 1911, S. 95; von den westlichen Quellen und dem erwünschten Sonderweg des russischen Denkens handelt Kirejewskij, kurz und prägnant, auch in seinem großen Brief „Zur Antwort an A. S. Chomjakow" (1838), *a. a. O.*, I, S. 109ff., wo er u. a. dem ungewöhnlichen Begehren Ausdruck gibt, Franzosen und Deutsche möchten doch den Russen dabei behilflich sein, sich selbst und ihre Kultur besser zu verstehen.

106 Ivan Kireevskij, „Obozrenie russkoj slovesnosti za 1829g." (Überblick über die russische Literatur für das Jahr 1829), in: I. K., *a. a. O.*, I, Moskva 1911, S. 31, 39.

107 Siehe dazu die Diskursanalyse von Jurij Lotman, „Intelligencija i svoboda" (Intelligenzija und Freiheit) in: *Rossija/Russia*, 1999, II, S. 122ff.; dort auch der Hinweis auf Batjuschkow (S. 128).

108 Gustav Špet, *Sočinenija* (Werke), Moskva 1989, S. 52. – Ähnlich harsche, selbstkritische Urteile bezüglich der russischen philosophischen Kultur finden sich bei Aleksej Lossew, Ernst Radlow, Boris Jakowenko u. a. m.

109 Zur enthusiastischen Rezeption der deutschen Romantik in Russland (Konstantin Aksakow, Iwan Kirejewskij, Jurij Samarin, Aleksej Chomjakow) vgl. u. a. die aufschlussreiche Studie von A. M. Peskov, „Germanskij kompleks slavjanofilov" (Der

deutsche Komplex der Slawophilen), in: *Voprosy filosofii*, 1992, S. 105–120; zum Westen als Raum romantischer Weltflucht siehe u. a. das Werk und die postumen Papiere des exilrussischen Literaten Wladimir S. Petscherin (1807–1885), herausgegeben und kommentiert (mit weiterführenden Literaturhinweisen) von V. G. Ščukin (in: *Iz istorii russkoj kul'tury*, V, Moskva 1996, S. 559ff.). Allgemein zur Europäisierung bzw. Westernisierung der russischen Kultur siehe die historiosophischen Abhandlungen von Vladimir Kantor, *Russkij evropeec kak javlenie kul'tury* (Der russische Europäer als Kulturerscheinung), Moskva 2001; V. K. „... *est' evropejskaja deržava': Rossija* („... es gibt eine europäische Macht': Russland), Moskva 1997. Vgl. außerdem die zahlreichen Hinweise auf Westeinflüsse im slawophilen wie im westlerischen Denken Russlands bei Andrzej Walicki, *The Slavophile Controversy*, Oxford 1975, sowie A. W., *A History of Russian Thought from the Enlightenment to Marxism*, Oxford 1980. Speziell zum Konflikt zwischen Selbst- und Fremdbestimmung im russischen philosophischen Denken siehe die Abhandlung von Evgenij Barabanov, „Russkaja filosofija i krizis identičnosti" (Die russische Philosophie und ihre Identitätskrise), in: *Novyj mir*, 1991, VIII, S. 102–116. Den kapitalen Einfluss „westlichen" Denkens auf die Philosophie der russischen Moderne (Wladimir Solowjow, Nikolaj Berdjajew, Lew Schestow u. a.) zeigt Nelli Motroschilowa in einer umfangreichen Abhandlung auf (N. V. Motrošilova, *Mysliteli Rossii i filosofija Zapada*, Moskva 2006).

110 Nikolaj Danilevskij, *Rossija i Evropa* (Russland und Europa, entstanden 1864–1868, Erstdruck 1869–1871; deutsche Ausgabe Stuttgart 1920); der west-östliche Spiegeleffekt hat insofern noch eine zusätzliche Facette, als Danilewskijs Kulturtypologie später von Oswald Spengler und Arnold Toynbee wiederum als Quelle benutzt wurde, offenbar ohne genauere Kenntnis von Heinrich Rückerts einschlägigen Vorarbeiten (vgl. H. R., *Lesebuch der allgemeinen Geschichte*, I-II, Leipzig 1857). Der Philosoph Wladimir Solowjow hat Danilewskijs Werk in einer polemischen Rezension (1888) als Plagiat abgefertigt; der Text ging u. d. T. „Russland und Europa" in Solowjows Broschüre *Nacional'nyj vopros v Rossii* (Die nationale Frage in Russland, I, 1888) ein und wurde vielfach nachgedruckt. Der deutsche Hintergrund von Danilewskijs Kulturtypologie mag dazu beigetragen haben, dass sein Werk in Deutschland stark rezipiert wurde (vgl. die kommentierte Übersetzung *Russland und Europa*, Stuttgart/Berlin 1920, mit Einleitung von Karl Nötzel; dazu Wladimir Solovjeff, *Russland und Europa*, Jena 1917). Alexander von Schelting, *Russland und der Westen im russischen Geschichtsdenken*, Berlin 1989, Kap. II.

111 Die „slawische" bzw. „russische Idee" erlebt, nach jahrzehntelanger Verdrängung während der Sowjetära, seit der Wende von 1989/1991 eine wirkungsstarke Renaissance, die heute das ganze politische Spektrum zwischen Altkommunisten und Neofaschisten umfasst. Die Präsidenten Boris Jelzin und Wladimir Putin haben sich eigens für die Ausarbeitung einer zeitgemäßen „russischen Ideologie" stark gemacht. Die historischen Grundlagen dieser Ideologie und deren aktuelle Perspektiven hat u. a. die Philosophin Nelli Motroschilowa skizziert u. d. T. „Kontroversen um die ‚russische Idee' in der russländischen Philosophie des 20. Jh.", in: *Istorija filosofii: Zapad-Rossija-Vostok* (Geschichte der Philosophie: Westen-Russland-Osten), III, Moskva 1998, S. 301–323; zur innerrussischen Debatte um die „russische Idee" nach dem Zusammenbruch der UdSSR siehe Assen Ignatow, *Die ‚russische Idee' in der gegenwärtigen Diskussion*, Köln 1992.

112 Konstantin Aksakov, „V čem sila Rossii?" (Worin besteht Russlands Kraft? 1863), in: K. A., *Otčego tak nelegko živetsja v Rossii*, Moskva 2002, S. 223f.
113 Aleksej Chomjakov, „Mnenie inostrancev o Rossii" (Die Meinung der Ausländer über Russland, 1845), hier übersetzt und zitiert nach A. Ch., *Izbrannye sočinenija*, New York 1955, S. 79ff. Den Gegensatz zwischen Russland und Europa versuchte Chomjakow theoretisch dadurch zu mildern, dass er die europäische Wirklichkeit mit den russischen Möglichkeiten bzw. der slawophilen Utopie verglich: der beste aller *existierenden* Staaten sei England, das beste aller *möglichen* Staatswesen – „das Slawentum". Zur Biographie, zum persönlichen Bildungsweg, zum slawophilen Denken Chomjakows siehe neuerdings Vjačeslav Košelev, *Aleksej Chomjakov*, Moskva 2000.
114 Ivan Kireevskij, „Devjatnadcatyj vek" (Das neunzehnte Jahrhundert, Teile I-II, 1832), in: *Evropeec* (Žurnal I. V. Kireevskogo), Moskva 1989, S. 20, 316f.
115 Jurij Samarin, „O mnenijach ‚Sovremennika', istoričeskich i literaturnych" (Über die Meinungen des ‚Zeitgenossen', die historischen und die literarischen, 1847), in: Ju. S., *Izbrannye proizvedenija*, Moskva 1996, S. 457. Zur ideellen und ideengeschichtlichen Position Belinskijs siehe u. a. Th. G. Masaryk, *Zur russischen Geschichts- und Religionsphilosophie*, I, Jena 1913, Kap. IX; Isaiah Berlin, *Russische Denker*, Frankfurt a. M. 1981, S. 207–250
116 Zur Rezeption des Marxismus in Russland siehe die Übersichtsdarstellung von Andrzej Walicki, *A History of Russian Thought from the Enlightenment to Marxism*, Oxford 1980, Kap. XVIII.
117 Ėrnst Radlov, „Filosofija" (Philosophie), in: *Rossija (Ėnciklopedičeskij slovar' Brokgauz/Ėfron)*, S.-Peterburg 1898, S. 833ff. Vgl. dazu die pointierte Darstellung von Aleksej Losev („Die russische Philosophie", in: *Russland*, Zürich 1919; russisch in: A. L., *Filosofija Mifologija Kul'tura*, Moskva 1991), der in der russischen Philosophie nichts anderes zu erkennen vermag als den Nachvollzug westeuropäischer Denkbemühungen. Gesetz- und beispielgebende Autoren mit transkultureller Resonanz wie Descartes, Bacon oder Kant hat Russland nicht aufzuweisen, abgesehen vielleicht vom Sonderfall Lenins, der den Marxismus in Russland zum Marxismus-Leninismus transformiert und ihn aus Sowjetrussland in dieser gewandelten Form wieder nach Europa exportiert hat.
118 Michail Geršenzon, „Tvorčeskoe samosoznanie" (Schöpferisches Selbstbewusstsein), in: *Vechi*, Moskva 1909, S. 81; der provokante Text wurde mehrfach nachgedruckt und liegt auch in deutscher Übersetzung vor (siehe das Sammelwerk *Wegzeichen*, Frankfurt a. M. 1990), ist jedoch nicht in die Werkausgabe von Gerschenson (M. G., *Izbrannoe*, I-IV, Moskva/Ierusalim 2000) eingegangen.
119 Siehe generell zur künstlerischen Moderne Russlands (Malerei, Architektur, Kunsthandwerk, Theater, Musik) das Sammelwerk *Russkaja chudožestvennaja kul'tura konca XIX – načala XX veka* (Die russische künstlerische Kultur am Ende des 19. und am Beginn des 20. Jahrhunderts, 1895–1917), I-IV, Moskva 1968–1980; vgl. dazu u. a. Grigori J. Sternin, *Das Kunstleben Russlands an der Jahrhundertwende*, Dresden 1976; ders., *Das Kunstleben Russlands zu Beginn des 20. Jahrhunderts*, Dresden 1980; vgl. die intermediale Epochendarstellung (Literatur, Kunst, Musik, Theater) bei Efim Etkind, Georges Nivat, Vittorio Strada (Hrsg.), *L'Âge d'argent*, Paris 1987; Felix Philipp Ingold, *Der große Bruch* (Russland im Epochenjahr 1913), München 2000.

120 Aus einem Brief (30.09.1935) von Pawel Florenskij aus dem Straflager an seine Familie, hier übersetzt und zitiert nach dem Erstdruck im Jahrbuch *Kontekst*, Moskva 1991, S. 97.

121 Die literarischen, künstlerischen, philosophischen Fremdeinflüsse auf den russischen Modernismus werden neuerdings auch von der einheimischen Forschung adäquat dargestellt und gewürdigt; siehe z. B. das intermedial angelegte Sammelwerk *Russkaja literatura rubeža vekov* (Die russische Literatur der Jahrhundertschwelle, 1890er bis 1920er Jahre), Moskva 2000, mit Beiträgen zum russischen Literatursystem der Moderne und zu dessen Interferenzen mit der bildkünstlerischen und philosophischen Kultur.

122 Osip Mandel'štam, *Burja i natisk* (Sturm und Drang, 1923); *Pšenica čelovečeskaja* (Menschenweizen, 1922); hier übersetzt und zitiert nach O. M., *Sobranie sočinenij*, II, Moskva 1993, S. 250, 297.

123 Rainer Maria Rilke, „Russische Kunst" (1901), in: R. M. R., *Sämtliche Werke*, V, Frankfurt a.M. 1965, S. 504f.; zu Rilkes Weg nach Russland, der – seltene Ausnahme bei einem Künstler! – ein Weg des Holens, nicht des Bringens war, siehe Felix Philipp Ingold, „Rilke, Russland und die russischen Dinge", in: *Zwischen den Kulturen*, Bern/Stuttgart 1978, S. 63–86.

124 Felix Philipp Ingold, *Der große Bruch,* München 2000, S. 179ff.; vgl. ders., „Kunsttext und Lebenstext (Thesen und Beispiele zum Verhältnis zwischen Kunst-Werk und Alltags-Wirklichkeit im russischen Modernismus), in: *Welt der Slaven*, 1981, I, S. 37–61. – Zum neorussischen Zeitstil in der russischen Moderne siehe Jewgenia Kiritschenko, *Zwischen Byzanz und Moskau* (Der Nationalstil in der russischen Kunst), München 1991, Kap. IV; zum Einfluss der Folklore auf die Kunst des russischen Modernismus siehe u. a. Valentine Marcadé, „O vlijanii narodnogo tvorčestva na iskusstvo russkich avangardnych chudožnikov desjatych godov 20-go stoletija" (Über den Einfluss der Volkskunst auf die russische Avantgardekunst der 1910er Jahre), in: *Communications pour le VIIe Congrès International des Slavistes*, Paris 1973, S. 289–298; mit separatem Bildteil) sowie das reich illustrierte Katalogwerk *Russische Avantgarde und Volkskunst*, St. Petersburg/Baden-Baden 1993; zur Ikonenrezeption durch die Avantgarde der russischen Malerei (und auch der Kunsttheorie) vgl. Verena Krieger, *Von der Ikone zur Utopie* (Kunstkonzepte der russischen Avantgarde), Köln/Weimar/Wien 1998. – Eine ausführliche Darstellung der Jahrhunderte dauernden *Parallelität* und der gegen Ende des 19. Jahrhunderts zunehmenden *Konvergenz* von Hoch- und Volkskunst hat Pawel Miljukow in seinen weitläufigen „Skizzen zur Geschichte der russischen Kultur" vorgelegt (P. M., *Očerki po istorii russkoj kul'tury*, II, Paris 1931, Teil II); vgl. neuerdings Orlando Figes, *Natasha's Dance* (A Cultural History of Russia), New York 2002.

125 Siehe die Gründungsmanifeste der russischen künstlerischen und literarischen Avantgarde in den Sammelwerken von Vladimir Markov, *Die Manifeste und Programmschriften der russischen Futuristen*, München 1967; John E. Bowlt, *Russian Art of the Avant-Garde* (Theory and Criticism), New York 1976; Wolfgang Asholt/Walter Fähnders, *Manifeste und Proklamationen der europäischen Avantgarde*, Stuttgart/Weimar 1995; vgl. die künstlerischen Zeitdokumente bei Felix Philipp Ingold, *Der große Bruch* (Russland im Epochenjahr 1913), München 2000, S. 305–574.

126 Vasilij Rozanov, *Opavšie list'ja* (Abgefallene Blätter, I, 1913), hier zitiert nach V. R., *O sebe i žizni svoej*, Moskva 1990, S. 305.
127 Artur Lur'e, „Reč' k junošam-artistam Kavkaza" (Rede vor den Jungkünstlern des Kaukasus, 1917), hier übersetzt und zitiert nach Igor' Višneveckij, *Evrazijskoe uklonenie v muzyke*, Moskva 2005, S. 161, 166f.
128 Siehe zu Tolstojs Absage an die Hochkunst und zu seiner späten Populärästhetik Felix Philipp Ingold, „Der Autor am Ende", in: F. P. I., *Der Autor am Werk* (Versuche über literarische Kreativität), München 1992, S. 107–144.
129 Anon., „History of Russian nesting dolls", in: http://russlan-crafts.com/nest/history.html (06.08.2006); mit Abb. – Im Dal'schen Großwörterbuch der russischen Sprache (*Tolkovyj slovar' živogo velikorusskago jazyka Vladimira Dalja*, II, erw. Aufl., S.-Peterburg/Moskva 1914) ist der Begriff *matrëška* noch nicht verzeichnet.
130 Die russischen Debatten zur Herkunft des Zwiebeldachs (*lukovica, makovka*) waren stets und sind weiterhin ideologisch verbrämt. Noch heute wird um die nationale Priorität dieser Bedachungsform gestritten, deren Ursprung (Byzanz? Indien? Süddeutschland? Nordrussland?) wissenschaftlich noch immer nicht geklärt ist. Siehe dazu die differenzierenden Darlegungen bei Pawel Miljukow in der deutschen, vom Autor (hier „Paul Milukow") durchgesehenen Ausgabe der *Skizzen russischer Kulturgeschichte*, II, Leipzig 1901, S. 235ff.; vgl. Abb. S. 452.
131 „Eine Ohrfeige dem öffentlichen Geschmack" – unter diesem Titel erschien Ende 1912 das Gründungsmanifest des russischen Kubofuturismus in einem Almanach gleichen Titels (*Poščečina obščestvennomu vkusu*, Moskva 1912); deutsch u. a. bei Felix Philipp Ingold, *Der große Bruch*, München 2000, S. 307.
132 Kazimir Malevič, „Glavy iz avtobiografii chudožnika" (Kapitel aus der Autobiographie eines Künstlers), Erstdruck in: *The Russian Avant-Garde*, Stockholm 1976, S. 118; vgl. *a. a. O.*, S. 122f.
133 Zur bolschewistischen Kulturrevolution und zum Proletkult siehe u. a. die Textdokumentation *Proletarische Kulturrevolution in Sowjetrussland (1917–1921)*, München 1969; vgl. zur Vorgeschichte und Theoriebildung des sozialistischen Realismus Felix Philipp Ingold, „Literaturtheorie und Kulturpolitik", in: *Schweizer Rundschau*, 1971, I, S. 23–34; dazu das Sammelwerk *Sozialistische Realismuskonzeptionen* (Dokumente zum 1. Allunionskongress der Sowjetschriftsteller), Frankfurt a.M. 1974.
134 Vgl. Michail Ryklin, „Hinter den Spiegeln (Zur Geschichte der Grenze zwischen Russland und Europa)", in: *Transit*, XVI, 1999, S. 158–166.
135 L. R. Graham, *Dialektischer Materialismus und Naturwissenschaften in der UdSSR* (Quantenmechanik, Relativitätstheorie, Urspung und Aufbau des Weltalls), Frankfurt a. M. 1974; vgl. zu Trofim Lyssenko und zur Biologiediskussion 1929–1966 die Einzelstudie von Žores (Jorès) Medvedev, *Vzlet i padenie Lysenko* (Aufstieg und Fall Lyssenkos), Moskva 1993. Allgemein zur sowjetischen Wissenschaftspolitik informiert noch immer am übersichtlichsten Gustav A. Wetter, *Philosophie und Naturwissenschaft in der Sowjetunion*, Hamburg 1958.
136 Die propagandistische Rede vom „Einholen und Überholen" des Westens durch die Sowjetunion geht zweifellos auf Peter den Großen zurück; offiziell wurde sie eingeführt in der pompösen Präambel zum ersten sowjetischen Fünfjahrplan, der 1929 in vier Bänden von Gosplan vorgelegt wurde (*Pjatiletnij Plan narodnochozjastvennogo stroitel'stva v S. S. S. R.*, I, Moskva 1929, S. 13).

137 Die Rezeption der Postmoderne im postsowjetischen Russland hat sich auf staunenswerter Horizontbreite und auch staunenswert kurzfristig auf unterschiedlichsten Gebieten – von der Belletristik über die Philosophie bis zur Alltagsästhetik – vollzogen; siehe dazu u. a. das Sammelwerk *Postmodern v Rossii*, Moskva 2000; ein „Lehrbuch" zur russischen postmodernen Literatur hat I. S. Skoropanowa vorgelegt (I. S. S., *Russkaja postmodernistskaja literatura*, Moskva 1999); bereits liegt auch eine umfangreiche einschlägige Enzyklopädie zur Philosophie, Kultur und Begrifflichkeit des Postmodernismus vor (*Postmodernizm*, Minsk 2001). Die russische Sekundärliteratur *pro* und *contra* Postmoderne ist außerordentlich umfangreich und wächst in Russland weiter an, während das Phänomen im Westen schon seit geraumer Zeit im Schwinden ist. Doch an der *condition postmoderne* scheiden sich in Russland mehr und mehr die Geister der Neoslawophilen und Altkommunisten, die in der Postmoderne eine Bedrohung der „autochthonen Russizität" erkennen, und der liberalen Reformkräfte, die sich von ihr (wie generell von der Globalisierung) einen Entwicklungs- und Zivilisationsimpuls für Russland erhoffen.

138 E. M. Cioran, *Geschichte und Utopie*, Stuttgart 1979, S. 36.

139 Siehe zur innerrussischen Rezeption Puschkins die Anthologie *Russkaja kritika o Puškine* (Die russische Kritik über Puschkin), Moskva 1998; vgl. V. K. Kantor, „Aleksandr Puškin: Formula russkoj istorii" (Aleksandr Puschkin: Formel der russischen Geschichte), in: V. K. K., *Russkij evropeec kak javlenie kul'tury*, Moskva 2001, S. 77–135.

140 Siehe dazu u. a. die Pionierstudien von Viktor Žirmunskij, *Bajron i Puškin* (Byron und Puschkin), Leningrad 1924, sowie *Puškin i zapadnye literatury* (Puschkin und die westlichen Literaturen), Leningrad 1937; vgl. dazu u. a. die neueren Studien von Jurij Lotman über Puschkins Anleihen aus den Literaturen Westeuropas in: Ju. L., *Izbrannye stat'i* (Ausgewählte Aufsätze), III, Tallinn 1993. Allgemein zum Einfluss Westeuropas auf die russische Literaturentwicklung siehe die Übersichtsdarstellung von Aleksej Veselovskij, *Zapadnoe vlijanie v novoj russkoj literature* (Der Westeinfluss auf die neue russische Literatur), 2., überarbeitete Aufl., Moskva 1896. Zum Thema „Puschkin und die Weltliteratur" liegt inzwischen eine reiche Forschungsliteratur vor.

141 Aleksandr Puškin, „Pričinami, zamedlivšimi chod našej slovesnosti ..." (Die Gründe, welche die Entwicklung unseres Schrifttums verlangsamt haben ..., 1824), in: A. S., *Polnoe sobranie sočinenij*, V, Moskva/Leningrad 1936, S. 261f.

142 Artur Lur'e, „Linii évoljucii russkoj muzyki" (Entwicklungslinien der russischen Musik, 1944), nachgedruckt bei Igor' Višneveckij, *Evrazijskoe uklonenie v muzyke*, Moskva 2005, S. 298.

143 Siehe Wladimir Weidlé, „Pouchkine, poète européen", in: Gérard Conio (Hrsg.), *La vision russe de l'occident*, Lausanne 1987, S. 15–21; Puschkins Dichterfreund Pjotr Wjasemskij, Fürst und Gutsherr, wurde als „ein russischer Horaz, Catull, Martial" verehrt – wer damals als Genie gelten wollte, musste sich mit fremden Federn schmücken.

144 Aleksandr Puškin, *Arap Petra Velikogo* (Der Mohr Peters des Großen, begonnen 1827–1828; unvollendet).

145 Marina Cvetaeva, *Moj Puškin* (Mein Puschkin, 1937), hier übersetzt und zitiert nach der kommentierten Buchausgabe M. C., *Moj Puškin*, Moskva 1967, S. 42f.

146 Petr Suvčinskij, „Novyj ‚Zapad'" (Der neue ‚Westen', 1928), nachgedruckt bei Igor' Višneveckij, *Evrazijskoe uklonenie v muzyke*, Moskva 2005, S. 324.
147 Übersetzt und zitiert nach Feliks Razumovskij, „Krizis bespočvennosti" (Krise der Bodenlosigkeit), in: *Literaturnaja gazeta*, 2004, Nr. 2, Bl. 12; kursiv von mir, *Vf.*
148 Georgij Florovskij, *Russkaja kul'tura* (Die russische Kultur), S.-Peterburg 2003, S. 120, 125.
149 Pavel Florenskij, „Symbolarium" (Erstdruck 1923), jetzt in der Werkausgabe P. F., *Sočinenija*, II, Moskva 1996, S. 564ff.

INHALTSÜBERSICHT

Zugang (Vorwort, Hinweise)
S. 7–10

I
Der russische Raum

§§ 1–6   Weite und Tiefe des russischen Territoriums – der geographische Faktor als geschichts- und mentalitätsbildende Kraft – Russlands „territoriale Europa-Transzendenz" – Synthese des Disparaten: Vielfalt in der Einheit   S. 13–28

§§ 7–12   Russisches Einheits- und Ganzheitsdenken – *Mir*: die Welt der bäuerlichen Gemeinde – „Allweltlichkeit" und „All-Einheit" – *Sobornost'*: „Wir"-Gefühl und orthodoxer Gemeinschaftsgeist – Sonderstatus und Sonderweg Russlands – Andersartigkeit und Unvergleichbarkeit – Landschaftsraum und Volkscharakter – „Macht der Erde" und „Last des Raums" – Raumerfahrung und Zeitgefühl – Erde und Himmel   S. 29–41

§§ 13–19   Multinationalität und Multikulturalität – Einheit von Gegensätzen – Messianismus und Imperialismus – russisches Selbstverständnis – Nomenklatur des Russentums – Flächenhaftigkeit, Einförmigkeit – Russland als Unort außerhalb der Zeit – flüssiger Kontinent oder starrer Ozean? – Flüsse und Straßen   S. 41–53

§§ 20–25   „Seelengeographie" – weite Natur, breiter Charakter – Passivität und Leidensfähigkeit – Extremismus gegen Mittelmaß – Synthese statt Analyse – Übermacht des Raums, Allgegenwart des Staats – Erde und Leere   S. 53–66

§§ 26–28   „Mutter-feuchte-Erde" und „Mütterchen Russland" – weiblich imaginiertes Vaterland – Erdkult statt Frauendienst – Heimat: Wort und Mythos – Russentum, „Russe sein" und „Russizität"   S. 66–72

§§ 29–35   Nochmals: russisches Selbstverständnis – Mentalität und Ideologie – der russische Charakter und die russische Sprache – „Wieviel Erde braucht der Mensch?" – Arbeit und Heldentum – reiche Erde, armes Leben – Fragment statt Werk – „Zivilisation der Provisorien" – Oblomow als passiver Kulturheld – Russlands „Kindlichkeit" und „Unreife" – Ausbruch und Abbruch statt Kontinuität   S. 72–91

§§ 36–41   Der russische Raum und seine sprachliche Konzeptualisierung – literarische Raumbilder – russischer Raum und russische Freiheit – „Oblomows Traum" – die „Offenheitsbreite" der russischen Seele – Widersprüche und Gegensätze – Freiheit und Willkür – Freiheit in Unfreiheit   S. 91–103

§§ 42–46   „Schicksal" – Verwegenheit und Duldsamkeit – „sei's drum" und „auf gut Glück" – und „plötzlich" das „Andere" – die russische Evidenzformel 2 x 2 = 5 – Ausgelassenheit und Seelenschmerz – Wehmut im Volkslied   S. 103–116

§§ 47–48   Muße als Lebensprinzip: Oblomow und der Oblomowismus – Pathologie oder Normalverhalten? – Müßiggang und Kreativität – ein riskanter Vergleich: Russentum und Negritude – Oblomow als Identifikationsfigur – der Oblomowismus in der russischen Selbstkritik – Lob Oblomows.   S. 116–125

Exkurs (1)
Heim und Heimat

§§ 1–3   Ambivalentes Lebensgefühl: Wandertrieb und Sesshaftigkeit – russischer Gemeinschaftssinn – das „Wetsche"-Prinzip – Kollektivismus – „Raumhunger" und Häuslichkeit – nochmals: Oblomow   S. 126–130

§§ 4–7   Privater Weltinnenraum – die „kleine Heimat" – der Kerker als Freiraum – vom Glück des Häftlings – die Hütte als Zuflucht – Dorf, Haus, Kammer – „das Leben ist ein Haus" – das Heim als Höhle: der russische Bär   S. 130–142

§§ 8–10   Das bäuerliche Heim – das russische Haus und sein semantisches Umfeld – Struktur, Funktion, Symbolik der Bauernhütte – Inneneinrichtung – die Hütte als lebensweltliches Provisorium – Wohnraum und Lebensqualität   S. 142–152

§§ 11–14   Landhaus und Gutshof – ländliche Exklaven europäischer Stadtkultur – Oase, Retraite, Einsiedelei – das Landgut als „Adelsnest" – Vorposten der Moderne? – heute: Revival des Landhauses als „Kottedsh" (*cottage*) – das Haus als Weltgebäude, das Universum als Heimstatt   S. 153–164

II
Der russische Weg

§§ 1–3   Russisch „gehen": Aspekte und Aktionsarten – russisch „Weg": Synonyme, Ableitungen, Varianten – der russische „Springinsfeld" – Märchenhelden unterwegs – rastloses Volk – Fluchtbewegungen   S. 167–173

§§ 4–7   Landstreicherei als Massenphänomen – Wandern um des Wanderns willen – poetische Wanderschaft – „Instinkt des Nomaden" – „Ich gehe, gehe immerfort ..." – die Steppe als Manövrierraum – Kosaken – der „bewegte" russische Held   S. 173–180

§§ 8–12   „Russischer Weg" und „russische Idee" – Weg und Freiheit – Suche ohne Ziel – der „Weggang": fort-von statt hin-zu – Landstreicherei im Namen Gottes: das Christusnarrentum   S. 180–187

§§ 13–16   Läuflinge, Pilger, Abenteurer – „wanderndes Russland" – Suche nach „fernen Ländereien"   S. 187–196

§§ 17–19   „Land der heiligen Wunder": Europa als Sehnsuchtsraum – „Gang ins Volk" – Russen als die „wahren Europäer" – Utopie und Eschatologie – „und nie ein Ende"   S. 196–200

§§ 20–23   Russlands Drang nach Osten: der Weg der Kolonisierung – Eroberungen, Entdeckungen – Detailverfallenheit und Ganzheitlichkeitsstreben – Russland auf dem Weg in die Zukunft – „alle mit einem Fuß in der Luft" – zentrifugales Russland – geistiges Nomadentum – der Weg als Raum   S. 201–206

§§ 24–28   Schlitten und Boote – Wasserstraßen – „Wegmisere" und Straßenbau – Reiserouten und -gepflogenheiten – durch die Steppe, nach Sibirien – vernachlässigte Straßen bis heute   S. 206–222

§§ 29–33   „Trojka" – das russische Dreigespann als Reisegefährt, als literarisches Motiv und als Dingsymbol – der „Flug der Trojka" als Zukunftsvision für Russland   S. 223–235

§ 34–36   „Der verzauberte Streuner" – ein Lebensgang: „ohne zu wissen wohin" – Wanderschaft als Sinnsuche   S. 234–239

§§ 37–40   Gedankenwege und Charakterzüge – Heroik und Trivialität – fataler Lebensweg – Abwege, Umwege – Landstraße und Feldweg   S. 239–244

§§ 41–43   Städtische Wege – Straßen, Linien, Prospekte – Petersburg als Beispiel – geometrisierte Stadtanlage – das „Lineal" Peters des Großen – der Newskij Prospekt und andere „Perspektiven"   S. 245–253

§§ 44–51   Russischer Eisenbahnbau – naturfremde Linearität – Geschwindigkeit und Progressivität – Mechanisierung mit Freiheitsdefizit – Kapitalismus und Fortschrittsdenken – von der „Wegmisere" zum „Eisenbahnfieber" – Wirklichkeitsgewinn und Traumverlust – Lokomotive oder Dreigespann? – die Eisenbahn in der russischen Belletristik – die Eisenbahn als Macht- und Wirtschaftsfaktor – zwischen Dämonisierung und Trivialisierung – „Lokomotiven der Geschichte" – die Eisenbahn als Symbol des Fortschritts – Propaganda- und Agitationszüge in der bolschewistischen Kulturrevolution – die Eisenbahn in der Sowjetliteratur   S. 253–272

§§ 52–57   Wege der Geschichte – göttliches Geschick, menschliche Vernunft – Geschichte als organischer Prozess – Organismus statt Organisation – „lebendige Wege" – der russische Sonderweg als unbegradigter Umweg in die Zukunft – naturhafte Evolution statt linearer Fortschritt – Kutusow gegen Napoleon – „große" und „kleine" Geschichte   S. 272–283

§§ 58–60   Weg der Geschichte und Lebensweg – Sinn des Lebens – „zurück ins Kinderzimmer!" – Russland als Denk- und Lebensraum   S. 283–289

§§ 61–66   „Ich wachse aus der Erde wie Kraut" – der Weg des Korns – Erntezeit ist Leidenszeit – „Volks-Korn" und „Menschen-Weizen" – Negation der Negation: das Beispiel des Gerstenkorns – die Qualen des Korns als Voraussetzung seiner Brotwerdung – Tenne und Schlachtfeld – das Kornmotiv in der Dichtung – der Krieg: „Leben unter dem Dreschflegel" – kosmische Wege in die Zukunft   S. 290–301

Exkurs (2)
Raum und Weg in der russischen Naturdichtung

§§ 1–3   Landschaften ohne Geographie – zur Orientierung: Naturphänomene, Himmelsrichtungen – additive Bestandsaufnahme – Raum und Zeit im russischen Heldenepos – fliegerische Einbildungskraft – Natur gleich Russland – „große" und „kleine" Heimat – „Mutter Natur": weitläufig, eintönig – ödes Kernland, bunte Randgebiete   S. 303–308

§§ 4–6   Das „schmutzige Russland" als dichterisches Motiv – düstere Heimatbilder – „schicksalhaftes Land, zu Eis erstarrt" – zwischen Heimatliebe und Staatskritik   S. 308–311

§§ 7–11   Petersburg und der russische Norden – Russlands imperiale Größe – poetische Panoramafahrten – „weit bist du, Russland ..." – kümmerliche Erde, monotone Landschaft – Russland als Jammertal – Feld, Steppe, Wald – Russlands exotische Grenzterritorien – „südliche Gedichte" – politische Naturlyrik – modernistische Landschaftsbilder – Zauber der Dürftigkeit   S. 311–319

§§ 12–14   Naturobjekte und Naturphänomene im Gedicht – Grund und Boden – Gewässer – Tag und Nacht – Vegetation – Gebirge – Regionen und Städte – Sibirien, Fernost – orientalisch geprägte Russlandbilder – „gelbe Gefahr"   S. 319–324

§§ 15–16   Der Weg im Gedicht – mobiler Beobachter, dynamische Wahrnehmung – Raum und Zeit – Heimatbesichtigung – „die nächtlichen, die schicksalsschweren Wege ..." – in die ewige Heimat   S. 324–327

Exkurs (3)
Raum und Weg in der russischen Landschaftsmalerei

§§ 1–3   Reale Landschaften statt ideale Kulissen – die russischen „Wandermaler" – was ist malerisch an der russischen Landschaft? – endlose Horizonte und Ebenen – „Schüchternheit der Töne und Farben" – mehr Himmel als Erde   S. 328–324

§§ 4–7   Dominanz des Horizonts – Natur- und Kulturobjekte – die menschliche Gestalt als komunizierendes Gefäß zwischen Erde und Himmel – Wolkenlandschaften – Auflösung des Horizonts   S. 324–351

§§ 8–11   Russische Marinemalerei – verflüssigte Landschaften – Tauwetter, Überschwemmungen – feuchte Erde – Landschaften als Weltbilder – Eigenart russischer Landschaftsmalerei   S. 351–369

III
Wege nach Russland

§§ 1–3   Russisches Kulturmodell: Fremd-Rezeption vor Eigen-Produktion – nachahmen statt erfinden – „Hingabe an ein fremdes Leben" – Schoß und Schwamm als kulturologische Metaphern – Russland als ein „großer Ost-Westen" – imitative Kunstfertigkeit   S. 373–377

§§ 4–7   Multiethnische Staatswesen: Russentum und russländische Völkerschaften – die Petrinische „Pseudomorphose" – beim Gegner lernen – „einholen und überholen!" – Spiegeleffekte   S. 377–385

§§ 8–11   Schlüsselszenen der russischen Geschichtsentwicklung – fremdbestimmte Staatsgründung – die Dynastie der normannischen „Russen" (Rjurikiden) – umstrittene „Normannentheorie" – „eine gänzlich auf Entlehnung und Nachahmung beruhende Kultur" – genealogischer Exkurs: das Haus Romanow und dessen allmähliche Überfremdung – ausländische Funktionäre, Berater, Erzieher am russischen Hof – „Gespenst der Fremdherrschaft"   S. 385–391

§ 11   Das Christentum: eine fremde Staatsreligion für Russland – vernünftige Auswahl und freiwillige Übernahme – Byzanz als Vorbild und Geberland – „byzantinischer Geist"   S. 391–394

§§ 12–13   Tatarische Fremdherrschaft – „Joch" oder „Schirm"? – Widerstand und Kollaboration – vom „Tatarenjoch" zum „Russenjoch" – asiatische Prägungen – „ja, Skythen sind wir!.."   S. 394–397

§§ 14–17   Iwan III. als „Herrscher ganz Russlands" – byzantinische Erbmasse: Diplomatie, Verwaltung, Gesetzgebung – Kultur- und Technologieimport aus Italien – Kirchen- und Festungsbau – Waffentechnik und Münzwesen – der „italienische Kreml" in Moskau – ausländische Meister als Schöpfer „typisch russischer" Werke – Fremdimporte und Eigenleistungen   S. 397–406

§§ 18–19   Noch eine historische Schlüsselszene: die Petrinischen Reformen – Europäisierung als Modernisierung – gewalthafte Radikalreformen – Entstehung von „zwei Kulturen" – Personal und Wissen aus Europa – Peters „Rangtafel" – bürokratische und militärische Nomenklatur   S. 406–415

§§ 20–21   Petersburg als „europäische" Metropole – ausländische Baumeister – die neue Kapitale in der russischen Literatur – „lächerliche Karikatur europäischer Hauptstädte" – oder originelles Imitat? – unterschiedliche Stilformen und Versatzstücke – Modernität und Phantastik – Kontraste und Konkurrenz zu Moskau   S. 415–421

§§ 22–23   Ingeniöses Spiel mit Zitaten – „aus westlichen Büchern gelernt" – *génie imitatif* – kulturhistorische Premieren unter ausländischer Regie: das russische Theater als deutsche Gründung – russische Musikkultur aus italienischen Quellen – neue russische Literatur nach europäischem Vorbild   S. 421–425

§§ 24–26   16. bis 19. Jahrhundert: europäische Geisteswissenschaftler und Naturforscher in Russland – russische Philosophie mit europäischem Subtext – Bienenfleiß als Metapher für die russische Aneignungskultur   S. 425–431

§§ 27–28   „*Für Peter den Ersten – Katharina die Zweite*" – Nationaldenkmal von fremder Hand – europäische Architekten in Moskau – russische Nationalkünstler in Rom   S. 431–437

§§ 29–30   „Germanenjoch" – deutsche Russen, russische Deutsche – die „russische Idee" in fremder Sprache – Ausländer in der russischen Armee und Verwaltung   S. 437–439

§§ 31–33   Europäische Philosophie und russisches Philosophieren – „Slawophile" wie „Westler" mit europäischer Imprägnierung – ein patriotisches Manifest: „*Russland und Europa*" – der „faule Westen" als Inspirationsquelle für den russischen Nationalismus – die Provinzialität der russischen „Westler" – russische Selbsterkenntnis durch europäische Aufklärung?   S. 440–444

§§ 34–37   Der russische Modernismus – Synthetisierung der Künste – Annäherung der „zwei Kulturen" – neues Interesse für die nationale Folklore – prekäre Originalität von „typisch russischen" Objekten: die „Matrjoschka", das „Zwiebeldach" – Volkskunst und Ikonenmalerei, neu aufgearbeitet – „Proletkult" und „sozialistischer Realismus"   S. 444–453

§§ 38–40   Westliche Revolutionslehre für Russland: der Marxismus, leninistisch ausgelegt – die sowjetische Staatsideologie als Westimport – erneut: „einholen und überholen" als Devise – nach dem Zusammenbruch der UdSSR: „neue Westler" und „Neoslawophile" – Revival der russischen Nachahmungskultur – postmoderne Apotheose – Stilpluralismus, Stillosigkeit – postmodernes Denken und Dichten als „typisch russisches" Phänomen – „Wege nach Russland" als Einbahnstraßen   S. 454–457

§§ 41 Das Fremde ist das Eigene – nochmals: russische „Allweltlichkeit" und „Allresonanz" – Originalität der Sekundärkultur – das „typisch Russische" als Synthese des Fremden   S. 458–461

Referenzen und Ergänzungen   S. 463–539

Personenregister   S. 547–559

Ortsregister   S. 561–564

Sachregister   S. 565–569

Personenregister

Achenbach (Brüder) 328
Achijeser (Achiezer), Aleksandr 87, 279, 476, 510, 519
Achmatowa, Anna 413
Afanas'ev, A. N. 474, 490, 513
Agnese, Battista 425, 427
Agurskij, Michail 512
Ajrapetova, Natal'ja 468
Ajwasowskij (Ajvazovskij), Iwan 351ff., 355f.
Aksakow (Aksakov), Iwan 42, 109, 137, 174, 176f., 191, 226, 242ff., 279, 289, 442, 468, 480, 485, 491, 500, 503, 509, 512
Aksakow, Konstantin 533, 535
Aksakow, Sergej 230
Alekseev, Nikolaj 513
Alewis Nowyj (Alevisio Novi, d. i. Aloisio) 401f., 405
Alewis Staryj (Meister) 402
Alexander (Aleksandr) I. 207, 210, 390, 430, 437, 453
Alexander II. 250, 257, 390, 438
Alexander III. 77, 82, 267
Alexander Newskij (Fürst) 395
Alexander der Große 180
Algarotti, Francesco 526
Alpatov, M.A. 522, 524
Alpatov, M. V. 516, 524
Al'tman, M. S. 506f.
Amburger, Erik 531f.
Andronikov, Iraklij 500
Anhalt-Zerbst, Sophie Friederike Auguste von *siehe* Katharina II. 390
Anisimov, E. V. 119, 504
Anna Iwanowna (Zarin) 390
Annenskij, Innokentij 119, 120, 239, 446, 482, 503
Anninskij, Lew 100, 479

Annunzio, Gabriele d' 446
Antokolskij, Mark 445
Anziferow (Anciferov), Nikolaj 490, 504
Apuchtin, Aleksej 174, 265f., 491, 507
Araya, Francesco 423
Arsenjew (Arsen'ev), Nikolaj 159f., 469, 487, 495, 518
Arutjunova, N. D. 464
Asaf'ev, Boris V. 482, 516f.
Asch, Schalom 128, 484
Asholt, Wolfgang 537
Avenarius, Richard 443

Babaeva, A. V. 527
Bacon, Francis 535
Baehr, Stephen L. 506
Bagréeff-Speransky, Mme E. de 495, 531
Bakst, Lew (Léon) 446
Bakunin, Michail 197, 443
Balmont (Bal'mont), Konstantin 309, 318, 458, 514
Barabanov, Evgenij 534
Baranow-Rossiné, Wladimir 229
Baratynskij (Boratynskij), Jewgenij 156, 258f., 315, 321
Barclay de Tolly, Michel 439
Barker, Adele Marie 471
Barma (Baumeister) 402
Batenkow (Baten'kov), Gawriil 134f., 484f.
Batjuschkow (Batjuškov), Konstantin 279, 305, 307, 440, 533
Battista, Gian 525
Batu (Chan Batyj) 297, 395
Baudouin de Courtenay, Jan 533
Bayer, Gottlieb Siegfried 521
Beccaria, Cesare 430
Begunov, Ju. K. 513

Belen'kij, I. L. 464, 470
Belinskij, Wissarion 44, 96, 258, 442f., 468, 478, 506, 535
Belovinskij, L. V. 487
Belyj, Andrej 42, 62, 185, 226, 248, 266, 309f., 322, 414, 420, 431, 446, 468, 480, 504, 507, 510, 514
Benckendorff, Alexander von 438
Benjamin, Walter 22, 465
Benua, Aleksandr (Alexandre Benois) 245, 248, 417, 446, 504, 528
Benua, Leontij (Léon Benois) 434
Benz, Ernst 494
Berdjaew (Berdjaev), Nikolaj 8, 44, 53ff., 62, 70, 86, 112, 123f., 135, 183, 204, 275, 279, 330, 376, 464, 468, 470f., 475f., 483, 485, 492, 497f., 508, 510, 517, 519, 534
Berelowitsch, Wladimir 504
Bergson, Henri 446
Bering, Vitus Jonassen 425, 427
Berkov, P. N. 529
Bernhard, Eduard 477
Besançon, Alain 465, 526
Bespjatych, Ju. N. 504
Bibikova, I. 508
Bilibin, Iwan 445f.
Blecher, Leonid 406, 468, 484, 525, 531
Bleskin, D. A. 464, 475
Blok, Aleksandr 59f., 62, 111, 115f., 200, 228, 235, 237, 244, 258, 265f., 310, 318, 322, 326f., 396, 414, 446, 480, 482, 492, 497, 500, 502, 504, 506f., 510, 514ff., 524
Blumentrost, Robert Laurenz 425
Bochanov, A. N. 518
Bogdanow, Aleksandr 135
Bogučarskij, V. 496
Bohatec, Josef 497
Borissow-Mussatow, W. E. 446
Bowe (d. i. Beauvais), O. I. 435
Bowlt, John E. 536
Božerjanov, I. N. 505
Brjullow (Brüllow), Karl 328, 436f., 531
Brjussow (Brjusov), Walerij 322, 446, 510

Brodskij, Iossif (Joseph Brodsky) 16, 48, 464, 485
Broglie, Victor-F. de 439
Brooks, Jeffrey 468
Bucharin, Nikolaj 123, 454, 483
Buckle, Henry Thomas 280
Bühren (Biron), Ernst Johann von 390
Bulatow, Erik 368
Bulgakow, Sergej (Sergij) 62, 121, 239
Bulla, Karl 174, 247
Bulygina, T. V. 473, 477, 479, 481
Bunin, Iwan 103, 112, 116, 146, 159ff., 171, 185, 195f., 226, 266f., 285, 311, 345, 376, 481, 484, 487f., 490, 496, 500, 508, 511, 519
Bunin, Narkis 344f.
Burke, Peter 519, 530
Burljuk, Dawid 351, 356

Čajkovskaja, Ol'ga 520
Calame, Alexandre 328
Calderón del la Barca, Pedro 423
Casari, R. 493
Catull (Gaius Valerius Catullus) 538
Cejtlin, A. G. 482
Černoivanenko, E. M. 519
Česnokova, A. N. 528
Chamberlain, Lesley 480
Chan-Magomedov, S. O. 508
Charlemagne, A. I. 247
Chasles, Philarète 533
Chiaveri, Gaetano 414
Chlebnikow (Chlebnikov), Welimir 185, 287, 318, 323, 447, 466, 511
Chodassewitsch (Chodasevič), Wladislaw 294, 493, 512
Chomjakow (Chomjakov), Aleksej 43, 199, 238f., 260, 262, 279, 441f., 466, 468, 502f., 507, 520, 533ff.
Chorošilova, Anastasija 499
Chrenov, N. A. 482
Chrustschow (Chruščev), Nikita 454f., 460
Cimbaev, N. I. 464, 497f., 509, 520
Cioran, E. M. 23, 69, 457, 465, 472, 538
Čistov, K. V. 494, 496

Clardy, Jesse V. 530
Clodt, K. 218
Collot, Marie Anne 82, 431
Corot, Camille 328
Courbet, Gustave 328
Coxe, William 151f., 486
Cracraft, James 528
Čubar'jan, A. O. 523
Čumakova, T. V. 494
Custine, Astolphe Marquis de 415, 532
Cymburskij, V. L. 467

Dal (Dahl), Wladimir 97, 519, 533, 537
Dalí, Salvador 40
Danilewskij (Danilevskij), Nikolaj 54, 278, 377, 441, 470, 509, 534
David, Jacques-Louis 437
Debogory-Mokriewitsch, Wladimir 496
Debussy, Claude 446
Degot', Ekaterina 516
Delacroix, Eugène 437
Demin, V. N. 478
Dershawin (Deržavin), Gawrila 321
Descartes, René 535
Diderot, Denis 428, 430f., 433
Dionissij (Meister) 392
Djagilew, Sergej (Serge Diaghilev) 10, 446
Dmitrijew (Dmitriev), Iwan 459
Dobroljubow (Dobroljubov), Aleksandr 185, 510
Dobroljubow (Dobroljubov), Nikolaj, 117, 259, 482, 506
Domnikov, S. D. 464, 472, 486, 512
Domrin, Alexander N. 473
Dostojewskij (Dostoevskij), Fjodor 25, 28ff., 43f., 57, 60, 62, 67, 85, 91ff., 98, 103, 106ff., 112f., 116, 119, 129, 134, 182, 185, 193, 198f., 202, 204, 237, 239, 260ff., 279f., 283, 311, 373ff., 394, 414ff., 420, 441, 443, 447, 458f., 461, 466, 471, 474, 478, 480f., 491, 497, 502, 504, 507, 518, 520, 526, 466f., 476, 478, 480, 497, 507, 511, 528
Dowlatow, Sergej 456
Drobižev, V. Z. 464, 498f.

Droste (Hülshoff), Annette von 319
Dubassow, I. I. 23
Dubowskoj, Nikolaj 52, 340, 349, 359, 361
Dugin, Aleksandr 62, 179
Dulov, A. V. 499

Ebeling, Knut 485, 508
Eckardt, Hans von 464
Egorov, V. K. 472, 479
Eichendorff, Joseph von 319
Eisfeld, Alfred 531
Ėjchenbaum, Boris 529
Eljutin, O. N. 506
Elliger, O. 426
El-Registan, G. G. 34
Ely, Christopher 487, 516
Ėngel'gardt, A. N. 488
Engels, Friedrich 275, 290, 512
Epstein (Ėpštejn), Michail 89, 125, 456f., 467, 476, 481, 483, 486, 488, 503, 515
Erckenbrecht, Ulrich 508
Ern, Wladimir 446
Ėtkind, Aleksandr 493
Ėtkind, Efim 536

Fähnders, Walter 537
Falconet, Etienne Maurice 77, 82, 233, 431, 433, 531
Faryno, Jerzy 501, 508
Fedorčenko, V. 522
Fedorov-Davydov, Aleksej 516
Fedorovskij, N. G. 525
Fedotow, Georgij 95, 98, 123, 204, 206, 490
Fet (d. i. Šenšin), Afanasij 25, 97, 112, 118, 314, 319, 325, 465, 476, 478, 481f., 488, 515
Figes, Orlando 536
Figner, Wera 134, 485
Filippov, Aleksandr 483
Filippov, R. 496,
Fiol, Schweitpold 400
Fioravanti (Fieravanti) degli Uberti, Aristotele 402f., 405f., 435
Fischer, Johann Eberhard 426

Fjodorow (Fedorov), Nikolaj 59, 62, 120, 301, 466, 489, 513
Flaubert, Gustave 158, 487
Fleischer, Michael 486
Florenskij, Pawel 116, 129, 444, 446, 461, 466, 484, 536, 539
Florowskij (Florovskij), Georgij 202f., 498, 539
Fomičev, S. A. 507
Fomin, Vjaeslav 521
Fontana, Giovanni Maria 414
Fourier, Charles 439, 442
Frank, Semjon (Semen; Simon) 58, 471, 511
Frank, Susi K. 470f., 498
Franz, Norbert 466, 532
Freud, Sigmund 62, 119
Fritsche (Friče), W. M. 454
Frjasin, Bon 402,
Frjasin, Iwan 525
Frjasin, Pawlin 401
Frolov, A. I. 488, 505
Fukuruma (Fukurokuju) 449f.
Fürst, O. 423
Futorjanskij, L. I. 492

Gabo, Naum 447
Gagarin (Fürstenhaus) 531
Gagarin, G. 218
Gagarin, Jurij 301
Gajdar, Jegor 509
Galkowskij (Galkovskij), Dmitrij 91, 477, 483
Galloway, Christopher 405
Galuppi, Baldassare 423
Gärtner, Eduard 405
Gasparov, Boris 469, 497, 512
Gastev, Aleksej 505
Gatschew (Gačev), Georgij 62, 66f., 70, 80, 464, 471ff., 475, 477, 486, 490, 512
Gautier, Théophile 446
Geismar, Friedrich 439
Geisser, Svetlana 493
Georgi, Johann Gottlieb 426
Gerassimow, S. W. 364f.

Gerschenson (Geršenzon), Michail 443, 535
Gerstner, F. A. 253
Gerzen (Gercen; Herzen), Aleksandr 10, 40, 107f., 279, 394, 421, 443, 475, 480, 507, 510, 523, 529
Gesemann, Wolfgang 480, 506f.
Gibian, George 493
Gilardi (Gigliardi), Domenico 531
Gilardi, Giovanni Battista 531
Giljarowskij (Giljarovskij), Wladimir 177, 491
Gitermann, Valentin 498
Glazkova, Marina 533
Gmelin, Johann Georg von 426
Godunow, Boris 81, 525
Goehrke, Carsten 465, 474, 484, 486f.
Goethe, Johann Wolfgang von 319, 378, 446
Gogol (Gogol'), Nikolaj 38f., 50, 58, 111f., 114, 116, 137, 156, 185, 206, 230ff., 237, 239, 243, 253, 279, 301, 305, 308, 311, 326, 329, 414, 416f., 420, 458, 468, 470, 481, 485, 498, 500ff., 505, 514, 516, 521, 528f.
Golowin (Golovine), Iwan 377, 519
Golowkin, Aleksandr 251
Gontscharow (Gončarov), Iwan 56, 62, 80, 88, 90, 117ff., 123, 131, 158, 199, 215, 241, 284, 311, 471, 475f., 482, 487, 497, 499, 503
Gordin, Jakov 509
Gordon, Patrick 439
Goritschewa(Goričeva), Tatjana 27, 465
Gorkij (Gor'kij; Gorki), Maksim 45, 67, 100, 103, 116f., 122f., 146, 177, 204, 311, 468, 482f., 491
Grabbe, Paul 439
Graham, L. R. 537
Graščenkov, A. V. 525
Gregori, Johann Gottfried 422
Grek (d. i. Triwolis), Maksim 60, 393
Grek, Feofan 392
Grekow, Mitrofan 366f.
Grigor'jan, I. I. 516

Grigorjew (Grigor'ev), Apollon 414f., 458, 528
Grigorowitsch (Grigorovič), Dmitrij 476
Grizaj, Aleksandr 143
Guérin, Pierre-Narcisse 437
Guizot, François 280
Gulyga, Arsenij 482
Gumiljow (Gumilev), Lew 468, 497, 526
Gumiljow (Gumilev), Nikolaj 34, 322f.

Haensgen, Sabine 508
Haller, Albrecht von 319
Hamilton, George Heard 524
Hansen-Löve, Aage 511
Härbel (Gerbel), N. F. 248, 414, 527
Harvest, Harry 477, 490, 519
Haxthausen, August Freiherr von 532
Haywood, Richard M. 505
Heidebrecht, Heinrich 531
Heidegger, Martin 27
Heitmann (Gejtman), E. I. 460
Hellberg-Hirn, Elena 471
Heller (Geller), Leonid 30, 466, 497
Heller, Michel 490, 526,
Hellmann, Manfred 529, 531
Helvétius, Claude Adrien 428
Herberstein, Sigismund (Siegmund) Freiherr von 425, 427, 524
Herder, Johann Gottfried 428, 521
Hettner, Alfred 465
Hingley, Ronald 466
Hitler, Adolf 93, 180, 296
Hoetzsch, Otto 498
Holbach, Paul Henri d' 428
Holenstein, Elmar 465, 519
Holstein-Gottorp, Karl Peter Ulrich von siehe Peter III. 390
Horaz (Quintus Horatius Flaccus) 538
Hubbs, Joanna 472, 512

Ibsen, Henrik 446
Igor (Fürst) 49, 76, 292f.
Ikonnikov, A. V. 528
Iljin (Il'in), Iwan 36, 180, 204, 276f., 306, 467, 474, 492, 503, 509, 513

Ingold, Felix Philipp 471, 483, 492, 518, 536f.
Ionow, I. N. 56
Iskander, Fasil 102, 479
Ivanov, S. K. 525
Ivanov, Sergey A. 494
Ivanov, V. V. 467, 474, 485f., 498, 512, 515
Ivask, Jurij 493
Iwan III. 55, 169, 385, 397ff., 406f., 524, 526, 545
Iwan IV. (der Schreckliche) 72, 96, 98, 102, 172, 381, 397, 402, 405, 407f.
Iwanow, Aleksandr 328, 369, 436f.
Iwanow (Ivanov), Georgij 414
Iwanow, Sergej 190, 212
Iwanow, Wjatscheslaw 31, 203, 292, 444, 446, 466, 498
Iwanow, Wsewolod 116, 270

Jacob, Heinrich Eduard 511
Jahn, Gary R. 506
Jakobson, Roman 41, 468, 532
Jakovleva, E. S. 469, 510
Jakowenko, Boris 534
Jampolskij, Michail 456
Janin, I. T. 477, 509, 525
Jaroschenko (Jarošenko), Nikolaj 136
Jaroslaw I. (Grossfürst) 395, 522
Jasow, D. T. 509
Jekaterina I. (Katharina I.) 390
Jelzin (El'cin), Boris 510, 534
Jermak (Timofejewitsch) 201
Jerofejew (Erofeev), Wenedikt 127, 186, 241, 456, 493, 503
Jerofejew Wiktor 456
Jerschow (Eršov), Pjotr 140
Jessenin (Esenin), Sergej 111, 140, 149, 186, 294f., 316, 323
Juon, Konstantin 364f., 452
Jusupov, K. G. 509

Kaganovič, A. 531
Kamenew, Lew 350, 354
Kandinskij, Wassilij (Wassily Kandinsky) 447

Kant, Immanuel 108, 446, 535
Kantemir, Antioch 312, 514
Kantor, Vladimir 492, 534, 538
Kappeler, Andreas 469, 498
Kapuściński, Ryszard 468
Karamsin (Karamzin), Nikolaj 28, 160, 197f., 200, 307, 487, 497, 503, 513
Kargalov, V. 490
Karger, Adolf 464
Karpow, W. N. 510
Karsavin, Lev P. 470
Katharina (Ekaterina) II. (die Grosse) 9, 25, 43, 53, 55, 82, 160, 206f., 233, 264, 390, 428ff., 457, 461, 520, 525, 530f., 545
Katkow (Katkov), Michail 443
Kauchčišvili, Nina 495
Kawelin (Kavelin), Konstantin 74, 200, 384, 474, 520
Kerblay, Basile H. 486
Kierkegaard, Sören 446
Kikin, Aleksandr 382
Kiprenskij, Orest 460
Kirejewskij (Kireevskij), Iwan 42, 383, 440ff., 468, 510, 520, 533ff.
Kirikov, B. M. 505
Kirill (Konstantin, „Slawenapostel") 393
Kiritschenko, Jewgenia 536
Kirjuchina, Ljuba 532
Kiseleva, M. S. 494
Klein, Joachim 529
Kleinmichel, Peter Graf 264
Klibanov, A. I. 494
Kljujew (Kljuev), Nikolaj 291, 318, 512
Kljun, Iwan 449
Kljutschewskij (Ključevskij), Wassilij 14, 26, 28, 50, 53, 57, 70, 149, 169, 170, 277f., 330f., 437, 463, 471, 473f., 486, 490, 509, 517
Klodt, Michail Baron von 334, 336, 338, 342
Knjaz'kij, I.O. 497
Kojalovič, Michail 521
Kolzow (Kol'cov), Aleksej 317, 515
Kommissarshewskaja (Kommissarževskaja), Wera 446

Kondakov, I. V. 466, 468, 472, 490, 498
Konewskoj (Konevskoj), Iwan 329, 375, 470, 516, 518
Kontler, László 533
Korezkij, Wiktor 289
Korolenko, Wladimir 25, 42, 93, 116, 137, 468, 477, 485
Korowin, Konstantin 132, 213
Korowin, Sergej 189f., 345
Košelev, Vjačeslav 520, 535
Koshinow (Kožinov), Wadim 391, 469, 477, 526
Kostomarow (Kostomarov), N. I. 152, 210, 487, 498
Krasnoščekova, E. A. 497
Krasnov, Andrej 505
Krieger, Verena 536
Kropotkin, Pjotr 443
Kruze, Evgraf 481
Küchelbecker (Kjuchel'beker), Wilhelm 497, 529
Kuindshi (Kuindži), Archip 216, 333, 335, 337, 351
Kulpin, Eduard S. 54
Kunst, J. 423
Kupczanko, Gregor I. 505
Kusmin (Kuzmin), Michail 446
Kustodijew, B. M. 446
Kutusow (Kutuzov), Michail 184, 281f., 296, 543
Kuz'min, Ju. A. 522

Labas, Aleksandr 275
Lachmann, Renate 494
Laharpe (La Harpe), Frédéric César de 390
Lakoff, George 489
Lamberti da Montagna, Aloisio siehe Alewis Nowyj 402
Lange, Wolfgang 529
Lankenau, H. von 465
Lansere, Jewgenij (Eugène Lanceray) 359f.
Larionow, Michail 446, 449
Lauer, Reinhard 477
Lavrenova, O. A. 514f.
Lavrent'eva, L. S. 486
Lawrow (Lavrov), Pjotr 267

Lazari, Andrzej 477
Lebedev, G. S. 505, 522
Leblond (Le Blond), Jean Baptiste Alexandre 248, 410, 413
Leconte de Lisle, Charles-Marie-René 446
Lefort, François (gen. Franz) 390, 422, 439
Lehmann, Wilhelm 319
Leibniz 428
Lenin (d. i. Uljanow), Wladimir 23, 123, 160, 270, 391, 407, 433, 454, 487, 526, 535
Leontjew (Leont'ev), Konstantin 57, 239, 262, 278f., 394, 441, 503
Lermontow (Lermontov), Michail 115, 162f., 167, 173, 182, 286, 308f., 316f., 319, 321, 327, 481, 489, 491, 511, 514f.
Leroy-Beaulieu, Anatole 532
Leskow, Nikolaj 103, 116, 193, 235ff., 311
Levontina, I. B. 464, 476
Lewitan, Isaak 131, 162, 213, 329, 335, 341, 343ff., 347, 357f., 516
Lichatschow (Lichačev), Dmitrij 14f., 49, 71f., 95, 97, 102, 238, 463, 469, 471, 473, 476ff., 487f., 493, 502, 526
Lisaevič, I. I. 504, 527
Litowtschenko (Litovčenko), Aleksandr 337
Ljubarskij, Georgij 406, 468, 484, 525, 531
Ljubimov, B. N. 511
Lo Gatto, Ettore 504f., 524, 526
Locke, John 430
Lomonossow (Lomonosov), Michail (Michajlo) 33, 312, 321, 388, 409, 423, 427, 514, 521f., 527, 530
Lossew (Losev), Aleksej 535
Losskij, Nikolaj 80, 464, 475, 482
Lotman, Jurij 476, 491, 494, 504, 506, 523, 527, 532f., 538
Lovell, Stephen 488
Lunin (Adelshaus) 531
Lurje (Lur'e), Artur 446f., 537f.
Lyssenko, Trofim 454, 537

Mably, Gabriel Bonnot de 428
Machajew (Machaev), Michail 251, 505
Maistre, Joseph de 439, 533
Majakowskij (Majakovskij), Wladimir 270, 447
Majkow (Majkov), Apollon 174, 199, 314, 325, 414, 491, 497, 515
Maksimov, D. E. 492, 511
Maksimow, Sergej 88, 495
Maksimov, V. 515
Maksimow, W. M. 150
Maleto, E. I. 495
Malewitsch (Malevič), Kasimir 120, 270, 297, 447, 451, 483, 537
Malinow (Malinov), A. W. 510f.
Maljawin, Filipp 65
Mallarmé, Stéphane 446
Malyj, Matwej 33, 467, 475
Malyj, Petrok *siehe* Petrok
Malyschew (Malyšev), Grigorij 226
Mamin-Sibirjak, Dmitrij 67, 75, 113, 172, 263, 311, 331, 472, 474, 481, 491, 500f., 507, 517
Mamontow, Sawwa 446, 449
Mandelstam (Mandel'štam), Ossip 47, 250, 289, 292, 305, 316, 377, 414, 446, 469, 497, 505, 512, 536
Manin, Vitalij 516f.
Mann, J. 423
Marasinova, L. M. 499, 506
Marcadé, Valentine 536
Markov, Vladimir 536
Markow, Iwan 225
Marr, N. Ja. 454
Martial (Marcus Valerius Martialis) 538
Marx, Karl 267, 275, 290
Masaryk, Thomas Garrigue 497, 507, 535
Matwejew (Matveev), Fjodor 328, 369
McConnel, Allen 530
Mecklenburg-Schwerin, Karl Leopold von 390
Medoks (d. i. Maddox), M. G. 435
Medvedev, Žores 537
Medvedkova, Olga 504
Meierhold (Mejerchol'd), Wsewolod 446
Melnikow, Konstantin 447

Melnikow, P. P. 256
Melville, Herman 118
Men'šikova, E. P. 493
Mereshkowskij (Merežkovskij), Dmitrij 318, 420, 446, 528
Mérimée, Prosper 459
Messerschmidt, Daniel Gottlieb 427
Methodios (Mefodij, „Slawenapostel") 393
Meyer, Holt 497
Mežuev, V. M. 510
Michalkow, Nikita 105
Michalkow, Sergej 34
Michelet, Jules 13f., 55, 70, 463
Michetti, Niccolò 414
Miljukow (Miljukov), Pawel (Paul Milukow) 406, 452, 499, 505, 509f., 519, 521, 525, 536f.
Miljutin, Dmitrij 257
Miller, Orest 474
Miller, Sergej 482
Minaev, Ivan P. 497
Minskij, Nikolaj 318, 515
Miquel, Bastien 533
Mironow (Mironov), Boris N. 93, 464, 473f., 478, 484
Mjassojedow, Grigorij 293, 348, 350
Molière (d. i. J. B. Poquelin) 423
Montesquieu, Charles Baron de 53, 428, 430
Montferrand, Auguste R. de 413f., 433
Moor, Dmitrij 270
Mörike, Eduard 319
Morozova, A. A. 527
Moršakova, E. A. 524
Motroschilowa (Motrošilova), Nelli 534
Mozart, Wolfgang Amadeus 373, 457, 518
Müller (Miller), Gerhard Friedrich 520ff., 524, 527, 529
Müller, Ludolf 474
Müller, S. 521
Münnich (Minich), Burchard Christoph 439
Muratov, Pavel 516

Nabokow (Nabokov), Wladimir 10, 85, 146, 159, 161f., 239f., 488, 503

Nadeshdin (Nadeždin), Nikolaj 18, 464
Nadtočij, Ėduard 484
Napoleon I. (Bonaparte) 93, 110, 180, 260, 281f., 296, 314, 382, 437, 439, 453, 543
Narbut, Wladimir 270, 272, 508
Nasonov, A. N. 524
Nebol'sin, Arkadij 503
Nefedova, Tat'jana 489
Nekljudova, M. S. 526
Nekrassow (Nekrasov), Nikolaj 64, 76, 115, 199, 226, 255, 262ff., 272, 310, 315, 321, 325, 414, 472, 475, 481, 501, 507
Nesselrode, Karl von 438
Nesterow, M. W. 131
Nestor (Annalist) 77, 385, 388, 391, 520, 521
Nicolosi, Riccardo 528
Nietzsche, Friedrich 446
Nikitin, Afanasij 193, 496
Nikitin, Iwan (Ivan) 313f., 514
Nikolaus (Nikolaj) I. 96, 255, 264, 403, 438, 519, 532
Nikolaus II. 466, 522
Niqueux, Michel 497
Nisskij, G. G. 299
Nivat, Georges 536
Nizovskij, A. 488
Nötzel, Karl 534

Odojewskij (Odoevskij), Wladimir 18, 44, 279, 374f., 441, 464, 468, 518
Oelnitz, L. von der 465
Ogarjow (Ogarev), Nikolaj 230, 315, 317, 515
Olearius, Adam 418
Olejnikow (Olejnikov), Jurij 128, 464, 469, 471, 474, 478, 484
Opočkin, E. N. 529
Oreškin, D. 479
Orlowskij, Aleksandr 226
Ospovat, A. L. 526
Ossorgin (Osorgin), Michail 276, 509
Ostrowskij, Aleksandr 311
Ostrowski, Donald 523

Overbeck, Friedrich 437
Ovsjannikov, Ju. M. 527
Owsjaniko-Kulikowskij (Ovsjaniko-Kulikovskij), Dmitrij N. 119, 482f., 502

Paläolog (Palaiologos), Sofja 397, 524
Pallas, Peter Simon 426
Panarin, Aleksandr 391
Pančenko, Aleksandr M. 493, 520
Pantin, I. K. 475
Paramonov, Boris 492, 498
Parker, W. H. 464
Pasternak, Boris 51, 91, 168, 192, 241, 244, 272, 316, 323, 376f., 470, 476, 490, 496, 503f., 507f., 518
Paul (Pawel) I. 390
Pekarskij, P. P. 530
Pelewin, Wiktor 456
Perow, Wassilij 229, 254, 351, 355
Perry, John 414
Peskov, A. M. 466, 472, 518, 534
Pesmen, Dale 477f.
Peter (Petr) I. (der Grosse) 9, 55, 77, 82, 122, 207, 210, 233f., 243, 245, 248, 250, 253, 264, 273, 277, 279f., 289, 383, 385, 390, 402, 407ff., 416, 422f., 431, 433, 440, 442, 447, 454f., 460f., 497, 506, 510, 520, 522, 525, 527f., 530ff., 538, 545
Peter III. (Zar) 160, 390
Petrok (Malyj) 402
Petrow-Stromskij, Wladimir 531
Petrow-Wodkin, Kusma 364, 366, 446
Petruchin, W. Ja. 523
Petscherin (Pečerin), Wladimir S. 534
Petscherskij (Pečerskij), Feodossij 55
Philipp, Werner 485
Pilnjak, Boris 220, 222, 251, 415
Pimenow, Jurij 269, 299, 364f.
Pipes, Richard 522, 526
Pirogov, Lev 469
Piskunov, Vladimir 468, 479, 483, 492, 508
Pjatigorskij, Aleksandr 456
Platonow (Platonov), Sergej 28, 392, 524

Platonow, Andrej 148, 185, 270, 493
Plechanow (Plechanov), Georgij 443, 510
Plestschejew (Pleščeev), Aleksej 315
Podoroga, Walerij 456
Pogodin, Michail 200, 260, 262, 279, 283, 507, 510, 512
Pokrowskij, M. N. 454
Polonskij, Jakow 315
Pomeranz (Pomeranc), Grigorij 41, 468, 493
Popow-Moskowskij, Aleksandr 348
Porudominskij, V. 531
Posnik (Baumeister) 402
Pospelov, Gleb G. 484, 516
Poussin, Nicolas 437
Prischwin (Prišvin), Michail 286, 511
Prjanischnikow (Prjanišnikov), Illarion 350, 354
Prochorenko, A. V. 476
Prokofjew, Sergej (Serge) 131, 447
Prokopowitsch (Prokopovič), Feofan 33f.
Propp, V. Ja. 474, 490
Proskurina, Vera 530
Prozerskij, V. 514
Pugatschow (Pugačev), Jemeljan 153
Puschkin (Puškin), Aleksandr 49, 85, 104, 111, 116, 118, 127, 188, 211, 214f., 225, 228, 233f., 237, 240, 242, 248, 283, 312, 315ff., 320f., 325, 373f., 377, 413f., 420, 423, 431, 440, 447, 458ff., 475, 482, 489, 497, 501, 506, 512, 518, 526, 529, 538f.
Putilov, B. N. 474, 513
Putin, Wladimir 31, 391, 534
Pyljaev, M. I. 504, 531

Quarenghi, Giacomo 412, 414

Rachmaninow, Sergej (Serge) 131
Radistschew (Radiščev), Aleksandr 38f., 151f., 428, 431, 443, 467, 487, 499, 525, 530f.
Radlow (Radlov), Ernst 443, 534f.
Radomskaja, T. I. 486
Raffael (Raffaello Santi) 437
Rancour-Laferriere, Daniel 472, 479

Rasputin (d. i. Grigorij Nowych) 242
Rastrelli, Bartolomeo Francesco 414, 416
Rasumowskij (Adelshaus) 531
Razumovskij, Feliks 475, 539
Réau, Louis 526, 531
Redon, Odilon 446
Remisow (Remizov), Aleksej 27, 185, 465
Repin, Ilja 136, 209, 216, 345f., 447, 516
Rerich (Roerich), Nikolaj 238, 347, 349
Richter, Johann 497
Rilke, Rainer Maria 178, 319, 376, 446, 492, 536
Rimskij-Korsakow, 131
Rjabov, V. 472, 512
Rjabuschkin (Rjabuškin), Andrej 357, 360
Rjangina, S. W. 299
Rjurik (Rjurikiden) 385ff., 389f., 544
Robinson, A. N. 469
Roboli, T. 497
Rodoman, B. B. 466, 488
Rosanow (Rozanov), Wassilij 59f., 62, 70, 85f., 89, 95, 110, 122, 140f., 184f., 199, 203, 258, 311, 376, 387f., 446f., 466, 475f., 478, 480, 483, 485, 491ff., 497, 499, 506, 514, 518f., 521, 537
Roshdestwenskij (Roždestvenskij), Wassilij 143
Rossetti, Dante G. 446
Rossi, Carlo 251, 412, 414
Rousseau, Jean-Jacques 197, 422, 428, 529
Rubakin, Nikolaj 376, 518
Rubina, N. 494
Rubljow (Rublev), Andrej 392
Rückert, Friedrich 378,
Rückert, Heinrich 441, 534
Rybakov, Vjačeslav 469
Ryklin, Michail 537
Rylejew (Ryleev), Kondratij 174, 491
Rylow, Arkadij 516

Sabelin (Zabelin), Iwan 35, 77, 89, 103, 467, 475f., 479, 487, 498, 525
Sacharov, A. N. 495, 523

Šachovskoj, Ioann 492
Sadownikow, Wassilij 419
Salins de Tournemire, E. A. 458
Saltykow-Stschedrin (Saltykov-Ščedrin), Michail 35, 39, 239, 308, 311, 467f., 494, 514
Samarin, Jurij 442, 534f.
Samjatin (Zamjatin), Jewgenij 148, 466, 477
Samochwalow, Aleksandr 269
Sandomirskaja, Irina 467, 472f., 495f.
Šangina, I. I. 486
Šapošnikov, L. E. 466, 484, 503, 509
Sarab'janov, D. V. 516
Sarkisyanz, Emanuel 512
Savel'eva, L. V. 473, 480, 502f.
Savickij, Petr 465
Sawizkij (Savickij), Konstantin 217, 256
Sawrassow (Savrasov), Aleksej 52, 333, 340, 358, 360ff.
Ščepanskaja, T. B. 476, 478, 487, 489, 491, 493, 499
Schädel, Johann Gottfried 414
Schafarewitsch (Šafarevič), Igor 62, 391
Schalamow, Warlam 134
Schapowalow (Šapovalov), Wiktor 80, 475, 479, 483, 490
Schenk, Frithjof B. 505
Schestow (Šestov), Lew 446, 480, 534
Schewyrjow (Ševyrev), Stepan 329, 441, 466, 516, 533
Schischkow (Šiškov), Aleksandr 14, 70, 463
Schklowskij (Šklovskij), Wiktor 106, 480, 493
Schlözer, August Ludwig von 521f., 529
Schlüter, Andreas 414
Schmurlo (Šmurlo), Jewgenij 28, 35
Schopenhauer, Arthur 446
Schpet (Špet; Späth), Gustav 84, 428, 440, 443, 475, 530, 533
Schramm, Godehard 477
Scott, Walter 458
Ségur, L. Ph. Comte de 206, 498
Selesnjow (Seleznev), I. 254
Selma, Georgij 367

Semzow (Zemcov), M. G. 410
Senghor, Léopold Sédar 121f., 483
Sen'kin, Ja. N. 499
Sergeeva, A. V. 473, 480
Sergij von Radonesh (Radonež) 55
Serman, Ilya Z. 530
Šestakov, V. P. 511
Shakespeare, William 374, 485
Sherwood, William (gen. Wladimir Scherwud) 434f.
Shiwow (Živov), W. M. 523, 527
Shukowskij (Žukovskij), Wassilij 377
Sinicyna, N. S. 523
Sinjawskij (Sinjavskij), Andrej 56, 98, 135, 458, 469, 471, 485, 490, 492
Šišov, A. V. 533
Skal'kovskij,K. A. 477
Skoropanowa, I. S. 538
Skrjabin, Aleksandr 446, 512
Skrynnikow, Ruslan 524
Slutschewskij (Slučevskij), Konstantin K. 283, 511
Šmelev, A. D. 473, 476f., 479, 481
Smiljanskaja, E. 488
Smirnow (Smirnov), Igor 456, 467, 470, 486, 496
Smolitsch, Igor 469, 471
Soboleva, N. A. 465, 467
Sokolov, M. N. 485
Sokolova, Anna 478
Sokolow, Pjotr 227, 345f.
Sokolow-Skalja, P. 275
Solari (Solario), Pietro Antonio 399ff., 403
Sollogub, Wladimir 215, 218, 499
Sologub, Fjodor (Fedor) 177f., 239, 284, 318, 511
Solomatkin, Leonid 345f.
Solouchin, Wladimir 138, 485
Soloviev, Alexandre 513
Solowjow (Solov'ev), Sergej 28, 50, 170, 172, 179f., 200, 204, 277, 390, 437, 470, 490ff., 497, 509, 522
Solowjow (Solov'ev; Solovjeff), Wladimir 30, 62, 121, 185, 322, 324f., 438, 466, 515, 521, 524, 532, 534
Solshenizyn (Solženicyn), Aleksandr 62, 95, 134, 279, 295f., 300, 391, 475, 478, 512
Sommer, Erich Franz 529
Somow, Konstantin 446
Sorokin, Wladimir 239, 456
Sorskij, Nil 55
Sotnikow, Gennadij 139
Spengler, Oswald 106, 374, 407, 480, 518, 526, 534
Speranskij, Michail 509
Spirin, A. S. 504
Stakenschneider, Andrej 253
Stalin (d. i. Dshugaschwili), Iossif 63, 98, 106, 253, 275, 383, 391, 454, 460
Stählin, Jakob 527,
Stählin, Karl 51, 53, 470, 524, 531
Stennik, Ju. V. 509
Stepanov, Ju. S. 477f., 481, 484, 490, 504, 511, 520f., 527
Stepun, Fjodor 47, 105, 138, 220, 266, 469, 477, 480, 485, 488, 499, 508
Sternin, Grigori J. 536
Stoljarov, Andrej 468
Strachow (Strachov), Nikolaj 184, 279, 492
Strada, Vittorio 470, 536
Strauss, David Friedrich 437
Strawinskij, Igor 447
Strindberg, August 446
Struwe (Struve), Pjotr 467, 533
Stschedrin (Ščedrin), Silwestr 328, 369, 516
Stschedrin, Semjon 369
Stschukin (Ščukin), Wassilij 463, 488, 534
Subow (Zubov), A. F. 251, 409
Sue, Eugène 458
Sumarokow, Aleksandr 321, 423, 425, 530
Suvčinskij, Petr 539
Swjatoslaw (Fürst) 292

Taktašova, T. V. 472
Tartakovskij, A. G. 482
Tatlin, Wladimir 447, 449
Tchourak (Čurak), Galina S. 516
Tenischewa (Teniševa), Marija Fürstin 446
Terechov, Aleksandr 475

Terestschenko (Tereščenko), Aleksandr 481, 487
Thomas, Albert 508
Thompson, E. M. 494
Tichomirow, L. A. 510
Tichomirow (Tichomirov), M. N. 210, 498
Tichonov, Ju. A. 487
Tiškov, V. A. 469
Tjuttschew (Tjutčev), Fjodor 8, 32ff., 106, 109, 257f., 279, 305, 308f., 312f., 315, 321, 458, 467, 480, 496, 509, 514f.
Tolstoj, Aleksej 240, 314, 325, 503, 515, 517
Tolstoj, Lew 25, 72f., 85, 87, 96, 110, 116, 126, 146, 183ff., 192, 236f., 243, 261ff., 281ff., 296, 306, 311, 331, 438, 443, 447, 458f., 464, 472f., 478, 480, 487, 492f., 496, 501f., 506f., 510, 526, 537
Ton (Thon), Konstantin 403, 435
Toporov, V. N. 474, 477, 480f., 485f., 504, 529
Toynbee, Arnold 534
Trachaniotes, Georgios 400
Trediakowskij, Wassilij 414, 423, 528
Trefolew, Leonid 226
Tretjakow, Pawel 332
Tretjakow, Sergej 295, 297
Trezzini, Domenico 248, 251, 360, 410, 413, 419, 504, 527
Troickij, E. S. 454, 478
Trozkij (Trockij; Trotzky), Lew 454
Trubetzkoy (Trubezkoj), N. S. 179, 206, 465, 477, 494
Trubezkoj, Sergej 446, 465
Trubezkoj, Jewgenij 284f., 446, 511
Trubezkoj, Pawel (Paolo) 77, 82
Tschaadajew (Čaadaev; Tchaadaev), Pjotr 27f., 47f., 50, 74, 81, 182, 185, 205f., 285, 374, 377, 389, 392, 421f., 443, 465, 469, 498, 474f., 492, 498, 522f., 529, 532
Tschajkowskij, Pjotr (Peter Tschaikowsky) 447
Tschechow (Čechov; Tschechonte), Anton 25f., 40, 85, 89f., 105ff., 115f., 118, 131, 146, 214, 217, 219, 234f., 239, 265, 458, 464f., 468, 475f., 479ff., 484, 499, 502, 506f., 509
Tschemodanow (Čemodanov), M. M. 268
Tscherepnin (Čerepnin), Aleksandr 446
Tschitscherin (Čičerin), Boris 180, 205f., 260, 492, 498, 506
Tschižewskij, Dmitrij 475, 494
Tulaev, Pavel 478
Turgenew (Turgenev), Iwan 27, 29, 70, 99, 108, 113ff., 127, 158f., 162, 173, 187f., 262, 311, 465f., 473, 478, 480f., 484, 487, 491, 494
Tydman, Leonard V. 486
Tynjanow, Jurij 87

Uchtomskij, K. A. 429
Uspenskij, Boris A. 510, 523, 526
Uspenskij, F. B. 522
Uspenskij, Gleb 36, 467, 500, 512
Utechin, S. V. 532
Utkina, N. F. 466
Uwarow (Uvarov), Sergej 438, 532

Vajskopf, Michail 502
Valkenier, Elizabeth 516
Vallotton, Félix 446
Vančugov, Vasilij 530
Varlamov, Aleksej 511
Velten, Georg Friedrich 414
Verbickij, Miša 467
Vernadskij, V. I. 465, 530
Vernadsky, George 523
Veselovskij, Aleksej 538
Vitjazeva, Vera 505
Vodolagin, Aleksandr 486, 496
Vogüé, Eugène-Melchior Vicomte de 533
Voltaire (d.i. Arouet, F.-M.) 425, 428f., 527, 530
Voss, Eugen 499
Vzdornov, G. I. 527

Wachtel, Andrew 497
Wagner, Richard 446
Walicki, Andrzej 497, 534f.

Wallace, Sir Donald Mackenzie 208, 210, 496, 498, 506
Walter, Reinhold von 494
Walujew (Valuev), Pjotr 498
Wasnezow (Vasnezov), Wiktor 76ff., 293
Wasnezow, Apollinarij 341
Wassiljew (Vasil'ev), Fjodor 132, 138f., 360ff.
Weidlé, Wladimir 469, 476, 538
Weininger, Otto 446
Weltman (Vel'tman), Aleksandr 497
Wenezianow (Venecianov), Aleksej 65, 328, 342f., 369
Wernadskij (Vernadskij), Georgij 7
Wesnin, A. und L. (Architekten) 447
Wetter, Gustav A. 537
Whitman, Walt 446
Wied, Anton 427
Wiegel, Philipp 519
Wirzbicka (Vežbickaja), Anna 71, 473, 476, 480
Wilde, Oscar 446
Winkler, Peter 499
Winogradow, J. (E.) 251
Wittgenstein, Peter Christian von 439
Wittram, Reinhard 527
Wjasemskij (Vjazemskij), Pjotr 225, 242, 264, 273, 310, 315, 500, 538
Wladimir I. (der Heilige) 391

Wlodowa, Ljudmila 477
Wolf, Kaspar Friedrich 426
Woloschin (Vološin), Maksimilian 185, 186, 280, 307, 493, 510, 513f.
Wortmann, C. A. 409, 426
Wrubel (Vrubel'), Michail 77, 79, 445f.
Wsewolod (Fürst) 116, 270, 292, 446
Württemberg, Alexander Friedrich von 439
Württemberg, Prinz Eugen von 439

Zajonc, L. O. 493
Zaliznjak, A. 476, 484
Zamjatin D. N. 466, 477
Zamjatina, Naděžda 483
Zavarichin, S. P. 504
Zen'kovskij, V. V. 468, 509, 533
Zenkovsky, Serge A. 475
Zimin, V. I. 504
Ziolkowskij (Ciolkovskij), Konstantin 120
Žirmunskij, Viktor 538
Zograbjan, N. 483
Zola, Émile 446
Žukova, E. P. 488
Zweerde, Evert van der 466
Zwetajewa (Cvetaeva), Marina 85, 116, 124f., 127, 459, 482f., 539

Ortsregister[1]

Abramzewo (Landgut, Künstlersiedlung) 449f.
Afrika (Schwarzafrika) 120ff., 321, 459
Alaska 201, 280
Albanien 393
Altaj 322
Amerika (USA) 118, 201, 457
Amsterdam 364, 414, 427
Amur 41, 201, 323
Angola 23, 44
Ararat 50
Armenien 322
Arpatschaj (*Arpačaj*) 50
Arsrum 260, 321f., 406, 425, 444
Asien („Asiopa"; „Ost-Westen") 519
Asowsches Meer 19, 377
Astrachan 201, 214, 322, 382, 396
Äthiopien 458
Athos 191, 495

Bachtschissaraj (*Bachčisaraj*) 321
Bajdarazkij-Golf 316
Bajkal 305, 426
Belgorod 304
Belosersk 387
Bering-Meer 19
Bering-Straße 28, 425
Bessarabien 201, 321
Bologna 402
Boritschow (*Boričev*) 49
Borodino 437
Buchara 201, 323
Byzanz (Konstantinopel; Ostrom; Zargrad) 9, 34, 122, 191, 311, 313, 385, 391f., 394, 397

Chasarien 391, 393
China 19, 34, 312f., 321f., 444
Chiwa 201
ČSSR 44

Dagestan 321, 323
Danzig 427
DDR 44
Deutschland 93, 135, 145, 158, 210, 296, 306, 320, 390, 417, 420, 423, 427
Dnepr 19, 48, 305, 312, 320f., 323, 335, 337, 385
Dnestr 19
Don 19, 48, 49, 111, 305, 307, 312, 320ff.
Donau 34, 48f., 53, 313
Donez 48f.
Dudutki 304
Dwina 19

Eismeer (Nördliches) 201, 304, 322
Elbe 34, 53
England 197f., 280, 400, 440
Euphrat 34, 313
Eurasien („Asiopa"; „Ost-Westen") 66, 237, 465, 472
Europa (Westeuropa; Osteuropa; Mitteleuropa; Nordeuropa) 9, 18, 22, 28, 32ff., 41, 47, 49f., 53f., 57, 60, 62, 66, 74, 86ff., 101, 122, 127, 135, 138, 149, 160, 178, 181, 191, 195, 197ff., 201, 204, 210f., 215, 219, 242, 260, 262, 264, 270, 278ff., 307, 319, 329, 369, 373ff., 379, 382ff., 388ff., 396, 400, 405ff., 409, 413ff., 420f., 430f., 433, 438ff., 453ff., 459ff.

---

1 Berücksichtigt werden Himmelsrichtungen, Kontinente, Länder, Städte, Regionen, Gouvernemente, Gebirge, Flüsse, Seen, Meere; andere Örtlichkeiten (z. B. private Landgüter) werden eigens als solche gekennzeichnet.

Ferner Osten 169, 201, 331, 377, 381, 427, 498
Finnland 22, 201, 222, 321
Florenz (*Firenze*) 399
Frankreich 13f., 93, 135, 158, 198, 210, 280, 320, 382, 415, 417, 439

Ganges 34, 313
Genf (*Genève*) 199
Georgien 45, 201, 321, 323
Griechenland 60, 253, 321, 393
Grusino (Landgut) 154f.
GUS (Gemeinschaft Unabhängiger Staaten) 23

Honshu 449

Indien (Ostindien) 38, 193, 444
Inn 53
Irkutsk 322
Irtysch 323
Isborsk 387
Italien 38, 210, 230, 253, 306, 320f., 328, 383, 399, 417, 437

Jakutsk 322
Japan 389, 444, 450
Jaroslawl 397
Jasnaja Poljana (Landgut)183, 185
Jenissej (*Enisej*) 41, 214, 312, 322, 331
Jerusalem 191, 193, 232
Jursuf 321

Kaluga 323
Kama 323
Kamtschatka (*Kamčatka*) 193, 201, 312
Karpaten 19, 313
Kasan (*Kazan'*) 189, 201, 215, 321ff., 382, 396, 405
Kasbek 321
Kaspisches Meer (Kaspisee) 19
Kaukasus 19, 214, 253, 305, 308, 312, 316, 319, 321f., 331, 377, 382, 427
Kijew (Kiev; Kijiv) 49, 122, 135, 171, 185, 292, 304, 305, 313, 319, 321f., 385, 387f., 392, 394f.

Kirgisien 323
Krim 193, 201, 214, 318f., 321, 393
Kuba 23, 44
Kursk 27, 188

Ladogasee 387
Lena 312
Litauen 321, 397
Livland 397
Luga 161

Mailand (*Milano*) 399
Mähren 395
Mga 255
Moldawien 392
Mongolei 19, 395
Montenegro 313
Moskau (*Moskva*) 10, 25, 34, 38, 43f., 47f., 60, 81, 147f., 151, 156, 162, 185f., 188, 192, 207f., 214f., 245, 250, 253, 256, 264, 269f., 306, 313, 319, 321ff., 332, 357, 367, 393ff., 397ff., 402f., 405, 406, 409, 414, 417ff., 422f., 434f., 437, 439, 442, 446, 449, 454
Moskowien 210, 425
Moskwa (Fluss) 364, 403
Muranowo (Landgut) 156
Murmansk 255

Narwa 158, 197, 323
Nemiga 292, 304
Nertschinsk 322
New York 118
Newa 34, 250, 312f., 320, 334, 357, 364, 410, 413f.
Nijenschanz 410
Nil 34, 55, 312f.
Nishnij Nowgorod (*Nižnij Novgorod*) 214, 451
Norden 19, 23, 25, 28, 34, 50f., 132, 143, 178, 201, 207, 255, 303, 305ff., 311, 313f., 322f., 330f., 333, 376, 383, 414, 417, 451
Nowgorod 201, 208, 214, 256, 304, 321, 385ff., 397, 399, 451

Ob 52, 214, 312
Ochotskisches Meer 19
Odessa 214, 321
Oka 188, 201, 323
Olonez 146
Omsk 323
Onegasee 387
Oredesh (*Oredež*) 162
Orlow (Gouvernement) 146
Osten 19, 25f., 34, 43, 51, 53f., 57, 62, 93, 119, 149, 169, 201f., 207, 291, 303, 307, 311, 313, 321f., 331, 376f., 381, 396, 406, 427, 447
„Ost-Westen" 53, 57, 376
Ostsee 19, 22, 158, 207, 280, 320, 382f.

Pamir 322
Paris 239, 306, 414, 438f., 451f., 459
Pawlowsk 253
Pazifik 18, 22, 201, 321, 425
Peipussee 387
Perm 312, 399
Persien 307, 323
Petersburg (St. Petersburg; Sankt-Piter-Burch; *Sankt Peterburg*; Petrograd; Leningrad; „Palmyra des Nordens") 9, 38, 42, 82, 151, 154, 161, 193, 197, 199, 206, 214, 245, 248ff., 253ff., 261, 264, 270, 285, 306, 311, 319, 321ff., 327f., 334, 337, 357, 359f., 364, 382, 400, 408ff., 412ff., 423, 427, 445, 456
Petschora (Fluss, *Pečora*) 323
Petschory (Region, *Pečory*) 201
Polen 22, 201, 208, 321, 381, 383, 438f.
Poltawa 321, 323
Pomorje 201

Rhein 53, 305, 513
Riga 197, 312, 383
Rjasan 297, 395, 397, 506
Rom 29, 34, 44, 311, 313, 326, 382, 387, 394, 397, 399f., 407, 414, 437
Romion 188
Roshdestweno (*Roždestveno*) 161
Roslag 385

Rostow 397
RSFSR (Russländische Föderative Sowjetrepublik) 45
Rumänien 69
Russländische Föderation (*Rossijskaja Federacija*) 22, 41, 181, 385, 455
Rybinsk 387

Sajan 323
Samarkand 201
Schimsk 221
Schlesien 395
Schwarzes Meer 19, 22, 320ff., 351, 353, 425
Schweden 208, 383, 400, 439
Schweiz 41, 197, 199, 239, 253, 307
Seine 34
Serbien 392
Sergijew Possad (*Sergiev Posad*; Zagorsk) 189, 192, 451
Sibirien 182, 185, 193, 206, 214, 219, 234, 237, 307, 310, 321ff., 357, 427
– West-, Zentralsibirien 38, 331
Simbirsk 188
Smolensk 47, 208
Sowjetunion (UdSSR; *SSSR*) 9, 19f. 22ff., 27, 34, 40, 45f., 56, 85, 94, 116, 128, 138, 201, 209, 211, 221, 241, 253, 255, 270, 280, 367, 374, 380f., 385, 400, 443, 453ff.
Staraja Russa 221
Süden 19, 23, 25, 28, 34, 36, 49ff., 178, 201f., 207, 253, 303, 305f., 311, 313f., 316, 322f., 330f.
Susdal 305, 395

Taschkent 202
Terek 321
Tjumen 322
Tomsk 52, 323
Tschernigow (*Černigov*) 305, 395
Tschetschenien 45, 321
Tschussowaja (Fluss, *Čusovaja*) 331
Tula 161, 185, 276, 460
Turin 272
Turkestan 323
Twer 148, 197, 397, 399

Ugra 399
Uleo 305
Ungarn 395
Ural (Fluss) 33, 35, 321, 331
Ural (Gebirge) 20, 23, 38, 201, 263, 305, 307, 313, 316, 321, 323, 331, 427, 500
Ural (Gebirge/Fluss) 67, 73, 75, 201, 214, 322, 397
USA 46, 169, 440, 453
Usbekistan 45, 202
Ussuri 201
Ust-Narwa 158

Venedig 364, 399, 414, 425

Waadtland (*Vaud*) 390
Walachei 392
Warschau (*Warszawa*) 253, 313, 321f.
Wassilij-Insel (Sankt Petersburg) 250
Weichsel 323
Weisses Meer 310
Weissrussland (Belorussland; *Belarus'*) 255
Westen 9, 15, 19, 22, 25, 33f., 43, 53, 56f., 62, 84, 93, 102, 149, 178, 182, 197, 201ff., 207, 220, 231, 233, 241, 261f., 280f., 285, 291, 303, 307, 311, 313f., 374ff., 382ff., 395ff., 405, 422, 437ff., 447, 451, 453ff., 459ff.
Wien 253
Wilno (Wilna; *Vilnjus*) 321
Wjatka 359, 399
Wladimir 172
Wolchow (Ortschaft) 207
Wolchow (Fluss) 154, 385
Wolga 19, 34, 51f., 113, 169, 209, 214, 226, 313, 321, 323, 335, 397, 451
Wologda 255
Wyschegrad 313

Zarendorf (*Carskoe Selo*) 253f.
Zna 188

Sachregister

„Allmensch" (Allmenschlichkeit; Allweltlichkeit; Allresonanz) 8, 28ff., 43f., 62, 64f., 94, 100, 129, 184, 198f., 280, 367, 373f., 416, 458f., 461, 467, 518, 541, 546

Christusnarrentum (*jurodivye*) 186, 494, 542

„(Der) Eherne Reiter" (Falconet; Puschkin) 77, 233f., 248, 264, 414, 431, 433, 520, 526, 528, 530

Eisenbahn (Lokomotive; Schienenweg) 8, 38, 40, 128, 138, 168, 207, 211, 215, 231, 245, 250, 253f., 253ff., 272, 273, 275, 277, 280, 290, 299, 324, 343, 446, 485, 500, 505ff., 543
– Agitationszüge (Agit-Züge; Propagandazüge) 270, 543
– „Lokomotiven der Geschichte" 267, 290

Erde (Globus; Erdkugel; Boden; Erdreich) 7, 13ff., 22ff., 26f., 29ff., 36ff., 46ff., 51, 54, 57ff., 72f., 77, 80, 85f., 88, 90ff., 111, 115f., 121, 126ff., 132, 138, 140f., 145, 148f., 151, 161, 168ff., 182, 189, 193, 196, 203ff., 211, 215, 217, 233f., 237, 244, 253, 259f., 270, 279, 282, 284, 286, 289ff., 299, 303ff., 307ff., 319, 324ff., 331, 334, 336f., 342ff., 350f., 356ff., 361, 364ff., 375f., 392, 396, 422, 440, 501f., 512f., 520, 524, 544
– „(ein) Sechstel der Erde" 18, 24, 376

Eros (erotisch) 59, 62, 66, 85, 111, 291, 472, 512

Europa (historisch, metaphorisch: Europäisierung; „Westler") 9, 18, 22, 28, 32ff., 44, 49, 53f., 57, 60, 62, 66, 89, 99, 107, 122, 127, 135, 138, 160, 178, 181, 197ff., 210, 215, 219, 242, 244, 260, 262, 270, 278, 374ff., 383, 388, 396, 406ff., 413, 415f., 420f., 431, 439ff., 453f., 455, 457, 459ff., 465, 467f., 470, 474, 491, 497, 504, 507, 509, 519, 522, 525f., 529, 533ff., 545
– „fauler Westen" 9, 439, 442, 533
– „Fenster nach Europa" 9, 407, 409, 526
– „Land der heiligen Wunder" 99, 301, 442
Evidenzformel („2 x 2"; *dvaždy dva*) 107ff., 273, 277ff., 480

Feld (*čistoe pole*; *dikoe pole*) 15, 26, 35, 39, 54, 61, 74, 89ff., 94, 96, 112, 115, 148, 163, 176, 179, 191, 196, 219f., 225, 257, 259, 265f., 278, 289, 292ff., 297, 300, 303, 305ff., 313f., 317, 319f., 232, 328, 329f., 334, 348, 350f., 355ff., 361ff., 367, 476, 485, 507, 510, 513f.
– Schlachtfeld 289, 291ff., 297, 300
Flug (fliegerische Einbildungskraft) 174, 178, 223, 230ff., 253, 303, 461, 501, 526, 305
Fortschritt (Fortschrittsdenken; Progressivität) 9, 55, 60, 77, 107, 120f., 162, 180, 182, 234, 236f., 242, 244f., 251, 259, 260ff., 267ff., 272, 275, 277f., 280, 286, 289f., 294, 301, 309, 326, 343, 375, 382f., 408, 431, 442, 501, 506ff., 531
– „Lineal" (linear) 10, 202, 211, 237, 248, 250, 256f., 264ff., 277f., 282, 286, 290, 294, 350, 418, 420, 506, 510, 528
– Modernisierung 9, 55f., 68, 128, 148, 160, 264, 396, 407, 413, 438
Freiheit (*svoboda*; *volja*) 10, 16, 19, 26f., 44, 58, 69f., 86ff., 96ff., 106, 111, 113, 115f., 124, 127, 129, 131, 134ff., 140, 149, 163f., 169, 173, 176, 179ff., 187f., 197, 200, 204, 206, 223, 231, 240, 242,

515, 258, 259, 261, 283, 305, 307, 313, 327, 441, 478f., 493, 514f., 533
Fremdherrschaft (Ausländer) 9, 25, 77, 81, 152, 261, 376, 385, 388ff., 394ff., 400, 406, 413f., 427, 437ff., 521, 524, 528, 532ff.
– „gelbe Gefahr" 322
– „Germanenjoch" 437
– Panmongolismus (Skythen) 32 39 51 524
– „Tatarenjoch" (Mongolen; Mongolensturm) 9, 89, 93, 122, 172, 178, 357, 385, 394, 396f., 437, 520, 523ff., 545
„Frjasins" (Ausländer; „Franken") 400f.

Gang ins Volk" (choždenie v narod) 195ff., 496
Ganzheit (Ganzheitlichkeit; Totalität; „All-Einheit") 8, 15, 28, 30f., 42, 49, 54, 58, 121f., 152, 203, 276ff., 283, 304, 306, 375, 394, 415, 417, 446, 466, 477, 487, 528, 541
„gehen" (russische Bewegungsverben; Aktionsarten) 27, 36, 38, 57, 95, 104, 115, 129, 135, 138, 141, 167ff., 177f., 180, 183f., 188, 192, 193, 196, 202, 204, 236ff., 241, 277, 294, 300, 311, 326f., 345, 496, 506, 510, 523
Gemeinde (Bauerngemeinde; mir; obščina) 72, 128f., 153, 423
Geographie 8, 16, 33f., 55ff., 86, 90f., 119, 170, 313, 323, 426f., 464, 466f., 470, 479, 497ff., 514, 517
– „geographischer Faktor"; 28, 464f., 470
– „Geographie der russischen Seele" („Seelengeographie") 8, 55f., 86, 119, 517
Geometrisierung (geometrisch; „Lineal") 245, 248ff., 505, 528
Gott 30, 42, 46f., 49, 58, 60, 62, 64, 70, 76, 86, 95, 99, 103f., 106, 120f., 140, 153, 158, 163f 171ff., 176, 178, 182ff., 187f., 193, 198f., 222, 228, 231, 233, 236f 241,f., 261, 265, 276, 286, 291, 303, 334, 382f., 391f., 397, 402, 405, 415, 466, 469, 471f., 474, 479, 486, 489ff., 501, 503

Haus (Bauernhaus; Hütte; Isba; Datscha) 27, 31, 53, 66, 80, 83ff., 115, 118, 126, 132, 135ff., 140ff., 145f., 148f., 152f., 161ff., 186ff., 191ff., 198, 203f., 230, 232f., 240, 276, 304, 309, 343, 390, 406, 420, 482f., 486ff., 508, 511
– Geborgenheit (ujut; prijut) 130f., 134, 137, 141, 145, 149, 484, 488
– „schöne Ecke" (krasnyj ugol) 134, 149f.
Heimat (Mutterland; Vaterland) 9, 13ff., 18, 28f., 31f., 41, 57ff., 64, 67f., 70ff., 77, 87ff. 99, 101, 112, 115f., 119, 126ff., 137, 140ff., 145, 163, 169, 173, 178f., 182, 192, 197, 206, 215, 217, 223, 230, 232ff., 270, 280, 286, 291, 305ff., 313f., 317, 321, 325, 327, 329, 335, 341, 385, 390, 392, 428, 463, 467, 472f., 482, 486f., 495f., 499, 513ff., 525
– „kleine Heimat" 132, 306, 335
Held (Recke; Kulturheld) 27, 40, 48, 75ff., 95, 100, 102, 105, 114, 118, 170f., 176ff., 184, 214, 217, 234, 238, 265, 292, 300, 304f., 311, 364, 393, 474
– Heldenepos 76, 312, 474
– Heroismus (Heroik; podvig) 10, 65, 102, 111, 115, 179, 238f., 282, 301, 475, 502
Himmel 26f., 35, 39f., 45, 47ff., 51, 66, 90, 97, 110, 116, 126, 134, 137, 140, 145, 149, 161, 163, 173, 193, 196, 225, 296, 299, 303, 305ff., 313ff., 319f., 324, 331, 333ff., 342f., 345, 347ff., 356f., 361, 364, 367, 370, 451, 496, 514f.
– Horizont 19, 26, 37ff., 47, 51, 57, 63, 66, 77, 112, 114, 132, 138, 183, 204, 206, 237, 240, 266, 306, 316, 320, 329ff., 334, 337, 343, 345, 347, 350f., 355ff., 361, 364, 367f., 397, 464, 498, 517
– Wolken (Wolkenlandschaft) 19, 39, 49, 173, 225, 248, 304, 310, 312,ff., 320, 324, 329, 331, 342, 347, 351, 364f., 369, 491

Idee (Ideologie) 9, 22, 29, 31, 33, 42, 44, 50, 57, 68, 70, 80, 87, 94, 110, 121, 128f., 148, 180, 198f., 203, 238, 262,

318, 392, 416, 438, 441f., 462, 466,f., 470, 473, 475, 482, 498, 502, 508, 521, 532, 534
– „russische Idee" 9, 31, 68, 203, 438, 466f., 470, 473ff., 482, 498, 502, 508, 511, 532, 534
„Igor-Lied" (Slovo o polku Igoreve) 48f., 76, 230, 292f., 303f., 469, 474, 512f.

Kartographie 426f., 529f.
Kloster (Klöster) 42, 51, 55, 137, 152, 160, 173, 185, 191ff., 196, 202, 235f., 249f., 292, 410, 451, 516
Kollektivismus („Kollektivseele"; Gemeinde) 22, 31, 54, 66, 77, 86, 95, 128, 130, 396, 466, 484
– Kommunismus (Sowjetkommunismus) 23, 66, 85, 270, 275, 277, 364, 433, 428
– Konziliarität (*sobornost*) 17, 31, 116, 129, 466, 484, 487
– „Wetsche"-Prinzip 130
– „Wir-Gefühl" (Gemeinschaftssinn) 31, 127f.
Kolonisierung 51, 72, 200ff., 307, 381, 387
Kosaken 25, 38, 102, 178ff., 195, 201, 476, 481, 492
Kosmos (kosmisch; All-Einheit; Allweltlichkeit; Ganzheit) 8, 15, 29ff., 42, 49, 54, 58, 66f., 72, 80, 120ff., 135, 145, 148, 152, 159, 162f., 167, 182, 203, 276, 280, 283, 286, 304, 306, 313, 315, 326f.,364, 374f.,394, 415, 417, 446, 459, 466, 472, 477f., 486f., 510, 528, 543
– Kosmismus 106, 120, 299, 301
Kreml (Moskauer Kreml) 9, 81, 92, 99, 172, 232, 312, 364, 399ff., 403ff., 495, 455, 525f.
– „italienischer Kreml" 401, 403ff., 455, 526
Kultur (Multikulturalität) 7, 9, 10, 14ff., 19, 27, 30, 33, 43f., 47, 59, 66, 68, 71, 84ff., 100, 104, 128f., 141f., 148, 153, 160, 162, 167, 180, 199, 202f., 206, 210, 243, 245, 261, 270, 280, 286f., 290f., 294, 304, 373f., 377ff., 381f., 384, 386, 389,
394, 396, 405, 407, 420, 422f., 428, 440ff., 446f., 449, 452f., 455ff., 461, 465ff., 469, 473f., 476, 478, 480, 486ff., 489, 491, 493, 495f., 499, 503, 506, 510, 518ff., 522ff., 526ff., 531, 533ff., 538f.
– Adelskultur 158, 160, 442, 519
– Musikkultur 423
– „Proletkult"253, 453, 537
– Volkskultur7, 87, 101, 153, 407, 422, 441, 444, 471, 489, 519
– „zwei Kulturen" 453, 487

Landhaus (Gutshof; „Usadba"; „Adelsnest"; „Cottage") 90, 140, 153, 158f., 160ff., 214, 319, 487ff.
Landschaft (Landschaftsraum; Region; „kleine Heimat") 13, 15, 19, 21, 23, 25f., 35, 39ff., 48, 54, 47, 65, 65, 67, 80, 85ff., 90, 98, 106, 111, 114ff., 121, 138, 149, 159, 162f., 169, 174, 180, 189, 206, 214, 223, 253, 257, 266f., 281, 303ff., 317ff., 334, 338f., 342f., 345ff., 350f., 356f., 360, 364, 367, 369, 449, 491, 500, 513ff.
Landstreicherei (Wanderschaft; Wandertrieb; Nomadentum; Streuner) 8, 36, 124,127, 137, 170ff., 176ff., 182, 184f., 189, 191ff., 196, 198f., 203fff., 206, 235ff., 240, 372, 486, 488, 490f., 492, 495f.,
– „wanderndes Russland" 174, 189, 190
Leibeigenschaft („Sklavenmoral"; „Unterwürfigkeit") 50, 55f., 58, 71, 74f., 117, 161, 172, 196f., 232, 287, 325, 382, 396, 430, 489

Marxismus (Marxismus-Leninismus; Kommunismus; Staatsideologie) 9, 23, 66, 68, 85, 270, 275, 277, 280, 364, 433, 443, 454ff., 461, 532, 535
Matrjoschka (Puppe in der Puppe; *matrëska*) 41, 449ff., 461, 537
Mentalität (Volkscharakter) 7, 13, 16f., 19, 28, 31, 35f., 47, 50, 54, 56f., 64f., 68, 71, 73f., 81, 84ff., 89, 91f., 95, 100, 104, 107, 110f., 115f., 119, 121, 124, 128, 138, 145, 167, 169, 173f., 178, 180ff., 196, 202, 205, 239, 259, 377, 382, 384f.,

396, 461, 464f., 474f., 480, 482, 499, 520

Mutter (Mütterchen; Grossmutter; Weiblichkeit; Matrjoschka) 14, 27, 41, 43, 47, 49, 59ff., 67, 70, 93, 99, 111, 114f., 117, 120ff., 128, 137, 145, 185, 188, 196, 199f., 214, 226, 261, 291, 303, 307, 309f., 317f., 326, 391, 402, 405, 417, 430, 449ff., 461, 463, 469, 471f., 504, 512, 514, 521, 528, 530, 537
- „Mutter-feuchte-Erde" (Mutter Erde) 27, 47, 59ff., 67, 93, 115, 182, 282, 290ff., 312, 357, 375, 464, 471f., 486, 512

Nachahmung (Nachahmungskultur; Sekundärkultur; Entlehnung; Imitation; Import; 9f., 55, 142, 160, 191, 262, 270, 373f., 377f., 380f., 384, 389, 394, 397, 402, 405ff., 416, 422, 427f., 430, 433, 440ff., 446f., 453ff., 459f., 517, 519, 522f., 527, 531,
- Rezeption (*génie imitatif*) 9f., 100, 373, 376, 381f., 427f., 440, 444, 456, 461, 480, 493, 497, 506, 518, 526, 532f., 535f., 538

Natur („Mutter Natur"; „breite Natur") 13ff., 19, 22, 25, 28, 30, 32, 35f., 38, 40, 46, 49f., 60, 66ff., 70, 72, 75, 77, 80f., 83, 85, 87, 89f., 93, 95, 97f., 103, 108, 113, 115f., 126, 131, 140f., 152f., 176, 210, 219, 245, 259, 266f., 272, 276ff., 282ff., 286f., 290ff., 295, 30ff., 310f., 314ff., 323, 325f., 328ff., 343, 350, 357, 367, 369, 413f., 420, 463f., 479f., 503, 510f., 513ff.

„Newskij Prospekt" (Sankt Petersburg) 247ff., 410, 419, 505, 529

Normannentheorie" (Normannen; Waräger; Wikinger; Rjurikiden Slawen) 45, 385, 385ff., 394, 518, 521f.

Nostalgie (Melancholie; Sehnsucht; Fernweh; *toska*) 10, 92, 103, 111ff., 125, 127, 137, 140, 145, 158, 162, 171, 174, 176, 182, 186, 188f., 198ff., 214, 223, 226, 374, 481f.

„Oblomow" (Oblomowismus) 56, 80, 84, 88, 90f., 117ff., 123f., 131, 284, 475, 482

Oktoberrevolution 123, 220, 270, 275, 280, 291, 318, 365, 385, 443, 465

Organismus (organisch; organismisch; ganzheitlich) 36, 42, 45, 47, 95, 264, 377, 279, 283, 394, 442

„Ost-Westen" 53, 57, 376, 519, 544

Passivität (Muße; Trägheit; Faulheit; Oblomowismus) 56, 58. 60, 71, 73, 75, 84, 104, 111, 117f., 119f., 123f., 141, 158, 181, 289, 470, 482f.

Pilger (Pilgerreise; Wallfahrt) 7f., 26, 59, 38, 169f., 173f., 178, 185, 188f., 191f., 193, 196f., 198, 200f., 214, 235f., 303, 492, 494ff.

„Poschlismus" (*pošlost*) 10, 232, 234, 238ff., 503

„Pseudomorphose" (Spengler) 248, 408, 413, 504, 527

Rangtafel (Dienstadel) 87, 105, 128f., 197, 243, 261, 277, 280, 285. 407f., 474, 520, 527

Reformen (Petrinische Reformen; Evolution; Revolution; „Pseudomorphose") 87, 105, 128f., 197, 243, 261, 277, 280, 285, 407f., 474, 520, 527

Russland:
- Altrussland (*Rus'*) 48, 469, 490, 493f., 497, 523
- „flüssiges Russland" 52, 360f., 363
- „Heiliges Russland" 42f., 394, 442, 494
- „Mütterchen Russland" 59f., 64, 117, 122, 264, 472, 512
- Petrinisches Russland 407, 422
- Sowjetrussland (UdSSR) 9, 20, 23f., 34, 45f., 56, 85, 94, 138, 209, 221, 241, 253, 255, 270, 276, 280, 367, 385, 443, 453ff., 508, 535, 537
- Vielvölkerstaat 45, 47, 129, 312, 381, 454, 469

Schicksal (Schicksalsergebenheit; Fatalität; Los; *dolja; sud'ba*) 8, 10, 27,36, 54, 57, 60, 66, 70, 74, 76
— „Awoss" (*avos'*) 22, 103ff., 168, 241, 259, 381, 479
— „Neboss" (*nebos'*) 104, 259, 479
— „Nitschewo" (*ničego*) 103f.
Seele („russische Seele") 7ff., 16f., 35f., 40, 46, 54, 56f., 59f., 66ff., 70f., 86f., 91ff., 99, 107, 111ff., 122, 124, 127, 180, 183, 202, 204f., 214, 225, 231f., 234, 240, 282, 285, 294, 306, 311, 329, 416, 420
„Slawophile" (Nationalismus; Patriotismus; Messianismus; „Neoslawophile") 18, 31, 42, 43f., 54, 94, 108, 110, 128f., 174, 181, 198, 204, 232, 262, 278, 289, 374, 377, 387, 389, 400, 433, 439ff., 455
Sprache (russische; das Russische) 10, 14, 24, 26, 30, 45, 47,, 54, 70f., 87f., 97, 99, 100ff., 107, 109, 112, 160, 167f., 174, 180, 237, 238f., 291, 390, 395, 427
Staatsreligion (Christentum; Byzanz; Ostkirche; Orthodoxie) 9, 42, 86, 122, 172, 199, 201, 237, 381, 385, 391f., 395, 400
Steppe 20, 25ff., 35f., 88f., 98, 102, 107, 111f., 114f., 126, 169f., 178f., 206, 217, 303ff., 314, 322f.
Straßen (Landstraßen; Verkehrswege; Prospekte; Linien; *ulica; šosse*) 8f., 51, 99, 177, 187, 207f., 210f., 214f., 219f., 220, 222, 242, 245, 248ff., 253, 260, 270, 286, 357, 359f., 412, 417f.

Trojka (Dreigespann) 84, 187, 196, 212, 223ff., 261, 272f.
Typisch („typisch russisch") 8f., 15, 31, 35, 38, 56, 65f., 68ff., 80, 98, 102, 117f., 123f., 141f., 149, 167, 172f., 179f., 183, 203, 238, 242, 259, 316, 319, 325ff., 330, 350, 380, 384, 394, 428, 437, 451, 461

Volkslied (Lied) 42, 112ff., 225, 303f.

Wald (Wälder) 7, 19, 25f., 35, 169, 172, 178f., 217, 176, 303ff., 357
Wandern (Wandertrieb; Wanderschaft; „wanderndes Russland"; *guljat'*) 168, 170, 172, 174, 176, 178f., 185, 188ff., 201
— „Wanderertum" (Wandermaler; *peredvižniki*) 266, 453
Wasserstraßen (Flüsse; Kanäle) 7, 19, 34f., 51ff., 207, 211, 359, 412
Weg (Feldweg; Umweg; *put'; doroga*) 7, 9, 14, 125, 167ff., 171, 180ff., 193, 196, 200, 202, 206, 217, 225, 232ff., 237, 240ff., 277
— Gedankenwege (*puti-idei*) 8, 169, 237
Weg der Geschichte (Geschichtsentwicklung; Sonderweg) 7f., 13, 16, 19, 22, 35, 101, 168, 202, 261, 268, 272f., 277ff., 283, 291, 296, 389, 441, 443
„Weg des Korns" (Korn; Kornmetapher; „Volkskorn"; Lebensweg) 14, 286f., 289ff., 297, 300
„Weggang" („fort-von"; *uchod*; Flucht) 102, 172, 183f., 187f., 203, 223, 309
„Wegmisere" (Unwegsamkeit; *rasputica*) 8, 168, 197, 210f., 213, 215ff., 220f.,223, 231f., 233, 242, 270
Weiträumigkeit („Offenheitsbreite") 19, 35, 59, 66, 92f., 183
Weltbild (Weltanschauung; Selbstverständnis; russische Idee) 8, 13, 15, 17, 27, 29, 47, 58, 60, 68, 74, 87, 107, 121, 187, 202, 244, 375, 407, 456
Wissenschaft (Naturforscher; Geschichtsschreibung; Philosophie) 13, 27f., 30, 54, 87, 107, 110, 237, 273, 277f., 286, 377, 383, 387f., 400, 427, 439f., 434, 454, 456

Zeit 16, 38ff., 47f., 222, 291 304, 402, 407, 416, 438
Zwiebelhaube (Zwiebeldach; *lukovica*; *makovka*) 343, 451f.